审图号：韶S(2017) 5号

武江年鉴

2021

武江年鉴编纂委员会　编

方志出版社
Publishing House of Local Records

图书在版编目（CIP）数据

武江年鉴. 2021 / 武江年鉴编纂委员会编. --北京：方志出版社，2021.12
ISBN 978-7-5144-4881-8

Ⅰ. ①武… Ⅱ. ①武… Ⅲ. ①武江区—2021—年鉴
Ⅳ. ①Z526.54

中国版本图书馆CIP数据核字（2021）第265550号

武江年鉴（2021）

编　者：武江年鉴编纂委员会
责任编辑：刘方圆
出 版 者：方志出版社
地址　北京市朝阳区潘家园东里9号（国家方志馆4层）
邮编　100021
网址　http://www.zgfzcb.cn
发　行：方志出版社图书营销中心
电话（010）67110500
经　销：各地新华书店
印　刷：韶关市典经社彩印有限公司
开　本：889×1194　1/16
印　张：26
字　数：672千字
版　次：2021年12月第1版　2021年12月第1次印刷
印　数：001~400册
ISBN 978-7-5144-4881-8　定价：260.00元
·版权所有　翻印必究·

编辑说明

一、《武江年鉴》以马克思列宁主义、毛泽东思想、邓小平理论、“三个代表”重要思想、科学发展观、习近平新时代中国特色社会主义思想为指导，坚持辩证唯物主义和历史唯物主义的立场、观点和方法，全面、系统、准确地反映武江区自然、政治、经济、文化、社会等方面的基本情况，为读者了解和研究武江区提供基本资料。

二、《武江年鉴》采用分类编辑法。主体内容设类目、分目、条目三个结构层次，以条目为表现内容的基本形式。全书条目的标题统一用黑体加【 】表示，少数包含多方面资料的条目则在文内用楷体标题标明各段资料的主题。

三、《武江年鉴（2021）》着重反映2020年武江区各项事业发展的基本情况。全书设特载、大事记、概况、中国共产党韶关市武江区委员会、韶关市武江区人民代表大会、韶关市武江区人民政府、中国人民政治协商会议韶关市武江区委员会、纪检·监察、民主党派、群众团体、军事、法治、综合经济管理、工业、商业、农·林·水、财政·税务·金融、城乡建设·生态环境·公路、教育、文化·旅游·体育、卫生健康、民政·人力资源与社会保障、社会生活、镇（街道）、先进表彰、统计资料、文件辑录、附录等28个类目，共159个分目，971个条目。

四、《武江年鉴（2021）》在保持基本框架相对稳定的前提下，对部分内容进行调整、充实，突出武江特色，并增加少量条目，使编目更加科学和完整。其中：“特载”类目内容全部更新。“概况”类目新设“领导机构党派团体负责人名单”分目。“人民团体”类目易名为“群众团体”。“经济管理”类目易名为“综合经济管理”。“工业·科技”类目易名为“工业”。“商业·贸易”类目易名为“商业”。“财政·税务”类目易名为“财政·税务·金融”，新设“金融”分目。“城乡建设·信息·公路”类目易名为“城乡建设·生态环境·公路”，新设“生态环境”分目。新设“民政·人力资源与社会保障”类目。“先进单位·个人”类目易名为“先进表彰”。

五、本年鉴的统计数据采用法定计量单位（少量计量单位仍用“亩”“公里”“吨”），统计数据以武江区统计局提供的数据为准，统计局无此数据的则使用单位统计数据。

六、年鉴配备双重检索系统，书前刊有目录，书后配有索引。索引采用主题分析法，款目按汉语拼音字母顺序排列。

《武江年鉴》编纂委员会

名誉主任：颜　亮（区委书记）

主　　任：郑伟平（区委副书记、区长）

副 主 任：陈　刚（区委副书记）

欧伟强（区委常委、副区长、区委办主任）

钟爱明（副区长）

委　　员：（按姓氏笔画为序）

古寿英　叶文涛　叶文辉　成振铭　朱冬生　朱旭东　刘　武

刘　枫　刘　敏　刘立文　刘存友　刘江平　汤应辉　李惠歆

杨长虹　肖大清　吴韶华　邱　江　邱洲才　邱韶东　何方涛

何远韶　何爱华　宋　清　张为民　陈志华　陈秉丞　林小夏

林基乐　欧气勇　欧阳征禄　罗北京　胡小明　茹伟杰　段锋刚

洪维陶　袁文娟　黄　勇　黄　倩　黄海涛　黄维民　龚映韶

龚耿岚　梁嘉金　韩伟强　覃　婷　粟　健　谢洪泉　谭友卫

《武江年鉴》编辑部

主　　编：陈志青

副 主 编：董素梅

编　　辑：陈志青　董素梅　邱小庭　邱海燕

《武江年鉴》审稿组

组　　长：林基乐

副 组 长：董素梅

成　　员：（按姓氏笔画为序）

刘　琼　刘　薇　刘学农　纪曼娜　邱小庭　陈　励　陈志青

林玉辉

照片提供

单　位： 区纪委监委　区法院　区检察院　区委宣传部　区委统战部
区政协办　区工信局　区民政局　区自然资源局　区农业农村局
区委农办　区卫健局　区退役军人事务局　区市场监督管理局
区审计局　区医保局　区城管局　区消防救援大队　区公路站
民进基层组织　团区委　区妇联　区残联　区红十字会　区工商联
区侨联　西河镇　西联镇　龙归镇　重阳镇　惠民街

拍摄者：（按姓氏笔画为序）
刘嘉健　李文杰　肖　欣　邱海燕　张旭华　陈　励　陈　建
陈　琳　胡敬东　骆伟杰　郭志峰　黄国萍　董素梅　韩　星
谢　焘　谢悦彬　蔡利欢　戴　柔

撰稿人员（按姓氏笔画为序）

王龙树　王晓姣　邓　力　邓新佳　古寿丽　田　萌　丘燕霞　成玉菲
成志军　朱玉娟　朱　琴　刘　强　刘　媛　刘　璇　刘志琳　刘秀静
刘俊宇　许　靖　许恩联　严志全　严牡冬　李　琪　李　婷　李　磊
李素芬　李　超　杨　思　肖　郁　肖　燕　肖　璐　邱小庭　何欣苗
何承康　余丹丹　邹启凡　邹惠芳　张　远　陈　戈　陈于兵　陈文利
陈兴运　陈志豪　陈晓聪　陈敏琳　林　皓　林玉辉　林雪丽　林韶娟
罗　伟　金　晶　周敏仪　周涵婷　郑曼玲　赵奉君　胡敬东　钟卫娜
侯芊彤　侯家良　郭一诺　郭二妮　涂智婷　黄　鑫　黄文勇　黄嘉劲
黄韶辉　梁　竣　董素梅　韩　星　曾伟虾　曾丽明　温超颖　谢珍环
谢悦彬　赖槐泉　蔡利欢　谭冬连　黎　颖

武江数字 2020

土地面积678平方千米

年末户籍人口289731人

年末常住人口373686人

人口自然增长率4.01‰

地区生产总值2788168万元

第一产业增加值85251万元

第二产业增加值1050523万元

其中：全部工业增加值830889万元

第三产业增加值1652394万元

第一、第二、第三产业构成3.06：37.68：59.26

固定资产投资总额1502496万元

社会消费品零售总额696903万元

外贸进口总额48829万元

外贸出口总额12525万元

实际利用外商直接投资1976万美元

地方公共财政预算收入（不含新区）59375万元

地方公共财政预算支出（不含新区）195980万元

国内税收收入720422万元

城镇常住居民人均可支配收入41306元

农村常住居民人均可支配收入21849元

农林牧渔业总产值150481万元

耕地面积0.68万公顷

粮食播种面积0.39万公顷

粮食产量2.45万吨

林地面积5.04万公顷

森林覆盖率70.38%

森林蓄积量33583.88立方米

2020年6月28日，武江区项目集中签约、进驻、动工仪式现场 （陈励 摄）

2020年7月1日，武江区在龙归镇举办“百日会战”争先锋主题实践活动，区四套班子领导为党员先锋突击队授旗 （谢焘 摄）

2020年8月28日，武江区在乡村振兴培训实践中心（龙归粮仓）召开农村人居环境整治“打擂比武”现场评选活动　（陈励　摄）

2020年10月30日，韶关市武江区新的社会阶层人士联合会成立大会在武江召开　（区委宣传部　供图）

2020年11月30日，韶关市重点项目开工、竣工活动在重阳镇的武江区分会场举行　（陈励　摄）

2020年12月17日，韶关市召开劳动模范先进工作者和先进集体表彰大会，图为武江区劳模团合影
（区委宣传部　供图）

2020年12月29日，韶关市武江区儿童医院建设项目现场会动工仪式举行 （陈励 摄）

2020年8月23日，武江区考察团一行到广州从化实地考察，了解从化温泉地区优化提升及国有资产盘活、拆违复绿、城市管理工作做法 （陈励 摄）

2020年8月28日，武江区领导一行到江湾镇围坪村委邹屋村参观“打擂比武”乡村新貌展览

（区农业农村局 供图）

2020年8月15日，武江区5镇2街新党政机构全面挂牌，图为西联镇新党政机构挂牌现场

（区委宣传部 供图）

2020年12月27日，中国共产党韶关市武江区第九届委员会第十二次全体会议召开 （陈励 摄）

2020年11月8日，武江区传达学习贯彻党的十九届五中全会精神干部大会召开 （陈励 摄）

2020年9月29日，武江区抓项目促投资奋战100天动员大会召开　（陈励　摄）

2020年12月1日，武江区村（社区）“两委”换届工作会议召开　（陈励　摄）

武江市区鸟瞰图 （谢焘 摄）

武江市区新貌 （区委宣传部 供图）

武江光伏电站景观　（陈励　摄）

武江科创园项目一期主体工程已完成 （区委宣传部 供图）

新投入使用的武江区天紫路演中心 （陈励 摄）

武江区乡村振兴传习所（龙归粮仓）振兴文化馆展厅内景　（陈励　摄）

武江区乡村振兴传习所（龙归粮仓）振兴礼堂　（陈励　摄）

武江区龙归镇龙安淮山生产基地 （陈励 摄）

武江区龙归镇蔬菜生产基地 （区委宣传部 供图）

武江区西河镇黄塱村无花果产业基地　（陈励　摄）

武江区重阳镇百香果省级现代农业产业园　（陈励　摄）

武江区江湾镇涂屋村和兴公园整治前后对比　（区委农办　供图）

武江区江湾镇倒流水村全貌　（区委农办　供图）

武江区江湾镇涂屋村村口标识 （区委农办 供图）

武江区江湾镇菜队村特色墙绘 （区委农办 供图）

武江区江湾镇湖洋村整治后两岸景观 （区委农办 供图）

武江区西河镇田心村“小公园”整治前后对比　（区委农办　供图）

武江区龙归镇车合村入村道路整治后新貌　（区委农办　供图）

武江区龙归镇安村岭边村村庄整治前后对比　（区委农办　供图）

武江区龙归镇方田大人村整治后新貌　（区委农办　供图）

武江区龙归镇方田大人村整治后新貌 （区委农办 供图）

武江区龙归镇新郑屋村整治后新貌 （区委农办 供图）

武江区龙归镇四点金村水池整治前后对比　（区委农办　供图）

武江区龙归镇小村岭边村新建竹林公园　（区委农办　供图）

武江区西河镇麦元头村整治后新貌 （区委农办 供图）

武江区西河镇果场村山蕉村新建知青公园 （区委农办 供图）

武江区西河镇林屋村整治后新貌 （区委农办 供图）

武江区西河镇林屋村新建进士广场 （区委农办 供图）

武江区重阳镇林屋村环境整治后新貌 （区委农办 供图）

武江区重阳镇水口村全貌 （区委宣传部 供图）

武江区重阳镇林屋村新建小公园 （谢焘　摄）

武江区重阳镇侯屋村新建古树公园 （区委农办　供图）

2020年12月31日，中共武江区委书记颜亮率队在宏昌百货超市检查疫情防控措施落实情况　（区委宣传部　供图）

2020年1月28日，武江区领导一行率队检查酒店防疫工作　（区委宣传部　供图）

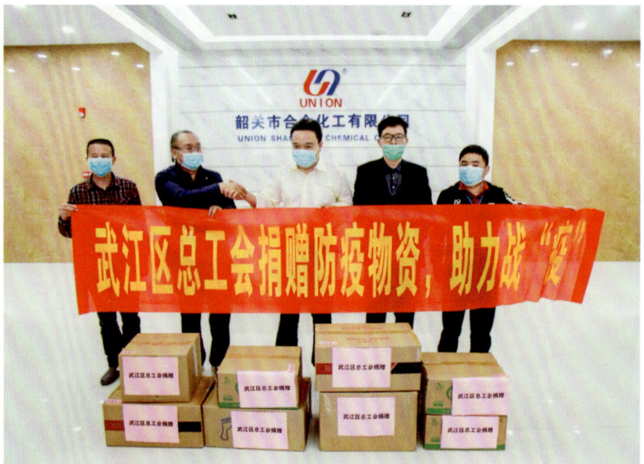

2020年3月3日，武江区总工会先后前往辖区企业和龙归镇防疫一线赠送防疫物资　（李文杰　摄）

武江区群立社区开展“挂图上墙+网格化管理”疫情防控工作（陈励 摄）

2020年2月5日，武江区交通检疫站深夜工作的场景（区委宣传部 供图）

武江区西联镇芙蓉村设立疫情防控检查点，严格守好”村大门“（陈励 摄）

2020年5月1日，韶关新区幼儿园建设项目开工　（陈励　摄）

2020年9月29日，武江区中医院建设项目开工　（陈励　摄）

武江区乡村振兴传习所（龙归粮仓）风度书房　（陈励　摄）

武江区新华街道老旧小区拖拉机厂东区宿舍改造后新貌
（谢焘　摄）

武江区开放或半开放式居民区封闭管理试点西河镇津头岭村，图为津头岭村口处设置的智能门岗门禁　（谢焘　摄）

2020年11月15日，武江区江湾镇涂屋村村民为乡村振兴带来的美丽乡村点赞　（区委宣传部　供图）

在职党员助力“全国七次人口普查”入户摸底工作，图为2020年10月13日在职党员入户调查　（区委宣传部 供图）

2020年8月1日，武江区惠民街文化站、区创文办联合开展的“走进昆虫世界 共建和谐自然”——培育和践行社会主义核心价值观系列活动在惠民街道文化站阅览室举行

（区委宣传部　供图）

武江区江湾镇围坪村百花糖蜜蜂养殖基地 （陈励 摄）

武江区龙归镇龙安村小龙虾养殖基地 （区委宣传部 供图）

2020年1月1日，武江区在龙归镇举办“美丽乡村龙归行”——走在乡间小路上2020年乡村振兴徒步行活动 （陈励 摄）

2020年1月20日，武江区团区委组织在校韶关籍大学生开展寒假社会实践活动，大学生们在乡村振兴培训实践中心大合影 （骆伟杰 摄）

2020年11月21日，武江区在西河全民健身广场开展“童心向党 快乐成长”大型环保主题亲子拓展活动 （区委宣传部 供图）

目 录

中国共产党韶关市武江区委员会

韶关市武江区人民代表大会

韶关市武江区人民政府

中国人民政治协商会议韶关市武江区委员会

纪检·监察

民主党派

群众团体

军　事

法　治

综合经济管理

工　业

商 业

农·林·水

财政·税务·金融

城乡建设·生态环境·公路

教 育

文化·旅游·体育

卫生健康

民政·人力资源与社会保障

社会生活

镇（街道）

先进表彰

统计资料

文件辑录

附　录

索　引

特 载

决战脱贫攻坚和决胜全面建成小康社会取得决定性成果

武江区认真贯彻落实中央、省、市有关精准扶贫会议精神，严格落实脱贫攻坚责任制，精准施策、聚焦发力，以高度的责任感、使命感、紧迫感全面推进脱贫攻坚，取得明显成效。

一、基本情况

武江区下辖5个镇51个村委会，新时期精准扶贫目标有省核定相对贫困村7个，相对贫困人口739户1750人（其中：有劳动能力贫困户335户1156人，无劳动能力贫困户404户594人；一般贫困户261户932人，低保贫困户418户758人，五保贫困户60户60人）。

二、减贫成效

在全力攻坚下，2019年武江区省定贫困村和相对贫困人口全部有序稳妥退出的基础上，继续巩固提升脱贫成效。全区贫困人口年人均可支配收入从2015年的3373.83元提高到2020年的15469.03元，增长358.5%，其中有劳动能力贫困人口达到17712.51元，无劳动能力贫困人口达到11102.93元。

（一）贫困户"八有"全面达标。一是有稳定收入来源或落实最低生活保障。有劳动力贫困户2020年人均可支配收入全部达到8951元以上；符合低保条件的建档立卡无劳动能力的贫困户404户594人全部纳入最低生活保障，人均可支配收入全部达到6384元以上。二是有安全饮水。7个省定贫困村20户以上自然村100%完成安全饮水工程建设，建档立卡贫困户使用的饮用水全部达到安全饮用水标准。三是义务教育有保障。贫困村内7—15岁的贫困户子女229人，100%接受义务教育。四是基本医疗有保障。武江区建档立卡贫困人口全部参与基本医疗保险；有就医记录的贫困户2039人次全部享受医疗救助，合规医疗费用共60.31万元，医疗救助57.09万元，防止贫困户因病返贫。五是安全住房有保障。通过危房改造，武江区确保建档立卡贫困人口均有安全住房。六是有电用。建档立卡贫困户家庭用电全部接入农村电网，并能确保正常使用。七是有电视信号覆盖。相对贫困村中20户以上自然村的相对贫困户家庭全部接入统一铺设的有线电视网络，并能正常使用。八是有网络信号覆盖。建档立卡贫困户家庭全部有接入互联网网络，网络信号正常。

（二）贫困村出列"十项"标准全面完成。一是贫困发生率达标。7个相对贫困村贫困户已全部有序稳妥退出，贫困发生率为0。二是农民收入达标。7个相对贫困村年人均可支配收入达到18645.86元，比2015年（7238.24元）同比增长158%，超过当年全省农村居民人均支配收入

60%（8951元）的水平。三是集体收入达标。7个相对贫困村均有产业发展项目，村级集体收入均有稳定来源，村年集体经济收入从2015年的1.18万元提高到2020年的19.01万元，且均在12万元以上。四是人居环境达标。7个相对贫困村村容村貌干净整洁、户用厕所基本普及、生活垃圾集中处理。五是村道建设达标。7个行动贫困村20户以上自然村村道路硬化全面完成，全部具备通客车条件。六是饮水安全达标。全区7个相对贫困村全部实现村集中供水，水质经检测部门检测合格。七是水利和电力设施达标。全区7个相对贫困村农田水利、电力设施完善，农户有正常供电。八是电视信号和宽带网络达标。全区7个相对贫困村40个20户以上自然村全部实现电视信号和宽带网络覆盖。九是公共服务达标。全区7个相对贫困村全部有完善的村级公共服务站、卫生站、文化室等公共服务设施。十是党组织建设达标。全区7个相对贫困村抓党建促脱贫攻坚和“头雁工程”效果明显，党员先锋模范作用和党支部战斗堡垒作用发挥充分。

三、工作举措

（一）党建扶贫。区、镇扶贫办均配齐配强扶贫干部，区扶贫办配备扶贫干部共7人；5个镇共配备扶贫干部共24人。2020年区扶贫办对扶贫领导干部、驻村驻镇干部轮训12次；组织部对社区、村党组织书记培训3次，区委建立激励机制和容错机制，管好用好驻村工作队，发挥党员带头参与扶贫作用，取得明显效果。

（二）产业扶贫。各镇（除全征地镇西联镇外）及7个省定贫困村明确“一镇一业”“一村一品”主导产业，2020年全区在家务农的有劳动能力贫困户76户，全部参与扶贫产业项目，与经营主体签订产供销合同并产生实际效益，参与率达到100%。

（三）消费扶贫。武江区为加大贫困村产销对接，鼓励引导社会各界消费来自贫困村户的产品和服务，出台《武江区关于深入开展消费扶贫助力打赢脱贫攻坚实施方案》，建设2个区级电商服务中心（三区联合的农村淘宝服务中心、武江区电子商务公共服务中心）、7个镇级电商服务站点和11个村级电商服务站点。武江区广鸿桑菜生产专业合作社、武江区乡村家庭农场等一批扶贫产业专业合作社分别与乐村淘电子商务有限公司企业签订购销协议，运用和推广“互联网+精准扶贫”的有效形式，打造品牌，使贫困对象脱贫有支撑、致富可持续。积极开展扶贫产品认定工作，2020年已有3家企业7个产品成功申报认定为扶贫产品，另有3家企业9个产品正在申报认定扶贫产品。

（四）就业扶贫。武江区有意愿培训的有劳动能力贫困人口数48人，全部参加就业技能培训，培训率达到100%。有意愿务工的有劳动能力贫困人口数258人，全部得到就业帮扶，就业帮扶率达到100%。

四、经验做法

（一）压实各级责任，强力推进脱贫攻坚工作。武江区在推进脱贫攻坚工作中坚持高位推进，认真落实脱贫攻坚“一把手”负责制，形成区、镇、村三级书记抓脱贫，各级各部门上下贯通、责任到底、合力攻坚的工作格局。一是强化书记指挥长作用，压实“三级书记”第一责任。区、镇、村“三级书记”是各级指挥长，要求亲自谋划、推动精准扶贫工作，亲自解决问题，将各级书记抓扶贫的责任落实情况纳入基层党建述职考评、评优评先和纪委日常监督的主要内容。特别是区委书记，发挥示范引领作用，对脱贫攻坚重大问题亲自研究、难点事项亲自协调、任务落实亲自过问，先后10次召开书记专题会议和区委常委会会议上研究推进脱贫攻坚工作；严格落实一把手遍访贫困村制度，经常深入村组，实地调研和督导精准扶贫工作。针对脱贫攻坚工作中的短板弱项，组织开展决战决胜脱贫攻坚问题整改督导检查行动，围绕贫困户“两不愁三保障”和“八有”、产业消费就业帮扶和资金项目收入、党建宣传资料成立三个督导组，开展地毯式全面摸查整改，及时补齐短板；针对以往贫困村新农村建设“政府干，群众看”的难题，谋划实施农村人居环境整治“打擂比武”活动，有效撬动村民和社会各界共同参与美丽乡村建设，主要做法得到省、市领导的肯定，并在农民日报、新华网及省、市工作简报中刊登推广。二是强化指挥部的作用，压实党委党组主体责任。各镇党委和区直行业部门党组是抓脱贫攻坚的一线指挥部，开展脱贫攻坚“解剖麻雀”逐村逐户“回头看”核查行动，组织区、镇、村3股力量，实行每日“一核查一研判一汇总一通报”的“4个1”制度，重点抓好家居环境人口、“八有”指标落实、政策保障补助、产业就业收入、资料汇总审核5个事项，全面补齐短板弱项，逐村逐户开展“回头看”，有效提升脱贫攻坚整体工作水平。区委通过召开区委常委会会议听取汇报的方式，推动形成全区脱贫攻坚工作进位争先的氛围。三是强化兵团作战，压实组团直接责任。按照“区委常委班子包镇、区政府班子包行业、区直单位包村”的定点帮扶机制，结合推进农村人居环境整治“打擂比武”工作，通过组团联动推进，对每个行政村组建一个组团，由区领导任团长，区直单位和镇副科以上干部挂点自然村，形成兵团作战模式，协调解决脱贫攻坚和新农村示范村建设中的实际困难和存在问题。各组团把脱贫攻坚和新农村示范村建设当成是自家的事情一样悉心对待，真心实意积极推进，各组团攻坚克难的氛围愈加浓厚。如龙归镇方田组团，挂点单位下点频率高，镇村干部工作积极性强，难得的是挂点干部对方田产生归属感，干出成就感和自豪感，形成强大的攻坚合力。四是强化勤务员的作用，压实工作队的具体责任。充分发挥乡镇基层干部和驻村工作队在打赢脱贫攻坚战勤务员的作用，按照指挥部的工作部署要求开展扶贫工作，驻镇、驻村干部每周住镇、驻村工作5天4夜，进村入户现场办公，确保工作力量下沉。区、镇领导班子成员包村包户，深入贫困户家中，切实为群众解决实际困难。在贫困村新农村建设和农村破旧泥砖房拆除工作中，支部党员担任“主攻手”和“领头雁”，带头捐资出力、带头拆除自家泥砖房、带头让出土地建设基础设施、带头做通家属工作，带动村民配合做好农业产业发展、“三清三拆三整治”和美丽乡村建设，以“脚上有土、心中有谱”的工作作风，确保扶贫政策“最后一公里”落到实处。

（二）拓宽增收渠道，着力构建造血扶贫格局。坚持把产业扶贫和就业扶贫作为主攻方向，着力增强“造血”功能。一是因地制宜谋划产业。推行农户产业脱贫举措，根据各地发展优势，因人因户制定“产业扶贫套餐”，重点发展黄岸黄金百香果、方田优质水稻、万侯生猪、山前韭菜、龙安桑叶和淮山、湖洋番薯等特色产业，不断壮大生产规模，培育示范基地，建立“企业+基地+合作社+贫困户”的利益衔接机制，形成“一镇一业、一村一品”联动发展格局。实现联农带农产业发展模式，其中2020年带动全区在家务农的贫困户76户，户均增收972.46元。同时，运用和推广“互联网+精准扶贫”的有效形式，打造品牌，使贫困对象脱贫有支撑、致富可持续。如江湾镇湖洋村通过农村淘宝店带动番薯产业发展，改变过去由于地处偏远导致农产品销售渠道不畅通的问题，现在每年销售红薯均在0.5万公斤以上。二是念好山水田园经，让美丽经济活起来。全区统筹推动“一村一品”连片发展，加快打造重阳百香果、西河无花果、龙归香水柠檬等“五朵金花”（无花果、百香果、香红薯、南药、生姜）特色农业，形成“特色明、效益好、农民富”的现代农业产业集聚区。近两年，龙安淮山、山前香蜜薯等4个农产品纳入全国名特优新农产品，武江乡村家庭农场等3个企业入选粤港澳“菜篮子”基地。出台《创建抛荒地整治利用特色亮点村实施方案》，优先预流转成片抛荒地，为特色产业提供坚实要素保障。如江湾镇倒流水村探索出“土地流转—引入企业—村民创业”的增收模式，流转出4.67公顷抛荒地打造“梦里荷乡”等特色景点，实现村民每月人均增收1000余元。在全区统筹打造两条精品线沿线景观节点的基础上，以美丽庭院评比、特色民宿经营等手段为发力点，带动各类农旅新业态发展。如江湾镇白石村创新推出庭院自助式餐饮经营模式；西河镇麦元头村连续举办直播带货活动打通农副产品新销路，仅“双11”期间就已成交近3000单，销售额近10万元。三是发挥中心城区优势，加大消费扶贫力度。针对贫困户生产批量较大的农副产品，通过党政机关、企事业单位、学校的食堂采购，解决销售问题；针对贫困户因受疫情影响滞销的少量农副产品，通过“蚂蚁搬家”的模式，由帮扶干部牵线搭桥，借助朋友圈、微信群等平台，及时将贫困户滞销的农副产品销往城区，确保贫困户既增产又增收，2020年以来，共消费扶贫产品50.86吨，消费金额78.22万元，带动贫困户239户，以消费扶贫方式促进贫困人口稳定增收脱贫及贫困村产业持续发展。四是做细做实就业和培训服务。开展“一对一”就业服务，充分利用区位优势，积极对接甘棠园和莞韶园企业。2016年以来，累计组织贫困劳动力参加技能培训652人次，累计实现就业1636人次。针对受疫情影响，贫困户就业务工不稳定的问题，一方面由区人社局会同工信、住建等部门协调联系相关企业安排适当工作。另一方面，由各镇安排贫困户从事防疫宣传、卫生消杀、保洁等公益性岗位。截至3月30日，全区有劳动能力的贫困人口475人已全部实现复工，确保贫困户稳定增收。

（三）强化资金管理，推动脱贫政策落实落地。武江区不断加强扶贫资金统筹，切实提高扶贫资金使用效益，确保所有扶贫资金用在刀刃上。一是聚焦项目库，精准使用扶贫资金。截至2020年12月，全区累计使用各类扶贫资金6878.04万元，支出进度为100%，主要用于光伏发电、太阳能路灯、道路和文体设施建设、党建配套建设等。二是围绕管理制度，规范使用扶贫资金。制定《韶关市武江区精准扶贫开发资金筹集和使用监管细则》，严格落实扶贫资金筹集使用管理和项目实施情况“一律公开”和“一律公告公示”制度，加强扶贫资金项目绩效管理，简化审批审核流程，用好用活扶贫资金。三是强化监督管理，安全使用扶贫资金。通过开展扶贫领域专项巡察“回头看”，加大对扶贫资金、项目安排监督检查力度，确保扶贫政策、项目、资金安全落地。同时对扶贫领域资金的审计监督，着力发现深层性问题线索，及时发现低保、项目建设等扶贫领域违规违纪苗头性问题。四是加强资产管理，保值增值扶贫资金。充分借鉴武江区列为国家、省和市农村集体产权改革试点工作经验，制定《关于规范和加强扶贫资产登记管理的实施意见》，全区51个行政村全面实施农村集体经济组织成员身份认定和集体资产清产核资，全面开展扶贫资产登记管理，2016年以来投入扶贫资金5392.4万元，形成扶贫资产177项4504.18万元，并全面追溯资产状态、厘清权属关系，全部确权登记。积极探索实施股权动态制、股权固态制和股权份额制三套改革模式，有效运营扶贫资产。加强扶贫资产财务管理和运营，将收益入股优质企业，创造的分红用于增加贫困户收入。如重阳的百香果产业园，采取区、镇、村三级资金入股产业园分红。实行集体经营性资产“确权确股”到人，促使村民、贫困户股民化。如西河镇红星村、朝阳村等城郊村，通过村办企业、经济联合社等模式运营资产，每年为村民、贫困户分红1万余元。

重阳镇林屋村河岸风光（区委宣传部　供图）

（四）开展打擂比武，打造生态宜居美丽乡村。2020年以来，武江区在贫困村新农村示范村建设和全域“三清三拆三整治”、村庄清洁战役、破旧泥砖房拆除、厕所革命、垃圾分类等系列整治的基础上，创新开展农村人居环境整治“打擂比武”活动，打造一批生态宜居美丽乡村。一是组团打擂，形成干群合力共建格局。围绕武江区龙归—江湾和西河—重阳两条美丽乡村精品线路沿线的27个行政村（94个自然村），区委书记、区长各牵头统筹1条线路，组成27个组团，采取“党政主要领导包片、处级领导抓村、科级干部驻组、百家企业扶点”的方式，构建起“区—镇—村—企”组团作战的工作机制。同时，将临时党支部建在攻坚组团上，由组团挂点区领导担任支部书记、区直部门主要负责人员兼任各行政村“第一书记”，推动全区近2000名区、镇、村党员干部带着思路举措和政策资源沉到一线，深入了解群众所思所想所盼所愿，努力做到“群众需要什么就建设什么”。如西河镇山蕉村组团下大力气拆除村内弯道旁房屋，解决拐弯处交通安全隐患。重阳镇重阳村组团充分动员村民乡贤推进沿河道路改造工程，出工506人次、无偿让出土地超6000平方米、筹集资金12万元，道路坑洼不平、淤泥堆积的问题得到有效解决。二是竞技比武，营造比学赶超浓厚氛围。通过搭建擂台，从2020年8月起举办三次“打擂比武”评选，由“两代表一委员”和专业工程师组成第三方评审小组，第三方评估、领导干部现场观摩评分、会场PK评选和综合评定等环节，评选出“生态宜居美丽村庄”。区级财政安排3个1000万元专项资金，分别用于组团筹集资金1∶1配套奖补、“生态宜居美丽村庄”评选奖补、破旧泥砖房拆后公共设施新建奖补，按照“筹集资金越多、登台打擂越快、评比结果越优、奖补奖励越多”的原则进行奖补，有效激发各组团、各村建设美丽乡村比学赶超浓厚氛围。各组团“八仙过海，各显神通”，江湾镇发动村民投工投劳，并充分利用当地的鹅卵石、砂石等建筑材料，沿石阶路错落搭配种植草皮、树木，仅投入120万元的资金就打造出全长1.5千米的特色景观，其中2个“口袋”公园仅用10天的时间。既精减支出，又快速建成特色景观，起到“花小钱、办大事”的效果。方田组团通过精准施策、破旧立新，短短几个月时间，破旧泥砖房全无踪迹，打造出“五园四场三廊两门一区”的特色景观，乡村面貌发生翻天覆地的变化，成为市民游玩的网红打卡点。截至2020年，全区共37个自然村参与第一轮和第二轮“打擂比武”，9个自然村获得“生态宜居美丽村庄”奖补资金共计600万元。2020年国庆期间，龙归—江湾美丽乡村精品线路游客比2019年同期翻了一番，民宿餐饮营业额比2019年同期增长60%。美丽乡村建设正在不断释放经济潜力，为夯实脱贫攻坚基础和乡村持续发展注入新的活力。

（五）狠抓作风建设，确保问题整改全面到位。脱贫攻坚任务能否完成，关键在人。武江区一直以来非常重视抓扶贫干部队伍的作风建设。一是抓作风提改，筑牢脱贫攻坚纪律防线。以《武江区“担当落实、走在前列”进行时》常态化通报制度和年度攻坚克难奖、创新创优奖评比为抓手，全面改进干部作风，确保扶贫工作务实、脱贫过程扎实、脱贫结果真实。二是抓督导督查，形成各方合力监督扶贫工作落到实处。充分发挥人大、政协、纪检、审计、媒体、社会等全方位监督作用，督导督查各镇村、各行业落实扶贫责任、政策、工作“三落实”情况。三是抓问题整改，以刀刃向内的勇气直面问题。对省、市、区脱贫攻坚专项巡查中发现问题的整改落实情况开展“回头看”，特别是针对市脱贫攻坚专项巡察组反馈问题，区委高度重视，区委书记颜亮多次召开书记专题会、区委常委会会议，全面梳理专项巡察发现的问题，查找问题根源，明确分管领导具体抓好落实，组成3个督导组，全面督导推进，对巡察问题进行举一反三、立行立改，形成上下联动、一抓到底的整改工作机制。武江区对市专项巡察提出的28个问题全面完成整改，并于8月24日以区委的名义向市委巡察办报告整改落实情况。

（六）深化宣传引导，凝聚脱贫攻坚强大合力。切实加强部门协调联动，形成脱贫攻坚合力，积极创新宣传形式，丰富宣传内容，拓宽宣传阵地，多方位全覆盖营造脱贫攻坚深厚氛围，为全区脱贫攻坚工作注入强劲动力。一是大发动，着力提升社会扶贫合力。全区脱贫攻坚动员大会后，各级通过召开动员会、入户动员、开展“扶贫日”活动等方式，广泛发动爱心企业、干部职工、青年学生等各界力量踊跃参与脱贫攻坚，建立一个政府主导、社会参与、共促发展、共享成果的武江扶贫济困平台，取得明显成效。2020年共募集金额为415.90万元，比2019年翻2.04倍。同时，结合“打擂比武”活动，有效引导村民、企业等各方力量捐资捐物、投工投劳参与脱贫攻坚和美丽乡村建设。如江湾镇涂屋村倡议“乡贤带头、户户捐款、人人投工”，全村上下不漏一户出工出力，“打擂比武”活动开展一个月内村民自筹资金就超过20万元。2020年全区撬动社会资金、村民自筹资金1860万元，村民投工投劳11229工日。二是大走访，积极灌输自强理念。武江区四套班子带头，进村入户走访群众，按照好中差三个层次，定点联系包抓88户贫困户，深入贫困户“解剖麻雀”，查找问题，以点带面，指导全区。600多名帮扶干部俯下身子，逐村逐户走访全区所有农户，全面开展思想发动引导，弄清贫困户家庭基本信息，明确翔实帮扶举措，对于因病、因残或年迈等致贫的贫困户，主要通过政府兜底的方式进行扶贫，再给予必要的照顾和补贴。对于有劳动能力贫困户，积极通过集中座谈、入户宣传、远程教育、观看影片等方式，主动向贫困户灌输自强理念，努力培养和造就他们敢于直面困难、勇于迎难而上的信念和意志，着力让扶贫对象从思想上拔穷根，力求精神物质双脱贫。三是大宣传，深入鼓舞扶贫斗志。在镇、村两级显著地段悬挂宣传标语，制作宣传广告，彰显党和政府坚决打好打赢脱贫攻坚战的信心和决心。宣传部门积极挖掘素材，大力宣传脱贫攻坚产业发展、民房建设、帮扶工作、致富典型；卫生部门组织家庭医生服务团队，深入田间地头，流动宣传健康常识，提供免费体检服务。深入开展“听党话、感党恩、跟党走”暨“讲好脱贫攻坚故事”宣讲活动，从扶贫行业、基层干部、广大贫困户中总结和提炼扶贫一线的感人故事、先进典型，以视频和汇编书籍的形式展示贫困户生产生活发生的喜人变化、靠党的好政策和自己的勤奋努力改变命运、各级扶贫干部投身脱贫攻坚的生动实践，鼓舞全区决战决胜脱贫攻坚的斗志。四是大培训，有效提升贫困户“智力”水平。在全区深入开展以田间、果园授课等方式的种植技能培训班，教授无花果种植与田间管理、优质红薯的栽培管理、桑树和水稻高产栽培、玉米高产栽培及草地贪夜蛾的防控等技术，有效提升贫困户种养水平。同时，以提高城乡劳动者职业技能水平、促进就业为工作目标，深入实施“广东技工”“粤菜师傅”“南粤家政”三大培训工程。特别是“粤菜师傅”培训，共培训技能人才154人，实现就业93人。如，黄岸村贫困户陈贱娇，独自抚养两个孩子，生活压力大。经过“粤菜师傅”的系统培训，厨艺得到很大提高，并成为区卫健局饭堂的主厨。由于干活勤快、责任心强，得到干部职工的一致好评。

（区农业农村局）

创新“六个一”党建引领网格化疫情防控

武江区作为广东北大门韶关市的中心城区，常住人口约32万、流动人口约8.1万，人口构成复杂、人员流动性大、管理难度高，新冠肺炎疫情防控工作任务艰巨。疫情发生以来，武江区坚决贯彻落实习近平总书记关于“坚定信心、同舟共济、科学防治、精准施策”的要求，以“内防扩散、外防输入”为工作导向，建立“六个一”党建引领网格化管理防控机制，全力维护人民生命安全和身体健康，坚决打赢疫情防控人民战争、总体战、阻击战。

一个网格一个支部，强化党员队伍凝聚力。在社区（城中村）以网格为单位，建立疫情防控临时党支部。从区直机关选派26名区直机关单位“一把手”、13名镇（街）班子成员担任39个社区（城中村）疫情防控“第一书记”。“第一书记”兼任疫情防控临时党支部书记，与社区党支部书记一道，优势互补，形成合力，全面加强对“联防联控、严防严控”的组织领导。“第一书记”带头深入一线，从2020年1月29日起全天驻社区（城中村）开展工作，带领网格内的市、区、街（镇）、社区（城中村）党员，开展“敲门行动”。当发现部分住宅白天存在“空响”现象时，临时党支部及时调整工作方式，利用夜间开展“亮灯敲门补查”行动，确保“不漏一户，不漏一人”。

一个社区一张拼图，提升摸排宣传精细度。结合卫星影像图和地形图，将每个社区（城中村）划分成若干个小网格拼图，全区共划分218个小网格。实行挂图作战，党员干部包干负责，逐户动态掌握，做实做细排查、宣传和服务等工作。结合社区、城中村实际特点，出台两个“十个一律”严管严控措施，开发出租屋管理APP、网上调查问卷二维码入口、疫情发生地到韶关人员调查小程序等，通过信息技术帮助党员干部提高排查宣传效率，减少交叉感染风险。

一个关卡一座堡垒，把控防疫区域关键点。在社区（城中村）、住宅小区出入口、公共场所、关键路口设立卡口，将公安、卫健、属地“三合一”的党员干部，纳入统一管理。在卡口派发传单，测量体温、登记人员信息、宣传防控知识。广泛运用接地气横幅（如“家就是最大最有效最安全的口罩”等）、扩音器（根据不同群体录制不同语种）等形式加大防疫工作宣传力度。对一些出入口较多、出租屋集中的城郊村采取围蔽式管理，要求外地返村人员一律进行全员信息登记，详细记录春节期间生活轨迹，并派发由村委统一印制的临时出入证。

一名党员一面旗帜，发挥模范带头先进性。认真落实机关在职党员干部到社区报到为群众服务制度，1755名市、区机关在职党员干部驰援社区（城中村）防疫一线。通过建立微信工作群信息实时共享制、分组包片包户制、“一图一表一册”工作制、签到通报制等，压实报到机关干部工作职责。安排6名派出所党员所长挂任所在镇（街）党（工）委副书记，强化镇（街）、村（社区）与派出所互动互联，形成疫情防控工作合力，推动疫情防控社会面问题高效解决。针对农村熟人社会特点，在城郊村推行无职党员设岗定责活动，组织559名农村党员积极投身18个一线防疫工作岗位。

一个网格早晚一会商，增强信息处理及时性。网格临时党支部坚持每天早上8：30开早会，传达上级有关部署要求，向每位党员干部分派任务清单；下午5时开小结会议，逐项验收当日交办任务，研究解决遇到的新问题新困难。会议严格控制参加人员范围，仅限于支部书记和小组长参加，以减少疫情传播风险。根据网格会商提供的大量即时一线情报，各网格持续优化提升整体防控工作。如，西联镇芙蓉村结合村内布局规整特点，建立“一网一支部、一路一街长”网格化管理模式；全区面上制定实施“地方语言‘大喇叭’+‘小喇叭’”人性化宣传、“18+1”农贸市场“红袖章”工作专班等举措。

一个结对一个帮扶，加强整体防控严密度。针对各个社区之间网格化疫情防控工作开展不平衡问题，安排10个工作较为突出的社区党组织与10个工作开展较弱的社区党组织结对帮扶。结对社区在工作人员上统筹调配，在防疫物资上资源共享，在摸排经验上相互交流。结对帮扶机制以强带弱、以长补短，使好经验好做法在面上迅速得到复制推广。如，新华街花城社区党组织在帮扶乳韶社区党组织过程中，调配部分市直下沉党员干部支援乳韶社区，帮助乳韶社区优化调整防控工作思路，重新整合分配网格防控力量，推动乳韶社区在第二轮入户排查登记工作中成效跃居新华街前列。

（区委组织部）

“小喇叭”宣传小分队走街串巷

（区委宣传部　供图）

韶关市武江区老旧小区改造提升

2020年，武江区严格按照省委省政府、市委市政府工作总体部署加快推进老旧小区改造工作，积极探索“1+6+3”模式，切实办好民生实事，解决群众关心的问题和现实困难，推动城市建设和市民生活品质的提升，真正让市民享受到高质量发展成果。

一、基本情况

根据武江区摸排统计，辖区范围内符合老旧小区改造条件的共有173个小区，共涉及598栋15468户住户。2020年已完成39个小区的改造工作；其余的134个小区预计将于2025年前完成改造，涉及350栋9994户住户，概算投资约2.5亿元。

2018年以来，结合上级补助资金和居民出资，武江区累计投入资金约1.14亿元，完成39个老旧小区的综合改造工作（2018年4个小区，2019年13个小区，2020年22个小区），总建筑面积约48.71万平方米，涉及楼房248栋，惠及居民5474户，约1.6万人。武江区以方便群众生活和美化小区环境为改造目标，将提升改造重点集中于小区内的道路、消防、排污、燃气、绿化、路灯、楼道粉刷等方面，并修建增设休闲健身广场、健身器材、石桌石凳及停车位，并配以文化墙、景观植物等点缀。另外，对于具备封闭条件的小区配备监控门禁等配套功能设施，进一步优化小区安全管理工作。

改造后的拖拉机厂宿舍　　（董素梅　摄）

二、主要举措

（一）雨污分流改造。雨污分流改造作为老旧小区改造的重点内容，武江区通过雨污分流改造和道路重新铺设，解决老旧小区存在的排污排水不善、地面凹凸不平等安全隐患问题。

（二）完善硬件设施。在老旧小区改造工作中，武江区翻新破旧围墙，优化设置停车位，结合实际配置安装路灯和非机动车充电桩、楼道消防设施、小区大门门禁及视频监控系统等硬件设施。

（三）统筹管道安装、电梯加装、“三线”整治等工作。老旧小区改造期间，武江区动员小区居民参加水、电、燃气管道等“一户一表”改造工作，通过水电气改造统一安装入户，满足居民日常生活需求。对于已完成改造的老旧小区，动员和支持居民进行电梯加装，缓解小区老人出行难的问题。集中整治老旧小区空中的“蜘蛛网”，解决老旧小区乱拉网线等问题。

三、改造案例

（一）拖拉机厂宿舍小区。拖拉机厂宿舍小区位于武江区新华南路30号，始建于20世纪70年代，是早期的关停并转企业宿舍小区。小区改造前一直处于无人管理状态，存在楼体老旧、水污不分、路面坑洼、渗漏频发、“三线”凌乱、违规搭建、卫生脏乱、停车失序等问题。2020年，武江区完成拖拉机厂宿舍雨污水管改造455米和小区绿化改造290平方米，提升改造拖拉机厂宿舍小区12栋楼，总占地面积约1.1万平方米，建筑面积约1.7万平方米。

（二）华园花园老旧小区。华园花园老旧小

区管网老化，道路年久失修，居住环境较差。2020 年，武江区完成小区道路提升改造 6000 平方米，排水井改造 154 座，绿化提升改造 210 平方米。经过排水及路面提升改造后，华园花园通行方便、整洁漂亮。

（三）工业中路公租房 B 区。工业中路公租房 B 区管网老化，道路坑洼，居住环境较差。2020 年，武江区完成公租房 B 区摊铺沥青约 400 平方米，新建排水 27 米，浇盖板 236 平方米，新建围栏 36 米，清疏下水道 173 米。经过排水及路面提升改造后，有效改善小区的居住环境。

四、经验总结

（一）探索“1+6+3”模式。建立健全 1 个党建引领的管理组织，提升排污、排水、供水、燃气、消防设施、三线整治等 6 个方面建设水平，开展联防平安小区、整洁卫生小区、和谐邻里小区 3 个创建。

（二）探索引进社会专业公司加入改造项目。武江区前期积极与北京和家生活科技集团进行对接，签订无物业小区引进物业管理框架协议，接管 5 个小区物业服务；韶关市中和物业公司投资 30 余万元进行改造道闸、人脸识别、监控的安装工作，现已完成安装调试工作。

（三）发挥“五支队伍”主力军作用。结合“社区吹哨、党员报到”机制，充分发挥干部、党员、楼长、志愿者、社区工作者“五支队伍”参与改造工作和为民服务的热情与积极性，做好小区封闭式管理建设政策的宣传引导，继续加大城郊村实施封闭式管理提升工作的宣传力度。

（区住建局、区城管局）

三大发展平台建设

武江科创园

一、基本情况

2017 年，镇泰公司因结构调整而退出韶关，武江区抢抓机遇，果断斥资近 1 个亿收购镇泰（韶关）公司资产。鉴于该地块地理位置优越，地上建筑物涵盖创新创业企业办公场所展览展示企业文化以及人才公寓等综合配套空间，完全具备中高端科技产业园建设所需要的基本条件，对发展产业孵化器（具有占地少效益高的特点）非常有利，经区委、区政府充分研究论证后，武江区将其用于建设武江科创园。武江科创园项目位于韶关大道北原镇泰厂区，占地约 6.93 公顷，建筑面积约 4.9 万平方米。项目规划结构为一轴（中央共享轴）四区（科创办公区、路演中心区、主题广场区、青创家园），重点围绕医药大健康、智能装备研发等领域靶向引进一批高新技术企业和高成长性企业，打造集科技研发、健康医疗、产业转化于一体的大健康产业创新集群，并拟以科创园为依托着力打造成韶关市首个宜业宜居活力青创家园，韶关首个科创办公共享服务平台，广东首个公园体验式产业社区，国家级示范科创孵化器与城市产业创新园区。

二、进展情况

项目工程建设情况。武江区按分期实施的方式推进武江科创园项目建设，项目一期改造总投资约 3336.49 万元，主要包括改造三幢 4 层的办公楼和 2 层的展销中心，完善园区内的围护和部分绿化，修建院内道路以及做好园区附属配套设施等，2020 年年底已完成主体工程改造，并交付入驻企业进场装修。科创园路演中心项目投资约 1000 万元，主要是对路演中心内部路演区进行改造，改造面积 1200 多平方米，已于 2020 年 9 月底完工。项目二期正在进行规划设计，包括青创中心改造，预计投资 5000 多万元。此外还将新建产业大楼等，届时，科创园整体容积率将由 2020

年的0.7提高到2.0以上。

企业入驻情况。截至2020年年底，已有39家企业入驻科创园并完成工商登记，其中12家企业完成装修进驻办公。

龙归城乡融合产业园

一、基本情况

武江区城乡融合产业园地处武江区龙归镇，原规划为莞韶城三期，2019年9月市委、市政府决定将其交由武江区规划建设。原规划范围5.5平方千米，武江区接手后对园区规划范围进行重新调整，规划范围扩展到10平方千米左右。

（一）筹建背景。一是产业平台方面。2019年韶关新区改革后，武江区现有产业平台（武江科技园、甘棠工业园）全部移交韶关新区，韶关新区将原莞韶城三期（龙归片区）移交武江区规划建设。二是园区土地现实情况。龙归片区规划范围内地类情况复杂，连片水田在166.67公顷以上，水田开发成本极高。三是发展路径方面。立足粤北生态发展区功能定位，破解城乡二元结构促进城乡融合发展是武江区经济社会发展的主要路径，武江区充分发挥龙归片区地处城郊中心镇的区位优势，以周边工业集聚区为支撑，结合城乡融合发展大方向，将其定位为城乡融合产业园，打造武江区城乡融合发展先行示范区。

（二）产业定位。武江区城乡融合产业园是武江区重点打造的以“绿色、生态、创新”为建设理念的产业园区，园区综合利用区域内不同地类属性进行差异化发展，以现代高品质农业及农林智能装备制造业为主体，力争将其打造成为山水田园相辉映、现代乡村与环境友好型产业相融合、中心集镇与产业园区相配套、一二三产业有机融合发展的产城融合、城乡融合产业园，以产促城形成城镇发展新极点。

（三）规划布局。武江区城乡融合产业园规划总面积1000公顷，园区功能总体布局为“一带一芯六珠”。“一带”是指滨河活力休闲观光带；“一芯”是指中心湖；“六珠”是指林草智能装备示范园（连片工业用地200公顷，含研发用地）、现代农业区（滨湖生活区，规划属性为二类居住用地，200公顷）、滨河生活区（点状布局商业用地及商服用地，主体以景观打造用地为主，186.67公顷）、社主生活区（38公顷）、物流商贸园（60公顷）、新材料产业园（202.93公顷，可开发用地88.98公顷）。

二、进展情况

（一）规划进展。新区改革后，新区将莞韶城三期移交武江区，由武江区负责推进园区规划修编及建设工作，区工信局根据区委、区政府工作部署，委托广州城市规划院开展扩园修编工作，并将规划成果（法定文本、技术文件、图则）全部提交市自然资源局。

（二）园区基础设施项目建设进展。“一桥一路”工程是武江区启动的武江区城乡融合产业园基础设施首期工程，位于产业园中心位置，项目总长2.8千米，包含道路工程、桥梁工程、交通工程、排水工程、照明工程、绿化景观工程、电力通信等，项目总投资为1.57亿元，建安费为1.02亿元，分两期实施。“一桥一路”工程南北与国道G323线、省道S520线衔接，建成后将直接打通武江区城乡融合产业园及周边村镇南北通道，成为武江区城乡融合发展主动脉。

一桥一路工程一期于10月22日开标，中标单位为韶关市长通路桥有限公司，中标价为704.5886万元，10月29日公示期结束发出中标通知书并正式动工。11月9日取得施工许可证，项目涵洞工程、道路基底铺设已全部完成。

一桥一路二期于12月2日开标，中标单位为广州市房屋建设开发有限公司，中标价为9464万元，12月8日公示期结束并正式发出中标通知书。12月15日已签订施工合同，施工单位在项目所在地确定项目办、施工工棚等选址，施工人员正式进场施工，主要开展放线测量、工棚搭建等工作。

（三）新材料产业园推进进展。武江区积极推进新材料产业园建设，已完成初步可研、用地研究等前期工作，列入韶关市2020年前期工作（预备）项目计划表，并于2020年6月申报省“十四五”规划重大项目。武江区正在开展红尾坑矿棚改工作，已参加棚改总户数758户，其中已摇号选房649户，公示户数562户，签约户数455户，缴款户数432户。另有102户正在申报办理，55户未参加棚改或不符合棚改政策。经初步摸查，剩余55户的征拆补偿安置费、棚改户搬家补偿费、自建建筑面积补偿费及旧房拆除费等约需1500万元。

（四）林草智能装备示范园推进进展。武江区紧抓国家林草装备科技示范园列入国家林草局科技司重点工作的有利契机，主动对接国家林草局、中国林业产业联合会、哈尔滨林业机械研究所、中国林业机械协会等部门和机构并取得以上相关部门和机构的大力支持。2020年，武江区已完成国家战略储备林规划编制及国家林草（韶关）智能装备示范园可行性研究，武江区城乡融合产业园控制性详细规划中也已将林草智能装备示范园作为重要组成部分。

现代农业产业园

一、基本情况

为贯彻落实国家、省、市要求大力发展农产品加工业，推进农产品加工示范园建设，延长产业链，实现更好的经济效益要求，武江区结合重阳镇区位优势，打造产业聚集的现代农业产业园，建设集农产品深加工、冷链配送中心、电子商务、农业展示展销、农业观光、商业配套等功能一体化的特色农产品精深加工示范园区。农业产业园项目建设有利于破解当地农产品档次低、标准化程度低、保鲜难、品牌次、滞销等瓶颈难题，带动地区形成集经营、流通、售销于一体的产业链条，对促进农民增收具有重要意义。

二、进展情况

农业产业园项目位于韶关市武江区重阳收费站（韶关北环高速公路南）500米处，占地面积约13.4公顷。现已基本完成园区内七通一平建设，二期已开始启动前期准备工作，计划投资3亿元，用于园区内综合服务大楼、标准厂房、污水处理厂等配套设施建设。力争2023年3—5个年产值2000万元的规上企业进驻投产，并与当地合作社、农户建立起原料基地共建、资源要素共享、联农带农紧密的农业产业化联合体，实现一、二、三产业深度融合。

（区工信局、区农业农村局）

凝心聚力“打擂比武”
武江区全力推进农村人居环境整治建设生态宜居美丽乡村

近年来，武江区在推进美丽乡村建设的过程中，遇到一些难题：大包大揽的传统工作方式，产生“政府干、群众看”的“上热下冷”现象；美丽乡村规划建设项目不够接地气，投入大、成本高，老百姓“不买账”；自然生态和历史文化潜力挖掘不够，难以转化为经济活力等。针对这些问题，2020年起，武江区强化党建引领工作机制，采取“打擂比武”工作模式，让乡村环境全面美起来，让农村活力逐步显现出来。

一是支部建在组团上，让干部群众坐在一条板凳上。“打擂比武”试点围绕武江区龙归—江湾和西河—重阳两条美丽乡村精品线路沿线的27个行政村（94个自然村），区委书记、区长各牵头统筹1条线路，组成27个组团，采取“党政主要领导包片、处级领导抓村、科级干部驻组、百家企业扶点”的方式，构建起“区—镇—村—企”组团作战的工作机制。同时，将临时党支部建在攻坚组团上，由组团挂点区领导担任支部书记、区直部门主要负责人员兼任各行政村“第一书记”，推动全区近2000名区、镇、村党员干部带着思路举措和政策资源沉到一线，深入了解群众所思所想所盼所愿，努力做到“群众需要什么就建设什么”。如西河镇山蕉村组团下大力气拆除村内弯道旁房屋，解决拐弯处交通安全隐患。重阳镇重阳村组团充分动员村民乡贤推进沿河道路改造工程，出工506人次、无偿让出土地超6000平方米、筹集资金12万元，道路坑洼不平、淤泥堆积的问题得到有效解决。

二是搭好比武擂台，让群众内生动力提振上来。区级财政安排3个1000万元专项资金，分别用于组团筹集资金1：1配套奖补、“生态宜居美丽乡村”评选奖补、破旧泥砖房拆后公共设施新建奖补，按照“筹集资金越多、登台打擂越快、评比结果越优、奖补奖励越多”的原则进行奖补，有效引导村民、企业等各方力量捐资捐物、投工投劳。如江湾镇涂屋村倡议“乡贤带头、户户捐款、人人投工”，全村上下不漏一户出工出力，“打擂比武”活动开展一个月内村民自筹资金就超过20万元；西河镇下坑村创新开展“一毛钱工程”，村民每户每天缴纳“一毛钱”的村庄治理专项管理费用，有效增强村民建设家乡的认同感和参与感。截至2020年，全区撬动社会资金、村民自筹资金超过2000万元，村民投工投劳超过2万工日。

三是用好能工巧匠，让乡村建设美起来。一方面，向专业团队借智借力。武江区聘请华南理工大学建筑学院作为乡村振兴建设顾问单位，与其合作成立广东省村镇可持续发展研究中心武江分中心。在专家教授带领下，通过举办全国乡建年会、设计下乡等活动，为武江乡村建设“量体裁衣”，形成汇聚乡村振兴智慧力量、美丽乡村共同缔造的良好局面。另一方面，培养发掘本土工匠。依托武江乡村振兴培训实践中心，通过乡建工艺工法实训、培训精品课程举办等形式，培育一批优秀乡村工匠，让他们成为乡村建设的主角。如江湾镇绿湾公司充分利用本地用材，注重与原有村庄风貌高度融合，实现项目建设“低投入，高产出”。市非遗传承人、涂屋村村民涂祖奕将非遗水车技艺植入美丽乡村建设，让乡村更有内涵、更有味道。

四是念好山水田园经，让美丽经济活起来。全区统筹推动“一村一品”连片发展，加快打造重阳百香果、西河无花果、龙归香水柠檬等“五朵金花”特色农业。近两年，武江新增全国名特优新农产品4个、粤港澳“菜篮子”基地3个。出台《创建抛荒地整治利用特色亮点村实施方案》，优先预流转成片抛荒地，为特色产业提供坚实要素保障。如江湾镇倒流水村探索出“土地流转—引入企业—村民创业”的增收模式，流转出4.67公顷抛荒地打造“梦里荷乡”等特色景点，实现村民每月人均增收1000余元。在全区统筹打造两条精品线沿线景观节点的基础上，以美丽庭院评比、特色民宿经营等手段为发力点，带动各类农旅新业态发展。如白石村创新推出庭院自助式餐饮经营模式；江湾老街客栈等民宿经营初具规模；麦元头村连续举办直播带货活动打通农副产品新销路。2020年国庆期间，龙归—江湾美丽乡村精品线路游客比2019年同期翻了一番，民宿餐饮营业额比2019年同期增长60%，麦元头村电商经营主体仅“双11”期间就已成交近3000单，销售额近10万元。

（区委农办）

2020年城市交通基础设施提升

为不断改善武江区城市交通条件和交通秩序，2020年，武江区结合实际，不断优化街区路网结构，不断完善市政管养范围的城市交通基础设施，积极开展市容市貌整治和巡查工作，有效缓解城市交通拥堵，提升市民出行的便捷和安全水平。

一是加大市政设施养护。完成辖区惠民南路、惠民北路、武江大道、韶连路、桥西巷、五里亭大桥西匝道、新兴路、教育路、教育路支路、新建北路、光孝路、黄田坝小学路、宝盖路、朝阳新村路、新华南路、计生路、新华北路、工业东、中、西路、新建路、沙洲路、沙洲一路、沙洲二路、沙洲三路、沙洲四路、沙洲五路、金福园横路、福彩路、福彩二路、碧水花城横路、芙蓉东路、芙蓉北路、如意路、吉祥路、芙蓉北一路、芙蓉北二路、芙蓉北三路、怡华路、红星路、新津路、红玫路、五祖路、亨泰路、体育路、体育东路、体育东侧路、沿江路、西联大道、百旺大道、沐阳路、沐溪大道共55条主次干道的管道疏通，共疏通排水管道及明渠共58024米，清疏雨水格栅6424个，清理砂井3173个，清理淤泥约1420立方米，更换“四防”装置1006个。处理持续强降水造成多处易积水点34次，芙蓉北三路、工业中泵站、新城里捞污机清理阻水垃圾共37次，清洗五里亭大桥、百旺大桥、沐阳路、怡华路、新华北路、工业路、惠民北路、惠民南路中间隔离防护栏共737530米。更换球墨铸铁检查井50套、雨水格栅80套，共计130套。

二是强化道路设施管养。强化路面、人行道维修改造等日常管养，2020年，区市政中心维修人行道约6800平方米，修补侧石800多米，修复路面3600多平方米，清除不规范交通标志标线25000多米，清理废弃电线杆、基座以及其他障碍物100多处，安装或更换止车石300多条，并处理辖区管养范围内的盖板、水沟、花基、树池等其他问题。2020年1月底至2月初，区市政中心对龙归镇和重阳镇疫情检查点进行快干混凝土场地硬化，总面积为205平方米，为防疫检查点提供场地保障。

三是有效新建优化道路。2020年，完成芙蓉山5号路道路改造提升工程。道路起点为红玫路（矿山公园博物馆东侧，御龙湾小区后门，原百香园盆菜馆进口）处，终点至芙蓉山公园2号路，全长约1千米，道路宽度为7米，设计时速为20千米/小时。该工程项目对芙蓉山局部路段进行改造新建，对现状道路进行加宽并加铺沥青，设置标线；建设内容包括：图书馆段安装安全围栏70米，新增路灯以及交通标志标线、指示牌安装等。2020年，随着韶关市委党校的改扩建，康乐村住户已无法通过现党校出入村庄，而且康乐村内部缺少能进出消防车的道路。为优化康乐村内部路网结构，改善居民出行环境，解决康乐村住户的消防安全问题，2020年9月1日至2021年2月28日开展广东北江中学南侧消防通道新建工程。该工程将原山坡

2020年，建成黄田坝停车场（照明中心），停车场面积1200平方米，停车位40个

（区城管局 供图）

进行开挖，新建消防通道，道路长约230米，道路路基宽6米。道路边坡采用菱形骨架方案固定并配合菱形框格植草防护法进行抗滑，同时增设一级平台、二级平台排水沟分流雨水，修复终点段围墙，以及完成设施带路缘石铺设等。

*四是大力改造提升城区道路。*2020年，武江区对武江大道开展提升改造工作，改造内容涉及人行道绿化带（市照明中心段绿化带改造、金福园段绿化带改造、百旺桥底小广场改造约12000平方米），人行道树池裸露改造（奥园至美达多约800个），口袋公园改造（武江桥底康体公园、金福园口袋公园2个），新建公厕（百旺桥底环保公厕1座），另配合交通管理部门取消道路原有停车位，减少道路拥堵，提高道路通行率。2020年4月至9月，区城管局对武江大道全路段的人行道和不规范交通标识标线进行整改，武江大道整改修复人行道约1200平方米，清除不规范交通标识标线21700多米，取消450多个停车位，道路路况有所改进，道路标志标识不断完善。2020年，区市政中心对工业西路绿化带进行提升改造（四一九医院至移山路口），改造约3500平方米，对朝阳路（二水厂段）绿化带进行改造2500平方米。新兴路（新华北路至教育路段）道路维修工程：新兴路“白改黑”铺摊沥青约7200平方米，提升人行道约210平方米。韶州公园北出口维修：铺摊沥青约5000平方米。

*五是加大停车场建设。*2020年，武江区规划新建800个停车位，已建设完成光明巷红星综合厂停车场建设工程、武江大道中结核病防治院和照明中心门前停车场建设工程、武江区图书馆大院停车场改造工程、朝阳村内地块停车场建设工程、国道323线镇泰科创园旁停车场等10个停车场，合计849个停车位。

（区城市管理和综合执法局）

韶关市武江区革命遗址普查

2020年，为深入贯彻落实中央、省和市关于保护红色遗产、弘扬红色文化、传承红色基因工作要求，根据省、市有关通知精神，在省、市委党史研究室指导和统一部署下，武江区于2019年10月起，着手组织开展全区革命遗址普查工作。在区委的重视、领导和支持下，在各镇（街）、区直相关单位全力配合下，已顺利完成普查。现将普查调研情况汇报如下：

一、普查工作概况

2019年12月初，区史志办主任陈志青参加市革命遗址普查工作培训会议后，及时向区委分管领导汇报普查工作会议情况，并会同相关部门领导学习研究省委党史研究室和市委党史研究室的有关普查工作文件，提出全区普查工作思路，征求有关单位关于普查工作方案的意见，为拟定普查工作方案做筹备工作。2020年2月13日，下发《韶关市武江区革命遗址普查工作实施方案》，正式启动武江区革命遗址普查工作，成立以区委常委、区委办主任欧伟强任组长的领导小组，并从区委宣传部、区史志办、区文广旅体局、区退役军人事务局及各镇（街）抽调人员组成工作组，同时成立区普查办，由区史志办主任陈志青兼任主任。2—3月，区普查办按照普查方案所规定的普查内容和时间范围，查阅大量历史资料、文献资料、旧报刊、回忆录、访谈录等，仔细梳理全区的革命遗址线索。4月起，普查工作人员开始对辖区的革命遗址进行全面的田野调查，填写普查表格，做好拍照、测量等工作，记录有关情况，撰写情况概述。编制武江区遗址总目录，完成各项统计表，并就省、市反馈修改意见不断完善、审核、修改。5月武江区完成红色革命遗址入库信息填报工作，11月完成普查成果修改审核并上报市、省委党史研究室，2021年3月在上报省委党史研究室的成果基础上，再补充完善重要革命遗址线索信息报送市委党史研究室，2020年，区史志办对普查成果审核修改，汇编《韶关市武江区红色革命遗址通览》，拟于年内公开出版。

二、革命遗址概况

（一）全区普查登记遗址总数55个，革命遗址51个，其他遗址4个。在51个革命遗址中，重要历史事件和重要机构旧址24个，重要历史事件及人物活动纪念地22个，纪念设施5个。核定纳入广东省红色革命遗址24个，纳入广东省革命遗址线索9个，纳入韶关市革命遗址18个。各镇革命遗址总数及占比如下表，主要集中在西河、龙归镇、重阳镇。

韶关市武江区革命遗址分布情况表

表1

镇名	数量	
	遗址数（个）	占总数比（%）
西河镇	10	19.6
西联镇	—	—
龙归镇	12	23.5
江湾镇	6	11.8
重阳镇	12	23.5
新华街	5	9.8
惠民街	6	11.8

（二）全区革命遗址51个，其中重要党史事件和重要机构旧址24个，比2010年上一轮普查增加12个，重要党史事件及人物活动纪念地22个，较上一轮普查增加15个，纪念设施5个。其他遗址增加1个。

（三）从全区革命遗址的历史资料情况来看，45个革命旧址（遗址）均能找到文献史料进行佐证，如西水暴动、龙归农会惨案、八路军驻韶关办事处、中共广东省委在粤北、中共北江特委等历史在文献资料均有明确且较详细的记载，仅有重阳青暖寨顶山战壕旧址，侯屋炮楼——万侯村抗日战斗旧址，徐屋炮楼——万侯村抗日战斗旧址，带头村旧屋——朱德发动农会藏身旧址，鹞婆岩——朱德、欧日章宿营隐蔽藏身旧址，带头古道——带头自卫队抗日旧址资料尚不明确，仅能以当地村民口述资料为佐证。

三、保护利用情况

（一）保护情况

1. 从革命遗址普查保护级别来看，武江区没有国家、省级文物保护单位，有3个市级文物保护单位：青水塘炮楼——青水塘农军炮楼旧址、李子园炮楼——重阳抗日自卫战旧址、中共南方工作委员会南岸村交通站旧址，占全区革命遗址总数5.9%；有11个尚未核定为文物保护单位的不可移动文物，仅占全区革命遗址总数21.6%；未定级别37个，占全区革命遗址总数72.5%。绝大部分革命遗址未列入保护单位。革命遗址在文物保护中占据相当重要的位置，在文物保护中应加强对革命遗址的保护。

2. 从普查的革命遗址保存状况来看。存在31个；消失20个。存在的31个革命遗址中，现状好的有1个，较好的有6个，一般的14个，较差的3个，差的7个，灭失的有20个。具体分布如下表：

韶关市武江区革命遗址现状评估情况表

表2　　单位：个

镇名	现状评估					
	好	较好	一般	较差	差	灭失
西河镇	1	—	—	1	2	7
西联镇	—	—	—	—	—	—

续表 2

镇名	现状评估					
	好	较好	一般	较差	差	灭失
龙归镇	—	2	6	—	1	3
江湾镇	—	1	2	—	1	2
重阳镇	—	3	5	2	1	1
新华街	—	—	1	—	1	2
惠民街	—	—	—	—	1	5
合计	1	6	14	3	7	20

（二）利用情况和发展态势

1. 本次普查的革命遗址的所有权属和使用单位来看，极为复杂，大多数遗址是无人管理无人使用，没有稳定的日常维护经费，以致革命遗址得不到及时的维护，不少濒临损毁灭失状况。

2. 从普查革命遗址的利用级别来看，没有一处革命遗址纳入任何级别的爱国主义教育基地，只有中共南方工作委员会南岸村交通站旧址于 2019 年 4 月被认定为市级中共党史教育基地。

3. 从普查的革命遗址损毁情况来看，因水灾等自然因素损毁占大多数，人为因素也相当一部分，如城市改造，新农村建设的拆迁、改造，个人建房等等。除 5 座革命烈士纪念碑和青水塘炮楼、李子园炮楼、西河天主教堂、侯屋炮楼有保护单位，以及已经改为他用的革命遗址，如中共广东省委第四次执委扩大会议西河黄田坝遗址、八路军驻韶关办事处招待所西河黄田坝遗址有使用人员管理外，其他各处都处于放任自流，无人管理，革命遗址损毁严重。

四、目前存在问题

（一）保护不力。从这次革命遗址的普查情况看，绝大部分革命遗址都存在保护不力的问题。若再不采取强有力的保护措施，许多遗址将面临灭失的危险。51 个红色革命遗址除 5 座纪念碑外，大部分无人使用、无人照看，部分旧址正面临坍塌损毁境地，现状堪忧；一些极具革命传统教育作用的遗址已灭失或人为损毁。

（二）遗址、旧址权属问题突出。武江区存在的大量红色文化资源，多数革命旧址归私人所有，权属问题较为复杂。部分房主根据自身生活需要，随意拆除、改建破坏。一些无人居住、使用的革命旧址破败不堪，有的几乎垮塌，平时无人打理看管，长期搁置，面临毁灭。

（三）经费投入不足。革命遗址的保护与开发利用是一项系统工程，需要大量资金作支撑，虽然有的遗址已列入文物保护单位，设立保护标志，如青水塘炮楼、李子园炮楼，但投入修缮的资金十分少，甚至没有。武江区受限于当前财政情况，且省市没有固定的遗址保护经费下拨，专项的维保经费不多，资金投入严重不足，同时各相关单位也缺少联动，社会各界也缺少响应。

（四）对革命遗址的挖掘力度不足。通过此次普查认识到此前对革命遗址的历史研究挖掘力度不足，重视程度不够，以致大量遗址旧址埋没于市井镇村之中，如不及时挖掘，不少遗址旧址将难以被人知晓，更谈不上保护利用开发，随着时间的推移，难免会在今后的革命遗址保护开发利用的工作中留下遗憾。

（五）思想认识不足，宣传力度不够。由于对革命文化资源保护认识不足、宣传不够，一些干部群众和青少年对革命遗址不甚了解。很多遗址既没有路牌标识也无法从导航软件中定位，再加上武江区革命遗址相对分散，一些遗址因为地处偏僻，群众既不了解也难以找到目的地，自然也失去到现场接受红色教育的机会。

五、建议

（一）强化政府主导地位，完善保护管理机制。政府要明确革命遗址的管理保护主体，建立专门机构或联席会议制度，成立领导小组，定期召开会议，整合各部门管理职责，及时研究解决遇到的突出困难和问题。同时出台专门文件，强化管理手段、落实管理措施，保障管理资金，尽快对革命文化资源集中进行挖掘和保护。

（二）大力推进革命遗址宣传工作。一是加大对武江区革命历史文化资源保护与开发利用的宣传力度，推动武江红色文化、革命精神教育等活动进机关、进校园、进农村、进社区，提高青少年和干部群众的红色文化知识，推动红色文化有效传播，并通过宣传教育，增强大家保护革命文化资源的光荣感、使命感和自觉性。二是加强全区党史教育阵地建设，从革命遗址中挑选出一批有代表性的遗址，命名并挂牌保护，在遗址前立牌介绍革命事迹，充分发挥本土红色革命遗址教育警示作用，使其成为对广大干部群众进行革命传统教育、爱国主义教育和社会主义核心价值观教育的一个平台。

（三）增加经费投入，加强对革命遗址保护。政府应将革命遗址的保护经费列入年度预算，设立专项资金，同时向上争取更多的资金修缮革命遗址。对现存革命遗址进行保护价值论证，对具有保护价值的革命遗址抓紧挂牌、修葺或立碑加以保护，应保尽保。此外，在确保合理规划和强化监管的情况下，可充分引导民间投资者开发投资红色旅游的热情，引入民间资金做好革命遗址发掘保护和开发利用工作。

（四）不断加大红色旅游开发推介力度。全方位地对革命遗址资源进行研究、挖掘、整理、提炼、整合，用红色文化丰富龙归—江湾、西河—重阳两条美丽乡村精品线的内涵，抓住美丽乡村建设精品线路发展机遇，开发利用好目前存在的革命遗址，展现武江独特的历史文化内涵，提升红色旅游文化品位，提升其知名度，充分参与打造韶关全域红色旅游区，使武江区革命遗址在维护和保护中得到利用，在开发利用中得到更好的保护。

韶关市武江区革命遗址现状评估情况表

表 3

序号	现状评估					
	好	较好	一般	较差	差	灭失
1	芙蓉古刹——国民党七战区“芙蓉山军法监狱”旧址	龙归奇石村革命烈士纪念碑	李子园炮楼——重阳抗日自卫战旧址	青水塘炮楼——青水塘农军炮楼旧址	中共广东省委交通站西河黄田坝遗址	八路军驻韶关办事处招待所西河黄田坝遗址
2		江湾胡屋革命烈士纪念碑	江湾围坪革命烈士纪念碑	西河天主堂——南昌起义军朱德、陈毅部队韶关驻地旧址	八路军驻韶关办事处西河“安园”遗址	中共广东省委第四次执委扩大会议西河黄田坝遗址
3		侯屋村炮楼——万侯村抗日战斗旧址	重阳革命烈士纪念碑 龙归冲下村革命烈士纪念碑		重阳暖水欧屋农民运动协会旧址	中共曲江工业合作事务所支部遗址
4		徐屋村炮楼——万侯村抗日战斗旧址 西水农民暴动旧址	中共南方工作委员会南岸村交通站旧址		中共广东省委第五次执委扩大会议黄塱坝遗址	新华南西河社遗址

续表 3

序号	现状评估					
	好	较好	一般	较差	差	灭失
5		奇石谭屋——龙归农会旧址	中共广东省委、北江特委机关西河旧址		龙归农会惨案旧址	中共后北江特委机关黄塱坝遗址
6			桥头岭——龙归人民抗击日军战斗遗址		广明龙乡农会旧址	黄塱坝上坝——中共广东省立女子师范学校支部遗址
7			耙齿山——欧日章牺牲地旧址		白石村——曲英乳人民义勇大队反围剿战斗遗址	南昌起义军朱德部队麦屋村住地遗址
8			江湾洪山、武洞——三支人民武装部队联合反围剿战斗旧址		重阳青暖寨顶山战壕旧址	中共曲江黄塱坝支部遗址
9			南昌起义军余部马头寨战斗旧址			中共粤北特派员机构西河天鹅坪遗址
10			带头村旧屋——朱德发动农会藏身旧址			广东青年抗日先锋队龙归分队遗址
11			鹞婆岩——朱德、欧日章宿营隐蔽藏身旧址			乳曲边人民联防办事处遗址
12			芹村石拱桥——朱德率南昌起义军余部经过地			青水塘村——广东工农革命军北路第六独立团遗址
13			带头古道——带头自卫队抗日旧址			江湾战斗旧址
14						中共志锐中学支部、共青团志锐团总支旧址
15						石狮头——曲江县西厢农民协会会址
16						曲江工合纺织工业合作社西河芙蓉山角旧址
17						曲江磨面工业合作社龙归旧址
18						曲江榨油工业合作社龙归旧址
19						曲江工业合作社西河客运站旧址群
20						曲江工合卷烟工业合作社西河旧址
合计	1	5	13	4	8	20

武江区红色革命遗址保护利用情况及建议情况表

表4

序号	遗址名称	保护利用	普查建议
1	青水塘炮楼——青水塘农军炮楼旧址	青水塘炮楼于1984年4月被原曲江县人民政府公布为县级文物保护单位。2006年6月28日被韶关市人民政府公布为市级文物保护单位	鉴于炮楼现状，建议给予必要的、及时的维护和修缮，同时利用好炮楼的红色文化，公布为武江区中共党史教育基地
2	李子园炮楼——重阳抗日自卫战旧址	1984年4月4日，原曲江县人民政府将李子园炮楼定为县级文物保护单位。2006年6月28日被韶关市人民政府公布为市级文物保护单位	建议维修李子园炮楼，将炮楼四周杂草荒地清理腾出空坪，围起来保护，命名为武江区爱国主义教育基地
3	西河天主堂——南昌起义军朱德、陈毅部队韶关驻地旧址	2012年3月被韶关市武江区人民政府公布为武江区不可移动文物	建议管理部门督促使用单位清空建筑内的人和物，重新修缮后，合理利用，公布为武江区文物保护单位
4	芙蓉古刹——国民党七战区“芙蓉山军法监狱”旧址	2012年3月被韶关市武江区人民政府公布为武江区不可移动文物	维持现状，合理利用，加强保护，公布为武江区文物保护单位
5	龙归冲下村革命烈士纪念碑	2012年3月被韶关市武江区人民政府公布为武江区不可移动文物	建议将“革命烈士永垂不朽”7个字重新用油漆写好，基座正面的石碑上的字重新刻，作为爱国主义教育基地
6	龙归奇石村革命烈士纪念碑	2012年3月被韶关市武江区人民政府公布为武江区不可移动文物	建议将“革命烈士纪念碑”和背面“革命烈士永垂不朽”的字体重新用油漆刷清晰。及时进行保护，公布为爱国主义教育基地
7	江湾胡屋革命烈士纪念碑	2012年3月被韶关市武江区人民政府公布为武江区不可移动文物	合理利用，加强保护，公布为爱国主义教育基地
8	江湾围坪革命烈士纪念碑	2012年3月被韶关市武江区人民政府公布为武江区不可移动文物	建议将“革命烈士纪念碑”字体重新用油漆写好，基座正面下方的字体重新刻，加强日常维护，公布为爱国主义教育基地
9	侯屋村炮楼——万侯村抗日战斗旧址	2012年3月被韶关市武江区人民政府公布为武江区不可移动文物	建议及时维护，合理利用，展现重阳革命历史，公布为武江区文物保护单位
10	徐屋村炮楼——万侯村抗日战斗旧址	2012年3月被韶关市武江区人民政府公布为武江区不可移动文物	建议及时维护、修缮炮楼，合理利用，公布为武江区文物保护单位
11	重阳革命烈士纪念碑	2012年3月被韶关市武江区人民政府公布为武江区不可移动文物	建议加强对重阳革命烈士纪念碑身、碑文的维护，清除四周杂草，种植翠柏，以及修筑从大路通往纪念碑的小径，公布为爱国主义教育基地
12	中共南方工作委员会南岸村交通站旧址	2019年4月被中共韶关市委党史研究室公布为韶关市中共党史教育基地，2020年9月被韶关市人民政府公布为市级文物保护单位	建议合理利用，加强保护，建议公布为武江区文物保护单位，公布为武江区爱国主义教育基地和中共党史教育基地

续表 4

序号	遗址名称	保护利用	普查建议
13	奇石谭屋——龙归农会旧址	2012年3月被韶关市武江区人民政府公布为武江区不可移动文物	建议合理利用，加强保护，建议公布为武江区文物保护单位，公布为武江区爱国主义教育基地和中共党史教育基地
14	芹村石拱桥——朱德率南昌起义军余部经过地	2012年3月被韶关市武江区人民政府公布为武江区不可移动文物	建议竖“芹村石拱桥——朱德率南昌起义军余部经过地”牌
15	八路军驻韶关办事处招待所西河黄田坝遗址	无	建议竖“八路军驻韶关办事处招待所遗址”牌
16	中共广东省委第四次执委扩大会议西河黄田坝遗址	无	建议竖“中共广东省委第四次执委扩大会议遗址”牌，在遗址附近设相关历史图片展览
17	中共广东省委西河黄田坝交通站遗址	无	建议竖“中共广东省委西河黄田坝交通站遗址”牌，在附近设中共广东省委抗战时期在西河的有关历史展览
18	中共曲江工业合作事务所支部遗址	无	建议在遗址上竖立“中共曲江工业合作事务所支部遗址”“中共后北江特委地下党组织秘密联络站遗址”牌匾，以示纪念
19	八路军驻韶关办事处西河“安园”遗址	无	建议修缮，作为爱国主义教育基地
20	《新华南》西河社遗址	无	建议不断挖掘完善“中共广东省委机关刊物《新华南》西河社遗址”的有关历史资料，竖“中共广东省委机关刊物《新华南》西河社遗址”牌匾
21	重阳暖水欧屋农民运动协会旧址	重阳镇正在规划修缮	建议竖“重阳暖水欧屋农民运动协会旧址”牌匾，以作纪念；并建议公布为武江区文物保护单位，公布为武江区爱国主义教育基地和中共党史教育基地
22	中共广东省委第五次执委扩大会议黄塱坝遗址	无	建议做好遗址历史资料的收集、整理和保存工作，竖“中共广东省委第五次执委扩大会议遗址”牌。公布为武江区爱国主义教育基地和中共党史教育基地
23	龙归农会惨案旧址	无	建议对未出让的旧址重新修缮，恢复原貌，公布为爱国主义教育基地
24	中共广东省委、北江特委机关西河旧址	无	建议在还原历史原貌的基础上重新修缮。公布为武江区爱国主义教育基地和中共党史教育基地
25	中共后北江特委机关黄塱坝遗址	无	建议在遗址上竖立“中共后北江特委机关黄塱坝遗址”牌匾

续表 4

序号	遗址名称	保护利用	普查建议
26	西水农民暴动旧址	西水农民暴动旧址修缮保护及陈列布展项目由广东省韶关市武江区重阳镇人民政府具体实施，修缮面积约116.4平方米，展陈面积约116.4平方米，展线长约42米；计划2021年10月开工，2021年11月完工；具体实施内容：1.对西水农民暴动旧址进行修缮；2.对展厅内装修装饰，安装水电气及安防系统；3.利用修缮好的西水暴动旧址对南昌起义军南下广东支援西水暴动活动进行陈列布展；4.在旧址周边设立景观小品1座；5.对旧址周边进行园林绿化及排水系统改造；6.设立标识导视系统1套。	建议竖“西水暴动旧址”牌匾，户外展览西水暴动革命历史
27	黄塱坝上坝——中共广东省立女子师范学校支部遗址	无	建议竖“中共广东省立女子师范学校支部黄塱坝遗址”牌匾
28	广明龙乡农会旧址	无	建议在原址修建，竖“广明龙乡农会旧址”牌匾
29	南昌起义军朱德部队麦屋村住地遗址	无	建立竖“南昌起义军朱德部队麦屋村住地遗址”牌
30	中共曲江黄塱坝支部遗址	无	建议竖“中共曲江黄塱坝支部遗址”牌匾，以示纪念
31	中共粤北特派员机构西河天鹅坪遗址	无	建议在遗址上竖立“广东区党委粤北联络站遗址”“中共粤北特派员机构天鹅坪遗址”和“中共后北江特委秘密机关和联络站遗址”牌匾，以示纪念，室外展览有关历史
32	广东青年抗日先锋队龙归分队遗址	无	建议在龙归老街或附近选址，树“广东青年抗日先锋队龙归分队遗址”标志牌，户外展板布展龙归红色历史宣传栏
33	桥头岭——龙归人民抗击日军战斗遗址	无	建议竖立遗址牌，合理利用，展览龙归人民抗日自卫历史
34	耙齿山——欧日章牺牲地旧址	无	合理利用，加强保护，可结合村委发展规划进行开发，作为爱国主义教育参观点
35	江湾洪山、武洞——三支人民武装部队联合反围剿战斗旧址	无	建议竖立“江湾洪山、武洞——三支人民武装部队联合反围剿战斗旧址”牌匾
36	白石村——曲英乳人民义勇大队反围剿战斗遗址	无	建议结合乡村振兴政策，展览红色革命历史，合理利用
37	乳曲边人民联防办事处遗址	无	建议竖“乳曲边人民联防办事处遗址”牌匾，并展览简介历史事件，挖掘利用
38	重阳青暖寨顶山战壕旧址	无	建议竖“重阳青暖寨顶山战壕旧址”牌匾，并简介历史事件

续表 4

序号	遗址名称	保护利用	普查建议
39	朱德部队马头寨战斗旧址	无	建议竖“重阳万侯马头寨战斗旧址”牌匾
40	带头村旧屋——朱德发动农会藏身旧址	无	建议竖“带头村旧屋——朱德发动农会藏身旧址”牌匾，并简介历史事件
41	鸥婆岩——朱德、欧日章宿营隐蔽藏身旧址	无	建议竖“鸥婆岩——朱德、欧日章宿营隐蔽藏身旧址”牌匾，并简介历史事件，结合乡村振兴，挖掘利用
42	带头古道——带头自卫队抗日旧址	无	建议竖“带头古道——带头自卫队抗日旧址”牌匾，并简介历史事件，结合乡村振兴，挖掘利用
43	青水塘村——广东工农革命军北路第六独立团遗址	无	建议竖“青水塘村——广东工农革命军北路第六独立团遗址”牌匾
44	江湾战斗旧址	无	建议竖“江湾战斗旧址”牌匾，并简介历史事件
45	中共志锐中学支部、共青团志锐团总支旧址	无	建议竖“中共志锐中学支部、共青团志锐团总支旧址”牌匾，并简介历史事件
46	石狮头——曲江县西厢农民协会会址	无	建议竖“石狮头——曲江县西厢农民协会会址”牌匾，并简介历史事件
47	曲江工合纺织工业合作社西河芙蓉山角旧址	无	建议竖“曲江工合纺织工业合作社西河芙蓉山角旧址”牌匾，并简介历史事件
48	曲江磨面工业合作社龙归旧址	无	建议竖“曲江磨面工业合作社龙归旧址”牌匾，并简介历史事件
49	曲江榨油工业合作社龙归旧址	无	建议竖“曲江榨油工业合作社龙归旧址”牌匾，并简介历史事件
50	曲江工业合作社西河客运站旧址群	无	建议竖“曲江工业合作社西河客运站旧址群”牌匾，并简介历史事件
51	曲江工合卷烟工业合作社西河旧址	无	建议竖“曲江工合卷烟工业合作社西河旧址”牌匾，并简介历史事件
51	曲江工合卷烟工业合作社西河旧址	无	建议竖“曲江工合卷烟工业合作社西河旧址”牌匾，并简介历史事件

（区史志办）

韶关市武江区税务局2020年落实减税降费情况

2020年疫情发生后，为保护和激发市场主体活力，国家税务总局韶关市武江区税务局始终站在经济社会发展大局的政治高度，精锐出发，全力以赴，不折不扣落实减税降费政策，确保税费“优惠红包”精准落地，全力服务“六稳”“六保”。2020年，新出台支持疫情防控和经济社会发展税费优惠政策新增减税降费4.86亿元，2019年更大规模减税降费政策在2020年继续实施形成减税降费2.21亿元，两项合计7.07亿元，为帮助企业纾困解难、稳定经济基本盘、保障民生就业提供有力帮助。

一是开通绿色通道，助力企业按下复工复产“快进键”。对生产、销售和运输疫情防控重点保障物资的纳税人、缴费人，提供办税缴费绿色通道服务，主动对接52家医药用品制造业，第一时间为其办理税费事宜，全力支持疫情防控重点物资稳产保供。对受疫情影响办理申报、缴税仍有困难的纳税人，依法审批，全年共为企业办理延期缴纳税款15户次，批量调低受疫情影响双定户定额6972户。优化出口退税服务，2020年通过快审快批共为所辖24户出口企业办理210批次出口退（免）税39952万元，其中：出口退税金额7105万元，免抵税额32847万元，平均办理时间为4.5天。

二是落实社保优惠政策，为企业发展注入“强心剂”。疫情期间，扎实落实免、减、延、缓四大方面阶段性减免企业社保费政策，仅用一天时间完成2710户共1200万已征费款退费工作，确保一户不少，完成数量、完成速度均位居全市首位。2020年全区阶段性减免企业社保费以及减征职工医疗保险费共3.62亿元，惠及企业5585户，有效减轻企业负担压力。

三是落实落细减税红利，实现优惠政策“直达快享”。成立“党员送政策志愿服务队”“青年党员突击队”“青年助企团”，通过线上与线下多种方式送政策、问需求、解难题，深入开展减税降费政策宣传辅导，确保纳税人缴费人对减税降费政策“应知尽知”，办理业务“应会尽会”，享受优惠“应享尽享”。2020年，共办理增值税留抵退税36户次，合计9422万元。全年享受农、林、牧、渔所得减免优惠的企业共9户，减免所得额13685万元；享受小型微利企业优惠共1781户，减免税额6380万元；享受高新企业税率优惠共7户，减免税额1897万元；享受研发费加计扣除企业共82户，加计扣除金额1.16亿元，户数比2019年增长49%。同时，用好税收大数据，积极联系公益慈善机构和疫情防治定点医院，获取在疫情防控期间捐款捐物共541条第三方数据，通过分析比对，生成企业及个体工商户50条捐赠数据，并精准分析不同纳税人享受的不同政策，实现优惠政策“点对点”精准送达。武江区税务局一名税务干部在落实减税降费工作中表现突出，被省税务局授予个人嘉奖。

四是推广“非接触式”办税，打造税收营商环境“新高地”。结合疫情防控工作，打造多维“云”矩阵，让纳税人缴费人充分感受到减税降费政策红利的获得感和便利办税的幸福感，助力税收营商环境不断优化。创新纳税服务方式，实现“云办税”“云辅导”。建立疫情防控药用品发票绿色通道，设置“零接触 网上办”服务专区，创新建立“税银互融”5G办税微厅，推出“发票包邮”新举措，在全市率先实现“非接触式”不动产权登记的全流程线上办理，建立17个税企微信辅导群。2020年，共为9822户次纳税人免费寄出发票680769份，电子税务局后台审批事项57977条；创新问需问计方式，实现“云座谈”“云走访”。举办税企线上座谈会，与辖区7家防疫物资生产企业在线互动交流。通过实地及视频、电话“云走访”的形式，走访省、市、区人大代表及政协委员83户，帮助企业解决难题上百余条；创新税收宣传方式，实现“云微课”“云税宣”。在高校毕业生网络招聘会上，开设税费政策“云直播”，助力“稳就业”。拍摄“税月繁花 美好同行”扶贫政策视频，点击率3天内高达上万余人次。制作“非接触式”办税、阶段性减免社保费政策Vlog微视频，点击率高达10万余人次。制作《广东省阶段性减免企业社会保险费政策及申报缴费业务办理指引》等3本电子书，在全省进行推广。在人民日报客户端、中国税务报、南方+等媒体刊登新闻及素材114条次，在国税总局、省局、市局等微信公众号刊登推文及素材68篇次。

（区税务局）

十件民生实事

办好民生实事是保障和改善民生的有力抓手，是武江区政府向全区人民作出的庄严承诺。2020年，区政府及其有关部门努力克服疫情造成的影响，精心组织，狠抓落实，如期完成10件民生实事。

一、加强学前教育及小学义务教育补短板项目建设

2020年9月1日，惠民幼儿园（原名“教育路幼儿园”）顺利开园。惠民幼儿园占地3070平方米，建筑面积4527平方米，能容纳270名幼儿就读，有效缓解周边适龄儿童入学难问题。2020年，完成韶关新区幼儿园主体工程建设。新区幼儿园位于韶关市武江区阳山7路，占地面积8016.7平方米，总建筑面积8000平方米，办园规模为15个班、450个学位。2020年，武江区加快推进阳山小学、沐溪小学改扩建工程和江湾幼儿园、朝阳幼儿园新建工程。

二、完善城乡医疗卫生服务网络

2020年9月28日，新建西河镇卫生院一期项目投入使用。卫生院设有预防接种门诊、儿童保健、全科门诊、住院部等科室，拥有迈瑞彩超、全数字多道心电图机、全自动生化分析仪等一大批先进设备，为西河镇2万多村民提供基本公共卫生和医疗服务。

三、超标完成“四好农村路”建设

2020年，武江区计划完成“四好农村路”建设35千米。武江区按照“因地制宜、以人为本”的原则，在西河镇、西联镇、龙归镇、江湾镇、重阳镇实施范围内精心选定线路进行建设。截至2020年末累计完成“四好农村路”建设超过41千米，超额完成计划数。

四、基本完成全域自然村集中供水工程

2020年，武江区完成西河镇北部片区市区扩网工程和重阳镇大夫前村、水口村、青暖村入户管网供水工程及江湾镇集中供水一期工程（梁屋村、湖洋村、围坪村），基本完成龙归镇市区自来水扩网供水工程和续源村、后坪村饮水工程，新建陂头、过滤池、蓄水池、加压泵房等设施。

五、基本完成农村污水处理项目建设

2020年，武江区完成龙归镇、重阳镇、西河镇北片区26个行政村115座污水处理终端及配套管网建设，达到污水处理设施覆盖全区192个自然村，实现农村污水处理覆盖率70.32%，逐步缩小城乡公共服务差距。

六、提高低保等五项保障水平

自2020年1月起，武江区城镇、农村低保对象月人均补差水平分别提高至609元、276元。特困人员基本生活标准按不低于当地最低生活保障标准的1.6倍，且不低于当地现行特困人员基本生活标准确定。孤儿基本生活最低养育和分散供养月标准分别提高至1820元/人、1110元/人。困难残疾人生活补贴标准提高至每人每月175元，重度残疾人护理补贴标准提高至每人每月235元。

七、实施一批老旧小区改造

2020年，武江区完成省五建四工区宿舍、粉末冶金厂宿舍、食品厂宿舍、东南钨冶金宿舍、韶关市科技局宿舍、韶关市汽车配件公司宿舍、韶关市饮食服务公司宿舍、韶关市土产进出口公司宿舍、韶关市茶叶进出口公司宿舍、韶关市供销发展公司宿舍等10个老旧小区实施改造。

八、新增城区停车位800个

2020年，武江区在光明巷红星综合厂、武江大道中结核病防治院和照明中心门前、武江区图

书馆大院、朝阳村内地块、至和小学西侧、武江大道中（中国移动旁边）、韶州公园（老虎岩南广场）、二棉东、塘湾村旧村、国道G323线镇泰科创园旁地块新建停车位849个。

九、完成区群众来信来访大厅和法援中心建设

2020年，武江区将区政府文化楼首层4-13号商铺和文化楼二楼（档案局培训室）建设成区信访接访大厅、区公共法律服务中心、区法律援助处、区公证处、区社区矫正中心和指挥中心。

十、完成武江大道沿线整治提升工程

2020年，武江区紧紧围绕市委提出的“把武江建设成为环境最好、管理最优的中心城区”工作要求，以打造样板路为抓手，高标准建设，精细化管理，推动武江大道整治，促进路域形象提升。2020年，累计拆除武江大道破旧建筑、门店违法建筑物18宗，拆除面积500余平方米，拆除户外广告及店招共239块，合计2434.95平方米。在拆除整治的同时，武江区紧密结合区域特点和文化业态，对门店广告招牌进行统一规范设置，统一底板颜色和样式，提升市容市貌。

（区政府办公室）

武江区第七次全国人口普查报告及公报

武江区第七次全国人口普查在国家、省、市统一部署和区委、区政府精心组织及周密安排下，在各有关部门的大力支持下，在全区各级普查机构和普查人员的共同努力下，在广大普查对象的积极配合下，武江区第七次全国人口普查圆满完成，取得丰硕的成果。

一、有序开展第七次全国人口普查前期准备工作

1. 及时落实普查经费。区统计局科学合理测算人口普查工作量和经费需求，实事求是地编制普查经费预算，为武江区人口普查工作有序推进奠定基础。

2. 迅速组建工作机构。2020年2月15日，成立武江区第七次全国人口普查领导小组，由区委副书记、区长郑伟平担任组长，区委常委、常务副区长陈雪为常务副组长，区政府办、区统计局、区公安分局等23个部门负责人任成员。3月24日成立区人口普查领导小组办公室，领导小组办公室下设综合组、业务组、户口整顿组、绘图与数据处理组、执法检查组五个小组，各小组职责分工明确。各镇、街高度重视人口普查工作，3月底全区7个镇、街完成人口普查领导小组和办公室组建工作，为顺利开展人普工作提供强有力保障。

3. 扎实做好综合试点。根据韶关市第七次人口普查工作部署，7月7日武江区人普办下发《关于印发武江区第七次全国人口普查综合试点方案的通知》，定于7月9日至8月5日在新华街道惠民西社区进行第七次人口普查综合试点，顺利完成试点区域地图绘制、调查“两员”选调、宣传发动、业务培训、摸底调查、短表登记、长表登记、比对复查等一系列工作，为后期普查工作的全面展开积累了经验。据统计，综合试点共登记人口1331人，出生人口9人，死亡人口8人。

4. 想方设法解决“两员”选聘难题。区人普办切实摸清掌握辖区普查指导员、普查员（以下简称“两员”）缺口，协调解决“两员”难题。一是实行普查工作网格化负责制，发动区直单位支持协助挂点社（村）普查工作。二是落实行业主管部门职责，协调学校、卫生系统、重点企业、建筑公司、物业公司等“两员”选聘和普查工作。三是积极争取上级支持，招聘一批社会人员作为普查员。四是发动在职党员到社区报到开展普查志愿服务。

5. 精心组织“两员”业务培训。9月15日至9月30日区人普办采取分期分批分层次对各镇、街“两员”进行培训，确保“两员”对采集指标做到理解透彻、对采集终端做到独立操作，做到参训范围全覆盖，进一步提高普查员的业务能力，为武江区第七次人口普查工作顺利开展奠定坚实基础。

6. 多渠道做好人普宣传工作。按照“统一领导、部门配合、分工协作”的工作原则，以“人口普查宣传月”为活动载体，线上线下宣传同步铺开，有计划、有步骤地组织协调各镇街、行业主管部门策划形式多样、贴近实际的普查宣传，提升群众认知度。同时注重利用新媒体宣传，充分利用公众号、微信、抖音、短视频等多种媒体平台全方位、多角度宣传七人普知识，将七人普宣传做到家喻户晓、人人支持。

7. 认真做好户口整顿工作。公安部门根据《第七次人口普查方案》和《第七次全国人口普查户口整顿工作方案》的规定，全面清理和掌握辖区内常住户口、暂住户口、人户分离人员、无户口人员和应销未销户口等情况，及时将户口整顿有关资料提交本级普查机构。区普查办对户口整顿资料进行认真整理，将资料按普查区、普查小区的地域范围分解落地，为普查员入户摸底和现场登记提供有效户籍人口信息。

8. 细致推进区划绘图。在区人普办指导下，各镇街人普办严格按照“普查小区规模合理、完整覆盖、尽可能以明显的地物地标和不打乱责任区”的原则开展工作，通过实地勘察，标绘建筑物并对住房单元和普查对象进行预判估算，合理划分普查小区，为人口普查顺利开展打下扎实基础。

二、扎实开展第七次全国人口普查各阶段工作

1. 认真开展摸底调查。10月11日至31日，按照省市统一部署，区人普办组织各镇街人普办集中力量开展人口普查摸底工作：一是规范开展摸底各项工作。普查员深入开展实地走访与勘察，明确区域边界，认真绘制《普查小区图》，精心编制《户主姓名底册》，切实做到“区不漏房、房不漏户、户不漏人”。二是突出抓好重点环节。充分利用部门行政记录，准确把握现有人口、户籍人口、出生人口和死亡人口等重点数据，及时查漏补缺。加强指导住户进行自主填报。三是加强督导检查。建立完善日报制度、重大问题报告制度和问题解答机制，及时掌握摸底工作进度和有关情况。压实工作要求，加强对摸底工作的检查、指导，发现问题及时沟通解决。

2. 全力以赴推进普查短表登记。11月1日至15日开展短表登记。区人普办牢固树立“红线”“底线”意识，压实工作主体责任，一是全面统筹各镇街进度，全体人员下沉一线，实行分片包干制度全程监控普查数据。二是加强行政户籍人口数据比对。依托公安、卫健、民政等部门信息，核实用水用电、物业等信息，对空户率较高、情况较为复杂的普查小区实地查看，确保普查对象不重不漏。普查员采用“5+2”“白加黑”模式，早中晚错时入户，并利用摸底调查期间留的联系方式提前预约上门时间，提高工作效率，做到登记工作规范，登记内容准确，保证人口普查数据真实可靠。

3. 高效开展长表登记。11月16日至30日，国家在短表住户中抽取10%的户填报长表。区人普办坚持以数据质量为导向，全员分片下基层开展督导检查工作，及时做好业务解答，做好数据比对和审核，充分利用部门数据查漏补缺。全区各级普查办加班加点坚守到最后一刻，现场登记工作圆满完成。

4. 强化比对复查。比对复查阶段（11月16日至12月10日），区人普办扎实有序推进各项数据核查工作，组织镇街普查办通过充分利用部门大数据、电话联系、入户询问等方式，全力补齐遗漏的普查对象，修正核实错填的人口信息，按时保质完成户籍地核查、居住地核查、低龄人口漏报或错填核查等工作。

5. 细致开展行职业编码。行职业编码阶段（12月1日至31日），为保证编码员准确判断行职业信息，区人普办精心组织编码培训，通过集中会审、交叉验收、查漏补缺，保质保量完成行职业编码工作。

在各镇街、各部门支持配合下，武江区人口普查登记工作全面完成，顺利通过国家、省的质量验收。

三、认真做好人口普查数据汇总和发布工作

根据普查方案规定，区人普办组织人员认真撰写公报，所用指标的统计口径与国家公报口径一致，所用数据以国家反馈的2020年普查数据为准，于2021年5月28日以公报形式向社会发布人口普查主要数据。

附：韶关市武江区第七次全国人口普查公报

韶关市武江区第七次全国人口普查公报[1]（第一号）
——全区常住人口情况

韶关市武江区统计局
韶关市武江区第七次全国人口普查领导小组办公室
2021年5月28日

根据《中华人民共和国统计法》《全国人口普查条例》规定，我国进行了第七次全国人口普查[2]。在以习近平同志为核心的党中央坚强领导下，在区委、区政府统一部署下，在各有关部门的大力支持下，在全区各级普查机构和普查人员的共同努力下，在广大普查对象的积极配合下，武江区第七次全国人口普查圆满完成。根据第七次全国人口普查结果，现将2020年11月1日零时武江区常住人口的基本情况公布如下：

一、常住人口

全区常住人口[3-4]为373686人。

二、人口增长

全区常住人口与2010年第六次全国人口普查的294620人相比，十年共增加79066人，增长26.84%，年平均增长率为2.41%。

三、户别人口

全区共有家庭户[5]127818户，集体户8529户，家庭户人口为341457人，集体户人口为32229人。平均每个家庭户的人口为2.67人，比2010年第六次全国人口普查的3.07人减少0.40人。

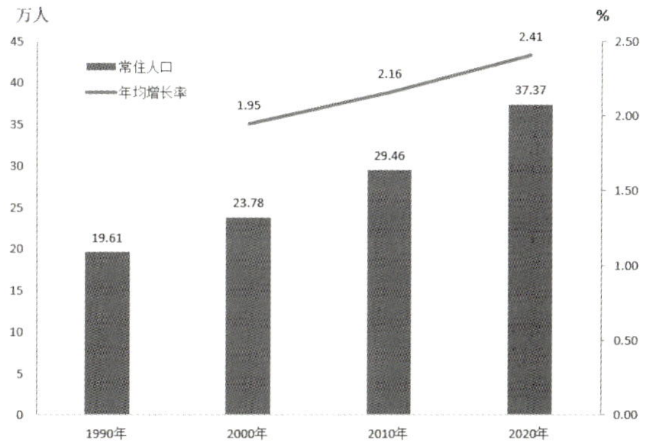

图1-1 历次人口普查常住人口及年均增长率

注释：

[1] 本公报中数据均为初步汇总数据。

[2] 普查标准时点为2020年11月1日零时，普查对象是普查标准时点在中华人民共和国境内的自然人以及在中华人民共和国境外但未定居的中国公民，不包括在中华人民共和国境内短期停留的境外人员。

[3] 常住人口包括：居住在本乡镇街道且户口在本乡镇街道或户口待定的人；居住在本乡镇街道且离开户口登记地所在的乡镇街道半年以上的人；户口在本乡镇街道且外出不满半年或在境外工作学习的人。

[4] 全区常住人口是指区内7个镇（街）的人口，不包括居住在区内7个镇（街）的港澳台居民和外籍人员。

[5] 家庭户是指以家庭成员关系为主、居住一处共同生活的人组成的户。

韶关市武江区第七次全国人口普查公报[1]（第二号）
——地区人口情况

韶关市武江区统计局
韶关市武江区第七次全国人口普查领导小组办公室
2021 年 5 月 28 日

根据第七次全国人口普查结果，现将 2020 年 11 月 1 日零时武江区 7 个镇（街）的常住人口[2]有关数据公布如下：

一、地区人口

7 个镇（街）中，人口超过 10 万人的有 1 个，在 5 万人至 10 万人之间的有 2 个，在 1 万人至 5 万人之间的有 2 个，少于 1 万人的有 2 个。其中，常住人口居前三位的镇（街）合计人口占全区人口比重为 78.23%。

分区域[3]看，街道人口为 221110 人，占 59.17 %；镇人口为 152576 人，占 40.83%。

二、地区人口变化

与 2010 年第六次全国人口普查相比，7 个镇（街）中，有 4 个镇（街）人口增加。人口增长依次为：西联镇、西河镇、惠民街道、新华街道，分别增加 40784 人、26749 人、9049 人和 5810 人。

分区域看，与 2010 年第六次全国人口普查相比，街道人口所占比重下降 10.82 个百分点，镇人口所占比重上升 10.82 个百分点。

各镇（街）人口

表 2-1

地 区	人口数（人）	比重[4]（%）	
		2020年	2010年
武江区	373686	100.00	100.00
新华街道	125547	33.60	40.63
惠民街道	95563	25.57	29.36
西联镇	71235	19.06	10.33
西河镇	39515	10.58	4.33
龙归镇	28656	7.67	10.14
江湾镇	3636	0.97	1.59
重阳镇	9534	2.55	3.62

注释：

[1] 本公报中数据均为初步汇总数据。

[2] 全区常住人口是指区内 7 个镇（街）的人口，不包括居住在区内 7 个镇（街）的港澳台居民和外籍人员。

[3] 街道包括新华街道和惠民街道；镇包括西联镇、西河镇、龙归镇、江湾镇和重阳镇。

[4] 指各镇（街）的常住人口占全区人口的比重。

韶关市武江区第七次全国人口普查公报[1]（第三号）
——人口性别构成情况

韶关市武江区统计局
韶关市武江区第七次全国人口普查领导小组办公室
2021 年 5 月 28 日

根据第七次全国人口普查结果，现将 2020 年 11 月 1 日零时武江区的人口性别构成情况公布如下：

一、全区人口性别构成

全区常住人口[2]中，男性人口为 187230 人，占 50.1 %；女性人口为 186456 人，占 49.9%。总人口性别比（以女性为 100，男性对女性的比例）由 2010 年第六次全国人口普查的 98.14 上升为 100.42。

二、地区人口性别构成

7 个镇（街）中，人口性别比在 110 以上的有 4 个，在 100—110 之间的有 1 个，在 100 以下的有 2 个。

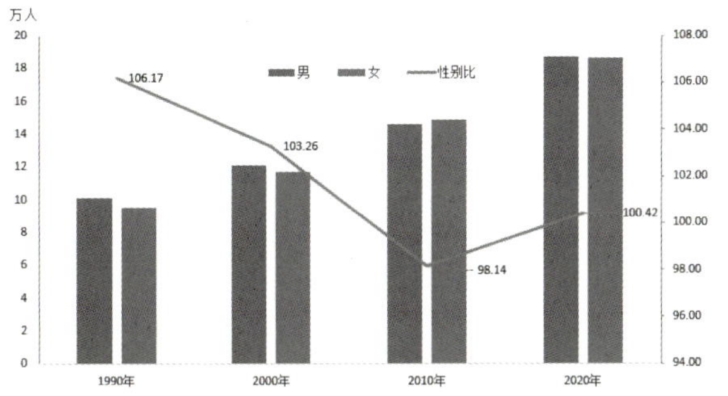

图 3-1　历次人口普查人口性别构成

各镇（街）人口性别构成

表 3-1　　单位：%

地区	占常住人口比重	性别比	
		男	女
武江区	50.10	49.90	100.42
新华街道	48.64	51.36	94.70
惠民街道	48.96	51.04	95.91
西联镇	51.16	48.84	104.76
西河镇	52.42	47.58	110.17
龙归镇	52.96	47.04	112.60
江湾镇	53.49	46.51	115.02
重阳镇	53.47	46.53	114.92

注释：

［1］本公报中数据均为初步汇总数据。

［2］全区常住人口指区内 7 个镇（街）的人口，不包括居住在区内 7 个镇（街）的港澳台居民和外籍人员。

韶关市武江区第七次全国人口普查公报[1]（第四号）
——人口年龄构成情况

韶关市武江区统计局
韶关市武江区第七次全国人口普查领导小组办公室
2021年5月28日

根据第七次全国人口普查结果，现将2020年11月1日零时武江区的人口年龄构成情况公布如下：

一、全区人口年龄构成

全区常住人口[2]中，0—14岁[3]人口为72821人，占19.49%；15—59岁人口为241326人，占64.58%；60岁及以上人口为59539人，占15.93%，其中65岁及以上人口为41567人，占11.12%。与2010年第六次全国人口普查相比，0—14岁人口的比重提高3.57个百分点，15—59岁人口的比重下降7.28个百分点，60岁及以上人口的比重提高3.71个百分点，65岁及以上人口的比重提高2.70个百分点。

二、地区人口年龄构成

7个镇（街）中，15—59岁人口比重在65%以上的有2个，在60%—65%之间的有2个，在60%以下的有3个。

6个镇（街）65岁及以上老年人口比重超过7%，其中，3个镇（街）65岁及以上老年人口比重超过14%。

注释：

[1] 本公报中数据均为初步汇总数据。

[2] 全区常住人口指区内7个镇（街）的人口，不包括居住在区内7个镇（街）的港澳台居民和外籍人员。

[3] 0—15岁人口为77884人，16—59岁人口为236263人。

全区常住人口年龄构成

表 4-1

年龄	人口数（人）	比重（%）
总计	373686	100.00
0—14岁	72821	19.49
15—59岁	241326	64.58
60岁及以上	59539	15.93
其中：65岁及以上	41567	11.12

各镇（街）人口年龄构成

表 4-2　　单位：%

地区	占总人口比重			
	0—14岁	15—59岁	60岁及以上	其中：65岁及以上
武江区	19.49	64.58	15.93	11.12
新华街道	18.08	64.90	17.02	11.92
惠民街道	17.05	62.84	20.11	14.30
西联镇	21.45	69.95	8.61	5.51
西河镇	20.78	66.70	12.52	8.42
龙归镇	25.72	56.92	17.36	12.62
江湾镇	20.32	56.05	23.62	16.94
重阳镇	23.38	55.16	21.46	15.19

韶关市武江区第七次全国人口普查公报[1]（第五号）
——人口受教育情况

韶关市武江区统计局
韶关市武江区第七次全国人口普查领导小组办公室
2021 年 5 月 28 日

根据第七次全国人口普查结果，现将 2020 年 11 月 1 日零时武江区的人口受教育基本情况公布如下：

一、受教育程度人口

全区常住人口[2]中，拥有大学（指大专及以上）文化程度的人口为 72497 人；拥有高中（含中专）文化程度的人口为 78550 人；拥有初中文化程度的人口为 116159 人；拥有小学文化程度的人口为 69984 人（以上各种受教育程度的人口包括各类学校的毕业生、肄业生和在校生）。与 2010 年第六次全国人口普查相比，每 10 万人中拥有大学文化程度的由 13046 人上升为 19401 人；拥有高中文化程度的由 23915 人下降为 21020 人；拥有初中文化程度的由 36232 人下降为 31085 人；拥有小学文化程度的由 18068 人上升为 18728 人。

二、平均受教育年限[3]

与 2010 年第六次全国人口普查相比，全区常住人口中，15 岁及以上人口的平均受教育年限由 10.28 年提高至 10.89 年。

7 个镇（街）中，受教育年限在 10 年以上的有 3 个，在 9 年至 10 年之间的有 1 个，在 9 年以下的有 3 个。

三、文盲人口

全区常住人口中，文盲人口（15 岁及以上不识字的人）为 5399 人，与 2010 年第六次全国人口普查相比，文盲人口减少 649 人，文盲率[4]由 2.05% 下降为 1.44%，下降 0.61 个百分点。

各镇（街）每 10 万人口中拥有的各类受教育程度人数

表 5-1　　单位：人

地 区	大学（大专及以上）	高中（含中专）	初中	小学
武江区	19401	21020	31085	18728
新华街道	25098	25049	26206	15354
惠民街道	25185	25033	26170	15168
西联镇	17750	18050	34425	18633
西河镇	6873	17161	43310	22766
龙归镇	3347	8487	41489	32304
江湾镇	4978	7123	43344	29648
重阳镇	4395	8915	33008	37844

各镇（街）15 岁及以上人口平均受教育年限

表 5-2　　单位：年

地 区	2020年
武江区	10.89
新华街道	11.66
惠民街道	11.59
西联镇	10.77
西河镇	9.58
龙归镇	8.26
江湾镇	8.08
重阳镇	7.95

注释：

［1］本公报中数据均为初步汇总数据。

［2］全区常住人口指区内 7 个镇（街）的人口，不包括居住在区内 7 个镇（街）的港澳台居民和外籍人员。

［3］平均受教育年限是将各种受教育程度折算成受教育年限计算平均数得出的，具体的折算标准是：小学 =6 年，初中 =9 年，高中 =12 年，大专及以上 =16 年。

［4］文盲率是指区内 7 个镇（街）常住人口中 15 岁及以上不识字人口所占比例。

韶关市武江区第七次全国人口普查公报[1]（第六号）
——城乡人口和流动人口情况

韶关市武江区统计局
韶关市武江区第七次全国人口普查领导小组办公室
2021 年 5 月 28 日

根据第七次全国人口普查结果，现将 2020 年 11 月 1 日零时武江区人口城乡分布及流动情况公布如下：

一、城乡[2]人口

全区常住人口[3]中，居住在城镇的人口为 315838 人，占 84.52%；居住在乡村的人口为 57848 人，占 15.48%。与 2010 年第六次全国人口普查相比，城镇人口增加 78736 人，乡村人口增加 242 人，城镇人口比重提高 4.07 个百分点。

二、流动人口[4]

全区常住人口中，人户分离人口[5]为 180820 人，其中，市辖区内人户分离[6]人口为 70698 人，流动人口为 110122 人。流动人口中，外省流入人口为 41091 人，省内流动人口为 69031 人。

与 2010 年第六次全国人口普查相比，人户分离人口增加 84310 人，增长 87.36%；市辖区内人户分离人口增加 40449 人，增长 133.72%；流动人口增加 43861 人，增长 66.19%。

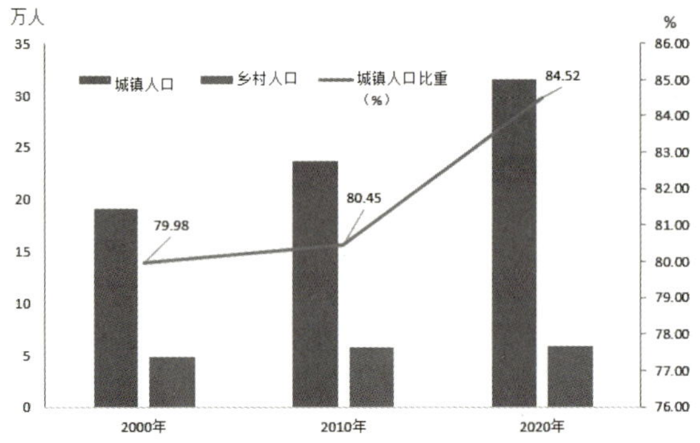

图6-1　近三次人口普查城乡人口及比重

注释：

[1] 本公报中数据均为初步汇总数据。

[2] 城镇、乡村是按国家统计局《统计上划分城乡的规定》划分的。

[3] 全区常住人口指区内 7 个镇（街）的人口，不包括居住在区内 7 个镇（街）的港澳台居民和外籍人员。

[4] 流动人口是指人户分离人口中扣除市辖区内人户分离的人口。

[5] 人户分离人口是指居住地与户口登记地所在的乡镇街道不一致且离开户口登记地半年以上的人口。

[6] 市辖区内人户分离人口是指一个地级市所辖的区内和区与区之间，居住地和户口登记地不在同一乡镇街道的人口。

（区统计局）

大事记

1月

1日 武江区在龙归镇举办“美丽乡村龙归行——走在乡间小路上”徒步、骑行活动。

2日 韶关市中级人民法院党组书记、院长叶向荣一行到武江区人民法院调研指导并召开座谈会。

是日 广东省微生物研究所微生物安全快速检测与高效控制高技术产品项目在武江区甘棠工业园举行开工仪式。中国工程院院士、广东省微生物研究所名誉所长吴清平，广东省农业农村厅总经济师程文章，广东省科学院副院长周舟宇，区委书记颜亮参加活动。

3日 韶关市首个以精神救助为主，以智力、肢体等三类群体救助为辅的康园中心在武江区惠民街粤北三院新华北门诊部落户。

8日 2020年“迎新春”安全生产大检查大整治工作部署会在西河镇召开。

9日 区九届人大常委会召开第三十六次会议，补选潘国忠、林拥强为韶关市第十四届人大代表。

是日 武江区召开食品安全委员会全体会议，贯彻落实中央、省、市有关食品安全工作要求，全面总结武江区2019年食品安全工作并部署2020年食品安全工作。区食安委主任、区长郑伟平参加会议。

10日 武江区召开全区2019年度基层党（工）委书记抓基层党建述职评议会议。

13日 武江区召开“不忘初心、牢记使命”主题教育总结会议。市委主题教育第四指导组组长刘剑军出席并讲话，区委书记颜亮、区长郑伟平参加会议。

是日 武江区召开党外代表人士2020年春节座谈会，区委书记颜亮出席会议，听取各民主党派、工商联、无党派代表人士对区委全会报告及区委、区政府当前及今后一段时期工作的意见建议，并向大家致以节日的问候和新春的祝福。

14日 武江区委常委会召开扩大会议，专题听取各镇（街）和区直党（工）委书记2019年度抓基层党建工作述职并进行评议。区委书记颜亮主持会议并作总结讲话。

15日 中共韶关市武江区第九届委员会第九次全体会议在区政府大楼七楼会议厅召开。全会高举习近平新时代中国特色社会主义思想伟大旗帜，全面贯彻中共十九大和十九届二中、三中、四中全会及中央经济工作会议精神，认真落实省委书记李希在韶调研讲话精神和省委、市委全会精神及工作部署。区委书记颜亮以《奋勇争先 加油实干 推动武江在城乡融合高质量发展上走在前列》为题向全会作报告，区长郑伟平就抓好全区经济工作作了讲话，会上还审议了区委常委会2019年抓党建工作情况报告。

16日 区政协党组书记、主席彭波主持召开“不忘初心、牢记使命”主题教育总结会议。

是日 武江区召开2020年离退休老干部迎春座谈会。区委书记颜亮、区长郑伟平等区领导出席座谈会。

17日 武江区召开2019年度区直机关各党支部书记抓基层党建述职暨政风行风民主评议会。

是日 区委书记颜亮率调研组前往江湾镇、龙归镇实地调研乡村振兴工作，强调要继续坚定不移地实施好乡村振兴战略，坚决打赢脱贫攻坚战。区委常委曹锢、区委常委欧伟强及各相关部门负责人等陪同调研。

18日 武江区举行2020迎春座谈会，区委书记颜亮、区长郑伟平等四套班子参加会议。区政协主席彭波主持会议。区委书记颜亮代表区四套班子向与会的各界人士致以新春的问候，并通过他们向全体关心和参与武江经济社会发展的各界人士表示衷心感谢。会上，来自乡镇基层和城市管理一线干部代表、道德模范代表、企业和工商业代表以及驻区有关单位领导分别作了发言。

23日 武江大道南（韶州大桥至百旺大桥）工程项目建设现场会在武江区召开，市领导李红军、殷焕明、王青西、杨小明等出席会议。

是日 武江区首个政协委员联系群众工作室在新雅物业内正式揭牌。区政协主席彭波参加揭牌仪式。

27日 武江区召开常委会会议，认真学习习近平总书记关于新型冠状病毒肺炎疫情防控工作的重要指示批示精神和中央、省、市相关文件精神，通报全区新型冠状病毒肺炎的防控工作情况，对疫情防控工作进行再研究、再部署、再动员。区委书记、区新型冠状病毒肺炎疫情防控指挥部总指挥颜亮主持会议并讲话。

是日 市侨联党组书记钟山红、副主席曾园到武江区开展困难归侨侨眷慰问活动。

28日 区委书记、区疫情防控指挥部总指挥颜亮率工作组到工业中社区、新华南社区、芙蓉市场、新华街道花城社区等地检查疫情防控工作，听取社区防控工作情况汇报，并对当前疫情状况和有关防控安排进行现场部署。

29日 韶关市委书记李红军到武江区龙归社主防疫临时检查站、十里亭桥头防疫临时检查站督导疫情防控工作，副区长、公安分局局长余志强陪同检查。

30日 武江召开区委常委会（扩大）会议暨区新型冠状病毒感染的肺炎疫情防控工作视频会议，传达学习《中共中央关于加强党的领导、为打赢疫情防控阻击战提供坚强政治保证的通知》和《中共广东省委关于深入贯彻落实习近平总书记重要批示精神，加强党的领导，团结带领人民群众构筑群防群治严密防线的通知》精神，以及29日晚召开的市委常委会（扩大）会议精神，进一步研究部署全区疫情防控工作。会议由区委书记颜亮主持。

31日 西联镇车头村、沐溪村被广东省爱国卫生运动委员会授予“广东省卫生村”称号。

2月

1日 韶关市委组织部领导一行到新华街道花城社区调研疫情防控工作。

2日 区教育局召开教育系统新型冠状病毒感染的肺炎疫情防控领导小组第三次会议。

是日 区市场监管局召开全区药械经营企业负责人会议，部署疫情防控工作，要求药品零售药店对购买退烧药、感冒药、咳嗽药等人员应做好相关信息登记，并每日上报相关情况。

4日 武江区新华北路香槟小城10栋有人员被困电梯，区消防救援大队成功将被困人员救出。

5日 区疫情防控重点群体网格化排查管控工作专班正式成立运行。专班设在武江公安分局新华南大院，下设协调组、核查组、话务组，日常运作由治安管理大队牵头开展。

是日 区委书记颜亮到区政务服务中心和丽珠集团利民制药厂，就节后单位和企业复工复产及防控疫情、服务保障等情况开展调研。强调要坚持不懈把疫情防控工作作为当前最重要的工作来抓，把人民群众生命安全和身体健康放在第一位，便捷办事途径，提高办事效率，全力保障“防疫”“服务”两不误。

6日 区税务局推出“网上办税零接触 发票免费寄到家”便民办税新举措，实现发票业务的“线上快捷申请、免费物流配送”。

7日 区委书记颜亮到惠民街道召开网格化防疫工作会议，听取各网格组汇报排查工作情况，研究解决工作中遇到的困难，并就该街道进一步做实、做细、做好防疫排查工作进行再强调再部署。

是日 区委常委、常务副区长陈雪到区政务服务中心进行疫情防控检查和指导工作，强调要认真落实区委、区政府关于疫情防控的统一部署，全力做好各项工作。

8日 武江区召开区防疫期间工商贸企业复工复产工作会议。

11日 区委书记颜亮到武江区科技工业园督导调研企业复工复产和疫情防控工作。

13日 西联镇被广东省爱国卫生运动委员会授予“广东省卫生镇”。

18日 接中共韶关市委组织部韶组干〔2020〕78号文件通知，市委同意黄远文挂任中共韶关市武江区委委员、常委；免去张伟俊的武江工业园区开发建设指挥部副总指挥职务，挂任的中共韶关市武江区委常委、委员职务。

是日 韶关市中级人民法院党组书记、院长叶向荣一行到武江区人民法院调研指导疫情防控和审判执行工作。

19日 武江区召开加快2020年新增债券项目资金支出进度工作会议。区长郑伟平、区委常委、常务副区长陈雪参加会议，要求加快项目推动，提高债券资金使用效率。

是日 区人民法院在疫情防控期间首宗互联网在线庭审案开庭。

20日 武江区组织人员对全区非煤矿山、危险化学品和烟花爆竹、消防、工贸企业、有限空间、粉尘涉爆等行业领域开展岁末年初和节后复工复产安全检查。

22日 区委书记颜亮到武江区甘棠工业园督导调研企业复工复产和疫情防控工作。

26日 区九届人大常委会召开第三十八次会议，决定任命黄远文为韶关市武江区人民政府副区长（挂职）；决定免去张伟俊的韶关市武江区人民政府副区长职务。

27日 区委书记颜亮率队到新华街工业西社区看望慰问武江区防疫一线的市直、区直单位和街道党员干部，以及社区工作人员，并调研网格化疫情防控工作。

3月

1日 韶关市副秘书长朱增志，带队到沙湖御景工地检查疫情防控工作情况。

2日 武江公安分局召开严厉打击非法改装汽车、摩托车行为工作部署会议，从3月起在全区集中开展打击非法改装机动车及“飙车”违法行为专项整治行动。

是日 区人民法院利用“互联网+智慧庭审平台”实现“云开庭”，开庭审理了韶关市首个在防疫期间利用法院系统内部网络和互联网协同开展线上审理的刑事案件。

3日 区委副书记陈刚率区总工会慰问组先后前往韶关市合众化工有限公司和龙归镇防疫一线，赠送一批防疫物资，了解企业复工复产情况和防疫措施，督促镇、村做好疫情防控工作。

5日 武江区召开扫黑除恶专项斗争工作推进会议。

是日 区税务局在2019年全市税务系统绩效考评中取得全市第一名的好成绩。

12日 武江区组织开展2019年区直机关义务植树活动。区四套班子领导、区直各单位主要领导及志愿者共200余人参加此次活动。

14日 武江区召开农村工作领导小组暨决战决胜脱贫攻坚工作视频会议，会议传达学习习近平总书记在决战决胜脱贫攻坚座谈会上的重要讲话精神，部署2020年脱贫攻坚和关于整治提升村容村貌打擂比武、泥砖房拆后整村新建等工作。区委书记颜亮出席会议并作讲话，区长郑伟平主持会议。各镇领导班子成员，全区51个行政村党组织书记、村委会主任和7个省定贫困村驻村第一书记和党建指导员在各镇分会场参加会议。

17日 武江区组织召开2020年第一季度防范重特大生产安全事故、消防安全及森林防灭火工作会议。

是日 武江区召开全区统战工作会议，传达学习全国、全省统战部长会议和全市统战工作会议精神，总结 2019 年统战工作，部署 2020 年任务。区委副书记陈刚出席会议并讲话，区委常委、统战部部长曹锢作总结部署发言，区委常委欧伟强主持会议。

是日 全区宣传思想工作会议召开，传达学习全国、全省、全市宣传部部长会议精神，总结 2019 年工作，分析当前形势，安排部署 2020 年任务。区委副书记陈刚出席会议并讲话，区委常委、宣传部部长卢建成作总结部署发言，区委常委欧伟强主持会议。

是日 武江区召开 2020 年全区组织工作会议。会议认真贯彻落实全国全省全市有关会议精神，总结 2019 年组织工作，研究部署 2020 年组织工作。区委副书记陈刚出席会议并讲话，区委常委、组织部部长沈中伟作总结部署发言，区委常委欧伟强主持会议。

23 日 韶关市委书记李红军调研武江区镇泰地块（含周边长者公寓对面、农林科所等地块）。

25 日 副市长陈磊到武江区疫情防控重点群体网格化排查管控工作专班视察工作。

是日 区消防救援大队成立韶关市武江区消防救援大队工会委员会。

是日 区委、区政府成立武江区乡镇街道改革工作领导小组，统筹改革工作。

26 日 武江区召开龙归—江湾精品线建设生态宜居美丽乡村“打擂比武”工作座谈会。区委书记颜亮参加座谈会并作讲话。

27 日 区委书记颜亮率调研组一行到龙归调研农村人居环境整治及脱贫攻坚工作进展情况。

30 日 武江区召开 2020 年扫黑除恶专项斗争领导小组全体成员第二次会议。

31 日 省新型冠状病毒肺炎疫情防控指挥部疫情防控组到新华街道花城社区检查疫情防控工作。

是日 武江区召开西河—重阳精品线村容村貌提升“打擂比武”工作座谈会。区长郑伟平参加座谈会并作讲话。

4 月

1 日 市政协副主席许志新带队到武江区调研城市发展战略情况，并召开座谈会。

2 日 武江区召开 2020 年度武装工作暨镇（街）党（工）委书记述职会议。会议传达学习上级党委全会精神，总结 2019 年度武江区武装工作，部署 2020 年度工作任务，5 名镇党委书记进行党管武装述职。区委书记、人武部党委第一书记颜亮出席会议并作讲话。

是日 武江区召开九届区纪委五次全会，会议采取主会场与分会场结合形式举行。会议坚持以习近平新时代中国特色社会主义思想为指导，深入学习贯彻十九届中央纪委四次全会、十二届省纪委五次全会和十二届市纪委五次全会精神，研究部署全区深化全面从严治党、推进党风廉政建设和反腐败工作。区委书记颜亮出席会议并讲话，区委副书记、区长郑伟平传达十二届市纪委五次全会精神，区委常委、区纪委书记、区监委主任肖建红主持会议并代表区纪委常委会作工作报告。会议审议通过了区纪委常委会关于《聚焦主责主业 强化担当实干 为武江全面建成小康社会在城乡融合高质量发展走在前列提供坚强纪律保证》的工作报告，通过了全会决议，对述责述廉的 4 名区直单位党组书记进行了书面评议。

4 日 区委书记颜亮率队到西河镇调研农村人居环境整治、脱贫攻坚、清明祭扫防疫防火等工作。

8 日 经区委编委会决定，同意设立韶关市武江区凤田小学，为正股级公益一类事业单位，隶属区教育局管理。经区委编委会决定，同意设立韶关市武江区惠民幼儿园、韶关市武江区工业中幼儿园、韶关市武江区滨江花园幼儿园，为正股级公益一类事业单位，隶属区教育局管理。

10 日 武江区召开区委理论学习中心组集中学习研讨（扩大）会议，深入学习贯彻习近平总书记关于防范化解重大风险重要论述。区委书记颜亮、区长郑伟平出席会议。

14日 区委书记颜亮率调研组一行到龙归镇调研脱贫攻坚及农村集中供水、饮水安全等工作。区委常委欧伟强、副区长刘拥军、龙归镇党委书记韩伟强等陪同调研。

是日 区爱卫办在龙归镇山前村开展第32个爱国卫生月活动——"防疫有我 爱卫同行"爱国卫生进村庄活动。

15日 武江区各镇（街）和区直各单位组织开展了"4·15"全民国家安全教育日"线上"活动。

16日 武江区召开全区项目建设大会战动员部署会议。区委书记颜亮出席会议并作讲话，区长郑伟平主持会议。会议上，区委常委、常务副区长陈雪，副区长刘拥军分别对《2020年武江区重点建设项目组团攻坚工作方案》《2020年韶关市武江区征拆交地"攻坚战"工作方案》进行了说明。武江区通过设立13个组团的攻坚方式，集中力量解决项目建设全过程中遇到的问题及困难，高质高效推动项目建设。

17日 武江区工程建设项目审批制度改革相关业务及系统培训在区政务服务中心召开。市政数局副局长谢金保出席培训会，市住管局、市政数局、市自然资源局、市行政服务中心、区直各有关单位、相关供能企业和碧桂园、恒大等建设项目相关企业50余人参加会议。

是日 区卫生健康局与市第二人民医院签署新华社区卫生服务中心取消托管协议，新华社区卫生服务中心正式由武江区收回管理。

19日 武江区召开决战决胜脱贫攻坚工作推进会。区委书记颜亮出席会议并作讲话，区委副书记、区长郑伟平参加会议。

20日 区委书记颜亮到东岗小学和市十五中调研，强调要把新冠肺炎疫情防控工作落细落小落到位，确保学生安全有序返校。区委常委欧伟强，区教育局、区卫健局等部门负责人陪同调研。

22日 市妇联主席汪波在区委副书记陈刚的带领下到区政务服务中心考察武江区税务局争创"全国三八红旗集体"的情况。

23日 武江区委党的建设工作领导小组会议召开。区委书记颜亮主持会议并讲话。区委党的建设工作领导小组成员，各镇（街）党（工）委主要负责人参加会议。会议传达学习了习近平总书记在中央和国家机关党的建设工作会议上的讲话精神、《中国共产党党和国家机关基层组织工作条例》、省委和市委党的建设工作领导小组会议精神。审议并原则通过了《中共韶关市武江区委党的建设工作领导小组2020年工作要点》。

26日 武江区举办田心村花卉产业园项目签约仪式，区政协主席彭波、区政府副区长黄燕斌出席。

29日 武江区召开区委常委会会议，研究部署"五一"期间疫情防控和安全生产工作。区委书记颜亮主持会议并讲话。

30日 粟健兼任韶关新区党工委委员、党组成员。

是日 韶关市生态环境局武江分局完成武江区第一批固定污染源排污许可清理整顿的8家企业发证和93家企业登记管理工作。

5月

1日 新华街道工业东社区团支部被共青团广东省委员会评为2019—2020年度"广东省五四红旗团支部"。

是日 武江区举办新区幼儿园新建、阳山小学和沐溪小学改扩建等3个重点项目开工仪式。

8日 市政数局副局长叶新年到区政务服务中心开展"数字政府"建设"十四五"规划和政务服务改革有关工作的调研。

是日 武江区江湾镇召开韶关市2020年度第1次山水林田湖草生态保护修复试点项目推进现场会。

11日 市财政局副局长肖少康带领国库科一行人到武江区财政局开展财政"三保"库款监督检查工作。

是日 副市长高冬瑞到东岗太阳城小学检查指导学生返校疫情防控工作，要求学校落细落实各项防控措施，详细掌握学生健康情况，做好学生晨午检工作，加强学生在校健康管理，筑牢校园安全防线，市教育局、市疾控中心、区教育局有关负责人员陪同检查。

13 日 区委书记颜亮一行调研冷水坑社区工业西路公租房片区、津头岭、拖拉机厂宿舍小区等三个无物业管理小区创新社会治理工作情况。区委常委欧伟强、副区长钟爱明，西河镇、惠民街、新华街、区城管局、区住建局等单位相关负责人陪同调研。

15 日 武江区召开全区统计工作会议暨第七次全国人口普查动员会，区委常委、常务副区长陈雪出席会议并讲话。会议传达全国、全省、全市统计工作会议精神，总结武江区 2019 年统计工作，部署 2020 年全区统计重点工作任务和人口普查工作。各镇（街）主要负责人，分管统计工作领导和统计员，区直及驻区各有关单位分管领导、区统计局全体人员参加会议。

17 日 武江区召开第九届人大五次预备会议。区领导颜亮、孙理鸣、陈刚、李学源、潘歧亮、谭木初、聂平南、曾宏等参加会议。会议由孙理鸣主持。预备会议通过王英莉等 42 人为大会主席团成员，通过谭木初为大会秘书长。会议通过大会议程、财政预算审查委员会和议案审查委员会名单。

17—18 日 区政协九届五次会议召开。

17—19 日 区九届人民代表大会第五次会议召开。

18 日 丹霞大道北和教育路道路工程项目建设现场会在武江区召开，市领导李红军、王青西、杨小明、华旭初、颜玉明、凌振伟、谢天友等出席会议。

20 日 武江区召开凤岗镇—武江区对口帮扶共建座谈会共议产业共建、对口帮扶工作。区委书记颜亮、区长郑伟平等区领导参加座谈会。

是日 市政协副主席吴春腾一行到武江区调研城市社区治理建设情况。

22 日 芙蓉山片区道路改造提升项目建设现场会在武江区召开，市领导李红军、王青西、杨小明、华旭初、颜玉明、凌振伟、谢天友等出席会议。

25 日 武江区召开打赢污染防治攻坚战暨“四好农村路”建设工作推进会。区委书记颜亮、区长郑伟平参加会议并讲话。区委常委、常务副区长陈雪主持会议。

是日 市援建单亲特困母亲安居房项目工作专项督查组到武江区督查援建单亲特困母亲安居房项目（第一期）工作开展情况。

27 日 市委书记李红军率慰问组分别到武江区西河镇西河学校、西河镇下坑村“儿童之家”开展“六一”慰问活动。市委常委、秘书长颜玉明、市政府副市长高冬瑞、市教育局局长张立江、市妇联主席汪波以及区委书记颜亮、区教育局汤应辉、区妇联主席龚耿岚一同参加慰问。

是日 区委书记颜亮率区教育局、区卫健局、区妇联等相关单位负责人前往武江区御龙湾小学调研复学情况，并开展“六一”慰问。区委常委、常务副区长陈雪，区委常委欧伟强陪同调研。

28 日 武江区召开农村人居环境整治“打擂比武”工作（江湾）现场推进会。区委书记颜亮参加会议并讲话，区委副书记、区长郑伟平主持会议。

30 日 武江区召开在职党员到社区报到开展服务动员大会，对全区在职党员到社区报到开展服务工作进行动员部署。区委书记颜亮作动员讲话，区长郑伟平主持会议，韶关市委组织部组织三科科长吴宏文出席会议。

是日 西联镇芙蓉村举行党群服务中心揭牌仪式。

6 月

1 日 市公安局党委书记、督察长谢超武一行到武江分局调研指导公安工作。

是日 武江区新信访大厅正式对外办公，地址是武江区亨泰路 18 号文化楼一楼。

2 日 接中共韶关市委组织部韶组干〔2019〕468 号和韶组干〔2020〕199 号文件通知，市委同意李宇强任中共韶关市武江区委委员、常委（建议兼任中共韶关市武江区委宣传部部长职务）；免去卢建成的中共韶关市武江区委常委职务（建议不再兼任中共韶关市武江区委宣传部部长职务）。

是日 省发改委一行到西联镇芙蓉村调研武江区申报城乡融合省级试点工作情况。

5日 区政协主席彭波主持召开“广东扶贫济困日”工作座谈会。

是日 韶关市统计局副局长李春城带队到西河镇红星村指导人口行政资料整理核查工作，武江区统计局局长黄倩、西河镇党委委员张小英陪同。

是日 武江区召开加强出租屋管理工作部署会议。区委常委、政法委书记黄向阳出席会议，副区长、公安分局党委书记、局长余志强主持会议。区委政法委、各镇（街）副书记和公安分局相关负责人参加会议。

8日 韶关市中级人民法院党组成员、副院长黄秋雄带队到武江区人民法院对《巡查发现13个方面共性问题清单》自查自纠及“三项队建活动”开展督导检查。

10日 市人大常委会副主任梁韶灵率视察组一行前往武江区视察城乡垃圾分类工作开展情况。副区长钟爱明，区人大常委会副主任曾宏，区城管局、区住建局、区教育局等领导陪同。

12日 武江区召开区委全面依法治区委员会第二次会议，区委书记、区委全面依法治区委员会主任颜亮主持会议并讲话。

17日 副市长陈磊到沐溪、甘棠市场调研，了解市场升级改造进度以及疫情防控工作。

是日 武江区召开农村党组织书记培训暨脱贫攻坚整改“回头看”工作部署会议。区委副书记陈刚出席会议并作讲话，区政府副区长黄燕斌主持会议。

是日 韶关学院党委书记孔云龙率领党委领导班子一行到武江区新华街道花城社区开展调研工作。区委书记颜亮，区委副书记陈刚及相关单位负责人陪同调研。

18日 区自然资源局组建区森林资源资产评估交易服务中心。

19日 市民政局局长邢丽一行到武江区龙归镇盘村调研村规民约和居民公约修订工作以及福彩资金项目建设情况，并参与区民政局举办的“垃圾分类大家谈”系列活动。市民政局副局长张瑞兰、副区长黄燕斌及有关部门领导一同参与调研。

23日 武江区新冠肺炎疫情防控指挥部在区应急指挥中心举行农贸市场新冠肺炎疫情处置联合应急演练。武江区副区长钟爱明参加演练并对应急处置工作做部署。

24日 区委书记颜亮率队开展“七一”走访慰问活动。区委常委、组织部部长沈中伟、龙归镇党委书记韩伟强等陪同慰问。

是日 区委书记颜亮在区委党校（区乡村振兴培训实践中心）开讲“七一”专题党课。区委常委、组织部部长沈中伟主持活动。

28日 武江区在科创园举行“新武江、新经济、新生活”2020年武江区项目集中签约、进驻、动工仪式。副市长陈磊、区委书记颜亮、区长郑伟平、区人大常委会主任孙理鸣、区政协主席彭波、区委副书记陈刚及区党政班子成员，区直有关部门主要负责人，众多专家、学者等共同出席此次活动。

29日 区委副书记、区长郑伟平到西河镇马屋村慰问老党员和“抗疫一线”党员。

30日 武江区举办2020年“广东扶贫济困日”捐赠活动。区委书记颜亮，区长郑伟平，区人大常委会主任孙理鸣，区政协主席彭波等领导参加活动并进行现场捐款。

是日 武江区召开“广东扶贫济困日”涉农企业座谈会暨爱心捐款活动。区委副书记陈刚参加活动并讲话。

是日 市妇联副主席彭跃勤到武江区重阳镇万侯村调研指导市级“家风家训实践基地”创建工作。

是日 市政协副主席刘大济到武江调研民进基层委员会建设工作。

7月

1日 武江区在方田村大人村小组举办“让党旗在乡村振兴建设一线高高飘扬”为主题的党

建活动暨百里碧道方田段开工仪式。区委书记颜亮、区长郑伟平、区人大常委会主任孙理鸣、区政协主席彭波等班子领导，法检“两长”、各镇（街）党（工）委书记等参加活动。

5日 原市政协主席李飞在区政协主席彭波等陪同下前往区政协挂点西河镇田心老村“打擂比武”活动现场指导乡村振兴工作。

7日 市政协副主席兰茵到武江区调研九三学社基层委员会建设工作。

9日 武江区召开韶关市推进实施封闭式管理小区工作现场会，市领导李红军、颜玉明、周伟源、凌振伟、谢超武、谢天友、卢春燕等出席会议。

是日 市财政局党组成员、副局长杨文乐带队到武江区开展“老旧小区改造及城市提升项目”督导工作。区委常委、区政府常务副区长陈雪人及武江区财政局、区住建局、区城管局、新华街、惠民街、重阳镇、龙归镇、江湾镇等部门人员参与调研。

10日 区社保中心第一笔失业补助金办理成功。

13日 副市长陈磊到江湾派出所调研检查派出所规范化建设工作和“八个一”勤务机制。

13日 韶关市住建局局长邱代胜一行到新华街道五祖路社区拖拉机厂宿舍参观老旧小区改造成果。

14日 市政协主席王青西带队到武江调研张九龄纪念公园工作推进情况，研究大村回龙山公园（位于张九龄纪念公园园址内）迁坟工作。

15日 韶关市中级人民法院党组书记、院长叶向荣到武江区人民法院调研指导工作。

16日 经区委编委会决定，同意将区外商投资和中小企业服务中心更名为区投资服务中心，增加统筹武江区龙归产业园区管理服务职责。

是日 经区委编委会决定，同意设立韶关市武江区儿童医院，为区卫生健康局管理的副科级公益二类事业单位。

是日 经区委编委会决定，同意设立韶关市武江区中医院，为区卫生健康局管理的副科级公益二类事业单位。

17日 武江区举行广东股权交易中心韶关运营中心揭牌暨武江区知识产权服务业集群区建设启动仪式。市委常委、常务副市长华旭初，省地方金融监督管理局二级巡视员刘凯文，广东股权交易中心总经理王文胜，区长郑伟平，区委常委、常务副区长陈雪，区政协副主席张思建等出席仪式。

乐昌市政协副主席孙俊华一行来武江区交流学习推进实施封闭式管理改造工作经验。

19—20日 区委书记颜亮率队前往东莞市凤岗镇、高埗镇学习考察。区委常委欧伟强，区政协副主席张思建，区教育局、区财政局、区卫健局、区委农办等相关负责人陪同考察。

20日 市长王瑞军、副市长高冬瑞到市九中视察2020年中考工作。

是日 国家统计局韶关调查队到武江区开展2016—2020年城市困难职工解困脱困工作成效第三方评估工作。

21日 韶关市妇儿工委副主任、市妇联主席汪波率调研组一行对武江2019年度妇女儿童发展规划指标推进工作情况及推进过程中的重难点问题开展调研。

24日 区委书记颜亮与中核医疗产业管理有限公司（以下简称“中核医疗”）副总经理、中核医疗北京公司总经理何坚荣一行召开座谈会，共商武江区与核工业四一九医院合作共建儿童医院事宜，并就促进武江区和中核医疗在更广领域深入开展合作进行了会商，积极探索央地合作、融合发展新模式。区人大常委会主任孙理鸣，区委常委欧伟强，区卫健局、区自然资源局等单位负责人参加座谈会。

是日 新华街道花城社区被广东省妇女联合会授予广东省三八红旗集体称号。花城社区书记肖碧琴被广东省妇女联合会授予广东省三八红旗手称号。

是日 区自然资源局撤销武江区林业调查规划与资源资产评估中心。

是日 区自然资源局撤销武江区森林资源资产交易中心。

25日 武江区召开文明委2020年第一次全

体成员（扩大）会议。区委书记、区文明委主任颜亮参加会议并讲话，区委副书记、区长、区文明委第一副主任郑伟平主持会议。会议书面传达了省文明委2020年第三次全体会议和全省精神文明建设工作推进会精神、市文明委2020年第一次全体成员会议精神。区委常委、统战部部长曹锢对《武江区开展“新武江、新经济、新生活 携手文明迎国庆”主题活动方案》作部署说明。区委常委、组织部部长沈中伟对《关于组织在职党员常态化参与“新武江、新经济、新生活 携手文明迎国庆”主题活动工作方案》作部署说明。

28日 省消防总队对西联镇上庙背火灾高风险区域整治工作进行督查。

29日 国家卫健委刘利群副主任一行到区卫生健康局调研基层减负工作落实情况。

31日 市统计局领导到西联镇调研人口普查工作。

8月

3日 区市政综合管理中心作为管养单位正式接管林桥公园。

4日 韶关市中级人民法院党组成员、副院长李再丰到武江区人民法院本部及龙归法庭调研指导民事、行政审判工作。

5日 省脱贫攻坚调查组人员到西联镇阳山村贫困户入户调查。

6日 区委书记颜亮主持召开乡镇街道体制改革工作动员大会。

是日 省政务服务数据管理局党组成员、副局长魏文涛带领省局指导监督处、审批协调处、业务统筹处相关负责人到武江区政务服务调研政务服务大厅服务能力、政务服务“四免”优化等相关工作。

7日 武江区召开区政府全体会议暨经济工作会议。区委书记颜亮参加会议并讲话，武江区委副书记、区长郑伟平主持会议，武江区人大常委会主任孙理鸣、区政协主席彭波等区四套班子领导参加会议。会议总结上半年经济发展成果及经验，研究部署下半年经济发展工作。会议书面传达了近期上级有关经济工作、廉政工作以及安全生产工作会议精神。区委常委、常务副区长陈雪就下半年实施“经济稳增长工作方案”“促投资行动方案”“经济增长挖潜行动方案”“经济新增长点培育专项行动方案”四个方案作部署。区政府各分管领导就各自分管领域的重点工作进行了总结和部署。

8日 武江区召开农村人居环境整治打擂比武、破旧泥砖房拆除、产业发展和土地流转现场观摩工作推进会。区委书记颜亮、区人大常委会主任孙理鸣、区政协主席彭波、副书记陈刚等领导参加会议。

9日 武江区召开“房地一体”农村宅基地和集体建设用地确权登记发证工作培训动员会。区长郑伟平出席会议并作动员讲话。

10日 韶关学院校长、省人大代表、国家督学廖益带领韶关学院法学院专题调研组到武江区开展“广东省北部生态区基层社会治理体系和治理能力现代化研究”调研活动。

11日 武江区召开区委审计委员会第三次会议。会议传达学习省委审计委员会第三次、第四次和市委审计委员会第三次会议精神，总结2019—2020审计年度工作，研究部署2020—2021审计年度工作。区委书记、区委审计委员会主任颜亮主持会议并讲话，区长、区委审计委员会副主任郑伟平出席会议。

12日 市妇联主席汪波带队到武江区就社区开展家庭教育工作进行考察调研，区妇联主席龚耿岚等陪同。

13日 市长王瑞军一行前往武江区行政服务中心开展调研。

是日 区委书记颜亮，区委副书记、区长郑伟平，区人大常委会主任孙理鸣，区政协主席彭波，区委副书记陈刚等四套班子成员，以及法检“两长”等一行前往武江大道“城市盒子”项目开展实地调研。

是日 中共韶关市武江区委机构编制委员会《关于调整财政局所属财政所有关事项的通知》（韶武机编〔2020〕37号），西联镇财政所调整为镇管理。

是日 区委编办下发《关于调整区自然资源局所属林业工作站有关事项的通知》，将原区自然资源局管理的区龙归林业工作站、区重阳林业工作站、区江湾林业工作站3个事业单位调整为各属地乡镇管理。

15日 市长王瑞军一行到街五祖路、工业东社区调研参观社区建设工作。

是日 武江区7个镇街完成机构改革挂牌工作。

19日 信宜市人大常委会副主任、人大社会委主任委员卢耀带队前来参观武江区惠民街社区居家养老服务中心。区人大常委会副主任聂平南，法工委主任林卫国及相关部门负责人参加座谈。

是日 武江区召开庆祝2020年中国医师节座谈会。区委书记颜亮参加座谈会并作讲话。

21日 武江区在工业西路宏昌百货（西河店）会场启动“2020武江区夜经济暨暑期消费促进活动”。

23—24日 区委书记颜亮率考察团一行赴广州市从化区学习考察，深入学习从化区城市管理提升、乡村振兴等方面的优秀经验和做法。区委副书记、区长郑伟平，区人大常委会主任孙理鸣，区政协主席彭波等四套班子成员及有关负责人陪同考察。

26日 武江区召开区委退役军人事务工作领导小组第一次全体会议。

是日 武江区举行龙归镇詹氏香水柠檬种植基地动工仪式。

27日 武江区召开全区全民禁毒工程总结会暨整治突出毒品问题部署会。区委书记、禁毒委主任颜亮，副区长、区禁毒委副主任、禁毒办主任、公安分局局长余志强以及禁毒委各成员单位主要负责领导和公安分局各执法部门负责人、区禁毒办工作人员参会。

28日 武江区在韶关市武江乡村振兴培训实践中心召开农村人居环境整治“打擂比武”现场评选活动。

31日 区委编委会完成武江区公益三类及从事生产经营服务类事业单位改革工作。改革后，武江区不再有公益三类和经营服务类事业单位。

9月

1日 韶关市生猪复产（现场）调度会在龙归镇乡村振兴实践中心召开。

3日 武江区举办学习贯彻党的十九届四中全会精神暨《习近平谈治国理政》第三卷专题培训班，并召开了区委理论学习中心组学习会。区委书记颜亮、区委副书记陈刚等区党政领导班子、法检“两长”参加会议。

10日 区委书记颜亮陪同市长王瑞军前往韶关市第十五中学、武江区惠民幼儿园进行调研。

是日 武江区召开2020年庆祝第36个教师节暨教育工作会议。区委书记颜亮，区委副书记、区长郑伟平，区人大常委会主任孙理鸣，区政协主席彭波出席会议。市教育局副局长刘文胜受邀参加会议并讲话。

11日 广东南岭干部学院武江现场教学点在武江区乡村振兴培训实践中心揭牌成立。市委常委、组织部部长、市委党校校长肖展欣出席揭牌活动。市委组织部副部长、市直属机关工委书记李志斌，市委党校常务副校长高忠，区委书记颜亮参加揭牌活动。

15日 区政协主席彭波，副主席罗元月、张思建参加市政协现代农业产业园发展民主监督活动。

16日 区委书记颜亮到武江新信访大厅、公共法律服务中心、法律援助处、公证处、社区矫正中心和指挥中心实地视察调研。

19—20日 由市委宣传部、市农业农村局主办，广州日报承办组织的“庆丰收、迎小康”粤港澳大湾区自媒体韶关采风行活动在韶关市武江区拉开帷幕。

22日 武江区在龙归镇举办“庆丰收·迎小康”2020年“中国农民丰收节”韶关分会场活动，市委书记王瑞军、市政协主席王青西等出席活动。

23 日　武江区在区乡村振兴培训实践中心召开“迎国庆・庆中秋”离退休干部座谈会。区委书记颜亮，区长郑伟平，区人大常委会主任孙理鸣，区政协主席彭波，及部分区委常委、区委老干部局全体干部参加座谈会。区委副书记陈刚主持座谈会。

是日　武江区召开政协九届第 19 次常委会，区政协主席彭波主持会议，九届常委会常委、区政协全体机关干部出席会议。会上学习宣传贯彻《习近平谈治国理政》第三卷，传达学习了省委十二届十次全会精神，传达省政协办公厅《关于广泛开展政协委员读书活动的通知》，并审议了《中国人民政治协商会议韶关市武江区委员会提案工作条例》(征求意见稿)。

26 日　武江区召开区工商联五届五次执委会议。区委常委、统战部部长曹锢出席会议。

29 日　武江区在科创园天紫路演中心召开抓项目促投资奋战 100 天动员大会。区委书记颜亮，区人大常委会主任孙理鸣，区政协主席彭波等四套班子领导，法检“两长”等出席了会议。

是日　武江区中医院举行奠基仪式，区四套领导班子出席奠基仪式。

30 日　武江区举办 2020 年领导干部党章党规党纪教育培训班。区委书记颜亮出席培训班开班式并讲话，区人大常委会主任孙理鸣、区政协主席彭波出席开班式，区委副书记陈刚主持开班式。

10 月

1 日　武江区举办主题为“新武江、新经济、新生活”的 2020 年庆国庆・贺中秋韶州公园徒步活动。区委书记颜亮，区长郑伟平，区人大常委会主任孙理鸣，区政协主席彭波，区委副书记陈刚等四套班子领导参加活动。

4 日　市委书记王瑞军到武江区调研，强调要高质量推进现代农业产业园建设，依托丰富的自然资源优势，积极构建“农业 + 文化 + 旅游 + 体育”的产业融合发展新格局，推动韶关乡村全面振兴。区委书记颜亮陪同调研。

9 日　中共韶关市武江区第九届委员会第十次全体会议顺利召开。

10 日　区长郑伟平在武江区财政局会议室组织研究抗疫特别国债支出及财政收支情况。

11—30 日　武江区第七次全国人口普查入户摸底登记工作全面铺开。

12 日　市长陈少荣一行莅临武江区消防救援大队亲切慰问全体指战员。

13 日　武江区召开省委第十巡视组巡视武江区工作动员会议。会前，省委第十巡视组组长陈韩晓向区委书记颜亮传达省委巡视工作有关要求，通报巡视进驻有关事项。会上，省委第十巡视组组长陈韩晓作动员讲话，对做好巡视工作提出要求。市委常委罗晓勤代表市委作表态讲话，区委书记颜亮主持会议并作表态发言。

14 日　武江区召开迎接省数字政府改革建设和省级政府一体化政务服务能力第三方评估工作推进会，区长郑伟平在会上作动员部署。

19 日　韶关市开展 2020 年全市领导干部和国家工作人员旁听庭审民事案件审判专题活动，武江区各单位正职领导共 44 人在武江区人民法院分会场参加。

20 日　区委书记、扫黑除恶专项斗争领导小组组长颜亮到区扫黑除恶办调研指导扫黑除恶专项斗争工作。

21 日　区委书记颜亮带队到韶关市拓海贸易有限公司、韶关市华生药业有限公司、韶能集团开展调研。

22 日　武江区第六届青少年校园足球联赛在华泰小学、沙湖绿洲小学举行。

23 日　市委宣传部到新华街道花城社区调研新时代文明实践站工作开展情况。

23 日　省政府发文，确定武江区为城乡融合发展省级试点。

是日　武江区在乡村振兴培训实践中心举行武江区第三届国家机关“谁执法谁普法”履职报告现场评议暨民法典学习宣传推进会。区领导黄向阳、聂平南、余志强、何岚参加评议会。

26 日　省委常委、组织部部长张义珍调研指导武江区基层党建工作。

是日 武江区召开干部大会，传达学习贯彻习近平总书记出席深圳经济特区建立40周年庆祝大会和视察广东重要讲话、重要指示精神以及全省干部大会精神，对全区学习贯彻落实工作进行动员部署。区委书记颜亮主持大会并讲话，区委副书记、区长郑伟平传达习近平总书记重要讲话、重要指示精神及全省、全市干部大会精神，区人大常委会主任孙理鸣，区政协主席彭波，区委副书记陈刚等四套班子成员，法检“两长”出席大会。

是日 武江区举行区委理论学习中心组专题学习会议，学习贯彻习近平总书记出席深圳经济特区建立40周年庆祝大会和视察广东重要讲话、重要指示精神。区委书记颜亮主持会议并作小结讲话，区委副书记、区长郑伟平，区人大常委会主任孙理鸣，区政协主席彭波，区委副书记陈刚等领导参加会议并作讨论发言。

27日 市政协副主席张文铭到武江区调研民革基层委员会建设工作。

是日 区人大常委会组织人大代表对区人民政府2020年承诺为民办好10件民生实事的工作完成情况进行专项调研，副区长马文娟及相关工作人员陪同调研。

28日 区委书记颜亮到重阳镇调研绿色矿山项目、省道S246线农村人居环境提升项目、妙联新村建设项目、镇街“139”提升项目。

29日 武江区召开中共韶关市武江区第九届委员会第十一次全体会议。全会高举习近平新时代中国特色社会主义思想伟大旗帜，传达学习贯彻习近平总书记出席深圳经济特区建立40周年庆祝大会和视察广东重要讲话、重要指示精神，认真贯彻落实省委十二届十次全会和市委十二届十二次全会精神及省、市工作部署。区委书记颜亮以《坚定不移走城乡融合高质量发展之路奋力开创“新武江新经济新生活”崭新局面》为题向全会作报告。

30日 武江区召开韶关市武江区新的社会阶层人士联合会第一次理事大会。市委统战部常务副部长孔庆红，区委常委、统战部部长曹锢，韶关市新的社会阶层人士联合会会长杨泳出席会议。会议选举产生武江区新阶联第一届理事会领导班子，韶关市诺正会计师事务所有限公司总经理黄丽忠当选为武江区新阶联第一届理事会会长。

是日 武江区召开全区第四季度防范重特大生产安全事故暨消防工作会议，传达省、市第四季度防范重特大生产安全事故会议精神，总结前三季度安全生产和消防工作情况，部署第四季度安全生产工作任务。区委常委、常务副区长陈雪参加会议并作讲话。

11月

1日 武江区第七次全国人口普查登记工作启动。

是日 市财政局副局长陈树川带队到武江区财政局重阳镇水口村调研山水林田湖草项目。

13日 区政协主席彭波带领区政协经济专委会委员到政协委员联系群众工作室开展视察活动。

3—10日 省委第十巡视组选人用人专项检查组对区委选人用人工作开展专项检查。

3日 省总工会派出专业医疗体检车和专业体检医务人员给韶关市一线职工、农民工、困难群众及女职工送上“健康大礼包”。

3—5日 市妇联、区妇联、区教育局、市乐善义工会分别在龙归镇中心小学、第九中学、十五中开展3场主题为“守护花开　健康成长”关爱青少年儿童心理团辅活动。

5日 东莞市政协副主席程发良一行，到重阳镇青暖村、万侯村考察红色文化遗址保护和利用情况。市政协副主席王德雄、区政协副主席谭浩托陪同调研。

是日 广东省医疗保障局党组书记、局长肖学一行到武江区调研基本医疗保险、生育保险参保和征缴工作。副市长高冬瑞、市医保局局长车万里，武江区政府副区长马文娟、武江区医保局等陪同调研。

6日 韶关市新闻界庆祝第二十一个记者节表彰大会在（龙归粮仓）武江乡村振兴培训实践

中心举行

8日 武江区召开全区传达学习贯彻中共十九届五中全会精神干部大会，深入学习领会习近平总书记在党的十九届五中全会上的重要讲话精神和党的十九届五中全会精神及省、市干部大会精神，对全区抓好学习宣传贯彻工作、进一步谋划好武江区“十四五”时期经济社会发展进行动员部署。区委书记颜亮，区委副书记、区长郑伟平，区人大常委会主任孙理鸣，区政协主席彭波，区委副书记陈刚等四套班子成员和“法检”两长等参加会议。

是日 武江区召开区政府2020年第四次全体会议暨经济工作推进会。区委副书记、区长郑伟平主持会议并讲话，区委常委、副区长陈雪就经济运行、债券资金支出、人口普查等工作进行部署。

是日 武江区召开2020年食品安全工作会议暨全区质量强区工作会议。区长郑伟平参加会议并作讲话，副区长钟爱明主持会议。

9日 区委书记颜亮率队走访调研区工商联，区委常委、统战部部长曹錩，区委常委欧伟强参加调研。

是日 武江区在韶乐广场隆重举行“关注消防、生命至上”为主题的“119”消防安全宣传月启动仪式。区委常委、常务副区长领导陈雪、副区长余志强，区消防安全委员会成员单位，各镇（街）分管消防工作领导，区级消防重点单位消防安全责任人，广东省岭南工商第一技师学院（韶关校区）师生代表，枫合汇业主代表共计500余人参加了仪式。

10日 市委外办黄峰副主任率队来武江外事局开展保密检查指导工作。

是日 武江区知识产权纠纷人民调解委员会举行揭牌仪式。

11日 武江区召开专题协商会，专题协商《推进城乡融合高质量发展》调研课题。区委书记颜亮，区委副书记、区长郑伟平参加会议，区政协主席彭波主持会议。

12日 区委书记颜亮率调研组一行前往西河镇下坑村、山蕉村实地调研察看农村集中供水、饮水安全工程项目的进展情况。

13日 武江区消防救援大队成功处置武江区奥园门口一辆公共汽车着火事故，安全疏散22名乘客。

14日 广东省委组织部一行到新华街道花城社区调研党建工作。

是日 武江区召开冬季森林防灭火工作推进会，传达贯彻落实全市森林防灭火工作现场会精神，对全区森林防灭火工作再动员再部署，要求各镇（街）、有关部门要立即采取强有力措施，抓好森林防火火工作，切实保障人民生命安全。区委书记颜亮，区委副书记、区长郑伟平参加会议并作讲话。

16日 区卫健局与核工业四一九医院签署儿童医院合作协议。

17日 省住建厅第五检查组对富康广场在建工地的质量、安全、疫情防控、工人工资、危大工程等情况进行检查。

是日 省纪委监委刘勐到区纪委监委挂职，挂职时间一年。

18日 区委书记颜亮前往龙归镇，宣讲党的十九届五中全会精神，习近平总书记出席深圳经济特区建立40周年庆祝大会和视察广东重要讲话、重要指示精神，以及省委全会、市委全会精神。区委常委欧伟强，龙归镇全体班子成员、各部门负责人、各村（居）“两委”书记、主任，学校教师代表，驻镇机关单位负责人员，驻镇部分企业和乡贤代表，社会各界热心人士等参加宣讲报告会。

19日 武江区人民检察院首次就民事诉讼监督案件组织公开听证，听证会由武江区人民检察院副检察长韩学民作为主任检察官主持，市人大代表、人民监督员、专家咨询委员作为听证员受邀参加，检察官邓洁及申请人、其他当事人的诉讼代理人等出席会议。

20—21日 华南农业大学经管学院党委书记蔡传钦一行到武江区开展调研并召开座谈会。区委书记颜亮，区委副书记、区长郑伟平参加座谈会。

24日 武江区中医院建设项目正式破土动

工。区人大常委会主任孙理鸣出席动工仪式。

26日 由区人大常委会主任孙理鸣带队的市、区两级人大代表一行8人对武江区青少年法治教育实践基地和法治文化主题公园建设、使用情况进行专题调研。

27日 区政协举办2020年区政协委员履职能力提升培训班。

30日 武江区在重阳现代农业产业园举行韶关市2020年全市重点项目开工、竣工分会场活动。区委书记颜亮在韶关主会场参加活动，区委副书记、区长郑伟平，区人大常委会主任孙理鸣，区政协主席彭波，区委副书记陈刚等领导参加分会场活动。

12月

1日 武江区召开村（社区）“两委”换届工作会议，动员和部署全区村（社区）“两委”换届工作。区委书记、区村（社区）“两委”换届工作领导小组组长颜亮出席会议并讲话，区委副书记、区村（社区）“两委”换届工作领导小组常务副组长陈刚主持会议，区委常委、组织部部长、区村（社区）“两委”换届工作领导小组副组长沈中伟作工作部署。

2日 武江公安分局新华派出所被公安部正式命名为一级公安派出所。

是日 区消防救援大队参加韶关供电局超高层灭火救援实战演练。

是日 区人大常委会召开人大代表约见政府部门负责人座谈会。区人大常委会副主任潘歧亮主持会议，副区长马文娟作表态发言。

3日 武江区召开武江区安全生产专项整治三年行动和自然灾害防治能力建设重点工作推进会议。

4日 武江区举行“深入学习宣传习近平法治思想　大力弘扬宪法精神”为主题的武江区“12·4”宪法宣传周大型法治宣传暨第二届法治文化节活动。

是日 副市长凌振伟到芙蓉村调研，指导基层党建和村级“两委”换届工作。

5日 国际志愿者日区红十字会组织志愿者到惠民街道群立社区开展志愿活动。

是日 西河镇田心麦元头村举行“麦元飘香糍粑节”暨摄影大赛颁奖典礼。新浪乐居韶关站为本场活动进行了全程线上直播。区政协主席彭波出席活动。

7日 区委书记颜亮一行就农村精准扶贫、人居环境整治和村“两委”换届等工作前往龙归镇、江湾镇开展调研活动。

8日 省公安厅政治部考察组一行4人到区分局新华派出所实地考察“2020年度全省公安机关先进基层党支部示范点”创建工作。副区长、分局局长余志强，政委张为民，副局长侣庆岩参加迎考。

9日 新华街道花城社区被广东省委、省政府授予“广东省文明单位”。

是日 区消防救援大队成功处置武江区沙洲尾晖景园火灾。

10日 清远市连山人大、武江区人大常委会领导到新华街道花城社区人大代表联络站参观指导工作。

是日 武江区红星小学被中共广东省委、广东省人民政府评为2018—2020年度“广东省文明校园”。

11日 武江区召开东莞高埗镇、武江区扶贫工作座谈会。高埗镇委书记郭荣新、区委书记颜亮参加会议，区委副书记陈刚主持会议。

14—19日 国务院第七次全国人口普查事后质量抽查组到武江区开展人口普查事后质量抽查工作。

14日 广东省社会主义学院到武江区龙归粮仓、重阳镇省委交通站遗址开展实地调研。

15日 武江区与广州发展集团属下韶关地区子公司韶关广发光伏发电有限公司在绿色发展产业招商大会上签订投资金额24亿元的战略合作框架协议，围绕新能源、农业、旅游业等产业开展合作。

16日 国家卫健委党组成员王建军到武江区参加医养结合工作现场会。

是日 武江区在龙归镇公共汽车站举行“武江区禁毒专线”发车仪式。

18日 市政协主席王青西带队视察督办《关于促进我市生猪现代化发展，保障市场供给的提案》重点提案活动。

是日 武江区举办正科职以上主要领导干部学习贯彻习近平总书记出席深圳经济特区建立40周年庆祝大会和视察广东重要讲话、重要指示精神暨学习贯彻党的十九届五中全会精神专题研讨班开班。区委书记颜亮作开班动员讲话暨主题报告，区委副书记、区长郑伟平主持开班式。

19—20日 武江区举办武江区公务员及村（社区）党组织书记专题培训班。

21日 省总工会基层工作部部长周驷耕、韶关市总工会副主席钟山红一行前往东莞（韶关）产业转移园武江片区工会联合会检查指导“三个一批”示范点创建工作。

22日 市委常委、副市长罗晓勤率督导组到武江督查指导村（社区）两委“换届”工作。市村（社区）两委“换届”工作第二督导指导组组长何新文，区委书记颜亮，区委常委、组织部部长沈中伟参加座谈。

是日 武江区制定出台乡镇街道“三个平台”工作机制方案和派出机构下放管理的实施办法，在机构编制管理体制不变情况下，将司法所、自然资源所、市场监督管理所全面下放乡镇街道统筹管理。

27日 武江区召开中国共产党韶关市武江区第九届委员会第十二次全体会议。会议的主要任务是深入学习贯彻党的十九届五中全会精神，认真贯彻落实习近平总书记出席深圳经济特区建立40周年庆祝大会和视察广东重要讲话、重要指示精神，省委十二届十一次、十二次全会精神以及市委十二届十三次全会精神，研究谋划“十四五”时期武江经济社会发展，推动武江在城乡融合高质量发展上走在北部生态发展区前列，争当韶关改革发展排头兵。会议表决通过了《中共韶关市武江区委关于制定武江区国民经济和社会发展第十四个五年规划和二〇三五年远景目标的建议》和《中国共产党韶关市武江区第九届委员会第十二次全体会议决议》。区委常委会主持会议。区委书记颜亮代表区委常委会作报告，并就《建议（讨论稿）》向全会作说明。

28日 武江区全面完成51个村、36个社区党组织换届选举工作。

29日 武江区儿童医院建设项目正式破土动工。副市长高冬瑞出席动工仪式，区委书记颜亮在动工仪式上致辞，区委副书记、区长郑伟平主持动工仪式。

是日 区委书记颜亮一行前往重阳镇、龙归镇调研集中供水、新农村建设、农村人居环境整治等工作。区委常委欧伟强、龙归镇党委书记韩伟强及相关单位、镇村负责人员陪同调研。

是日 武江区党外知识分子联谊会成立并召开第一次全体会员大会，选举产生第一届理事会及常务理事会成员（会长、副会长、秘书长）及监事。

是日 区自然资源局在龙归镇政府举行“房地一体”农村不动产产权证书颁发仪式，27位村民领到属于自家房子的《中华人民共和国不动产权证》。

30日 区委副书记、区长郑伟平到区教育局为教育系统上题为“贯彻全会精神　聚焦教育规划　落实立德树人”的思政课。

概　况

建置沿革

【简述】 武江区因珠江水系北江上游武江流经境内而得名，另因地处武江（河）以西，故又俗称“西河”。

【南朝以前建置】 春秋时期武江境内为百越地。战国时期为楚国属地。秦始皇三十三年（前214年），统一岭南，设南海郡，郡治在番禺，辖区属南海郡管辖。赵佗立南越国后，又为南越国属地。

汉武帝元鼎六年（前111年）平定南越，本境设置曲江县，属桂阳郡，郡治在郴州，隶于荆州。元封五年（前106年），武帝置十三刺史部（亦称州、时为监察区），桂阳郡曲江县受荆州刺史部监察。西汉末年王莽新朝时，桂阳郡改称南平郡。东汉初复称桂阳郡。东汉后期，在桂阳郡南部地区设始兴都尉，以加强对曲江县的管辖。三国吴甘露元年（265年），在桂阳郡南部分设始兴郡，郡治设在曲江县城（今浈江区莲花山），隶属荆州。

西晋太康元年（280年）三月，武帝平吴，始兴郡移属广州。曲江县治从莲花山迁往安聂邑（今武江境内西河），西河成为曲江县政治、经济、文化中心。东晋末（419年），曲江县治迁往官滩（今浈江境内南郊）。

南北朝梁承圣（552—555年）中，于始兴郡置东衡州，州治在曲江，州县治所迁西河。

【隋、唐、五代十国时期建置】

隋开皇九年（589年），改东衡州为韶州，州县治所回迁莲花山。开皇十一年（591年），撤销韶州，曲江并入广州。唐武德元年（618年），曲江县治再迁西河。武德四年（591），把广州属的曲江设置为番州，不久更名东衡州。

唐贞观（627—649年）中，改东衡州为韶州。五代时期，后梁乾化元年（911年），刘岩发兵破韶州，州县治所迁往中洲（今浈江境内小岛），本境仍一直是韶州、曲江县的城区部分。

五代十国时期，先属后梁，后属南汉，以韶州辖曲江县，辖区属曲江县。

【宋、元、明、清时期建置】

宋初仍以岭南东道韶州辖曲江县。未久撤道改称州，曲江县隶属韶州。至道三年（997年），又于州上置路（半行政半监察性质），曲江县隶属广南东路韶州管辖。

元朝以行省为地方最高行政区，下设道（省派出机构）、路、县三级。至顺元年（1330年），属江西行省广东道韶州路管辖。

明洪武元年（1368年），改韶州路为韶州府（同年罢新民官司）。洪武二年（1369年）升广东道为广东行中书省；洪武八年（1375年）又改称广东承宣布政使司（简称广东布政司，习惯上称广东省），曲江县均隶属韶州府。

清初仍称广东布政司，未久定称广东省，省下设道、府、县，曲江县隶属广东省南韶连道韶州府管辖。

【民国时期建置】民国元年（1912年），撤销道、府，曲江县隶属广东省。民国3年复设道，曲江县隶广东省南韶连道（未久改称岭南道）。民国9年（1920年），又撤销道，未久设北区善后督办，性质与道同。此后屡设屡废，民国14年（1925年）设北江行政区，民国15年（1926年）撤销北江行政区。民国17年（1928年）设北江善后委员会。民国21年（1932年）改为北江绥靖区。民国25年（1936年）改设第二行政督察区，性质与善后委员会、行政区、绥靖区同，均为省派出机构，曲江县仍属之。民国29年（1940年）改称北江行政区。民国30年（1941年）复称第二行政督察区，曲江县仍属之。民国32年（1943年）11月，在曲江县城置韶关市，升格为省直辖市。民国34年（1945年）1月，韶关被日军占领，市的建制自行解体。民国36年（1947年）再次调整全省行政区，曲江县隶属第三专署行政督察区。武江境内隶属韶关市和曲江县管辖。

【中华人民共和国时期建置】1949年10月7日，韶关市区武江境内解放。是日，成立韶关市人民政府。10月10日，宣告成立曲江县人民政府。武江境内隶属曲江县管辖。1951年6月1日，恢复韶关市建制；武江境内属韶关市管辖。韶关市设立郊区办事处，境内设西厢乡。1952年11月9日，撤销北江专署，改设粤北行政公署，辖曲江等19个县1个市。是年，撤销西厢乡，改称西河街道办事处，属韶关市管辖。1956年3月1日，改置韶关专员公署，辖曲江等17个县1个市。是年，西河街道办事处并入韶关市和平街道办事处。武江境内西河、西联隶属韶关市管辖。1959年1月，韶关市郊区办事处、曲江县、仁化县和乳源县合并（时称三县一市合并），武江境内西河、西联农村归蔬菜公社（后改称环市公社）管辖。1961年1月17日，撤销韶关市大郊区，恢复韶关市建制。武江境内西河、西联仍归韶关市管辖。1965年8月，环市公社分出西联公社，归属韶关地区示范农场管理。1969年，西联公社并入环市公社，归属韶关市管辖。1971年，韶关市区划分东河、南郊、中区、南区、北区、西河等6个区，武江境内城区设西河区街道革命委员会。1972年，环市公社从南郊迁入武江境内五祖路。1975年3月，恢复韶关市郊区建制。7月，新韶公社分出芙蓉公社。11月，韶关市城区6个区合并为西河等3个区。西河区街道革命委员会改称武江区革命委员会，为韶关市的派出机构。1977年1月，韶关市升格为省直辖市。武江境内西河、西联属韶关市。1978年7月，撤销韶关市革命委员会，改置韶关市人民政府。武江境内西河、西联隶属韶关市。1983年6月，韶关地区与韶关市合并为地级市，统称韶关市。武江境内西河、西联仍属韶关市。

1984年9月，经广东省人民政府批准，撤销原武江区和韶关市郊区（原市政府派出机构），成立武江区，为韶关市辖县级行政区，辖西河、芙蓉、新华3个街道办事处，16个（新华北、武江北、新村、新村二、工业中、东岗、黄田坝、群立街、工业西、工业东、芙蓉北、光明巷、狗头山、沙湖、武江南、新华南）居委会，13个（西河、黄田坝、马停脚、白芒、下坑、黄塱、田心、车头、阳山、沐溪、西联、甘棠、芙蓉）村级乡和塘湾、山蕉2个场。区人民政府位于西河五祖路（原市郊区办公楼）。1994年9月28日，迁往韶关市惠民南路128号。2004年8月，韶关市部分行政区域调整，原曲江县龙归、江湾、重阳3个镇划入武江区。2020年，武江区辖西河、西联、龙归、江湾和重阳5个镇，惠民、新华2个街道。

（区年鉴编辑部）

自然地理

【位置 范围 面积】武江区位于广东省北部，韶关市境内的武江、北江河以西。坐标北纬24°42′00″—24°48′00″，东经113°06′00″—113°34′00″。东与浈江区隔河相望，南与曲江区白土镇接壤，西与乳源瑶族自治县大布、东坪、乳城、一六镇毗邻，北与乳源桂头镇相连。辖区总面积678平方千米。

【地质　地貌】武江区域内的地质地层属于沉积岩地层为主。受粤北“山”字形地质构造的影响，区内褶皱和断裂极其发育，褶皱主要由古生代地层形成紧密式之背斜核部，以北北东向构造为主，次级构造亦较为发育。褶皱构造有北部的大岗头向斜，中部的天子岭背斜和南部的芙蓉山向斜。均为断褶带内曲江复向斜的次褶皱带。地貌以丘陵地带和冲积小平原及高山奇峰为主。区境地势北高南低，西高东低，海拔多在55—200米，坡度约30度。江湾镇境内的大东山主峰海拔1390米，是武江区最高山峰；依次有江湾镇枫岭头海拔1100米，龙归镇凤田黄茂堂海拔941米，西河镇境内的圆子背肩山海拔1125.5米、大岗山海拔406米、天子岭海拔357米、芙蓉山海拔282米。最低武江河河床处海拔55米。

【地形面积】武江区地处南岭山脉南麓的盆地之中，其地形犹如一只卧狮，东西长、南北窄，呈现不规则多边形。区境东起市区武江河中心，西至江湾镇武洞、白石村，长56.75千米，南至曲江交界的圆子背肩山，北至重阳镇大夫前村，宽17.8千米。

【河流】武江区主要河流有武江、北江、南水河、重阳河、锅溪河、韶西水、沐溪水、芙蓉水、沙山水。其中武江历史上曾称虎溪、武溪，发源于湖南省临武县三峰岭，途经坪石、乐昌、桂头，由浈江区犁市镇上朗流入该区重阳镇水口村，至北江桥下与浈江河汇合成北江河。武江河全长260千米，河床坡降0.906‰，在该区河段约16千米，河面宽150—200米，为Ⅶ级航道，境内河段通航能力为300吨级船舶。含武江在内的韶关市区最高洪水位57.21米，最大洪水流量9460立方米/秒，发生于1994年6月18日。最低水位0.7—1米，枯水流量12.3立方米/秒，发生于1966年9月24日。北江河古称“溱水”“肄水”“始兴大江”，发源于江西省信丰县石碣大茅山和湖南省临武县三峰岭，上游分别称“浈江”“武江”。北江流至佛山市三水区思贤滘与西江汇合，全长468千米，河床坡降0.398‰，多年平均流量1080立方米/秒。北江流经武江区西河、西联境内约12千米。河面宽150—350米，可通航为Ⅶ级航道，通航能力为300吨级船舶。西联镇下胡村、赤水村有煤运码头常年水运，可直抵珠江三角洲及连接西江水道。

【气候与灾害】武江区地处北回归线以北，属亚热带气候为主的湿润性季风气候，日照充足，雨量充沛，冬季多干冷的偏北风，夏季多偏南的暖湿气候。年平均气温20.3℃（其中年平均最高气温25.4℃、最低气温16.8℃），年平均湿度为52%，年平均日照时数1858小时，年太阳总辐射111.5千卡/平方厘米，年平均雨量为1537.4毫米。入汛期为每年4月中旬至7月下旬。春季冷暖季风交替频繁，多为低温阴雨天气，日照最少；夏季火热酷暑，雨量多且集中；秋季秋高气爽，昼夜温差较大，降水量少；冬季雨量减少，天气寒冷，年无霜冻期305天。2005年秋旱严重；2006年7月15日，遭百年一遇的洪灾；2008年1月，遭遇80年一遇的雨雪冰灾；2013年5月16日、8月15日，武江大部分地区遭遇重大洪涝灾害。

（区年鉴编辑部）

自然资源

【土地资源】2020年，武江区耕地面积6826.35公顷（水田3987.84公顷，旱地2342.85公顷，水浇地495.66公顷），园地641.91公顷，林地48693.07公顷，草地1581.99公顷，城镇村及工矿用地5281.19公顷，交通运输用地958.9公顷，水域及水利设施用地2898.35公顷，其他土地896.05公顷（设施农用地102.19公顷，田坎283.55公顷，裸地510.31公顷），森林蓄积量33583.88立方米，森林覆盖率70.24%。

【矿产资源】 2020年，辖区矿产资源较为丰富，但储量较少，共生、伴生矿较多。主要有煤矿、铁矿、铅锌矿、锡矿、钨矿、金矿、银矿、石灰石、高岭土、萤石矿等。铅锌矿（小型）主要分布在重阳镇；石灰石储量丰富，品质好，主要分布在西联镇、龙归镇、西河镇。萤石矿主要分布在龙归镇续源、江湾镇架锦坑。陶瓷矿（高岭土）主要分布在重阳镇、龙归镇。煤炭矿区有芙蓉山、田心、车角岭煤区（已停采）。

【动植物资源】 武江区内野生动物种类繁多，主要分布于山区和丘陵地带，体形较大的野兽多栖息在西北山区，一般兽类出没于平川、丘陵。主要野生动物有：哺乳类、鸟类、鱼类、甲壳类、两栖、爬行类、昆虫类等。主要野生植物有：维管束植物2349种，分隶207科877属。水果类38种、野生药用植物135种。内陆水域中常见的浮游生物共14门120多属。

武江丝茅姜是广东省韶关市武江区著名的农副产品之一，种植历史悠久，据光绪年间编写的《曲江乡土志》记载，当时武江区已经开始种植丝茅姜。武江区地处北回归线以北中亚热带中部地区，属于亚热带季风气候。年平均气温20.3℃，年平均日照时数为1858小时，年平均雨量为1537.4毫米，无霜冻期305天，光、热、水资源较为丰富，丘陵、平原交错，山峦叠起，山间多封闭洼地、暗河，溶洞较多，优越的自然环境为武江丝茅姜提供了有利条件。武江丝茅姜以“香”“辣”“渣少”闻名省内外，含有挥发性精油及辛味油，对身体非常有好处。

环境质量

【大气环境】 2020年武江区空气质量指数（AQI）优良率为97%，达到市区AQI优良性93%以上要求；PM2.5为24微克/立方米，空气质量六项指标（SO_2、NO_2、CO、PM10、PM2.5、O_3—8h）均达到国家环境空气质量二级标准，空气综合指数为2.96，为市辖三区空气质量最好，无中度及以上污染天气。

【水环境】 2020年，武江十里亭市级集中式饮用水水源水质100%达标，稳定达到Ⅱ类水要求；地表水4个市控以上断面（孟洲坝电站、武江桥、十里亭、龙归）水质达标率100%，其中孟洲坝电站和武江桥断面水质达到Ⅱ类，全区断面无劣Ⅴ类水体；水环境质量全市排名第5；城市建成区无黑臭水体；实现化学需氧量减排量35.74吨、氨氮减排量8.28吨，完成年度减排任务。

【声环境】 2020年，武江区昼间道路交通声环境平均等效声级范围在48.1—55分贝之间，道路交通噪声强度为一级，道路交通噪声声环境质量好；市区昼间区域声环境质量昼间平均等效声级62.3—67.9分贝。各功能区声环境基本达标。

（韶关市生态环境局武江分局）

人口·方言

【人口】 2020年全区年末户籍总人口289731人，其中：城镇人口221301人，乡村人口

武江妙联丝茅姜　　（区委宣传部　供图）

68430 人；男性 144259 人，女性 145472 人。全区常住人口 373686 人，其中：城镇人口 315838 人，城镇化率 84.52%，农村人口 57848 人。全区常住出生人口 2859 人，人口出生率 9.61‰；死亡人口 1665 人，人口死亡率 5.6‰；自然增长人口 1194 人，人口自然增长率 4.01‰。

【方言】 武江区方言复杂，有粤语、客家话、虱婆声、连滩话、船民话、瑶族勉语等方言。还有潮汕、清远、河源、梅州、湖南、四川、河南等地方言。粤语区域面积、人口均占全区的绝大部分，城乡流行。客家方言主要分布在龙归等 5 个镇的大部分地区。虱婆声主要分布在重阳镇、西联镇大部分农村，龙归镇后坪村和西河镇向阳、村头、大村等。连滩话主要分布在西河镇什石园下坝村、黄塱中坝村。江湾镇瑶族村村民讲瑶族勉语。

（区统计局）

民族·宗教

【民族】 2020 年，武江区居民以汉族为主，少数民族 31 个，超过 100 人的少数民族有 5 个（瑶族、壮族、苗族、畲族、土家族），其中瑶族人口最多，主要集中在江湾镇瑶族村，该村 2020 年有瑶族人口 121 户、667 人。

【宗教】 2020 年，武江区宗教主要有佛教、基督教，依法正式登记宗教活动场所 2 个，分别为韶关市芙蓉禅寺、韶关市武江区基督教龙归聚会点，批准筹建的宗教场所 1 个，为九归禅寺。全区信仰宗教信教群众约 470 人，约占全区户籍人口 0.15%，其中佛教信教群众约 400 人、基督教信教群众约 70 人。全区有宗教教职人员 9 人，其中：佛教僧尼 7 人。

（区委统战部）

交通设施

武江区位于韶关市西部，交通便利，区位优势明显。位于武江区的武广高铁站，距离中心城区约 16 千米，使城区进入广州一小时经济圈。京港澳高速公路西联镇互通立交贯通四方。境内的高速公路有京港澳高速公路、乐广高速公路、韶关北环高速公路；国道有 G240 线（原省道 S253 线升级）、G323 线；省道有 S246 线（原县道 X322 线升级）、S520 线（原县道 X318 线升级）；县道有 X313 线、X314 线，形成完善的城乡交通骨干网络。2020 年，全区公路总里程 729.71 千米，其中：高速公路 34 千米，国道 28 千米，省道 49 千米，农村公路升省道 46 千米，县道 24 千米，乡道 333 千米，村道 80 千米，乡村小道 135.71 千米。全区公路密度为 80 千米 / 百平方千米。农村公路桥梁共计 43 座 1498.3 延米。（区年鉴编辑部）

行政区域

2020 年，武江区地处广东省北部，南岭山脉南麓。东以武江、北江为界，东与浈江区隔河相望，南与曲江区白土镇接壤，西与乳源瑶族自治县相连，北与浈江区的犁市镇相邻。辖新华、惠民 2 个街道和西河镇、西联镇、龙归镇、江湾镇、重阳镇等 5 个乡镇，共 37 个居委会、51 个行政村。

（区民政局）

2020 年武江区行政区划简表

表 5

镇、街办	村（居）民委员会
西河镇	红星村、向阳村、前进村、朝阳村、塘湾村、大村村、什石园村、糖寮村、马屋村、下坑村、黄塱村、田心村、村头村、山蕉村
西联镇	西联村、芙蓉村、下胡村、甘棠村、赤水村、车头村、阳山村、沐溪村、碧桂园·太阳城社区、碧桂园·太阳城第二社区、恒大社区

续表 5

镇、街办	村（居）民委员会
龙归镇	凤田村、续源村、社主村、龙归村、奇石村、冲下村、山前村、方田村、坳头村、马渡村、寺前村、盘村村、留村村、龙安村、后坪村、龙归社区
江湾镇	梁屋村、瑶族村、锅溪村、湖洋村、胡屋村、围坪村、江湾社区
重阳镇	大夫前村、九联村、青暖村、重阳村、水口村、黄岸村、万侯村、妙联村、重阳社区
惠民街道办事处	沙湖社区、冷水坑社区、群康社区、新华北社区、群立社区、武江北社区、黄田坝社区、侨新社区、惠民北社区、东岗岭社区、新村社区、沐阳东社区、幸福社区、长城社区
新华街道办事处	乳韶社区、工业西社区、工业中社区、芙蓉北社区、沙洲社区、金洲社区、芙蓉东社区、惠民东社区、惠民西社区、五祖路社区、工业东社区、武江南社区、新华南社区、红尾坑社区、花城社区、利民社区、御龙湾社区

经济建设

【概况】 武江区位于韶关市西部。2020 年辖 2 个街道、5 个镇。土地面积 677.85 平方千米。年末户籍人口 28.97 万人，根据第七次全国人口普查数据，常住人口 373686 人。耕地面积 0.68 万公顷，粮食播种面积 0.39 万公顷，粮食产量 2.45 万吨。林地面积 5.04 万公顷，森林覆盖率 70.38％，活立木蓄积量 359.33 万立方米。

2020 年，全区生产总值 269.49 亿元，比上年增长 1.3％；固定资产投资增长 4％。社会消费品零售总额 69.69 亿元，同比下降 4.9％；外贸出口额 1.25 亿元，同比下降 34.6％；实际利用外资 1976 万美元；地方一般公共预算收入 5.94 亿元，同比增长 10.5％（不含韶关新区，可比口径）。全区居民人均可支配收入 3.85 万元，同比增长 5.9％。

【工业】 2020 年，武江区第二产业增加值 104.58 亿元，比上年下降 3.3％（工业增加值 79.59 亿元，下降 3.7％）；落实惠企纾困政策，减税降费 6.4 亿元，下达惠企利民资金 1.09 亿元，推动复工复产。营商环境和惠企暖企服务质量显著提升，武江范围内登记注册的各类市场主体、注册资本、从业人员数与上年同期相比分别增长 13.56％、36.55％、12.05％，对优质企业的吸引力与日俱增。全年净增“四上”企业 49 家，净增数列全市第一位；新登记市场主体 5277 户、比上年增长 2.25％。

【农业】 2020 年，武江区第一产业增加值 8.58 亿元，同比增长 2％。完善重点建设项目组团八项制度，开展奋战 100 天重点项目建设行动，武江城乡融合产业园、现代农业产业园等产业创新发展平台开工建设，完成武江科创园一期建设并引入 40 家企业。全年招商引资新签约项目总投资 73.32 亿元。乡村产业发展取得阶段成果，“五朵金花”（百香果、无花果、生姜、香蜜薯、南药等“五朵金花”）特色农业产业新增种植面积 73.33 公顷，成功申报省级“一村一品、一镇一业”入库项目 2 个，新增粤港澳大湾区“菜篮子”生产基地 1 个。

【服务业】 2020 年，武江区第三产业增加值 156.33 亿元，比上年增长 4.5％。完成中央、省、市部署改革事项 11 项。完成农村集体产权制度改革国家级试点任务，累计登记集体资产 24 亿元，较改革试点前增幅 231％。乡镇街道体制改革完成，推动自然资源、市场监管等人员、权责下沉镇街。政务服务改革不断深化，全区行政许可事项“两减一即”（即压缩办理时间、减少跑动次数、提高即办件占比）在全省实现最优。全区通报表扬批评 213 项，推动武江区在市辖三区各类现场会评比和全市各类考评中位列前茅，获 78 项市级荣誉、15 项省级荣誉、3 项国家级荣誉。被省政府确定为城乡融合发展省级试点，被市委市政府确定为党建引领乡村振兴、重点项目“全生命周期”管理机制改革等试点示范。

7月，广东股权交易中心韶关运营中心在武江区揭牌。至年底，在韶关举办活动3场，协办活动3场。韶关市存量挂牌企业18家，存量展示企业30家。2020年，韶关市新增挂牌企业1家，新增展示企业13家。其中科创板展示企业2家，在途审核3家；科创板挂牌企业在途审核1家。至年底，通过风险补偿资金备案的知识产权质押融资项目有8个，贷款金额合计4770，知识产权质押登记金额7462万元。质押知识产权包括发明专利11件，实用新型专利34件，商标9件。

【城乡融合】 2020年10月，广东省人民政府确定武江区为广东省7个城乡融合发展试点地区之一，主要围绕建立美丽小城镇发展机制、搭建城乡产业协同发展平台、健全村改社区管理机制、健全完善农村集体经济运行机制四项试点任务，扎实推动武江区城乡融合高质量发展。武江区成立城乡融合发展省级试点工作领导小组，并组建四个专责小组。同时，制定《韶关市武江区城乡融合发展省级试点实施方案》，并谋划25个省级试点重大项目，总投资105.4亿元。

【城乡建设】 2020年，武江区完成韶州公园及芙蓉山公园路网建设。完成朝阳路等9条主次干道及背街小巷改造提升。完成13个老旧小区改造，涉及55栋居民楼改造，惠及1563户居民。建成10个停车场共增设849个停车位。建成5G基站299个。完成省道S520线、S246线重阳镇区段提升工程。完成四好农村路建设约32.5千米。创新方式“打擂比武”开展农村人居环境整治提升，撬动社会资金超2000万元。“龙归—江湾”乡村精品线路获评“广东美丽乡村精品线路”，江湾镇湖洋村获评广东省乡村振兴大擂台污水治理优秀村，重阳“生态体验＋特色产业休闲线”入选韶关首批十大乡村旅游线路。

【重点项目建设】 2020年，武江区城乡融合产业园基础设施项目（一桥一路）、武江区医药健康科技产业园建设项目一期、武江区现代农业产业园基础设施建设项目、武江区中医院建设项目、武江区阳山小学教学楼扩建项目、武江区沐溪小学教学楼扩建项目、韶关新区幼儿园建设项目、江湾镇中心幼儿园建设项目、金科集美花园等项目开工建设；广东北江中学改扩建项目、丹霞大桥建设工程、丹霞大道北道路建设工程、教育路道路工程、韶州体育公园及配套工程项目、农村环境生态治理工程建设项目（龙归镇、重阳镇）、武江区全域自然村集中供水工程加快推进；韶州公园建设项目、武江区“四好公路”建设、武江乡村振兴传习所一期工程、武江大道南（韶州大桥至百旺大桥）工程、武江区村镇生活垃圾和污水处理基础设施建设、龙归种猪场等一批项目建成投产。

【争取上级资金】 2020年，武江区及时研判国家、省最新政策，把握申报机遇，积极与上级部门沟通协调，共争取到上级资金6.17亿元用于项目建设，其中中央预算内资金0.28亿元，特别国债资金0.67亿元，专项债资金3.9亿元，一般债资金0.9亿元，特殊转移支付一般债资金0.4亿元，区域协调发展战略专项资金（重大项目前期工作经费）160万元。

【营商环境】 2020年，武江区进一步优化营商环境，抓好“数字政府”建设，推进区级政务服务事项“进门上网”和“四个一”政务服务改革；纵深推进开办企业便利度改革，实行“一窗受理、一网通办、一次办成”，开办企业压缩在半个工作日内；开展“双随机、一公开”监管工作，净化市场环境。2020年，武江范围内登记注册的各类市场主体、注册资本、从业人员数与2019年同期相比分别增长13.56%、36.55%、12.05%，全年新增“四上”企业39家。

（区发改局）

政治建设

【依法治区】 2020年，区委全面依法治区工作坚持以习近平新时代中国特色社会主义思想为指导，全面贯彻落实中共十九大和十九届五中全会精神和中央全面依法治国委员会、省委全面依法治省委员会、市委全面依法治市委员会会议精神，按照《武江区2020年全面依法治区工作要点》要求，着力加强党对法治建设的领导，扎实推进严格执法、公正司法、全民守法，法治武江建设水平进一步提升，为武江区新时代经济快速发展提供了良好的法治环境。一是深入学习宣传贯彻落实习近平总书记全面依法治国新理念新思想新战略，加强党对全面依法治区工作的领导。二是依法防控新冠肺炎疫情，为疫情防控工作提供有力法治保障。三是服务重点工作，更好发挥法治对改革发展稳定的引领、规范、保障作用。四是全面推进法治政府建设，推动构建职责明确、依法行政的政府治理体系。五是深化司法体制综合配套改革，确保司法公正高效权威。六是完善公共法律服务体系，推进法治社会建设。

【依法行政】 2020年，武江区创新执法体制，完善执法程序，推进综合执法，严格执法责任，深入推进依法行政。一是依法全面履行政府职能。推行政府权力清单制度，坚持法定职责必须为、法无授权不可为。二是健全依法决策机制。制定《武江区重大行政决策程序规定（试行）》（韶武府〔2020〕11号），把公众参与、风险评估、合法性审查、集体讨论决定确定为重大行政决策法定程序，确保决策制度科学、程序正当、过程公开、责任明确。全面推行政府法律顾问制度，充分发挥法律顾问作用，为推进依法行政提供高质量、全方位的服务。区政府共有6名政府法律顾问，全区6个镇（街）、9个区直单位已聘请法律顾问。三是深化行政执法体制改革，积极推进镇街综合行政执法。2020年8月15日，武江区各镇、街全面完成镇、街体制改革挂牌，各镇、街均成立综合行政执法队。四是完善政府行政执法管理，提高执法和服务水平。严格实行行政执法人员持证上岗和资格管理制度，未经执法资格考试合格，不得授予执法资格，不得从事执法活动。五是加强执法监督，坚持严格规范、公正文明执法。依法惩处各类违法行为，加大关系群众切身利益的重点领域执法力度。全面推行行政执法公示制度、执法全过程记录制度、重大执法决定法制审核制度。

（区司法局）

【政府网站和政务新媒体建设】

2020年，武江区不断加强政府网站内容维护，优化内容展现形式，围绕民声关注和社会热点，聚焦工作重点，设立“疫情防控专栏”“基层政务公开清单专栏”“热点回应专栏”等专题专栏。规范政务新媒体管理，注重多部门互动，形成政府网站与微信公众号政务公开矩阵，协同发声，提升政务公开传播效果，确保公开实效。将标准化规范化思维融入全领域政务公开工作，全面梳理权责清单向社会公布，对照国务院有关部门制定的26个领域的基层政务公开标准指引，推进基层政务公开标准化、规范化，打造“阳光政府”。

【政务服务大厅标准化规范化建设】 2020年，武江区着力打造智慧高效的政务服务平台，全面提升线下政务服务水平。大厅公安专区建成全市最先进的档案管理系统；税务专区建成粤北地区进驻政务大厅最大的办税服务厅，也是全省唯一一个完全按照办税服务厅管理规范打造的标杆示范厅。2020年，开办企业绿色通道，在全市率先实现开办企业半日内办结，企业开办时限减少4个以上工作日；同时实现群众在线办事信息少填60%、材料少报50%、跑动次数减少70%，群众和企业办事更加快捷、便利。

（桂顺风）

【廉政建设】 2020年，区委切实增强“四个意识”、坚定“四个自信”、做到“两个维护”，推进全面从严治党和作风建设向纵深发展。坚持把政治建设摆在首位，围绕疫情防控、“四好农村路”、“三防十五条”、乡村振兴、“河长制”及脱贫攻坚访贫问效等加强监督检查，确保中央和省委、市委重大决策部署落到实处。先后开展3轮常规巡察，实现村级党组织巡察全覆盖，推动全面从严治党向基层延伸。重点查处“三类人”、重点领域和基层“微腐败”，全年纪检监察机关立案审查违纪案件103件，保持惩治腐败的高压态势。

（区纪委）

精神文明建设

【简述】2020年，武江区坚持以习近平新时代中国特色社会主义思想特别是习近平总书记关于精神文明建设的重要论述为指导，把加强精神文明建设作为重要政治任务，群众性精神文明创建活动蓬勃开展，积极培育良好社会风尚，城乡文明环境进一步优化，社会文明程度不断提升，高扬主旋律、汇聚正能量、树立新风尚。

【核心价值观宣传教育】2020年，武江区推进文明家风进机关、进校园、进企业、进社区、进农村、进家庭，联合区妇联在全区组织开展51场家风家训讲座活动，约500名群众参加；深化“文明家庭”创建活动，2020年以来，武江区区属学校大力组织开展核心价值观教育实践活动20余场，把核心价值观融入市民公约、学生守则，在青少年中开展规范守则教育实践活动100余场次；将核心价值观宣传融入“我们的节日”系列活动中，通过派发宣传单张、制作展板等形式，营造良好活动氛围；积极深化志愿服务活动，结合武江区“1+4+N”党员到社区报到开展服务机制，组织社区干部及报到党员开展关爱贫困户、空巢老人、留守妇女儿童、困难职工、残疾人等志愿服务活动。

【公民思想道德建设】2020年，武江区深化公民思想道德建设，一是开展道德模范主题宣传活动。开展道德模范专题展览及故事汇宣讲活动12场，积极挖掘疫情防控先进典型人物，全年共推选16名先进典型人物参加“韶关好人”评选，营造良好社会氛围，其中1人被市文明办评选为2020年第三季度“韶关好人”。二是深化未成年人思想道德建设工作。全面推进文明校园创建，广泛开展“新时代好少年”学习宣传活动、“传承红色基因”系列教育活动、中华优秀传统文化传承活动，开展校园周边环境综合整治，整治行动成效明显。区级未成年人心理辅导站开展个案8个，开展团体心理辅导共计62场次，为辖区未成年人建立良好的心理环境、人际环境，提供有效建议、咨询和帮助。

【基层精神文明创建】2020年，坚持“以城带乡、三级联创”的思路，提高创建覆盖面，扎实推进文明村镇、文明单位、文明校园、文明家庭等创建工作。完成2018—2019年度武江区精神文明建设先进集体评选命名，命名区文明单位16个，区文明镇3个，区文明村15个，区文明社区8个，区文明示范窗口6个，区未成年人思想道德建设先进活动基地6个，区精神文明创建活动创新奖项目6个，区文明家庭160个。

【创文工作】2020年，武江区围绕市容市貌、基础设施建设、公共秩序等创文重点项目和短板问题，开展创文实地专项整治行动，协调推进各镇街、各单位开展环境卫生保洁、渣土扬尘、“牛皮癣”、占道经营、“三线”、乱搭乱建、交通秩序等专项整治，完成实地测评专项整治各项任务，环境质量和公共秩序有效提升。全力做好创文网上申报材料工作，按时完成全区材料收集、整理、报送工作。全年集中开展4次“五个一”创文入户宣传活动，组织2000余名干部职工和志愿者对8000多户居民进行入户宣传。

【新时代文明实践中心试点建设】2020年，武江区持续推进新时代文明实践站点建设，在实现新时代文明实践站在全区81个村居“全覆盖”基础上深化新时代文明实践中心试点建设，对照《韶关市深化拓展新时代文明实践中心建设试点工作实施方案》要求，细化验收任务，开展50余场文明实践活动，丰富市民群众的精神和文化生活。通过进一步整合资源，建立完善文明实践志愿服务工作长效机制，打造有特色、有影响的志愿活动品牌，真正让文明实践中心建设各项活动聚人气、有活力、可持续。

（区委宣传部）

社会建设

【平安武江建设】2020年，武江区成立由区委书记任组长、区长任第一副组长、区委副书记任常务副组长的“平安武江”创建工作领导小组，各镇（街）、各成员单位相应成立平安创建工作领导小组，形成横到边，纵到底，上下联动的平安建设工作网络。成立区疫情防控指挥部社会稳定组，及时做好舆情的核查管控工作和因疫情引发的各行业复工复产的不稳定因素排查核查工作。成立武江区疫情防控重点群体网格化排查管控工作专班，统一进驻武江公安分局集中办公，实行24小时值守工作制度，统筹做好数据赋能疫情防控工作。组织做好涉“两委”换届矛盾纠纷隐患的排查化解工作，确保“两委”换届工作正常进行。扎实推进扫黑除恶“六清”行动，2020年共打掉黑社会性质组织2个、恶势力犯罪集团4个，涉恶犯罪团伙31个。扎实推进智慧新警务建设，搭建全区智慧天眼系统。2020年，新增社会治安视频摄像机43台，全区社会治安视频摄像机数量达583台。推行“红袖章”治安联防组织“三个一”工作机制，疫情防控期间，“红袖章”平安志愿者积极参与到网格化疫情防控工作中。积极探索“1+6+3”武江特色改造模式，开展开放或半开放式居民区实施封闭式管理提升工作，引入智慧武江平安居智感小区系统和出租屋管理登记APP，加强立体治安管理，创建联防平安小区。积极推动综治视联网建设和“雪亮工程”建设，完成全区综治视联网建设，覆盖全区村（社区）。

（区委政法委）

生态文明建设

【生态建设】2020年，武江区完成龙归水江湾镇段、方田段碧道项目建设约10.1千米。完成3个镇级污水处理厂及19千米配套管网建设，农村生活污水治理率70%。关停涉重金属企业8家，完成重金属排放削减任务。

【节能降耗】2020年，武江区单位GDP能耗下降4.99%，能耗总量为66.19万吨标准煤，完成韶关市下达的节能“双控”目标。一是严控新建高耗能项目，对高耗能企业进行整治，严格控制单位GDP能耗增长。二是积极推动企业开展节能技改，全面提高用能效率。三是开展节约型机关创建工作及节能宣传周、全国低碳日等多种活动。

（区发改局）

【义务植树】据统计，2020年全区应参加义务植树适龄人员12.6万人，实际参加义务植树适龄人员11.97万人，义务植树尽责率95%，义务植树总株数63.5万株。

【重点林业生态工程】2020年，武江区国家储备林项目完成总体规划编制。绿美古树乡村、景色景观带等一批绿化美化项目建设完成。第一批山水

2020年5月27日，民警走街入户派发扫黑除恶宣传资料

（区委宣传部　供图）

2020年3月16，武江区干部群众义务植树

（区自然资源局　供图）

林田湖草修复工程在全市绩效考核中排第一名。完成碳汇造林面积40公顷，完成森林碳汇工程封山育林面积96.67公顷，任务完成率100%。完成地方财政暨社会投资造林总面积218.67公顷，其中人工更新造林面积106.67公顷，封山育林面积112公顷，任务完成率100%。完成韶关市武江区2019年绿美古树乡村项目1个，任务完成率100%；2020年武江区省级贫困村任务1个，根据工作实际情况区自然资源局采用送苗木下乡的方式提供红锥、木荷、枫香等苗木5000余株，任务完成率100%。2019年，中央森林抚育项目面积400公顷，任务完成率100%；2020年，省级碳汇造林抚育项目100公顷，任务完成率100%。

【造林绿化】2020年，武江区完成碳汇造林面积40公顷，完成森林碳汇工程封山育林面积96.67公顷，任务完成率100%。完成地方财政暨社会投资造林总面积218.67公顷，其中人工更新造林面积106.67公顷，封山育林面积112公顷，任务完成率100%。完成韶关市2018年景色景观带建设项目北环高速重阳出口、糖寮出口绿化项目造林面积9.33公顷，任务完成率100%。

（区自然资源局）

领导机构党派团体负责人名单

◎韶关市武江区四大班子

·中国共产党韶关市武江区委员会

区委书记：颜　亮

区委副书记：郑伟平

陈　刚

区委常委：曹　镅（女）

肖建红

卢建成（任至6月）

李宇强（6月任职）

沈中伟

陈　雪（女）

黄向阳

杜　亚

欧伟强

张伟俊（挂职至2月）

黄远文（2月任职）

·韶关市武江区人大常委会

主　任：孙理鸣

副主任：李学源（任至10月）

卢建成（5月任职）

潘歧亮

谭木初

聂平南

曾　宏

·韶关市武江区人民政府

区　长：郑伟平

常务副区长：陈　雪（女）

副区长：

张伟俊（挂职，任至2月）

欧伟强（任至6月）

黄远文（挂职，2月任职）

余志强

刘拥军（任至8月）

黄燕斌

钟爱明

马文娟（女，6月任职）

侯志军（挂职，任至8月）

·中国人民政治协商会议韶关市武江区委员会

主　席：彭　波

副主席：谭浩托

何　岚

罗元月

林　健（女）

张思建（5月任职）

黄艺顺（5月任职）

秘书长：刘立文（女）

◎韶关市武江区党委工作部门

· 中国共产党韶关市武江区纪律检查委员会

书　记：肖建红
副书记：朱旭东
　　　　张耀雄
常　委：黄韶娟（女）
　　　　黄　平
　　　　林基乐（任至4月）
　　　　黄芬芳（女）
区监察委主任：肖建红
副主任：朱旭东
　　　　张耀雄
委　员：黄韶娟（女，任至4月）
　　　　黄　平
　　　　陈鸿南
　　　　黄芬芳（女）
区派驻机构组长：杨　岚（女）
　　　　　　　　曾文英（女）
　　　　　　　　罗宝阳

· 韶关市武江区委巡察机构

主　任：林基乐（任至4月）
　　　　黄韶娟（女，4月任职）
组　长：黄育辉
　　　　潘康武

· 中共韶关市武江区委办公室

主　任：欧伟强
常务副主任：林基乐（4月任职）
副主任：刘　薇（女）
　　　　张　华

· 韶关市武江区国家保密局

局　长：刘　薇（女，瑶族）

· 韶关市武江区史志办公室

主　任：陈志青（女）

· 中共韶关市武江区委组织部

部　　长：沈中伟
常务副部长：黄维民
副 部 长：覃　婷
　　　　（女，兼，壮族）
　　　　张羽忠
　　　　（5月任职，土家族）
　　　　陈　艳（女）

· 韶关市武江区关心下一代工作委员会

主　　任：陈　刚
第二主任：沈中伟
执行主任：杨应光
副主任：肖德鸿
　　　　覃　婷（女，壮族）
　　　　张文清
　　　　刘访林
办公室主任：张文清（兼）

· 中共韶关市武江区委党校

校　长：沈中伟（兼）
常务副校长：
　　　　黄维民（任至5月）
　　　　张羽忠
　　　　（5月任职，土家族）

· 中共韶关市武江区委老干部局

局　长：覃　婷
　　　　（女，兼，壮族）
副局长：张永祥（兼）

· 中共韶关市武江区委宣传部

部　长：卢建成（任至6月）
　　　　李宇强（6月任职）
副部长：侯广平
　　　　杨长虹（女）
　　　　田千山（挂职，苗族，
　　　　　　任至8月）

· 中共韶关市武江区委统一战线工作部

部　　长：曹　镅（女）
常务副部长：邱洲才
副部长：姜蕴芝（女，任至4月）
　　　　刁海燕（女，5月任职）

· 中共韶关市武江区委政法委员会

书　记：黄向阳
常务副书记：邓桂生（任至9月）
　　　　　　余志强
副书记：欧气勇
正科职干部：张祈俊（任至5月）
副科职干部：梁柏勤（女）
　　　　　　罗任林
　　　　　　冯方成

· 中共韶关市武江区委机构编制委员会

主　任：颜　亮
副主任：郑伟平
　　　　陈　刚
委　员：沈中伟
　　　　欧伟强（3月任职）
　　　　段锋刚
　　　　林小夏（女）
　　　　刘江平
　　　　刘宗华（任至3月）
　　　　张羽忠（任至3月）
　　　　林棋昇（3月任职）

· 中共韶关市武江区委机构编制委员会办公室

主　任：林小夏（女）
副主任：刘　琼（女）

· 中共韶关市武江区直属机关工作委员会

书　记：覃　婷（女，壮族）
副书记：张永祥
副书记：林玉辉（女）

· 韶关市武江区档案馆

馆　长：欧阳征禄

副馆长：李卫东

· 中共韶关市武江区委农村工作办公室

主　任：朱冬生

常务副主任：李远贵

◎韶关市武江区人大常委会办公室及各专门委员会

· 韶关市武江区人大常委会办公室

主　任：成振铭

副主任：张峰莹（女）
　　　　谭冬连（女）

· 韶关市武江区人大常委会法制工作委员会

主　任：林卫国（任至10月）

· 韶关市武江区人大常委会选举联络人事任免工作委员会

主　任：黄碧贞（女）

· 韶关市武江区人大常委会教科文卫工作委员会

主　任：许忠财

· 韶关市武江区人大常委会财政经济工作委员会

主　任：黄伟和

· 韶关市武江区人大常委会城乡建设环境与资源保护工作委员会

主　任：钟爱民

◎韶关市武江区政府工作部门

· 韶关市武江区人民政府办公室

主　任：段锋刚

副主任：刁海燕（女，任至6月）
　　　　朱　唯
　　　　纪曼娜（女）
　　　　茹伟杰（兼，3月任职）

· 韶关市武江区信访局

局　长：茹伟杰

副局长：杨伟波

· 韶关市武江区发展和改革局

局　长：何爱华

副局长：李　丹
　　　　刘　旭
　　　　孟　聪（女，挂职，任至5月）

· 韶关市武江区教育局

局　长：汤应辉

副局长：邓汝机
　　　　黄建忠（任至5月）
　　　　袁　海（5月任职）
　　　　陈少萍（女）

教育工委书记：陈锦奎

教育工委副书记：
　　　　袁　海（4月任职）

· 韶关市武江区工业和信息化局

局　长：张思建（任至5月）
　　　　黄海涛（5月任职）

副局长：陈胜鸿
　　　　林卓伟
　　　　张统帅
　　　　黄晓森（挂职，任至5月）

党组成员：邱四英（女）
　　　　　麦宇晖

· 韶关市公安分局武江分局

局　长：余志强

政　委：刘志康（任至5月）
　　　　张为民（6月任职）

副局长：张为民（任至6月）
　　　　姚昌锋（任至5月）
　　　　刘　革（5月任职）
　　　　刁文海
　　　　邓河军（7月任职）
　　　　侣庆岩
　　　　丁晓宇（挂职）

纪委书记：杨国平

政工办主任：阙文育

· 韶关市武江区民政局

局　长：邱　江（任至6月）
　　　　宋　清（6月任职）

副局长：李新健　徐　玲

· 韶关市武江区司法局

局　长：茹伟杰

副局长：张锦怀　杨伟波
　　　　王　莉（女）

政工科科长：刘梨秀（女）

党组成员：冯寿全

· 韶关市武江区财政局

局　长：刘江平

副局长：邓明晖　陈志福
　　　　黎　丹（女，挂职，任至5月）

党组成员：华新凤

· 韶关市武江区国库支付中心

主　任：黄　艺

· 韶关市武江区政府采购管理中心

主　任：陈　西

· 韶关市武江区人力资源和社会保障局

局　长：林棋昇

副局长：张羽忠（任至6月）
　　　　谭友卫

龚存进
党组成员：刘加林
曾群芳

· 韶关市武江区自然资源局
局　长：吴韶华（任至6月）
邱　江（6月任职）
副局长：丘日雄　龚艺旋
周福升
罗贤贵
（挂职，任至6月）
陈晓辉（8月挂职）

· 韶关市武江区住房和城乡建设局
局　　长：黄艺顺
党组书记：何方涛
副 局 长：林冬青
林少波
黄文彬
党组成员：谢洪泉
杨宏坤

· 韶关市武江区农业农村局
局　长：朱冬生
副局长：杨培华
苏平华
吴江华
党组副书记：李远贵
党组成员：曾彩娣（女）

· 韶关市武江区文化旅游体育局
局　长：刘　枫
副局长：唐乃华（女）
彭先国
党组成员：朱伟东

· 韶关市武江区卫生健康局
局　长：刘　敏（女）
副局长：雷　霞（女）
吴荣华
郑　斌（6月任职）

党组成员：谢甘霖

· 韶关市武江区退役军人事务局
局　长：肖大清
副局长：邓少雄
刘志深

· 韶关市武江区应急管理局
局　长：黄　勇
副局长：郭志东
龚光权
陈　浩

· 韶关市武江区审计局
局　长：袁文娟（女）
副局长：华志荣
谭伟军
（挂职，任至5月）

· 韶关市武江区市场监督管理局
局　长：古寿英（女）
副局长：王　鸽
周伟真
黄华华
邓献良
林海平

· 韶关市武江区统计局
局　长：黄　倩（女）
副局长：林洁谊（女）
刘文燕（女，挂职）
党组成员：刘学农

· 韶关市武江区医疗保障局
局　长：李惠歆
副局长：叶　盛
刘　丽（女）

· 韶关市武江区城管局
局　长：洪维陶
副局长：何智勇
陈韶彬

丁少锋
党组成员：曾明福

· 韶关市武江市政管理中心
副主任：林毅华

· 韶关市武江区政务服务数据管理局
局　长：叶文辉
副局长：曹信初

· 韶关市生态环境局武江分局
局　长：叶文涛
副局长：刘艳忠

· 韶关市武江区消防救援大队
大　队　长：陈玉航
政治教导员：王业辉

· 国家税务总局韶关市武江区税务局
局　长：蔡汉生（任至6月）
陈志华（6月任职）
副局长：何佩强
纪检组长：罗中安
副局长：江建明（任至9月）
邓良智（任至9月）
罗　智
杨　娟（女，7月任职）
钟海涛
陈　丹（女，任至6月）
王婕茹（女）
黄新梅
（女，任至5月）

· 韶关市武江区地方公路管理站
站　长：谢洪泉
副站长：陈　戈
赖楚彬

◎中国人民政治协商会议韶关市武江区委员会办公室及各科室

·韶关市武江区政协办公室

主　任：刘立文（女）
副主任：郭莹斌（女）

·韶关市武江区政协组织联络科

科　长：赵建军（满族）
副科长：陈汉荣

·韶关市武江区政协宣传教育提案科

科　长：赖　德

◎法院、检察部门

·韶关市武江区人民法院

党组书记、院长：唐永华
党组副书记、副院长：刘文正
党组成员、副院长：舒粤平
　　陈扬广
党组成员、政治部（机关党委、督察室）主任：
　　黄　英（女）
党组成员、机关纪律检查委员会书记：黄伟斌
审判委员会专职委员：
　　邱华英（女）
　　吕韶杰

·韶关市武江区人民检察院

检 察 长：邵　林
副检察长：韩学民
　　刘旭珊（女）
　　赵宋明
　　蔡梅英（女）
政治部主任：黄思俭

◎民主党派

·民革武江区各基层组织

民革武江区基层委员会：
　　张嘉异（8月任职）
　　邓献良（任至8月）
民革武江区第一支部：潘　雷
民革武江区第二支部：
　　顾永康（6月任职）
　　赵高凌（任至6月）
民革武江区第三支部：林叶水
民革武江区第四支部：余　硕
民革武江区第五支部：曹永宝
民革粤北人民医院支部：
　　钟永红

·民盟武江区基层组织

主任委员：陈胜鸿
副主任委员：
　　左之滨（任至10月）
　　张国平
　　周　樱（女，10月任职）
委　员：周　樱
　　（女，任至10月）
　　聂树养（任至10月）
　　邓桂琼（女，任至10月）
　　沈　坚
　　谢　佳（女）
　　曹佳良（任至10月）

·民建武江区基层组织

民建武江区基层委员会主委：
　　张南生（任至8月）
　　黄艺顺（8月任职）
民建武江一支部主委：
　　曾庆堪（任至7月）
　　殷　伟（7月任职）
民建武江二支部主委：何　勇
民建武江三支部主委：曹　剑
民建武江四支部主委：
　　陈　明（女）
民建武江五支部主委：
　　黄艺顺（任至7月）
　　周　靖（7月任职）
民建武江六支部主委：
　　张蕊红（女，7月任职）
民建武江七支部主委：
　　李华峰（7月任职）

·民进武江区基层组织

主任委员：
　　温荣华（女，任至10月）
　　刘　旭（10月任职）
副主任委员：
　　雷名珠（任至10月）
　　黄春神（10月任职）
　　欧俊锋（任至10月）
　　李　婷（女，10月任职）
　　麦振中
　　吕　伟（任至10月）
　　蔡红燕（女，任至10月）
　　谭志雄（10月任职）
民进武江区综合一支部主委：
　　雷名珠（任至9月）
　　黄春神（9月任职）
民进武江区综合二支部主委：
　　欧俊锋（任至8月）
　　李　婷（女，8月任职）
民进五中支部主委：麦振中
民进韶关新区支部主委：
　　蔡红燕（女，任至9月）
　　谭志雄（9月任职）

·农工党武江区基层组织

武江区基层委员会主委：邱韶东
粤北人民医院总支主委：
　　黄　文（任至8月）
　　曹正国（8月任职）
粤北人民医院一支部主委：
　　黄　文（任至8月）

曹正国（8 月任职）
粤北人民医院二支部主委：
张　涛（任至 8 月）
肖　政（8 月任职）
粤北人民医院三支部主委：
阳纯兵（任至 7 月）
何　敏（女，7 月任职）
市医卫支部主委：谢广宁
粤北第二人民医院支部主委：
江成林
市中医院支部主委：
付晓民（任至 7 月）
郑路嘉（女，7 月任职）
市职防院支部主委：
蔡艺苹（任至 8 月）
廖祥彦（8 月任职）
韶关学院医学院支部主委：
王　萌（女）
市科技支部主委：
黄得慧（任至 7 月）
连金养（7 月任职）
市妇幼保健院支部：
李颖芳
武江区一支部：
王　雁（女，7 月任职）

· 九三学社武江区基层组织

武江区基层委员会主委：罗元月
武江区一支社主委：胡金和
武江区二支社主委：罗　燕
武江区三支社主委：谢华美
武江区四支社主委：刘斯琪
武江区五支社主委：
罗　伟（任至 7 月）
梁　芹（7 月任职）
供电支社主委：
邓丽山（任至 7 月）
王俊威（7 月任职）
韶关医学院支社主委：
梁利球（任至 7 月）
向敏瑜（7 月任职）
韶关新区基层委员会主委：
李少鸿（7 月任职）
韶关新区一支社主委：
朱应麟（7 月任职）
韶关新区二支社主委：
张方丽（7 月任职）
粤北医院基层委员会主委：
徐晓南
粤北医院一支社主委：徐晓南
粤北医院二支社主委：陈　斌
粤北医院三支社主委：谢　斌

◎群众团体

· 韶关市武江区总工会

主　席：谭木初
常务副主席：梁嘉金
副主席：陈献平

· 韶关市武江区中国共产主义青年团

书　记：陈秉丞
副书记：林雪丽（女）
钟伟平（挂职）

· 韶关市武江区妇女联合会

主　席：龚耿岚（女）
副主席：钟喜梅（女）

· 韶关市武江区残疾人联合会主席团

主　席：黄燕斌（瑶族）
副主席：刘存友
班建华

· 韶关市武江区残疾人联合会理事会

理 事 长：刘存友
副理事长：刘芷伊

· 韶关市武江区红十字会

会　　长：空　缺
专职副会长：侯芊彤（女）

· 韶关市武江区工商联合会

主　席：刘　东
副主席：姜蕴芝（女，任至 4 月）
刁海燕（女，9 月任职）
党组书记：
姜蕴芝（女，任至 4 月）
刁海燕（女，5 月任职）

· 韶关市武江区归国华侨联合会

主　席：邱洲才
专职副主席：麦燕玲（女）

◎镇（街）

· 韶关市武江区西河镇

书　记：何远韶（女，任至 5 月）
吴韶华（5 月任职）
副书记：余　聪
王　成
黄　辉
委　员：江仁智
刘绍鸽
林仁和
邬　江
谢文丹
张小英（女，挂职）
人大主席：李　毅
镇　　长：余　聪
副 镇 长：邬　江
纪委书记：江仁智
镇长助理：欧丹玲
（女，8 月任职）

· 韶关市武江区西联镇

书　记：粟　健
副书记：杨国浩

曹吾林
刘建强
委　员：隋国昕
黄　超
何　毅
李光杰
戴锴晖
人大主席：朱小燕（女）
镇　　长：杨国浩
副 镇 长：黄　超
李　婷（女）
纪委书记：隋国昕

·韶关市武江区龙归镇

书　记：韩伟强
副书记：刘　武（任至5月）
陈作昌（任至5月）
黄振天（5月任职）
黄寿文
委　员：成伟雄
吴怡诗（女，任至4月）
张碧荣（4月任职）
林雁嘉（任至12月）
袁武宗
邓东睦（5月任职）
欧宇帆（挂职）
人大主席：叶贤治
镇　长：刘　武（任至5月）
副镇长：成伟雄
纪委书记：吴怡诗
（女，任至4月）
张碧荣（4月任职）
镇长助理：黎卓文（7月挂职）

·韶关市武江区江湾镇

书　记：黄海涛（任至5月）
刘　武（5月任职）
副书记：曾玉玲（女）
谭克志
刘戈勇（任至5月）
委　员：胡言辉
杨　晖
刘甜妹（女）
涂星明
潘会亮
人大主席：黄永和
镇　长：曾玉玲（女）
副镇长：杨　晖
邹　锋
纪委书记：潘会亮

·韶关市武江区重阳镇

书　记：龚映韶
副书记：郁　扬
黄振天（任至5月）
刘戈勇（5月任职）
委　员：黄明富
梁满洪
林光锋
曾维佩
张伟全（任至4月）
人大主席：侯福清
镇　　长：郁　扬
副 镇 长：黄明富
刘斯琪（女）
纪委书记：张伟全（任至4月）
李海陶（4月任职）
镇长助理：何翼龙（7月挂职）

·韶关市武江区惠民街道办事处

党工委书记：
何远韶（女，5月任职）
党工委副书记：
宋　清（任至6月）
唐家勇（6月任职）
丘细琼（女，任至6月）
袁　海（侗族，任至4月）
陈作昌（5月任职）
委员：杨惠得
刘福娣（女）
李永红
温　碧
人大工委主任：陈志坚
街道办主任：
宋　清（任至6月）
唐家勇（6月任职）
办事处副主任：刘福娣（女）
温　碧
纪工委书记：杨惠得
主任助理：林县华（7月挂职）

·韶关市武江区新华街道办事处

党工委书记：罗北京（5月任职）
副书记：罗北京（任至5月）
丘细琼（女，6月任职）
周　明
李旭阳
委　员：邓志雄
饶佳运
叶龙涛
人大工委主任：
刘尚周（任至5月）
张祈俊（6月任职）
街道办主任：
罗北京（任至6月）
丘细琼（女，6月任职）
副主任：饶佳运
周志奎
纪工委书记：邓志雄
主任助理：邓　利（7月挂职）

中国共产党韶关市武江区委员会

综　述

2020年，在党中央和省委、市委的坚强领导下，中共韶关市武江区委坚持以习近平新时代中国特色社会主义思想为指导，深入学习贯彻中共十九大和十九届二中、三中、四中、五中全会精神，认真学习贯彻习近平总书记出席深圳经济特区建立40周年庆祝大会和视察广东重要讲话、重要指示精神，不断深化对省委“一核一带一区”建设的认识，认真落实省委“1+1+9”决策部署和市委工作要求，统筹推进新冠肺炎疫情防控和经济社会发展，扎实做好“六稳”工作、全面落实“六保”任务，坚定不移对接融入“双区”建设，城乡融合高质量发展迈上新台阶，经济社会发展各项事业取得新进展新成效。

中共韶关市武江区委设置工作部门9个。分别是纪律检查委员会监察委员会机关、办公室、组织部、宣传部、统一战线工作部、政法委员会、机构编制委员会办公室、直属机关工作委员会、巡察工作领导小组办公室。其中，纪律检查委员会与监察委员会合署办公，实行一套工作机构、两个机关名称；办公室挂保密委员会办公室、区国家保密局、机要局、区密码管理局、区档案局牌子；组织部挂区老干局、区公务员局、非公有制经济组织和社会组织工作委员会牌子；宣传部挂区政府新闻办公室、区精神文明建设委员会办公室、区新闻出版局（区版权局）、区互联网信息办公室牌子；统一战线工作部挂区民族宗教事务局、区台港澳事务局牌子。区委下属10个基层党（工）委：西河镇党委、西联镇党委、龙归镇党委、江湾镇党委、重阳镇党委、惠民街党工委、新华街党工委、武江区直属机关工委、公安分局党委、武江区委教育工委。

主要工作

【学习宣传贯彻工作】 2020年，武江区委坚持把学习贯彻习近平新时代中国特色社会主义思想、中共十九届五中全会精神和习近平总书记出席深圳经济特区建立40周年庆祝大会和视察广东重要讲话、重要指示精神作为首要政治任务，严格落实区委常委会会议第一议题和区委理论学习中心组学习制度，科学谋划制定武江区“十四五”规划和2035年远景目标，深入开展新一轮“大学习、深调研、真落实”工作，围绕五大课题16个专题对全区经济社会发展各方面开展深层次调研，形成一批有质量的调研报告，并同步优化完善武江区改革发展“六大行动”，明确路线图、任务书、责任状、时间表，推动习近平总书记重要讲话精神在武江大地落地生根、结出丰硕成果。

【疫情防控】 2020年，面对突如其来的新冠肺炎疫情，武江区委坚持人民至上、生命至上，凝聚全区合力打好打赢疫情防控阻击战。创新“六个一”党建引领网格化疫情防控机制等相关经验做法得到国家指导组充分肯定，并代表韶关市在广东省疫情防控新闻发布会上作经验介绍，全区18人、4个集体获评省、市抗击新冠肺炎疫情先进称号。复工复产精准有序，“六稳”“六保”扎实有效，减税降费政策措施落实有力，巩固疫情防控和经济社会发展持续稳定向好局面，全年实现地区生产总值269.45亿元（含新区65.44亿元），按市对武江统计口径，GDP增长1.5%，固定资产投资增长4.8%；地方一般公共预算收入5.94亿元、增长10.54%（可比口径）；居民人均可支配收入3.85万元、增长5.9%。GDP总量、人均GDP、财税增长继续保持全市第一。

【高质量发展】 2020年，武江区委进一步完善重点建设项目组团八项制度，开展奋战100天重点项目建设行动，武江城乡融合产业园、现代农业产业园等产业创新发展平台开工建设，完成武江科创园一期建设并成功引入40家企业。融入“双区”建设力度加大，推动招商引资工作掀起新一轮热潮，全年招商引资新签约项目总投资达73.32亿元。乡村产业发展取得阶段成果，“五朵金花”特色农业产业新增种植面积73.33公顷，成功申报省级“一村一品、一镇一业”入库项目2个，新增粤港澳大湾区“菜篮子”生产基地1个。营商环境和惠企暖企服务质量显著提升，武江范围内登记注册的各类市场主体、注册资本、从业人员数与2019年同期相比分别增长13.56%、36.55%、12.05%， 全年新增“四上”企业39家，净增数位列全市第一，对优质企业的吸引力与日俱增。

【城市品质提升】 2020年，武江区蓝天保卫战成效显著，辖区空气质量指数优良率达97%，空气质量为市辖三区最优。在武江大道南等多个市级重大征拆交地任务中展现“武江速度”。芙蓉山片区道路、村头环村路等项目建成通车，拖拉机厂小区、津头岭城中村等城市更新经验做法得到省、市肯定推广，韶州公园建成开放区域扩大40%，城区便捷度和生态城市形象进一步提升。建立重点主干道整治提升管理站，将武江大道打造成为样板路，通过高标准建设、精细化管理、促进路城形象提升。年度城市管理综合检查考评成绩位列全市第一，被评为全市巩卫先进集体。扎实完成第七次全国人口普查，居住人口比户籍人口增加4.66万人。

【乡村振兴】 2020年，武江区脱贫成效持续巩固提升，全区贫困人口年人均可支配收入超过1.5万元。在全市率先完成“四好农村路”建设任务，农村生活污水治理率达到70%，农村集中供水初步实现全覆盖。实施“五水共治”（从水体、水岸、水面、水底、水源五个方向统筹推进治理行动），推动全面落实河长制，辖区地表水断面水质达标率为100%。创新农村人居环境提升机制，调动筹集社会资金超过2000万元，龙归镇方田大人村、西河镇田心麦元头村等29个自然村在“打擂比武”工作中胜出获奖，相关经验做法得到省委常委叶贞琴两次批示肯定。武江乡村知名度和美誉度不断提升，重阳“生态体验+特色产业休闲线”入选韶关首批10大乡村旅游线路，“龙归—江湾”廊道获评第二届“广东美丽乡村精品线路”，江湾镇湖洋村获评“广东省乡村大擂台单项奖”。

【深化改革】 2020年，武江区在上级部署的重点领域和关键环节改革稳步推进，全年共完成中央、省、市部署改革事项11项。农村集体产权制度改革国家级试点任务圆满完成，累计登记集体资产24亿元，较改革试点前增幅达231%。乡镇街道体制改革顺利完成，推动自然资源、市场监管等人员、权责下沉镇（街）。政务服务改革不断深化，全区行政许可事项“两减一即”（压缩办理时间、减少跑动次数、提高即办件占比）在全省实现最优。深化“担当落实、走在前列”激励机制，全区通报表扬批评213项，推动武江区在市辖三区各类现场会评比和全市各类考评中位列前茅，荣获78项市级荣誉、15项省级荣誉、3项国家级荣誉。武江区被省政府确定为城乡融合发展省级试点，被市委、市政府确定为党建引领乡村振兴、重点项目“全生命周期”管理机制改革等试点示范。

【增进民生福祉】2020年，武江区全力推动民生事业补短板、促发展，在民生领域投入占一般公共预算支出比重高达75%。深入实施武江教育“四大工程”（教育资源均衡配置工程、名校长名教师名班主任培育工程、师德师风建设提升工程、思政课创新实践工程），国家义务教育质量监测成绩稳居全市第一，全年新增优质学位3240个。谋划推动区中医院、儿童医院等项目开工建设，镇级中医馆和村卫生站实现全覆盖，武江区被国家卫健委授予“计划生育优质服务先进单位”荣誉称号，超额完成城乡居民医保参保任务。高质量做好稳就业工作，在全市率先完成国有企业退休人员社会化管理。统筹抓好“两个文明”建设，提升改造区、镇两级文化场所，花城社区、红星小学被授予省文明单位、文明校园荣誉称号。创新社会治理成果显著，“五级联创”等4个案例入选市域社会治理创新案例。深入推进扫黑除恶专项斗争，全区刑事警情同比下降30%。

【党的领导和党的建设】2020年，武江区坚持把政治建设摆在首位，以接受省委巡视为契机强化政治担当，扎实开展整改落实工作，政治生态不断净化。全面落实意识形态工作责任制，及时处置各类涉武江舆情。支持人大、政协依法依章履行职能，巩固和加强爱国统一战线，发挥工青妇等群团组织作用，做好党管武装工作。深入实施基层党组织建设三年行动计划，村（社区）“两委”换届顺利完成，班子结构、交叉比例大幅优化提升，按时完成软弱涣散党组织整顿，考核优秀比例位居全市第一。领导干部“民情夜访”和“1+4+N”在职党员到社区报到服务常态化制度化。持之以恒正风肃纪反腐，共处置问题线索150条，立案103件，给予党纪政务处分86人，给予组织措施23人。先后开展3轮常规巡察，实现村级党组织巡察全覆盖。

重要会议

【区委九届九次全体会议】2020年1月15日，中共韶关市武江区第九届委员会第九次全体会议召开。全会以习近平新时代中国特色社会主义思想为指导，全面贯彻中共十九大和十九届二中、三中、四中全会及中央经济工作会议精神，认真落实省委书记李希在韶调研讲话精神和省委、市委全会精神及工作部署。区委书记颜亮以《奋勇争先　加油实干　推动武江在城乡融合高质量发展上走在前列》为题向全会作报告，区长郑伟平就抓好全区经济工作作讲话，会上审议区委常委会2019年抓党建工作情况报告。

全会强调，2020年是全面建成小康社会、决战决胜脱贫攻坚和“十三五”规划的收官之年，全区工作的总体要求是：坚持新发展理念和稳中求进工作总基调，积极抢抓“双区”建设发展机遇，紧紧围绕“城乡融合高质量发展”主线，打好打赢“决胜全面建成小康社会、决战脱贫攻坚”两大硬战，突出抓好“建设最好最优中心城区、打造城郊美丽乡村样板、探索社会治理武江模式、创建城乡融合先行区”四项重点任务，深入实施“六大行动”，奋力推动武江在城乡融合高质量发展上走在北部生态发展区前列。

【区委九届十次全体会议】

2020年10月9日，中共韶关市武江区第九届委员会第十次全体会议顺利召开。全会高举习近平新时代中国特色社会主义思想伟大旗帜，深入学习贯彻习近平总书记对巡视工作的重要论述和重要指示、批示精神，学习十九届中央第六轮巡视工作动员部署会和省委书记李希有关巡视工作的讲话精神。区委书记颜亮代表区委常委会向全会作报告。

全会要求，全区各级党组织和广大共产党员必须从全局和战略的高度，充分认识开展巡视工作的重要性和必要性，切实把思想和行动统一到党中央和省委关于巡视工作的要求上来，将巡视作为全区当前最优先最关键的政治任务抓实抓好。要加强理论学习、强化组织领导，坚持问题导向，严肃纪律规矩，加强统筹兼顾，确保配合巡视与统筹好疫情防控和经济社会发展两不误、双促进，以巡视为动力，巩固拓展良好政治生态，全面提高武江各项工作水平。

【区委九届十一次全体会议】2020年10月29日，中共韶关市武江区第九届委员会第十一次全体会议召开。全会以习近平新时代中国特色社会主义思想为指导，传达学习贯彻习近平总书记出席深圳经济特区建立40周年庆祝大会和视察广东重要讲话、重要指示精神，贯彻落实省委十二届十次全会和市委十二届十二次全会精神。区委书记颜亮以《坚定不移走城乡融合高质量发展之路　奋力开创"新武江新经济新生活"崭新局面》为题向全会作报告。

全会要求，武江区要抓住城乡融合高质量发展重点，发挥有效投资关键作用，奋力开创"新武江新经济新生活"崭新局面。要举全区之力推动城乡融合发展省级试点建设开好局、起好步，坚持"小切口大变化"加快生态品质中心城区建设，创出特色、接住地气绘就武江"富春山居图"，围绕有温度、有风度抓好城乡文明建设。要下大力气建设产业发展新平台，发挥优势提升都市新产业的集聚度，对标最好最优提升营商环境。要突出抓好基础性、均衡性民生事业发展，坚决保护好蓝天碧水净土青山，创新推进基层社会治理。

【区委九届十二次全体会议】2020年12月27日，中共韶关市武江区第九届委员会第十二次全体会议顺利召开。会议的主要任务是深入学习贯彻中共十九届五中全会精神，认真贯彻落实习近平总书记出席深圳经济特区建立40周年庆祝大会和视察广东重要讲话、重要指示精神，省委十二届十一次、十二次全会精神以及市委十二届十三次全会精神，研究谋划"十四五"时期武江经济社会发展，推动武江在城乡融合高质量发展上走在北部生态发展区前列，争当韶关改革发展排头兵。会议通过《中共韶关市武江区委关于制定武江区国民经济和社会发展第十四个五年规划和二〇三五年远景目标的建议》和《中国共产党韶关市武江区第九届委员会第十二次全体会议决议》。

会议强调，"十四五"时期是武江谱写高质量发展新篇章、开启全面建设社会主义现代化新征程的关键时期。必须坚持把发展作为解决一切问题的基础和关键，把发展质量摆在突出位置。要坚持创新引领，打造"双区"创新资源外溢的首选地、"双区"制造业创新发展的承载地、"双区"优质特色农产品的供给地，更加主动在对接服务"双区"建设中提升绿色发展竞争力；要坚持品质先行，努力把武江建设成为韶关全域旅游的集散中心、城乡人口集聚的宜居中心、青年创业和时尚生活的理想高地，更加用力在提升中心城区首位度中增强城市发展活力；要坚持协调发展，着力优化城乡融合发展区域布局，深入实施乡村建设行动，统筹推进城乡基础设施一体化，大力推动农村综合改革向纵深发展，更加强化在抓好城乡融合发展省级试点建设中提升区域高质量发展水平；要坚持解放思想，探索推进资源资产价值化，大力推进营商环境综合改革，深化招商引资体制机制改革，加强跨区域合作交流，更加积极在深化改革扩大开放中构建高质量发展新优势；要坚持生态优先，加强生态环境保护与修复，加强生态环境治理，推广绿色低碳文明新生活，更加坚决在筑牢粤北生态屏障中守护好绿水青山；要坚持发展惠民，推动教育优质均衡发展和文化普及普惠，提供全方位全周期健康保障，提高就业质量和社会保障水平，完善和创新社会治理，更加用情在办好一件件民生实事中让武江百姓有更加美好的新生活。要坚持把学习贯彻习近平总书记重要讲话作为头等大事和首要政治任务抓紧、抓实、抓好，加强党对经济社会发展的领导，为武江在高质量发展新征程上走在全市前列提供坚强政治保证和组织保证。

【"不忘初心、牢记使命"主题教育总结会议】2020年1月13日，武江区召开"不忘初心、牢记使命”主题教育总结会议，通过会议总结好、巩固好、运用好主题教育成果，不断深化自我革命，弘扬“脚上有土，心中有谱”的作风，为奋力推进新时代武江高质量发展作出更大贡献。市委主题教育第四指导组组长刘剑军出席会议并作讲话，区委书记颜亮、区长郑伟平参加会议。

【龙归—江湾精品线建设生态宜居美丽乡村“打擂比武”工作座谈会】2020年3月26日，武江区召开龙归—江湾精品线建设生态宜居美丽乡村“打擂比武”工作座谈会。此次武江开展村容村貌整治提升打擂比武活动旨在切实加快改善农村人居环境，着力打造一批城郊美丽乡村示范村，推进武江城乡融合高质量发展。区委书记颜亮参加座谈会并作讲话。

【2020年一季度经济形势分析会】2020年4月30日，武江区召开2020年一季度经济形势分析会，全面分析当前经济工作形势，研究部署下阶段工作措施。区政府领导班子成员，各镇镇长、街道办事处主任，区直属相关单位主要负责人员参加会议。会议由区委副书记、区长郑伟平主持。会议书面通报全区一季度经济运行情况，区委常委、常务副区长陈雪就第一季度经济形势进行分析并部署第二季度经济工作。

【农村人居环境整治打擂比武、破旧泥砖房拆除、产业发展和土地流转现场观摩工作推进会】2020年8月8日，武江区召开农村人居环境整治打擂比武、破旧泥砖房拆除、产业发展和土地流转现场观摩工作推进会。区委书记颜亮、区人大常委会主任孙理鸣、区政协主席彭波、区委副书记陈刚等领导参加会议。与会人员一行先后到重阳镇青暖村土地流转、重阳镇黄岸村百香果产业基地、西河镇黄塱村无花果产业基地、西河镇田心自然村农村人居环境“打擂比武”等地点进行实地观摩。

【抓项目促投资奋战100天动员大会】2020年9月29日，武江区委、区政府在科创园天紫路演中心召开抓项目促投资奋战100天动员大会，区委书记颜亮，区人大常委会主任孙理鸣，区政协主席彭波等四套班子领导，法检“两长”等出席会议。与会人员一行先后前往武江城乡融合产业园、武江区中医院选址地块、武江区现代农业产业园等地进行实地考察，在各项目现场举行基础设施建设动工仪式。随后前往武江区科创园，为科创园路演中心进行揭牌。

【传达学习贯彻习近平总书记出席深圳经济特区建立40周年庆祝大会和视察广东重要讲话、重要指示精神干部大会】2020年10月26日，武江区召开干部大会，传达学习贯彻习近平总书记出席深圳经济特区建立40周年庆祝大会和视察广东重要讲话、重要指示精神以及全省干部大会精神，对全区学习贯彻落实工作进行动员部署。区委书记颜亮主持大会并讲话，区委副书记、区长郑伟平传达习近平总书记重要讲话、重要指示精神及全省、全市干部大会精神，区人大常委会主任孙理鸣，区政协主席彭波，区委副书记陈刚等四套班子成员，法检“两长”出席大会。

【农村人居环境整治第二批“打擂比武”现场评选表彰会】2020年11月13日至14日，武江区召开农村人居环境整治第二批“打擂比武”现场评选表彰会。会议指出，各村美丽乡村建设亮点纷呈，要求各镇村、各组团要坚持发扬“上下同心，日夜兼程，匠人匠心”的优秀精神，善于总结好的经验做法，复制推广到更多的自然村，让农村人居环境整治、美丽乡村建设等工作实现更大飞跃。

【村（社区）“两委”换届工作会议】2020年12月1日，武江区村（社区）“两委”换届工作会议召开，动员和部署全区村（社区）“两委”换届工作。区委书记、区村（社区）“两委”换届工作领导小组组长颜亮出席会议并讲话，区委副书记、区村（社区）“两委”换届工作领导小组常务副组长陈刚主持会议，区委常委、组织部部长、区村（社区）“两委”换届工作领导小组副组长沈中伟作工作部署。

区委常委会会议

2020年，共召开50次区委常委会议。

2020年1月27日上午召开区委九届第128次常委会会议，传达学习习近平总书记在中央政治局常委会会议研究新型冠状病毒感染的肺炎疫情防控工作时的重要讲话精神，听取全区新型冠状病毒感染的肺炎疫情防控指挥部办公室近期工作情况汇报。

1月30日上午召开区委九届第129次常委会会议，传达学习《中共中央关于加强党的领导、为打赢疫情防控阻击战提供坚强政治保证的通知》和《中共广东省委关于深入贯彻落实习近平总书记重要批示精神，加强党的领导，团结带领人民群众构筑群防群治严密防线的通知》精神，并就疫情防控工作对区党政领导班子提出工作要求。

2月4日下午召开区委九届第130次常委会会议，传达学习贯彻习近平总书记在中共中央政治局常务委员会会议上的重要讲话精神，研究贯彻市疫情防控工作视频会议要求，听取西河镇、西联镇、惠民街、新华街关于落实“网格化”疫情防控措施工作情况汇报，对疫情防控工作“补短板”进行研究部署。

2月6日上午召开区委九届第131次常委会会议，传达学习习近平总书记在中央政治局常委会会议研究加强新型冠状病毒感染的肺炎疫情防控工作时的重要讲话精神，研究部署企业复工复产、学校复学复课准备工作以及疫情防控措施落实落细落具体有关事宜。

2月11日下午召开区委九届第132次常委会会议，传达学习习近平总书记在北京调研指导新型冠状病毒肺炎疫情防控工作时的重要讲话精神，传达省、市相关会议要求，部署武江区农村疫情防控工作和当前农业农村重点工作，布置疫情防控信息筛查核准和重点人员管护及促进劳动力在本地就业工作。

2月13日晚召开区委九届第133次常委会会议，传达学习习近平总书记在中共中央政治局常务委员会会议上的重要讲话精神及省委书记李希在省新冠肺炎防控领导小组（指挥部）视频会议上的讲话精神。

2月16日下午召开区委九届第134次常委会会议，传达学习习近平总书记在中央政治局常委会会议研究应对新冠肺炎疫情工作时的讲话精神和习近平总书记在中央全面深化改革委员会第十二次会议上的重要讲话精神，部署企业复工复产当前疫情防控重点领域工作，研究部署全区当前疫情防控重点要求。

2月22日上午召开区委九届第135次常委会会议，传达学习贯彻习近平总书记在中央政治局常委会会议部署统筹做好疫情防控和经济社会发展工作时的重要讲话精神、习近平总书记关于务必高度重视对医护人员保护关心爱护的重要指示精神及省委书记李希批示精神、省委书记李希在省委财经委员会会议上的讲话精神，研究布置近期疫情防控工作。

2月24日晚上召开区委九届第136次常委会会议，传达学习习近平总书记在统筹推进新冠肺炎疫情防控和经济社会发展部署会议上的讲话精神及省电视电话会议精神，研究部署全区疫情防控和经济社会发展统筹推进工作企业复工复产、复学复课、就近就业、拆旧复垦和扶贫开发、乡村振兴迎考工作。

4月1日上午召开区委九届第142次常委会会议，传达学习习近平总书记在中共中央政治局常务委员会会议上的重要讲话精神、习近平总书记对四川西昌市经久乡森林火灾作出的重要指示精神、市委财经委员会第一次（扩大）会议及市委十二届第180次常委会会议精神，听取武江区全域集中供水工作情况汇报，审议《武江区关于做好2020年入汛防灾减灾工作的若干措施》，会议审议并原则同意区政府提出的实施韶关市武江区农村环境生态治理工程建设项目，建设单位为区住建局、采用EPC（勘测—设计—施工总承包）项目建设模式以及九届区纪委五次全会报告和会议有关安排。

4月9日上午召开区委九届第143次常委会会议，学习贯彻习近平总书记在中共中央政治局常务委员会会议上的重要讲话精神、习近平总书记在浙江考察时的重要讲话精神以及全省实施乡村振兴战略工作推进会精神，学习《中共广东省委、广东省人民政府关于推动基础教育深化改革高质量发展的意见》，审议并原则同意《2020年韶关市武江区征拆交地“攻坚战”工作方案》《2020年武江区重点项目组团攻坚工作方案》以及武江区2019年攻坚克难奖和创新创优奖单位及人选名单和“头雁作用”民主测评结果。

4月17日上午召开区委九届第145次常委会会议，学习贯彻习近平总书记给武汉市东湖新城社区全体社区工作者的回信精神，传达学习全省打赢污染防治攻坚战工作推进会议精神，听取武江区污染防治攻坚战工作情况汇报，传达学习贯彻全市推进乡村振兴暨农村安全饮用水保障工程专项行动现场会精神，研究部署贯彻落实意见以及审议并原则同意全区“担当落实走在前列”干部大会有关安排。

5月11日上午召开区委九届第147次常委会会议，学习贯彻习近平总书记在中共中央政治局常务委员会会议上的重要讲话精神、《市委书记专题会议纪要（听取华南装备规划边界优化工作情况汇报）》要求，审议武江区龙归城乡融合产业园“一桥一路”有关事宜，审议并原则同意《武江区2020年重点建设项目计划》《关于组织在职党员到社区报到开展服务的工作方案》《区政府工作报告》《2019年国民经济和社会发展计划执行情况及2020年计划草案的报告》《2019年预算执行情况和2020年预算草案的报告》。

7月10日下午召开区委九届第155次常委会会议，传达学习贯彻习近平总书记在中央全面深化改革委员会第十四次会议上的重要讲话精神、中共中央办公厅《关于持续解决困扰基层的形式主义问题为决胜全面建成小康社会提供坚强作风保证的通知》精神以及韶关市推进实施封闭式管理小区工作现场会精神，听取武江区自然保护地整合优化有关情况汇报、武江区2019年度法治政府建设及行政复议、行政应诉工作情况汇报，审议并原则同意《武江区落实自然资源资产管理和生态环境保护责任实施方案（送审稿）》《武江区关于进一步推进公共文化基础设施攻坚做强工程的实施方案（送审稿）》。

7月24日下午召开区委九届第156次常委会会议，传达学习习近平总书记在中共中央政治局常务委员会会议上的重要讲话精神、《中央宣传部、中央组织部关于认真组织学习〈习近平谈治国理政〉第三卷的通知》精神、《党委（党组）书记抓基层党建工作述职评议考核办法（试行）》《中国共产党党和国家机关基层组织工作条例》以及韶关市文明委2020年第一次全体成员会议精神，审议并原则同意《武江区开展“新武江、新经济、新生活　携手文明迎国庆”主题活动方案》《关于组织在职党员常态化参与“新武江、新经济、新生活　携手文明迎国庆”主题活动工作方案》《关于在区镇（街）干部中开展“民情夜访”活动的实施方案》《武江区S520线粮仓至方田大人村段公路路面改造工程实施方案（送审稿）》，传达学习市委财经委员会第二次（扩大）会议精神，就做好下半年全区经济工作进行研究部署。

8月12日上午召开区委九届第158次常委会会议，传达学习习近平总书记对“十四五”规划编制工作作出的重要指示精神和习近平总书记在吉林考察时的重要讲话精神、省委书记李希在《韶关市委关于坚持“五访十问四整改”创新访贫问效机制确保贫困户脱真贫真脱贫情况的报告》上的批示精神，审议并原则通过《武江区纪委监委关于开展乡镇纪检监察机构干部队伍建设和深化“三转”问题专项整治的整改工作方案》《2020年全区纪律教育学习月活动实施方案》以及武江科创园会议室设计方案。

8月16日晚上召开区委九届第159次常委会会议，传达学习省委书记李希在省新冠肺炎防控指挥部办公室专报信息上的批示精神、在省委十二届第212次常委会会议暨省新冠肺炎疫情防控领导小组（指挥部）会议上的讲话精神，以及市委第199次、第200次常委会会议精神，就武江区做好常态化疫情防控工作再动员再部署。

9月2日上午召开区委九届第161次常委会会议，传达学习贯彻习近平总书记在中央第七次西藏工作座谈会上的重要讲话精神和在中国人民警察警旗授旗仪式上的训词精神，学习《中共广东省委办公厅印发〈关于加强党员干部联系服务群众工作的意见〉的通知》要求，传达市委、市政府关于巩固国家卫生城市和教育路项目征拆交地攻坚工作的表扬通报精神，审议并原则通过《武江区建立村（社区）干部关爱机制（试行）》《区四套班子领导和区直部门挂点联系基层安排》《武江区学习贯彻党的十九届四中全会精神暨〈习近平谈治国理政〉第三卷专题培训班实施方案》《韶关市武江区医药健康科技产业园二期——路演中心建设项目实施方案》《韶关市武江区现代农业产业园基础设施建设项目实施方案》，审议并原则同意调整武江区江湾镇中心幼儿园建设项目立项相关事宜以及实施江湾镇全域自然村集中供水项目。

9月18日上午召开区委九届第162次常委会会议，传达学习贯彻习近平总书记在全国抗击新冠肺炎疫情表彰大会上的重要讲话精神和在科学家座谈会上的重要讲话精神、《中国共产党党委（党组）理论学习中心组学习规则》，审议并原则同意《武江区关于加快推进市域社会治理现代化的行动方案》《武江区应急指挥中心建设项目（武江区智慧应急建设项目）实施方案（二期）》《韶关市武江区中医院建设项目概算》及武江区2020年“中国农民丰收节”工作方案、韶州公园国庆徒步活动方案、2019年度镇（街）和部门绩效考核结果以及各镇（街）职能配置、内设机构和人员编制规定，听取2020年前三季度全区安全生产工作情况汇报。

9月23日下午召开区委九届第163次常委会会议，传达学习习近平总书记在基层代表座谈会上的重要讲话精神和在湖南考察时的重要讲话精神、《中国共产党巡视工作条例》。

9月30日上午召开区委九届第166次常委会会议，学习习近平总书记重要讲话、重要指示批示精神和省委常委会关于扎实抓好国庆中秋假期疫情防控工作的会议精神，审议并原则同意《武江区2020年秋冬季新冠肺炎疫情防控工作方案》。

10月8日下午召开区委九届第167次常委会会议，传达学习习近平总书记在十九届中共中央政治局第二十三次集体学习时的重要讲话精神，审议并原则同意区委主要负责人员在全会上的工作报告和《武江区委全面工作报告》《武江区落实上一轮巡视整改情况报告》《武江区近三年落实党风廉政建设和反腐败工作情况报告》《武江区委近三年巡察工作开展情况报告》《武江区干部选拔任用工作情况报告》《武江区意识形态工作责任制情况报告》。

10月16日下午召开区委九届第169次常委会会议，传达学习习近平总书记出席深圳经济特区成立40周年庆祝大会上的重要讲话精神、习近平总书记在中央党校（国家行政学院）中青年干部培训班开班式上的重要讲话精神，传达国务院第七次大督查有关要求、市委十二届十二次全会精神，审议并原则同意《武江区突发公共事件总体应急预案》等13份预案，听取区委九届第九轮巡察综合报告，研究武江区专项债等专项资金使用问题。

11月27日下午召开区委九届第174次常委会会议，传达学习习近平总书记在中央全面依法治国工作会议上的重要讲话精神、省委十二届十一次全会精神，审议并原则通过实施武江区万里碧道项目、韶关高新区莞韶城三期基础设施项目（一桥一路工程）二期概算金额以及《武江区贯彻落实市委十二届十二次全会和区委九届十一次全会精神工作要点分解责任清单》和《武江区“担当落实、走在前列”进行时》（〔2020〕第9期），审议并原则同意武江区增设1个巡察组，设组长1名，副组长1名，由区委组织部、区委编办做好人员、编制安排工作。

重要活动

【“百日会战”争先锋主题实践活动】2020年7月1日，武江区举办“百日会战”争先锋主题实践活动，以满弓发力推动乡村振兴建设的状态决心、干字当头加快项目建设的实际行动为党庆生。区委书记颜亮、区长郑伟平、人大常委会主任孙理鸣、区政协主席彭波等四套班子领导，法检“两长”、各镇（街）党（工）委书记等参加活动。

【韶州公园徒步活动】2020年10月1日，武江区举办主题为“新武江、新经济、新生活”的2020年庆国庆·贺中秋韶州公园徒步活动。区委书记颜亮、区长郑伟平、区人大常委会主任孙理鸣、区政协主席彭波、区委副书记陈刚等四套班子领导参加活动。

区委办工作

【概况】2020年，中共韶关市武江区委办公室是区委综合部门，挂区保密委员会办公室、区国家保密局、区机要局、区密码管理局、区档案局牌子，中共韶关市武江区委全面深化改革委员会办公室、武江区委国家安全委员会办公室设在区委办公室。

2020年，区委办坚持以习近平新时代中国特色社会主义思想为指导，全面贯彻落实中共十九大和十九届三中、四中、五中全会精神，深入学习贯彻习近平总书记对广东重要讲话和重要指示批示精神，紧紧围绕区委中心工作，全面提升“三服务”水平，圆满完成各项任务。

【政策研究】2020年，区委办抓好全区重点工作协调服务，高水平完成区委九届十次、十一次、十二次全会各项工作，高效率、高质量地完成区委九届十次、十一次、十二次全会报告，确保全会顺利召开。抓好综合文稿工作，全年完成全区重大会议领导讲话及各类文稿等80多篇，充分发挥参谋助手作用。开展好调查研究工作，组织人员围绕学习贯彻习近平总书记重要讲话、重要指示精神制定“深调研”工作方案，为武江区编制“十四五”规划工作提供决策依据。抓好信息报送工作，上报省委办公厅、市委办公室重要工作信息等各类信息60多篇，《韶关调研》采用2篇，其中开展“打擂比武”评选活动高质量推进乡村振兴这一经验探索被省委办公厅采用，省委常委叶贞琴做批示肯定，全区党委信息工作取得重大突破。

【督查督办】2020年，区委办始终把督查督办当作办公室工作的生命线，确保会议、决定、交办事项落实落地。全年共交办区委各类事项738件，其中包括区委常委会、书记专题会、书记调研交办事项共558件，区领导批示件交办事项共180件，全年共跟进624件交办事项圆满完成，办结率为87.5%。2020年，共印发《武江区“担当落实，走在前列”进行时》9期，《每周汇报》44期，并定期跟踪区委、区政府日常工作的落实进展情况，有效提醒、督促各单位负责事项

让党旗在乡村振兴建设一线高高飘扬——“百日会战”争先锋主题实践活动现场　（区委宣传部　供图）

的交办时限，推动区委各项工作按时间推进，保质量完成。

【公文办理】 2020年，区委办全年拟文、审文、发文件400余件，在文稿的校核、签发上，按照程序规范核发、登记、印刷、分发环节，开展控制各类文件简报和内部刊物专项行动，充分发挥办公OA系统平台的作用，减少纸质版文件的印发，严把行文关、格式关、语言文字关、收发关，以科学、严谨的态度制发每一份文件。要求全区各部门参考文件格式标准印制文件，进一步提高发文质量。

【会议活动】 2020年，区委办精心组织好各项会议活动。共召开50次区委常委会、150次书记专题会等重要会议，严格履行第一议题学习制度，传达学习中央、省委、市委重要指示精神。高水平完成区委九届十次、十一次、十二次全会各项工作，并协助区委召开全区性大会16次，确保各项会议的顺利召开。

【保密工作】 2020年，区委办全面加强机要、保密工作，认真抓好机要文件接收、办理和清退各个环节，不断提高电报阅办质量，严格执行相关电报制度，确保区委与上级党委的工作联系和通信畅通，对重点涉密单位、人员进行管理督查，加强保密业务培训，扎实做好保密工作，严防新形势下泄密事件的发生。

【国安工作】 2020年，区委办协助区委召开国家安全工作相关会议，根据上级要求和武江区实际情况，调整国安领导小组成员，印发相关文件。围绕“4·15”国家安全教育日，组织党员干部参加学习及宣传教育。协助区委开展信息收集、风险排查和分析研判，坚决维护全区政治安全。

全面深化改革

【概况】 2020年，武江区委、区政府紧紧围绕中央、省委和市委部署的改革任务，以习近平新时代中国特色社会主义思想为指导，全面贯彻中共十九大和十九届二中、三中、四中以及五中全会精神，深入学习贯彻习近平总书记对广东重要讲话和重要指示批示精神和在深圳经济特区建立40周年庆祝大会上的讲话精神，全面落实省委“1+1+9”工作部署和李希书记在韶调研讲话精神，认真落实市委十二届十二次全会精神，改革创新、真抓实干，较好地完成上级部署的各项改革任务，推动武江在城乡融合高质量发展上走在北部生态发展区前列。

【统筹推进全区深化改革】 2020年，武江区委不断强化组织统筹领导，以上率下担负起全面深化改革工作第一责任人职责，坚持做到重要改革亲自部署、重大方案亲自把关、关键环节亲自协调、特色改革亲自谋划、落实情况亲自督察。共召开两次由区委书记颜亮主持的区委全面深化改革委员会会议，会议传达学习中央、省委、市委全面深化改革委员会会议精神；研究通过《武江区村容村貌整治提升打擂比武工作实施方案》《韶关市武江区深化乡镇街道体制改革完善基层治理体系实施方案》《武江区全面深化司法行政改革实施意见（2020—2022年）》《韶关市武江区从事生产经营活动事业单位改革工作方案》等6项改革方案。不断完善改革任务跟踪落实机制，由区委督查室逐项跟进年度深化改革要点任务落实进度，区委常委会会议、深改委会会议定期听取整体任务落实情况，重点改革任务推进情况和问题，以更大力度推进各项改革任务在武江落地生根、开花结果。

【把准方向拓宽改革思路】 2020年，武江区建立健全党委（党组）会议第一议题制度，坚持把学习贯彻习近平新时代中国特色社会主义思想、习近平总书记最新重要讲话和最新重要指示批示精神，准确把握上级重大改革部署的工作思路和具体要求。与时俱进深入开展“大学习、深调研、真落实”工作，由区委亲自部署，制定《武江区关于围绕学习贯彻习近平总书记出席深圳经济特区建立40周年庆祝大会和视察广东重要讲话、重要指示精神开展“深调研”工作方案》，结合武江实际，围绕“城市提升和镇村提振、产业提档、民生提振、环境提优、作风提改”五大课题的16个具体专题，不断推动武江改革向深向里。由区领导牵头负责相关课题调研，亲自研究课题方案、带队深入开展调研，准确把握调研实际，认真谋划，组团攻坚，以实实在在的行动把抓改革落实作为重大政治任务抓紧抓实。

【重点推动深化改革】 2020年，在认真贯彻落实中央、省、市改革决策部署的同时，武江区主动发力，研判需要加大改革力度推动的重点领域，结合武江实际整合资源力量，在党的建设、抓经济促项目、乡村振兴等方面通过深化改革补短板强弱项。持续深化党的建设制度改革。充分运用好“党建+”工作机制，在征拆工作中运用支部建在征拆攻坚阵地上，达到在芙蓉新区征拆交地大会战在一年完成70万平方米拆迁量的“武江速度”。推动大抓项目改革促经济发展。成立区委、区政府项目建设指挥部，建立“6+4”领导干部带头抓项目机制，建立落实“谋划招引一批、开工落地一批、加快推进一批”工作机制，实行重大项目挂图作战，任务包干制度，并建立重点建设项目台账，落实动态管理、节点跟踪，有计划地推动项目建设。成立“7+2”个重点建设项目组团，实施一批项目完工、一批项目开工、一批项目谋划的项目百日攻坚行动，抗击受疫情影响和新区改革带来的经济下行压力。

（刘志琳）

组织工作

【概况】 2020年，武江区辖5个镇（西河、西联、龙归、江湾、重阳）、2个街（惠民、新华），共51个行政村、37个社区。现有党的基层组织535个，其中基层党（工）委10个（五镇两街、教育、公安、直工委），下辖党委33个，党总支45个，党支部447个；党组30个。党员12586名，其中，35岁以下2166名、占17.2%，60岁以上5308名、占42.2%，平均年龄54.2岁；大专及以上学历党员5641名、占44.8%；女党员4451名、占36.2%；少数民族党员117名、占0.9%。

【干部选拔任用】 2020年，区委组织部认真贯彻《武江区推动“担当落实、走在前列”十条意见》，树立实干实绩用人导向，提拔担当作为干部26名。其中，注重在疫情防控、项目建设、脱贫攻坚、乡村振兴等基层一线、工作一线锻炼考察干部，从一线提拔使用或职级晋升干部26名。加大年轻干部培养力度，提拔年轻干部14名，选派6名年轻干部到征地拆迁等一线挂职锻炼。持续推进干部交流轮岗，调整交流干部30人次，有效优化全区干部队伍结构。统筹做好女干部和党外干部培养选拔工作。提拔女干部8人，提拔党外干部2人。

【领导干部“头雁”作用测评】 2020年，区委组织部深入开展领导干部担当落实、创先争优“头雁作用”民主测评，把全区正科职以上领导干部纳入同一考评体系，围绕领导干部“是否敢担当、真落实”“是否创先争优”，测评发挥“头雁”作用情况。对测评结果排名靠前的给予表扬和激励，排名靠后的进行谈话提醒且当年不予评先评优。区委表彰2020年度领导干部担当落实创先争优“头雁作用”先进个人16名；表彰2019年度“头雁作用”先进个人17名，其中1人提拔为镇党委书记、1人平级重用、10人晋升职级。

【干部监督】 2020年，区委组织部坚持实施区管干部预警监督“三示三书”（任职提示、勤廉提示、温馨提示、函询通知书、提醒通知书、诫勉通知书）制度，充分发挥提醒、函询、诫勉等干部监督管理方式作用，防止小毛病演变成大问题，全年发出“三示三书”共116份。实施对新提拔干部、转任重要岗位干部任前谈话、任职提示和任职承诺制，区委书记、纪委书记、组织部部长先后对11名担任关键岗位、重要部门的区管干部，进行任前个别谈话或集体谈话。进一步完善干部因私出国（境）管理制度。加强选人用人工作监督，落实“凡提四必”、廉政意见“双签字”等制度。

【公务员管理】 2020年，武江区稳步推进公务员职级晋升工作，全区综合管理类公务员62人晋升职级。深化机构改革，深化公务员分类改革，有序开展行政执法类公务员职位设置工作。开展公务员招录工作，全区录用公务员（含参公人员）41人。办理转任53人，办理转正定级51人，办理公务员（含参公人员）登记41人，办理退休24人，办理辞职1人。

【人才工作】 2020年，武江区认真落实《韶关市武江区机关事业单位人才资源开发与配置三年规划实施方案（2018—2020年）》，大力引进各类人才，全年招录公务员（含选调生、参公人员）49人，招聘医技人才21人、综合类事业单位人员23人。积极配合实施全市“丹霞英才”计划。充分发挥人才驿站柔性引才作用，累计组织各类人才活动19场，其中柔性引才活动11场，柔性引才21人次。

【开展村（社区）“两委”换届工作】 2020年，武江区深入开展村（社区）“两委”干部换届前期调研筹备工作，11月正式启动村（社区）“两委”换届，12月底全面顺利完成51个村、37个社区党组织换届选举工作。村（社区）党组织班子成员结构显著优化，实现年龄、学历“一降一升”，平均年龄39.8岁（村42.7岁，社区36.2岁），比上一届下降4岁，大专以上学历较上一届增幅86%。其中，村党组织书记调整29名，调整比例57%，大专以上学历较上一届增幅185%。

【支部建在项目上】 2020年，区委组织部组建区项目建设指挥部临时党总支及7个组团临时党支部，推行“月清单、周任务”“三级调度”及“三个一批”工作机制，助推有效投资落地。

【开展“企业点单、部门报到”党建服务】 2020年，武江区工信、税务、人社、工商联等部门发挥职能作用，深入开展机关、非公企业党组织结对共建活动，提供“企业点单、部门报到”“订单式”服务，凝聚各级党组织工作合力，形成企业诉求快速响应机制，加快推动全区经济复苏。

【党建引领“打擂比武”】 2020年，武江区实行区、镇、村三级干部力量“双联双包双带”党建组团模式，276名处、科级领导干部和基层党员干部组成27个组团党组织下沉农村一线，助推农村人居环境整治建设生态宜居美丽乡村“打擂比武”工作取得明显成效。

【党建引领城乡治理能力建设】 2020年，武江区织密村（社区）党建网格，在农村以行政村、村民小组、党员联系区为三级网格；在社区开展党建“五级联创”，把党组织建在楼宇、商圈、园区上，因地制宜开展建立“红色自管小组”“红色业委会”，推动党组织工作触角向城市“神经末梢”延伸。继续改造提升16个村级党群服务中心。设立“百米调解圈”“红色楼长”、联户党员，建立街坊（村民）议事堂，广大群众在党组织带领下积极主动参与社会治理，成功打造光明巷、拖拉机厂东区宿舍、向阳小区等一批基层治理示范点，武江区相关经验做法被省市报道推广。

【整顿软弱涣散基层党组织】 2020年，建立挂点督导机制，区委组织部领导班子成员分别挂点联系1个软弱涣散村（社区），每月至少到村（社区）办公1次以上，现场协调指导、解决整顿过程中遇到的问题，推动整顿措施落实落地见成效。全区7个软弱涣散村（社区）党组织全部整顿出列，其中6个被市委组织部评定为优秀等次，考核优秀比例位居全市各县（市、区）第一。

【建立村（社区）干部关爱机制】 2020年，武江区聚焦政治上激励、工作上支持、待遇上保障、生活上关怀等四个方面，制定实施关爱村（社区）干部16条措施，支持其职业发展、培养其成长成才、关怀其工作需求、体恤其身心冷暖，提振村（社区）干部干事创业精气神。

【开展“民情夜访”活动】2020 年，武江区四套领导班子成员、法检“两长”，乡镇（街道）领导班子成员，挂点联系的区直单位领导班子成员，各类驻村干部等人员，利用夜间时间进村入户、走街串巷，开展街访、约访和家访，向村（居）民了解村（居）经济发展、基层组织建设、基层社会治理、精神文明建设、农村人居环境整治等情况，帮助群众解决实际困难和问题。开展活动以来，全区夜访群众 2352 户次，解决问题 1844 个。

【构建“1+4+N”在职党员报到服务机制】2020 年，区委组织部紧紧围绕加强和创新社区社会治理这一主题，创新构建“1+4+N”在职党员到社区报到服务群众机制。机制以党组织体系全覆盖、疫情防控常态化、出租屋精细化管理、构建和谐邻里关系等四项社会治理重点任务为抓手，以“两参与、三带头”党员先锋活动为引领，同时开展 N 项社区便民服务活动。全年 11462 名市、区、街在职党员到社区开展服务活动 12347 次，服务时长为 198698 小时，切实为群众解决一批操心事、烦心事、揪心事。

【组工调研信息宣传】2020 年，区委组织部加大向上级党刊报送稿件力度，全年向市级以上党刊投稿 110 篇，被“学习强国”，《中国妇女报》《南方杂志》《广东组工通讯》等国家级、省级、市级媒体刊物宣传报道 98 篇。组织网宣员跟帖发帖、撰写网评文章，全年发布原创网评文章 73 篇，申报影响力文章 34 篇。结合“大学习、深调研、真落实”工作，深入开展调查研究，高质量完成基层党建、干部队伍、人才政策等领域调研文章 3 篇，部分文稿内容被《广东信息》采用。

（林玉辉　肖　燕　余丹丹　温超颖）

宣传工作

【概况】2020 年，区委宣传部以习近平新时代中国特色社会主义思想为指导，全面贯彻落实中央和省、市指示精神及工作部署，在区委的坚强领导和市委宣传部的指导支持下，增强“四个意识”、坚定“四个自信”、做到“两个维护”，积极谋划、主动作为，以奋发向上的昂扬姿态，全力以赴做好各项工作。

根据区委宣传部“三定方案”，区委宣传部对外加挂区政府新闻办公室、区精神文明建设委员会办公室、区新闻出版局（区版权局）、区互联网信息办公室牌子，下属事业单位 2 个（区委宣传部讲师团、武江区文明实践中心）。区委网络安全和信息化委员会办公室设在区委宣传部。

【意识形态】2020 年，武江区意识形态领域安全平稳，全年未发生意识形态责任事故。做好“扫黄打非”相关工作，加大部门间协调联动，按要求开展专项行动，清扫网络文化垃圾，做好辖区内文化场所排查工作。

【理论武装】2020 年，武江区始终以习近平新时代中国特色社会主义思想为根本遵循，用党的创新理论武装头脑指导实践。统筹推进党委（党组）理论学习中心组学习工作。区委理论学习中心组开展集体学习研讨会 12 次，合计参学人数 500 余人次；区委宣传部定期进行检查通报，督促各党委（党组）中心组按要求落实好学习计划。选优配强区级百姓宣讲团队伍，根据不同工作阶段发动各镇（街）、各单位开展好学习贯彻党的十九届四中、五中全会精神，《习近平谈治国理政》第三卷，习近平总书记出席深圳经济特区建立 40 周年庆祝大会和视察广东重要讲话、重要指示精神等主题宣讲。加大全区“学习强国”学习平台推广力度，实现注册人数同比增长超 100%，活跃度位居全市前列。积极配合市级“新形势下如何推进基层理论武装‘入脑入心’”调研项目在武江区完成实地走访部分内容。

【创文工作】2020 年，武江区围绕市容市貌、基础设施建设、公共秩序等创文重点项目和短板问题，开展创文实地专项整治行动，协调推进各镇街、各单位开展环境卫生保洁、渣土扬尘、“牛皮癣”、占道经营、“三线”、乱搭乱建、交通秩序等专项整治，完成实地测评专项整治各项任务，环境质量和公共秩序有效提升。全力做好创文网上申报材料工作，按时完成全区材料收集、整理、报送工作。全年集中开展4次“五个一”创文入户宣传活动，组织2000余名干部职工和志愿者对8000多户居民进行入户宣传。

【群众性文化活动】 2020年，武江区在落实疫情防控常态化措施的前提下，采用群众喜闻乐见的形式开展丰富多样的文化活动。积极主动沟通省、市级优质文化品牌活动到武江进行展演。深化开展“我们的节日”主题活动，结合各个传统节日的时间节点安排制订全年活动计划，并结合疫情防控工作要求，有序组织策划春节、元宵节、清明节、端午节系列群众文化会演及线上宣传活动80余场。精心策划“我们的节日”“善美韶关·魅力武江”主题活动118场。

【新闻宣传和舆论引导】 2020年，武江区活化新闻宣传，充分发挥报纸、电视、网络新媒体等各类宣传阵地作用，抓住重要时间节点，强化与省、市级媒体以及区级部门间的沟通协作，推出一批包含防疫一线、脱贫攻坚、乡村振兴、经济民生、平安综治、“两会”等重要主题在内的原创正面宣传佳作。围绕区委、区政府中心主线和重点工作，在中央媒体平台发表正面宣传40篇，省级主要媒体发表正面报道500余篇，市级媒体发表1700余篇。不断探索符合时代特点的宣传新形式，推出“一图读懂”系列特色宣传。充分挖掘“武江发布”新媒体平台传播优势，强化议题设置和网民互动能力，守好网上宣传阵地。充分利用辖区宣传栏、LED电子屏等载体，配合各个关键时间节点布置宣传横幅、海报，刊播视频等，做好政策理论宣传，营造良好宣传氛围。

（张　远）

2020年9月28日，武江区举办2020旅港乡亲中秋国庆晚宴
（区委统战部　供图）

统战工作

【概况】 2020年，区委统战部深入学习贯彻中共十九大、十九届四中、五中全会精神，深入学习贯彻习近平总书记重要讲话精神，牢牢把握大团结大联合主题，坚持围绕中心、服务大局，着力凝聚人心、汇聚力量，积极克服新冠疫情带来的不利影响，扎实推进全区统一战线各领域工作深入开展。

区委统战部是区委主管统一战线工作的职能部门，挂区民族宗教事务局、区台港澳事务局牌子。

【民主党派和无党派人士参政议政】 2020年，区委统战部加强与各民主党派市委会协商沟通，认真做好对民主党派基层组织换届工作的指导，推进辖区6个民主党派基层委员会及44个支部全部如期完成换届。支持民主党派和无党派人士参政议政，通过召开党外代表人士春节座谈会，邀请民主党派人士列席区委全会和组织民主党派代表人士实地参观武江“龙归—江湾生态休闲旅游精品线”等方式，广泛发动各民主党派和无党派人士参政议政、围绕武江乡村振兴、“十四五”规划等工作积极谏言献策。

【党外知识分子工作】 2020年，区委统战部指导辖区党外知识分子代表人士筹备成立武江区党外知识分子联谊会，吸纳会员49人。12月29日召开第一次全体会员大会，并选举产生第一届理事会及班子成员。

【民族工作】 2020年，区委统战部在疫情防控期间，主动关心慰问在辖区务工经商的外来少数民族同胞，并送去防疫物资。全年协调解决8名外来少数民族同胞子女入学就读问题。认真贯彻落实《广东省促进民族地区发展条例》，积极争取中央少数民族建设资金60万元，督促指导江湾镇瑶族村完成练屋村、南坑村、良坑村、华山村、左坑村5个村小组2.8千米灌溉水渠项目建设。深入开展民族团结进步创建工作，区委统战部常务副部长、区民宗局局长邱洲才获省民族团结进步模范个人。印发《关于全面深入持久开展民族团结进步创建工作铸牢中华民族共同体意识的实施方案》，进一步加强武江区民族团结进步创建工作，铸牢中华民族共同体意识，推动民族团结进步事业创新发展。

【宗教工作】 2020年，区委统战部指导宗教活动场所和民间信仰场所按照上级民宗部门要求落实疫情防控各项工作部署，确保全区宗教活动场所及民间信仰场所平安稳定。组织民宗、消防、应急等部门对辖区宗教场所开展安全生产检查，共排查安全隐患11处，并指导督促场所全部按要求完成整改。开展民族宗教业务知识培训，组织区委统战部全体干部、镇街分管领导和专干集中观看《广东省促进民族地区发展条例》和新修订《广东省宗教事务条例》学习宣传贯彻工作视频会议，指导基层抓好“两个条例”的贯彻落实。扎实按照三级网格两级责任制要求开展宗教专项工作，将宗教工作纳入综合治理基层网格化体系。

2020年12月29日，武江区党外知识分子联谊会成立大会暨第一次全体会员大会召开　　（区委统战部　供图）

【非公有制经济领域统一战线工作】 2020年，区委统战部指导区工商联会员企业做好疫情防控工作，引导企业有序实现复工复产；广泛发动、积极动员区工商联会员企业携手抗疫，累计捐款捐物50余万元。认真开展理想信念教育，专题组织工商联会员企业学习习近平总书记在看望参加全国政协十三届三次会议的经济界委员时的讲话精神、在企业家座谈会上的讲话精神，切实增强企业发展信心。组织召开民营企业家座谈会，广泛征求全区广大民营企业家代表对全区经济社会发展及“十四五”规划的意见建议。积极发动非公有制经济领域参与脱贫攻坚，40余家区工商联会员企业参与“广东扶贫济困日”活动、农村人居环境整治工作，累计捐款捐物139万余元。

【新的社会阶层人士统一战线工作】 2020年，区委统战部指导筹备成立全市首个县级新阶联组织，理事人员30名。协助武江区新的社会阶层人士联合会于10月30日召开第一次理事大会，选举产生区新阶联第一届领导班子。建设新阶联街道同心服务站2个、同心驿站1个、实践文创基地1个，推动新的社会阶层人士统战工作走在全市前列。

【港澳台统一战线工作】 2020年，区委统战部做好疫情期间滞留辖区的港澳同胞关怀帮助工作。关心慰问，走访在辖区工作、生活居住的港澳同胞，为他们送去口罩等防疫物资，提醒做好防疫工作。引导港澳同胞众志成城抗击疫情，累计捐款捐物超过14万元。协助指导港资、台资企业落实疫情防控措施和复工复产，辖区16家港资企业全面实现复工复产。坚决落实上级工作部署要求，克服困难、想方设法推进涉港统战工作。帮助3名定居武江的台胞申请生活困难扶助金。协助市开展国台办关注的1宗涉台纠纷案件完成初级法院审理，切实维护台企台胞台属合法权益。

【海外统一战线工作】 2020年，区委统战部指导帮助武江辖区2家涉侨企业安全有序复工复产，为全区200多名归侨、涉侨企业负责人和困难归侨侨眷发放一次性口罩700多个，积极发动侨界群众为疫情捐款捐物18.01万元。扎实推进侨联基层组织建设，在新华街惠民西社区建立全区第一个侨胞之家。协调原区侨联挂靠企业"韶关市武江区侨联贸易公司"完成核准注销工作。做好归侨侨眷权益保护普法活动，依托侨胞之家举办"重阳节·话侨情·普侨法"活动，引导其维护正当权利。认真开展2020年贫困归侨侨眷关心慰问工作，向5名贫困归侨侨眷发放扶贫救助补助金。认真开展中秋重阳慰问困难归侨侨眷、80岁以上老归侨等140人次，并发放慰问金。积极协调各方，帮助住房有困难的归侨解决住房问题。

【党外代表人士队伍建设】 2020年，充分发挥区委组织部、区委统战部两部联席会议制度作用，全年召开碰头会、协商会5次，共同做好民主党派干部和无党派人士的培养、教育工作，选派3名党派新成员参加民主党派新成员培训班。

2020年1月13日，武江区召开党外代表人士春节座谈会
（区委统战部　供图）

【自身建设】 2020年，调整区委统一战线工作领导小组，新增5个单位主要负责人，进一步完善大统战工作格局。召开全区组织宣传统战工作会议，印发2020年统战工作要点，对全年工作进行全面部署。召开"坚持底线思维，着力防范化解重大风险"专题组织生活会、"学习贯彻习近平总书记出席深圳经济特区建立40周年庆祝大会和视察广东重要讲话、重要指示精神"专题组织生活会，深入查摆统一战线领域重大风险隐患及党员干部在"闯"的精神、"创"的劲头、"干"的作风方面存在的问题，落实各项整改措施。进一步规范统战部门机关运作，建立完善财务管理制度、印章管理制度等5个制度。

【做好统一战线各领域疫情防控等工作】 2020年，按照区委、区政府部署，全面抓好统一战线各领域的疫情防控工作，全区宗教活动场所、工商联会员企业均未发生疫情。做好挂点联系社区、村居工作疫情防控工作指导，发动市直、区直机关下沉党员以及街道、社区干部，对东岗岭社区进行分片包干，开展新冠肺炎疫情的宣传、摸排和管控工作，确保东岗岭社区未发生疫情。积极推进风田村村容村貌整治打擂比武工作，筹集社会资金53万余元，指导挂点的凤田村委北岸村建成北岸步道，种植绿化树40棵、百日草0.4公顷，完成村庄外立面改造6000平方米，打造创意墙绘500平方米，在全区开展的第一轮“打擂比武”中，凤田村委北岸村取得全区第六名的优异成绩，并获得1∶1的建设奖补资金。指导凤田村委、东岗岭社区顺利完成两委换届工作。

（郭二妮）

非公有制经济组织和社会组织党建

【概况】 2020年，根据《关于成立区委非公有制经济组织和社会组织党工委的批复》（韶武委〔2012〕8号）精神，设立中共韶关市武江区非公有制经济组织和社会组织工作委员会（以下简称“两新”组织党工委）。武江区“两新”组织党工委是区委的派出机构，专门负责非公有制经济组织和社会组织党建工作，在区委组织部挂牌。

【推进“双同步”工作】 2020年，区“两新”组织党工委深入推进非公企业、社会组织党建摸排和组织建设“双同步”工作，摸排走访1023家非公企业和社会组织，与税务、市场监管、工商联等有关部门形成合力，精准识别党员分布情况，有效推进“两新”组织党的建设工作。2020年，新建“两新”组织党组织11个，新建党组织数量位列市辖三区第一。

【打造“两新”党建示范点】 2020年，武江区持续开展“两新”组织党组织示范点创建工作。丽珠集团利民制药厂党委、武江区中英文实验幼儿园党支部成功创建为市级“两新”组织党建工作示范点。

（余丹丹）

党校工作

【概况】 根据《韶关市武江区事业单位分类改革实施方案》（韶武府〔2014〕5号）文件精神，设立中共韶关市武江区委党校，为区委直属正科级公益一类事业单位。区委党校设1个内设机构：综合股。核定事业编制3名，设校长1名（由区委常委、组织部部长兼任），常务副校长1名（由区委组织部副部长兼任），股长1名。

【广东南岭干部学院现场教学点】 2020年6月，区委党校搬迁至武江区乡村振兴培训实践中心，同年9月被列为广东南岭干部学院现场教学点。9月11日，市委常委、组织部部长、市委党校校长肖展欣出席现场教学点揭牌活动。

【开展“党课开讲啦”活动】 2020年，区委党校运用党员群众的身边人、身边事以及武江本地的红色故事，制作以乡村振兴、革命传统教育等为主题的视频党课，推动学习教育往深里走、往心里走、往实里走。武江区制作的红色教育微党课作为全市唯一一部微党课入选中组部党员教育中心资源库。

【实施“十百千”干部培训工程】 2020年，区委党校深入实施“十百千”干部培训工程，坚持把学习贯彻习近平新时代中国特色社会主义思想作为党员干部教育培训的中心内容，教育引导广大党员干部增强“四个意识”、坚定“四个自信”、做到“两个维护”，全年开展各类专题培训班51期、培训5362人次。

（余丹丹）

机构编制

【概况】 中共韶关市武江区委机构编制委员会办公室为区委机构编制委员会的办事机构，承担区委机构编制委员会日常工作，归口区委组织部管理。

2020年，区委编办坚持以习近平新时代中国特色社会主义思想为指导，全面贯彻中共十九大和十九届二中、三中、四中、五中全会精神，认真贯彻落实区委和市委编办工作部署，紧紧围绕构建简约高效基层管理体制这一工作目标，扎实开展乡镇街道体制改革，深入推进事业单位改革，持续完善机构设置，不断优化职能配置，努力提高效率效能，为武江城乡融合高质量发展提供有力体制机制保障。

【乡镇街道体制改革】 2020年，根据中共广东省委印发《关于深化乡镇街道体制改革完善基层治理体系的意见》的通知，武江区乡镇街道开展乡镇街道体制改革工作。区委高度重视，3月专门成立乡镇街道改革工作领导小组统筹改革工作，先后召开书记专题会议、改革领导小组会议和区委常委会会议研究审议改革实施意见，把准改革精神，科学制订改革方案。8月6日，区委书记颜亮主持召开乡镇街道体制改革工作动员大会，对区深化乡镇街道体制改革工作进行全面动员部署；经市委批准，8月14日，区正式印发实施《韶关市武江区深化乡镇街道体制改革完善基层治理体系实施方案》。8月15日，顺利完成7个镇街机构挂牌工作。严格按照实施方案要求，紧密结合乡镇街道发展实际，科学制定区乡镇街道“三定”规定，明确乡镇街道党政机构设置、编制和领导职数配备以及主要职责框架，并于9月24日如期印发7个镇街“三定”规定。12月22日，区制定出台乡镇街道“三个平台”工作机制方案和派出机构下放管理的实施办法，在机构编制管理体制不变情况下，将司法所、自然资源所、市场监督管理所全面下放乡镇街道统筹管理，实现派出机构与乡镇街道管理的力量有效融合，有效提高乡镇街道管理服务水平。

【从事生产经营活动事业单位改革】 2020年，根据《中共韶关市委机构编制委员会办公室关于转发〈中共广东省委机构编制委员会办公室关于加快推进公益三类及从事生产经营活动事业单位改革工作的通知〉的通知》等文件精神，开展从事生产经营活动事业单位改革工作。成立以区委书记任组长、区长任常务副组长的韶关市武江区从事生产经营活动事业单位改革工作领导小组，并设立领导小组办公室，由区委编办承担日常工作，督促各项工作任务落实，提请领导小组协调解决改革中遇到的重大问题；7个涉改单位主管部门责任人亲自抓，确保（区工业园管理中心、区福利彩票发行中心、区殡葬管理所、区林业调查规划与资源资产评估中心、区森林资源资产交易中心、区机电排灌管理总站、区沐溪水库管理处）改革期间人员思想稳定，工作衔接有序，改革平稳过渡。8月31日高质量完成区公益三类及从事生产经营服务类事业单位改革工作，改革后，区不再有公益三类和经营服务类事业单位，较好地落实改革任务。

【盘活用好机构编制资源】

2020年，区委编办按照理顺政事关系、强化公益服务的要求，扎实做好事业单位的调整优化工作，进一步规范机构设置，夯实机构编制管理基础。新增设凤田小学、惠民幼儿园、区滨江花园幼儿园、区工业中幼儿园及区儿童医院等事业单位，结合乡镇街道体制改革，各乡镇街道均整合设置公共服务中心。根据区委、区政府工作部署，在空缺编制较为紧张情况下，优先保障民生和重点领域使用编制。2020年，共批准使用事业编制197名，其中，用于医疗卫生机构公开招聘53名，用于学校教职员招聘62名，用于经济发展、乡村振兴、市政管理等领域36名。

【事业单位登记管理】 2019年武江区事业单位法人年度报告工作完成截止时间为2020年3月31日，区委编办提早印发书面通知，提高各事业单位对年度报告报送及公示工作的了解和重视。在报送过程中，该办采取业务交流群、电话等方式，为事业单位提供指导，着力优化服务质量、提高年度报告报送效率。武江区应报送法人年度报告的102个事业单位全部按时完成报送，报送率为100%。机构改革后，及时通知各单位主管部门督促下属事业单位办理事业单位法人变更、设立、撤销等事项。2020年，共办理事业单位法人设立登记13宗，事业单位法人变更登记45宗，事业单位法人撤销登记6宗，事业单位法人证书补领1宗。完成政务和公益机构域名注册管理中心143个单位的缴费工作，缴费率为100%。

【机构编制监督工作】 2020年，根据《关于开展机构编制监督检查和事业单位法人公示信息抽查工作的通知》（韶机编办函〔2020〕7号）要求，

7月22日市检查组对区自然资源局、区应急管理局2个行政单位开展机构编制监督检查，对金福园小学、沙洲尾社区卫生服务中心、西联镇人力资源社会保障所3个事业单位开展事业单位法人公示信息抽查。9月4日，区委编办自行抽查区财政局投资评审中心、残疾人综合服务中心事业单位法人公示信息工作情况，并对被抽查单位存在的问题逐一反馈，限期整改，并将检查情况全区通报。进一步加强机构编制刚性约束，推进机构编制工作法定化、规范化。

（刘　璇）

老干部工作

【概况】 2020年，武江区离退休干部共计1431人，其中机关单位504人，事业单位927人。由区委老干部局直管的离休干部共有3人，年龄最大的达93岁，按享受的待遇划分，正处级2人，副处级1人；按参加革命时期划分，抗日战争时期1人，解放战争时期2人；按所在单位性质划分，行政机关3人，事业单位0人。区委老干部局直管的退休干部共有46人，其中正处级（含享受正处）23人，副处级23人。

【离退休干部党建】 2020年，区委老干局深入学习贯彻习近平新时代中国特色社会主义思想，坚持以党的政治建设为统领，加强离退休干部思想政治建设和组织建设。巩固拓展“不忘初心、牢记使命”主题教育成果，组织开展专题辅导、集中培训、支部学习等活动，引导老干部常学常新、常悟常进。主动适应机构改革后的新形势，大力加强离退休干部工作的组织领导，推进离退休干部党支部标准化规范化建设，积极发挥离退休干部党支部战斗堡垒作用和党员先锋模范作用，不断提高离退休干部党组织建设质量。全年组织开展主题党日活动5次，5月到龙归镇革命老区冲下村参观学习，9月到西河镇八路军办事处旧址参观学习，10月到韶州公园参观项目建设，11月先后到广东南岭干部学院、乐昌市红七军指挥部参观学习。

【落实离退休干部待遇】 2020年，区委、区政府向离退休干部通报工作情况2场次；组织召开离退休干部学习会、座谈会、支部活动等5场次，发放各类学习资料1300余册；上门走访慰问离退休干部150人次；接待离退休干部来电、来访80余人次；探望生病住院、卧病在床离退休干部30人次。严格按照文件精神，按时足额发放离休干部的离休费和专项经费。按《韶关市武江区生活特殊困难离退休干部帮扶实施方案》，对生活特殊困难离退休干部给予帮扶。

（肖　郁）

保密工作

【概况】 2020年，武江区保密工作在区委、区政府的领导和市保密局的具体指导下，坚持以习近平新时代中国特色社会主义思想为指导，深入贯彻落实省委、市委主要领导的批示精神，努力推动各项工作取得进展。

【理论学习】 2020年，区保密局坚持以习近平新时代中国特色社会主义思想为指导，进一步增强“四个意识”、坚定“四个自信”、做到“两个维护”。坚决落实保密工作主体责任，制订保密培训方案，邀请有关专家开展保密知识教育、网络安全等业务培训，确保武江区保密工作落实落地。

【保密管理】 2020年，区保密局要求各单位保密员签订《保密承诺书》，稳步推进涉密人员和涉密岗位分类管理工作，完成涉密人员资格审查、保密责任书签订和报备工作；做好保密人员登记造册工作，认真做好各类文件和资料的清退销毁工作，抓好《涉密文件、资料定期上报制度》和《定点销毁规定》的工作落实；强化监督检查，2020年配合市局对武江区各机关单位进行保密专项检查，检查中发现的隐患，当场整改完毕。

【宣传教育】 2020年，区保密局积极推动保密法治宣传教育工作，以《中华人民共和国秘密法》《中华人民共和国密码法》普法教育为抓手，充分利用“武江发布”、户外电子大屏幕等平台广泛开展宣传教育。积极组织各镇（街）、区直各部门征订保密宣传资料，开展多种形式的保密知识学习，充分利用学校等平台，丰富宣传内容，结合保密宣传月和“国家安全教育日”开展保密教育和国家安全教育进校园活动，营造良好的保密宣传氛围，进一步增强全区干部职工保密意识。

（刘志琳）

直属机关工委工作

【概况】2020年，在区委的坚强领导和市直工委的悉心指导下，区直机关工委坚持以习近平新时代中国特色社会主义思想为指导，以“基层党建全面进步全面过硬”为主题，坚持把“不忘初心、牢记使命”作为加强党的建设的永恒课题和全体党员、干部的终身课题，深入开展模范机关创建，持续深化“双争双促”主题实践活动，全面提高机关党的建设质量，更好地服务区委中心工作，为武江争当韶关改革发展排头兵，在城乡融合高质量发展上走在北部生态发展区前列提供坚强有力的组织保障和政治保证，全区机关单位先后获得省级荣誉14项、市级荣誉87项。

【机关党建经费保障】2020年，区直属机关工委坚决落实《中共韶关市武江区委办公室印发〈关于加强区直机关党建工作保障的实施方案〉的通知》（韶武委办发电〔2017〕106号）要求，经区委组织部和区直机关工委审核，按照“5321”的标准，足额划拨37个机关基层党组织党建活动经费共计77万元，切实做好机关党建经费保障。

【开展学习活动】2020年，区直属机关工委为贯彻落实《中国共产党党和国家机关基层组织工作条例》（以下简称《条例》），根据中共韶关市委办公室关于印发《韶关市委实施〈中国共产党党和国家机关基层组织工作条例〉重点任务清单》通知要求，结合武江实际，制定《韶关市武江区委实施〈中国共产党党和国家机关基层组织工作条例〉重点任务清单》，清单进一步明确机关党的政治建设、党组织设置原则、党务工作者队伍建设等方面要求。并通过“区委组织部门抓党（工）委书记、党（工）委抓下属党组织书记、党支部抓全体党员”三级抓责任落实，推动全区党员培训、学习全覆盖。

【“模范机关”创建活动】2020年，区直属机关工委全面贯彻落实中央、省、市、区机关党的建设工作会议精神，围绕“六个争当、六个过硬”要求，制定《2020年韶关市武江区区直机关模范机关创建活动工作清单》，从“增强政治责任、增强理论武装、增强组织力提升、增强政治纪律规矩”四个方面，细分为18项重点任务清单，以“双争双促”主题实践活动为抓手，结合开展“双周讲坛”“机关党员进社区”等活动，推动党建与业务、机关与社区深度融合，找准机关党建定位，建设让党中央放心，让人民满意的模范机关。

【述职及政风行风评议】2020年，召开武江区2019年度区直机关各党支部书记抓基层党建述职及政风行风民主评议会。10个机关党支部书记向区委有关领导、区直属机关工委进行现场述职，并由与会代表们进行现场打分。通过抓好“头雁”，营造比学赶超的争先氛围，打造全面进步、全面过硬的机关党组织。对22个机关职能部门进行政风行风民主评议，集中梳理解决群众反映强烈的机关作风和行政效能问题，以评议促整改、以结果促提升，整体抓实机关服务效能建设。

【党组织设置】2020年，按照“行业主管、系统分类、就近抱团”的原则，重新优化调整武江区直机关党组织架构，由原来的“2个党委8个总支部”优化调整为“2个党委13个总支部”，并跟进、指导完成下属37个机关党组织完成成立、换届和补改选工作，配齐配强区直机关各级党组织成员，重点抓好各项党内政治生活制度的正常化、规范化，为全面提升机关效能提供坚实的组织保障。

【党务台账检查】2020年，为进一步加强党组织规范化建设，打好加强基层党建三年行动计划的收官之战，根据《武江区党务台账调阅工作制实施方案》要求，区直属机关工委联合区委组织部成立专项工作组，对79个区直机关单位开展党务台账调阅工作，并将发现的问题及时反馈给各单位，要求其限时整改，实现全区机关党支部党务台账调阅全覆盖，进一步强化机关党的建设。

【国企党建管理】2020年，为落实区委书记专题会议关于国企改革指示批示精神，进一步规范国企党组织归口管理，在国企中发挥党建引领作用，经区委组织部、区直属机关工委研究讨论，决定将中共韶关市武江区属国企联合支部委员会划归中共韶关市武江区财政局总支部委员会管理，通过派驻区财政局分管党建工作的领导兼任国企联合党支部书记的方式，强化国企联合党支部党建工作指导。

【党员发展工作】2020年，区直机关工委严格落实“控制总量、优化结构、提高质量、发挥作用”发展党员总要求，组织区直机关各党支部符合条件的27名发展对象参加武江区党员发展对象培训班。安排区直机关工委副书记对16名发展对象进行逐一谈话，严格审核入党材料。2020年，区直机关共有16名发展对象经各所属支部党员大会接收为预备党员，另有25名预备党员如期完成转正手续，成为正式党员。

【党务工作者培训工作】2020年，区直属机关工委与区委组织部联合开展“武江区组织系统学习贯彻新时代党的组织路线专题培训班”以及“武江区组织系统信息宣传工作专题培训班”，组织区直机关党支部63名党务工作者参加培训，进一步提升党务工作能力。

【组织关怀慰问工作】2020年，区直属机关工委组织开展节日慰问和组织关怀工作，“元旦春节”期间，向36名困难党员、老党员送上节日的慰问共计19200元。“七一”期间，对在疫情防控期间有突出表现的5名医务工作者送上节日的祝福，并对31名困难党员、老党员、老红军、老同志、老先进等开展走访慰问活动，共划拨慰问金合计15000元。统筹审核党员互助金，定期收集机关党组织困难党员的家庭情况，对有需要给予组织关怀救助的及时予以审核、发放党员互助金，共审核并发放13名困难党员的党员互助金共计16400元。

【创新创优竞赛】2020年，根据韶关市直机关工委、市委政策研究室、市总工会、共青团市委、市妇联等五部门联发《关于开展韶关市第四届机关工作创新创优竞赛的通知》文件要求，区直属机关工委积极动员各区直机关单位参赛。经过韶关市第四届机关工作创新创优竞赛文本评比与现场竞赛，武江区报送的作品中，区司法信访党支部、区税务局机关党委、组织系统党支部以及区市场监管局党总支部的创新创优案例取得佳绩。武江区共获得一等

2020年1月2日，武江区举办第二届机关工作技能大赛，图为参赛团队开展现场竞赛（陈励　摄）

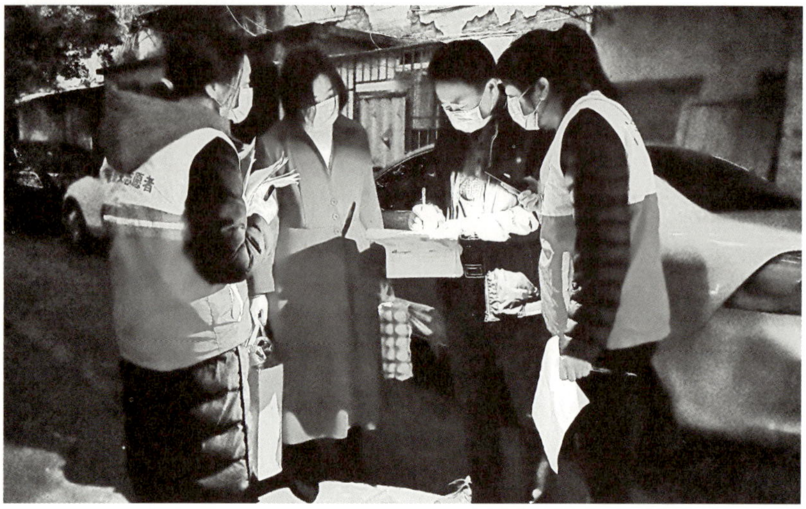

2020年2月7日，武江区直单位干部和武江北社区工作人员共同开展“亮灯敲门补查”行动　　（区委宣传部　供图）

奖1名、二等奖2名、三等奖1名，获奖数量排名韶关市各县（市、区）第一。区税务局机关党委的作品代表韶关市参加全省“先锋杯”机关工作创新创优决赛，获评优秀作品奖。

【“双周讲坛”活动】 2020年，区直属机关工委以“强业务、提效能、优服务”为主题，组织各区直机关党组织通过集中授课、专题研讨、技能竞赛、知识测试等方式，打造出一批具有系统特色的优秀课程，如区卫健系统的“院长讲坛”、区组织系统的“组工讲坛”、区审计局的“审计讲坛”等。活动开展以来，全区各级机关累积开展活动826次，参与人数14021人次。

【疫情防控】 2020年，区直属机关工委按照武江区“六个一”党建引领网格化疫情防控机制要求，建立疫情防控临时党支部，从区直机关中选派41名单位“一把手”担任社区（城中村）第一书记，1175名机关党员下沉社区开展“敲门行动”“夜晚亮灯补查行动”等联防联控工作，并发动1077名机关党员自愿为防疫工作捐款104744元。区直机关党员获“广东省抗疫先进个人”荣誉称号1人、获“韶关市最美抗‘疫’志愿者”荣誉称号4人。

【在职党员到社区报到工作】 2020年，区直属机关工委按照《武江区在职党员到社区报到开展服务“1+4+N”三年行动方案（2020—2022年）》要求，围绕“1+4+N”工作思路组织全区机关在职党员开展服务工作，积极动员下属79个区直机关党组织共825名在职党员下沉到55个社区开展社区服务，通过社区“吹哨”发布任务，报到在职党员结合自身特长、业务领域、兴趣爱好等“接单”开展社区服务，积极参与创文入户宣传、爱国卫生运动、道路交通指引、社区事务协调、协助第七次全国人口普查等基层治理事务。

（梁　竣）

韶关市武江区人民代表大会

综 述

根据韶武办发〔2019〕20号中共韶关市武江区委办公室关于印发《韶关市武江区人民代表大会常务委员会机关职能配置、内设机构和人员编制规定》，韶关市武江区人民代表大会常务委员会（以下简称区人大常委会）是区人民代表大会的常设机关，对本级人民代表大会负责并报告工作。区人大常委会机关设“一室五委”，机关行政编制10名。办公室主任1名、副主任2名，工委主任5名。

2020年，区人大常委会在区委的坚强领导下，坚持以习近平新时代中国特色社会主义思想为指导，全面贯彻落实中共十九届二中、三中、四中、五中全会精神，深入学习贯彻习近平总书记关于坚持和完善人民代表大会制度的重要思想、习近平总书记出席深圳经济特区建立40周年庆祝大会和视察广东重要讲话、重要指示精神，坚持党的领导、人民当家作主、依法治国有机统一，依法履职，扎实开展监督、决定、任免、代表等工作，为“新武江、新经济、新生活”贡献人大智慧和力量。

重要会议及决议

1月9日，区九届人大常委会召开第三十六次会议，审议并原则通过武江区九届人大五次会议有关事项；补选潘国忠、林拥强为韶关市第十四届人大代表。

2月6日，区九届人大常委会召开第三十七次会议，决定延迟召开区九届人大五次会议。

2月26日，区九届人大常委会召开第三十八次会议，决定任命黄远文为韶关市武江区人民政府副区长（挂职）；决定免去张伟俊的韶关市武江区人民政府副区长职务。

4月17日，区九届人大常委会召开第三十九次会议，听取区人大常委会法工委2019年规范性文件备案审查工作情况报告；补选罗晓勤为韶关市第十四届人大代表。

5月9日，区九届人大常委会召开第四十次会议，原则通过区人民政府、区人大常委会、区人民法院、区人民检察院、计划、财政工作报告（送审稿）、武江区第九届人民代表大会第五次会议有关事项。

是日，区九届人大常委会召开第四十次会议，决定免去：胡小波的韶关市武江区人民法院审判委员会委员、审判员职务；彭志光的韶关市武江区人民法院审判员职务；毛文芳的韶关市武江区人民法院审判员职务；谭谦悦的韶关市武江区人民法院审判员职务。

是日，区九届人大常委会召开第四十次会议，决定任命：王镭为韶关市武江区人民法院审判员；周慧结为韶关市武江区人民法院审判员；赵娜为韶关市武江区人民法院审判员。

是日，区九届人大常委会召开第四十次会议，决定接受刘尚周辞去韶关市武江区第九届人民代表大会代表职务的请求，审议并表决通过《韶关市武江区人民代表大会常务委员会关于接受刘尚周辞职请求的决定（草案）》。

5月17日至19日，区九届人民代表大会第五次会议胜利召开，听取、审议并表决通过关于区人民政府、人大常委会、人民法院、人民检察院、计划、财政等6个工作报告的决议，选举产生区九届人大常委会副主任卢建成，委员陈志坚、钟爱民、黄碧贞、曾细娥。

5月25日，区九届人大常委会召开第四十一次会议，决定免去刘尚周的韶关市武江区新华街人大工作委员会专职主任职务。

6月23日，区九届人大常委会召开第四十二次会议，听取区人大常委会法工委关于禁毒工作专题调研的报告；听取区人大常委会城建工委关于武江区“河长制”实施情况及区小水电站安全运行的调研报告；听取区人民政府关于武江区2020年地方政府新增债券分配方案的报告；听取区人民政府2019年度环境状况和环境保护目标完成情况报告（书面）。

是日，区九届人大常委会召开第四十二次会议，决定免去：欧伟强的韶关市武江区人民政府副区长职务；张祈建的韶关市武江区工业和信息化局局长职务；吴韶华的韶关市武江区自然资源局（林业局）局长职务；邱江的韶关市武江区民政局局长职务。决定任命：马文娟为韶关市武江区人民政府副区长；张祈俊为韶关市武江区新华街人大工作委员会专职主任；黄海涛为韶关市武江区工业和信息化局局长；邱江为韶关市武江区自然资源局（林业局）局长；宋清为韶关市武江区民政局局长。

是日，区九届人大常委会召开第四十二次会议，决定任命韩学民为韶关市武江区人民检察院副检察长、检察委员会委员、检察员。

是日，区九届人大常委会召开第四十二次会议，决定免去何诗垚的韶关市武江区人民陪审员职务。

6月29日，区九届人大常委会召开第四十三次会议，表决通过《韶关市武江区人民代表大会常务委员会关于许可韶关市公安局武江分局对区九届人大代表管国太刑事拘留的决定（草案）》。

7月28日，区九届人大常委会召开第四十四次会议，听取区人大常委会城建工委关于武江区校园食品安全专题调研的报告；区人大常委会教科文卫工委关于视察武江区基层医疗卫生服务体系工作情况及武江区贯彻实施《广东省爱国卫生工作条例》情况的调研报告；区人大常委会财经工委关于贯彻实施《广东省野生动物保护管理条例》情况的调研报告；听取区人民法院2020年上半年工作情况报告；听取区人民检察院2020年上半年工作情况报告。

8月12日，区九届人大常委会召开第四十五次会议，表决通过《韶关市武江区人民代表大会常务委员会关于许可韶关市公安局武江分局对区九届人大代表黄福城刑事拘留的决定（草案）》。

8月26日，区九届人大常委会召开第四十六次会议，听取区人民政府2020年上半年国民经济和社会发展计划执行情况的报告；听取区人民政府2020年上半年财政预算执行情况和下半年工作计划的报告；听取和审议区人民政府2019年本级财政决算草案的报告，审查和批准区本级财政决算；听取和审议武江区2020年抗疫特别国债、全年批专项债券、特殊转移支付一般债券分配方案的报告；听取和审议区人民政府2020年地方政府新增债券分配方案的报告；听取和审议区审计局2019年区本级预算执行和其他财政收支的审计工作报告。

是日，区九届人大常委会召开第四十六次会议，决定免去：刘拥军的韶关市武江区人民政府副区长职务；侯志军的韶关市武江区人民政府副区长职务。

是日，区九届人大常委会召开第四十六次会议，决定免去冯东强的韶关市武江区人民检察院检察委员会专职委员、检察员职务。

是日，区九届人大常委会召开第四十六次会议，决定接受宋清、张名新、管国太、黄福城辞去韶关市武江区第九届人民代表大会代表职务的请求，表决通过《韶关市武江区人民代表大会常务委员会关于接受宋清等辞职请求的决定（草案）》。

10月28日，区九届人大常委会召开第四十七次会议，听取区人民政府承诺为民办实事工作进展情况报告；听取区人大常委会城建工委关于市容市貌环境卫生、市政基础设施建设和管理、老城区改造工作专题调研报告；听取区人大常委会教科文卫工委关于区文化总分馆制（文化馆、图书馆）建设及“粤菜师傅”培训基地建设情况专题调研报告；听取和审议通过《韶关市武江区人民代表大会代表约见国家机关负责人办法（试行）》。

12月29日，区九届人大常委会召开第四十八次会议，听取和审议区人民政府关于2020年财政预算调整的报告，审查和批准2020年财政预算调整方案；听取区属国有企业经营管理、区政府2020年承诺为民办实事和2020年代表意见、建议办理情况、区政府“七五”普法工作情况报告；听取区人大常委会城建工委关于《韶关市野外用火管理条例》《中华人民共和国环境保护法》执法检查及法治公园建设工作专题调研报告（书面）；听取区人大常委会教科文卫工委关于小区配套幼儿园移交工作专题调研报告（书面）；听取武江区审计局关于2019年度区本级预算执行和其他财政收支审计查出问题的整改情况报告（书面）。

是日，区九届人大常委会召开第四十八次会议，决定接受李学源、林卫国、黄海涛辞去韶关市武江区第九届人民代表大会代表职务的请求，表决通过《韶关市武江区人民代表大会常务委员会关于接受李学源等辞去韶关市武江区第九届人民代表大会代表职务的请求的决定（草案）》。

是日，区九届人大常委会召开第四十八次会议，表决通过《韶关市武江区人民代表大会常务委员会关于调整代表资格审查委员会组成人员的决定（草案）》。

是日，区九届人大常委会召开第四十八次会议，决定免去黄韶娟的韶关市武江区监察委员会委员职务。

是日，区九届人大常委会召开第四十八次会议，决定免去刘明洲的韶关市武江区人民法院执行局局长职务；黄祖英的韶关市武江区人民陪审员职务。

是日，区九届人大常委会召开第四十八次会议，决定任命张益华为韶关市武江区人民检察院检察员；谭容为韶关市武江区人民检察院检察员。

主要工作

【依法行使职权】2020年，武江区共召开13次人大常委会，补选3名韶关市第十四届人民代表大会代表，接受8名人大代表辞职，许可公安机关对2名人大代表刑事拘留，依法任免国家机关工作人员29人，为国家机关主要领导人员依法有序更替提供坚强有力的政治保障。

【落实监督工作】2020年，武江区首次开展人大询问和人大代表约见国家机关负责人活动。专题听取政府组成部门被市级、区级通报事项的情况报告，围绕区个别政府组成部门在工作中存在的一些问题和薄弱环节开展询问，“面对面”“一问一答”，真正做到有询问、有答复、有结果。针对当前人民群众关心的幼儿、学生入园入学难、临聘教师待遇不高队伍不稳定、教育资源分配不合理等问题，积极搭建平台，依法组织人大代表约见国家机关负责人，由代表把群众反映的问题，直面交流，现场回应。通过新开展的监督工作机制，增强监督实效，有效提高政府职能部门为民办实事的工作效率。

【监督法律实施】2020年，武江区依法开展《广东省爱国卫生工作条例》《广东省野生动物保护管理条例》和《韶关市野外用火管理条例》等法律法规执法检查，督促相关职能部门完善工作机制，履行监管职责，规范执法行为，不断提升服务水平。依法行使重大事项决定权，审议和批准“一府两院”工作报告、财政预算执行、预算调整、国民经济和社会发展规划等，把党的主张通过法定程序转化为各级各部门抓落实、促发展的具体行动，为全面深化改革和加快发展提供强有力的支持和保障。

【推动乡村振兴】2020年，区人大常委会始终把脱贫攻坚作为重大政治任务、首要民生工程和头等大事来抓，深入开展“找短板、夯基础”专题调研，走访帮扶贫困户，积极筹集帮扶资金，组织各领域人大代表积极参与武江区推进农村环境整治建设“打擂比武”活动，人大代表充分发挥各自优势，各尽所能、各展所长，出钱出力参与产业扶持、基础设施和人居环境综合整治。区人大常委会机关挂点的镇村，在“打擂比武”活动中，取得佳绩。

代表工作

【开展代表活动】 2020年7月，区人大常委会组织开展“更好发挥人大代表作用”“我为民、我履职、我行动”主题活动，参与活动的市、区、镇三级人大代表200多人次，开展各项专题调研9次、视察活动18次，共收集群众意见和建议45条，有效推动一批社会热点难点问题的解决。11月，组织市、区、镇三级共150余名人大代表集中学习《习近平谈治国理政》《中华人民共和国民法典》等理论和法律法规，不断提高代表的政治素养和履职能力水平。

2020年11月12日，市、区、镇三级人大代表在区委党校开展专题学习培训 （黄国萍 摄）

【落实跟踪督办】 2020年，区人大常委会把督办代表建议意见作为保障代表权利、督促“一府一委两院”改进工作的重要途径。坚持问题导向，加强跟踪督办，区九届人大五次会议票决的10件民生实事，已全部如期完成。区九届人大五次会议期间收到的9件代表建议意见，代表建议办理回复率达100%，代表对建议办理的满意率为100%。

调研工作

【小水电站安全运行工作调研】 2020年5月29日，区人大常委会主任孙理鸣带领市、区两级人大代表一行到龙归河社主河段实地调研，检查河长制和小水电站安全运行的落实情况。调研组还到柴桑水电站现场调研，听取负责人介绍电站安全运行情况。

【全民禁毒工作调研】 2020年5月29日，区人大常委会主任孙理鸣、副主任聂平南带领区人大代表一行9人对武江区开展全民禁毒工作情况进行专题调研，区政府副区长、武江公安分局局长余志强陪同调研。调研组实地查看武江区龙归镇阳光康复工作站各功能区，查阅禁毒台账、档案资料，了解社区戒毒康复人员管控帮教、吸毒人员就业安置、毒品预防宣传教育、打击毒品违法犯罪和遏制新滋生吸毒人员等禁毒重点工作开展情况。

【基层卫生服务体系建设工作调研】 2020年6月19日，区人大常委会组织代表对基层卫生服务体系建设情况进行调研。调研组由区人大常委会副主任李学源带队，先后到武江区沙洲尾社区卫生服务中心、芙蓉村卫生站、芙蓉社区卫生服务中心实地查看，对基层医疗卫生服务能力整体水平提升工作给予充分肯定，并提出建议和意见。

【校园食品安全工作调研】 2020年6月24日，区人大常委会主任孙理鸣带领部分区人大代表到武江辖区学校，专题调研校园食品安全工作，区人大常委会副主任曾宏、谭木初及区市场监督管理局主要负责人陪同调研。调研组一行先后到韶关市实验中学、韶关市实验小学的食堂及食材贮存仓库现场调研，对学校在加强食品安全管理方面的工作表示肯定。

【人居环境整治美丽乡村建设工作调研】 2020年7月29日，区人大常委会副主任曾宏带领部分市、区人大代表到西河镇开展“农村人居环境综合整治　推进乡村建设”专项调研。武江区两条精品线路沿线的27个行政村组团“打擂比武”活动正如火如荼举行，代表们对武江区全面推进武江农村人居环境综合整治，建设生态宜居美丽乡村的成果表示肯定和赞许。

【武江区文化总分馆制建设工作调研】 2020年8月25日，区人大常委会组织人大代表对武江区文化总分馆制建设情况进行专题调研。通过到区图书馆、博物馆、文化馆实地查看，调研组对区的总分馆制建设工作情况给予充分肯定，座谈会上代表们围绕如何发挥“三馆一站”的作用、推广宣传方式、联动机制等积极建言献策。

【“粤菜师傅”培训基地建设工作调研】 2020年9月22日，区人大常委会组织人大代表对武江区“粤菜师傅”培训基地建设情况开展专题调研，在潮州菜馆现场感受2020年武江区“芙蓉怀”粤菜师傅技能工匠竞赛的热闹场面，随后座谈听取区人社局有关“粤菜师傅”培训基地实施情况汇报，代表们积极发言提出建设性意见和建议。

【森林防火工作调研】 2020年11月17日，区人大常委会副主任曾宏带领城建工委及相关部门负责人到龙归镇检查森林防火工作。检查组一行先到龙归镇冲下村委桥头岭临时检查点，实地查看有无固定宣传牌、横幅、标语等相关情况，到龙归镇马渡村委、市造林点路口检查进出山的登记簿、储备扑火物资等，对防火工作安排部署、森林防火责任制落实、森林防火宣传培训、应急处置等情况进行检查。

【法治文化教育工作调研】 2020年11月26日，区人大常委会主任孙理鸣带领市、区两级人大代表一行8人，到武江区青少年法治教育实践基地和法治文化主题公园进行专题调研。先后到武江区第十四中学、武江北路法治文化主题公园，详细了解武江区青少年法治教育实践基地“法治园地、模拟法庭、宪法宣传、禁毒基地”的开展情况以及法治文化主题公园的建设、使用情况。参观武江区司法局、信访大厅，实地查看社区矫正宣告室、心理咨询室等，在肯定成绩的同时提出建议和意见。

【专题调研小区配套幼儿园移交工作】 2020年11月27日，区人大常委会组织部分区人大代表对武江区小区配套幼儿园移交工作情况开展专题调研，区教育局相关领导与有关工作人员陪同调研。调研组先后到西联镇的滨江幼儿园、天玺湾幼儿园、中央艺术幼儿园、天麓山幼儿园、鸿裕花园幼儿园等多所幼儿园进行实地查看，详细了解各小区配套幼儿园的现状和规划情况。

执法检查

【《广东省爱国卫生工作条例》执法检查】 2020年7月21日，区人大常委会组织代表对武江区贯彻实施《广东省爱国卫生工作条例》情况进行检查。调研组实地查看新华街合成氨厂、织布厂老旧小区改造提升情况、华泰小学厕所改革、西河镇津头岭城乡接合部的综合整治，听取有关部门相关情况汇报。

【《广东省野生动物保护管理条例》执法检查】 2020年7月27日，区人大常委会副主任卢建成带领财经工委及部分市、区人大代表到西联镇新城农贸市场、武江区泓盛蛇类养殖场等场所，就野生动物交易、储存情况进行现场检查，检查是否存在非法销售野生动物及其产品情况。

（谭冬连）

韶关市武江区人民政府

综　述

韶关市武江区人民政府设置工作部门21个。分别是：办公室、发展和改革局、教育局、工业和信息化局、民政局、司法局、财政局、人力资源和社会保障局、自然资源局、住房和城乡建设局、农业农村局、文化旅游体育局、卫生健康局、退役军人事务局、应急管理局、审计局、市场监督管理局、统计局、医疗保障局、城市管理和综合执法局、政务服务数据管理局。其中，办公室挂外事局、信访局牌子；发展和改革局挂粮食和物资储备局牌子；工业和信息化局挂科学技术局、商务局牌子；自然资源局挂林业局牌子；住房和城乡建设局挂人民防空办公室、交通运输局、水务局牌子；农业农村局挂扶贫开发办公室牌子；市场监督管理局挂知识产权局牌子。民族宗教事务局列入政府工作部门序列，不计入机构限额。

2020年，突如其来的新冠肺炎疫情，严重威胁人民群众生命安全和身体健康，给全区经济社会发展带来前所未有的冲击。面对严峻复杂形势，武江区人民政府坚持以习近平新时代中国特色社会主义思想为指导，认真贯彻落实习近平总书记关于统筹推进疫情防控和经济社会发展的重要讲话和指示批示精神，贯彻落实中央和省、市决策部署。在区委的正确领导下，在区人大及其常委会和区政协的监督支持下，以超常之举、集全区之力，坚决打赢疫情防控阻击战，扎实做好“六稳”工作，全力落实“六保”任务，保持经济持续健康发展和社会大局和谐稳定。

【疫情防控和经济发展】 2020年，武江区坚持人民至上、生命至上，及时启动应急响应，1100余名在职党员下沉基层一线，融入86个社区（村）群防群治、联防联控，560余名社区（村）干部及网格员、600余名公安干警、300余名医务人员闻令而动、挺身而出，累计排查90万余人次、12万余车次。慎终如始抓好秋冬季疫情防控，加强重点人员、重点场所、重点物品管控。制定经济稳增长措施，全面落实惠企纾困政策，大规模减税降费6.4亿元，下达惠企利民资金1.09亿元，有效推动复工复产。全年实现地区生产总值269.49亿元，全年增加“四上”企业39家，净增数位列全市第一。

【经济发展新平台建设】 2020年，武江区加快推进经济发展新平台建设，武江科创园一期改造完成并投入使用，成功引进40家企业。新增培育农业龙头企业1家，家庭农场14家。龙归香蜜薯、妙联丝茅姜纳入全国名特优新农产品名录。培育新增规上工业企业2家，全区完成工业投资7.85亿元，其中工业技改投资4.48亿元；限上批发销售额增长35.9%，增速全市第一；成功引进优质项目14个，投资金额73.32亿元。全年实施52个重点项目，开工49个，9个项目纳入省重点项目管理，完成投资54.76亿元。全年固定资产投资增长4.8%。

【城乡建设】2020年，武江区完成韶州公园及芙蓉山公园路网建设。完成朝阳路等9条主次干道及背街小巷改造提升。完成17个老旧小区改造。建成10个停车场共增设849个停车位。建成5G基站299个。年度城市管理综合检查考评成绩位列全市第一，被评为全市巩卫先进集体。完成四好农村路建设约32.5千米。创新以“打擂比武”方式开展农村人居环境整治提升，撬动社会资金超2000万元。“龙归—江湾”乡村精品线路获评“广东美丽乡村精品线路”，江湾镇湖洋村获评广东省乡村振兴大擂台污水治理优秀村，重阳“生态体验+特色产业休闲线”入选韶关首批十大乡村旅游线路。

【污染防治攻坚】2020年，武江区辖区空气质量优良率达97%，同比提升5.3个百分点。饮用水水源和地表水断面水质达标率均为100%。完成龙归水江湾镇段、方田段碧道项目建设约10.1千米。完成3个镇级污水处理厂及19千米配套管网建设，农村生活污水治理率达到70%。关停涉重金属企业8家，高效完成重金属排放削减任务。完成农用地安全利用2500公顷，受污染耕地安全利用率达97.7%。完成造林面积超46.67公顷。武江区国家储备林项目完成总体规划编制。绿美古树乡村、景色景观带等一批绿化美化项目建设顺利完成。第一批山水林田湖草修复工程

2020年，“四好”农村路社主至车角岭路段施工现场
（区委宣传部　供图）

在全市绩效考核中排名第一。

【大力发展社会事业】2020年，武江区全年民生投入14.7亿元，增长6.73%，占一般公共预算支出比重达75.04%。提高困难重点人群补助标准并发放2520万元补助金。大力实施总投资近1.4亿元的88个教育工程。启动区中医院、区儿童医院建设；完成5家疫苗接种门诊标准化建设；建成6所中小学卫生工作示范学校。成功举办广东省粤北地区第七届体育舞蹈展演等文体活动。率先在全市完成国有企业退休人员社会化管理移交工作。新增城镇就业4590人、城镇失业再就业4050人，城镇登记失业率为2.76%。完成全国第七次人口普查。高质量完成区10件民生实事。进一步加强食品、药品、生产、消防等安全工作，全年未发生较大及以上安全事故。

【深化法治政府建设】2020年，修订完善武江区重大行政决策程序，推动政府决策制度化、科学化。强化法治政府建设，扎实开展民法典学习宣传，区政府班子成员出庭应诉22件，出庭率达100%。自觉接受人大、政协监督，办理区人大代表议案9件、政协提案103件，满意率达100%。扎实推进政务服务改革，98%以上的事项实现“最多跑一次”，行政许可事项时限压减率达95.07%；完成四批全市镇村事项标准化工作，委托下放镇（街）事项400项、村（居）事项90项。全区行政许可事项“两减一即”在全省实现最优。严格落实党风廉政建设责任制，深入推进政府系统党风廉政建设和反腐败工作。

重要会议

【区政府全体会议】2020年，区政府共召开2次政府全体会议。

3月6日下午，区长郑伟平主持召开区政府全体会议，

总结2020年以来各项重点工作开展情况，对近期及全年重点工作进行部署、强调。

8月7日下午，区委、区政府在7楼会议厅召开武江区政府全体会议暨经济工作推进会，区委书记颜亮参加会议并讲话，区长郑伟平主持会议并对政府工作进行部署。会议听取各副区长就分管领域2020年上半年工作情况及下一步工作安排计划，对《武江区2020年下半年经济稳增长工作方案》《武江区2020年下半年促投资行动方案》《武江区2020年下半年经济挖潜行动方案》《武江区2020年下半年经济新增长点培育专项行动方案》进行解读和部署。

【区政府常务会议】 2020年，区政府共召开25次政府常务会议。

1月22日，区长郑伟平在区委、区政府办公楼310会议室召开区政府九届48次常务会议。会议审议并原则同意争取资金项目可行性研究报告可采用直接选取方式选取可研编制单位的事项；研究部署春节期间值班值守及新型冠状病毒感染的肺炎疫情防控工作相关事宜；传达学习《关于印发〈关于深化农村公共基础设施管护体制改革的指导意见〉的通知》《广东省政府办公厅关于认真学习贯彻国务院加强固定资产投资项目资本金管理有关规定的通知》文件精神；听取市环保督察整改工作的情况报告；研究讨论韶关市武江区医药健康科技产业园建设项目相关事宜；审议《韶关市公安局武江分局辅警绩效考核办法(试行)》。

2月25日，区长郑伟平在区委、区政府办公楼310会议室召开区政府九届49次常务会议。会议听取并原则通过《韶关市武江区2019年预算执行情况和2020年财政预算草案》及韶关市亿兆商贸有限公司招聘事宜；听取《2020年1月份武江区财政预算执行情况分析》汇报；传达学习《保障农民工工资支付条例》《殷焕明、华旭初在全市企业复工复产有关工作电视电话会议上讲话》文件精神。

3月22日下午，区长郑伟平在区政府七楼会议厅主持召开区政府九届50次常务会议。会议研究2020年第一季度经济工作；传达学习《广东省自然资源厅关于印发广东省加快推进“房地一体”农村不动产登记发证工作方案的通知》(粤自然资规字〔2019〕11号)文件精神；审议《武江区农村房地一体宅基地和集体建设用地确权登记工作方案》《武江区村容村貌整治提升打擂比武实施方案》《武江区关于泥砖房拆后整村新建“以奖代补”的实施方案》《〈韶关市武江区乡村振兴传习所项目国有土地上房屋征收补偿安置方案〉的补充方案》《武江区2019年国民经济和社会发展计划执行情况及2020年计划草案的报告》《政府工作报告》；研究讨论韶关市武江区农村环境生态治理工程建设项目有关事宜、2020年专项债项目在网上中介超市直接选取项目可行性研究报告评估服务机构和投资概算审查服务机构事项；听取2020年财政运行情况报告。

4月4日下午，区长郑伟平在区政府310会议室主持召开区政府九届51次常务会议。会议传达学习《广东省农业农村厅广东省自然资源厅关于规范农村宅基地审批管理的通知》(粤农农规〔2020〕3号)、《广东省消防安全委员会关于印发2020年全省消防工作意见的通知》(粤消安〔2020〕1号)、《广东省人民政府关于中山市广州市有关地区统计违法违纪问题的通报》(粤府函〔2020〕30号)文件精神和马兴瑞省长在全省审计工作电视电话会议上的讲话精神；会议审议《2020年韶关市武江区征拆交地“攻坚战”工作方案》《武江区西河镇北片城边村市政供水主管工程建设协议》；研究讨论调整武江中队消防站改建升级项目立项总投资和建设规模事宜。

4月8日下午，区长郑伟平在区政府310会议室主持召开区政府九届52次常务会议。会议传达学习《关于印发〈广东省建立健全城乡融合发展体制机制和政策体系的若干措施〉的通知》文件精神；审议《2020年武江区重点项目组团攻坚工作方案》；研究讨论韶关市武江区科创园项目策划与设计直接选取相关服务机构事宜、解决武江区农业局良种示范场失地农户安置事宜；听取武江区山水林田湖草项目进展情况报告。

4月20日上午，区长郑伟平在区政府310会议室主持召开区政府九届53次常务会议。会议传达学习《广东省自然资源厅关于征求〈关于建立以国家公园为主体的自然保护地体系的实施意见（征求意见稿）〉意见的函》《广东省林业局关于征求〈广东省国家公园创建工作方案（征求意见稿）〉意见的函》《中共中央办公厅国务院办公厅印发〈关于全面加强危险化学品安全生产工作的意见〉》文件精神；听取武江区2019年安全生产工作情况报告、第一季度经济运行情况报告、关于决战决胜脱贫攻坚补短板工作报告；研究讨论武江区乡道Y103线村头至大村（武江大道南）段及武江区乡道Y263线龙归镇区过境段公路改建工程项目选取中介服务机构相关事宜、武江区国家战略储备林项目前期工作有关事宜。

4月24日下午，区长郑伟平在区政府310会议室主持召开区政府九届54次常务会议。会议研究审议重阳派出所建设项目前期工作相关事宜、江湾镇幼儿园、朝阳路幼儿园建设项目前期工作相关事宜、社区居委会人员待遇增长相关事宜；审议并原则通过武江区上半年经济稳增长行动计划。

5月5日上午，区长郑伟平在区政府310会议室主持召开区政府九届55次常务会议。会议听取2019—2020年省级涉农资金使用情况报告；审议《武江区2020年重点建设项目计划》《2020年韶关市武江区基层医疗卫生机构公开招聘方案》；审议实施省道S520线粮仓至方田大人村沿线白改黑工程事项、实施省道S520线粮仓至方田大人村沿线路域提升工程事项、实施武江区龙归城乡融合产业园“一桥一路”勘察设计工作相关事宜、实施武江区龙归城乡融合产业园控制性详细规划编制工作相关事项；听取2020年第一季度扫黑除恶专项斗争工作情况报告。

5月24日下午，区长郑伟平在区政府310会议室主持召开区政府九届56次常务会议。会议审议《武江区2020年打赢污染防治攻坚战工作方案》《武江区2020年“四好农村路”建设攻坚任务实施方案》《韶关市武江区江湾镇总体规划布局调整论证》《武江区2020年退役士兵竞聘择岗工作实施方案》《关于韶关市武江区医药健康产业园建设项目一期工程实施方案》《韶关市亿兆投资集团有限公司重组整合实施方案》；审议“房地一体”农村宅基地和集体建设用地确权登记发证项目采购工作有关事项、武江区中医院、儿童医院、疾控中心建设项目前期工作相关事宜、武江区中医院项目地块预征收相关事宜、武江区现代农业产业园项目地块预征收相关事宜、青暖美丽乡村建设项目相关事项、重阳镇省道S246线路域提升相关事项、西河镇前进村委会佳信市场规划地块有关事项、龙归城乡融合产业园新增规划范围地形补充测绘相关事宜；研究讨论清缴机关事业单位职业年金工作有关事宜；部署近期防汛及安全生产相关工作。

6月14日下午，区长郑伟平在区政府310会议室主持召开区政府九届57次常务会议。会议审议《韶关市武江区全面实施预算绩效管理工作方案（2020—2022年）》《武江区人民政府突发公共事件总体应急预案》等13个预案、《韶关市武江区中医院建设项目实施方案》《武江区河道采砂规划编制工作实施方案》《武江区2020年度河湖管理范围划定实施方案》《武江区新增地方政府债券分配方案》；听取2019年度行政复议和行政诉讼案件情况、行政诉讼案件胜诉率及行政负责人出庭应诉情况报告，研究讨论2020年度行政复议和行政诉讼案件工作；听取2019年法治政府建设情况报告、山水林田湖草项目推进情况报告、1—5月财政收支情况报告。

7月5日上午，区长郑伟平在区政府310会议室主持召开区政府九届59次常务会议。会议审议并原则通过《2020年区〈政府工作报告〉重点任务责任分工》《2020年区十件民生实事责任分解表》《武江区2020年市民生实事责任分解表》《武江区2020年省民生实事责任分解表》；审议《武江区落实自然资源资产管理和生态环境保护责任实施方案》《武江区关于进一步推进公共文化基础设施攻坚做强工程的实施方案》《韶关市武江区农用地分类管理实施方案》《2019年稳定全区工业经济增长奖励资金安排计划》《武江区压减一般性支出的九条措施》《武江区2020年农业水价综合改革实施计划任务》；传达学习《广东省科学技术厅等九部门联合下发〈关于促进生物医药创新发展的若干政策措施〉的通知》文件精神；研究讨论武江区2020年事业单位公开招考工作相关事宜；研究部署近期有关工作。

7月12日下午，区长郑伟平在区政府310会议室主持召开区政府九届60次常务会议。会议传达学习《广东省自然资源厅关于印发〈广东省推进自然资源资产产权制度改革实施方案〉的通知》《广东省人民政府关于印发〈广东省承接国家委托用地审批权试点实施方案〉的通知》文件精神；研究讨论芙蓉山五号路选取施工单位及监理单位相关事宜、调整江湾镇中心幼儿园建设项目立项事宜、原市政项目办征收包干项目结余资金划转事宜；审议《韶关市武江区江湾卫生院改扩建项目实施方案》《韶关市武江区教师发展中心建设项目一期实施方案》。

7月19日上午，区长郑伟平在区政府310会议室主持召开区政府九届61次常务会议。会议研究讨论国有林场改革相关事宜、重阳派出所业务用房建设项目立项事宜；审议2020年机关事业单位退休人员基本养老金相关事宜、武江区S520线粮仓至方田大人村段公路路面改造工程立项调整事宜、《韶关市武江区Y103线村头至大村（武江大道南）段公路改建工程实施方案》；研究讨论武江区小水电清理整改核查评估相关事宜；对项目立项相关事项进行强调。

8月6日晚上，区长郑伟平在区政府310会议室主持召开区政府九届62次常务会议。会议研究讨论《武江区安全生产专项整治三年行动实施计划（送审稿）》；会议审议《武江区2020年下半年经济稳增长工作方案》《武江区2020年下半年促投资专项行动方案》《武江区2020年下半年经济增长挖潜专项行动方案》《武江区2020年下半年培育经济新增长点专项行动方案》；听取全区1—7月财政收支情况及增值税收入划分改革对武江区影响的分析报告。

8月25日下午，区长郑伟平在区政府310会议室主持召开区政府九届63次常务会议。会议审议《武江区2020年上半年国民经济和社会发展计划执行情况的报告》《武江区四套班子领导和区直部门挂点联系“四上”企业工作安排表》《武江区2020年抗疫特别国债、全年批专项债券、特殊转移支付一般债券分配方案》《武江区开展“五水共治”，实现“河畅水清、岸绿景美”水生态环境行动方案》及小水电站退出相关事宜；听取武江区2020年上半年预算执行情况及2019年财政决算的报告；研究讨论武江区医药健康科技产业园建设项目二期内容相关事宜。

9月2日上午，区长郑伟平在区政府310会议室主持召开区政府九届64次常务会议。会议审议《韶关市武江区现代农业产业园基础设施建设项目实施方案》、江湾镇集中供水项目概算、调整武江区江湾镇中心幼儿园建设项目立项相关事宜；部署9月份重点工作安排。

9月12日下午，区长郑伟平在区政府310会议室主持召开区政府九届65次常务会议。会议研究讨论武江现代农业产业园基础设施项目征收相关事宜、武江区儿童医院项目建设有关事宜；审议武江区2020年度山水林田湖草生态保护修复试点工程（第二批）项目申报有关事宜、韶关市高新区莞韶城三期基础设施项目（一桥一路工程）一期概算、韶关市武江区中医院建设项目概算、韶关市武江区江湾卫生院改扩建项目概算、《武江区老旧小区改造项目推进工作计划》《武江区应急体系建设项目（应急指挥中心建设项目）（二期）实施方案》。

9月26日下午，区长郑伟平在区政府310会议室主持召开区政府九届66次常务会议。会议审议《武江区“房地一体”农村不动产登记发证工作实施细则》、《韶关市武江区自然资源资产产权制度改革实施方案》、《武江区2020年“四好农村路”建设攻坚新增项目建设方案》、争取上级资金的项目开展前期工作相关事宜、武江区城市公共停车场项目（韶州公园梅林涧旁停车场建设工程）概算、《武江区抓项目促投资奋战100大攻坚方案》及相关机制；听取武江区2018年度履行教育职责评价存在问题整改情况及2019年度履行教育职责评价工作情况报告，并研究自查问题的相关整改建议；听取山水林田湖草项目情况报告；传达学习《广东省人民政府办公室〈关于印发广东省进一步做好稳外资工作若干措施〉的通知》文件精神。

10月18日下午，区长郑伟平在区政府310会议室主持召开区政府九届67次常务会议。会议审议《武江区生活垃圾分类实施方案》《韶关市武江区关于深化改革加强食品安全工作实施方案》《韶关市武江区疫苗安全事件应急预案（试行）》及武江区镇村自来水水费、污水处理费、生活垃圾处理费定价相关事宜；研究讨论龙归镇、江湾镇、重阳镇三个镇级污水处理厂在线监测设备采购相关事宜、武江区博物馆改造提升相关事宜；听取武江区全面禁毒工程总体情况报告，并对“整治突出问题，构建特色毒品治理体系”三年行动工作进行研究部署。

10月29日晚上，区长郑伟平在区政府310会议室主持召开区政府九届68次常务会议。会议研究讨论武江区2020年森林资源“一张图”不合理区划调整相关事宜、韶关高新区莞韶城三期基础设施项目（一桥一路工程）二期立项有关事宜、关于取消龙归镇垃圾综合减量处理站相关事项；审议武江区划定龙归水（原江湾河，现改名为龙归水）等7条河流河道管理及沐溪水库管理划定范围、《韶关市武江区入河排污口排查整治专项行动工作方案》《韶关市武江区儿童医院建设项目实施方案》；会议审议废止《韶关市武江区重点楼宇和特色楼宇培育与扶持办法》及暂停实施《武江区扶持建筑业加快发展的若干措施》《关于稳定全区工业经济增长的工作措施》等2个措施。

11月22日下午，区长郑伟平在区政府310会议室主持召开区政府九届69次常务会议。会议传达学习《广东省人民政府办公厅转发国务院办公厅关于坚决制止耕地“非农化”行为的通知》《国务院办公厅关于防止耕地“非粮化”稳定粮食生产的意见》等文件精神；审议《武江区西河至重阳乡村精品线路（X313线十里亭桥至塘寮段）提升改造工程实施方案》《武江区2020年老旧小区改造建设项目（一期）韶关市新三联宿舍的实施方案》《2021年韶关市武江区县域节水型社会达标建设项目实施方案》及韶关高新区莞韶城三期基础设施项目（一桥一路工程）二期概算；研究讨论韶州公园建设项目租赁地块相关事宜、万里碧道项目有关事宜、武江区公益性水库大坝安全鉴定项目采购相关事宜、实施武江区2020年度10宗小型水库安全运行管理标准化建设项目相关事宜、追加2020年城乡居民基本医疗保险财政补助资金相关事宜、举办2021年武江区招商大会暨武江科创园开园活动相关事宜。

12月20日下午，区长郑伟平在区政府310会议室主持召开区政府九届71次常务会议。会议传达学习习近平总书记在中央全面依法治国工作会议上的重要讲话精神，并听取武江区依法治区工作情况报告；学习《中华人民共和国民法典》；审议《广东省韶关市武江区重阳镇三墩寨建筑石料用灰岩矿采矿权挂牌出让公告及挂牌出让方案》、武江区西联镇光华塑料五金制品有限公司装配车间西侧地质灾害隐患治理工程相关事宜、《武江区重大行政决策程序规定（试行）》；研究讨论区城管局及其下属事业单位区市政中心办公场所搬迁事宜；听取《武江区2019年国有资产管理情况综合报告》《武江区2019年行政事业单位国有资产管理情况专项报告》；听取1—11月财政收支情况报告，并研究部署加快财政支出相关事宜；研究部署近期重点工作。

12月23日晚上，区长郑

伟平在区政府310会议室主持召开区政府九届72次常务会议。会议听取武江区2020年药品安全工作报告；审议区直机关职级序列公务员公务交通补贴有关事宜、《韶关市武江区委、区政府发展咨询顾问聘任暂行办法（送审稿）》；审议并原则通过《关于2020年预算调整方案的报告》。

【区长办公会议】2020年，武江区人民政府共召开区长办公会议45次。

1月8日中午，区长郑伟平在区政府办公楼302会议室主持召开区长办公会议，专题研究讨论武江区特色百香果现代农业产业园土地流转有关事宜。

1月16日下午，区长郑伟平在区政府办公楼302会议室主持召开区长办公会议，研究讨论区信访大厅、区公共法律服务中心、区司法局指挥中心建设有关事宜；建设芙蓉山派出所、重阳镇派出所有关事宜；博物馆地块有关用途事宜。

2月21日上午，区长郑伟平在区政府办公楼302会议室主持召开区长办公会议，专题研究部署武江科技产业园建设事宜。

3月26日下午，区长郑伟平在区政府办公楼302会议室主持召开区长办公会议，专题研究武江科技产业园创建有关工作。

3月28日下午，区长郑伟平在区委、区政府办公楼302会议室主持召开区长办公会，听取关于申报省现代农业产业园省级实地核查情况，对重阳特色百香果现代农业产业园建设工作进行部署。

4月1日下午，区长郑伟平在区政府办公楼302会议室主持召开区长办公会议，研究武江区国家储备林工程项目前期工作。

4月14日上午，区长郑伟平在区政府办公楼302会议室主持召开区长办公会议，研究工程建设项目区域评估改革工作和决胜攻坚“四好农村路”建设工作。

4月25日下午，区长郑伟平在区政府302会议室主持召开区长办公会议，专题研究医疗卫生建设项目和文化产业带项目。

4月27日下午，区长郑伟平在区政府办公楼302会议室主持召开区长办公会议，研究武江区原市政征收项目和武江区2020年土地专项清查工作。

5月9日下午，区长郑伟平在区政府办公楼302会议室主持召开区长办公会议，研究讨论良种示范场职工搬迁及现代农业产业园基础设施建设项目规划设计方案等相关事宜。

5月22日上午，区长郑伟平在区政府302会议室主持召开区长办公会议，专题研究讨论地块出让、收储、报批和征拆资金等有关事宜。

5月30日下午，区长郑伟平在区政府办公楼302会议室主持召开区长办公会议，研究讨论龙归镇、重阳镇中小学生上下学交通安全隐患有关事宜；区消防救援队伍基层基础建设补短板有关事宜；武江区镇村自来水费、污水处理费、生活垃圾处理费定价工作方案；自然资源管理和生态文明建设审计发现问题的整改事宜。

6月9日下午，区长郑伟平在区政府办公楼三楼302会议室主持召开区长办公会议，研究部署经济运行、红尾坑地块规划调整、甘棠公司地块招商、完善原水运公司安置小区产权证等相关事宜。

6月11日下午，区长郑伟平在区委、区政府办公楼302会议室主持召开区长办公会议，专题研究武江区“三旧”改造项目工作开展情况。

6月15日上午，区长郑伟平在区政府办公楼三楼302会议室主持召开区长办公会议，专题研究调整武江乡村振兴培训实践中心一期工程进度款支付上限额事宜。

6月24日上午，区长郑伟平在区政府302会议室主持召开工作会议，专题研究西河镇农村迁坟和丹霞大道（原上饶路）等道路征拆有关事宜。

6月28日下午，区长郑伟平在区政府302会议室主持召开工作会议，专题研究芙蓉山5号路、武江区市民文化广场建设和基层卫生医疗机构建设有关事宜。

6月29日下午，区长郑伟平在区政府办公楼310会议室主持召开区长办公会议，专题研究武江区征拆项目资金有关事宜。

7月9日下午，区长郑伟平在区政府办公楼三楼302会议室主持召开区长办公会议，研究入股广东丰源科技有限公司现代农业产业园建设等有关事宜。

7月18日下午，区长郑伟平在区政府办公楼三楼302会议室主持召开区长办公会议，研究部署老旧小区项目资金分配及工程建设分工、争取中央山水林田湖草资金、政府投资项目立项等有关事宜。

8月9日上午，区长郑伟平在区委、区政府办公楼302会议室召开区长办公会议，专题研究武江区山水林田湖草生态保护修复试点工程项目申报工作及项目实施有关事宜。

8月13日上午，区长郑伟平在区政府办公楼三楼310会议室主持召开区长办公会议，研究部署中央、省、市关于生态文明建设专项2021年中央预算内投资项目储备、“三农”领域2021年中央预算内投资项目谋划储备、“十四五”时期有关工程申报项目等有关事宜。

8月16日上午，区长郑伟平在区委、区政府办公楼302会议室主持召开区长办公会议，专题研究武江区重要路段节点及城乡接合部（含背街小巷）路灯安装和老旧小区改造工作。

8月16日下午，区长郑伟平在区政府办公楼三楼302会议室主持召开区长办公会议，专题研究推进全区山水林田湖草生态保护修复试点工程有关事宜。

8月25日上午，区长郑伟平在区政府办公楼三楼302会议室主持召开区长办公会议，研究涉农领域项目入库、狮公岩地块围墙建设、重阳现代农业产业园项目征拆、二棉宿舍区改造、武江区背街小巷及城中村公共卫生环境整治项目子项目、小水电站退出等相关事宜。

9月15日下午，区长郑伟平在区政府办公楼三楼302会议室主持召开区长办公会议，研究暂付款挂账、土地出让、农村安全饮用水保障、武江科创园租金等有关事宜。

10月7日下午，区长郑伟平在区政府办公楼302会议室主持召开区长办公会议，专题研究以食用为目的人工繁育陆生野生动物退出补偿和补充耕地整改工作。

10月9日下午，区长郑伟平在区政府办公楼三楼302会议室主持召开区长办公会议，专题研究部署10月份重点工作。

10月11日上午，区长郑伟平在区委、区政府办公楼302会议室主持召开区长办公会议，专题研究扶贫资金入股山水湾家庭农场、扶贫资金闲置问题整改和区政府大院立体停车场收购有关工作。

10月24日下午，区长郑伟平在区委、区政府办公楼302会议室主持召开区长办公会议，研究部署森林防火和招商引资、固定资产投资等工作。

10月27日下午，区长郑伟平在区财政局会议室主持召开区长办公会议，专题研究加快抗疫特别国债及特殊转移支付机制新增一般债券支出进度工作。

10月28日下午，区长郑伟平在区政府302会议室主持召开区长办公会议，专题研究武江区2020年森林资源“一张图”不合理区划和历史遗留问题的生态公益林地调整为非林地等事宜。

11月2日上午，区长郑伟平在区政府办公楼三楼302会议室主持召开区长办公会议，专题研究部署11月份重点工作。

11月7日下午，区长郑伟平在区委、区政府办公楼302会议室主持召开区长办公会议，研究部署武江区现代农业产业园项目建设、容器苗木基地建设、农村乱占耕地建房整治等工作。

11月23日上午，区长郑伟平在区政府302会议室主持召开区长办公会议，专题研究张九龄纪念公园建设项目范围及其周边区域迁坟安置推进有关事宜。

11月30日上午，区长郑伟平在区政府办公楼三楼302会议室主持召开区长办公会议，研究审计整改、城乡融合发展省级试点建设、防疫值班及集中隔离观察场所租赁、申请承办系列文体活动等相关事宜，并研究12月份重点工作。

12月2日下午，区长郑伟

平在区政府310会议室主持召开区长办公会议，研究部署推进高铁沿线农房风貌提升工作相关事宜。

12月9日上午，区长郑伟平在区委、区政府办公楼302会议室主持召开区长办公会议，研究部署武江区农业农村工作。

12月11日下午，区长郑伟平在区政府310会议室主持召开区长办公会议，专题研究招商工作相关事宜。

12月18日下午，区长郑伟平在区政府302会议室主持召开区长办公会议，专题研究以工代训职业培训补贴、韶州公园资金支付、农村房屋安全隐患排查整治工作等事宜。

12月22日下午，区委副书记、区长郑伟平在区政府310会议室主持召开区长办公会议，研究武江区2021年新增债券申报项目前期工作；拟纳入市2021年重点建设项目计划事宜；武江区2021年重点建设项目计划事宜。

【区政府工作会议】2020年，区政府共召开46次政府工作会议。

1月2日下午，区委常委、副区长欧伟强在区政府410会议室召开工作会议，研究推进第二批农贸市场升级改造资金结算工作相关事宜。

1月6日上午，区委常委、常务副区长陈雪在区政府310会议室主持召开工作会议，专题研究全区安全生产及消防安全工作，副区长、区公安分局局长余志强，副区长钟爱明参加会议。

1月7日上午，副区长钟爱明在区政府302会议室主持召开工作会议，专题研究消防安全及环境卫生工作。

1月8日，副区长黄燕斌在区委、区政府办公楼302会议室召开区政府专题工作会议，研究讨论武江区特色百香果现代农业产业园（以下简称“现代农业产业园”）土地流转有关事宜。

1月9日下午，副区长刘拥军在武江区住建局会议室召开武江区老旧小区改造工作专题会议，研究老旧小区改造“三供一业”资金和其他改造资金如何统筹使用、财政奖补资金拨付、2018年试点老旧小区工程结算、老旧小区改造后如何完善长效管理机制、2020年老旧小区改造工作等问题。

1月17日上午，副区长钟爱明在区政府610会议室主持召开工作会议，专题研究2020年春节期间全区旅游安全管理及2020年春节期间安全生产和消防安全工作。

1月26日下午，区长郑伟平带队到龙归镇马渡村检查疫情防控工作，在龙归镇政府210会议室召开龙归镇马渡村疫情防控工作专班第一次会议，对马渡村下一步疫情防控工作进行部署。

2月17日下午，副区长钟爱明在区政府302会议室主持召开工作会议，专题研究原环卫所作业车辆固定资产处置有关事宜。

3月15日下午，副区长钟爱明在区政府610会议室主持召开工作会议，专题研究部署芙蓉山西河片区整治提升工作。

3月26日下午，区委常委、常务副区长陈雪在区政府610会议室主持召开全区一季度经济工作联席会议。

3月31日上午，区长郑伟平在区委、区政府大楼7楼会议厅主持召开西河—重阳精品线推进农村人居环境整治建设生态宜居美丽乡村打擂比武工作座谈会。

4月28日上午，区长郑伟平在区政府七楼会议厅主持召开西河—重阳精品线推进农村人居环境整治建设生态宜居美丽乡村打擂比武工作会议，专题研究重阳镇打擂比武方案入镇标识设计方案、省道S246线至镇区路域提升设计方案、青暖村美丽乡村建设项目设计方案。

4月30日上午，区长郑伟平在区政府办公楼310会议室主持召开武江区2020年一季度经济形势分析会议。

5月8日下午，副区长钟爱明在区政府302会议室主持召开工作会议，专题研究小阳山建筑垃圾消纳场3号填土区建设项目推进有关事宜。

6月2日上午，副区长钟爱明在新华街道六楼会议室主持召开工作会议，专题研究开放或半开放式居民区封闭式管理建设推进工作。

6月7日上午，区长郑伟平在区委、区政府310会议室主持召开西河—重阳精品线推进农村人居环境整治建设生态宜居美丽乡村打擂比武工作会议，专题研究西河镇打擂比武方案，区政协主席彭波参加座谈会。

6月10日下午，区政协主席彭波、副区长钟爱明在区政府610会议室召开工作会议，专题研究韶州公园项目建设有关问题。

6月15日，副区长侯志军在区委、区政府410会议室召开农贸市场新冠肺炎疫情防控工作会议，研究部署全区农贸市场新冠肺炎疫情防控有关工作。

6月16日上午，区委常委、常务副区长陈雪在区委、区政府大楼610会议室主持召开武江区国有企业退休人员社会化管理工作推进会议，市国资委副主任李春雷参加会议。

6月18日，副区长刘拥军在区政府302会议室召开武江区道路建设项目推进会议，专题研究武江区乡道Y103线村头至大村（武江大道南）段公路改建工程、康乐村新建道路项目、省道S520线粮仓至方田大人村公路路面改造工程和西河至重阳乡村路线提升改造工程等项目的设计、推进工作。

7月2日下午，副区长钟爱明在区政府302会议室主持召开工作会议，专题研究张九龄纪念公园周边区域环境整治和迁坟事宜。

7月3日上午，副区长马文娟在区委、区政府大楼610会议室召开国有企业退休人员社会化管理工作会议，研究部署武江区下一步国有企业退休人员社会化管理有关工作。

7月7日下午，副区长刘拥军在武江区地方公路管理站五楼会议室主持召开工作会议，专题研究武江区农村公路建设工作。

7月8日上午，区委常委、常务副区长陈雪在区委、区政府302会议室召开原康乐村道路建设协调会，专题研究康乐村道路建设有关事宜。

7月9日上午，副区长刘拥军在区委、区政府办公楼302会议室召开武江区山水林田湖草生态保护修复试点工程推进会议，专题研究武江区山水林田湖草生态保护修复试点工程设计方案变更事宜。

7月22日上午，受区长郑伟平的委托，区委常委、常务副区长陈雪在区政府办公楼302会议室主持召开区长办公会议，专题研究全区经济稳增长工作相关事宜。

8月5日上午，副区长钟爱明在区政府302会议室主持召开工作会议，专题研究教育西路建设项目涉及的韶关市五中部分校园征拆工作。会议邀请市教育局、市土地储备中心、市五中相关负责人员参加。

8月27日上午，副区长马文娟在区委、区政府610会议室主持召开2020年武江区城乡居民基本医疗保险费征缴工作布置会，听取区医疗保障局关于2019年医保征缴有关工作情况，研究部署2020年全区城乡居民医保参保缴费工作。

9月1日下午，副区长马文娟在区委、区政府610会议室主持召开武江区教育建设项目专题会议。

9月9日上午，区委常委、常务副区长陈雪在区政府办公楼三楼302会议室主持召开区政府工作会议，研究中央直达资金和债券资金实施项目、银税互动自助办税厅建设、偿还东莞银行贷款本息、韶关市金属结构厂征拆等有关事宜。

9月18日下午，副区长钟爱明在区政府302会议室主持召开工作会议，专题研究群康农贸市场升级改造有关事宜。

9月24日下午，副区长马文娟在区委、区政府510会议室召开武江区城镇小区配套幼儿园治理工作会议。

10月20日上午，东莞市凤岗镇党委委员，区委常委、副区长（挂职），凤岗—武江对口帮扶指挥部总指挥黄远文，区政协副主席、区政府党组成员、凤岗—武江对口帮扶指挥部副总指挥张思建在区委、区政府大楼510会议室召开工作会议，专题研究凤岗—武江产业共建有关事宜。

10月30日上午，副区长钟爱明在区政府302会议室主持召开工作会议，专题研究张九龄纪念公园建设项目范围及其周边区域迁坟事宜。

11月4日下午，副区长钟

爱明在区政府302会议室主持召开工作会议，专题研究武江区补充耕地整改工作事宜。

11月9日上午，副区长钟爱明在区应急指挥中心主持召开工作会议，专题研究惠民街冷水坑黄屋挡土墙及路面坍塌处置工作。

11月12日上午，区政协副主席、区政府党组成员张思建在区委、区政府410会议室主持召开工作会议，专题研究正邦养殖场及广州发展光伏项目初步选址等有关事宜。

11月24日下午，副区长、区公安分局局长余志强，副区长钟爱明在区政府302会议室主持召开工作会议，专题研究武江城区主要拥堵区域节点整治工作。

11月26日下午，副区长马文娟在区委、区政府610会议室主持召开根治欠薪工作会议。

12月1日下午，副区长黄燕斌在区政府办公楼302会议室主持召开武江区养老中心建设项目及敬老院规范管理、弱势群体保障工作会议。

12月5日下午，副区长钟爱明在区征收中心会议室主持召开工作会议，专题研究西河镇村头村留用地项目征拆有关事宜。

12月8日上午，区委常委、常务副区长陈雪在区委、区政府302会议室召开工作会议，专题研究广州光伏发电项目有关事宜。

12月24日上午，副区长钟爱明在区政府302会议室主持召开工作会议，专题研究武江区新增农村乱占耕地建房整治工作。

重要活动

【项目集中签约、进驻、动工仪式】 2020年6月28日，“新武江、新经济、新生活”2020年武江区项目集中签约、进驻、动工仪式在武江科创园内举行。副市长陈磊、区委书记颜亮、区长郑伟平、区人大常委会主任孙理鸣、区政协主席彭波、区委副书记陈刚及区党政班子成员，区直有关部门主要负责人员，众多专家、学者等嘉宾欢聚一堂，共同出席此次活动。活动上，武江区分别与杭州佰辰医学检验所有限公司、广州建筑工程总承包集团有限公司、广东东升实业集团有限公司等9家优质企业进行签约，为11家率先进驻武江科创园的企业揭牌，涵盖服务业、研发机构（研究院、研究中心）、科技企业、建筑企业、房地产开发企业、医药健康企业等领域。立足于培育中心城区都市型产业，一批优质企业进驻武江科创园，丰富片区创新资源，将更好地提升城市的产业形态和城市品位，为武江开启新时代的“二次创业”积聚起澎湃的发展动能。

【知识产权服务业集群区建设启动仪式】 2020年7月17日，广东股权交易中心韶关运营中心揭牌暨武江区知识产权服务业集群区建设启动仪式在武江区举行。市委常委、常务副市长华旭初，省地方金融监督管理局二级巡视员刘凯文，广东股权交易中心总经理王文胜，区长郑伟平，区委常委、常务副区长陈雪，区政协副主席张思建等出席仪式。作为运营中心所在区，武江将为股交中心的运营及发展提供有力的服务保障，同时，将依托股权交易中心的融资服务，引进更多优质的商标注册、专利申报、法律咨询、项目申报知识产权服务机构，以政务服务大厅、武江科创园为载体，在该片区打造成知识产权服务集聚区，为企业提供从注册、管理、服务等一站式闭环式服务机制：以科技吸引资本投入，以资本促进科技发展壮大，构建企业高质量发展之路。

【中国农民丰收节韶关系列活动】 2020年9月22日，由韶关市政府主办，各县（市、区）政府承办，以“庆丰收、迎小康”为主题的2020年中国农民丰收节韶关系列活动，在武江乡村振兴培训实践中心启动。市委副书记、市长王瑞军，市政协主席王青西，市人大常委会党组副书记、副主任邓小杰出席启动仪式并参与节庆活动，共同礼赞丰收，致敬农民。武江区活动主要包括龙归—江湾、西河—重阳精品路线深度体验游活动、武江农特产展销会、兰花展、武江特色小吃展馆、文旅文化展、脱贫攻坚成果及“打擂比武”工作成果展、善美韶农展、武江区乡村振兴摄影展、传统民间艺术文化展、农耕文化展、非遗文化展、农丰节主持直播、农事竞赛等。旨在展示武江区农业农村发展改革成果，打造2019—2020年度优质农产品品牌，推广龙归—江湾、西河—重阳乡村旅游精品线路，实现农产品价值最大化，促进农民增产增收。

（郭一诺）

区政府办工作

【概况】 区政府办公室是区政府的综合部门，负责推动区政府决策部署的落实，按照区政府要求协调有关方面开展工作，承担区政府运行保障具体事务，为正科级。加挂区外事局、区信访局牌子。区政府办公室贯彻落实党中央和省委、市委、区委关于区政府办工作的方针政策和决策部署，在履行职责过程中坚持和加强党对区政府办工作的集中统一领导。

【疫情防控】 2020年，面对年初突如其来的新冠肺炎疫情，区政府办公室组织全体干部职工大年初一迅速回到工作岗位，全面投入疫情防控工作，第一时间起草疫情防控指挥架构、防控方案、防控通知公告和宣传内容，迅速将中央、省、市和区疫情防控文件精神转发至各镇（街）、各单位，发挥统筹协调作用，督促各单位落实防控责任，助力全区疫情防控形势持续平稳向好。牵头起草经济稳增长系列方案，开展经济专项督查工作，推动全区经济全面复工复产。

【履职尽责工作】 2020年，区政府办公室始终把服务大局、当好参谋作为重要职责，提高政务服务水平，高标准、严要求抓好办文工作，严把行文、运转、审批关。坚持做到严谨细致，努力吃透上级精神，反复琢磨观点，精心锤炼文字，高质量完成起草《政府工作报告》、全区经济运行分析材料、领导交办的有关报告、情况材料和各类会议、大型活动领导讲话等各类综合材料。加强与区直各职能部门的联系，及时掌握全区经济建设、社会发展和重大事件等方面情况，为领导科学决策提供可靠的依据。抓好会务筹备、记录工作，全年承办政府常务会议25次，政府工作会议46次，区长办公会议45次，起草各种会议纪要172期。

【督查督办】 2020年，区政府办公室紧紧围绕区委、区政府中心工作，突出重点、强化督查督办，根据2020年《政府工作报告》综合整理全年重点工作任务，逐项明确责任领导、牵头单位、年度计划等，重点跟进惠民幼儿园、工业中幼儿园、风度小学和区中医院、区儿童医院、西河镇卫生院等教育医疗民生建设项目及10件民生实事落实情况。办理区人大代表议案9件、政协提案103件，代表、委员答复意见满意率达100%。

【党组织建设】 2020年，通过党支部“三会一课”第一议题等方式，组织区政府办公室党支部全体党员不断加强学习习近平新时代中国特色社会主义思想、中共十九大精神、十九届五中全会精神及习近平总书记出席深圳经济特区建立40周年庆祝大会和视察广东重要讲话、重要指示精神，提高支部全体党员政治站位和理论素养，强化政治纪律和政治规矩意识，树牢“四个意识”、坚定“四个自信”、坚决做到“两个维护”，确保全体党员自觉在思想上行动上与习近平同志为核心的党中央保持高度一致。同时做到始终旗帜鲜明地讲政治，自觉落实重大事项请示报告制度、保密工作责任制，增强担当精神、责任意识。全年区政府办公室党支部召开支委会12次，支部党员大会4次，专题讲党课4次，开展主题党日活动12次。

（刘　强）

外事工作

【概况】 根据区委、区政府机构改革工作的统一部署，区外事局在区政府办公室挂牌，于2019年3月5日正式挂牌和运作。区政府办公室内设外事办，设正股级领导职数1名（韶武办发〔2019〕34号）。

其主要任务是：研究制订武江区外事工作的政策规定和发展规划，并组织实施；负责因公出国管理工作，承办审批、审核武江区因公出国和邀请外国人来区访问的有关事项；负责因公出国人员护照的颁发和管理工作；监督执行外事纪律，协助有关部门处理涉外事件；承办区政府及市外事局交办的其他事项。

【外事签证及管理】2020年，区外事局严格落实市委外办《关于新型冠状病毒感染的肺炎一级响应期间加强因公出国管理工作的通知》精神，认真贯彻党中央“八项规定”精神，严格执行新冠肺炎疫情期间因公出国管理的各项制度和规定，在广东省启动重大突发公共卫生事件一级响应期间，按照省委、市委外办统一部署，暂缓申报一般性出访团组。2020年，武江区没有安排因公出国团组任务。

【新冠肺炎疫情防控工作】2020年，发生新冠肺炎疫情以来，特别是疫情防控工作重点转到防控境外输入以来，由区应急管理局牵头区卫生健康局、区公安分局、区外事局等部门成立武江区防控境外重点地区新冠肺炎疫情输入工作专班，明确疫情防控责任，坚决打赢疫情防控阻击战。区外事局及时向市委外办报送武江区外事和翻译人员，服从市境外输入工作专班安排调配。积极做好境外重点国家和地区返（来）武汉人员集中隔离和居家医学观察的柔性管理和服务工作，每日与区新冠肺炎疫情防控指挥部、区卫生健康局、区应急管理局对接，收集疫情防控相关信息数据，及时报送上级有关部门。

根据市新冠肺炎疫情防控指挥部办公室《关于成立市防控境外重点国家和地区新冠肺炎疫情输入外事工作专班的通知》精神，区外事局牵头联合宣传、公安、应急、卫健等部门，成立区防控境外重点国家和地区新冠肺炎疫情输入外事工作专班，明确职责和任务分工，认真贯彻落实国家、省、市、区疫情防控工作会议精神以及市委外办《新型冠状病毒感染的肺炎有关涉外处置工作指引》要求，全面排查在武江的外籍人员，了解外籍人员的健康情况，普及疫情防控知识，提醒外籍人员做好防护，倡议不去人员集中场所、外出佩戴口罩、不组织不参与聚会，增强外籍人员对武江区疫情防控工作的理解、支持与配合。针对外籍人员提出的签证到期、工作许可证续签、如何申请粤康码等问题，区外事局做到及时回复，并做好疫情防控措施和政策解释，协调解决各类困难，强化外事服务。

【疫情防控期间办理外国人来华申请工作】2020年，武江区根据市委外办《关于全面助力复工复产构建“快捷通道”扎实做好韶关市邀请外国人来华管理工作通知》要求，相关工作开展以来，区外事局通过向区工信局了解涉外企业情况，并主动联系企业相关负责人了解企业的需求，宣传外国人来华相关政策以及企业邀请外国人来华的办理流程，全面助力复工复产，扎实做好“快捷通道”工作。2020年，区外事局共协助2家企业2人办理来华邀请函申办“快捷通道”。

（侯芊彤）

信访工作

【信访秩序】2020年，信访工作在区委、区政府的正确领导和上级信访部门的悉心指导下，认真贯彻落实国家和省、市、区关于信访工作的决策部署，落实信访机构改革，积极推进信访矛盾化解攻坚，治理重复信访、化解信访积案专项行动，落实区领导包案化解信访突出问题，全区信访形势整体平稳可控。

【信访渠道】2020年，信访人可通过武江区人民政府公布的信访工作机构通信地址、电子信箱、投诉电话、网上投诉平台，以走访或者来电来信网信形式提出信访诉求，也可通过武江区人民政府网站公布的接待日和接待地点当面反映信访诉求。

【健全工作机制】2020年，区信访局进一步完善区信访联席会议制度，健全矛盾纠纷排查调处制度，完善信访重点案件协调制度，健全领导包案调处重大信访问题制度，健全领导干部信访工作接待日制度，完善初信初访和首问责任制度，完善信访督导工作制度等。

【群众来信来访新大厅建设】新信访大厅建设被列为武江区2020年为民办实事项目。2020年6月1日，新的武江区人民来访接待大厅正式对外办公，新大厅采用规范化设计风格，位于临街醒目位置，便于群众咨询来访。

【群众来信来访】2020年，区信访局共受理各级来信来访275批879人次（其中走访100批353人次，网信、信件175批526人次），信访总量与2019年同期相比批次上升4%，人次上升35%。其中，到国访4批4人次，到省访7批11人次，到市访46批184人次，到区访23批90人次。主要涉及征地补偿、物业纠纷、山林（土地）权属纠纷、欠薪劳资纠纷及城建领域等。

【区领导包案处理信访问题】2020年，列入区领导包案34宗，区领导高度重视，积极主动与责任部门对接，认真研判案情，制定化解措施，促进案件化解。

【信访矛盾化解攻坚专项行动】2020年，上级交办武江区省专件7件、省巡件3件、市领导包案1件，市领导批示件1件及武江区自行排查交办件3宗，对上级交办、本级交办案件，做到一一明确办理责任单位，落实区包案领导，成立工作组，按照信访矛盾攻坚要求处理信访问题，成功化解一批“钉子案”“骨头案”。

【治理重复信访、化解信访积案治理】2020年，区信访局根据省、市信访联席会议关于开展治理重复信访、化解信访积案专项工作方案要求，国家、省、市交办武江的重复信访案件19宗。按照上级要求由区领导包案，落实职能部门包案化解责任，截至2020年12月底化解10宗，办结率达52.6%，取得较好成效。

（韩　星）

机关事务

【接待总量】2020年，区机关事务服务中心严格按照中央“八项规定”要求执行公务接待，严格控制公务接待范围、陪餐人数，杜绝超标、超范围接待。在大型会务接待上，充分利用现有设备和条件开展接待工作，减少各项经费支出。大部分公务接待活动用餐均安排在机关食堂，完成国内公务接待批次70余次，提供公务接待用餐900余人次。

【重要接待】2020年，区机关事务服务中心圆满完成《广东省武江区国家储备林建设总体规划》专家评审会、广东省林产品交易中心筹建工作会、接待省应急厅督导组等重要接待。

2020年6月1日，武江区人民来访接待厅正式对外办公

（韩星　摄）

【后勤服务】 2020年，区机关事务服务中心全力做好区政府大院的保洁工作，严格落实各项疫情防控措施。定时定人对会议室、办公大楼走廊、食堂、楼梯、电梯间等重点场所进行清洁、消杀，切实保障集中办公区域安全。全力做好水电等各项物业维修服务，定期对区政府大院用水用电设备进行维修检查，有效预防和排除各类安全隐患。

【会务服务】 2020年，区机关事务服务中心全面做好重大会务活动后勤服务保障工作，积极改善会务环境，提高会务服务质量，圆满完成"两会"、人居环境整治打擂比武现场推进会、2020年武江区项目集中签约仪式等重要会议活动的会务保障工作，全年累计提供会议服务1400余场次。

【机关食堂】 2020年，区机关事务服务中心健全食堂内部管理制度，严格执行食品安全标准和消毒防疫要求，提高用餐安全和用餐服务质量。疫情期间，根据工作需求，机关食堂于2020年1月26日（大年初二）开餐营业，全年开餐天数319天，提供餐饮服务保障约14万余人次。

【机关安全保卫】 2020年，区机关事务服务中心实行24小时值班巡逻，全年值班巡逻累计约3000次。定人定岗，对重点区域、重点部位实行智能监控、昼夜巡查，严格落实外来人员来访登记制度及体温监测管理，全年询问登记外来办事人员1000余人次。坚持文明执勤，有效地保障区政府大院的安全。

【公务车辆管理】 2020年，区机关事务服务中心认真履行公务用车管理职责，加强公务用车编制管理，完善公务用车各项管理制度，启用广东省公务用车管理信息平台，对全区106台公务用车安装车载北斗卫星定位终端设备，实现在平台上管理及使用公务用车，提高公务用车管理智能化水平，有效杜绝违规用车、公车私用等违规现象。加强行车安全教育，全力保障重大会议、公务接待活动等用车，全年保障公务用车3300余次，安全行驶30万余千米无发生较大交通责任事故。

【资产管理】 2020年，区机关事务服务中心加强办公用房和区属固定资产未房改的房屋管理工作，开展全区党政机关办公用房和技术业务用房信息统计工作，及时按要求将办公和技术业务用房上报党政机关办公用房管理信息系统，推动办公用房统一集中管理，做到合理规范使用办公用房，杜绝办公用房违规使用现象。对全区区属固定资产未房改的房屋开展摸排核查工作，对17间房屋的使用情况进行核查，强化区属固定资产未房改的房屋管理。

（严牡冬）

改造后焕然一新的机关食堂　　（邱海燕　摄）

"数字政府"建设

【概况】 韶关市武江区政务服务数据管理局于2019年3月5日挂牌成立，是政府工作部门，为正科级单位，下设武江区行政服务中心（副科级参照公务员管理事业单位）和武江区政府信息中心（副科级公益一类事业单位）。武江区政务服务数据管理局核定行政编制7名，设局长1名、副局长2名、内设机构领导职数3名；内设机构3个：办公室、审批协调服务和指导监督股、数据管理股。武江区行政服务中心核定事业编制10名，设主任1名，副主任1名。武江区政府信息中心核定事业编制7名，设主任1名、副主任1名、内设机构领导职数2名；内设机构2个：综合股、网络技术股。

【政府信息化建设管理】 2020年，区政务服务数据管理局结合省电子公文交换系统、"粤政易"、市电子政务办公业务系统集约化平台的应用需求，累计为全区4591名公职人员开通并激活"粤政易"账号。按照省、市要求为区直及各镇（街）、村（居）申报电子印章并加强实施应用指导。按照省、市工作部署做好区直单位政务信息系统迁移上云监督工作。对镇、村公共服务办公终端实施统一维护管理工作。协助推进区政府视频会议工作部署实施。

【政务服务管理】 2020年，区政务服务数据管理局围绕依申请办理的行政许可、行政给付、行政确认、行政奖励、行政裁决、其他行政权力和公共服务等直接面向企业和群众的7类政务服务事项，积极落实好各项政务服务管理工作，全区有28个单位通过广东省政务服务事项管理系统认领并梳理发布1285个依申请事项。在政务服务管理工作方面，持续推进"四个一"政务服务改革，全力推进政务服务事项"进门上网"，其中实现区级政务服务大厅事项进驻率100%，依申请办理政务服务事项"一窗"分类受理率达96%，网上可办率达98%，"最多跑一次"事项率达98%。持续推进政务服务事项标准化工作，完成第一、第二、第三批区级事项中已纳入事项的调整工作，按照区级事项目录完成本地事项目录的纳入、取消、调整和系统配置工作。持续推进行政审批制度改革，加大简政放权力度，协调区直有关部门做好承接省级行政审批事项下放（委托）相关工作；根据市事项下放情况，及时调整区级权责清单事项和行政审批目录，统筹开展镇（街）权责清单梳理工作，并延伸400项事项到镇（街），90项事项到村（居），实现"就近办"。统筹推进区各部门"四免"优化，梳理报送"四免"优化用章和系统、材料和表单工作底数，按要求修订更新办事指南，发布武江区第一批187项免证办事项清单。开展"两减一即"工作，对标省级政府一体化政务服务能力第三方评估工作要求，不断优化指标。2020年，武江区行政许可事项的时限压减率为95.07%，平均跑动次数为0，即办件占比为100%。

【政务数据资源管理利用】 2020年，区政务服务数据管理局扎实推进政务信息资源共享目录编制工作。按省、市要求，认真组织全区27个机关单位根据单位职能，按上级要求

2020年8月6日，省政务服务数据管理局领导一行到区政务服务大厅调研指导工作 （胡敬东　摄）

区“热线”办工作人员受理转派工单　　（胡敬东　摄）

时限和指标开展政务信息资源共享目录梳理、编制录入、变更调整和审核发布等工作，顺利完成全区2020年度内梳理录入500条以上政务信息资源共享目录的市对区绩效考核要求。

【政务服务平台管理】 2020年，区政务服务数据管理局大力推进武江区政务服务大厅标准化规范化建设，完善政务服务大厅建设与运行管理规范、服务规范，按照统一标准推进大厅设施建设和现场服务，强化现场管理和投诉处理，打造智慧高效的政务服务平台，同时大力推广应用“一门式一网式”政务服务信息系统、工程建设项目审批管理系统、“互联网+监管”系统。2020年，进驻大厅的单位有33个，其中6个单位进驻专业窗口，23个单位进驻综合窗口，并进驻水电气3家供能企业和市妇幼婚检。设有工程建设项目、市政公用服务、政策兑现，全市通办、跨省通办、一件事、统一身份认证、企业开办专窗，提供“一窗”受理，不断满足群众的政务服务供给能力。经统计，2020年以来大厅日均人流量超过1500人次，受理业务量日均达1600多宗，全区累计办理各类业务48万余宗，基本实现“一网、一门、一次”的政务服务模式。疫情防控期间，武江区政务服务中心充分发挥“数字政府”一体化平台优势，全面推广预约办、在线办、就近办等服务举措，有效降低办事群众出行风险。

【政务服务热线】 2020年，区政务服务数据管理局坚持“群众利益无小事”宗旨。认真受理每一件工单，对市转发工单内容提出处理意见，经审核后转相关单位限时办理。全区工单相对其他县（市、区）而言数量最为庞大，2020年度，累计转派工单超过9000宗，同比增长达45%。同时认真做好工单数据分析研判工作，及时回应疫情防控期间群众关切的热点难点问题。

【其他主要工作】 2020年，区政务服务数据管理局加强对区基层政务公开标准化、规范化工作指导协调和监督工作。组织五镇两街及18个区级有关部门依据国家26个试点领域标准，对照试点地市编制的基层政务公开目录，协助各单位编制目录，收集各单位在目录梳理中遇到的各项困难并及时向上级反馈获取指导，并按省、市要求依时在区政府网站及政府信息公开平台编制以专题专栏形式发布武江区基层政务公开目录。按照省、市相关文件要求督促武江区7个维护不到位的政务新媒体完成关停处理。按省、市要求配合市政务服务数据管理局完成武江区人民政府网络安全等级2.0申报工作。

（胡敬东　陈志豪　刘俊宇　林　皓）

中国人民政治协商会议韶关市武江区委员会

综 述

2020年，政协韶关市武江区委员会设常务委员会，由主席、副主席、秘书长和常务委员组成。设主席1名，副主席6名，秘书长1名。设经济、农业和农村、社会和法制、提案、教科文卫体、港澳台侨6个专门委员会。政协机关设办公室、组织联络科、宣教提案科，区政协机关核定编制7名，实有人员7名。

重要会议

【区政协九届五次会议】 2020年5月17日至18日，区政协九届五次会议在市区摩尔城酒店会议厅召开，来自全区各界的130多名委员齐聚一堂、共商大计，为武江争当韶关改革发展排头兵、在城乡融合高质量发展上走在北部生态发展区前列献计献策。会议表彰区政协2019年优秀提案以及2019年履行职责表现突出的10名优秀政协委员；补选政协第九届韶关市武江区委员会副主席两名。会议圆满成功，受到区委的充分肯定和表扬。

【区委专题协商会】 2020年11月11日，区委专题协商会在区委、区政府三楼会议室召开。区委书记颜亮，区委副书记、区长郑伟平参加会议，区政协主席彭波主持会议。会议以城乡融合高质量发展为主题，重点围绕推进生态产业化和产业生态化，打通城乡产业发展关键要素自由流通渠道，加快城乡公共服务均等化建设，缩小城乡差距，让乡村享有城市服务等方面开展协商，参会的政协委员、各民主党派、无党派人士、区工商联负责人坦诚建言献策，提出很有见地、很有价值的意见和建议，为区委推动武江区更好更快发展提供参考。

【区政协党组会议】 2020年1月30日，区政协召开九届61次党组（扩大）会议，传达区委九届129次常委会会议精神，安排部署疫情防控工作。

2月17日，区政协召开九届62次党组（扩大）会议，传

2020年5月17日，中国人民政治协商会议第九届韶关市武江区委员会第五次会议在市区摩尔城酒店会议厅召开（区政协 供图）

达学习贯彻习近平总书记在中共中央政治局常务委员会会议上的重要讲话精神；传达学习贯彻2月3日习近平总书记在中央政治局常委会会议研究应对新冠肺炎疫情工作时的讲话精神；传达学习区委九届第133、134次常委会会议精神；研究布置区《关于组织修缮贫困户住房及补充家庭物资的通知》有关工作。

3月25日，区政协召开九届63次党组（扩大）会议，学习习近平总书记在中共中央政治局常务委员会会议上的重要讲话精神（分析国内外新冠肺炎疫情防控和经济形势、研究部署统筹抓好疫情防控和经济社会发展重点工作）；研究讨论梳理由乡镇街道履行的行业职责清单事宜。

4月16日，区政协召开九届64次党组会议，学习习近平总书记关于总体国家安全的重要论述；布置"坚持底线思维着力防范化解重大风险"专题组织生活会有关事项；传达学习《关于进一步强化帮扶责任人到户帮扶工作的通知》，研究布置精准扶贫到户帮扶工作；传达学习《关于印发〈2020年武江区党委（党组）理论学习中心组学习重点〉的通知》。

5月29日，区政协召开九届66次党组（扩大）会议，学习习近平总书记在全国"两会"上的重要讲话精神；传达区委会议精神；学习《党委（党组）落实全面从严治党主体责任规定》；传达学习中共广东省委办公厅印发《关于落实省委政协工作会议主要任务分工方案》的通知；传达学习《中共韶关市武江区委党的建设工作领导小组2020年工作要点》；研究讨论《落实习近平总书记重要指示批示精神和党中央决策部署工作台账》；传达武江区农村人居环境整治"打擂比武"工作（江湾片区）现场推进会精神；听取巡察迎检工作有关事项。

6月19日，区政协召开九届68次党组（扩大）会议，学习习近平总书记在专家学者座谈会上的重要讲话精神；传达区委九届第153次常委会会议精神；部署迎接巡察工作有关事项；研究讨论召开区政协九届第18次常委会会议有关事项。

7月6日，区政协召开九届70次党组（扩大）会议，学习习近平总书记在中央政治局第二十一次集体学习时的重要讲话精神（双周论坛）；传达区委九届第154次常委会会议精神；研究7月份区政协主要工作；传达学习《中华人民共和国公职人员政务处分法》《关于在全区广泛开展民法典普法宣传的实施方案》；通报区政协领导工作分工调整情况。

8月10日，区政协召开九届71次党组会议，学习中办通报——习近平在专家学者座谈会上的讲话（2020年6月2日）、中共广东省委关于认真学习贯彻《习近平谈治国理政》第三卷的通知；传达学习《关于加强新时代广东民营经济统战工作的实施方案》；传达学习《关于2020年上半年全区党委（党组）理论学习中心组学习情况的通报》；传达学习《2020年全省开展纪律教育学习月活动的意见》；传达学习《党委（党组）意识形态工作责任制实施办法》；研究举办政协委员履职能力和爱国主义教育专题讲座有关事项；研究召开区民主党派、无党派人士座谈会有关事项；研究召开区政府专题议政会有关事项；传达学习《关于加强党员干部联系服务群众工作的意见》；传达学习《关于在区镇（街）干部中开展"民情夜访"活动的实施方案》。

9月30日，区政协召开九届74次党组（扩大）会议，学习习近平总书记关于意识形态工作的重要论述；学习《关于加强新时代人民政协党的建设工作的若干意见》；研究布置意识形态有关工作；听取政协机关巡察整改工作有关情况；布置国庆中秋假期疫情防控工作。

10月28日，区政协召开九届76次党组（扩大）会议，学习习近平总书记关于巡视工作的重要论述精神；传达学习区委书记颜亮在全区传达学习贯彻习近平总书记出席深圳经济特区建立40周年庆祝大会和视察广东重要讲话、重要指示精神；观看《中华人民共和国民法典》学习视频；传达学习区委九届第171次常委会会议精神；研究讨论2020年年底资金使用计划有关事宜。

11月16日，区政协召开九届79次党组（扩大）会议，传达学习中国共产党第十九届中央委员会第五次全体会议公报；传达学习省、市、区关于学习贯彻习近平总书记出席深圳经济特区建立40周年庆祝大会和视察广东重要讲话、重要指示精神有关文件精神；传达学习省委第十巡视组巡视韶关市武江区工作动员会议有关讲话精神；传达学习《中共韶关市武江区委常委会“三重一大”事项清单（试行）》；传达学习《中共韶关市武江区委理论学习中心组学习制度》；专题研究党建工作；听取区委巡察政协支部整改情况；传达区委书记颜亮在武江区农村人居环境整治第二批“打擂比武”现场评选活动讲话精神。

12月4日，区政协召开九届81次党组会议，学习习近平总书记在中央全面依法治国工作会议上的重要讲话精神；传达学习中共广东省委办公厅《关于巩固深化“不忘初心、牢记使命”主题教育成果的若干举措》；传达学习《在全省传达学习贯彻党的十九届五中全会精神干部大会上的讲话》；传达学习区委办《关于坚决落实“两个维护”十项制度机制的实施方案》；传达学习区委办《武江区关于政治要件台账工作制度》的通知；研究讨论《中共韶关市武江区政协党组关于落实“三重一大”事项集体决策制度的实施意见（修订稿）》；研究讨论《韶关市武江区政协学习贯彻区委政协工作会议精神重点工作任务分解方案（修订稿）》；研究讨论《区政协机关关于落实区委第二巡察组反馈意见整改情况的报告》；研究讨论参加澳门武江联谊会有关事项。

【区政协常委会会议】 2020年1月21日，区政协召开九届第16次常委会会议，区政协主席彭波主持会议。会议传达学习广东省政协十二届三次全会会议精神；审议区政协九届五次会议议程和会议日程；审议2019年优秀政协提案名单和2019年优秀政协委员人选；研究讨论区政协九届五次会议常委会工作报告和提案工作报告；审议通过增减委员事项。

5月12日，区政协主席彭波主持召开九届第17次常委会会议。会议学习习近平总书记关于疫情防控工作的重要讲话精神；审议通过区政协九届五次会议议程、日程；审议通过2020年提案审查立案情况；审议政协韶关市武江区委员会常务委员会2020年工作要点。

6月23日，区政协召开九届第18次常委会会议，区政协主席彭波主持会议。会议学习习近平总书记关于决战决胜脱贫攻坚的重要讲话精神；通报政协委员参与“广东扶贫济困日”“打擂比武”活动捐赠情况；审议通过区政协九届五次会议期间提案审查立案情况及2020年重点提案；通报区政协领导班子成员分工情况。

9月23日，区政协召开九届第19次常委会会议，区政协主席彭波主持会议，九届常委会常委、区政协全体机关干部出席会议。会议学习宣传贯彻《习近平谈治国理政》第三卷，传达学习省委十二届十次全会精神，传达省政协办公厅《关于广泛开展政协委员读书活动的通知》，并审议《中国人民政治协商会议韶关市武江区委员会提案工作条例（征求意见稿）》。

重要活动

【政务活动】 2020年4月1日上午，市政协副主席许志新带队到武江区调研城市发展战略情况，并召开座谈会。

5月20日上午，市政协副主席吴春腾一行到武江区调研城市社区治理建设情况。

7月7日下午，市政协经济委员会（人口资源环境委员会）到区政协调研，看望住武江的市政协委员。

7月14日上午，市政协主席王青西带队到武江调研张九龄纪念公园工作推进情况，研究大村回龙山公园（位于张九龄纪念公园园址内）迁坟工作。

12月18日上午，市政协主席王青西带队视察督办《关于促进韶关市生猪现代化发展，保障市场供给的提案》重点提案活动。视察组一行先后到韶关市顺生联合屠宰有限公司和武江区优百特养殖有限公司开展视察，并召开座谈会，区政府副区长黄燕斌、区政协副主席谭浩托陪同视察并介绍武江区发展生猪生产的相关情况。

11月5日下午，东莞市政

协副主席程发良一行，到重阳镇青暖村、万侯村考察红色文化遗址保护和利用情况。市政协副主席王德雄、区政协副主席谭浩托陪同调研。

【举办培训班】 2020 年 11 月 27 日下午，区政协在武江区乡村振兴培训实践中心和广东南岭干部学院举办 2020 年区政协委员履职能力提升培训班。区政协主席彭波作开班动员，邀请市委党校教师陈伦盛为委员们授课。培训课程包括专题讲座、爱国主义国情教育等。此次培训，全面贯彻中共十九大和十九届二中、三中、四中、五中全会精神，使广大政协委员进一步增强“四个意识”、坚定“四个自信”、做到“两个维护”，认真学习领会习近平总书记出席深圳经济特区建立 40 周年庆祝大会和视察广东重要讲话、重要指示精神。通过学习交流，让广大政协委员深刻认识人民政协的性质定位，增强履职的责任感和使命感，真正做到珍惜荣誉有担当、履职尽责有作为。

协商议政

2020 年，区政协紧扣全区发展大局，积极开展政治协商。6 月 23 日、9 月 23 日，围绕“楼宇经济发展培育”“西河—重阳沿线 7 个村人居环境整治提升”召开专题议政会，区政协委员围绕议题充分发言协商议政，为武江实现高质量发展出谋划策。8 月 11 日，召开民主党派、无党派人士座谈会，共议武江乡村振兴发展大计。9 月 4 日，召开区政协议政会，征求对武江区“十四五”时期经济社会高质量发展基本思路的建议。11 月 11 日，协助武江区委召开专题协商会，围绕武江区城乡融合高质量发展主题开展协商讨论，为推动相关工作建言献策、提供智力支持。

民主监督

【民主监督评议】 2020 年，区政协认真组织开展民主监督活动。4 月 2 日，区政协经济委冒雨视察西河镇田心村农村人居环境整治情况，对建设生态宜居美丽田心村进行深入探讨；5 月 9 日上午，区政协教科文卫体委委员到龙归镇冲下村监督视察开展人居环境整治情况，并捐资助推冲下村乡村振兴工作。5 月 11 日下午，区政协港澳台侨委员会委员到区税务局对企业如何办理税务进行专项监督视察。6 月 24 日、7 月 9 日，由区政协正、副主席，机关干部及部分政协委员组成的民主监督视察组对重阳镇、江湾镇开展“精准扶贫、脱贫攻坚”民主监督专题视察，围绕“两不愁三保障”“八有”等情况进行实地视察，详细了解该地区脱贫攻坚工作进展情况，听取重阳镇、江湾镇的情况介绍，对视察过程中发现的问题及时反馈。政协委员围绕扶贫政策、长效机制、产业扶贫等建言献策。8 月 31 日，教科文卫体委委员到重阳镇黄岸村政协委员联系群众工作室开展调研活动，为重阳镇中心幼儿园发展出计献策。11 月 3 日，经济委委员到政协委员联系群众工作室开展专题活动，并对参观西河镇田心村农村人居环境整治情况和学习习近平总书记在深圳经济特区建立 40 周年庆祝大会和在广东视察的重要讲话、重要指示精神，对如何贯彻落实进行座谈。11 月 20 日上午，农业农村委委员先后前往重阳镇、西河镇山蕉村，视察调研农业产业园建设和山蕉村乡村振兴建设情况，到重阳黄岸村政协委员工作室参观了解工作室开展活动，倾听群众社情民意。11 月 25 日，提案委委员到相关职能部门调研，开展对 2020 年的委员提案办理情况回头看活动。12 月 4 日上午，港澳台侨委组织委员到新华北政协委员联系群众工作室开展专项活动，就社区开展网格化管理工作情况进行交流座谈并提出意见建议。12 月 8 日，提案委委员共同商议 2021 年提案线索，到西河镇田心村视察美丽乡村建设情况。12 月 9 日，组织政协委员对区民政局、区卫健局、区市场监督管理局等部门实施民主评议，促进职能部门政风、行风建设。

【社情民意】 2020 年，区政协领导带队走访委员企业，倾听委员需求，对委员企业复工复产过程中存在困难的，多方协调为其解决问题，打造协商平台。1 月 23 日、8 月 31 日分别在韶关市新雅物业服务有限公司、重阳镇黄岸村创建“政协委员联系群众工作室”，把政协工作触角延伸到基层群众中，使政协工作更接地气。为使“工作室”功能得到充分发挥，10 月 20 日，区政协领导带队到市政协经济委共同探索政协委员联系群众工作室的相关工作。2020 年，区政协领导率各专委政协委员定期到新华北社区、重阳镇黄岸村、新雅物业公司“政协委员联系群众工作室”开展接访及调研活动，收集反映、协助解决群众的意见和建议，做好办理落实情况的跟踪、督办和反馈等工作，为基层群众排忧解惑，委员主体作用得以更好发挥，使“委员联系群众工作室”成为“零距离”服务群众的“驿站”。

【提案工作】 2020 年，区政协委员积极发挥参政议政职能，踊跃撰写提案。区政协九届五次会议以来，共收到提案 103 件，其中城市建设与管理 38 件；教科文卫体 29 件；社会与法治建设 4 件；农业农村建设 16 件；经济建设 16 件。立案 79 件（立案率为 76.69%），未予立案 24 件（因管理权限不在武江区的有 22 件，作为来信 2 件）。其中，确定重点提案 6 件。103 件提案全部办结，答复率 100%，委员满意率 100%。经各方面努力，提案成果得到有效运用，为服务决策、推动工作发挥重要作用。

参政议政

2020 年，区政协围绕区委、区政府中心工作，积极参政议政。新型冠状病毒肺炎疫情肆虐中国，区政协积极贯彻落实区委、区政府工作部署，全力做好防控工作，切实把疫情防控作为最重要的工作来抓，坚决落实“全面动员、全面部署、全面加强工作”的政治要求，做细做实做好疫情防控工作。加强督导督查。区政协领导到挂点镇（街）、村（社区）督导报到的在职党员干部履职情况和疫情应对处置工作，协调解决镇（街）、村（社区）在疫情防控中遇到的问题及困难，指导镇（街）科学有序做好疫情应对处置工作。党员干部下沉到网格开展防控工作。机关党支部书记到群康社区担任新冠肺炎疫情防控工作第一书记，政协机关在职党员干部按照“内防扩散、外防输入”要求，下沉到群康社区开展防控工作，认真做好社区分配的工作任务，当好社区疫情防控组织宣传员和防疫勤务员。在新型冠状肺炎疫情防控关键时期，区政协多方倡议，区政协委员关键时刻展现新时代担当，落实防控责任，慷慨解囊，全力投身疫情防控阻击战，向区红十字会捐赠新冠肺炎疫情防控物资共计 11 批次，合计价值约 130 万元。区政协领导深入挂点村（社区）检查基层疫情防控工作，到挂点农贸市场督促指导开展新冠肺炎疫情防控工作。

自觉参与创文巩卫和人口普查行动。深入挂点的村(居)委，主动参与清扫街道、小巷，清除路面垃圾，认真做好城市保洁工作。按照“社区吹哨、党员报到”工作机制，区政协机关到挂点群康社区开展四十批次的在职党员到社区报到志愿服务活动和爱国卫生专项行动，推动在职党员到社区报到服务常态化制度化。加大领导力度，强化创文督导。区政协领导作为区域督导和专项督导组长多次到挂点镇（街）进行督导工作。主动配合挂点社区开展人口普查工作，严把时间节点，抓牢阶段任务，序时推进各项人普工作，走家入户进行普查登记。

助推乡村振兴“打擂比武”工作高质量提升，举办“广东扶贫济困日”捐款活动，区政协全体干部、广大政协委员和社会团体踊跃捐款，共募得款项约 121.26 万元，以上捐款将按照捐款人的意愿全部定向支持武江区乡村振兴战略，为决战决胜脱贫攻坚，助力乡村振兴贡献政协力量。

区政协机关积极推进打擂比武工作，深入挂点田心村委了解情况。4 月 17 日，组织政协委员代表和西河镇田心村代表到周边县区村庄考察，学习农村人居环境整治，建设美丽乡村。组织政协机关工作组和政协农业农村专委积极谋划推进挂点西河镇田心村组团各项工作，充分利用现有资源招商引资，通过产业振兴带动田心村发展。经过近一个月的深入调研、精心谋划、多方洽谈，区政协积极牵线搭桥，党政部门通力合作，成功推动花卉苗木产业园项目落户西河镇田心村。4月26日上午，区政府与韶关市风景园林与生态景观协会签订韶关市武江区花卉苗木产业园战略合作框架协议。5月中旬，邀请市乒乓球协会、房车营地企业等体育界人士，到西河镇田心村进行实地调研考察，进一步挖掘田心村资源，助力美丽乡村建设。7月5日，牵头组织在田心村召开乡村整治打擂比武指导工作现场推进会，邀请市、区领导到田心村调研指导，通过实地参观、现场点评等方式，对田心村人居环境整治工作提出意见和建议，帮助该村在擂台赛上获取好成绩。11月4日，区政协机关指导田心村委开展社会各界支持乡村振兴答谢会，为政协经济专委委员等社会各界爱心人士颁发“荣誉村民”牌匾，并以此为契机更加深入推进该挂点村第二轮“打擂比武”工作。凝聚社会各界力量，加速推进挂点镇、村人居环境整治提升各项工作，指导麦元头村联合新浪、苏宁、天猫等网络媒体，11月13日开展“双十一助农”爱心直播活动。发挥政协专委等各界力量，12月5日，指导麦元头村举行“麦元飘香糍粑节”暨摄影大赛颁奖典礼活动，通过组织政协委员积极参与活动民主评议，助力乡村文明和谐建设。区政协领导班子做好挂点镇、村“打擂比武”组团工作，指导挂点组团单位开展“打擂比武”工作，西河镇田心组团田心村在第一批“打擂比武”评选中荣获第三名，西河镇田心组团麦元头村在第二批“打擂比武”评选中荣获第三名。

理论研究

2020年，区政协扎实开展调研工作。根据《市政协筹备“推进‘东进南拓西融北优’城市发展战略”市委专题协商会调研工作方案》分工安排，围绕“西融”相关内容（产城融合、国家高新区建设等）为调研方向，组成课题调研组，撰写《关于围绕“西融”城市发展战略专题调研报告》。根据市政协《关于开展“发挥人民政协专门协商机构作用”理论研讨征文的函》，区政协委员聚焦主题深入调研，撰写《县（区）政协如何在新时代发挥更大作用》。根据市政协组织开展“夜间经济发展情况”专题调研和委员提案督办工作需要，区政协组织经济委委员调研撰写《关于武江区夜间经济发展情况的调研报告》，以探寻武江区夜间经济的发展路径。农业委在对重阳镇建档立卡贫困户精准脱贫、脱贫攻坚情况开展民主监督期间，撰写《关于对重阳镇建档立卡贫困户精准脱贫、脱贫攻坚开展民主监督的情况报告》。教科文卫体委就重阳中心幼儿园的发展情况进行深入探讨研究，形成《关于重阳镇中心幼儿园发展的调研报告》。

（何承康）

纪检·监察

综　述

2020年，在市纪委和区委的坚强领导下，区纪检监察机关坚持以习近平新时代中国特色社会主义思想为指导，深入学习贯彻中共十九届四中、五中全会精神，习近平总书记在深圳经济特区成立40周年纪念大会上的讲话精神及中央、省、市纪委全会精神，把统筹推进疫情防控和经济社会发展作为重大任务，牢牢把握稳中求进工作总基调，强化监督执纪问责，持之以恒正风肃纪，坚定不移惩贪治腐，努力推动纪检监察工作高质量发展，全区党风廉政建设和反腐败斗争取得新进展新成效。

重要会议

【九届区纪委六次全会】 2020年4月2日上午，在区政府大楼七楼会议厅召开中国共产党韶关市武江区第九届纪律检查委员会第五次全体会议。区纪委书记肖建红代表区纪委常委作题为《聚焦主责主业　强化担当实干，为武江全面建成小康社会提供坚强纪律保证》的工作报告，区委书记颜亮参加会议，并作讲话。

【开展党章党规党纪教育培训】

2020年9月30日，武江区领导干部党章党规党纪教育培训班在区科创园天紫路演中心会议厅举行，区委常委、区纪委书记、监委主任肖建红作警示教育辅导，区委书记颜亮讲话，全区240多名领导干部参加。

纪　检

【学习贯彻工作】 2020年，区纪委监委组织纪检监察机关干部认真学习贯彻习近平新时代中国特色社会主义思想和中共十九届五中全会精神，认真学习贯彻习近平总书记在十九届中央纪委五次全会上的重要讲话和十九届中央纪委五次全会精神、习近平总书记重要讲话和重要指示批示精神等，深刻

9月30日，武江区2020年领导干部党章党规党纪教育培训班在区科创园天紫路演中心会议厅举行　　（区纪委监委　供图）

领会习近平新时代中国特色社会主义思想的精神实质和实践要求，领会中共十九届五中全会关于推进新时代党的建设、坚定不移全面从严治党的战略部署，切实把思想统一到中央关于党风廉政建设和反腐败斗争的形势判断和决策部署上来，增强维护核心、保持一致的思想和行动自觉，激发做好纪检监察工作的政治责任感。同时，围绕疫情防控责任落实和重点工作、重点环节、重点场所加强监督检查，督促各级党组织认真落实主体责任、职能部门履行行业监管职责，依规依纪依法查处疫情防控敷衍塞责、弄虚作假、阳奉阴违以及失职渎职等违纪违法问题，为打赢疫情防控阻击战提供监督保障。

【正风肃纪】2020年，区纪委监委深入开展基层正风反腐三年行动，继续巩固和深化专项整治漠视侵害群众利益问题，对各镇（街）开展情况进行督查。排查基层正风反腐问题线索176条，查处群众身边腐败问题39个，给予党纪政务处分29人，组织处理10人，移送检察机关2人。全面落实区委关于"作风提改"的决策部署，建立常态化监督检查机制，强化监督执纪问责。在节假日、日常工作开展明察暗访432人次，发现问题205个，提出意见建议66条。查处"四风"问题13个29人，给予党纪政务处分17人（其中违反中央八项规定精神19人，形式主义、官僚主义10人），问责2人；对巡察整改落实不力的给予问责1人。回溯核查案件2宗，收到涉黑涉恶腐败问题及"保护伞"问题线索23条，立案24件24人，结案23件23人，其中给予党纪政务处分18人，组织处理5人；开展2次为期一周的扶贫专项督查，发现6个方面49个问题，提出意见建议15条。

【执纪审查】2020年，全区纪检监察机关受理群众信访举报178件，立案103件，其中涉及科级干部11人。结案112件；给予党纪政务处分86人。采取留置措施4人。深化运用监督执纪"四种形态"处理159人次，同比下降13.11%，"四种形态"占比分别为44.7%、44.7%、10%、0.6%，结构趋于合理。加强基层执纪审查指导，建立监督检查和审查调查室分片指导办案工作机制，有效提升办案力度和质量，全年区纪检监察机关自办案件36件；镇街纪委办案66件。

坚持把监督放在首位、挺在前面。强化对新冠肺炎疫情防控监督，及时出台《关于严明新型冠状病毒肺炎疫情防控工作纪律的通知》《关于全力以赴配合做好疫情防控工作的紧急通知》，对各镇（街）、区直各部门贯彻落实新冠肺炎防控工作的情况开展专项督查，组建2个疫情防控专项督查组，组建3个"1+X"派驻督查组；出动243人次，累计走访单位300个，发出《今日走访》27期，发现问题125个，反映情况51个。同时，畅通信访渠道，严查快处"涉疫"信访举报8件，处置问题线索8条，给予批评教育5人、责令检查3人、谈话提醒4人。着力在贯彻落实"四好农村路"、"三防十五条"、实施乡村振兴、落实"河长制"及脱贫攻坚访贫问效工作中发挥纪检监察机关监督执纪问责职能，确保市委、区委中心工作顺利推进。

【巡察工作】2020年，区委巡察机构深化政治巡察，牢牢把握"两个维护"根本任务及"三个聚焦"总体要求，紧盯被巡察党组织政治建设、政治责任落实情况，查找和纠正政治偏差。出台《关于建立健全区委巡察机构与区纪委监委有关部门协作配合机制的实施意见》《武江区新提拔科级领导干部参与巡察工作制度》，增强巡察工作合力。完善人员抽调机制，抽调3名新提拔科级领导干部参与区委第九轮、第十轮巡察，推动巡察工作和干部队伍建设"双提升"。建立巡察反馈前领导约谈机制，书记专题会听取巡察汇报后，研究确定对问题相对突出的单位启动反馈前约谈，由区委书记或纪委书记约谈其"一把手"，指出其存在的问题，强化被巡察单位的责任意识，约谈2名被巡察单位主要领导。充分运用巡察成果，归纳总结巡察工作开展以来发现的普遍性、倾向性问题，形成14个方面的共性问题清单，供各单位举一反三开展自查自纠，并把各单位开展自查自纠情况纳入日常监督重点。开展巡察档案升级工作，完成2017年启动巡察至今的档案整理规范，确保巡察档案管理工作规范运行。增设区委第三巡察组，增编2名巡察专职干部，切实加强巡察队伍力量。

【廉洁教育】 2020年，区纪委监委坚持关口前移，加强教育防范，开展拟提拔科级领导干部任前廉政考试、廉政承诺5批次26人，切实筑牢领导干部拒腐防变思想防线。强化警示教育，以做好案件查处“后半篇文章”为主要抓手，对查处的典型、重大违纪违法案件，到案发单位开展专题剖析、专题教育，以案促改，切实增强党员领导干部“不想腐”的思想自觉。开展以案促改民主生活会、案例剖析会、警示教育专题宣讲活动共13场，950余名党员、干部接受教育。做好纪检监察新闻宣传、网络评论等工作，维护运行好“武江廉政聚焦”微信公众号，向市级及以上纪检监察网站、刊物报送通讯报道、图片、廉政文化作品等160余条（次），被南粤清风网、韶关廉政网、韶关日报等采用121条（次）。

【队伍建设】 2020年，区纪委监委坚持“把支部建在组上”，每轮巡察工作开展前均成立临时党支部。高质量制定和推进全员培训计划，把加强队伍能力建设作为固本强基工程，采取送出去、以案代训、传帮带等形式，增强培训实效。2020年选派机关干14人次参加上级纪检监察业务培训。开展“监督大课堂”1期，全体干部集中学习7次。优化干部谈话形式，采取座谈会、小组会的形式了解掌握青年干部队伍思想动态，5月13日召开青年干部座谈会，20名“80后”青年干部结合工作实际，分享自己在学习、工作、生活中的所思所想并围绕纪检监察工作开展、青年干部培养等提出意见建议，为区纪检监察工作长期向好发展、青年干部培养提供方向和助力。

监　察

【体制改革】 2020年，区纪委监委一体推进“三项改革”（党的纪检体制改革、国家监察体制改革、纪检监察机构改革），总结经验做法，研究解决存在突出问题，切实把改革成果转化为治理效能。协助党委完善全面从严治党制度，落实全面从严治党责任制，促进管党治党主体责任和监督责任贯通联动，重点完善对各级主要领导干部监督制度和领导班子内部监督制度，着力破解对“一把手”监督和同级监督难题。加强对镇级纪委的组织领导和业务指导，强化镇级纪委班子建设，督促持续深化“三转”（转职能、转方式、转作风），进一步提升镇村监督质效。聘用8名特约监察员参与监委日常监督工作。推进派驻纪检监察机构改革，拟定深化区属企业、教育部门派驻机构改革实施方案，主动发挥派驻监督“探头”作用，增强监督执纪问责的工作实效。健全派驻机构与区纪委监委协作机制，补齐监督短板，提高派驻监督实效，充分发挥派驻监督“派”的权威和“驻”的优势。完善纪律监督、监察监督、派驻监督、巡察监督统筹衔接制度，强化纪委监委监督保障执行职能作用，促进党内监督与人大监督、民主监督、行政监督、司法监督、审计监督、统计监督、群众监督和舆论监督贯通融合、协调协同。

（全　晶）

民主党派

民革武江区基层组织

【概况】 2020年，中国国民党革命委员会（简称“民革”）韶关市委员会在武江区境有民革武江区基层委员会（辖武江区第一支部、武江区第二支部、武江区第三支部、武江区第四支部、武江区第五支部和粤北人民医院支部）。2020年，发展新党员7人，共有民革党员144人。

【思想政治建设】 2020年，民革武江区各基层组织持续开展“不忘合作初心，继续携手前进”主题教育活动。重点抓好领导干部这个“关键少数”，召开24次支委会议、48次支部会议，基层组织班子带头领学促学。突出学习领悟习近平新时代中国特色社会主义思想这个中心内容，把学习贯彻中共十九届五中全会精神作为当前和今后一个时期的重要政治任务来抓，与中共中央习近平总书记出席深圳经济特区建立40周年庆祝大会和视察广东重要讲话、重要指示精神、《习近平谈治国理政》第三卷结合起来，一体学习领会、整体贯彻落实。有机结合、融会贯通，把学习成效转化为工作动力和成效，防止学习和工作“两张皮”，不断提高政治判断力、政治领悟力、政治执行力，引导广大民革党员不断增进对中国共产党领导和中国特色社会主义的政治认同、思想认同、理论认同、情感认同，始终保持同中国共产党同心同德、团结奋斗的政治本色，始终坚持走有中国特色的社会主义政治发展道路，牢固树立“四个意识”、不断增强“四个自信”、做到“两个维护”，进一步巩固共同思想政治基础。

【理想信念教育】 2020年，民革武江区各基层组织着力加强基层干部、骨干党员、新党员培训和支部学习教育，力促全员覆盖。着力增强学习培训效果，推进内容、形式、方法创新。7月14日至17日，推荐5名新党员参加中共韶关市委组织部、中共韶关市委统战部在广东岭南干部学院举办的2020年韶关市民主党派新成员培训班；7月15日至17日，推荐6名辖区内市政协委员参加市政协举办的委员履职能力培训班；8月6日，组织6名辖区内市委委员参加中共韶关市委统战部举办的全市统一战线2020年第一期“同心大讲堂”，学习《中华人民共和国民法典》；11月7日至13日，选派3名骨干党员参加中共韶关市委统战部在广东岭南干部学院举办的民主党派基层组织骨干培训班。此外，推荐4名青年党员参加1月19日市委会召开的青年党员座谈会；5名党员企业家参加8月19日市委会召开的民革党员企业家座谈会。11月26日至28日，推荐3名支部骨干党员参加市委会组织的赴潮州、汕头、汕尾开展“观故居，走多党合作之路”主题教育活动。通过一系列的教育培训，进一步提高党员干部的政治站位，凝聚政治共识，激发履职尽责激情活力，积极投身社会实践。

【组织建设】2020年，民革武江区各基层组织以“民革组织建设年”和基层组织换届为契机，深化基层组织建设。各基层组织切实将思想和行动统一到上级民革组织和市委统战部的部署要求上来，抓紧抓实抓细各项换届基础工作。动员广大党员积极参与，严肃换届工作纪律，选优配强“带头人”。经过努力，顺利完成全区6个基层支部、1个基层委员会的换届工作，选拔一批优秀骨干党员担任基层组织班子成员，基层组织活力进一步提升。以达标支部、示范支部创建活动为抓手，激发支部创先争优的动力和活力，推动基层组织建设水平的整体提升。经过量化考核，实现达标支部全覆盖。不断完善“民革党员之家”建设，切实把“民革党员之家”建设成为基层组织开展学习、宣传、教育等活动的场所和阵地。突出重点，切实加强领导班子建设。通过主题教育活动和各种层次会议及培训学习，全面提高领导班子的政治意识和理论水平。积极参加各类会议和活动，在协商议政、民主监督、调研视察、提案议案、反映社情民意信息等方面，充分发挥表率作用，履职尽责，主动作为。

【参政议政】2020年，民革武江区各基层组织积极参与政治协商。辖区内民革市委领导班子成员积极参加市委、市政府、市政协及有关部门召开的重大决策和重要人事的民主协商会、座谈会、情况通报会和征求意见会，对所涉的议题认真准备，并以高度的责任感和使命感，大胆建言献策，认真履行监督职责。娄平专职副主委参加2020年韶关市各民主党派负责人工作座谈会。

突出抓好议政和民主监督工作。辖区内省、市、区政协委员按照省委、省政府“1+1+9”工作部署和“一核一带一区”区域发展新格局要求，围绕市委、市政府的中心工作，充分发挥自身优势，深入调查研究，跟进议政、精准议政。2020年各级“两会”期间，辖区内市政协委员向市政协第十二届四次会议提交提案24件，立案11件，13件转意见。区政协委员向区政协提交提案3件。

认真落实“市委出题，党派调研”课题任务和2020年市政协大会发言课题任务。辖区内各支部的专家和管理人员积极参加民革市委会课题调研小组，赴云浮、清远及市内各县（市、区）调研，到有关部门走访座谈了解情况。武江一支部积极承担民革市委会调研课题《发展生态养猪产业促进我市农业现代化》起草工作。

【社会服务】2020年，武江民革在不断加强自身建设和履职尽责的同时，围绕改善民生努力开展一系列服务社会工作。

打响防疫阻击战。民革武江区各基层组织按照本地区、本单位疫情防控部署具体要求，积极参与防控工作。全区民革各级组织中有公务员、一线医护人员、志愿者近50人投身到抗疫一线，捐物价值人民币4万元。在这场抗疫斗争中，武江三支部曾建军荣获民革广东省2020年抗击新冠肺炎疫情突出贡献奖和“韶关市抗击新冠肺炎疫情先进个人”称号，杨泳荣获民革广东省2020年抗击新冠肺炎疫情工作优秀奖。

打赢脱贫攻坚战。按照上级民革有关帮扶工作要求，武江五支部杨泳积极参加民革市委会帮扶工作组，三次前往贵州省纳雍县，开展调研、捐资助学、医疗支援活动。组织全区民革党员向当地贫困学生和教学条件较差的小学捐资5万元，为纳雍县人民医院2名眼科医生提供爱尔眼科医院进修学习机会，为纳雍县新房乡卫生院捐赠一批眼科检查设备和价值5万元的药品，向云浮市郁南县大全村捐赠银杏树25棵，价值1.25万元。武江五支部联合武江二支部到武江区江湾镇开展爱心助学捐款活动，为江湾镇6名家庭经济困难的学生捐款1.2万元。

（王龙树）

民盟武江区基层组织

【概况】2020年，民盟武江区基层委员会下辖6个支部，即北江中学支部、田家炳中学支部、武江区科技教育支部、医卫支部、粤北医院支部和文体机关二支部，盟员总数116人。盟员主要来自教育、医卫、科技、文化、政府机关等界别。

【思想建设】 2020年，民盟武江区基层组织认真学习中共十九届四中、五中全会精神、习近平总书记重要讲话、重要指示精神，贯彻落实民盟十二届十一次、十二次中常会和民盟省委十五届四次全会精神。组织支部负责人参加“韶关市统一战线同心大讲堂”学习民法典，认真观看深圳经济特区建立40周年庆祝大会，参加中共韶关市委党外人士情况通报会。组织盟员深入学习习近平总书记关于疫情防控工作重要讲话和指示精神，引导广大盟员牢固树立“四个意识”、坚定“四个自信”、做到“两个维护”，更加紧密团结在以习近平同志为核心的党中央周围，同舟共济，迎难而上，为统筹做好疫情防控和经济社会发展工作、确保全面建成小康社会和完成“十三五”规划发挥应有作用。将“不忘合作初心，继续携手前进”主题教育活动与疫情防控相结合，与“弘扬爱国奋斗精神、建功立业新时代”活动相结合，引导各支部依托盟史馆和“盟员之家”积极开展学习教育活动和履职工作交流，强化新时代盟员的历史使命感和责任担当意识，激发爱党爱盟的热情，确保广大盟员保持正确的政治方向。

【组织建设】 2020年，是基层组织换届年，各支部严格按照《民盟韶关市基层组织2020年换届工作方案》的具体要求，严明政治规矩，严肃换届纪律，按照各阶段时间节点有条不紊地开展，到10月已全部完成所有支部的换届工作。在5月召开的民盟韶关市委第一届监督委员会成立大会上，武江区盟员左之滨当选副主任委员、范元葵当选委员。2020年，文体机关二支部和北中支部各发展1名新盟员。冯穗元等盟员参加全市民主党派新成员培训班；谢佳、周伟等盟员参加2020年韶关市民主党派基层骨干培训班。在履职实践中，多个基层组织和盟员表现优异，文体机关二支部、医卫支部被民盟韶关市委评为“盟务工作先进集体”；谢佳、冯穗元被评为“宣传工作先进个人”。各级盟组织结合支部和盟员本职工作实际，积极开展形式多样的各种活动。科教支部在6月12日通过召开支部会议开展主题研讨交流；7月，文体机关二支部组织盟员前往乳源县大桥镇开展主题为“乡村振兴、产业兴旺”的参观学习交流活动；11月，文体机关二支部、科教支部联合开展调研活动，前往南水水库工程，实地调研省重点项目、市重点民生工程——南水供水工程建设情况。

【参政议政】 2020年，市、区“两会”期间，盟员人大代表、盟员政协委员积极履职，展现民盟风采。市政协会议期间，盟员政协委员撰写提交11件提案，其中戴朝福提交的关于韶关学院医学院搬迁的提案获得市政协的优秀提案。向区政协提交提案5件。1月13日，在区委书记颜亮主持的武江区各民主党派人士座谈会上，盟员陈胜鸿围绕武江区楼宇经济及服务业发展作发言。盟员邓晓芳《疫情防控期间如何保障春耕用种供给的几点建议》《关于稳定生猪生产保障市场供应的建议》被省盟采用；9月4日，盟员陈胜鸿参加区委统战部组织的“龙归—江湾生态休闲旅游精品线路”调研活动，并撰写调研报告。组织骨干盟员积极参加民盟韶关市委的各项调研活动，如参加“优化招商引资统筹机制的对策建议”调研组，9月前往清远、肇庆、芜湖开展专题调研。7月，多个支部负责人参加盟市委与市发改局的对口联系活动，前往韶州大桥、丹霞机场开展实地调研和座谈。12月，各支部积极开展“一支部一议”“一人一议”活动，为参政议政提供素材。在民盟韶关市委员会2020年工作总结大会上，邓晓芳被评为“参政议政、社情民意信息工作突出贡献奖”；戴朝福、甘苏佳被评为“参政议政、社情民意信息工作先进个人”。

新冠肺炎疫情发生后，全体盟员坚定信心、同舟共济，勇于担当、积极作为，认真落实盟市委的各项安排和部署，立足岗位，发挥优势，凝心聚力为抗击疫情加油鼓劲，尽显爱国情怀和责任担当。医卫界盟员张国平、戴朝福、李鹏、周樱、曹春梅等身先士卒，积极参加抗击新冠肺炎疫情的检疫及流调工作，邓伟华参与疫情防控最危险的操作——咽拭子检测取样。教育系统的盟员们抗疫教学两手抓，全面服务教学助疫战，文化艺术界的盟员和盟员文艺爱好者们以各种文艺形式关注疫情，传达心声，为奋战在抗疫一线的英雄点赞。还有其他战线的盟员，不畏艰辛，奋力投入疫情防控的网格排查和宣传中。

【社会服务】 2020年，各支部盟员为抗击疫情捐款1.5万元，同时积极参加6.30“广东扶贫济困日”活动，捐款金额1万余元。10月，医卫界盟员医生周樱、曹春梅、李爱仪、赵淑兰等参加民盟韶关市委组织的前往乳源县乳城镇开展“送医送药”义诊活动，历时3小时，服务群众200人次，免费发放价值5000元的各类药品。

（陈于兵）

民建武江区基层组织

【概况】 2020年，民建在武江区设有1个基层委员会，基层委员会下设7个支部，共有会员122人，其中武江一支部16人，武江二支部21人，武江三支部17人，武江四支部17人，武江五支部17人，武江六支部17人，武江七支部17人。会员主要由驻区和区政府机关经济界人士组成。

【思想建设】 2020年，民建武江区基层委员会按照民建韶关市委的部署和要求，深入开展政治理论学习，组织广大会员学习中共十九大及十九届二中、三中、四中、五中全会精神，习近平总书记在党外人士座谈会、在全国抗击新冠肺炎疫情表彰大会和出席深圳经济特区建立40周年庆祝大会上的重要讲话精神；学习统一战线和多党合作理论、方针和政策，研读民建的章程和会史；组织各支部现任及离任的负责人参加民建韶关市委组织的赴福建龙岩、广东梅州、河源的爱国主义教育基地开展基层组织政治交接教育实践活动；组织会员参加民建韶关市委组织的《中华人民共和国民法典》专题学习讲座。

【组织建设】 2020年，民建武江区各支部积极开展各类参观、调研和实践活动，多个支部联合到翁源、新丰开展爱国主义教育实践活动；调研新农村建设情况；参观考察会员企业等，不断丰富支部组织生活，提高组织凝聚力。关心会员成长，加强干部队伍培养，选派骨干会员参加中共韶关市委组织部、中共韶关市委统战部组织的民主党派基层组织骨干培训班。5月，民建武江五支部主委黄艺顺当选为政协韶关市武江区第九届委员会副主席；5月，民建武江三支部会员赖伟锋聘任为武江区监察委员会第一届特约监察员。全年，各支部及会员在会务工作中取得新成绩，武江二支部、武江四支部获民建韶关市委2020年度先进基层组织称号；陈曦、李华峰、周靖、黄永忠、谢崇天等人获民建广东省委2019年度参政议政工作优秀个人称号；吴国营、李军前等人被民建广东省委评为2020年度社会服务工作优秀个人；黄永忠、徐喆、李华峰获民建韶关市委2020年度参政议政工作优秀个人称号；陈培英、蓝斌、赖伟锋、冯春燕、钱春艳、张蕊红、雷清荣等人获民建韶关市委2020年度优秀会员表彰。

2020年是民建基层组织换届年，根据《韶关民建2020年基层组织重组、新建及换届工作方案》的部署，民建武江区基层委员会及武江一支部、武江二支部、武江三支部、武江四支部、武江五支部陆续完成换届工作，并新组建民建武江六支部、武江七支部。7月6日，民建武江一支部召开会员代表大会，选举产生以殷伟为主委的第六届领导集体；7月10日，民建武江三支部召开会员代表大会，选举产生以曹剑为主委的第四届领导集体；7月11日，民建武江七支部召开会员代表大会，选举产生以李华峰为主委的第一届领导集体；7月16日，民建武江六支部召开会员代表大会，选举产生以张蕊红为主委的第一届领导集体；7月17日，民建武江五支部召开会员代表大会，选举产生以周靖为主委的第三届领导集体；7月25日，民建武江二支部召开会员代表大会，选举产生以何勇为主委的第六届领导集体；7月25日，民建武江四支部召开会员代表大会，选举产生以陈明为主委的第三届领导集体；8月2日，民建武江区基层委员会召开会员代表大会，选举产生以黄艺顺为主委的第二届领导集体。

【参政议政】2020年，民建武江区基层委员会广大会员积极向有关部门提交建言献策材料，全年被各级人大、政协、统战部门、上级民建组织等部门采用的材料共27件。陈曦提交的《疫情下提高城市社区治理水平的有关建议》被省政协采用为专题协商会发言材料；徐喆撰写的《关于加强互联网游戏监管的系列提案》评为省政协优秀提案；李华峰撰写的《关于科学统筹小水电运行管理改善水生态环境的建议》被民建省委选为省政协集体提案；黄永忠撰写的《关于加快0—3周岁婴幼儿照护服务机构建设的建议》被采用为省政协提案；龙秀利撰写的《充分调动民营医疗力量参与疫情防控工作的建议》采用为民建省委社情民意信息；林开华撰写的《关于促进我市民宿业健康发展，打造乡村旅游精品名片》被韶关市政协评为优秀提案。

【社会服务】2020年，民建武江区基层委员会各支部及广大会员积极开展和参与各项公益活动。各支部会员积极响应民建韶关市委号召，为“八一”慰问退役军人活动捐款；以各种方式积极参与新冠肺炎疫情防控工作，民建武江四支部向武江区红十字会捐赠两批防疫物资共计1.5万元，会员企业及会员向各单位和部门捐款捐物共计3万多元；部分会员积极参加志愿者、下社区，为疫情防控作出努力和贡献。

（严志全）

民进武江区基层组织

【概况】2020年，韶关民进武江区基层组织共有武江区基层委员会1个，支部4个，总计会员114人，其中武江区综合一支部34人，武江区综合二支部37人，五中支部25人，韶关新区支部18人。会员主要来自教育、文化、医卫、经济等界别。

【思想建设】2020年，韶关民进武江区基层组织坚持学习习近平新时代中国特色社会主义思想、中共十九届五中全会精神、全国“两会”精神等，认真贯彻《关于加强中国特色社会主义参政党建设的意见》《民主党派代表人士队伍建设规划（2018—2027）》《各民主党派中央关于新时代组织发展工作座谈会纪要》等重要文件精神，深入学习《中华人民共和国民法典》、民进会章会史等。组织读原著、学原文、悟原理，开展大学习、深调研、真落实，继续加强“四个意识”、坚定“四个自信”、做到“两个维护”思想教育。继续深入开展“我身边的先进”宣讲活动，树立“伟大出于平凡，先进就在身边”的理念。各支部积极宣传会员中的优秀典型，其中有武江综合一支部主委黄春神被省教育厅聘为第一届学生体质健康专家委员会委员，并成功申报省教育研究院足球专项课题（韶关市中小学体育与健康学科唯一的省级课题），武江综合一支部副主委陈媛媛的教学论文获市论文评比一等奖；武江综合二支部主委李婷参加省自然资源厅组织的“粤自然粤美丽”摄影大赛其作品《群象出山》被《广东年鉴》收录，武江综合二支部副主委赖国斌撰写的新闻作品获得广东人大新闻奖的二等奖和三等奖各1项，武江综合二支部支部委员赵芳荣获“同饮一江水”广东劳动者歌唱大赛总决赛冠军和广东省群众艺术花会决赛三等奖，武江综合二支部欧俊锋指导学生参加省市电子作品竞赛多次获得“优秀指导老师”称号；韶关新区支部主委谭志雄带领的医院科室团队获得韶关市科技进步奖三等奖，韶关新区支部朱思武主笔编撰的《韶关市镇街整治提升专项规划编制指引》所指导的首批试点镇规划设计获省“优秀城市规划设计二等奖”等。通过对身边优秀典型的宣传，激发广大会员在本职工作和会务工作中建功立业的积极性。

【组织建设】 2020年，是基层组织换届年，韶关民进武江区各支部严格按照组织程序，有条不紊开展换届工作，1个基层委员会、4个支部按计划完成换届，绝大多数基层组织新班子全票当选，政治交接平稳顺利。武江大专支部并入韶关学院支部，便于两校合并后的会员管理；武江联合、武江小教2个支部升格为综合支部；芙蓉新区支部更名为韶关新区支部，与时俱进赋予新的时代风貌。韶关民进武江区基层组织强化会员学习培训，推荐新区支部刘旭、章程参加市委组织部和市委统战部在南岭干部学院举办的第五期民主党派基层组织骨干培训班，推荐武江综合二支部沈文俊、赖国斌、郭文婕、徐世丹等参加2020年韶关市各民主党派新成员培训班。武江区各支部定期组织退休会员开展集体活动，丰富退休会员业余文化生活。继续推行退休会员“逢五逢十”生日慰问制度，为退休会员送上生日问候和生日礼金；坚持重大节日慰问制度和生病住院探望制度，及时发现退休会员生活上的困难并努力帮助解决。

【参政议政】 2020年，民进武江基层组织会员当中，蔡红燕担任市政协常委，温荣华、谭志雄、何露担任市政协委员，闫世鹏担任武江区政协常委，雷名珠、欧俊锋、彭智坚担任武江区政协委员。民进武江区各支部和担任区政协委员的会员紧紧围绕区委、区政府中心工作，积极参政议政。2020年“两会”期间，会内各级政协委员积极履职，提交韶关市政协提案13件，武江区政协提案4件，均得到有关单位的重视。温荣华、蔡红燕被市政协评为“优秀政协委员”。

【社会服务】 2020年，民进武江区各支部凝聚广大会员的爱心和力量，发挥自身优势，创新工作思路，积极做好社会服务工作。韶关民进武江区基层组织发动广大会员在各自领域参与疫情防控工作，20名医卫界会员日夜奋战在防疫前线；公职人员开展走家入户摸底排查等工作；教师会员开展线上教育实现“停课不停教”“停课不停学”；经济界会员在确保安全的前提下努力复工复产推动生产生活步入正轨。武江综合一支部副主委卢路定主动报名增援疫情重灾区武汉；武江综合一支部副主委廖学成为抗击疫情捐赠现金和物资35万元。五中支部继续做强“爱心基金”品牌，其自2014年创办以来，共资助市第五中学困难学生近200名，助学总金额超过30万元；武江综合二支部参加“国际志愿者日广佛车友翁源助学行”为困难学生捐助5万元，开展“女童保护”公益课程进校园，与市文广旅体局共同承办“粤北采茶戏进校园”活动并荣登“学习强国”，还开展为老会员免费眼科检查、赴乐昌“送法送教”下乡、赴翁源资助困难学生等社会服务活动。

（朱玉娟）

2020年10月25日，民进韶关市武江区基层委员会第二次会员代表大会召开

（民进基层组织　供图）

农工党武江区基层组织

【概况】2020年，农工党韶关市武江区共有1个基层委员会，1个总支，11个支部，党员186人。其中粤北人民医院总支72人（一支部25人，二支部26人，三支部21人），市医卫支部12人，粤北第二人民医院支部15人，市中医院支部17人，市职防院支部15人，韶关学院医学院支部25人，市科技支部11人，市妇幼保健院支部8人，武江区一支部11人。成员主要分布在驻区医药卫生、教育和科技系统。粤北人民二支部副主委彭峰被农工党中央评为“农工党抗击新冠肺炎疫情先进个人”，4人荣获“农工党广东省委员会新冠肺炎疫情防控工作先进个人”。

【思想建设】2020年，农工党武江区各基层组织认真学习中共十九大和十九届二中、三中、四中、五中全会精神及习近平总书记系列重要讲话精神，特别是视察广东重要讲话精神。7月1日，各基层组织班子成员参加农工党韶关市委举办会议，学习习近平总书记重要讲话精神和全国“两会”精神。7月25日，各基层组织骨干党员参加农工党韶关市委开展的“庆祝中国农工民主党成立90周年暨不忘合作初心传承红色精神”主题活动。10月17日至18日，各基层组织党员参加农工党韶关市委在惠州开展的“不忘合作初心，继续携手前进”主题教育活动，参观邓演达纪念园、叶挺将军纪念园、东江纵队纪念馆、葛洪博物馆，进一步了解农工党的光辉历史和优良传统，增强作为一名农工党党员的光荣感、使命感和责任感。12月19日，各基层组织党员参加农工党韶关市委举办的学习中共十九届五中全会精神专题报告会，听取市委宣讲团专家组成员、市委党校副校长杨斌教授作专题辅导报告。

【组织建设】2020年，农工党武江区各支部进一步加强组织发展，切实推进基层组织建设，认真抓好基层组织换届工作，于8月底前圆满完成基层组织换届工作，市妇幼保健院小组升格为支部，新成立武江区一支部，全年发展新党员9人。8月20日，在韶关丛林山庄召开基层委员会换届大会，选举出新一届领导班子。组织3名党员参加市委组织部、市委统战部在市社会主义学院举办的2020年市民主党派新成员培训班，连金养、王雁、黄阳晓参加第五期市民主党派基层组织骨干培训班。根据农工党韶关市委的要求，各支部认真组织开展基层组织创优、“星级支部”创建活动，全面提升基层组织建设水平，激发基层组织的活力，年终评选中，市医卫支部被评为五星级支部。

【参政议政】2020年，农工党武江区各支部紧紧围绕区委、区政府的中心工作，切实履行政治协商、民主监督、参政议政职能。农工党武江区党员向市、区人大和政协提交提案和建议16件，吕泱撰写的《加快我市重点项目建设，促进韶关经济发展》被评为韶关市政协2020年度优秀提案，邱韶东的《关于加强农村饮水安全工作的建议》被列为2020年市政协重点提案，阳纯兵的《关于加强市区室外消防通道管理的建议》、陈晓聪的《关于加强武江区基层医疗机构发热门诊建设的建议》、蔡艺苹的《关于加强武江区乡村医生队伍建设　夯实基层公共卫生服务的建议》被评为武江区政协2020年度优秀提案。2名党员在市政协2020年度委员履职考核中被评为优秀等次，荣获表彰。2020年9月4日，基层委员会副主委王萌、委员陈晓聪参加由武江区统战部组织开展的“龙归—江湾生态旅游精品线路”调研活动。陈晓聪向区委统战部提交《关于推进美丽乡村建设，助力乡村振兴的建议》。

【社会服务】2020年6月11日，农工党韶关市武江区基层委员会联合韶关市科学技术局、韶关市科学技术协会、武江区科学技术协会、韶关市科技馆在韶关市武江区文化馆广场开展“2020年韶关市全国科技活动周”暨“农工党2020年环境与健康宣传周”活动，共派发宣传资料240余份，参加活动人数约100人。2020年9月21日，农工党武江区基层委员会联合武江区科协、武江区教育局、韶关市急救医学培训中心，在韶关市第十四中学开展以“决胜全面小康，践行科技为民”为主题的武江区“2020年全国科普日暨卫生健康急救知识”进校园系列科普活动，共200多名师生参与。

（陈晓聪）

九三学社武江区基层组织

【概况】 2020年，九三学社武江区各基层组织以习近平新时代中国特色社会主义思想为指导，坚持走中国特色社会主义政治道路，深入开展“不忘合作初心，继续携手前进”主题教育活动，围绕区委、区政府的工作重点积极履行新时代参政党职能，为促进武江区经济社会发展作出积极贡献。

2020年，社韶关市委荣获社中央2016—2020年社会服务先进集体称号，荣获社中央王选基金会抗疫爱心奉献者纪念金币，荣获社省委“新冠肺炎疫情防控工作先进集体”称号，荣获2020年度全市统战信息工作先进单位二等奖。陈汉飞荣获九三学社中央“抗击新冠肺炎疫情先进个人”表彰，林国桥获2020年“韶关市劳动模范”称号。

【思想建设】 2020年，各基层组织以习近平新时代中国特色社会主义思想为指导，分别以主委会议、基层委员会议、各支社全体社员会议等形式，组织班子成员和广大社员深入学习贯彻中共十九届五中全会精神、《习近平谈治国理政》第三卷、习近平总书记在全国抗击新冠肺炎疫情表彰大会上讲话精神、习近平总书记出席深圳经济特区建立40周年庆祝大会和视察广东重要讲话、重要指示精神等。9月，举行庆祝九三学社创建75周年暨基层组织班子成员学习培训大会。

为持续巩固“不忘合作初心，继续携手前进”主题教育活动成果，4月，武江基层委员会举行读书学习会，集体学习《习近平谈治国理政》第一卷。6月，医学院支社、韶关新区支社开展学习全国、全省、全市“两会”精神活动。7月，成绍强、罗元月、尹蓉参加市政协举办的市政协委员履职能力提升培训班。11月，武江一支社、武江五支社开展学习贯彻中共十九届五中全会精神活动。

2020年，武江基层委员会社员向《广东九三》《韶关日报》《韶关政协》等刊物投稿10篇。向社省委、市政协和市委统战部等提交信息36件，被市委统战部采用2件。

【组织建设】 2020年，九三学社韶关市委坚持领导班子联系基层制度，高度重视各基层组织建设，不断加大对各基层组织工作的指导力度。社市委高度重视，严格按照换届动员、民主推荐、协商、考察、选举等组织程序，圆满完成武江区九三学社基层组织换届工作，新组建韶关新区基层委员会。继续对各基层组织实施支社年度社务工作目标管理考评。韶关新区支社荣获“纪念九三学社创建75周年全省优秀社组织”称号。武江区有11个基层组织被考评为九三学社韶关市委员会2020年度先进集体。11月，社员唐家乐参加2020年韶关市民主党派基层组织骨干培训班。

截至2020年年底，武江区共发展新社员21名，九三学社在武江区有基层委员会3个、基层支社13个，共有社员194人。其中，武江基层委员会140人、粤北医院基层委员会27人、韶关新区基层委员会27人。

【参政议政】 2020年，武江区社员参加中共武江区委、区人大、区政府和区政协组织召开的专题协商会、情况通报会、征求意见座谈会，对重大决策、经济建设和社会发展提出意见建议。

2020年，成绍强、李再丰、罗元月、罗燕、徐晓南、罗伟、雷东山、梁利球、李少鸿、梁喜阳、邓丽山、刘斯琪、杨姗姗等先后参加各类参政议政会议和视察活动达23人次。社市委先后召开参政议政专委专题会议4次，组织开展各类调研活动3次，武江基层委员会参与社员15人次。武江区社员梁利球、李天剑参加社市委“加快打造粤北医疗高地”专题调研组。

2020年，在武江区的社员中有市政协委员7人（常委3人）、市人大代表2人、区人大常委会委员2人、区政协委员6人（副主席1人）；向市、区两会上提交议案、提案、意见和建议19件。其中，由市政协委员罗元月撰写的《关于加快推进我市城市垃圾强制分类处理的提案》、市政协委员罗伟撰写的《关于发展韶茶公共品牌的提案》被确定为2020年市政协重点提案。

社韶关市委提交集体提案《关于发挥生态资源优势，培育“科普研学”新业态的提案》《关于大力推进我市大数据产业发展的提案》《关于密切关注我市中小企业复工复产困境的提案》和由市政协常委成绍强撰写的《关于推进韶关食用菌生态化发展，建立韶关特色食用菌品牌的提案》、市政协委员罗元月撰写的《关于加快推进我市城市垃圾强制分类处理的提案》、市政协委员罗伟撰写的《关于发展韶茶公共品牌的提案》被选为2020年市政协优秀提案。

【社会服务】 2020年，九三学社武江区组织开展社会服务活动3次，开展慰问退休社员活动6次。3月，韶关新区支社开展植树造林活动。8月，武江一支社到仁化大桥开展义诊活动。9月，武江五支社到始兴太平镇卫生院了解始兴贫困白内障患者的筛查诊治情况，并探视35名实施白内障术后患者。11月，粤北医院基层委在保利大都会开展义诊活动。12月，韶关新区基层委联合市口腔医院在碧桂园太阳城开展“真情九三·关爱口腔·美丽幸福家庭”免费义诊活动。5月和12月，供电支社探望家境贫困的饶连连同学，为饶连连同学共捐助5350元的助学金。6月，社韶关市委组织社员参与“扶贫济困一日捐”活动。

武江区各基层组织和广大社员坚定贯彻落实上级各项疫情防控决策部署，踊跃向九三王选关怀基金会捐款，投身新冠疫情防控工作，在医疗救治、社区排查、疫情宣传、复工复产、建言献策等方面积极担当，贡献力量。社员陈汉飞担任市疫情办综合协调专责小组和救治研判专责小组组长；社员刘斯琪、王玥、黄捷文、唐小燕为市民进行居家医学观察、体温监测及宣传防疫知识工作；社员叶升明参加粤北第二人民医院和韶关市卫健局等重点部门的通信保障工作；社员李少鸿、叶海燕积极帮助会员单位采购防疫物资，助力企业复工复产；医学院支社社员洪席超、向敏瑜、范志平主动请缨，参加韶关学院医学院党群突击队。

2020年，社韶关市委、韶关市卫健局联合中华健康快车眼科中心（韶关市铁路医院）继续开展韶关市“乡村健康快车”行动。共帮助韶关、南雄、乐昌、翁源、始兴637名贫困白内障患者免费实施手术治疗，做到“零感染、零事故”的安全目标。对曲江区2619名建档在册的糖尿病患者进行免费糖网筛查。武江一、武江二、武江三、武江四、武江五、供电支社等认真落实社韶关市委要求，共为“乡健”募捐款项83000元。

（成志军）

群众团体

总工会

【概况】 武江区总工会（简称区总工会）是区委领导下负责工会工作的群团组织，是各镇（街）工会和区直各机关工会、辖区企事业工会组织的领导机关。主要职责：负责贯彻执行党的路线、方针和政策，围绕党的中心任务和党的工运方针，制定和组织实施工会工作计划，并指导全区工会工作。区总工会行政编制 3 名，设主席 1 名（由区人大常委会副主任兼任，不占编制），副主席 2 名（其中分管日常工作的副主席 1 名，正科级），正股级领导职数 1 名。区总工会下属事业单位武江区总工会职工服务中心，核定事业编制 2 名，设主任 1 名。2020 年 12 月 11 日召开武江区工会第三届五次全委会，替补 12 名委员，共有委员 33 名。

【疫情防控】 2020 年 2 月 2 日，区总工会下拨区卫健局工会委员会抗击新冠肺炎疫情经费 5 万元，用于基层一线医务人员防疫和慰问。区总工会联系购买防疫紧缺物资总值 10 万元，下发到全区乡镇、街道、挂点社区和企业，及时缓解防疫物资紧缺的困难。区总工会贯彻落实党中央、国务院减税降费决策，全面落实小微企业工会经费全额返还，助力企业抗击新冠肺炎疫情，促进小微企业稳定健康发展，截至 2020 年 10 月，区总工会共为 25 家中小微企业全额返还工会经费 36.3 万元。

【工会干部队伍建设】 2020 年 7 月，区总工会面向社会公开招聘 8 名社会化工会工作者并派到市总工会相关部门跟班学习培训；2020 年 10 月，该批工作人员被安排到镇（街）级和工业园区工联会岗位，为武江工会构建一支社会化工会工作专业人才队伍，助力工会工作改革创新。11 月 19 日至 20 日，区总工会在中共武江区委党校（武江区龙归粮仓）举办武江区工会干部业务培训班，设立经审、财务、工会组建、

2020年11月19日，区总工会在中共武江区委党校举办武江区工会干部业务培训班 （区委宣传部 供图）

保障、维权、法律法规、政治理论等培训课题，邀请市总工会、市委党校的专家进行授课，着力提升工会干部的综合素质。

【工会组织建设】 2020年，区总工会共组建非公企业工会9家（其中百人以上工会3家），发展会员926人，发展农民工会员700人。

【困难职工服务】 2020年7月，省总工会委托第三方调查队（国家统计局韶关调查大队）对武江区2016—2020年城市困难职工解困脱困工作进行评估，评估成绩全市排名第一。10月，区总工会代表韶关市接受全国总工会委托第三方（山西大学）对2016—2020年城市困难职工解困脱困工作进行评估，并顺利通过评估考核。2016—2020年五年期间，武江区503名建档在册的困难职工全部实现解困脱困。

【职工维权服务】 2020年，发挥“法院＋工会”诉前联调机制作用，区总工会和区法院为武江区“某某记”酒楼调解拖欠近百名员工工资案，达成总额82万元的工资分期支付调解协议，依法维护员工合法权益。

【关心关爱职工】 2020年10月24日，区总工会慰问参与第七次全国人口普查工作的一线工作人员并送上慰问物品。2020年12月，对全区23个企业1300名职工赠送职工住院综合互助计划。2020年11月，组织800名一线职工参加省总工会在韶关举办的关爱职工健康体检及女职工“两癌”筛查活动。2020年12月，落实武江区委关爱村（社区）干部机制的有关精神，赠送全区255名社区干部职工住院综合互助计划。

【职工活动】 2020年，区总工会在做好疫情防控工作的前提下开展形式多样的职工活动。7月，举办四期武江区机关事业单位职工插花活动；9月21日至10月20日，由区总工会、区文化旅游体育局主办2020年韶关市武江区第五届职工篮球赛；10月，举办两场武江区机关事业单位职工妆容知识培训班；11月至12月区总工会以学习民法典，学习贯彻中共十九大及习近平总书记出席深圳经济特区建立40周年庆祝大会和视察广东重要讲话、重要指示精神为主题，分别组织全区机关、企事业工会会员参与线上知识答题送电影票活动；12月29日，在“粤工惠”APP平台上开展武江区基层工会会员年终福利奖品大放送活动，共发放近700份奖品。

【乡村振兴】 2020年1月，区总工联合企业（工会）开展“助力脱贫攻坚·奉献职工爱心”消费扶贫活动，发动企业工会和本级工会购买贫困户的农产品约3吨。2020年7月，区总工会服务全区乡村振兴“打擂比武”工作，购买共540箱清凉饮料，慰问全区乡村振兴“打擂比武”18个组团。2020年，区总工会联合区扶贫办和农业银行办理爱心扶贫银行卡约3000张，助力消费扶贫工作。

【重要会议】 2020年1月29日，区总工会全体干部到惠民街道长城社区参加新冠肺炎疫情防控工作紧急会议，全员参加挂点社区疫情防控工作。2020年4月26日，由区总工会、区人民法院召开劳资纠纷诉前联调工作会议，对“某某记”酒楼拖欠近百名员工工资案进行诉前调解。2020年7月3日，区总工会召开武江区工会第三届六次全体委员大会，增（递）补部分委员。2020年12月11日，区总工会召开武江区工会第三届五次全委会。

【表彰情况】 2020年，区总工会获得韶关市总工会颁发的预防和调处劳资纠纷工作、集体协商及集体合同工作、城市困难职工解困脱困工作、工会经审工作规范化建设专项奖一等奖；基层组织建设工作、产业工人队伍建设工作、“粤工惠”平台推广应用工作专项奖二等奖等多项工作专项奖。2020年，本辖区武江区龙归中心卫生院、广东爱心大药房连锁有限公司、韶关市欧浦物业服务有限公司等3个基层工会获得2020年韶关市先进集体荣誉；广东莱雅新化工科技有限公司副总经理新林、武江区红星小学校长葛晓娟、韶关市合众化工有限公司技术总工程师孙小光、广东雪印集团有限公司董事廖荣光、韶关市武江区市政综合管理中心副主任林毅华等5名基层工会会员获得2020年韶关市劳动模范先进工作者称号。

（刘秀静）

共青团武江区委员会

【概况】 共青团武江区委员会（简称团区委）是区委领导下的群团组织，负责领导全区团组织和联系、服务青年，内设办公室。截至2020年年末，区属基层团委16个，团支部191个，团员4053人；团干315人，其中专职团干部3人，兼职团干部312人。

【青少年思想工作】 2020年，团区委以社会主义核心价值体系教育和引导全区团干团员，定时组织团、队系统主要负责人认真学习贯彻党的重要会议精神、习近平总书记系列重要讲话精神、习近平总书记五四寄语精神和区委主要会议精神，团区委共组织各类政治理论和业务能力学习6次，参与人数300人。利用读书会的形式引导青年坚定制度自信，强化青年担当，树立崇高目标，不负韶华、砥砺前行，为祖国发展贡献青春力量。5月，为纪念“五四”运动101周年，在青年中培养制度自信，加深青年对新冠疫情的了解，加强防疫一线青年群体之间的交流，团区委联合区图书馆开展阅“疫”有道——2020年武江区青年五四专题读书会，来自疫情一线的医护人员、支援“北大门”的青年学生、坚守岗位的社区工作者等近20人参与。

【团务工作】 2020年，团区委严格落实团员发展程序，按照计划和程序发展新团员，严格落实新团员的资格审查，做好新团员入团前的学习工作，确保新团员符合入团资格，将区内8所中学的团青比例控制在30%以内。严格开展团费收缴使用管理工作，要求全区团组织利用智慧团建平台，定时通知团员足额及时缴纳团费。2020年度，全区发展团员486人，在智慧系统报到并录入团员编号的486人。加强团员、团干交流培训，重视提高团干部的业务能力和综合素质，提升团组织的服务能力、学习能力、合作能力。2020年上半年，分别与韶关学院、新华街道、中建五局、区卫健局等团组织进行座谈学习。3月，举办武江区学校团队改革培训会，有效全面地提升学校团委书记、少先队辅导员的业务水平和能力。开展团系统表彰评比工作，增强团干团员荣誉感。2020年，武江区有1个团组织和1位团员获得省级“两红两优”表彰，有5个团组织和9位团员团干获得市级“两红两优”表彰，有16个团组织和47位团员、团干获得区级“两红两优”表彰，极大增强了团组织凝聚力和团干团员荣誉感。团区委与教育局联合推选一批优秀少先队员和优秀辅导员参加省、市有关评比，其中7名个人和集体获得省级荣誉称号，24名个人和集体获得市级荣誉称号。联合区教育局、区文明办共同开展第五届“最美南粤少年”评比活动，共有2名学生获得省级荣誉，10名学生获得市级荣誉，24名学生获得区级荣誉。

【少年先锋队工作】 2020年，团区委落实入队规程，确保小学少先队组织做好分批入队工作。全区所有小学的少先队已全面启动分批入队工作，并按照“三个政策性文件”要求，常态化、规范化、制度化落实入队仪式。认真谋划“红领巾奖章”评选工作，按照不低于40%的比例，在综合考虑各项条件的基础上挑选有代表性的学校开展评选工作。充分发挥少先队岗位的激励作用，全面落实岗前培训，通过各种方式鼓励每个队员积极参与大队的管理工作，每学年评比一批优秀的队干、队员、优秀大中队等。规范使用少先队标志标识，通过全面自查和整改，确保区内学校使用标准的少先队标志。规范开展少先队仪式教育，入校督导各校的入队仪式，要求各学校须在入队前开展队前教育，并做好新队员的资料收集工作。按照少先队辅导员岗位职责配齐配强各级各类少先队辅导员，各校均配备大队辅导员1名，部分学生人数1500人以上的学校还配备副辅导员1名，并选拔责任心强、能力强的教师进行岗前培训后聘为中队辅导员。加大少先队辅导员培训力度。定期加强辅导员的培训，2020年安排10名辅导员参加省、市的辅导员培训。加强校外少先队工作力量，东岗小学、红星小学等10所学校结合实际聘请家长、各行各业优秀人员为校外辅导员，有效加强少先队的工作力量。成立校级少工委，推动全区中小学校成立校级少工委，全区31所中小学已全部成立校级少工委，实现全覆盖。

【开展凝聚青年活动】 2020年，团区委在寒暑假期间积极组织社会实践活动，为青年和大学生了解市情、区情提供机会，分别于1月、7月组织150名在校韶关籍大学生到龙归镇、江湾镇等地参观；6月，组织20多名大学生到龙归镇开展关爱留守儿童活动。开展“展翅计划”、大学生到基层兼职、共建大学生实习基地等活动，打造大学生实习实践平台。以“展翅计划”为平台，在暑假期间面向大学生提供包括区委宣传部、区教育局、区司法局等单位在内的实习岗位，共有10多名大学生通过双向选择在上述单位进行实习；安排40多名大学生到基层兼职，为大学生提供基层锻炼机会；与韶关学院文学与传媒学院合作建设大学生实习基地，提供实习机会。为更好地服务广大适婚青年，解决青年后顾之忧，举办“缘定七夕，相约书海”——2020年武江区七夕活动，为50余名青年拓宽交友渠道。

【疫情防控】 2020年，在疫情防控期间，团区委全体干部下沉到朝阳村，按照“外防输入、内防扩散”的要求，采取多种措施做好村内疫情防控工作，做好入户排查、体温测量工作，配合区卫健局医护人员进行身体情况跟踪。为朝阳村解决口罩、消毒液、手套等防控物资短缺等难题。关心关爱疫情防控期间的困难群众，对疫情防控期间的困难群众进行慰问关心，为他们送去必要的生活物资，帮助他们渡过难关。同时结合在职党员到社区报到工作，深入朝阳社区开展疫情入户排查及疫情防控宣传等志愿服务工作。为解决防疫一线工作人员理发难的问题，2月团区委联合阳光造型开展“爱心义剪、温暖一线”2020年防疫一线工作人员义剪活动，为近200名来自区直单位、镇街、村、社区的一线工作人员免费理发，有效改善防疫一线工作人员的外形和精神面貌，切实增强战胜疫情的信心。

【开展乡村振兴和脱贫攻坚工作】 2020年，团区委带领基层团组织、团员青年用志愿服务等方式助力乡村振兴和脱贫攻坚工作。学雷锋纪念日举行学雷锋助力乡村振兴“清洁乡村，志愿同行”活动，组建5支由团干、青年、镇村干部组成的志愿者队伍，近100名志愿者在全区5个镇、7条贫困村、30户需要服务的贫困户家中开展清洁、慰问、宣传活动。6月，开展“发挥青春正能量　助力脱贫攻坚战”——2020年“广东扶贫济困日”活动，组织20余名青年志愿者为脱贫攻坚工作募集善款。

【开展护林防火和“河小青”活动】 2020年，团区委按照上级团组织部署，组织青年巡河护河、植树造林，积极引导群众树立文明祭扫、保护自然理念，助力环保工作，3月开展“绿色清明　花赠先人”——武江区2020年文明祭扫宣传活动，共有50余名志愿者参与。定期组织河小青开展巡河护河活动，2020年本级共组织活动3次，130余人参加。3月，开展义务植树志愿服务活动，共有50余名来自区、镇、企业团组织的团干、团员青年志愿者参加，种植树木150余棵。

【关爱医务人员活动】 2020年5月，团区委为关心关爱冲锋在最前线的医务工作者，增进其与孩子之间的情感交流，开展“最美逆行，铸就童梦”——武江区关爱医务人员活动，来自韶关市、武江区医务系统工作人员及其子女近70人参与，让

2020年5月30日，团区委开展“最美逆行，铸就童梦”——武江区关爱医务人员活动（团区委　供图）

医务工作者感受到党委政府的温暖和团组织的关爱，更加心无旁骛地投入抗击疫情的斗争。

【平安三率宣传活动】2020年，团区委分别于上、下半年组织共100多名志愿者到辖区主要干道、公园、小区等人流密集场所开展平安三率宣传活动，提升群众对创平工作的认识。

【杜绝车窗抛物宣传活动】2020年，团区委为广泛倡导文明理念，积极引导广大市民文明出行、文明乘车，杜绝车窗抛物、乱扔垃圾等不文明行为，根据武江区委、区政府的部署，团区委联合区城管局于7月开展“争做文明车主，杜绝车窗抛物”宣传活动，30多名志愿者们，在城区主干道、路口和韶月广场通过车载标语、流动旗帜、赠送车用垃圾袋等方式开展宣传活动。

【禁毒宣传活动】2020年，结合团区委工作实际，鉴于青少年群体在面对毒品和艾滋病时的高风险和易受伤害状况，以2020年6月3日虎门销烟181周年纪念日为契机，组织开展“牢记销烟历史·书写无毒青春”——纪念虎门销烟181周年活动，通过宣传，加深辖区内青少年对禁毒知识的了解，引导青少年敢于、勇于与毒品作斗争，营造全民禁毒、全民防毒的良好氛围。

【志愿者激励回馈】2020年，团区委对各单位、各志愿组织加大志愿者注册、时长录入等业务的指导力度，规范志愿者招募及志愿团体注册，联合评选辖区内一至三星志愿者，共评出一星志愿者435名，二星志愿者157名，三星志愿者58名。分别于1月、9月组织积极参与活动、表现良好的志愿者到武江区龙归、江湾等地参与团建活动，回馈志愿者的付出，提升青年志愿者对团组织的认同感。

【农村人居环境治理“比武打擂”工作】2020年，团区委紧紧围绕区委、区政府工作部署，定期到挂点的龙归镇冲下村曾屋村开展比武打擂工作，到村民家中开展走访，号召村民共同投身美丽乡村建设热潮。

2020年9月26日，武江区志愿者激励回馈活动在江湾举行（团区委　供图）

【青春情暖活动】2020年春运期间，团区委联合区总工会组织20余名青年志愿者在韶关高铁站与西河汽车站内开展春运“暖冬行动”志愿者服务活动，轮流为旅客提供问询引导、秩序维持、爱心帮扶、派发爱心物资等服务。志愿服务活动贯穿春运高峰期间，长达10余天，服务旅客万余人次。在春节前夕，深入辖区内贫困和残疾青少年家中开展走访慰问，给他们送上节日慰问品，并通过与家长沟通交流，了解特殊青少年的家庭情况和学习情况，给他们送上节日的祝福。

（林雪丽）

妇女联合会

【概况】武江区妇女联合会（简称区妇联）是中共武江区委领导下的群团组织，负责领导团结全区妇女和妇联组织，服务广大妇女群众，内设机构办公室。行政编制3名，设主席1名，专职副主席1名，正股级领导职数1名。区妇女儿童工作委员会办公室设在区妇联，接受区妇女儿童工作委员会的直接领导，承担委员会具体工作。

2020年，全区建有镇（街）妇联7个，执委人数231人，镇（街）妇联区域化建设改革覆盖率达到100%；建有村（社区）妇联88个，村（社区）妇联执委数量916人，“妇女之家”88个，创建率100%，“儿童之家”88个，创建率100%。

【政治建设】2020年，区妇联始终把讲政治摆在首要位置，注重强化对各级妇联组织和广大妇女群众的政治引领，坚决贯彻党中央和省委、市委、区委的决策部署，“网上网下”联动宣传教育，通过OA、微信、政务微信群传达文件指示，号召各镇（街）妇联、区直机关妇委会以“妇女之家”“儿童之家”“巾帼文明岗”等阵地为依托，组织妇女集中观看专题片，深入学习中共十九届五中全会精神及习近平总书记出席深圳经济特区建立40周年庆祝大会和视察广东重要讲话、重要指示精神，广泛调动广大妇女参与抗击疫情、复工复产、就业创业、乡村振兴的积极性和主动性，夯实推进乡村振兴、共同奔康致富的思想基础。

【疫情防控】2020年，区妇联迅速响应、全员下沉至网格西河镇向阳村、长城世家社区，白天入户登记排查，晚上“敲门”关口坚守，协助做好新冠肺炎防控工作。大力发挥巾帼先锋模范带头作用，采取线上+线下相结合的宣传模式，组织号召全区妇女干部参与协助摸排、广泛宣传，联防联控、群防群治。主动发挥“联”的优势，发动妇联执委张广兰、欧雪妹协助区政府购买口罩3万个，向武江区红十字会捐赠价值1万元的消毒液300套；价值23600元的红外线体温枪30支、医用手套5000个，护航最美“逆行者”。

【组织建设】2020年，区妇联深化推进妇联组织“破难”改革，争取区委重视支持，新增行政编工作人员1名，增替补区级妇联执委至25人，解决区妇联多年来机构不健全、人员不足的短板。积极推进新领域、新阶层、新群体妇女组织建设，新建“妇女微家”10个。规范化抓好基层阵地建设，深入指导基层抓好各级“妇女之家”“儿童之家”“巾帼驿站”创建工作，武江区社区（村）“妇女之家”“儿童之家”“家庭教育指导服务站”覆盖率达100%，实现有牌子、有队伍、有制度、有计划、有阵地、有活动“六有”。

【干部队伍建设】2020年，区妇联加大各级妇联干部培训力度，打造一支信念坚定、执行有力、敢于担当、奋发有为的妇联干部队伍。全年选送妇联干部、农村种养能手等45人次，参加省、市、区举办的领导能力、电商、直播带货、合作社创业等培训班。12月，组织60名城乡妇女参加“南粤家政”育婴师培训班，提升妇女创业就业能力。12月17日至18日，组织各镇（街）妇联、区直机关妇委会、团体会员、种养能手共50多人参加女性综合能力提升班，同时，通过线上线下组织各级妇联干部300多人次开展妇女维权知识、舆情处置等专题培训，全面提升各级妇联干部的综合素质。

【推进两纲规划】2020年，区妇联认真履行妇儿工委办职责，召开薄弱指标专题会。1月20日召开全区妇女儿童发展规划实施工作分析布置会；7月21日，针对部分重难点指标完成不理想情况，召集抗标单位攻坚提标；10月27日，就进展情况、未完成原因及下步举措，再次向工会、公安局等责任单位发出提交书面说明的通知。2020年，经汇总和再次与市妇儿工委办、市统计局沟通，同意武江区调整统计指标为119项，未达标12项，2019年完成率提高为89.92%；2020年达标困难项3项，完成率为94.7%。

【妇女儿童维权】2020年，区妇联构建形成及时发现报告机制、维权联动机制、关爱服务机制、舆情应对机制、督查督办机制“五项维权机制”。各级妇联共受理来信、来访、来电咨询等130多件次，信访处理结果满意，处理率达100%。筑牢部门联动妇女儿童维权网。牵头联系公安、法院、教育、应急办等部门，建立长期联动机制，协助妇女群众更合法、便捷维权，共处理市妇联、区应急局转来案件6起，均已及时办结，全年未发生严重舆情事件。整合社会专业力量，共同维护妇女儿童的合法权益。疫情期间分别联合市妇女权益服务站、心理咨询志愿服务机构，启动“防疫医疗/心理支持志愿服务”心理援助计划，携手心理咨询专家志愿者，免费为妇女儿童提供公益心理援助服务。

【开展家庭家风活动】2020年，区妇联健全家庭建设网络，建立区、镇、村（社区）三级家庭建设领导机构，并制定工作总体目标和实施方案。实现“零距离宣传”，营造重视家庭建设良好氛围，组织各级妇联和“妇女之家”“儿童之家”等阵地在“三八”“六一”等节庆日印发宣传家教的材料，举办“书香阅读”亲子读书节、妈妈读书会等活动。以“家庭教育大讲堂”“好家风好家教进社区（村）”系列宣传活动为载体，通过展板设置、宣传册派发、讲师授课、文艺表演等多种形式，开展系列活动70余场次，派发资料及小礼品5000多份，受教育群众达6000余人。常态化开展“最美家庭”“文明家庭”“平安家庭”“好媳妇”“好少年”评选表彰活动，评选、表彰武江区“优秀社区家长学校”10所、“好媳妇”10名、“新时代好少年”18名、“星级文明户”800户。

【惠民关爱帮扶】2020年，武江区推进援建单亲特困母亲安居房工程。首批纳入援建项目的3户单亲特困母亲家庭已全部入住，第二批的2户单亲特困母亲家庭已基本完成房屋建设并通过初步验收，在全市率先完成援建单亲特困母亲安居房项目（第二期）建设。建立健全重点人群和家庭关爱服务机制。拨款至各镇街组织开展“新年送温暖”多项关爱工作；严格落实妇联干部报到制度和妇联执委普遍联系妇女群众制度，对特殊群体实行挂钩

2020年9月25日，区妇联联合区文明办、区教育局在武江区全民健身广场开展以“弘扬家国情 礼赞新中国”为主题的好家风好家教文艺宣传活动

（区妇联　供图）

联系，每月定期上门走访、关爱帮扶；开展“童·奔康”活动，为贫困家庭的儿童送上安心险并扶持其读书。开展“两癌”救助关爱活动。联合区卫健局、人寿保险公司组织发动妇女群众参与农村妇女“两癌”免费筛查及巾帼健康行动之“两癌”救助保险项目，共开展“两癌”筛查近1900人次，为建档立卡的贫困妇女及省定贫困村全村妇女购买“两癌”保险达1000人。

【服务中心工作】2020年，区妇联助力脱贫攻坚，组织辖区500名妇女开展创业就业培训需求调查，为培训工作提供参考；实施“把爱带回家”工程，发动组织城乡妇女参加妇联系统线上创业就业培训，共有73名妇女参加学习直播带货；组织农村种养能手加入巾帼创业直供群和电商群，助推产品销售。2020年，重阳“六记”兰花基地被评为市级“巾帼创业示范基地”，并建立“十百帮扶贫困妇女精准脱贫项目”。围绕区委、区政府开展的村容村貌整治行动，向各镇农户家庭印发派送倡议书5万份，动员广大妇女家庭围绕人居环境整治，以做好“家”字文章为切入口，大力开展“家越美　粤幸福”四项行动，逐步铺开美丽家园建设工作，为乡村振兴打下坚实的基础。

【先进典型】2020年，区妇联成功选树创建一批全国、省、市先进典型：肖碧琴先后荣获“广东省三八红旗手”“全国三八红旗手”称号；新华街花城社区被评为“广东省三八红旗集体”；黄宗伟家庭被评为广东省“最美家庭”；惠民街群立社区被评为广东省“家庭文明建设示范点”；西河镇红星村、西联镇芙蓉村被评为省级“妇女之家”。此外，还创建市“巾帼文明岗”6个，市“美丽家园”示范户10户；市“平安家庭”创建先进示范村（社区）3个，市“平安家庭”先进示范户10户；市“家越美　粤幸福”工作示范村1个；市首批“家风家训实践基地”1个；市级“妇女之家”示范点2个；韶关市“好军嫂”2名等荣誉，有力提高武江区的美誉度。

（杨　思）

归国华侨联合会

【概况】2020年，在区委、区政府的领导和区委统战部门的指导帮助下，区侨联始终坚持“以侨为本，为侨服务”的宗旨，“群众工作、参政议政、维护侨益、海外联谊”的基本职能，围绕中心、服务大局，团结全区广大归侨侨眷和海外侨胞，为全区经济社会发展做出应有的贡献。2020年，武江区归国华侨联合会获评韶关市侨联系统先进集体，麦燕玲、张昆山、戴丽姬等三人获评先进个人。

【思想建设】2020年，区侨联始终高度重视政治理论学习，自觉以习近平新时代中国特色社会主义思想为指导，深入学习贯彻中共十九大精神，高举中国特色社会主义伟大旗帜，坚持走中国特色社会主义道路的信念不动摇，树牢“四个意识”、坚定“四个自信”、做到“两个维护”。2020年11月，组织区侨联班子、各小组长和归侨侨眷代表到重阳的万侯村、南岸村开展爱国主义教育活动。

【疫情防控】2020年，区侨联及时转发省、市侨联相关通知和《致海外侨胞的感谢信》，传递侨联组织和家乡亲人对海外游子的牵挂惦念，感谢他们的倾情奉献，温暖侨界人心。通过广泛宣传，引导海外侨胞科学防疫。支持他们理性科学抗疫，把党中央的关怀关爱送到广大侨胞心中。认真抓好疫情防控。全面落实“外防输入、内防反弹”的要求，强化内部精准防控，杜绝外源性感染。充分发挥侨联作为党和政府联系广大归侨侨眷和海外侨胞的桥梁纽带作用，贯彻落实党中央要求，做好疫情期间海外侨胞和归侨侨眷联系服务工作。深入了解和掌握归侨侨眷受疫情影响的情况，及时上报有关信息和数据。通过走访和慰问困难归侨侨眷，上门为武江区200多名归侨、区侨联小组组长、涉侨企业负责人和困难归侨侨眷发放一次性口罩约700个，及时帮助他们及家属解决存在的实际困难，当好侨胞贴心人。全区无涉侨人员感染新冠肺炎。引导侨商、侨企继续抓实抓细疫情防控，尽力帮助协调和解决侨商、侨企面临的困难和问题，辖区内的韶关爱尔眼科医院和韶关市光华五金制品有限公司 2 个涉侨企业做到安全有序复工复产。

【基层组织和人员队伍建设】 2020 年，区侨联争取市侨联基层侨联建设经费 3 万元，建设完成惠民街侨联工作站、新华街惠民西社区侨胞之家两个基层站点，并完善有关制度。认真做好韶关市第十二次归侨侨眷代表大会 24 名代表、6 名委员人选推荐审核工作。推荐韶关市妇女第十三次代表大会代表、第十三届执委会委员候选人侨界代表 1 名。

【归侨侨眷服务】 2020 年，区侨联认真开展贫困归侨侨眷关心慰问工作，向 5 名贫困归侨侨眷扶贫发放救助补助金 30000 元；认真开展中秋重阳慰问困难归侨侨眷、80 岁以上老归侨等 140 人次，发放慰问金 37300 元。积极协调市、区有关职能单位，帮助困难归侨张亚伍申请直管公房，解决她一家五口人三代同堂住房困难问题。积极协调处理韦若瑟关于在始兴石人嶂钨矿的棚改房问题。在惠民西社区举办“重阳节・话侨情・普侨法”座谈会，座谈会上，邀请社区挂点律师授课《中华人民共和国民法典》和《广东省华侨权益保护条例》有关知识，并开展有奖知识问答等活动。在惠民街侨联工作站开展“心肺复苏等急救知识”讲座，进一步做好对侨服务。

（郭二妮）

2020年11月14日，武江区侨联、惠民街道办事处、群立社区联合开展急救知识讲座（区侨联　供图）

工商业联合会

【概况】 武江区工商业联合会（商会）（简称区工商联）是区委领导的以非公有制企业和非公有制经济人士为主体，具有统战性、经济性、民间性有机统一基本特征的人民团体和商会组织。

根据机构改革后机构编制方案，区工商联核定行政编制 1 名。内设机构：办公室。

【党建工作】 2020 年，区工商联根据摸底和走访了解情况，动员天源重机、炬荣中通和新雅物业成立党支部，进一步落实关于在符合条件的民营企业成立党支部的工作要求，最大限度把民营企业团结凝聚在党的周围。

【理想信念教育】 2020 年，区工商联开展学习习近平总书记在看望参加全国政协十三届三次会议的经济界委员讲话精神、习近平在企业家座谈会上的讲话精神，通过阅读原文，深入领会精神，进一步增强民营企业发展的信心。

【新冠肺炎疫情防控工作】 2020 年，区工商联按照区新冠肺炎防控指挥部工作部署，指导会员企业严格按照要求做好疫情防控工作。协助和指导会员企业有序实现复工复产，并协调解决会员企业在复工复产中遇到的消毒水等防疫物资紧缺的问题。坚决落实中央“六稳”“六保”工作要求，将广东省《关于应对新型冠状病毒感染的肺炎疫情支持企业复工复产促进经济稳定运行的若干政策措施》转发给各会员企业，并协助符合条件的企业申请有关政策。

【服务社会】 2020年，区工商联参与新冠疫情防控履行社会责任。区工商联主席刘东在防疫物资最紧缺时期，通过境外购买捐赠口罩35000个，体温枪230个，洗手液40瓶，消毒水1500公斤和现金83000元；区工商联会员企业共捐款捐物用于疫情防控达50万元。积极参与乡村振兴发展工作，区工商联40余家会员企业捐款捐物139余万元用于武江区农村人居环境整治建设生态宜居美丽乡村打擂比武工作，有效地推动武江区生态宜居美丽乡村的建设，充分彰显企业社会责任。

【参政议政】 2020年，区工商联组织召开民营企业家座谈会，区委书记颜亮出席，广泛征求全区民营企业家代表对全区经济社会发展及“十四五”规划的意见建议。

【日常工作】 2020年，区工商联主动走访会员企业，做好履职工作。联合中国建设银行韶关市分行召开改进民企融资服务支持民营经济发展座谈会，进一步帮助民营企业解决融资难问题。协调并回复会员企业丰一机械科技有限公司反映的“助保贷”问题。举办“税收同需　服务升级”税费培训学习，进一步提升会员企业在税务方面知识。按照全联、省联工作部署，从5月开始，分步骤对工商联会员系统信息进行完善，为全联、省联在决策中提供数据基础。完成省联、市联交办的各类问卷110多份。召开区工商联五届第五次会员大会。

（郭二妮）

2020年11月9日，区委领导一行到工商联调研民营经济发展

（区工商联 供图）

残疾人联合会

【概况】 武江区残疾人联合会（简称区残联）是由残疾人及其亲友和残疾人工作者组成的人民团体，核定事业编制4名，设理事长1名、副理事长1名和正股级领导职数2名。

2020年，区残联编制4名，原实有2人；2月，经区委编委会议研究决定，同意宋沛妍列入区残疾人联合会编制；8月，按照相关干部选拔任用工作程序选拔宋沛妍为区残疾人联合会办公室主任；11月，经区委编委会议研究决定，同意胡铭辉列入区残疾人联合会编制；现实有4人。下设区残疾人综合服务中心，事业编制5人，12月，付桂玉达到法定年龄退休，实有4人。辖区5个专门协会，分别是武江区肢体残疾人协会：主席班建华；武江区盲人协会：主席吴羽庭；武江区聋人协会：主席温建文；武江区智力残疾人及亲友协会：主席温雪梅；武江区精神残疾人及亲友协会：主席蓝松娣。

2020年，区残联在区委、区政府的正确领导和市残联的精心指导下，认真落实中共十九大及十九届五中全会和习近平总书记系列重要讲话精神和出席深圳经济特区建立40周年庆祝大会和视察广东重要讲话、重要指示精神，按照区委、区政府决策部署，坚持不懈抓好各项工作落实，取得防疫与重点工作两不误、两促进，做到残疾人教育就业、康复协调推进，打赢脱贫攻坚战等工作。

武江区 2020 年残疾人持证情况表

表 6　　单位：人

在册残疾人数	视力残疾人数	听力残疾人数	言语残疾人数	肢体残疾人数	智力残疾人数	精神残疾人数	综合残疾人数
5462	460	313	48	2709	701	822	409

【康复工作】 2020 年，武江区投入 23.5 万元为 50 户建档立卡户或低保户且有需求的贫困残疾人家庭进行居家无障碍改造；督促完成西联镇、重阳镇、西河镇社区康园中心建设和新华社区康园中心搬迁新址及筹备运营工作；为困难残疾人提供康复评估、康复训练、辅具适配、咨询转介等康复服务，共为贫困残疾人免费发放辅助器具 371 件；创新武江区残疾人服务工作新模式，主动联系协调东莞市残疾人福利基金会资助 3 万元，分别在市区及龙归镇设立辅具维修点，为武江区残疾人提供辅具维修服务；组织韶关市残疾人康复中心专家对辖区内的韶关市武江区爱心亨达特殊教育培训中心、韶关市爱慧自闭症康复训练中心、韶关市武江区小海龟学前儿童特殊教育培训中心和韶关市乐康早期干预中心等四间定点民办康复机构进行考核、评估；根据韶关市残疾人联合会《关于 2020 年残疾人精准康复服务工作情况的通报》（韶残联〔2020〕110 号），2020 年武江区残疾人精准康复服务率达 100%，在全市排名第一。

【社会保障】 2020 年，区残联配合协助韶关市武江区民政局做好重度残疾人护理补贴和困难残疾人生活津贴的发放审核；配合协助韶关市人社武江分局办理残疾人城乡基本医疗保险和养老保险的投保；牵头组织卫健、扶贫、民政等部门开展困难疑似残疾人评残办证服务，共为 1500 余名疑似残疾人提供上门评残，已评定残疾等级达 1003 人；为 84 名使用机动轮椅车的残疾人发放燃油补贴，共计 2.184 万元；积极配合住建部门开展残疾人精准扶贫贫困户危房改造筛查工作，共排查出残疾人危房 20 户。

【就业扶持】 2020 年，区残联累计完成按比例安排残疾人就业年审的用人单位共 209 家；联合区人社局等有关部门举行 2 场困难残疾人专场招聘会；积极组织残疾人参加人社部门到镇街举办的招聘会；向用工单位推荐残疾人就业 24 人；建设江湾扶贫基地暨旭日爱心车间，安置就业残疾人 26 人；完成残疾人青壮年文盲扫盲培训任务 8 人；5 月，组织参加“南粤扶残·碧桂园助力计划”之残疾人扶贫基地项目大赛，参赛项目社区康园中心旭日爱心车间获得全省大赛二等奖，并获得 20 万元项目奖励金；7 月，组织 8 名残疾人参加 2020 年广东“众创杯”创业创新大赛之残疾人公益赛；8 月，邀请农业技术专家为龙归镇 36 名贫困残疾人进行农村种养实用技术培训，联系爱心企业韶关市立全机械有限公司和韶关市爱尔眼科医院为残疾学

2020年5月14日，区残联参赛项目社区康园中心旭日爱心车间项目获得残疾人扶贫基地项目大赛二等奖和20万元项目奖励金

（区残联　供图）

员送上鸡苗一批；8月，分别到五镇两街举办“全国残疾人基本服务状况和需求信息数据动态更新工作”及“新六类残疾人识别”培训班，共190人参加学习；10月，对全区4861名持证残疾人完成全国残疾人基本服务状况和需求信息数据动态更新工作入户调查工作。

【扶残助学帮困】2020年，区残联在新冠肺炎疫情期，慰问贫困残疾人共142人次；为辖区16位因疫情造成盲人按摩店经营困难的视力残疾人家庭送去大米、食用油、面和防疫口罩等物资共渡难关；为辖区急需口罩的困难残疾人送去1600个口罩。走访慰问帮扶贫困户23人次，为他们进行家居环境整治及政策宣传，并送去慰问品；落实武江区脱贫攻坚访贫问效工作，共走访32人次，针对残疾人家庭短板和疑难问题，及时与相关职能部门沟通协调，尽力为残疾人排忧解难；为3名因大病致贫特困人员发放慰问金；协助教育部门调查适龄残疾儿童入学状况和落实“一人一案”；加强与区教育局、东岗和至和小学特教班等沟通联系，进一步提高残疾儿童少年义务教育入学率和巩固率；为15名家庭贫困的残疾学生提供助学金4.4万元；为4名3—6岁残疾儿童发放学前教育补贴每人0.4万元。

【信访工作】2020年，区残联固定每周二上午在区残疾人综合服务中心接访，共接访100余人次，处理涉及低保、助学、贫困求助、康复救助、居家无障碍改造等问题，为残疾人排忧解难；联合挂点新村社区到所辖路段开展入户走访宣传活动，向群众派发宣传手册及宣传相关知识，仔细倾听他们的意见与建议，热心地解答群众的提问，积极倡导大家齐心协力维护社会安全稳定，共谱和谐稳定新曲。全年没有发生一起残疾人集体上访、越级上访等事件。

【文体宣传】2020年，区残联以“全国助残日”和“国际助残日”为契机，组织残疾人开展或参加各种文体活动，使残疾人能早日融入社会，感受到党和政府对他们的关爱之情；协调配合粤北医院康复科不定期到新华街康园中心开展助残志愿服务活动，增加残疾人参与社会活动的机会；12月，在韶关市最美残疾人专职委员评选活动中，区残联选送的专职委员邝永华荣获韶关市“十大最美残疾人专职委员”称号，谢永清荣获韶关市“优秀残疾人专职委员”称号，武江区残联荣获“优秀组织奖”；挂点西河镇下坑组团在2020年第三批人居环境整治“打擂比武”评选中，挂点自然村林屋村总分排名前10名，获评“生态宜居美丽村庄”称号和40万元奖励资金；挂点自然村山架岭村总分排名第11—20名，获评“美丽庭院村庄”称号和10万元奖励资金。

【残疾人证发放】2020年，区残联共发放残疾人证1052本。

（何欣苗）

红十字会

【概况】武江区红十字会（简称区红十字会）是区政府领导下负责从事人道主义工作的社会救助团体。区红十字会核定事业编制1名。设会长1名（由区政府领导兼任，不占编制），专职副会长1名（韶武办发〔2019〕25号）。

【理论学习】2020年，区红十字会深入学习贯彻中共十九大和十九届二中、三中、四中、五中全会精神，习近平总书记对广东重要讲话和重要指示批示精神以及习近平总书记关于疫情防控重要讲话和指示精神，始终坚持党对红十字工作的领导，牢牢把握红十字事业发展正确方向，牢固树立“四个意识”、增强“四个自信”、做到“两个维护”。

【疫情防控物资募捐和接受捐赠工作】2020年，新冠肺炎疫情发生以来，区红十字会积极响应区委、区政府的号召，与区应急局、区卫健局沟通对接，了解区防疫一线需求，及时开展疫情防控物资捐赠工作。2月1日，区红十字会在区政府网站发布《武江区关于捐赠疫情防控物资、资金的倡议书》，呼吁社会各界爱心人士贡献一份力量，献出一份爱心，共同抗击疫情，确保人民群众的生命安全和身体健康。

2020年，区红十字会共接收31批社会捐赠疫情防控物资，合计约155.91万元，为武江区疫情防控工作提供大力支持和保障。区红十字会对收到的每一批捐赠物资，都组织现场清点，及时做好物资交接登记，根据爱心人士和爱心企业的捐赠要求举行捐赠仪式，开具捐赠票据，在第一时间将接受的捐赠物资全部交由区新冠肺炎疫情防控指挥部统一调配使用，并及时在区政府网站上公布接受捐赠物资情况，做到公开透明，接受社会监督，发挥最大社会效应，助力武江疫情防控。

【宣传工作】 2020年5月12日，区红十字会积极参加韶关市减灾委员会在新华街花城社区枫合汇广场举办的“5·12”全国防灾减灾日主题宣传活动。活动现场，区红十字会向过往的市民派发疫情防控知识宣传册、家庭急救宣传册、造血干细胞捐献等宣传手册，并向市民讲解普及疫情防控、防灾减灾、心肺复苏等红十字应急救护知识以及应对突发事件和意外伤害的方法，引导群众加强自我防护和安全意识，提高群众应对突发事件的应急处理和自救互救能力。

【博爱送温暖活动】 2020年，区红十字会深入基层开展送温暖慰问活动，充分发挥人道救助的作用，弘扬“人道、博爱、奉献”红十字精神。1月16日，区红十字会在龙归镇政府举行“2020年春节博爱送温暖慰问活动”物资发放启动仪式，为龙归镇困难群众送去一批价值约1.38万元慰问物资。副区长钟爱明在区红十字会专职副会长侯芊彤和龙归镇干部的陪同下，入户走访慰问龙归镇困难白血病患儿家庭、单亲家庭，详细了解他们的生活状况和存在的困难，鼓励他们要树立信心，保持乐观心态积极面对生活，并为他们送上慰问金、慰问品和新春的祝福。“5·8”红十字博爱周期间，区红十字会开展“助力疫情防控　红十字救在身边”主题活动，针对受新冠肺炎疫情影响的特殊群体，开展人道救助和关爱帮扶活动。5月9日，副区长钟爱明在区红十字会专职副会长侯芊彤等工作人员的陪同下，深入基层走访慰问武江区先心病患儿童、精神残疾人、单亲家庭等困难群众，详细了解他们的日常生活需求和急需解决的困难，对困难群众所反映的住房、子女就业、居住环境等问题，副区长钟爱明立即与有关部门沟通协调，着力改善困难群众眼前的困境，同时还向他们讲解新冠肺炎疫情预防知识和防疫措施，指导他们做好疫情居家防护，并为每户困难家庭送上慰问金、大米和食用油等生活物资。为弘扬中华民族尊老敬老的传统美德，进一步营造爱老助老的良好气氛，区红十字会联系挂钩帮扶的惠民街道群立社区居委会，调查了解社区贫困、高龄、独居、空巢、失能等老人情况，切实做好2020年“敬老月”活动工作。10月21日，重阳节来临之际，区红十字会专职副会长侯芊彤和红十字志愿者一行5人，在群立社区负责人的陪同下，分别走访慰问8位独居老人，为老人们送去节日的慰问金和慰问品。

【志愿服务活动】 2020年，区红十字会深入开展系列志愿服务活动，传播社会正能量，扩大红十字会的社会影响力。为加强新冠肺炎疫情常态化防控宣传，组织志愿者协助挂点社区做好体温监测、信息验证、宣传引导、排查跟踪等工作，并通过多种途径宣传普及新冠肺炎防控知识，提升城乡居民防病意识和防病能力，打赢疫情防控阻击战。在“5·8”红十字博爱周期间，区红十字会开展“助力疫情防控　红十字救在身边”主题活动，针对受新冠肺炎疫情影响的特殊群体，开展志愿服务活动，帮助特殊群体解决生活中遇到的问题和困难。5月9日，区红十字会组织志愿者到困难残疾人林某家里打扫屋内、院外卫生死角，搬移废旧物品，整理屋内杂乱生活物品等，并引导其养成文明健康生活习惯，打造一个干净整洁卫生的居家生活环境。根据区创文办工作部署，8月中旬，按照网格化管

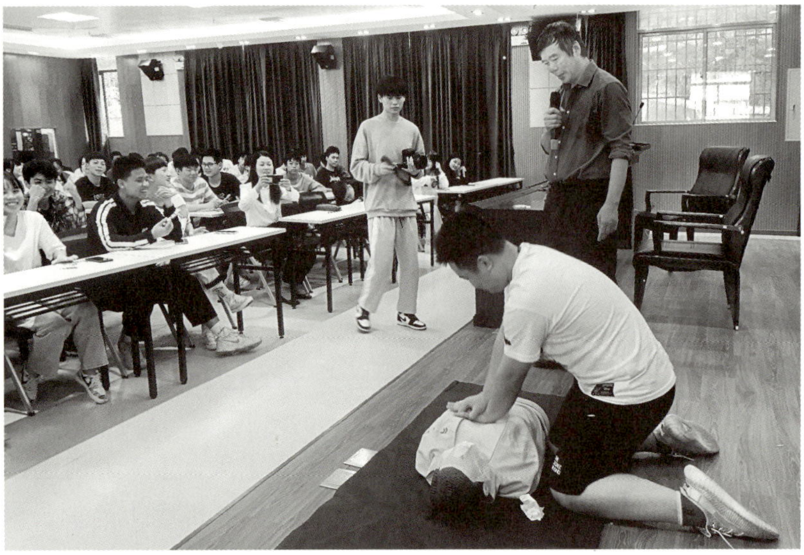

2020年11月20日，区红十字会在广东省岭南工商第一技师学院举办应急救护宣讲活动　　（区红十字会　供图）

理要求，组织志愿者到挂点社区参与入户宣传活动，并做好个人和家庭成员的创文知识辅导宣传工作，带动身边亲友积极支持创文、参与创文。同时结合创文巩卫工作，组织志愿者开展创文保洁、交通引导、消防安全排查、文明行为促进条例、野外用火管理条例、禁燃禁放等宣传活动。

【应急救护知识活动】2020年，武江区深入推动应急救护知识“五进”（进机关、进社区、进农村、进企业、进学校）工作，提升公众的安全意识和自救互救能力，传播“人人学急救　急救为人人”的红十字救护理念。共举办3场应急救护知识技能进社区、进学校活动。8月29日，区红十字会在惠民街道长城社区开展“人人学急救　急救为人人”为主题的应急救护知识宣讲活动，共有30名社区群众参加活动。9月12日是第21个“世界急救日”，9月18日，区红十字会在惠民街道群立社区开展2020年世界急救日主题宣传活动——“疫情下的急救”和“在职党员学急救、危难时刻当先锋”为主题的应急救护知识宣讲活动，此次活动共有30名社区在职党员参加活动。11月20日，区红十字会在广东省岭南工商第一技师学院（韶关校区），举办一场应急救护知识和技能讲座活动，传播“人人学急救、急救为人人”的红十字救护理念，共有105名师生参加活动。

【困难家庭先心病救治活动】

2020年3月，区红十字会对武江区贫困先心病患儿、风湿性心脏病患者情况进行摸底调查，深入了解患者的身体健康状况、家庭经济状况、手术救治情况，登记在册，为今后实施救治提供依据。7月31日，组织贫困先心病患儿、风湿性心脏病患者到市红十字会参加免费筛查活动，对符合手术指征的患者，区红十字会收集材料交付医科大学附属第一医院专家对筛查确诊的患儿进行评审，确保患者得到及时救治。

【无偿献血活动】2020年1月14日，区红十字会联合区无偿献血委员会组织机关干部、职工在区政府办公大楼七楼会议厅开展无偿献血活动。在献血活动现场，红十字志愿者们为献血人员认真填写无偿献血登记表，积极配合血站工作人员完成体检、化验和采血。

（侯芊彤）

军 事

人民武装部

【概况】 1986年5月，组建中国人民解放军广东省韶关市武江区人民武装部（正团级），6月1日正式开始办公。1986年6月18日，根据中央关于人武部改归地方建制的有关规定，中国人民解放军广东省韶关市武江区人民武装部改为广东省韶关市武江区人民武装部（副处级）。1996年4月1日，由地方建制收归军队建制，全称为中国人民解放军广东省韶关市武江区人民武装部（正团级），隶属广东省军区韶关军分区领导。2005年12月，按照党管武装的原则，由区委书记兼任区人武部党委第一书记，区人武部一名主官兼任区委常委，另一名主官兼任区政府党组成员。

【思想政治建设】 2020年，区人武部党委始终注重政治引领，着力加强思想政治建设。突出用习近平新时代中国特色社会主义思想和习近平强军思想引领官兵、指导实践，学习贯彻中共十九大和十九届二中、三中、四中、五中全会精神，及时跟进传达学习习近平总书记的重要讲话和关于“不忘初心、牢记使命”重要论述，巩固深化主题教育成果，坚持把学讲话作为党委理论学习中心组学习的重要内容，统一干部职工思想，凝聚意志力量，注重抓好小组讨论、研讨交流等环节，确保把教育抓紧抓实抓出成效。周密组织党史学习教育，为每名党员购买学习书籍，坚持每周讲述一则党史故事，建设党史学习长廊，结合战备拉练，组织干部职工参观粤北长征纪念馆，实地感受党和军队走过的光辉历程，进一步增强听党话、跟党走的初心。

【党风廉政建设】 2020年，区人武部坚持把刚性执纪、正风反腐挺在前面，认真传达学习上级关于廉政作风建设的一系列文件批示精神，对照其他单位出现的问题，举一反三，抓好警示教育，搞好讨论分析，促进入脑入心。坚持党委集体理财，重大开支项目都经党委研究决定，大项经费开销全部纳入党委集体监管，严格落实物资集中采购制度，坚持重大采购严格按照程序公开招投标，集体研究确定中标单位。

【参加县（市、区）人武部党委第一书记党管武装述职会议】 2020年1月3日，区委书记、人武部党委第一书记参加市委组织的县（市、区）人武部党委第一书记党管武装述职会议，在会上作交流发言。

【安全工作检查】 2020年1月9日，军分区工作组对区人武部安全工作进行检查，通过座谈了解干部职工文职人员思想状况，检查机关办公保密秩序、营院日常管理、兵器室管理等工作。

【征兵工作协调会】 2020年1月10日，武江区征兵工作协调推进会在区人武部四楼会议室召开。会议由政委杜亚主持，会议通报2019年度征兵工作完成情况，军事科、政治工作科分别就兵役征集制度调整改革和征兵宣传发动工作进行布置，副部长对征兵工作作强调，政委围绕强化职责意识、以爱国情怀看待并做好征兵工作作讲话。各镇（街）镇长（主任）、武装部长和相关局（办）负责人员参加会议。

【年度点验】2020年4月24日，区人武部组织民兵应急连官兵组织年度点验。宣布干部任职命令，预建党支部，召开党员大会、支委会和党小组会议，开展政治教育，组织入伍宣誓仪式，全程安排顺利。

【省军区副司令员带工作组检查指导】2020年7月8日，省军区副司令员廖正荣带工作组对区人武部“四个秩序”抓建推进情况进行检查指导，现地查看营院建设和办公楼各场所及功能室，对抓建过程中的注意事项面对面进行指导帮带。

【军事训练】2020年4月，区人武部根据韶关军分区年度军事训练安排，分别选派人员参加曲江区组织的全市无人机操作集训和乳源县组织的全市某连连长带骨干集训。

【民兵组织整顿】2020年，区人武部以“十三五”民兵调整改革和省军区、军分区检查考评为契机，注重抓好年度民兵整组工作，按照上级要求合理制定本级年度整组方案和计划，对辖区基干民兵和普通民兵队伍进行组织整顿，此项工作自3月20日动员部署开始，6月5日阶段性完成。通过整顿，达到组织健全、人员齐整的效果，较往年有较大进步，但由于历史遗留问题较多，横向与其他县（市、区）相比，差距还比较大。10月20日，广东省军区对武江区民兵整组工作进行考评。

【征兵工作】2020年，区人武部针对疫情带来的影响，及时调整对策，对照“五率”考评细则，坚持早谋划、早部署、早展开，注重搞好征兵宣传，采取面上宣传与重点宣传相结合的方式，协调学校利用高考志愿填报指导会的时机，对辖区高中应届毕业生的针对性宣传发动，印制《兵役登记公告》和征兵宣传单，张贴在村（居）委和小区内，并组织工作人员分别在创业广场、沃尔玛广场等地进行定点宣传，协调区委宣传部、韶关高铁站、沃尔玛集团等单位，在辖区利用公益宣传栏设立征兵宣传板报；制作展架在沃尔玛广场、西河健身广场、韶关高铁站候车室等地进行摆放；利用高铁站出口大型LED显示屏对征兵宣传短片进行投放；严密组织新兵役前训练，通过严格的军政训练，预定新兵圆满完成训练；隆重召开新兵入伍欢送会，大力营造参军光荣的深厚氛围；坚持阳光征兵、廉洁征兵，全区未发现违反征兵纪律规定的人和事，高质量完成上级赋予的年度兵员征集任务。

【将国防动员潜力核查工作纳入地方绩效考评】2020年4月16日，区人武部协调区委、区政府组织召开国动委专题会议和迎接国防动员能力检验评估领导小组工作会议，对相关工作进行研究部署，将国防动员潜力核查工作纳入地方绩效考评。

【国防教育训练基地建设】2020年，区委、区政府投入经费，对区国防教育训练基地进行维修整治，配套门窗、空调、床铺、卫生间、厨房、餐厅等场所设施，解决训练无场地的问题。

【应急器材筹措和指挥所建设】2020年，区政府、区应急管理局购置一批民兵应急装备器材，建设国防动员指挥平台，有效解决应急器材短缺和军地指挥手段落后的问题，对原仓库进行整治。

【新冠肺炎疫情防控】2020年，新冠疫情发生以来，区人武部党委坚决贯彻上级一系列决策部署，坚持把新冠肺炎疫情防控工作作为政治任务来完成。及时成立疫情防控领导小组，部长政委亲自任组长，加强领导力量，及时分析研判疫情形势，周密部署防控工作。紧盯疫情防控形势，注重抓好习近平总书记关于新冠肺炎疫情防控有关重要讲话精神和各级关于疫情防控工作的文件的传达学习，扎实组织疫情防控形势教育，特别是针对集中居住时间长、干部职工情绪变化大等实际，及时搞好教育引导、心理疏导、解疑释惑、解难帮困，增强战“疫”必胜信念。严格按照《营区封闭式管理暂行规定》《疫情期间门岗职责》《营区封闭式管理公告11条》《新冠肺炎防控应急处置方案》等规定，抓好每日测量体温、定时消毒、生活物资统一集中采购配送、休假归队人员及时隔离等措施，确保“零感染”。积极组织民兵支援地方疫情防控和复工复产。在做好自身疫情防控工作的同时，经请示上级同意，积极主动作为，指导民兵全力协助地方政府打好疫情防控阻击战，协助地方相关部门执行宣传引导、排查疫情、检查点执勤、车辆排查、应急值守、车辆洗消等任务，并发动干部职工捐款3700元用于疫情防控，转入常态化防控后，坚持严格落实各项制度规定，确保人员及营院保持良好状态。

（陈兴运）

退役军人事务

【概况】 2020年，在区委、区政府坚强领导下，在市退役军人事务局的精心指导下，武江区退役军人事务局坚持以习近平新时代中国特色社会主义思想为指导，深入学习贯彻习近平总书记关于退役军人工作和新时期双拥工作的重要指示批示精神，武江区2020年退役军人事务工作伴随全面建成小康社会和强军兴军步伐，在继承中发展，在改进中创新，取得明显成效。

【接收安置】 2020年，武江区落实“阳光安置”政策，接收符合政府安排工作退役士兵，提供央企、省企岗位和区级公益一类事业单位岗位，并于12月安置到位，按时足额发放待安排工作期间生活补助金并落实好待安置期社会保险接续待遇。

【就业创业】 2020年，武江区组织自主就业退役士兵分四期进行全员适应性培训并同时开展2场退役军人专场招聘会。组织2018年及2019年退役士兵报考中等职业院校，其中多名退役士兵报考成功并领取通知书。组织退役军人参加木棉花高校毕业生公益网络招聘活动、“戎归南粤”—2020广东省退役军人网络招聘季、退役士兵就业创业税费政策云辅导活动和“建行杯”第二届退役军人创业大赛、武江区2020年金秋招聘月暨退役军人专场网络招聘会等大型就业创业活动。

【优抚优待】 2020年，武江区按时足额发放各类优抚对象优待抚恤补助款项。包括发放“三属”抚恤金、“残疾军人”伤残抚恤金、“在乡复员（退伍）军人”生活补助金、“60周岁农村籍退役军人”生活补助金、房补金、“企业军转干”生活补助金、现役义务兵（2018年度和2019年入伍）家庭优待金、退役军人（2019年秋、冬季）一次性经济补助金、“优抚对象”2019年4月至2020年9月临时价格补贴、“病故军人遗属”一次性死亡抚恤金、受理退役士兵社保接续申请等。

【烈士褒扬】 2020年，武江区对辖区内的3座革命烈士纪念

2020年9月15日，武江区退役军人全员适应性培训（第一期）开班仪式

（区退役军人事务局　供图）

2020年11月6日，武江区退役军人服务体系能力提升培训班在武江区委党校举办　　（区退役军人事务局　供图）

碑（重阳、龙归奇石、龙归冲下）进行修缮保护。清明节、“9·30”烈士纪念日等重点节日期间，宣传发动27587人参加网上祭扫活动，组织党员干部60人在韶关烈士陵园参加向烈士纪念碑敬献花篮仪式，600余人在当地烈士纪念碑和烈士墓举行隆重祭奠活动。

【双拥宣传】 2020年，武江区2名退役军人、2名军嫂分别获得第一届“韶关最美退役军人”“韶关最美军嫂”荣誉称号并参加颁奖晚会。区退役军人事务局报送双拥信息稿54条，其中3条登陆韶关市退役军人事务局微信公众号，2条登录省退役军人事务局官网。电子屏幕滚动播放双拥宣传标语6000余次。

【双拥工作】 2020年，军地联动更加紧密。武江区开展“八一”、春节等重要节日期间拥军优属活动，走访慰问各类优抚对象，开展各类晚会、座谈会共90余场次。走访慰问抗美援朝出国作战人员、抗日人员、边海防官兵家属及执行任务部队官兵家属，为退役军人免费义诊送医送药，组织优抚对象开展短期疗养活动，为现役军人子女办理就近入学、随父母调动转学，安置随军家属，协调相关部门维护现役军人家属合法权益及为现役军人家属帮扶解困，常态化为立功受奖现役军人送喜报及悬挂光荣牌工作，跟进落实军地互提要求、互办实事“双清单”工作事项。

【服务体系建设】 2020年，武江区退役军人服务体系建设不断完善。区委书记颜亮主持召开武江区委退役军人事务工作领导小组第一次全体会议，对全区退役军人工作进行全面部署。组织全区退役军人服务体系工作人员进行教育培训1次，武江区退役军人服务中心被省退役军人事务厅评为五星级退役军人服务中心，江湾镇退役军人服务站、龙归镇退役军人服务站、西河镇退役军人服务站、新华街道退役军人服务站被省退役军人事务厅评为四星级退役军人服务站。

（李　磊）

法 治

政法委及综治

【概况】 2020年，武江区委政法委在区委的正确领导下，坚持以习近平新时代中国特色社会主义思想为指导，全面贯彻落实中共十九届四中、五中全会精神，认真贯彻落实中央、省委、市委和区委的决策部署，主动适应新时代政法工作总要求，多措并举同步做好疫情防控和政法各项工作。

【扫黑除恶专项斗争】 2020年，武江区强化政治担当，扎实推进扫黑除恶“六清”行动。强化线索核查，“线索清仓”高效保质。进一步规范线索流转和台账管理，全面落实“两查三对比”、“一案三查”、重点线索研判会商制度等工作制度，为精准打击提供有力支撑。强化案件侦办，依法打击成效明显。综合运用提级办理、异地用警等方式相继侦办一批涉黑涉恶案件。2020年，全区共打掉涉黑组织1个，恶势力犯罪集团1个，涉恶犯罪团伙4个，涉黑涉恶刑事立案34宗，破获刑事案件24宗，立案查处涉黑涉恶腐败和“保护伞”人员10人。强化综合治理，“行业清源”取得实效。2020年，共发出“三书一函”18份；各行业主管部门制定行业领域整治方案、制度、措施共62项，有效整治一批行业领域乱点乱象。强化宣传攻势，舆论氛围持续浓厚。采用群众喜闻乐见的宣传形式，以线上线下相结合的模式，制作宣传视频、战果展示宣传、新闻发布会、演讲比赛、“小手拉大手”校园宣传等活动，开展全方位、多角度的宣传发动，强化社会宣传，持续营造打赢扫黑除恶专项斗争收官战的浓厚氛围。

【维护社会稳定工作】 2020年，区委政法委会同区委办制定《关于报送防范化解重大风险隐患进展工作台账的通知》，组织各镇（街）、区直各单位对本辖区、本行业风险点进行排查、分析、研判和处置，同时罗列清单、建立台账、明晰责任、跟踪落实，并建立定期报告制度。定期不定期组织各镇（街）、各单位对可能存在的政治安全和社会领域风险隐患开展拉网式排查并建立风险隐患台账。组织做好涉“两委”换届矛盾纠纷隐患的排查化解工作，确保“两委”换届工作正常进行。同时在村（社区）“两委”换届期间，派出3个工作小组，深入各村（居）开展维稳巡查督导。

【平安武江建设】 2020年，武江区认真贯彻落实中央、省委、市委和区委的决策部署和各级平安建设工作总要求，多措并举同步做好疫情防控和平安建设各项工作。扎实推进“红袖章”平安志愿者工作。武江区推行“红袖章”治安联防组织“三个一”工作机制，广泛动员群众参与群防群治，全区共建立单位内部志愿者队伍、村（居）义务巡防员队伍、重点行业志愿者队伍等3支“红袖章”平安志愿者队伍共9303人。在疫情防控期间，“红袖章”平安志愿者积极参与到网格化疫情防控工作中，配合镇（街）、卫健、疾控和公安等部门开展宣传、排查和防控工作，充分发挥“红袖章”平安志愿者在疫情防控工作中群防群治、联防联控的作用。推进开放或半开放式居民区实施封闭式管理提升工作。2020年，武江区坚持以人民为中心，通过积极探索“1+6+3”（即建立健全1个党建引领的管理组织，提升排污、排水、供水、燃气、消防设施、三线整治等6个方面建设水平，开展联防平安小区、整洁卫生小区、和谐邻里小区3个创建）武江特色改造模式，开展开放或半开放式居民区实施封闭式管理提升工作。建立健全党建引领多元共治的小区管理机制，在试点一线组建红色工作队伍，鼓励居民组织成立“红色业委会”“红色理事会”等自管组织。开展排污、排水、供水、燃气、消防设施、三线整治等6个方面人居环境整治，并在试点居民区开展违建整治和蓝色铁皮房屋顶棚行动，因地制宜提升小区宜居品质。创建平安卫生和谐小区，引入智慧武江平安居智感小区系统和出租屋管理登记APP，加强立体治安管理，创建联防平安小区；开展爱国卫生运动，在城郊村创新推行“一毛钱”卫生保洁工程，以日常小切口带动美丽环境大变化；建立“真情五百”入户走访机制和“街坊议事堂”议事机制，帮助解决群众“烦心事”，加强服务群众力度。不断加强和完善“中心+网格化+信息化”建设工作。全区7个镇（街）、87个村（社区）都建立综治中心并已完成挂牌和相关制度上墙等工作。87个村（居）划分为396个区域网格，每个网格配备一名专（兼）职网格员，对辖区396个网格统一实行编码管理，网格化服务管理覆盖率100%。区、镇（街）、村（社区）三级综治中心和各成员单位通过综治信息系统实现互联互通，覆盖率达到100%。网格员通过综治信息系统手机APP上报流转办理网格事件。2020年，各网格共上报流转网格事件19841件，办结19838件，办结率99.98%。积极推动综治视联网建设和“雪亮工程”建设，完成全区综治视联网建设，覆盖全区村（社区）。总投资区级雪亮工程共享分平台已于2019年12月完成建设，由武江区建设的覆盖四镇两街的655路视频监控点位现已全部接入武江区雪亮平台，实现区、镇（街）、村（社区）三级联网。持续做好铁路护路联防工作。建立健全路地协调联动机制，落实涉路矛盾纠纷及突出治安问题排查整治、爱路护路教育、情报信息报送制度。6月开展的“遵守安全法规　创建平安铁路”主题宣传教育月活动中，武江区结合实际和疫情防控有关工作要求，及时安排部署，通过利用新媒体宣传、开展文艺演出活动、设置宣传咨询点、开展进学校、进社区、进家庭宣传活动等方式切实做好铁路安全知识及铁路护路相关法律法规的宣传工作。铁路沿线各镇也将铁路沿线重点突出治安问题排查工作纳入日常社会治安巡查中，联合相关部门开展专项整治行动。2020年，全区共开展涉路矛盾纠纷排查14次，重点整治行动24次，铁路护路联防工作有序进行。加强特殊人群服务管理工作。扎实做好严重精神障碍患者救治救助工作和社区服刑人员社区矫正监管工作。通过出台《武江区加强肇事肇祸等严重精神障碍患者救治救助工作方案》和《武江区严重精神障碍患者救治救助资金使用管理意见（试行）》，明确部门职责和日常工作机制。加强对社区服刑人员的日常监管，2020年，全区新接收社区矫正对象69人，解除（终止）社区矫正对象101人，整体情况稳定，没有发生重大安全事故、重大刑事案件、闹访或越级上访事件。

【“平安三率”宣传】 2020年，武江区多措并举，开展提升“平安三率”宣传活动。传统媒体宣传与网络新媒体宣传相结合，充分发挥网络新媒体受众广的宣传优势，制作微信推文和宣传短视频在“韶关发布”“民生网”等公众号平台进行发布推送，在武江辖区30余万微信用户的朋友圈第五条广告进行推送宣传；辖区各单位结合本单位工作特点，充分利用LED屏、宣传横幅、宣传栏等传统宣传方式进行广泛宣传。入户宣传与户外集中宣传相结合，加强与群众互动交流，各镇（街）和综治创评各成员单位结合创文、防疫等工作开展入村入社区入机关入校园入企业入市场活动和走访回访、上门送服务等入户宣传活动，及时摸排化解不稳定因素，以实际行动赢得基层和群众的理解和支持。开展“平安武江有奖知识竞答”“我心中的平安武江，我眼中的武江警察”绘画比赛等宣传活动，组织学校通过召开平安“三率”宣传主题班会等方式发动学生及家长共同参与平安武江创建。

【疫情防控工作】 2020年，由区委政法委牵头，成立区疫情防控指挥部社会稳定组，并根据实际调整完善组织架构，印发《武江区涉疫情矛盾纠纷排查化解工作方案》，及时做好舆情的核查管控工作和因疫情引发的各行业复工复产的不稳定因素排查工作。区委政法委牵头迅速搭建武江区疫情防控网格化排查工作专班，将区委政法委、区卫健局、武江公安分局疫情防控工作专班的工作人员进行整合，统一进驻武江公安分局集中办公，开展24小时指挥处置、落地核查等实体化运作，统筹做好数据赋能疫情防控工作，切实加强基础信息核查。进一步加强出租屋管理，严格按照“突出重点、明确责任、严密防范、集中清理、重拳出击、全面整治”的原则，借助在职党员到社区报到活动深入全区各个社区的出租房、流动人口聚集地，重点清查登记辖区出租屋及流动人口信息，了解掌握辖区出租屋租赁情况及治安状况等。

（李　琪）

公　安

【概况】 韶关市公安局武江分局（以下简称武江分局）承担维护国家安全稳定，预防、制止和打击违法犯罪活动，维护社会治安秩序，管理交通、危险物品、特种行业等职能。2020年，武江分局坚持以习近平新时代中国特色社会主义思想为指导，在区委、区政府和市公安局的正确领导下，全力以赴战疫情、防风险、保安全、护稳定，努力打造忠诚干净担当的公安队伍，全力维护武江社会安全稳定，群众安全感和公安工作满意度不断提升，取得2020年全市公安工作综合排名第一的优异成绩。

韶关市公安局武江分局成立于1983年，原址位于韶关市武江区新华南路3号，2018年5月迁至西联镇西联市场17号，正科级建制。2016年9月武江分局因市区公安体制改革下放至武江区政府，组织关系属中共武江区委，受区委、区政府和韶关市公安局双重领导。同时原市公安局交警支队市区二大队一并下放至武江分局管理，现为武江分局交警大队。韶关市公安局新区分局成立后，武江分局西联派出所划归新区分局，更名为新区分局新城派出所。

【党委（支部）建设】 2020年，武江分局严格落实管党治党主体责任，严格落实“第一议题”制度。加强党委中心组理论学习，开展党委中心组理论学习8次，进一步强化党委班子和班子成员的政治意识和政治鉴别力。扎实开展“坚持政治建警从严治警”教育整顿，推动“不忘初心、牢记使命”主题教育常态化，严格落实“三会一课”制度，以“学习强国”“韶关先锋”等平台为依托，强化党员日常教育管理。认真落实“社区吹哨、党员报到”工作，主动对接挂点村社区党组织，开展便民服务。认真组织广大党员民警开展十九大精神、十九届五中全会，习近平总书记在全国“两会”、全国公安工作会议、警察授旗仪式等重要会议上的讲话精神专题学习，进一步强化党性教育及理想信念教育。

【党风廉政建设】 2020年，武江分局全面配合省巡视、市巡察工作，针对巡察组提出的反馈意见及《巡察发现13个方面共性问题清单》，扎实开展自查自纠并整改落实。严格履行“一岗双责”，局主要领导带头为全体党员民警讲授《慎思、慎微、慎行，廉洁规范从警》党风廉政教育专题党课，与各科所队长共勉算好“七笔账”，局班子成员分别到分管和挂点部门讲授教育专题党课。扎实开展“坚持政治建警全面从严治警”教育整顿、纪律教育月活动、“以案促改”专题教育、数字身份证书管理和信息查询自查自纠专项整治、涉案财物突出问题专项整治以及审计监督等，进一步筑牢抗腐防变思想防线。

【指挥调度】 2020年，武江总警情同比下降12.06%，其中刑事警情同比下降30.32%；治安警情同比下降40.04%，交通警情同比上升11.2%。严格落实“110”处警“三回复”制度，严格落实等级勤务要求，持续密织“1、3、5”执勤防线，切实提升见警率。全年向区委、区政府、区政法委和市公安局报送《武江公安信息快报》349期。

【社会维稳】 2020年，武江分局全力防范政治安全、暴恐袭击、公共安全风险，在重要节点，启动等级勤务，加大重点部位防控，严格落实人防、物防、技防安全防范措施和管理工作责任，举全警之力圆满完成深圳特区建立40周年、全国“两会”、国庆中秋“双节”、十九届五中全会等重要节点安保维稳任务。防范化解重大风险隐患，坚持“三同步”工作机制，进一步完善各部门情报线索分析、研判、互通机制，主动把公安工作融入党政工作、综治工作，切实形成综治维稳整体合力。

【常态化疫情防控】 2020年，武江分局认真按照“外防输入、内防扩散”要求，第一时间响应部署，1月27日全警进入实战状态，在G323国道龙归加油站、十里亭桥、西河客运站等3个点位设置联合检疫检查站，严格落实“逐车登记、逐人检查”措施，全力防范疫情输入武江区。全区疫情防控研判专班设在分局，推进常态化疫情防控措施，抓实抓细医院、社区防疫、校园师生及周边风险排查，集中隔离点管理服务、人流密集处巡逻防控等工作。会同教育、卫健、市场监督等部门，对学校开展学生返校验收4批次，对全区49个教育培训机构、104家校外托管机构进行安全防范检查3批次。利用大数据手段严格核查涉疫情人员信息，全面降低疫情传播风险。结合疫情防控，推出“武江出租屋登记小程序”，全面排查登记辖区出租屋及流动人口信息。严密内部防护，没有发生公安内部感染疫情事件。

【扫黑除恶专项斗争】 2020年，为确保收官之年专项斗争取得全面胜利，区党政主要领导切实履行第一责任人职责，以上率下推动全区扫黑除恶专项斗争工作。武江分局集中精干警力持续向涉黑恶犯罪发起强大攻势，及时发现、严厉打击“九类涉恶”违法犯罪行为，并对重点经营成熟的案件开展集中收网，逐一攻坚、各个击破，共查封、冻结、扣押涉案资产1837.42万元。结合涉黑涉恶案件侦办工作实际，积极推动“以案促建”“以案促治”方式，共向文化、银行等行业主管部门发出公安提示函7份，与纪委监委、文化等职能单位建立工作机制3个。紧紧围绕“一年治标、两年治根、三年治本”的总体目标，结合扫黑除恶专项斗争推进实际情况深入开展全方位、多渠道、立体式的宣传活动，不断提升人民群众参与度、知晓率，2020年先后召开扫黑除恶专项斗争新闻发布会2次、战果展示会1次；接收群众举报线索40条；4名涉黑涉恶在逃人员到公安机关投案自首。

【“飓风2020”专项行动】

2020年，武江分局紧扣公安机关侦查破案主业，深入开展“飓风2020”专项行动，重点打击整治涉枪、涉电诈、涉盗抢骗、涉妨害国（边）境管理、涉黄赌、涉食药环、涉金融领域、涉毒、涉走私、涉网、涉拐、涉文物等违法犯罪，深入推进缉枪治爆专项行动，强化推进刑事技术基础、追逃、命案侦办以及监管部门“第二战场”等工作，全年实现2宗命案现案全破，成功破获“2·24”省目标贩毒案件、非法经营香烟案、“飓风363号”重阳镇排水系统改造工程串通投标案等典型案件，一举打掉横跨韶关浈、武、曲三江及乳源等地微信招嫖犯罪团伙，及盗窃、收购、销售货车柴油等犯罪团伙，切实实现“更快破大案、更多破小案”目标。

【全民禁毒工程建设】 2020年，武江分局以构建完善武江特色毒品问题治理体系为目标，以部署开展整治突出毒品问题三年行动为抓手，深入推进禁毒人民战争。扎实开展禁毒执法“春雷2”和“两打两控”专项工作。严格执行易制毒化学品管理，严格审批易制毒化学品报备手续，加强制毒物品和新精神活性物质管控，切实防范化解非法流失和滥用蔓延风险，积极构建全要素、全环节监管工作体系，对2家违反易制毒化学品管理规定的企业依法进行处罚。继续深化清隐、清零、清库和病残吸毒人员收治“三清一收”专项行动，通过向社会购买服务方式，全面推广吸毒行为毛发检测技术应用，规范推进社区戒毒社区康复措施执行。同时，在完成“全民禁毒工程”硬件建设的基础上，继续加强基层禁毒专职管理队伍的“软件”建设。2020年，武江全民禁毒工程工作考核排名全市第一。

【派出所规范化建设】 2020年，武江分局扎实推进派出所规范化建设，牢固树立“大抓基层、大抓基础”鲜明导向，扎实推进公安派出所建设，已基本完成重阳派出所建设项目；正稳步推进芙蓉山派出所新址建设。常态化执行派出所“八个一”“三个一”“两个一”工作制度，扎实推进“枫桥式公安派出所”创建。新华派出所顺利通过考评，被评为一级派出所及“2020年度全省公安机关先进基层党支部示范点”。

【交通管理】 2020年，武江分局扎实推进道路交通安全综合治理，深化道路安全隐患排查治理，对非法飙车、违停、货运车辆超限超载运输、无牌无证摩托车、酒驾醉驾等交通违法行为进行重点打击整治，辖区道路交通安全形势稳中有降，全年检查各类车辆15万余辆次，教育违法驾乘人员18万余人次，2020年，道路交通安全管理工作全市排名第4。

【治安管理】 2020年，武江分局加强重要节点、重点单位、重点场所、重要部位巡逻防控，强化社会面整体防控。落实烟花爆竹禁燃管控，做好《韶关市烟花爆竹燃放安全管理条例》及扩大市区烟花爆竹禁燃区域的宣传和贯彻执行。扎实做好辖区消防安全监督管理，对生产加工企业、“三合一”等场所强化日常检查及消防安全教育，坚决督促落实整改消防安全隐患。加强野外火源管理，加大巡查和宣传力度，依法严厉打击野外用火行为。加强危爆物品源头控制、定点销售、流向控制，组织开展易制爆危险化学品储存场所治安防范达标攻坚行动。深入推进打击整治枪爆违法犯罪专项行动，实现持枪、爆炸物品犯罪案件零发案。持续开展“护校安园”专项行动，及时排查校园安全隐患并责令整改，常态化设立52个固定护学岗，每日投入警力220人，确保辖区110所学校47323名学生上下学期间安全。落实严重精神障碍患者等高风险人群严管措施。加强大型群众性活动安全监管，圆满完成村（社区）党组织换届选举维稳安保、国庆、中秋“双节”等大型活动安全保卫工作。加强娱乐服务场所和旅业、旧货行业、机动车维修业管理，推动特行场所系统应用安装，定期组织暗访和交叉检查，督促经营业主落实管理责任、从业人员守法经营。推动落实寄递物流“三个100%”制度，全程监控实名登记和开箱验视制度落实，最大限度消除安全隐患。

【智慧新警务】 2020年，武江分局坚持实战引领，稳步推进智慧新警务建设，全年新增社会治安视频摄像机43台，全区社会治安视频摄像机数量达583台；新增电警抓拍设备31套，全区电警抓拍设备达130套；建设智感安防小区5个，接入公安视频专网15路，全力打造智能安防系统；积极开展全区110所中小学幼儿园一键式紧急报警基础信息采集工作；大数据智能化工程取得历史性突破，分局选送的2个大数据模型在全市公安系统建模大赛中分别获得二等奖和三等奖，并代表韶关参加全省公安系统建模大赛，民警4人次获得“建模能手”称号。2020年，智慧新警务工作全市排名第1位。

【“放管服”改革】 2020年，武江分局深化“放管服”改革，建成出入境智慧办证大厅，分设智能导服区、智慧受理区、自助服务区和自助签注区等四个部分，配有2台自助免费照相机、1自助发证机、1台自助查询机、1台智能导服机、2台智慧受理亭等自助设备，全面启用无纸化受理体系。全面推广受理粤省事小程序群众申请事项，切实减少群众办理业务时间、简化办理流程，有效提升业务办理效率。切实落实“试行私家车登记持身份证全省通办”“扩大机动车免检范围”“推行道路运输企业信息查询提示服务”“推行驾驶人交通安全记录网上查询”等“异地办”“便捷办”“网上办”交管新措施，进一步优化营商环境。

【执法规范化建设】 2020年，武江分局严格贯彻“两统一”工作部署，不断完善执法制度，加强执法培训、监督考评等工作，组织各办案部门开展执法考评4次，发现并整改问题214处，同时认真开展市局、省厅执法考评工作，在市局、省厅执法考评工作中取得较好成绩。分局江湾派出所执法办案场所升级改造以及分局二级存储平台建设工作已经完成。认真开展“谁执法谁普法”和“法治公安行动计划”，全面提升民警法律素养和执法能力。积极开展行政复议、行政诉讼工作，办理行政复议案件11宗、出庭应诉行政诉讼5宗、国家赔偿案件2宗。开展取保候审案件专项检查，对近五年内的取保候审案进行集中检查。开展受立案专项巡查2次，每天对执法办案场所使用进行网上执法巡查，发现问题368处。2020年，分局执法规范化建设全市排名第1，全局执法水平和公信力不断提升。

【从优待警】 2020年，武江分局坚持从优待警举措，提拔任用正科级干部12名、副科级干部1名、股级干部19名，职级晋升3批次53人。积极申请立功受奖，荣立个人三等功9人、集体三等功2个、集体嘉奖1个，分局禁毒大队赵文洋荣获全国禁毒先进个人称号，治安大队邱文怡荣获全省新冠肺炎疫情防控先进个人称号，指挥中心刁丽春荣获新时代南粤民警巾帼之星提名奖，指挥中心廖凯荣获全省“110”工作优秀民警称号，刑侦大队沈幼权荣获韶关十佳刑警称号，特警大队刘戈亮荣获韶关十佳辅警称号。扎实开展教育培训工作，组织开展2020年全警实战大练兵手枪实战射击训练，指导派出所开展“每周一训练”工作，切实提升民警警务实战技能。

【创文巩卫】 2020年，武江分局根据《武江公安分局2018—2020年文明单位创建工作实施方案》要求，全警上路加强辖区内主次干道，红绿灯路口、医院、农贸市场及学校等重点位置管控，有效维护辖区交通秩序。积极对接惠民街道办冷水坑社区等创文巩卫挂点对口单位，广泛发动全体民警、辅警积极深入开展巩固国家卫生城市各项工作，不断完善卫生环境保护长效机制。

【公安宣传】 2020年，武江分局充分发挥新闻媒体、网络平台宣传作用，及时报道打击各类违法犯罪战果情况及民警先进事迹，起到良好宣传效果。做实做强武江公安微信公众号平台，通过公众号平台推出“平安武江有奖知识竞答”和“我心中的平安武江我眼中的武江警察”绘画比赛等一系列线上活动。线下相继举办“平安夜市”“平安墟日”等创平宣传活动，打造独具特色的武江公安品牌。

【警务保障】 2020年，武江分局根据基层民警警务工作实际需要，购置更新基层警用装备，进一步满足基层警务需求。

（王晓姣）

法 院

【概况】 武江区人民法院（简称区法院）位于沙洲一路6号，内设立案庭（诉讼服务中心）、刑事审判庭、民事审判庭、行政审判庭、执行局、政治部（督察室）、综合办公室（司法警察大队）以及审判管理办公室（研究室）等8个内设机构，派出机构龙归人民法庭。核定政法专项编制69名，实有在编干警67人，设院长1人，副院长3人。2020年，区法院共受理各类案件8865件，结案8135件，收、结案数均居全市基层法院首位，法官人均结案246.51件。

【刑事审判】 2020年，区法院受理刑事案件268件，审结246件。深入开展扫黑除恶专项斗争，三年来审理判决认定涉黑恶及保护伞案6件27人，同时结合案件审理情况，有针对性地向有关行业和部门发出司法建议14份并全部被采纳，有效促进行业治理。依法审结黄某生利用口罩等紧缺物资实施诈骗案，蔡某团、蔡某峰销售不合格口罩等伪劣产品刑事附带民事公益诉讼案，以及吴某非法猎捕珍贵、濒危野生动物案，严厉打击涉疫情防控犯罪行为。审结钟某虚假诉讼一案，依法判处相应刑罚，坚决捍卫司法权威。

【民商事审判】 2020年，区法院受理各类民商事案件4376件，审结4036件。坚持调解优先原则，共调解撤诉结案1501件，调撤率为37.19%，其中成功调解龙归镇某自然村907名村民与村委会因村集体林地出租引发的矛盾纠纷。妥善审理武江区老广记酒楼劳动争议系列案，依法保障劳动者合法权益。在审理涉疫情期间租赁合同纠纷案件中，严格落实相关物业租金减免政策，同时向有关物业单位发送司法建议，全力支持企业复工复产。

【行政审判】 2020年，区法院受理行政诉讼案件594件，结案538件。支持曲江区市场监督管理局对曲江某药房搭配销售口罩的行为处以300万元罚款的行政处罚，共同维护疫情期间正常市场秩序。积极开展行政赔偿案件调解工作，妥善处理一批涉及“三清三拆”、饮用水源保护、非法占地等重大敏感案件，服务经济社会发展大局。针对行政机关在执法、应诉过程中存在的问题及时发出司法建议7份，受邀到仁化县为行政机关执法人员授课，不断提升行政机关工作人员执法能力和执法水平。

【执行工作】 2020年，区法院受理执行案件3627件，结案3315件。开展涉黑恶案件财产刑执行“雷霆行动”，加大“打财断血”力度。成立快执团队，推行执行案件繁简分流的集约化工作模式，进一步提升效率。在做好疫情防控工作的同时有序开展线下执行，组织现场一次性交付25套房产，标的金额超过500万元。与银行联合在全市首推“法拍贷”业务，有效解决潜在买受人融资难题，提高涉诉房产处置效率。公开招聘2家网络司法拍卖辅助服务机构，加快标的物拍卖变现速度。加大力度打击规避执行行为，对464名失信被执行人予以信用惩戒，限制2083名被执行人高消费活动，

2020年3月24日，武江法院依法公开开庭审理一起行政案件
（区法院　供图）

2020年6月1日，武江法院与广发银行股份有限公司韶关分行举行“法拍贷”启动会 （区法院 供图）

司法拘留5人。

【司法公开】 2020年，区法院主动接受人大法律监督、政协民主监督、检察机关诉讼监督和社会各界监督，不断提升司法规范化水平。持续深化庭审直播和生效裁判文书上网工作，促进司法审判在阳光下运行，同时发挥司法裁判的教育引领功能，增强群众的法律意识和规则意识。2020年，在中国庭审公开网上直播案件1548件，观看总次数达495.6万次。

【司法为民】 2020年，区法院积极助推共建共治共享社会治理格局的形成，推动纠纷解决机制、诉讼服务手段向一站式集约集成。深化“分调裁审”机制改革，在诉讼服务中心建立类型化调解室，配备速裁审判团队，在民事审判庭组建金融借款、民间借贷、交通事故和劳动争议、家事审判等4个专业审判团队，实行案件繁简分流、轻重分离、快慢分道。不断加大调解力度，受理诉前联调案件380件，并对其中86件追索劳动报酬纠纷案件依法及时作出司法确认，有效维护劳动者合法权益。

【信息化建设】 2020年，推动人工智能与法院工作深度融合，引导当事人采用广东移动微法院、“12368”诉讼服务热线、邮递等方式办理诉讼事项。利用“云上法庭”在线庭审系统实现网上开庭，切实保障当事人在疫情防控期间的诉讼权利。持续推进电子卷宗随案扫描工作，除2020年新收案件材料均已实现电子化外，对2015年1月至2019年9月210万页历史档案卷宗全部进行电子化扫描，实现存量纸质档案数字化达到95%的预期目标。

（朱琴、郑曼玲）

检　察

【概况】 2020年，武江区人民检察院（简称区检察院）在区委及市检察院的正确领导下，在区人大及其常委会有力监督下，坚持以习近平新时代中国特色社会主义思想为指导，深入学习贯彻十九届二中、三中、四中、五中全会精神及习近平总书记出席深圳经济特区建立40周年庆祝大会和视察广东重要讲话、重要指示精神，紧紧围绕区委工作总体布局，以讲政治、顾大局、谋发展、重自强为根本遵循，各项检察工作取得新进展。

2020年2月29日，武江法院利用“云上法庭”在线庭审系统为部队官兵释理说法 （区法院 供图）

【刑事检察】 2020年，区检察院共受理审查逮捕案件244件385人，其中批准逮捕190件282人，不批准逮捕58件96人，不捕率为26.56%，较2019年上升0.8%；受理审查起诉案件260件425人，其中提起公诉217件315人，不起诉33件53人，不起诉率14.71%，较2019年上升0.5%。在刑事案件的办理中，以降低“案 件比”（是由最高检提出的全新办案质量指标体系，“案”指具体案件，“件”指该案进入司法程序后经历的诉讼环节。指发生在人民群众身边的案，与案进入司法程序后经历的有关诉讼环节统计出来的案件比，形成的一组对比关系。其中“件”数越低说明“案”经历的诉讼环节越少，办案时间短，案结事了，办案的社会效果就越好）量化标准、精准提出量刑建议、提高认罪认罚从宽制度适用等多个方面为切入点，全面提升检察环节的办案质效。针对未成年人犯罪的特点和规律，区检察院以“护苗行动”品牌建设为抓手，以深入落实“一号检察建议”［2018年10月，最高人民检察院向教育部发出首份检察建议书（高检〔2018〕1号），简称一号检察建议。这是最高检认真分析检察机关办理的性侵幼儿园儿童、中小学生犯罪案件，针对校园安全管理规定执行不严格、教职员工队伍管理不到位，以及儿童和学生法治教育、预防性侵害教育缺位等问题，提出的一份建议］为载体，让法治教育一点一滴播种在孩子们的心中。同时坚持“在办案中监督，在监督中办案”的原则，依托“两项监督”“两法衔接”“检察官驻派出所监督”等工作平台，为维护民生民利、促进依法执政提供有益的检察探索。全年累计监督立案7件7人，监督撤案8件10人，发出《侦查活动监督通知书》35份、《纠正违法通知书》2份。

【民事行政检察】 2020年，区检察院坚持裁判结果监督和审判程序监督并重，受理各类民事申诉案件7件，审结10件。依法不支持监督申请5件，依法终结审查3件，提出检察建议2件。在办理对官某松民事审判监督一案中，依法向法院发出规范法律文书送达的检察建议，获法院积极回应，以程序公正保障实体公正。在办理刘某某民事监督一案中，发现该案争议较大且涉及当事人重大利益，为提高监督案件办理的透明度、精准性，依法通过民事检察听证听取人大代表、专家咨询委员等各方意见，加强对当事人释法说理，更好地使当事人息诉服判，化解矛盾，做到执法为民。

【行政检察】 2020年，区检察院把行政检察作为新时代检察机关参与法治政府建设的重要途径，全面深入推进行政非诉执行监督工作，开展自然资源领域行政非诉执行监督专项活动，建立健全行政检察与行政执法衔接机制，共排查行政非诉执行案件线索160条，已立案受理17件，审结17件，共向行政机关、法院发出类案检察建议3份，既监督公正司法，又促进依法行政，充分发挥行政非诉执行监督“一手托两家”的职能作用。

【公益诉讼】 2020年，区检察院收集公益诉讼案件线索24件，立案8件，提起刑事附带民事公益诉讼2件，办结行政公益诉讼案件6件，共追偿公益损失费用111万余元。开展“公益诉讼守护美好生活”专项监督活动，通过办理一批食品药品领域公益诉讼案件，追缴惩罚性赔偿金27万余元，办理无证无照经营山泉水和二次供水等公益诉讼案，让群众饮上放心水。办理生态环境和资源保护领域公益诉讼案件，挽回生态公益损失53万余元，彰显检察机关保护“绿水青山”的职责使命。开展“基本养老金领域国有财产保护”专项监督活动，追回国有财产31万余元。牵头召开与法院、公安、人社联席会议，联签《关于加强对涉刑退休人员违规领取基本养老金的监督管理协作办法（试行）》，共同推动涉刑人员数据共享，助力武江区社会治理法治化。

【服务疫情防控工作】 2020年，区检察院面对突如其来的新冠肺炎疫情，坚决贯彻习近平总书记重要指示和上级机关的决策部署，积极发挥检察职

2020年，区检察院与挂点沐阳东社区开展疫情防控工作

（区检察院　供图）

能，主动服务疫情防控大局，及时成立疫情防控工作领导小组，由院领导担任第一书记，要求全院干警主动承担起疫情防控的责任。对内切实抓好常态化防控措施，安排专人认真做好办公办案场所的消毒防疫工作。对外积极与检察院挂点的沐阳东社区进行对接，主动派员参与社区联防联控。严惩涉疫刑事犯罪，重点打击破坏防疫秩序、借疫生财等违法犯罪行为，全年共受理涉疫审查逮捕案件10件11人，审查起诉案件9件10人。

【扫黑除恶专项斗争】 2020年为扫黑除恶专项斗争的收官之年，在疫情防控的特殊背景下，区检察院坚持把维护国家安全与社会稳定作为首要任务，以“六大行动”为目标，准确把握工作原则，对涉黑恶犯罪始终保持高压态势，高标准、严要求做好扫黑除恶专项斗争工作。截至2020年12月31日，区检察院涉黑恶审查逮捕、审查起诉案件全部办结，无隔年遗留案件。

【法律监督】 2020年，区检察院坚持依法保障企业权益与促进守法合规经营并重，按照上级文件精神，对民营企业主涉嫌犯罪的案件，坚持能不捕的不捕，能不诉的不诉。同时认真履行保护民企发展的检察担当，关于李某某、岳某涉嫌合同诈骗罪、挪用资金罪、伪造公司印章罪一案中，犯罪嫌疑人李某某、岳某通过伪造广东省第五建筑工程公司印章，诈骗该公司金额高达一千万余元。案发初始，由于该案的定性存在不同看法，公安机关一直未对该案立案侦查，导致广东省第五建筑工程公司的损失无法得到保护。区检察院在获悉该线索后，充分发挥检察机关提前介入和侦查监督作用，及时监督公安机关立案侦查，并多次组织协调公安机关听取被害企业关于案情的汇报，同时积极引导公安机关调查取证。本院已对该案依法提起公诉，武江区人民法院经审理分别判决李某某构成合同诈骗罪、岳某构成伪造公司印章罪，分别判处十年六个月和一年九个月的有期徒刑，帮助被害企业挽回直接经济损失1050万元。

【司法为民】 2020年，区检察院累计接访38件65人，接收来信17件，接听12309来电9件，接收网络信访4件，受理案件共计25件，其中涉及公安类监督案件8件，民事行政类监督案件13件，刑事申诉类案件2件，司法救助类2件，全部做到凡收到群众来信来访案件均在7日内告知“收到了、谁在办”。

【司法救助】 2020年，区检察院积极发挥检察职能，进一步做好对贫困当事人的司法救助工作，以司法救助工作为着力点，助力打赢脱贫攻坚实现精准扶贫。在2020年办理的一起司法救助案件，其中被救助人彭某系一起故意伤害案的被害人，经广东省韶关市武江区公安司法鉴定中心鉴定为轻伤二级。彭某因无力承担手术费用，被告人未予任何赔偿，于2020年3月3日向区检察院申请司法救助，经该院审查决定给予彭某司法救助金1.7万元。

【中心服务】 2020年，区检察院共投入8万余元为21户

21名精准扶贫对象修缮房屋、添置家具，改善他们的居住环境。全年共派出检察人员到挂点社区和村委参与创文巩卫活动400人次。主动保驾护航村（社区）“两委”换届工作，区检察院指派一名检察干警到区选举换届工作组中协助开展相关工作，并根据相关要求为保障换届选举工作的顺利进行提供优质的检察保障。坚持自身防疫与依法履职两手抓，全院党员干部闻令而动，深入社区、村居参与一线联防联控和人口普查活动，协助社、村居排查宣传管控，以法与情镌刻检察为民新篇章。

【政治学习】2020年，区检察院始终把政治学习摆在首位，坚持“第一议题”学习制度，坚持把习近平新时代中国特色社会主义思想特别是习近平法治思想作为主要学习内容，采取集中学习、专题学习和个人自觉学习相结合等形式，确保学有所获、常学常新。邀请专家学者到院作《习近平谈治国理政》第三卷和习近平总书记出席深圳经济特区建立40周年庆祝大会和视察广东重要讲话、重要指示精神的专题宣讲，并要求每位参会人员结合自身工作实际，分享学习心得体会，切实把增强“四个意识”、坚定“四个自信”、做到“两个维护”落实到检察实践当中。

【强化队伍建设】2020年，区检察院坚持好干部标准和重实干重实绩的用人导向，坚决从事业和岗位需要出发选用干部，真正把那些政治上清醒坚定、思想理论修养好、组织领导能力强的优秀干部及时提拔到各级领导岗位上来。配合区委组织部完成内设机构正职干部选拔晋升工作，并在征得区委政法委的同意下，为院内各职能部门调整补充多名副职。在统筹抓好疫情防控和业务工作的同时，继续有序开展队伍教育培训，充分发挥网络视频培训、手机应用等线上线下学习平台的作用，及时组织干警学习研讨，并通过开展练兵实战，不断提升队伍整体水平和能力。

【基层党建】2020年，区检察院紧密结合“五好”（党的政治建设好、检察理念好、职能发挥好、能力素质好、纪律作风好）基层检察院建设及“一院两品”（检察院着力打造的未成年人检察“护苗行动”品牌和“强堡垒、树旗帜、铸魂检察蓝”党建品牌）共建共享活动，深入推进区检察院党建品牌的建立，鼓励年轻干部职工积极向党组织靠拢，采取“传帮带”方式，让他们充分了解党的历史，不断增强对组织的认同感。扎实推进“三会一课”“两学一做”制度落地落实，持续深化“不忘初心、牢记使命”主题教育，让干警在思想行动上与党员行为规范保持高度一致，切实将学习成果转化为推进各项检察工作进步发展的内在动力。党支部在区检察院党组的带领下组织开展形式多样内容丰富的主题党日活动，让非党员身份的年轻人感受到组织的温暖。积极开展“结对共建”工作，根据上级检察机关的要求，武江区检察院与肇庆市高要区检察院签订为期三年的结对共建协议，现已组织开展两期交流共建活动。

【廉政作风建设】2020年，由区检察院党组牵头制定《2020

2020年6月30日，武江检察“五好”基层检察院暨“一院两品”建设工作动员部署会（区检察院 供图）

2020年10月21日，韶关市武江区人民检察院和肇庆市高要区人民检查院结对共建启动仪式（区检察院　供图）

年党风廉政建设主体责任清单》，抓好监督落实工作；持续推进全面从严管理干部队伍，坚持每季度与院党组成员开展谈话提醒工作，牢固树立红线意识和底线思维，向党章党纪党规看齐，向法律看齐；始终坚持发挥领导干部带头作用，带头落实“三个规定”及其他廉政作风要求，进一步提升检察队伍的能力和水平，确保检察工作与区委中心工作同频共振、同步合拍。

（邹启凡）

司法行政

【概况】 2020年，区司法局深入推进依法行政，加快建设法治政府。推进综合执法，严格执法责任，加快建设职能科学、权责法定、执法严明、公开公正、廉洁高效、守法诚信的法治政府。依法全面履行政府职能。行政机关坚持法定职责必须为、法无授权不可为。推行政府权力清单制度，坚决消除权力设租寻租空间。健全依法决策机制。制定《武江区重大行政决策程序规定（试行）》（韶武府〔2020〕11号），把公众参与、风险评估、合法性审查、集体讨论决定确定为重大行政决策法定程序，确保决策制度科学、程序正当、过程公开、责任明确。建立行政机关内部重大决策合法性审查机制，未经合法性审查或经审查不合法的，不得提交讨论。全面推行政府法律顾问制度，充分发挥法律顾问作用，为保障中心工作、建设法治政府提供高质量、全方位的服务。深化行政执法体制改革，积极推进镇街综合行政执法。完善政府行政执法管理，提高执法和服务水平。严格实行行政执法人员持证上岗和资格管理制度，未经执法资格考试合格，不得授予执法资格，不得从事执法活动。坚持严格规范公正文明执法。全面推行行政执法公示制度执法全过程记录制度重大执法决定法制审核制度。

【依法行政】 2020年8月15日，武江区各镇街全面完成镇街体制改革挂牌，各镇街均成立综合行政执法队（副科级）。严格实行行政执法人员持证上岗和资格管理制度，未经执法资格考试合格，不得授予执法资格，不得从事执法活动。全面推行政府法律顾问制度，充分发挥法律顾问作用，为推进依法行政提供高质量、全方位的服务。

2020年11月10日，武江区知识产权纠纷人民调解委员会举行揭牌仪式（郭志峰　摄）

【规范性文件管理】 2020年，区司法局认真做好规范性文件合法性审查、备案工作，加强规范性文件管理，同时严格按照规范性文件备案要求及时向市政府和区人大常委会备案。全年共审查备案规范性文件2件。组织开展规范性文件梳理和涉及《民法典》的规范性文件清理工作。经排查梳理，废止《韶关市武江区关于重点楼宇和特色楼宇培育与扶持办法》（韶武府规〔2019〕3号）。

【行政复议】 2020年，区司法局办理向区政府申请的行政复议案件20宗，其中不予受理2宗，立案受理18宗。受理的案件中，申请人撤回复议申请2宗，维持原具体行政行为6宗，撤销原具体行政行为8宗，责令履行职责1宗，终止审查1宗。

【行政应诉】 2020年，区司法局共收到区政府为应诉机关的行政诉讼案件36宗，其中一审25宗，二审9宗，再审2宗。审结22宗，其中原告撤诉的4宗，判决驳回原告起诉2宗，驳回原告诉讼请求10宗，撤销3宗，确认违法3宗。

【行政执法监督】 2020年，区司法局严格执行行政执法人员持证上岗和资格考核管理制度，加强行政执法人员管理。共组织3次行政执法人员综合法律知识考试，全区参加考试254人次，申请执法证142人，领取执法证139人。12月22日，举办全区行政执法人员培训班，全区各行政执法部门和镇街分管领导及执法人员共90人参加培训。24个执法主体单位已全部完成省“行政执法队伍管理系统”激活开通工作。11月25日，抽取6个行政执法案件较多的执法单位就落实行政执法公示制度、执法全过程记录制度、重大执法决定法制审核制度的情况进行专项督查，加强行政执法案卷评查、抽查和其他督检考工作，推进严格规范公正文明执法。同时转发《广东省行政执法流程和执法文书范本（2020年版）》给各行政执法单位参照执行，加强基层行政执法规范化、标准化建设。

【政府法律顾问】 2020年，区司法局全面推行政府法律顾问制度，加强和规范法律顾问工作，建立政府法制机构人员和律师共同参与的法律顾问队伍。9月28日，调整区级法律顾问团成员和法律顾问工作室，现共有6名政府法律顾问，4名为外聘律师。全区有6个乡镇（街道）、9个区政府部门已聘请法律顾问。在实践工作中不断拓展政府法律顾问工作范围，充分发挥顾问职能，保障政府重大决策的合法性，增强行政措施可操作性，节约行政成本，防范行政风险，有效提升依法行政水平，推进法治政府建设。

【普法推进】 2020年，武江区开展“4·15”国家安全教育日暨禁毒宣传、安全生产月、“12·4”国家宪法日和“扫黑除恶专项斗争”等法治宣传活动9场次，举办民法典、社区矫正法、婚姻家庭法律知识专题讲座9场次，为群众解答法律法规咨询694人次，派发宣传资料42800份，编写普法简报22期，更新普法宣传栏16期。制作“疫情防控”普法宣传海报300份，在各镇（街）人流量大的地方悬挂宣传横幅15条，张贴宣传海报400张。

【人民调解】 2020年，武江区在“百米服务圈”试点的工作基础上，将重阳镇万侯村、江湾镇胡屋村纳入试点，深入推进武江区人民调解“百米服务圈”模式走深走实。9月22日，成立武江区知识产权纠纷人民调解委员会，为全市首个知识产权纠纷人民调解委员会。12月11日，举办为期1天的2020年武江区人民调解员业务培训班，各镇（街）、村（居）调委会骨干，专职人民调解员及司法所工作人员等约100人参加培训班。2020年，全区共调处各类纠纷992件，调解成功980件，调解成功率98.79%，涉案金额2309.16万元。

【安置帮教】 2020年，为做好特殊时期刑释人员的安置帮教工作，区司法局主动与相关监狱沟通联系，核实即将刑释人员信息，向监狱出具联络函，要求其提供落实司法部三项要求的证明。同时，及时与即将刑释人员家属联系，落实接送事宜，实现无缝对接。此外，落实重点人员“必接必送”制度，做到科学防控。2020 年，全区衔接安置帮教对象207人，其中刑释解教人员 113 人（重点帮教对象 17 人，一般帮教对象 96 人），解矫对象 94 人；安置总人数 201 人，安置率达 97.1%；帮教总人数 203 人，帮教率达 98.1%。刑满释放人员信息管理系统核查及时，衔接率和核查率均达 100%。

【社区矫正】2020 年，武江区重点抓好特殊时期社区矫正工作，扎实做好安全维稳监管五大措施（大排查固防控，微信群抓教育，手机定位、微信实时定位防脱管，长谈话知动态，严请假重监管）。深入乡村普法宣传，开展知识有奖竞赛，举办专题培训班，制作宣传微视频，推动社区矫正法入脑入心。2020 年，全区新接收社区矫正对象 69 人，解除（终止）社区矫正对象 105 人，其中依法收监 1 人，在管社区矫正对象 88 人（含缓刑 86 人，假释 1 人，暂予监外执行 1 人）。全区累计接收社区矫正对象 751 人，累计解除（终止）社区矫正对象 663 人，整体情况稳定，没有发生重大安全事故、重大刑事案件、闹访或越级上访事件，没有发生参与重大群体性事件。

【公共法律服务】2020 年，武江区公共法律服务能力进一步增强。涵盖法律援助、公证业务的区级公共法律服务中心已投入使用。全区公共法律服务实体平台共接受法律咨询 1891 人次、受理业务 496 件，在广东司法行政任务与督办系统签收并办理“12348”广东法网工单 13 宗。全区法律顾问进村（社区）累计提供法律服务 2833 件，其中提供法律咨询 2208 次，举办法治讲座 392 场 / 次，出具法律专业意见 64 件 / 次，参与人民调解 42 件，法律援助 38 件，其他法律服务 89 宗。

区法律援助处共受理法律援助案件 613 宗，其中刑事案件 406 宗，民事案件 174 宗，行政案件 33 宗。共受理认罪认罚法律帮助案件 154 宗，其中侦查阶段 42 宗，审查起诉阶段 112 宗。

公证工作步入正轨。康正公证处加强公证员队伍建设和公证处规范化建设，公证处有公证员 3 名，公证处办公场所搬至新的公共法律服务大厅内。2020 年，共办理公证 48 件。

【人民陪审员选任】2020 年，武江区人民法院联合武江区司法局于 11 月 25 日印发《韶关市武江区人民陪审员培训、考核、奖惩工作办法》（韶武法〔2020〕39 号），对全区 123 名人民陪审员履行审判职责的情况进行考核，按照优秀、称职、基本称职、不称职评定等次，确定优秀等次 15 人，称职等次 108 人。

【业务用房建设】2020 年，武江区新公共法律服务中心、法律援助处、公证处、社区矫正中心和指挥中心建设工程被列为 2020 年武江区十件民生实事项目之一。区司法局积极主动谋划，狠抓项目管理和建设，新大厅于 9 月初完成搬迁并正式对外办公，规范司法业务用房，进一步方便群众办事，有效改善司法行政窗口部门工作环境。

（赖槐泉）

2020年，韶关市司法局、武江区司法局联合开展“社区矫正开放日”活动
（区委宣传部　供图）

综合经济管理

发展与改革

【概况】 根据中共韶关市武江区委办公室、韶关市武江区人民政府办公室印发的《韶关市武江区发展和改革局职能配置、内设机构和人员编制规定》（韶武办发〔2019〕35 号）以及《韶关市武江区事业单位改革方案》（韶武机构改革办〔2019〕12 号）等相关文件精神，韶关市武江区发展和改革局（简称区发改局）为正科级行政机关，下设办公室、综合规划股、投资管理股、产业发展股、能源股、粮食和物资储备股 6 个股（室），下辖韶关市武江区重点建设项目事务中心、韶关市武江区价格认证中心两个公益一类事业单位。核定行政编制 12 名，设局长 1 名，副局长 3 名；正股级职数 6 名。韶关市武江区重点建设项目事务中心核定事业编制 8 名，设主任 1 名，副主任 1 名。韶关市武江区价格认证中心核定事业编制 2 名，设主任 1 名。

2020 年，韶关市武江区发展和改革局紧紧围绕开创“新武江新经济新生活”崭新局面，以争当韶关改革发展排头兵的责任感和使命感，坚持规划引领，做好宏观经济分析，大力推进武江区“十四五”规划编制工作，积极完成城乡融合发展省级试点申报工作；扎实推进重点项目建设，促进固定资产投资增长；加大项目申报工作力度，争取上级项目资金；坚持以问题为导向，切实加强能源管理；认真做好立项服务、应急物资储备、价费服务、价格监测、安全生产、社会信用、粮食安全等工作，各项工作取得新进步。

【规划方案编制】 2020 年，区发改局参与编制《中共韶关市武江区委关于制定武江区国民经济和社会发展第十四个五年规划和二〇三五年远景目标的建议》，牵头编制《韶关市武江区国民经济和社会发展第十四个五年规划和二〇三五年远景目标纲要（草案）》。编制完成《韶关市武江区国民经济和社会发展“十三五”规划实施情况总结评估报告》《武江区 2019 年国民经济和社会发展计划执行情况及 2020 年计划草案的报告》。

【城乡融合发展省级试点申报】 2020 年 4 月，广东省开展城乡

2020年10月20日，国家发改委调研组在武江区龙归镇调研新型城镇化试点工作（陈琳 摄）

融合发展省级试点申报工作，根据区委、区政府安排，区发改局牵头负责试点方案的编制及试点申报相关工作，形成《韶关市武江区城乡融合发展省级试点工作方案》。2020年6月，广东省发展改革委评审组来武江实地考察并肯定武江区城乡融合发展工作。10月，广东省人民政府办公厅发文，确定武江区为城乡融合发展省级试点地区。

【上级资金支持】 2020年，区发改局通过多种渠道积极争取上级资金，成功申请7个项目获批新增专项债券资金3.9亿元；成功申请3个项目获批抗疫特别国债资金0.67亿元；成功申请1个项目获批保障性安居工程配套基础设施建设中央预算内资金0.28亿元；成功申请1个项目获批区域协调发展战略专项资金（重大项目前期工作经费）160万元；为防疫企业争取到0.5亿元贷款优惠额度；成功申请3个项目获批新增一般债券（含特殊转移支付）资金1.3亿元。

【重点项目建设】 2020年，武江区重点建设项目62个，完成投资54.76亿元。牵头制定《2020年武江区重点建设项目组团攻坚工作方案》《武江区2020年促投资行动方案》《武江区重点建设项目组团八项制度》《武江区抓项目促投资奋战100天攻坚方案》等系列方案。编制完成武江区“十四五”规划重大项目计划，安排项目总数193个，“十四五”期间计划总投资636.4亿元。

【固定资产投资】 2020年，武江区完成固定资产投资65.97亿元（不含新区），同比增长4.8%。

【项目服务】 2020年，区发改局加强对项目建设单位推进项目前期工作的培训指导，扎实做好投资项目服务工作，组织培训会共计3次。2020年，共办理投资项目立项104宗，其中，政府投资项目立项审批50宗，概算审批7宗，企业投资立项备案新增47宗。严格控制项目投资，区发改局在韶关市各县区中率先规范投资项目初步设计概算审批工作，审查设计合理性和投入产出比，更好地发挥规避政府投资风险和提高效益作用。

【价费服务】 2020年，区发改局加强价格认定工作，价格认证中心共完成各类价格认证案件117件，案值达144.6万元。开展2019年度武江区行政事业单位收费管理，制定并执行《韶关市武江区2019年度行政事业收费目录清单（含涉企收费）》，开展涉企经营服务性收费整治行动。制定武江区镇村自来水费、污水处理费和生活垃圾处理费价格实施标准。

【粮食与物资储备】 2020年，区发改局完成区级应急储备物资采购四批次，共计19.78万元；高效完成应急物资保障任务，迅速组织采购及物资调拨应对2020年年初新冠肺炎疫情防控、2020年6月重阳镇水灾受灾村民临时安置等突发事件。建立武江区区级粮食应急供应网络，新设15家粮食应急供应网点，实现应急供应网点乡镇、街道全覆盖。

【能源管理】 2020年，区发改局完成韶关市下达节能“双控”目标。严格落实能源安全生产检查工作要求，从严从实从细开展安全生产检查，筑牢能源安全生产防线。

【项目审批改革】 2020年，区发改局加快工程建设项目审批制度改革。印发《关于简化项目立项审批流程的意见》，简化立项审批流程。结合韶关市工程建设项目审批制度改革实施方案，对企业项目进行告知性备案和对政府投资项目进行“容缺受理”。

【党的建设】 2020年，武江区发改局共有党员9人，党员发展对象1人，入党积极分子1人，入党申请1人。

【获奖荣誉】 区发改局荣获区委、区政府表彰“创新创优奖单位”。区发改局在全区2019年度工作绩效评价中获得“优秀”等次。

（陈文利　周涵婷）

统　计

【概况】2020年，武江区统计局（简称区统计局）机关行政编制7名，其中：局长1名，副局长2名，正股级领导职数4名。区统计局设4个内设机构：办公室和政策法规股、综合核算和信息化股、工业和能源科技股、投资服务业和农村社会股。韶关市武江区统计普查中心为武江区统计局下属正股级事业单位，编制8名，设主任1名，副主任1名。

2020年，区统计局紧紧围绕区委、区政府总体部署，以服务全区经济发展大局为宗旨，以提高统计工作水平和数据质量为目标，务实创新，扎实工作，为武江区经济社会发展提供优质统计服务。

【统计服务】2020年，区统计局以服务和推动高质量发展为目标，进一步创新工作思路，强化基础工作，提高数据质量，全面提升统计服务水平。拟定《武江区培育“四上”企业和引进外地企业工作方案》，在经济部门共同努力下，主动作为，精准服务，合力培育武江区经济新增长点成效明显，全年净增“四上”企业49家（其中工业6家、建筑业23家、房地产3家、批发零售业5家，住宿餐饮业6家、其他营利性服务业6家）。净增“四上”企业数量在各县（市、区）中排名第一。特别是韶关正邦食品有限公司的培育入库，区工信、农业、统计、税务、市场监管、金融办等部门以“武江服务”和“武江速度”为企业开通绿色通道，全面压缩企业开办手续审批时限。仅用3天时间完成新公司注册、开通专用账户、缴纳税费及统计申请入库工作，在武江乃至全市开创出部门联动促进企业达标上限的高效率先例。切实加大对企业的扶持和服务力度，实现对辖区内“四上”企业联系全覆盖，提请印发《区领导班子成员和区直部门挂点联系“四上”企业工作安排》，明确四套班子成员和区直部门挂点帮扶企业工作要求。通过落实四套班子和行业主管部门责任，及时收集企业诉求、协助解决经营难题，强化对“四上”企业的服务保障。加强经济运行分析研判。着眼全区经济运行、疫情影响、复工复产、刺激消费等方面做好统计服务工作，着力加强主导产业、重点企业的动态监测、预警和分析研判，提高分析的针对性、可用性、时效性，为区委、区政府加强经济运行调度和管理提供可靠参考。根据区委、区政府的安排，落实GDP联席会议牵头部门职责，及时报告、分析、提出解决建议并反馈给区相关经济部门。服务好经济部门发挥统计作用。与发改部门紧密合作，配合各组团及时做好固定资产投资统计工作，全年新增54个投资项目；积极与农业农村、自然资源局联动协调，针对武江农、林、牧、渔业的增长亮点、措施及主要支撑点进行研讨分析、比对挖潜，为武江农业产品产量统计提供扎实的数据支撑。积极服务和参与“十四五”规划主要指标的测算及制定。协助区直相关部门在市对区绩效考核中争取更加优秀的成绩。

【落实统计改革】2020年，根据国家统计局地区生产总值统一核算改革动员部署和国家统计局《地区生产总值统一核算实施方案》精神以及省委办公厅、省政府办公厅印发的《广东省地区生产总值统一核算改革方案》要求，为实现各县（市、区）汇总数与全市数衔接，提高数据真实性，增强政府统计公信力，更加全面真实反映各县（市、区）经济发展状况，2020年全市推行地区生产总值统一核算方法制度，韶关市统计局对全市各县（市、区）地区生产总值进行统一核算。

【统计调查】2020年，区统计局承担省、市布置的18项专项调查任务，分别是：城乡一体化住户调查；主要畜禽调查；规模以下工业抽样调查；限下批零、住宿餐饮企业、个体户抽样调查；规模以下服务业企业抽样调查；文化及相关产业单位情况调查；农民工监测抽样调查；韶关市基本公共服务均等化公众满意度调查；十项民生实事民意调查；老旧小区提升改造意愿调研；小微企业和个体经营户跟踪调查；劳动力调查；韶关市群众幸福感测评调查；互联网购物抽样调查；中年失业调研；服务零售结构调查；机关绩效考核公众评议调查；名录库新增企业调查。

【人口普查】2020年，在公安、住建、卫健、教育、宣传、民政等成员单位和区直各单位的全力支持下，各镇（街）、各村（居）在做好疫情防控措施基础上，克服时间紧、任务重、人手不足等困难，“5+2”“白＋黑”加班加点，全面完成第七次全国人口普查工作。区委、区政府高度重视，由各级主要领导担任人口普查领导小组组长。区人普领导小组由区长郑伟平亲自担任组长，区委常委、常务副区长陈雪为常务副组长。镇（街）、村（居）领导小组也均由主要领导担任组长。区、镇（街）、村（居）三级高度重视人口普查工作，为顺利开展人口普查工作提供强有力组织保障。定期碰头研究，有效推进工作。区人普办与各镇（街）采取定期召开人口普查工作碰头会的形式对辖区内人口普查工作进行研究部署，并每天通报登记数量，督促进度。建立镇（街）领导、镇（街）人普办主任、全体“两员”（普查指导员、普查员）等工作群，层层抓工作落实。区分管领导在镇（街）领导群中经常性强调人口普查工作，层层压实责任，推进工作。区人普办及时将省、市下发的文件、问题解答的资料上传工作群。通过各类新闻媒体，利用LED屏、微信、公众号等新媒体传播手段，宣传普查的重大意义、政策规定和工作要求，积极营造良好的普查氛围。对教职工、学生进行形式多样的普查宣传，号召学生家庭进行自主申报；住建部门协调好辖区内各物业公司做好宣传支持普查工作。在登记时点对辖区内的用户推送朋友圈，推送30万人次，使人口普查宣传再升温，氛围再浓厚，将宣传做到家喻户晓、人人支持。安排录音广播、流动视频宣传车在各镇（街）人口密集的地方进行巡回宣传。突出培训镇（街）分管领导、人普办主任及人普办业务骨干。组织各镇（街）分管领导、人普办主任30人进行培训，要求各镇（街）要充分发挥人普办的作用，学懂弄通普查要求，发挥好指导作用，统筹指导好村居委会普查员按质按要求开展普查工作。全面培训各镇（街）的全体“两员”。9月下旬，分12批对全体“两员”进行培训，其中对普查指导员还加强长表培训，确保普查“两员”掌握普查的工作技能，为普查登记打下良好基础。阶段性再次强化培训。在长表开始入户登记前，再次组织各镇（街）普查指导员进行再培训；在行职业编码开始前，组织人员进行培训。编写摸底、短表、长表、比对复查各个阶段的注意事项及工作指南，提供给“两员”使用。为保证“两员”在工作中思路清晰，根据普查情况，适时出具人口普查工作备忘录，将各注意事项一一列明。依托公安、卫健、民政提供的信息，加强户籍人口和出生人口、死亡人口、低龄人口的比对，及时补充缺失人口，确保数据不遗漏。依托疫情防控、水、电、气等相关部门提供的资料，想方设法、多种途径认真核对空房信息。加强平台数据监测，发现问题

2020年10月13日，在职党员助力“第七次全国人口普查”入户摸底工作
（区委宣传部　供图）

及时反馈基层核实修改。区统计局全体工作人员进行包片负责制。各包片人员对包干村（居）普查进行全程跟踪负责，从登记业务指导、进度督促，平台监测质量、行职业编码等全流程落实。编制人口普查简报，及时通报全区各镇（街）、领导小组成员单位的普查工作情况，抄送区委、区政府主要领导，印发各镇（街）及区人普领导小组成员单位掌握全区人普动态，形成推动人口普查工作的共同合力。10月11日至31日，按照省市统一部署，区人普办组织各镇（街）人普办集中力量开展人口普查摸底工作，11月1日至15日开展短表登记，11月16日至30日开展长表登记工作，国家在短表住户中抽取10%的户填报长表。10月28日至30日，新华街道芙蓉东社区居委会第15小区、惠民街道沐阳东社区居委会第22小区、西河镇马屋村村委会第2小区、龙归镇坳头村村委会第9小区、江湾镇湖洋村村委会第2小区、重阳镇重阳村村委会第8小区，共6个普查小区顺利通过省、市的摸底阶段质量验收。11月16日至20日，新华街道惠民东社区居委会第17小区、惠民街道冷水坑社区居委会第4小区、西河镇前进村村委会第19小区、龙归镇龙归村村委会第1小区、江湾镇江湾社区居委会第1小区、重阳镇青暖村村委会第7小区，共6个普查小区顺利通过省、市的登记阶段质量验收。12月14日至19日，新华街道惠民西社区居委会第20小区、惠民街道新华北社区居委会第4小区、西河镇村头村村委会第1小区，共3个普查小区顺利通过国家的事后质量抽查。

【城乡一体化住户调查】 区统计局重视住户调查工作，2020年3月印发《关于做好城乡一体化住户调查基础工作和数据质量检查的通知》，要求各镇（街）统计站全面排查基础工作短板和数据质量风险方面存在的问题，严格按照国家、省、市的工作程序和要求整改到位，并于2020年4月对各镇（街）统计站开展检查，将整改成效列入镇（街）绩效考核内容，推动住户调查工作开展，夯实基层统计基础。同时进一步加强对镇（街）统计员、村（居）辅助调查员和记账户的宣传培训力度，加强调查数据监测，重点监测工作绩效评价方案涉及的调查指标，每月把监测数据存在问题及时反馈给相关镇（街）进行解决，不断提高数据质量。

【统计法治建设】 2020年8月对武江区限上贸易和规上服务业企业共计105家进行数据质量核查。按照省统计局的统一部署，12月24日至26日对武江区3%比例的"四上"企业和固定资产投资项目进行"双随机"统计执法检查。

（李　婷）

审　计

【概况】 武江区审计局（简称区审计局）内设办公室、审计一股、审计二股、法规审理股、区委审计委员会办公室秘书股5个职能机构，核定行政编制10名，设局长1名，副局长3名，股室正职5名（含区委审计委员会办公室秘书股领导职数）。截至2020年12月31日，区审计局实有在编8人。

2020年，区审计局在区委、区政府和上级审计机关的坚强领导下，深入学习贯彻习近平总书记对广东、对审计工作的重要讲话和重要指示批示精神，坚决贯彻中央、省委、市委和区委审计委员会部署要求，依法全面履行审计监督职责，较好完成全年工作任务。2020年，区审计局共开展审计项目7个，完成项目7个。出具审计（调查）报告和审计结果报告8篇，其中被批示、采用审计报告和专项审计调查报告7篇。审计查出非金额计量问题79个，主要问题金额261万元，其中违规金额135万元、管理不规范金额126万元。移送纪检监察机关处理事项1项，审计提出并被采纳审计建议27条，审计期间整改金额14万元。

【重大政策跟踪审计】 2020年，区审计局持续深化政策落实跟踪审计，坚持新发展理念，以供给侧结构性改革为主线，坚持问题导向、目标导向、结果导向，始终把政策落实跟踪审计作为审计机关一项重大政治任务来抓。聚焦“六稳”政策的贯彻落实，以资金保障、项目落地和任务推进为抓手，充分发挥审计监督专业性强、涉及面广、反应快的优势，突出审计重点，积极促进制度执行、促进制度完善、促进全面深化改革。做好常态化“经济体检”工作，不仅要查病，更要“治已病”“防未病”，在推动国家治理体系和治理能力现代化中发挥审计的职能作用。

【经济责任审计】 2020年，区审计局围绕区委、区政府中心工作，受区委审计委员会及区委组织部门委托，开展经济责任审计项目1个：韶关市武江区教育局局长任期履行经济责任情况审计，重点反映重大经济决策部署、本地区经济社会发展规划执行、财政财务管理、民生保障及改善、固定资产管理、党风廉政建设、审计整改等情况。提出落实制度、规范资金使用、强化固定资产管理、完善项目建设程序、抓好审计整改工作等有针对性的审计建议，推动深化改革和制度创新。

【疫情防控审计】 2020年，区审计局成立应对新冠肺炎疫情防控资金和捐赠款物专项审计工作领导小组，审查区财政局、区红十字会等有关部门防疫资金及捐赠物资收支情况，摸清防疫资金及捐赠物资的规模、管理、拨付流向以及信息公开情况，确保防疫资金及捐赠物资依法规范管理、高效运转。

【民生审计】 2020年，区审计局开展新增财政资金直达市、县基层直接惠企利民专项审计。为贯彻落实习近平总书记关于审计工作的重要讲话精神和党中央、国务院决策部署，切实做好武江区新增财政资金直达市、县基层直接惠企利民情况专项审计工作，区审计局高度重视，及时对接省审计厅、市审计局，严格按照要求迅速组织开展新增财政资金专项审计工作。开展困难群众基本生活保障政策落实和资金管理使用情况专项审计。按照市局“统一组织领导、统一工作方案、统一思路方法、统一数据口径分析、统一审计报告”的原则，区审计局开展困难群众基本生活保障政策落实和资金管理使用情况专项审计工作。

【乡村振兴审计】 2020年，区审计局开展武江区2018—2019年党群服务中心项目和韶关武江乡村振兴传习所一期工程专项审计调查。监督检查资金使用过程中落实区委重大决策部署，从体制机制、工程建设程序执行、工程造价、工程质量等方面揭示存在的问题，进一步加大问题产生的原因分析力度，注重从体制机制层面揭示和反映问题，提出针对性审计意见建议，促进政策目标的实现，着力提高资金使用的绩效水平情况；增强项目管理单位依法建设、严格管控和科学管理的意识，正确履行相应职责，推动项目按质按量完成，实现政策目标。

【经济责任审计工作机构建设】 2020年，武江区成立经济责任审计工作联席会议，由区审计局一名副局长兼任联席会议办公室主任，制定联席会议相关制度和联席会议办公室工作规则，并及时组织召开武江区经济责任审计工作联席会议。

在完成年度审计计划安排的各项审计任务外，全年共完成上级审计机关及区委、区政府交办、配合事项9项。其中选派1名业务骨干参加省审计厅组织的2020年度县级地方党委政府主要领导干部经济责任异地同步审计和领导干部自然资源资产离任（任中）审计项目1个，1名业务骨干参加清远市2020年社会保险审计项目；派出1人参加市委巡察、1人参加区委巡察。

【党风廉政建设】 2020年，区审计局召开党风廉政建设工作会议，研究部署党风廉政工作。坚持将党风廉政建设和审计业务工作同研究、同部署、同落实，制定《武江区审计局党风廉政建设工作要点》《武江区审计局党风廉政建设工作清单》，召开党风廉政建设会议暨“严肃纪律　整顿作风”专题党课，组织全体审计人员签订《武江区审计局党风廉政建设责任书》

《“八小时外”廉政承诺书》和干部职工家属签订《审计干部家属廉政承诺书》。邀请区委常委、常务副区长陈雪参加区审计局“坚持底线思维　着力防范化解重大风险”专题组织生活会。筑牢防腐拒变思想防线，营造风清气正的审计环境，打造勤政廉洁的审计铁军。

【巡察整改】 区委第一巡察组2019年10月至12月对区审计局进行集中巡察，于2020年4月召开会议，向区审计局反馈关于党建、廉政、纪律作风等方面共18个问题，区审计局高度重视巡察反馈问题的整改工作，制定整改方案和台账并认真落实，已全部整改完成。整改过程中更加注重建章立制，坚持用制度管权、管事、管人、管物，促进各项工作规范管理，推动审计工作高质量内涵式发展。

【疫情防控】 2020年，区审计局成立疫情防控领导小组，配合社区党组织开展疫情防控工作。区审计局安排党员干部参与疫情防控工作，协助社区开展地毯式排查宣传，为湖北来韶人员提供专人服务、为居民（含商铺）提供防疫防控宣传，主动为社区提供手套、消毒水、酒精等防疫物资。

【审计队伍建设】 2020年，区审计局深入学习贯彻习近平总书记重要讲话精神，坚持以政治建设为统领，以立身立业立信的要求为标尺，强化干部队伍思想建设、能力建设、作风建设和廉政建设，不断创新工作思路，提高审计工作效能，分级分类开展干部教育培训工作，鼓励审计干部参加专业技术资格考试。树立正确的选人用人导向，不断加强年轻干部的选拔任用。

2020年，广东省审计厅到重阳镇开展红色主题党日活动
（区审计局　供图）

【乡村振兴】 2020年，区审计局挂点的江湾镇倒流水村在“打擂比武”过程中，发动各方力量，凝聚农村人居环境整治强大合力，以“双联双包双带”为载体，充分发挥基层党组织战斗堡垒作用和党员先锋模范作用。区审计局整合各种资源，汇聚各方力量，为倒流水村筹集社会资金。积极组织参加农村人居环境整治“打擂比武”第一批评选活动，通过各专家评委的现场观摩和评分评比等工作，经过激烈角逐，最终获得第一名的好成绩。

（邓　力）

市场监督管理

【概况】 2020年，韶关市武江区市场监督管理局（简称区市场监管局）紧紧围绕区委、区政府的中心工作及2020年区政府工作要点责任分工，立足自身职能，着力开展服务与监管工作，助力打赢新冠疫情防控阻击战，做好“六稳”工作，落实“六保”任务，服务百姓民生、助力企业发展、守住市场底线。

根据《韶关市武江区市场监督管理局职能配置、内设机构和人员编制规定》（韶武办发〔2019〕16号）、《中共韶关市武江区委机构编制委员会办公室关于调整区市场监督管理局所属事业单位有关事项的通知》（韶武机编办〔2019〕8号）和《关于韶关市武江区市场监督管理局派出机构设置的通知》（韶武机编〔2019〕36号），韶关市武江区市场监督管理局内设15个机构：办公室、人事股、政策法规股、行政许可与登记注册股、综合应急管理股、信用风险与网络交易管理股、价格监督检查与反不正当竞争股、特种设备安全标准化和计量监管股、知识产权商标广告监管股、产品质量与产品生产安全监管股、食品生产流通安全监督管理股、餐饮经营安全监督管理股、药械和化妆品安全监督管理股、消费者权益保护股、执法大队；设5个派出机构（副科级）：芙蓉市场监督管理所、新华市场监督管理所、西郊市场监督管理所、龙归市场监督管理所、新城市场监督管理所；设2个事业单位：韶关市武江区“12315”投诉举报中心、韶关市武江区消费者服务中心。全局共核定行政编制（含行政执法编制）共86个、事业编制6个，实有在职人数79人。核定局长职位1个，副局长职位3个。

【行政许可审批】 2020年，区市场监管局不断推动开办企业便利度改革纵深发展，依托省“开办企业一窗受理”系统，通过推行窗口业务“网上办”“零见面”“预约办”“马上办”，坚持线上和线下相结合，充分发挥开办企业“互联网+政务服务”效用，大力提高武江开办企业网上申办率，继续压缩开办企业时间，推动实现开办企业压缩在1个工作日内（不包含银行开户时间；其中注册登记不超过0.5小时，印章刻制不超过1小时，首次申领发票在0.5个工作日内办结），形成以“一窗受理、一网通办、一次办成”模式为主、传统模式为辅的开办企业新模式。

截至2020年12月，登记注册各类市场主体达27042户，注册资本（金）总额达7102297.57万元，从业人员107222人，与2019年同期相比分别增长13.56%、36.55%、12.05%。其中企业8245家，2020年新增1611户；农民专业合作社66户，2020年新增2户；个体工商户达18731户，2020年新增3664户。办理食品经营许可2710户，其中保健食品保健品63户；新办药品经营许可（零售）16户；新办第二类医疗器械备案53户；新办特种设备使用登记531台。

【食品安全监管】 2020年，区市场监管局坚持“四个最严”，强化食品安全监管，辖区全年食品安全工作总体态势良好，未发生较大以上食品安全事故。针对重要时段、重点品种、重点对象开展多项食品、餐饮专项整治行动，累计检查各类食品生产、流通单位1577户次，检查餐饮服务单位1077家次，派发各类食品安全宣传单张1800余份，查办食品违法案件92宗，罚款21万余元。加强生猪产品及其制品监管，有效防控非洲猪瘟和布鲁氏病毒传播，检查农贸市场16家，生猪产品经营户约800户次，大型商超4家，正在生产的食品生产加工小作坊2家，未发现有来历不明生猪产品。全方位开展食用农产品快检工作，2020年共抽检样品55943批次，其中14家任务市场抽检50638批次，不合格85批次，合格率99.84%，处置不合格食用农产品64公斤；加强食用农产品质量监管，共抽检食用农产品121批次，其中不合格8批次，已依法处置。

【保健食品监管】 2020年，区市场监管局通过加强日常监管、监督抽检和风险监测、标签说明书管理、广告宣传监管、网络营销监管等措施，严厉打击保健食品欺诈和虚假宣传行为，共检查保健食品经营单位322家次，张贴消费提示语600张；抽检保健食品5批次，全部合格；检查广告经营者5家、监测广告发布23条；查处案件1宗。同时加强网上平台监管，对淘宝、京东、拼多多等国内重点电商平台的本地网店以及本市、区自建网站强化监测力度，共监测电商平台（网站）12个次，暂未发现违法违规行为。

【食品小作坊提质行动】 2020年，区市场监管局对全区登记在册的38家食品生产加工小作坊实现规范化动态管理。强化引导，举办食品生产加工小作坊学习培训1场，约谈小作坊负责人及食品安全管理人员约65人次，发放宣传海报40余份。引入6S管理基本理念，督促食品小作坊按照整理、整顿、清扫、清洁、素养、安全6个步骤实施食品安全自查；加强小作坊食安员配备率，食品安全管理人员配备率约75%。加强小作坊食品监督检查和抽检，全年检查食品小作坊57家次，监督检查覆盖率100%，督促小作坊开展自查达到100%，从业人员100%持有健康证，监督抽检小作坊食品36批次，合格34批次，不合格2批次，立案2宗，抽检批次及结果公布率100%。

【开展学校和校外托管机构食堂“提级”行动】 2020年，武江区学校（幼儿园）食堂“明厨亮灶＋互联网”工程建设作为省十大民生实事被列入区重点工作。区市场监管局积极督促学校（幼儿园）配合电信部门安装监控设备，及时开通“互联网＋明厨亮灶”监管平台。全区107家学校（幼儿园）食堂“互联网＋明厨亮灶”工程已全部签约，线上监督巡查覆盖率100%。同时，积极督促指导全区86家中小学生校外托管机构食堂参与“提级”和“互联网＋明厨亮灶”平台建设工作。餐饮量化等级评定为A级10家，占比12%；B级40家，占比48%，C级34家，占比40%。利用中小学生校外托管机构（幼儿园）互联网＋“明厨亮灶”系统、“韶关阳光餐饮智慧监管”平台、“阳光餐饮”手机微信小程序，推选10家优质的中小学生校外托管机构食堂开通互联网＋“明厨亮灶”系统平台，完成本年度中小学生校外托管机构食堂“提级”和互联网＋“明厨亮灶”平台建设任务。

【药品安全监管】 2020年，区市场监管局强化对药品经营使用单位、医疗器械经营企业和化妆品经营企业的日常监管，开展药品零售企业GSP跟踪检查，共检查药品经营企业75家、医疗机构55家、医疗器械批发企业58家、医疗器械零售企业44家、化妆品经营企业55家。落实“两品一械”监管专项整治，开展中药饮片、执业药师“挂证”、第二类精神药品和疫苗、无菌和植入性医疗器械专项检查。以创建“无假药城市”为契机，积极开展化妆品安全、医疗器械使用安全、药品安全科普宣传活动。

【特种设备监管】 2020年，区市场监管局严抓特种设备安全监管，重点检查各特种设备使用单位、生产单位共225家次，排查发现超期未检或经检验不合格等存在严重安全隐患的特种设备78台，责令整改78台，责令8家使用单位报废42台，组织辖区内521家电梯使用单位开展自查自纠，排查治理安全隐患。组织开展校园电梯、医院在用特种设备以及移动式压力容器专项检查。逢重大节日均向重点特种设备使用单位送达提醒函，提醒做好节假日期间的特种设备安全工作。

【计量监管】 积极履行计量监督管理职责，加强对集贸市场、高速公路称重收费地磅、加油机、眼镜配制场所进行计量监管检查。

【标准化工作】 大力推进基本公共服务标准化工作，指导辖区2家企事业单位参与8个国家标准、行业标准、企业标准制修订。

【产品质量监管】 2020年，区市场监管局落实质量强区工作任务，切实开展疫情防护物资、电动自行车、油品质量专项整治，检查相关经营企业153家，下达责令整改通知书14份，立案查处4宗销售不符合质量标准的电动自行车产品案件，抽查15家25批次的汽柴油产品。开展危险化学品及危险化学品包装物生产企业风险隐患排查，规范认证认可和检验检测行为。通过开展“质量月”宣传活动，引导前进建材城商户参与“质量安全与放心消费承诺示范街区”签名活动，承诺提供质量安全的产品，并为辖区疫情防护产品生产企业提供技术咨询、产品检测、质量安全问题解决方案等服务措施，指导企业提升产品质量水平。

【价格监管】 2020年，区市场监管局牵头做好全区妨碍统一市场和公平竞争政策措施清理工作，组织全区14个公平竞争审查成员单位参加武江区公平竞争审查工作部门间联席会议暨2020年公平竞争审查业务培训会。切实开展各类价格监管工作。开展疫情防控物资价格监管，发放书面提醒告诫书370余份，对辖区4户口罩生产企业开展防疫用品认证收费调研检查；规范医疗价格行为，加强医疗服务价格行为监督检查；规范成品油市场价格行为，重点对以优惠促销为幌子的低于购进成本的恶性竞争行为进行严厉打击；维护重大节假日的价格稳定，积极开展客运票价、旅游景点门票、农贸市场等民生重点领域价格巡查检查，共发放220份价格行为提醒告诫书，检查经营户690户，检查商场、超市、集贸市场190个/次。及时受理价格投诉举报，全年共受理价格投诉178件，回复舆情2起，参加和组织价格投诉协调会3起，100%办结。

【广告监管】2020年，区市场监管局持续强化广告监管，组织召开2020年武江区整治虚假违法广告工作会议，开展2019—2020年广告业统计工作。开展整治虚假违法农资广告专项行动，共检查7家农资销售主体，发现6处违法农资广告，已责令改正；开展移动端互联网广告治理专项工作，走访两家重点互联网媒介主体，对23个互联网媒介主体监测414次，未发现虚假违法广告；加强医疗广告监管，检查医疗美容机构1家、一般美容机构10家，未发现违法医疗广告；开展非法集资广告排查整治工作，检查各类广告经营者2家，检查户外广告36幅，监测各类广告和资讯信息120条，实时监测在辖区内两家网络借贷信息中介机构的金融平台，将有可能涉及集资内容的广告纳入广告监测范围，确保主流媒体（区级）无非法集资广告资讯信息，暂未发现涉嫌非法集资广告。

【"双随机、一公开"工作】2020年，区市场监管局深入推进"双随机、一公开"监管工作，推进完善市场监管领域各部门的"一单两库一细则"，建立完善市场监管领域各部门的"双随机"联合抽查机制，组织武江区"双随机、一公开"监管工作联席会议，成员单位共30余人参加省级平台应用培训，为武江区全面落实"双随机、一公开"监管夯实基础。利用广东省"双随机、一公开"监管平台系统，开展双随抽查监管工作，抽查对象库共25694户，抽查事项清单共72项；开展"双随机、一公开"抽查专项检查6个，其中跨部门联合抽查1次，涉及抽查事项26项，共计抽查对象共298户，并及时通过广东省"双随机、一公开"综合监管平台向社会公示检查结果。

2020年7月17日，武江区知识产权服务集聚区建设正式启动
（区市场监督管理局　供图）

【企业年报】2020年，区市场监管局积极做好年报公示工作，截至2020年6月30日，武江区企业应报数4760户，实报数4537户，年报率95.32%。区市场监管局将未报送年报的223户企业列入经营异常名录，并对107户失联企业展开实质吊销工作。

【知识产权服务】2020年，区市场监管局稳步推进"武江丝茅姜"地理标志证明商标的申请，国家知识产权局已受理"武江丝茅姜"地理标志证明商标申请。完成国家知识产权强县（区）试点考核工作。2020年，武江区全年专利申请总数1315件，其中发明专利申请230件、实用新型专利申请1026件、外观设计专利申请59件；全年专利授权总数1261件，其中发明专利授权34件、实用新型专利授权1149件、外观设计专利授权78

件。2020年，新增商标501件，武江辖区有效商标2554件。

【消费维权】 2020年，武江区“12315”投诉举报机构共受理群众来电咨询83宗，建议10宗，表扬2宗，投诉2111宗，举报99宗，网络问政44宗，《每日舆情》5宗。其中处理群体投诉2宗；上门投诉5宗；上级交办《每日舆情》5宗；市“12345”工单投诉1894宗，举报66件，网络问政44宗；全国“12315”平台投诉210宗，举报33宗；投诉举报全部100%办结。区消费者服务中心全年共接待消费咨询788人/次，受理消费者投诉共432宗，其中商品类316宗，服务类116宗，挽回经济损失约54.6万元。

【企业信用体系建设】 2020年，区市场监管局紧密结合文明创建工作，积极开展企业信用体系建设。开展2019年度“守合同重信用”企业公示活动，受理公示申请177户，予以公示166户。在前进国际建材城组织召开韶关市前进国际建材城全体商户“诚信经营示范街区”创建主题活动，组织发动前进国际建材城内的264户商户参与“放心消费创建承诺”，同时为2位商户代表颁发“放心消费承诺”牌匾。推动武江区阳山综合市场成为韶关市首家农贸市场行业“先行赔付实施单位”，场内80户食品经营者全部加入“放心消费承诺单位”。

【第三批农贸市场升级改造】 2020年，入选武江区第三批升级改造的市场有佳信市场、群康农贸市场。2020年，群康农贸市场已完成升级改造并通过正式验收。佳信市场拟重建为商用综合楼，旧体已拆除，临时摆卖区场地完成搭建、搬迁、运营工作，投入使用。佳信市场的升级改造工作正有序推进中。

【表彰情况】 2020年，区市场监管局获评“农贸市场疫情防控工作先进单位”“2020年韶关市中小学生校外托管机构食堂食品安全监管工作优秀单位”“2020年度‘两品一械’稽查执法工作先进单位”“2020年度产品质量监管工作先进单位”“2020年度全市市场监管系统新闻宣传与政务信息工作先进单位”“2020年度全市知识产权工作先进单位”“2020年广告监管工作先进单位”“2020年度武江区优秀通联集体”；其中短视频《穿越千年的关爱》获2020广东省药品安全公益广告短视频大赛一等奖；情景剧《“6个助力”对标湾区速度“四则运算”企业开办提速》获韶关市第四届机关工作创新创优现场竞赛服务中心类三等奖、武江区第三届机关工作创新创优竞赛三等奖。曾丽明获评“2020年度全市市场监管系统新闻宣传与政务信息工作先进个人”。

（曾丽明）

自然资源管理

【概况】 2020年，武江区耕地面积6826.35公顷（水田3987.84公顷，旱地2342.85公顷，水浇地495.66公顷），园地641.91公顷，草地1581.99公顷，城镇村及工矿用地5281.19公顷，交通运输用地958.90公顷，水域及水利设施用地2898.35公顷，其他土地896.05公顷（设施农用地102.19公顷，田坎283.55公顷，裸地510.31公顷）。辖区矿产资源较为丰富，但储量较少，共生、伴生矿较多。主要有煤矿、铁矿、铅锌矿、锡矿、钨矿、金矿、银矿、石灰石、高岭土、萤石矿等。铅锌矿（小型）主要分布在重阳镇；石灰石储量丰富，品质好，主要分布在西联镇、龙归镇、西河镇。萤石矿主要分布在龙归镇续源、江湾镇架锦坑。陶瓷矿（高岭土）主要分布在重阳镇、龙归镇。煤炭矿区有芙蓉山、田心、车角岭煤区（已停采）。

【用地报批】 2020年，武江区完成土地利用计划指标使用，土地指标分配使用量及完成率排名居全市前列。2020年共完成用地报批96.67公顷，有效保障新老城区重点项目用地需求。

【“三旧”改造】 2020年，市下达区自然资源局三旧改造任务为：新增实施任务面积26.67公顷，完成改造任务面积20公顷；武江区实际新增实施任务面积45.6公顷，完成改造面积46.87公顷，超额完成2020年三旧改造任务。

【耕地保护】 2020年，武江区确保耕地保有量不少于6186公顷、永久基本农田面积不少于5077.67公顷的耕地目标保护任务。

【拆旧复垦】 2020年，武江区拆旧复垦项目完工交易24余公顷，成交收益金额为1.57亿元。

【矿产资源管理】 2020年，区自然资源局积极协助西河镇、龙归镇开展“山水林田湖草生态保护修复试点工程”项目遴选入库工作，已被采纳并批准实施的2020年项目有两项，分别为韶关市武江区西联镇九马坑矿区地质环境恢复工程项目（项目投资160万元）、韶关市武江区龙归镇密落村稀土矿非法开采点矿山地质环境恢复工程（项目投资500万元）。

武江区拖拉机厂宿舍正门改造后的门禁人脸识别系统

（区委宣传部　供图）

【地质灾害防治】 2020年，武江区登记在册的地质灾害隐患点共计35处，其中西河镇15处、西联镇4处、龙归镇7处、江湾镇5处、重阳镇4处，灾害类型包括崩塌、滑坡、地面塌陷、地面不均匀沉降。其中威胁100人以上的隐患点共4处，威胁人数在50人以上100人以下的隐患点共2处。根据省自然资源厅每年消除2019年度在册隐患点数量10%的工作任务要求，应消除隐患点4处，实际消除的隐患点数量为6处，超额完成地质灾害隐患点核销任务。根据韶关市三防办《关于全面做好防汛应急预案修编演练的通知》（韶防办〔2020〕26号）文件要求，区自然资源局于2020年5月在江湾镇的国营江湾林场开展武江区地质灾害避险应急演练。

【矿山石场治理复绿】 2020年，武江区自然资源局以关闭矿山石场为重点，兼顾生产矿山，统筹开展土地综合修复工作，武江区完成矿山石场治理复绿面积为20.9公顷。

【动态巡查】 2020年，全区上线率为91.86%，累计上线时间7395.29小时，巡查距离75898.71千米，巡查上报事件319宗，违法用地面积117.51公顷，其中耕地面积46.82公顷、基本农田面积3.1公顷，全年下发责令停止违法行为通知书70份。

【卫片执法】 2020年，武江区土地卫片遥感监测图斑278宗，面积323.33公顷，其中新增违

2020年12月29日，武江区首批“房地一体”农村不动产产权证书颁证现场会

（区自然资源局　供图）

法用地图斑75宗，违法用地面积32.4公顷(耕地13.59公顷)，经整改后，消除违法用地面积23.4公顷(耕地11.15公顷)。

（许　靖）

应急管理

【概况】 2020年，武江区应急管理局(简称区应急管理局)统筹推进疫情防控和应急管理工作，一是打赢疫情防控的阻击战，在疫情防控中担当作为，充当全区疫情防控指挥的“大脑中枢”，从应急预案、指挥机制、救援力量、应急物资、社会动员、信息系统等方面科学有序部署新冠肺炎疫情防控工作；二是打赢安全防范的攻坚战，全年共发生各类生产安全事故14起(含生产经营性交通事故)，死亡10人、受伤5人，事故起数、死亡人数与2019年同期相比分别下降12%、9%；启动各类应急响应3次，维持响应天数13天，有力应对9轮强降雨和实现台风防御“零伤亡”。

【疫情防控】 2020年，区应急管理局统筹抓好疫情防控和应急管理工作职责。印发涉疫情的各类通知、通报、请示案等全区疫情防控文件材料近300份；从严审批聚集性人群活动100场；按照省、市做好防控境外新冠肺炎疫情输入工作的要求，落实境外及香港来武江人员全流程封闭管理；组织全区集中医学观察场所日常管理工作，先后部署开展10轮集中隔离点隐患排查整治；组织开展居民小区、农贸市场等疫情处置演练；线上线下指导30家重点企业做好复工复产安全防范工作。

【复工复产安全生产大检查】 2020年，武江区应急管理局组织人员对全区非煤矿山、危险化学品和烟花爆竹、消防、工贸企业、有限空间、粉尘涉爆等行业领域开展岁末年初和节后复工复产安全检查，共检查企业65家次，发现隐患59处，下发现场检查记录65份，责令整改18份，整改复查5份。

【安全生产风险点、危险源排查】 2020年，区按照市安委会工作部署，认真组织开展全区安全生产风险点、危险源排查工作。全区共排查蓝色风险点30个，橙色风险点5个，黄色风险点24个，无红色风险点。同时组织第三方机构对上述风险点、危险源进行评估，并根据评估结果，组织开展等级划分及分类整治。

【汛前强对流天气防御检查】 2020年3月，召开区防范强对流天气工作会议，传达学习做好近期强对流天气防御工作的通知精神，并就做好强对流天气防御工作进行专门部署。区应急管理局每日8:30时与各镇(街)进行防汛视频调度，同时组成两个检查组，深入各镇(街)开展汛期安全措施落实情况检查，检查包括预案准备、值班值守、镇班子包村包片、防汛预案演练、山塘水库和地质灾害易发点应对措施等落实情况。

【“龙舟水”防御工作】 2020年，武江区认真贯彻落实市委主要领导“三防工作十五条”指示精神，组织召开专题会逐条逐项细化部署，结合全区入汛防灾减灾“十项措施”，明确各项目标任务的牵头单位和责任单位。6月9日，发布暴雨

2020年2月24日，区应急管理局到危化企业指导企业复工复产疫情防控和安全生产工作　　（区委宣传部　供图）

红色预警信号，区党政领导班子迅速反应，按照挂点联系安排，全部进驻所负责的镇（街道）检查指导防汛工作。

【调拨物资驰援救灾一线】2020年6月8日至9日，武江区平均雨量107.3毫米，为有效应对“龙舟水”高峰期暴雨洪涝灾害，切实保障受灾群众基本生活，区应急管理厅及时开辟救灾物资保障“绿色通道”，快速有效调拨500个吸水膨胀袋、50个救生衣到重阳镇万候村，随后又增调应急队员和4艘橡皮艇到重阳镇协助人员转移安置到学校和党群活动中心，并联系区卫健部门进行消杀，让群众尽快恢复正常生活。

【清明森林防灭火工作】2020年，区应急管理局组织各镇召开专题会议，对统一卡口设置、加强安全检查、严格用火审批制、开辟防火隔离带、加强宣传引导等方面作出工作部署，认真做好清明前森林防灭火和疫情防控工作；组织芙蓉山森林防火应急队分别到龙归片区和重阳片区以及芙蓉山公园范围和城区的西河镇、西联镇片区加强巡查防控，严防发生森林火灾。

【开展现场警示教育】2020年7月，区应急管理局组织各镇（街）及“三合一”场所经营者召开“7·11”新华街道天容电脑电器经营部火灾现场警示教育会，通过查看事故发生现场，以案释法，用心领体会事故带来的危害，睹“物”反思，以警自警、以警自省，自觉查漏工作中存在的不足，以此来进行执法宣贯。

【安全生产推进会】2020年7月，区安委办组织各镇（街）、区安委会成员单位召开安全生产工作推进会，通报上半年全区开展安全教育培训、推广企业职工安全风险隐患举报奖励、引进第三方专业技术服务机构协查治理安全风险隐患、落实年度安全生产执法（监督检查）计划和实施“铁拳行动”综合整治等五项安全生产重点工作落实情况，要求要高度重视，及时总结工作经验，迅速找出工作差距，认真抓好整改落实。

【举办三防业务能力提升培训班】2020年7月，区三防指挥部在武江乡村振兴培训实践中心举办全区三防业务能力提升培训班，深入学习贯彻习近平总书记关于防汛救灾工作重要指示精神，分析研判当前形势，进一步增强责任意识，努力提升全区基层三防系统履职能力。全区各镇（街）分管领导、三防工作人员及各村（居）主任共220人参加培训。

【委托第三方开展隐患排查】2020年7月，区应急管理局邀请第三方对非煤矿山、危险化学品开展安全生产专项检查和安全风险评估。

【冬春生活救助】2020年，为确保武江区受灾群众安全、温暖过冬，区应急管理局按照省、市文件，开展冬春生活救助工作，按照户报（或者村小组提名）—村评—镇（街）审核—区审批的程序确定冬春救助对象，建立冬春生活救助工作台账，经区审批后按照人均150元的标准均及时下发到冬春救助对象手中。

【开展防雷安全隐患排查】2020年，区应急管理局联合市气象局等部门对全区31家防雷安全重点单位及栋建（构）筑物防雷装置防雷安全隐患进行排查，共排查发现重大隐患11家（处）、较大隐患17家（处）、一般隐患0家（处）、无隐患2家（处）、停业停产1家。

【“5·12”防灾减灾日宣传活动】2020年5月12日，区应急管理局联合市减灾委、市应急管理局举办主题为“提升基层应急能力，筑牢防灾减灾救灾的人民防线”的“5·12”防灾减灾宣传日，现场发放5000份《公众应急处置手册》《自然灾害自救手册》等宣传手册，有效提高群众防御灾害避险自救意识和能力。

【开展全国安全生产月活动】2020年6月16日，区应急管理局围绕安全生产月“消除事故隐患，筑牢安全防线”主题，组织“安全生产月”网络知识竞赛，让在线学安全成为新潮流。

【查处非法经营燃气黑点】2020年7月9日，区应急管理局联合区公安分局、区住建局及新华街、市燃气协会等单位对芙蓉北社区津头岭243号和津头岭村南83号燃气经营黑点进行现场核查，共收缴14.5千克燃气瓶90个、5千克燃气瓶21个、50千克燃气瓶4个及充气设备一批。

【专题学习】2020年9月4日，区应急管理局专题学习中共十九届四中全会精神和《习近平谈治国理政》(第三卷)，全体干部职工参加专题学习。

【组织编制13份应急预案】2020年，区应急管理局通过向暨南大学应急管理学院教授，市应急管理局专家等应急专家咨询，参照市应急管理局预案编制的做法，聘请第三方编制《武江区突发公共事件总体应急预案》等13份应急预案。

【开展事故调查处理】2020年，区应急管理局认真贯彻落实《中华人民共和国安全生产法》《生产安全事故报告和调查处理条例》，对韶关市武江区西联镇新韶榕水泥制品经营部“3·2”车辆伤害一般事故、韶关市芙蓉新城5号路“5·4”坍塌一般事故、韶关市武江区龙归镇龙归园双游泳池“8·9”淹溺一般事故、韶关市龙盛造船有限公司“8·20”物体打击一般事故、韶关市武江区西联镇“12·21”高处坠落一般事故、韶关市武江区龙归镇后坪村“12·25”其他伤害一般事故等生产安全事故，严格按照“四个不放过”和“科学严谨、依法依规、实事求是、注重实效”的原则，及时准确地查清事故原因，查明事故性质和责任，提出整改措施，依法追究事故直接责任人和相关责任人的责任。

【区应急指挥中心标准化建设】

2020年，区应急管理局对区应急指挥中心大厅和各镇(街)应急指挥场所进行升级改造；对区应急指挥中心原有的视频会商系统和五镇两街视频系统进行更换，进一步提高视频融合调度能力、视频监控联网及智能应用及移动指挥调度能力。

【武江特色应急广播体系建成】2020年，武江区全面建成1个区级广播中心、7个镇(街)级播控分平台，51个行政村智能喇叭终端，顺利完成原各村手持、语录播放等较为落后的广播宣传方式升级改造为现在的县、镇、村三级联网，具有授权控制、精确定点分发、定时开关、定时直播、随时插播、全天候无人值守自动播出等功能，前端、传输和终端全数字化的武江特色应急广播体系。

【区应急管理综合信息化平台建设】2020年，区应急管理局牵头完成全市第一个县区级应急管理信息化综合平台(一、二期)项目建设，搭建基于10个部门18个方面的应急管理大数据平台，实现监测预警“一张图”、指挥协同“一体化”、应急联动“一键通”;《武江：利用应急综合信息化平台，打造“智慧应急”新格局》入选2020年“善美韶关”市域社会治理创新优秀案例。

(刘　媛)

2020年9月8日，市委党校2020年县处级进修班到武江调研应急指挥平台建设和应用情况　　(区应急管理局　供图)

工　业

工业综述

【概况】 根据《中共韶关市武江区委办公室　韶关市武江区人民政府办公室关于印发〈韶关市武江区工业和信息化局职能配置、内设机构和人员编制规定〉的通知》（韶武府办〔2019〕7号），武江区工业和信息化局（简称区工信局）为区人民政府工作部门，设10个内设机构：办公室、招商与外资工作股、经济运行综合监测股、工业节能与信息化股、技改创新与产业工作股、商务股、科技创新股、中小企业局、科技综合服务与社农股、现代服务业与电子商务股；行政编制17名，其中：局长1名，副局长3名，正股级领导职数10名；下属事业单位有武江区投资服务中心、武江区生产力促进中心。

2020年，区工信局在区委、区政府的坚强领导下，坚持以习近平新时代中国特色社会主义思想为指导，全面贯彻中共十九大和十九届二中、三中、四中、五中全会精神，认真落实习近平总书记出席深圳经济特区建立40周年庆祝大会和视察广东重要讲话、重要指示精神，进一步更新理念，开拓进取，面对新冠肺炎疫情带来的压力，全局党员干部上下一心、攻坚克难，各项工作顺利稳步推进。

【广东股权交易中心韶关运营中心】 2020年7月，广东股权交易中心韶关运营中心正式在武江区揭牌。广东股交韶关运营中心有工作人员3人，含副总经理（主持工作）1人，项目经理2人。截至2020年年底，在韶关已举办活动3场，协办活动3场。韶关市存量挂牌企业18家，存量展示企业30家。2020年，韶关市新增挂牌企业1家，新增展示企业13家。其中科创板展示企业2家，在途审核3家；科创板挂牌企业在途审核1家。截至2020年年底，通过风险补偿资金备案的知识产权质押融资项目共有8个，贷款金额合计4770万元，知识产权质押登记金额7462万元。质押知识产权包括发明专利11件，实用新型专利34件，商标9件。

宏观管理工作

【概况】 2020年，武江区（不含新区）规上工业总产值93.37亿元，现价增长1%。全区规上工业增加值61.53亿元，下降2.1%。

【新增规上企业数】 2020年，武江区（不含新区）培育新增规上企业数2家，超额完成市下达区预定1家企业上规任务。

【企业挂点联系机制建设】 2020年，区工信局精准施策，严格落实区领导挂点联系制度。根据新区改革后武江区负责的企业清单草拟《2020年区领导挂点联系重点工业企业安排表》，坚持每月实施区领导挂点联系重点工商贸企业和工业项目制度，以问题为导向建立重点企业“一企一策”，从政府领导层面加大协调解决企业生产经营存在问题和困难的力度，促进重点企业上台阶。

【助力企业赶工补产】2020年，区工信局坚持疫情防控和经济发展两手抓，结合企业复工备案登记等防疫要求推进企业复产工作，重点收集企业复工补产计划、用电数据恢复情况、人员返岗情况及增值税发票申领情况等多方面数据、信息，对企业生产经营情况进行综合分析，充分挖掘增长潜力，重点关注烟厂生产指标下达、利民制药厂参芪扶正注射液产能恢复、建材市场恢复等情况；同时关注重点企业的上下游企业，掌握上下游企业的生产经营状况，确保企业生产经营平稳可持续，尽快恢复产能。

【加快培育企业上规】2020年，区工信局实时跟踪，加快新增规上企业培育。年初已建立在建项目库，同时联合税务局重新梳理“下转上”潜力企业，建立《2020年拟培育上规企业情况表》，根据已梳理的2020年上规潜力企业，对广发光伏发电进行重点跟踪，同时对辖区内新引进企业特别是武江科创园进驻进企业行持续关注，力争早发现、早准备、早监测、早上规。

【打造武江区新的经济增长极】2020年，区工信局根据区委、区政府《2020年武江区重点建设项目组团攻坚工作方案》要求，集中干部力量，分工负责，形成一支以局长负责，副局长牵头，多名干部参与的项目建设团队，积极承接武江区医药健康科技产业园和武江区城乡融合产业园的建设工作，实现从无到有、从有到优的突破。

【建立企业安全生产检查常态化机制】2020年，区工信局走访辖区内企业百余人次，共收集到经企业安全生产负责人签署的《安全生产检查文书》91份。走访企业的过程中，重点了解企业安全生产工作情况，督促企业严格落实企业安全生产责任制，建立企业安全生产管理、奖惩制度，特别是做好疫情期间的安全生产工作，同时注重疫情防控工作，坚持每日消杀清洁，确保辖区内安全生产形势稳定。

【集中力量推进5G信息化建设工作】2020年，区工信局建立推进5G建设联席会议制度，明确5G建设的责任和分工，传达省、市要求，支持5G基站建设。积极协调有关镇（街）、村委配合运营商开展施工等各项工作。提高农村光网和4G网络+覆盖率，武江区所有行政村实现4G网络全覆盖，20户以上自然村实现光纤网络全覆盖。

【推进技术改造】2020年，武江区改造提升传统优势产业，大力推进技术改造。围绕烟草、电力和医药等传统优势产业，推动全区工业企业新一轮技术改造，充分发挥龙头企业的带动作用，采取有力措施促使其拓展产业链、提升价值链，优化企业组织结构，进一步提高产业集中度，提高企业配套协作水平。鼓励企业引进先进技术装备，加强消化吸收再创新，形成自主知识产权和拥有核心关键技术，实施工业生产数字化和自动化。充分发挥产业融合创新的引领作用，大力推进传统产业内部重组融

2020年2月8日，武江区疫情防控期间企业复工复产工作部署会议召开
（区工信局 供图）

合，形成新的竞争优势。

2020年，区工信局切实贯彻落实好各级惠企政策，尤其是新冠肺炎疫情企业扶持政策，主动对接市工信局技改创新科，及时将涉及企业技改事前、事后共474.77万元下拨给企业；帮助四家企业成功获取2020年特别抗疫国债资金560.06万元，为企业复产提供有力支撑。

各类工业

【发展现状】 截至2020年年底，武江区有规上工业企业共14家。以烟草、电力、医药行业为支柱，其中烟草行业所占比重最大，2020年韶关卷烟厂增加值占全区规上工业增加值的87.5%，对该区工业经济影响巨大。

【烟草工业】 2020年烟草产业（韶关卷烟厂）完成规上工业增加值54.46亿元，同比增长4.6%。

【电力工业】 2020年，武江区电力产业共完成规上工业增加值2.23亿元，同比下降17%。武江区电力产业主要由韶关供电局及2家水电企业（韶能、方夏）组成，其中韶关供电局相对稳定，而水电企业则受当年气候变化影响较大。广东电网公司韶关供电局是中国南方电网公司广东电网公司下属的大II型企业，为韶关市7个县3个区供应电力，供电客户88.5万户，供电面积1.84万平方千米。韶关供电局成立于1959年，拥有110千伏及以上变电站56座，110千伏及以上输电线路2641.69千米。广东韶能集团股份有限公司是以可再生能源和清洁能源的投资开发与经营为主营业务的上市公司，也是韶关地区优势企业集团之一。公司成立于1993年6月，注册地为广东省韶关市。1996年8月30日在深圳证券交易所挂牌上市，股票简称“韶能股份”。

【制药工业】 2020年，武江区制药产业完成规上工业增加值2.47亿元，同比下降16.3%。丽珠集团利民制药厂是珠海丽珠医药集团股份有限公司下属的集医药生产、科研、开发为一体的中外合资企业，是国家中药现代化工程技术研究中心的中试基地和国家中药现代化工程技术研究中心的注射剂研究所。利民制药厂主要生产大容量注射剂、小容量注射剂、片剂、胶囊剂、颗粒剂、原料药等品种，是丽珠集团重要的大容量注射剂、小容量注射剂、中药提取、原料药生产基地。该厂的大容量注射剂车间、小容量注射剂车间、固体制剂车间、原料药车间、中药提取车间均已通过国家药品GMP论证。

高新技术研发管理

【概况】 2020年，武江区规上工业企业设立研发机构和公共创新平台总量共50家，占全市存量比重的18.94%，全市排名第一位。2020年新增13家，占全市新增比重的20.32%，全市排名第一位。丽珠集团利民制药厂“广东省高端液体药物制剂研发及产业化企业重点实验室”获评省级重点实验室。

【高新技术企业】 2020年，武江区高新技术企业存量为88家，占全市存量的28.57%，全市排名第1位。共认定高新技术企业32家，占全市认定总数27.11%，居全市第一位。

【科技服务】 2020年，武江区有11人入选引进紧缺适用人才，占全市入选人数的15.71%，居全市第二位。2020年全区有91人入选引进产业科技人才，占全市入选人数的22.50%，居全市第二位。2020年，全区获得市级及以上科技经费达到4284.2万元，其中省级及以上1118.56万元、市级3165.64万元，居全市第一位。

规模以上工业企业简介

【广东中烟工业有限责任公司】
广东中烟工业有限责任公司韶关卷烟厂前身为成立于1950年6月1日的民生卷烟厂，1964年民生卷烟厂更名为韶关卷烟厂，2006年取消韶关卷烟厂法人资格，更名为广东卷烟总厂韶关卷烟厂，2006年更名为广东中烟工业公司韶关卷烟厂，2007年改制更名为广东中烟工业有限责任公司韶关卷烟厂。现有职工900余人，占地面积9.36万平方米，建筑面积15万平方米，固定资产原值7.54亿元，净值5.18亿元，拥有国际先进水平的卷接包设备和国内先进水平的制丝生产线，拥有4800千克/时的制丝线一条，额定功率570千克/时的二氧化碳膨胀烟丝制丝线一条，GD卷接包机组13套，其中软包机组7套，硬包机组6套，年设备生产能力263亿支（52.6万箱）。近年来随着国家控烟政策的逐步推进，韶关卷烟厂产量逐渐下滑，为应对生产计划不断下调的形势，韶关卷烟厂从调结构上做功夫，已逐步淘汰四类烟，一类烟、二类烟比例不断扩大。

【广东电网公司韶关供电局】 广东电网公司韶关供电局是中国南方电网公司广东电网公司下属的大Ⅱ型企业，成立于1959年，拥有110千伏及以上变电站56座，110千伏及以上输电线路2641.69千米。为韶关市7个县3个区供应电力，供电客户88.5万户，供电面积1.84万平方千米。韶关供电局坚持“对广东电网公司负责，为韶关经济和社会发展服务”的宗旨，牢记“主动承担社会责任，全力做好电力供应”的使命，全力保障韶关地区的用电需求，赢得各级党委政府和百姓的广泛认可。近年来，该局先后荣获“全国文明单位”“全国五一劳动奖状”“中央企业先进集体”“全国模范职工之家”“全国安康杯竞赛优胜企业”“南方电网公司文明单位”“广东省安全文化示范企业”等荣誉称号；先后被国务院国资委，广东省委、省政府，韶关市委、市政府，南方电网公司和广东电网公司评为“抗灾救灾先进单位”；连续4年被评为“南方电网公司迎峰度夏先进单位”；先后5次被韶关市委授予“先进基层党组织”称号，连续14年荣获“韶关市党风廉政建设先进单位”称号。

【韶能集团股份有限公司】 广东韶能集团股份有限公司是以可再生能源和清洁能源的投资开发与经营为主营业务的上市公司，也是韶关地区优势企业集团之一。公司成立于1993年6月，注册地为广东省韶关市。1996年8月30日在深圳证券交易所挂牌上市，股票简称“韶能股份”，股票代码“000601”。公司的发展战略一直致力于清洁能源和可再生能源的投资开发。在继续做强做大做优水电业务的同时，抓住契机适度发展生物质能发电，重点发展天然气的开发利用等能源项目，争取用3—5年的时间，实现公司经营规模快速扩张，经营业绩稳步较快增长的目标。公司秉承“外树形象、内抓管理”的经营理念，通过采用国有企业的管理基础，引进民营企业的经营机制，学习部队雷厉风行的作风，树立团结开拓、效率第一、为韶能争光的形象，形成较为完善与完整的企业经营管理理念、内部控制体系、制度设计、机制安排、治理架构等。经过20年坚持不懈的探索和实践，公司闯出一条政策引导、文化支撑、管理提振的强企之路，逐步形成具有韶能特色的企业文化。通过深化改革、强化管理，不断提高企业经济效益和管理水平。在不断提升股东价值的同时，也为地方的经济发展做出突出的贡献。

【广东省韶关烟草机械配件厂有限公司】 公司1995年8月在广东省韶关市设立，占地6万多平方米，建有1幢办公楼、8个厂房和2幢员工宿舍，员工172人。多年来公司一直坚持“以人为本，科技创新”办企业，先后被认定为广东省高新技术企业、广东省知识产权优势企业、广东省优秀民营企业、广东省名牌产品、广东省著名商标等称号。公司每年的研发投入都占销售收入的4%以上，公司技术开发部为公司的研发机构，在2003年认定市级工程技术研究开发中心。

公司自成立以来完成GD卷烟包装设备所需的1万多种零配件由进口件转换国产件的设计和生产制造工作，完全具备替代进口配件的生产能力，产品的生产工艺在国内处于行业领先水平。多年来公司一直坚持“以人为本，科技创新”办企业，通过成果鉴定项目12

项，获广东省重点新产品奖5项、高新技术产品奖3项，获省级、市级科技进步奖6项，有8项产品获广东省采用国际标准证书，申请专利62项，已授权56项。早在2003年，在韶关市相关部门对烟草机械配件厂有限公司进行现场考察论证后，认为该公司具备与其他七家企业组建市工程技术研究开发中心的能力，批准组建市级工程技术研究开发中心，这为该公司搞好技术创新，增强研究开发能力、抢占行业技术制高点创造更好条件。公司经济持续平稳发展，许多成果已经向生产第一线转移，产生巨大的社会和经济效益。公司将以科技进步提升企业的持续发展能力，生产出更新更精的产品更好地为烟草行业服务，为行业的发展做出更大的贡献。

【丽珠集团利民制药厂】 丽珠集团利民制药厂成立于1966年，1997年转制加入丽珠集团，是国家高新技术企业、国家中药工业百强企业、广东省创新型企业、广东省知识产权优势企业、广东省战略性新兴产业培育企业。利民厂拥有大容量注射剂、小容量注射剂、片剂、胶囊剂、颗粒剂等10条生产线，150个品种规格，核心产品"参芪扶正注射液"为国家二类中药新药，国家中药保护品种，国家食品药品监督管理总局批准的首个也是唯一的纯中药澄明大输液品种。

近年来利民厂获得省、部级科技奖励及荣誉20多项，承担国家、省部级科研项目超过30项，申请国际和国内发明专利64项，获得授权38项。其中"现代中药参芪扶正注射液的研究与产业化"项目获得2010年韶关科学技术特等奖，广东省科学技术一等奖，"中药注射剂产品升级中的重大共性、关键技术研究与产业化运用"项目获得2016年广东省科学技术一等奖，"中药大品种（参芪扶正注射液、抗病毒颗粒）产业化关键技术与产学研深度合作开发研究"项目获得2016年中国产学研合作创新成果一等奖，"中药和天然药物的三萜及其皂苷成分研究与应用"项目获得2016年广东省科学技术一等奖。2017年12月，获得"国家科学技术二等奖"。2017年2月，被广东省医药行业协会授予"2016年广东省医药行业优秀企业"。2020年2月，获"广东省高端液体药物制剂研发及产业化企业重点实验室"称号，是韶关市唯一获选企业。

科研发展计划方面，丽珠集团利民制药厂医药研究所是国家中药现代化工程技术研究开发中心中试基地，主要承担新药研发和在产品种质量提升研究工作。设置有质量标准室、中药室、生药室、固体制剂室、液体制剂室，制剂小试室，能承担多种剂型的研究开发工作。

【广东方夏集团有限公司】 广东方夏集团有限公司为韶关供电局下属集体企业，成立于2002年1月28日，注册资本为6110万元，企业住所为广东省韶关市武江区武江北路10栋。公司有员工47名，主要经营小水电业务，曾连续多年被评为"武江区A级纳税人"、韶关市模范纳税户。

【韶关市世邦新型建材有限公司】 公司成立于2011年9月，2013年3月正式投入生产，位于韶关市武江区龙归镇红尾坑内，注册资金800万元，主要从事蒸压加气混凝土砌块和蒸压水泥砖的加工生产业务，占地面积15816平方米，建筑面积5338平方米。

【韶关市泰基搅拌有限公司】 韶关市泰基搅拌有限公司是央企中建材投资有限公司旗下全资子公司，成立于2005年2月，现有员工66人，公司地址位于韶关市武江区西河镇马屋村，是一家从事商品混凝土搅拌的企业。公司拥有2条从意大利进口的仕高玛连续强制式搅拌机，生产能力360立方米/小时，设计年产116.8万立方米混凝土，工程建设总投资2940万元，占地面积26640平方米。

公司成立14年来，一直注重安全生产，至今无发生过重大安全生产事故，对消防、安全设施做到每周例行检查，有台账记录，坚决杜绝安全事故的发生。

公司做到诚信纳税，从2012年至2019年纳入中建材管理后上缴的增值税达2000多万元。

公司遵守国家的各种法律法规及地方政策，积极响应国家号召，注重环境治理，做好环保评估工作。2019年，该公司已投入600多万元建成达标的绿色环保企业。

【韶关市三创混凝土有限公司】 韶关市三创混凝土有限公司成立于2006年8月15日，于2013年被中建材投资有限公司全资收购，是中建投水泥商混事业部韶关区域的龙头企业。

公司位于韶关市武江区村头村三山岭，百旺大桥旁。注册资本2000万元，厂区面积约31496平方米，建有办公综合楼、搅拌楼、职工宿舍楼、试验楼；生产、生活自然分区，绿化环保符合人文理念。公司拥有科研人才8名，中高级管理人员7名，企业员工64名。三创公司是广东省预搅拌混凝土行业协会理事单位，于2019年8月通过并取得ISO质量管理体系、环境管理体系和职业健康安全管理体系三体系评审，并取得相关证书；2019年8月31日通过广东省预拌混凝土企业绿色生产达标评审取得三星级评价证书。

公司拥有两条3立方米新宇搅拌生产线，年设计产能能力达150万立方米，能生产各种标号普通混凝土、高强混凝土、流态（泵送）混凝土和抗渗混凝土，适用各种路面、桥梁、大坝、隧道、机场和城市施工建设的需要。公司主要承建大型项目包括保利、恒大、碧桂园等大型房地产投建项目及本市市政工程、公路、大型桥梁、隧道建设。主要客户有：碧桂园、保利、富力、中建八局、广东省六建、广东省五建、广东省源天工程有限公司、广西建工、韶关市一建、韶关市住宅建、韶关市北江建、广州市恒盛建设集团有限公司、浙江新东方建设集团有限公司、韶关市新城兴建筑公司、中国核工业华兴建设有限公司、深圳市垲烨建筑工程有限公司、新疆生产建设兵团建设工程（集团）有限责任公司、新疆北新路桥集团股份有限公司、上海四建等。

【韶关市广业环保有限公司】 韶关市广业环保有限公司下辖市第二污水处理厂位于韶关市武江区西河镇村头村委区域内。该污水处理厂分两期建设一期工程和二期工程。一期建设处理规模为6万立方米/日，采用5万吨/日的氧化沟处理工艺和1万立方米/日的一级强化处理+人工湿地处理工艺，概算总投资12097万元（含截污管网投资），于2007年7月投入使用。二期工程建设处理规模为5万立方米/日，采用AO微曝氧化沟工艺，厂区概算投资为6680万元，于2010年6月投入使用。因韶关市第三污水处理厂选址在人工湿地处理工艺地块上建设，2019年5月1日1万立方米/日的一级强化处理+人工湿地处理工艺停止运行，韶关市第二污水处理厂规模为10万立方米/日。本公司有两个厂外提升泵站，一期泵站位于百旺大桥西侧桥底往北两百米处，二期泵站位于沙洲尾韶能大厦正门对出河边处，每个提升泵站配备4名员工，执行四班三运转上班制度。其余员工均在厂区内办公，共计员工35人。

本污水厂执行《城镇污水处理厂污染物排放标准》（GB18918—2002）表1一级B标准及表2部分一类污染物最高允许排放浓度，污水经过处理后排放入北江河。本污水厂处理整个武江片区的市政污水，服务人口约35万人。纳污范围内有丽珠集团利民制药厂，排放污水869立方米/日，工业污水占比约1%。2010年12月，开始由广业环保有限公司一期TOT、二期BOT模式运营。管网运营单位为武江区市政管理中心。

【韶关市童氏电源科技有限公司】 韶关市童氏电源科技有限公司，位于武江区龙归镇马渡公路68号，生产传统的铅酸蓄电池，包括汽车电池、摩托车电池、太阳能电池、储能电池等，产能55万千瓦时，员工350人左右，摩托车电池占总产能60%左右，未来将大力拓展储能电池、汽车启停电池市场，提高企业的综合竞争力。

【韶关市明昊新建材有限公司】公司成立于2016年6月3日，注册资金200万元，员工30人，厂房占地面积达16650平方米，建设2座全新环保机立窑，月产生石灰块2万吨，是全市最大的石灰生产基地，配套石灰深加工磨机设备，每日可生产各类品质生石灰粉300吨。主要产品有建筑石灰、工业石灰、生石灰粉、高纯度氢氧化钙，产品运用范围广泛，如污水处理剂用、电厂脱硫专用石灰及石灰石粉、水厂净水处理用灰粉、建筑用石灰粉、纸厂用碱及各类化工用灰等等。客户遍布全市各个县区、泛珠三角地区。韶关市明昊新建材有限公司采用国内先进的环保机立窑生产设备，配料、上料、煅烧、出灰均采用全自动化操作系统，保证生产工序的先进性和产品质量的稳定性。采用最先进大型旋风式风选化灰机、雷蒙磨设备，生产出的氢氧化钙、生石灰粉纯度、细度等各项指标均达到国家标准，优质稳定产量高。

【韶关市龙韶实业有限公司】韶关市龙韶实业有限公司由刘东先生创办于2002年11月26日，注册资金6000万元，各类经营证照手续齐全。主要经营项目：冶金用熔剂灰岩、建筑用碎石、脱硫用粉体。公司现有员工200多人，其中工程技术人员30多人，拥有挖掘机、装载机等大型机械一批，重型自卸货车70余辆，各类规格石料加工能力达600万吨/年。是宝武韶钢战略合作伙伴及其炼钢用石灰石生产基地，现为韶关市大规模熔剂矿以及采石加工的环保绿色矿山企业。

公司主要产品为熔剂石灰石、白云石和建筑用石料。熔剂用石灰石、白云石主要销往宝武集团韶关钢铁，建筑骨料主要供应中建材搅拌站，产品曾供乌石电厂11#机组、仁化电厂、G106国道、京珠高速公路、韶关市电力调度中心大楼（32层）、武广铁路、广乐高速公路等重点工程。

现公司固定资产达1亿元以上，2014—2016年均纳税1000万元以上，2017年纳税额1987万元，2018年纳税额2171万元，2019年纳税额2237万元，2020年纳税额2030万元。是武江区模范纳税企业，税务机关信誉等级为B级。

公司自成立以来，坚持经济效益与社会效益并重的原则，努力践行企业社会责任，结合企业特点，发挥企业优势和特长，扎扎实实地做好帮扶工作，支持周边村庄及当地的公益事业，立志回报社会。多年来，累计投入2400多万元用于贡献企业力量。

【韶关广发光伏发电有限公司】韶关广发光伏发电有限公司位于广东省韶关市武江区龙归镇，公司成立于2017年8月17日，建设年发电量约8000万千瓦时的光伏发电基地；经营范围包括光伏发电项目的投资、建设、运营、维护等。企业成立后，积极开展项目投资前期工作。2018年5月31日，国家对光伏补贴政策有重大调整，导致项目中断一段时间，2019年4月开工建设，2019年12月完成光伏区及项目配套升压站及综合楼的建设，并通过电力质检中心验收，于2020年12月16日正式并网发电，并于2020年4月取得电力业务许可证。由于单位面积组件功率提升及电站优化设计，原有166.67公顷土地范围内有多处空余地方，该公司计划在原有土地红线范围内空余地方扩容10兆瓦光伏项目，以提高土地利用率，追加投资3645万元（其中设备投资约2053万元，建设投资1592万元），扩容项目于2020年7月开工建设，2020年9月并网投产。韶关广发光伏发电有限公司截至2020年9月累计投资约4亿元。

（涂智婷）

商　业

商贸管理

【概况】 武江区工信局（商务局）是全区商业贸易主管部门。2020年全区消费需求继续保持平稳运行态势，城乡市场繁荣。全区1—12月完成社会消费品零售总额56.77亿元（不含新区），同比增长-5.3%，总量全市排名第二，增速全市排名第三。2020年，在不含新区情况下，其中限额以上批发业销售额完成28.22亿元，同比增长35.9%，增速全市排名第一。

【批发零售业】 2020年，武江区限上批零企业在不含新区的情况下共有40家，其中批发企业19家，零售企业21家。全区限上批发业企业主要销售钢材、煤炭、医药、金属、矿产品、石油、建材等为主，重点上亿元批发企业有韶关市银岭经贸发展有限公司、韶关市拓海贸易有限公司、海王（韶关）医药有限公司、韶关市豪杰贸易有限公司、韶关正邦食品有限公司等5家企业。限上零售企业主要以超市、百货、医药连锁经营、汽车4S销售店、加油站行业为主，重点上亿元零售企业有广东爱心大药房连锁有限公司、韶关市粤壹大药房有限责任公司等2家企业。武江区商贸流通业结构以传统型批发零售业为主，商贸新业态处于起步阶段。2020年，限额以上零售业销售额完成9.16亿元，同比增长1.9%，增速全市排名第三，全年增速均保持正增长。2020年，新增限上批发零售企业共8家，超额完成市下达的全年新增限上批发零售企业4家的指标任务。

【连锁经营行业】 2020年，武江区连锁经营的限上企业有广东爱心大药房连锁有限公司、韶关市益华百货有限公司、沃尔玛深国投百货有限公司韶关新华南路分店、韶关市宏昌众晟商贸有限责任公司等4家公司，其中具有代表性的本土连锁经营企业是广东爱心大药房连锁有限公司。广东爱心大药

2020年8月21日，“2020武江区夜经济暨暑期消费促进活动”在工业西路宏昌百货（西河店）会场正式启动（区工信局　供图）

房连锁有限公司成立于2006年2月23日，是一家主要经营中西成药、中药配方、参茸补品、进口药品、医疗器械及保健食品等1万多种医药产品的省级药品零售连锁企业。公司总部设立在广东省韶关市，并在广州设有办事处。现有员工1600多人，拥有面积达1万多平方米集办公和业务培训的综合大楼。截至2020年年底，旗下分店达262家，遍布广东省韶关市三区七县、广州、清远地区。经过多年的发展，成为粤北地区规模最大的医药零售连锁企业。2020年，广东爱心大药房连锁有限公司销售额为4.06亿元，同比增长18.5%。

对外经贸合作

【概况】2020年，武江区外贸进出口总值61354万元，其中：出口12525万元，进口48829万元。

【主要工作】2020年，区工信局通过“口罩银行”、疫情政府企业联防联控等方式助力辖区范围重要外贸进出口企业复工复查。联合区市场监督管理局、区税务局、区金融办，做好服务企业工作。主动对接外资外贸企业，了解企业经营情况，收集企业诉求。及时推送省、市外资外贸奖励扶持政策、广东省中小融平台及各类展会信息，助力企业拓宽市场，寻求多样化的销售渠道。

招商引资

【概况】2020年，武江区招商引资引入71.7亿元，完成年度目标任务；新动工项目2个；新竣工投产项目数5个；引进1亿元以上项目9个。

【主要工作】2020年，武江区举全区之力开展招商，联合区卫健局、区文旅体局、区工信局、区农业农村局、区市场监督管理局、区税务局等产业主管部门、涉企服务部门，开展产业招商、精准招商、重点招商工作。通过促进意向企业加快落户武江区工作专班全面统筹协调，为意向落户武江区企业提供更高效、更全面的服务。同时，区工信局创新工作方法，为更快、更好的建设武江科创园，将其打造为健康产业孵化平台、创新平台，该局先后与中山、长沙等地园区专业运营团队就科创园运营管理以及武江区招商引资合作进行对接。

农村电商

【概况】2017—2020年，韶关市辖三区农村淘宝仓储中心在武江区鑫金汇正式运营已有三年，至2020年12月，武江区共拥有4个“农村淘宝”村级服务站点，其中龙归镇3个，江湾镇1个。2020年，韶关市富农电子商务有限公司已建设完成辖区内7个省定贫困村的村级电商服务站点，其中龙归镇2个村级服务站点，重阳镇3个村级服务站点，江湾镇2个村级服务站点。

【农村电商培训】2019—2020年，区工信局与富农电子商务公司到龙归镇、重阳镇、江湾镇开展3期农村电商扶贫培训，对有劳动能力的建档立卡贫困人口（外出务工者除外）进行培训，将网销运营及相关电商扶贫知识带进农村，共培训学员427人，培训率达到50%以上，完成省定目标。

【电商精准扶贫】2020年，武江区以持续增加贫困群众收入为核心，依托韶关富农电子商务公司对省定贫困人口的农产品进行收购及销售，逐步提升农村产品商品化、标准化、规模化水平，带动本地特色农产品产供销和贫困人口脱贫致富。2020年12月，有4名贫困户参与农产品收购，第三方电商平台线上线下销售额为5943.22元。

批发零售企业简介

【韶关正邦食品有限公司】韶关正邦食品有限公司作为武江区新增限上批发企业，成立于2020年10月30日，经营范围包括牲畜销售、农副产品销售，以自有资金从事投资活动，现有员工2人，共有4家分公司。2020年，韶关正邦食品有限公司销售额为4.27亿元，拉高全市限上批发业增速约0.9个百分点。韶关市拓海贸易有限公司成立于2008年10月，是一家民营性质的外贸流通企业。公司现有员工25人，主营有色金属ADC12的进口内销，兼营矿产品、建筑材料、机械机电设备、日用百货、纺织品、工艺品、五金家电、化工产品等大类商品的进出口。2020年韶关市拓海贸易有限公司销售额为5.91亿元，同比增长1592.7%，在全区批发零售企业中销售额增速排名第一。

【韶能集团韶关市银岭经贸发展有限公司】 韶能集团韶关市银岭经贸发展有限公司为广东韶能集团股份有限公司的全资子公司，位于韶关市武江区沿江路16号，于2006年4月14日在韶关市工商行政管理局注册登记成立。注册资本3000万元，实收资本3000万元。现有经营范围：销售机电产品、机械设备、建筑装饰材料、金属材料、矿产品（贵重、稀有矿产品除外）、有色金属产品（贵金属除外）、五金家电，纺织品，服装，皮革制品，润滑油（不设储存），河沙、纸浆、纸浆板、纸及纸制品、煤炭；货物及技术进出口；普通货运（在许可证范围及有效期内经营）；计算机信息技术咨询；电子商务。

【广东爱心大药房连锁有限公司】 广东爱心大药房连锁有限公司成立于2006年2月23日，是一家主要经营中西成药、中药配方、参茸补品、进口药品、医疗器械及保健食品等1万多种医药产品的省级药品零售连锁企业。公司总部设立在广东省韶关市，并在广州设有办事处。现有员工1600多人，拥有面积达1万多平方米集办公和业务培训于一体的综合大楼。截至2020年年底，旗下分店达262家，遍布广东省韶关市三区七县、广州、清远地区。经过多年的发展，成为粤北地区规模最大的医药零售连锁企业。2020年，广东爱心大药房连锁有限公司销售额为4.06亿元，同比增长18.5%。公司于2013年成功开通网上药店“广东爱心大药房网上药店”（www.gdaxdyf.com）。近年来，企业以集团化发展为目标，制定“多元化”的发展战略。现公司旗下产业链涵盖实业投资、酒店、农业开发、商业物业、中药饮片等多个领域。公司从成立至今，先后获“诚信单位”“先进私营企业”“广东省守合同重信用企业”“维护消费者权益示范单位”“先进职工之家”“明星企业”“优秀民营企业”“韶关市工会工作先进单位”“爱心奉献奖”“维护消费者权益事业贡献奖”等多项荣誉。

【中环广场益华百货公司】 韶关益华百货位于韶关市武江区惠民南路50号中环广场，开业于2008年9月，经营面积近5万平方米，是广东益华百货CITYMALL经营模式在粤北地区创新发展的鸿篇巨制，其地处西河武江区惠民南路，紧邻武江区政府、西河体育健身广场，门前宽阔的惠民大道和广场内的大型地下停车场等，构成畅达的交通及优越的消费环境，为消费者带来方便快捷又尊贵时尚的购物新体验。益华百货位于中环广场首层至五层，共分为百货商场、乐家超市、四海电器三大业态，三大业态独立经营又紧密相依，楼层布局合理，顾客来到商场，不论衣食住行所需，还是文化娱乐消费都能得到满足。开业以来，韶关益华百货共获得“广东省百城万店无假货先进单位”“广东省优秀连锁经营门店”“韶关市诚信单位”等荣誉称号。

【深圳沃尔玛百货零售有限公司韶关新华南路分店】 深圳沃尔玛百货零售有限公司韶关新华南路分店于2008年9月进入韶关市场，营业面积约9000平方米，主营生鲜食品、服装、家电、干货等两万多种商品。商场每天努力为顾客核查更多的商品价格，力推“省心价”商品，通过市场调研甄选消费者喜爱的商品组合，配合以不断改良的陈列方式，为顾客提供独特的一站式购物的体现。同时，积极推动店面改造，于2015年3—6月完成形象升级，提升顾客购物体验，满足顾客需求的同时带来产品整体销售的增长。

（涂智婷）

农·林·水

农 业

【概况】 区农业农村局是区政府工作部门，为正科级，加挂韶关市武江区扶贫开发办公室牌子，中共韶关市武江区委农村工作办公室设在区农业农村局。核定编制16名（其中行政编制6名，行政执法专项编制10名）。设局长1名，副局长3名，区委农办、区扶贫办常务副主任1名（正科级），区委农办、区扶贫办专职副主任1名（副科级）；正股级领导职数9名。内设机构9个：办公室、扶贫和新农村建设规划股、乡村振兴战略促进股、扶贫开发指导股（区扶贫办公室）、经营管理股、生产建设股、畜牧兽医水产股、科技信息股、执法大队。下属事业单位3个：韶关市武江区畜牧兽医水产服务中心、韶关市武江区农机管理总站、韶关市武江区动物卫生监督所。

2020年，武江区第一产业增加值8.58亿元，第一产业从业人员20553人，农村居民人均可支配收入21849.3元。全区耕地面积6826.35公顷；粮食播种面积3901.67公顷，增长6.1%；蔬菜播种面积2751.93公顷，增长4.3%。粮食总产量24541吨，增长6.2%；蔬菜总产量91241吨，增长4.4%；水果总产量11972吨，增长2.3%。

武江区开展农村人居环境整治“打擂比武”活动，图为“生态宜居美丽村庄”奖牌 （区农业农村局 供图）

【脱贫攻坚】 2020年，武江区贫困人口年人均可支配收入从2015年的3373.83元提高到2020年的15469.03元，增长358.5%，其中有劳动能力贫困人口达到17712.51元，无劳动能力贫困人口达到11102.93元。

【农村人居环境整治打擂比武】 2020年，农村人居环境整治“打擂比武”活动有效破解以往新农村建设中“政府在干，村民在看”的难题，其经验做法得到上级领导和社会各界的认可，全区撬动社会资金、村民自筹资金1978万元，村民投工投劳19420工日。“龙归—江湾”乡村精品线路获评2020年“广东美丽乡村精品线路”，江湾镇湖洋村获得2020年“广东省乡村大擂台污水治理先进村”荣誉称号。

【农村集体产权制度改革国家试点】 2020 年，武江区已有 430 个行政村（小组）完成集体经济组织成员身份确认，完成率 99.3%；8.6 万名农民群众获得集体组织成员身份认定。累计登记集体资产 24 亿元，较改革试点前增加 16.8 亿元，增加幅度达 231%，登记集体土地、山林等自然资源 63100 公顷。

【新农村建设】 2020 年，武江区 51 个行政村 273 个自然村，三清三拆三整治完成率为 100%；村道路面硬化（村委会通自然村）完成率为 100%；自然村村内道路硬化，已完成自然村 223 个，完成率为 81.68%；集中供水，完成率为 98.17%；生活垃圾处理，已建立垃圾收运处理体系的自然村 271 个，完成率为 99.27%；垃圾收集点建立，完成率为 100%；污水收集，完成率为 89.38%；生活污水治理，完成率为 54.21%；人畜分离和家禽集中圈养，完成率为 97.07%；村规民约，完成率为 100%。泥砖房清拆，拆除泥砖房 2.27 万间、65.69 万平方米，占应拆尽拆破旧泥砖房的 98.43%。

【2020 年中国农民丰收节】 2020 年 9 月 22 日，中国农民丰收节韶关系列活动启动仪式暨“谷满粮仓、幸福武江”农旅展销推介会在龙归乡村振兴培训实践中心召开，充分展示武江区脱贫攻坚成果及农业农村发展变化，推广龙归—江湾、西河—重阳乡村旅游精品线路。

【培育特色产业】 2020 年，武江区实施“五朵金花”，探索“龙安模式”推进特色种植基地建设。培育家庭农场，扶持奖补各类经营主体。完成龙归山前村红薯和江湾湖洋村番薯干列入 2020 年省级“一村一品、一镇一业”入库项目申报工作。韶关市武江区兴农畜牧有限公司成功申报粤港澳大湾区“菜篮子”生产基地（第七批）。

畜牧业

【概况】 2020 年，全区生猪饲养量 20.22 万头，出栏量 10.81 万头；家禽饲养量 174.53 万只，出栏量 139.09 万只；山羊饲养量 6375 头；牛饲养量 2470 头。

【畜禽养殖污染治理】 2020年，武江区粪污资源化利用率已提高到 91.36%，规模养殖场粪污设施配套率 96.3%，其中大型规模养殖场粪污设施配套率 100%。

【生猪产业高质量发展】 2020 年，武江区大力推进辖区新建、改扩建养殖项目建设速度，尽快建成投产。在建、拟建和改扩建项目共 6 个，建成后产能达到母猪 2.35 万头 / 年、肉猪 13.96 万头 / 年。另一方面，引导温氏公司、正邦公司、新希望、金新龙等大型养猪企业发挥自身优势，采取“公司 + 农户”方式，带动中小养殖户发展，有金新龙养户 10 户、正邦养户 11 户、温氏公司养户 12 户、新希望养户 3 户、双胞胎 1 户，共 37 户养户。以上养殖户年肉猪产能约 6.1 万头。

【动物防疫工作】 2020 年，武江区没有发生重大动物疫病流行，没有发生非洲猪瘟疫病。全区狠抓责任落实，积极开展疫情排查、检疫监督、生产监控、生猪调运监管、应急准备和部门协作等防控工作。据统计，武江区高致病性禽流感、猪牛羊口蹄疫、羊小反刍兽疫的免疫密度达到 95%。高致病性禽流感、牲畜口蹄疫、羊小反刍兽疫免疫抗体合格率达到 85%。全区没有发生畜禽产品质量安全事故。

水产业

【概况】 2020 年，武江区水产养殖面积为 594 公顷，水产品总产量为 3301 吨（其中：养殖产量 3264 吨，捕捞产量 37 吨），较 2019 年增长 0.46%。

【水产品质量安全管理】 2020 年，区农业农村局积极配合参与市局开展水产品质量安全监管专项行动和省市部署开展的农产品质量安全整治“利剑行动”，发放水产品质量安全告知书、生产档案及《水产养殖渔用药物使用相关规定及说明》小册子等宣传资料 240 多份，出动执法人员 113 人次，检查生产经营主体 105 家次。

【水域滩涂养殖证核发和水生野生动物驯养繁育许可证年检】2020 年，区农业农村局克服审核发证过程的各项困难，积极推进辖区水域滩涂养殖发证登记工作，截至 2020 年年底，依法新核发水域滩涂养殖证 78 户，面积 126.8 公顷。积极配合市局做好辖区国家二级及省重点保护水生野生动物驯养繁育许可证的到期年检换证工作，共完成 68 户养殖户年检换证工作。

渔　政

【概况】2020 年，武江区持有渔业船舶登记证书并纳入广东省渔船管理系统的捕捞渔船现有 41 艘，总功率 351.1 千瓦，总船长 324 米，登记在册渔民 80 人，已全部上岸定居。

【巡查执法整治违法捕捞】2020 年，武江区结合交叉检查制度，全面开展日常巡查，联合市农业农村局执法二科、浈江区渔政部门进行 24 次联合执法专项活动，检查武江区、浈江区、重点河道、流域的禁渔工作落实情况。3 月 20 日、4 月 3 日和 4 月 8 日，联合清缴武江大道中河段放置的地笼，合计清缴地笼约 123 个。全年日常巡查共进行 69 次，参加检查车次共 69 次，出动巡查检查人员共 172 人次。

农　机

【概况】2020 年，武江区提前完成上级下达的农机购置补贴任务 32.697 万元，共受理确认拖拉机、植保、耕整地、水产养殖、栽植、施肥等 6 类 43 台农业机械的补贴指标，5 个镇 33 户农民受益。

【联合执法】2020 年，区农机总站共联合交警部门上路执法 5 次，出动车辆 15 台次，公安干警 22 人次，农机监理员 84 人次，登记排查拖拉机 80 余辆，其中查获涉嫌假牌假证变形拖拉机 3 台，由公安交警做出扣押处罚。签订农机安全生产责任状（书）60 余份。

【严格农机驾驶操作技术培训工作】2020 年，区农机总站按照拖拉机驾驶操作培训教学（教练）大纲要求，全年共培训驾驶人员 23 人。新增驾驶人员不仅提高全县农机驾驶员持证率，同时也提高了农机驾驶（操作）人的操作技能和安全生产意识，为保障全区农机安全生产奠定坚实的基础。

【落实农机安全生产责任】2020 年，区农机总站大力开展形式多样，内容丰富的农机安全生产宣传教育，加强对农机安全隐患的排查治理，及时消除农机安全事故隐患，保障人民生命和财产安全。2020 年，全区未发生农机安全生产责任事故。

（赵奉君）

林　业

【概况】2020 年，武江区林地 48693.07 公顷，森林蓄积量 33583.88 立方米，森林覆盖率 70.24%。

【造林绿化】2020 年，武江区完成碳汇造林面积 40 公顷，完成森林碳汇工程封山育林面积 96.67 公顷，任务完成率 100%。完成地方财政暨社会投资造林总面积 218.67 公顷，其中人工更新造林面积 106.67 公顷，封山育林面积 112 公顷，任务完成率 100%。完成韶关市 2018 年景色景观带建设项目北环高速重阳出口、糖寮出口绿化项目造林面积 9.33 公顷，任务完成率 100%。

【森林防火】2020 年，武江区自然资源局指导并联合各镇对重点区域、重点部位以及历年火情多发点进行森林火灾隐患排查整治，结合实际开设防火隔离带 8 条（含 17 个隧道口）；推进森林防火宣传“五进”活动，全年累计张贴标语 3000 余份，发放森林防火宣传资料 8 万余份，发送防火手机短信 210494 条，发放禁火令 259988 份，入户宣传 91830 户，出动宣传 72400 人次；做好全年特别是重要节假日期间的森林防火工作，实现了重大节日森林防火区零火情，将森林火灾受害率控制在0.5‰内。

【森林公安执法】2020年，武江区森林派出所共受理各类案件32起，破20起，其中刑事案件立案16起破4起（含1起移送并案）；治安案件1起；林业行政案件15起破15起（滥伐林木3起、林地案件6起、未经批准出售、购买、利用、运输、携带、寄递野生动物及其制品案1起、擅自野外用火案4起，无木材运输证运输木材案1起）；共处理违法犯罪人员24人次，其中刑事拘留1起1人次，取保候审4人次，起诉3起3人次；治安拘留1人；林业行政处罚15人次；林业行政罚款49324元。

【政策性森林保险】2020年，武江区认真贯彻落实上级关于积极发展林业保险的要求，切实增强抵御自然灾害风险能力，为生长和管理正常且权属清晰的生态公益林、商品林进行政策性森林保险参保。

【林业产业发展】2020年，武江区林业产业发展良好，林业种植方面：武江区油茶种植主要分布在西河镇、龙归镇、重阳镇，以农户自主经营为主，以外卖原材料为主，面积约200公顷；中草药种植主要有重阳镇水口村种植的牛大力，面积约26.67公顷，龙归镇续源村种植的吴茱萸，面积约100公顷，江湾镇湖洋村种植的铁皮石斛，面积约0.67公顷；菌类种植主要是在龙归镇后坪村种植的茶树菇，面积约4公顷，年产茶树菇约1000吨。林下养殖方面：武江区林下养殖主要以黑山羊、牛为主，主要分布在西河镇、重阳镇、龙归镇，数量在3000头左右，年出栏量约1000头。

【国有林场】武江区共有两个国有林场，分别为武江区国有樟源林场和武江区国有江湾林场，为武江区自然资源局下属事业单位。武江区国有樟源林场林地面积6266.67公顷，其中生态公益林3433.33公顷；武江区国有江湾林场林地面积4533.33公顷，其中生态公益林2393.33公顷。

【自然保护区】武江区共有4个自然保护地，分别为韶关市武江区芙蓉山国家矿山公园、韶关北江特有珍稀鱼类省级自然保护区、韶关市武江区张九龄市级森林公园、韶关市国家森林公园。其中，武江区芙蓉山国家矿山公园成立于2009年，是中国首批28个国家矿山公园之一，批复面积为2170公顷，主要以矿产资源遗迹保护为主题；韶关北江特有珍稀鱼类省级自然保护区批复成立于2008年，保护区面积为2820公顷；武江区张九龄市级森林公园批复成立于2015年，面积为158.6公顷；韶关市国家森林公园成立于1993年，在武江区的范围位于西河镇田心村委，属韶关林场田心工区，由韶关市国家森林公园管理处管理。

（许　靖）

水　利

【概况】武江区位于广东省北部，韶关市中西部，是韶关市辖区，西、南、北同乳源县交界，东至浈江区，南与曲江接壤，面积677.85平方千米，2020年年末户籍人口29.97万人，地区生产总值269.49亿元。境内河流众多，水资源丰富。省管河道北江、市管河道有武江、南水河，全区纳入区河长制管理的河流有北江武江区段、武江武江区段、南水河武江段、龙归水、重阳河。辖区内重点中小河流共12条，分别是沐溪水、芙蓉水、沙山水、韶西水、龙皇岩水、续源河、锅溪河、梁屋河、大水洞河、黄九坳河、胡屋河及新街水；纳入河长制管理的大中小型水库共27座，山塘42座，总库容为22879.02万立方米。

区住房和城乡建设局内设办公室、人事股、法规股、建筑与房地产业管理股、住房保障股、城乡项目建设股、人防股、交通运输股、水务管理股。

【全面推进河长制工作】2020年，区、镇、村三级河长全年共巡河2534次，其中区级河长巡河74次，镇级河长巡河1153次；巡河发现问题60个，有效处理60个，处理率达100%。建立主要河流问题清单、工作重点任务清单和工作指标清单的清单制度，共解决河湖四乱问题27宗，累计清理船舶50余艘，解决重点难点问题6个。建立以镇（街）为单位，通过抽调各镇街河道专管员由区河长办统一调配，每半年交叉对各镇街开展明察暗访的制度和涉水问题“红黑榜”曝光制度，发挥并推动河湖治理的积极作用，2020年累计开展交叉明察暗访3次，发现问题12个，得到有效解决11个。以五水共治为统领，水体方面，水污染防治攻坚战取得阶段成果。水面方面，水面漂浮物清理长效机制显成效。水岸方面，河湖“清四乱”和河湖划界目标顺利完成。武江区万里碧道项目建设有序推进。水底方面，初步建立河道清淤长效机制，编制完成武江区河道采砂规划，水空间得到有效管控。水源方面，建立和完善饮用水源地责任制度和饮用水源保护区日常巡查机制。以“河畅、水清、岸绿、景美”为基本要求，改善水资源、水环境、水生态、水安全以及景观游憩系统，全面完成龙归水（松香厂—江湾小学3千米）碧道项目和武江区龙归水（龙归粮仓—南岸村7.1千米）总长为10.1千米的碧道项目。

【河流水质水库达标评价】2020年，地表水水质考核孟州坝电站、武江桥、十里亭和南水龙归断面达标率达100%，韶关新区污水管网建设完成后将有效扭转水质。龙归、重阳、江湾等3个镇级污水处理厂及配套管网建设完成并投入试运行，镇域覆盖率达到100%，自然村基本实现雨污分流、污水排放管道收集或暗渠化农村污水处理覆盖率达到76%。

【三防工作】2020年，武江区完成各镇（街）水利工程防汛应急预案和调度方案的更新修订，与全区69宗水利工程、92宗水电站签订防汛安全责任书，加强对重点水利设施及防汛责任单位进行全面的汛前安全检查，对排查出24处隐患问题全部落实整治措施。

【全域自然村集中供水工程】

2020年，武江区11宗工程建设任务已基本完成，年度计划投资6710万元，累计完成投资6745万元，投资完成率100.52%，累计支付5390万元，支付率达80%。武江区农村生活饮用水水质卫生合格率已达到90%以上；全区行政村已实现集中供水全覆盖；3个省定贫困村已完成水质提升工作；少数民族聚居地瑶族村自然村亦已实现集中供水全覆盖；完成新增集中供水覆盖人口0.95万人，较好的完成年度任务目标。

【农村水电改造】2020年，武江区完成区广东韶能集团股份有限公司孟洲坝电厂、江源口电站、江湾镇实习水电站、石棘山水电站、龙安水电站五宗“十三五”农村水电增效扩容改造项目，改造工程总投资9077.14万元，装机容量由改造前56550千瓦提升到改造后58750千瓦，改造后年发电量提升20%以上。

【水旱防治规划与预案】2020年，武江区共修编水利工程防御预案27宗，山洪灾害防御预案34宗。

【水土保持及水资源管理】

2020年，超额完成市水务局下达给武江区年度水土流失治理任务，任务目标值1平方千米，实际完成1.27平方千米；严格依法、依规开展水土保持方案的行政审批，共审批生产建设项目水土保持方案39件，全年共征缴水土保持补偿费20.16万元；对57个生产建设项目进行监督检查，有效督促项目业主落实水土保护防治措施，履行义务。开展节水社会、城市的建设，完成政府部门、学校节水示范机关的建设，广泛深入水法律法规宣传，累计悬挂横幅、张贴宣传画、发放宣传资料等4550多份，举办《中华人民共和国水法》知识咨询2次。

（黄　鑫）

财政·税务·金融

财 政

【概况】 2020年，武江区一般公共预算收入完成59375万元，可比口径增长10.54%，增速全市第一。其中税收收入完成36645万元，可比口径同比增长1.19%。非税收入完成22730万元，可比口径同比增长29.89%，占区财政收入比重为38.28%，收入质量较好。一般公共预算支出完成195980万元，完成年初预算的153.53%，增长6.85%，增速全市第四。

武江区财政局内设办公室、预算和政府债务管理股、国库股、综合股、行政政法股和科教文化股、经济建设股、农业农村和社会保障股、国有资产监督管理办公室共8个股（室）。参公管理事业单位有武江区财政局国库支付中心、武江区政府采购管理中心、事业单位有韶关市武江区财政局投资评审中心。

【部门预算编制】 2020年，区财政局按照全面深化财税体制改革、建立现代财政制度要求，构建全面规范、公开透明预算制度。明确预算资金审批范围和程序，优化预算资金审批程序，加强预算执行刚性约束。2020年，武江区有53个一级预算单位独立编制零基部门预算。树立过紧日子思想，对部门预算中安排的公用经费总体按照5%比例压减。

【国库集中支付】 2020年，区财政局建立健全财政国库库款预测预警监控管理长效机制，合理预测收支情况。加强预算支出动态监控，严格执行预算，加强资金调度，重点保障区“三保”支出及重点项目支出。落实预算支出通报制度，把支出进度作为重要考核指标，按时通报，确保支出达到序时进度要求。

区属共52个一级预算单位全面实行国库集中支付，2020年办理集中支付金额234158.07万元，其中办理直接支付24477笔，金额216597.06万元；办理授权支付12392笔，金额17561.01万元。

【优化支出结构】 2020年，区财政局兜牢兜实“三保”支出底线。保障民生支出、涉农支出等重点，其中全区11类民生支出完成147076万元，占一般公共预算支出比重达75.05%；省十件民生实事投入资金3249万元，完成全年预算的192.48%。建立完善项目资金保障与核算运行机制，支持配合芙蓉新城等重点项目建设，积极与市对接，积极筹措、及时拨付征拆资金，确保经费及时到位、征拆顺利推进。

【财政体制改革】 2020年，区财政局牵头起草《关于常态化疫情防控下促进财政可持续发展的实施方案》，并严格执行。配合市财政做好“两区”财政管理体制改革，核定新区基数，做好清产核资。推进公务卡改革，已覆盖49个单位及5个镇，开卡量达1083张，公务卡消费报销金额逐年增长，使用单位公务消费更阳光、更规范。加快推进涉农资金统筹整合，组织各单位申报成功2020年涉农领域预备项目10个，申请到位省级补助资金4976万元。

【行政许可管理】2020年，区财政局行政许可事项只有1项，为“设立除会计师事务所以外的代理记账机构审批”，该事项已进驻广东政务服务网。2020年共办理行政许可3项，受理3项，办结3项。4月为武江区12家代理记账机构进行年度备案，2019年全区代理记账业务收入达217.43万元，同时向市财政局上报《2019年武江区代理记账分析报告》。8月开展《2019年度地区（部门）行政事业单位内部控制报告》工作，武江区106个行政事业单位均开展内部控制报告编报工作；实际上报单位106个，上报率100%。

【存量资金盘活】2020年，区财政局严格执行中央、省、市要求，积极盘活财政存量资金，对部门预算结余资金和结转2年以上资金，由同级财政收回统筹使用，2020年累计盘活存量资金2889万元，统筹用于区教育、医疗、卫生等民生项目支出。

【政府债务管理】2020年，区财政局根据省市财政部门部署，积极对接发改局及各项目主管单位，申报新增债券，申请到位债券资金5.2亿元。加强政府债务管理，妥善防范化解政府债务风险。

【政府采购管理】2020年，区财政局规范采购范围。宣传落实《韶关市政府集中采购目录及标准（2020年版）》，规范全区单一来源采购方式审批和进口产品核准管理，组织指导预算单位预留份额采购贫困地区农副产品。优化采购环境。排查清理政府采购领域违反公平竞争的规定和做法，从7月起试行政府采购意向公开，明确公开的主体、范围、内容、依据、时间等，提升政府采购透明度。完成采购任务。2020年全区政府集中采购事项审核备案1445项，其中公开招标30项，预算数额18517.895万元，实际支出金额18014.97万元，节约资金额502.925万元，资金节约率2.71%。实现汇总归档。制定《2020政府采购事项统一编码统计表》，同步整理归档纸质资料。及时统计编报各季度及全年的政府采购报表。

【财政投资评审】2020年，武江区基建工程送审项目共计299项，送审项目金额共计18.38亿元，送审项目数量较2019年同比增长31.84%，送审金额较2019年同比增长2.5倍，全区财政评审项目数量呈现快速增长的显著特点。其中，预算评审共计项目166项，经评审后节约财政资金7622.08万元；结算评审共计项目133项，经评审后节约财政资金2095.7万元，工程项目预、结算审核平均核减率为7.94%。

【一般公共预算收入】2020年，区财政局支持税务局加强税收收入收缴、重点税源收入入库，跟踪服务重点税源企业，落实减税降费政策，加强协税护税成员单位沟通与数据共享，共同做好收入组织，全年完成税收收入36645万元，可比口径同比增长1.19%。规范非税收入单位的收费收入，实行“收支两条线”，及时足额入库，定期检查；根据《广东省行政执法没收物品处理暂行办法》，及时复函、监督、销毁，规范处理管理罚没物品，确保物品价值；每月做好非税专户账务处理。全年完成非税收入22730万元，可比口径同比增长29.89%，占区财政收入比重为38.28%，收入质量全市最优。全年一般公共预算收入完成59375万元，增长10.54%，增速全市排名第一。

【财政资金监管】2020年，区财政局抓好内控制度，贯彻落实《韶关市武江区财政局内部控制基本制度（试行）》等9个内控制度，印发《武江区财政局内部审计实施办法（试行）》的通知。印发《武江区财政局关于加强新冠肺炎疫情防控财税政策落实和财政资金监管工作的通知》《韶关市武江区财政资金双监控实施细则（试行）》，进一步加强疫情防控资金的管理。

【财政监督检查职责】2020年3月，区财政局根据省财政厅关于落实《广东省关于进一步加强涉企和个人财政补贴（补助）资金管理的若干意见》（粤财监函〔2020〕13号）文件要求，对区直单位落实涉企和个人财政补贴（补助）政策的情况进行梳理和研究。根据市财政局《关于开展全市“三公”经费和“小金库”专项检查的通知》工作要求，认真组织开展武江区“三公”等行政经费支出自查自纠工作，区直部门及下属单位共124个，展开自查。7月，对武江区江湾镇人民政府、武江区应急管理局和武江区卫生健康局及其属下的卫生服务中心、卫生院等共11个单位，2019年度“三公”等行政经费使用情况、“小金库”以及财务管理等方面实施重点检查。9月，组织开展区级单位自查自纠工作，10月，配合市财政局检查组对武江区使用疫情防控资金的多个部门，单位的情况实施重点检查；12月，根据市检查的核查结论及处理决定，就相关问题进行整改。做好2020年预算公开，2019年决算公开检查和整治落实工作，力争各部门，单位公开的预决算信息达到上级财政部门的考核要求。

【点资金“双监控”工作】2020年，武江区完成抗疫特别国债6700万元，山水林田湖草生态保护项目专项资金7942万元支出进度和绩效目标“双监控”工作。

【国资和国企】2020年，武江区完成资产评估处置108次，处置资产原值7488.93万元（含资产调拨、机构改革资产划转）。其中报废公务用车32台、摩托车1台，资产原值652.03万元。为贯彻落实区委、区政府厉行节约的精神，对已到期的固定资产经现场核查仍能继续使用的，不予做报废处置。

完成武江区国有企业改革重组，韶关市亿兆商贸有限公司更名为韶关市武江国有投资集团有限公司，成立以韶关市武江国有投资集团有限公司为母公司的集团有限公司。完成润恒公司、协佳公司、顺恒公司、远恒公司的股权划转。由协佳公司作为股东成立韶关市武江区永恒文化咨询管理有限公司。通过公开选聘方式，选优配强集团公司班子2名。加强党组织建设，成立区国投集团党支部，选举第一届支委会。区国投集团公司代建武江科创园一期EPC项目和二期路演中心项目。区国投集团公司积极落实中央、省、市应对新冠肺炎疫情有关租金减免政策，荣获“减免物业租金的先进企业”称号。顺恒公司完成教育路项目征拆交地攻坚，完成武江区城市盒子展厅项目建设并交付使用。协佳公司完成“三供一业”国家、省、市共13个家属区维修改造任务；永恒公司为“2020年中国农民丰收节韶关系列活动”和韶关市武江区“谷满粮仓、幸福武江”农旅推介会等活动的举办提供有力保障。

【党建工作】2020年，区财政局认真履行党建“两个责任”，把党建与业务同安排、同部署。坚持“三会一课”，开展主题党日、扶贫慰问等活动，收缴党费13165元。根据《关于调整区财政局党总支下设党支部的通知》（韶武直工委〔2020〕10号）文件，成立财政局党总支，并于2020年6月召开党员大会选举第一届党总支委员会。结合“在职党员进社区”，要求全体党员干部17人注册登记有关信息完成线上报到，并对财政局挂点的红星村在“报到平台”“吹哨”发布的任务进行主动“接单”认领，配合红星村委积极开展防疫工作。认真开好学习教育，通过中心组、“主题党日”开展集中学，通过发放《治国理政》第三卷等学习资料、学习书籍、下载学习强国APP等开展自学，增强干部职工政治觉悟，确保党的路线方针政策落实到位。落实党风廉政建设责任制，排除各股室风险隐患点。

【业务培训】2020年9—10月，武江区财政局开展“2021年预算编制讲解”培训，武江区各预算单位约有110名会计参加。2020年8月，联合区发改局举办基建项目财政评审的业务培训。

【表彰情况】2020年，区财政局被评为2018—2019年度“韶关市武江区文明单位”。在韶关市武江区第三届机关工作创新创优竞赛荣获三等奖。

（邹惠芳）

税 务

【概况】国家税务总局韶关市武江区税务局(简称区税务局)是武江区主管税收、社会保险费和有关非税收入工作的职能部门，为正科级全职能局，内设办公室、税政一股、税政二股、社会保险费和非税收入股、收入核算股、纳税服务股、征收管理股、税源管理股、风险管理股、财务管理股、人事教育股、机关党委、纪检组共13股(室)；3个派出机构：第一税务分局(办税服务厅)、第一税务分局、西河税务分局；1个事业单位：信息中心。2020年，共有干部125人。

【税费收入】2020年，武江区税务局充分发挥税收职能，服务地方经济发展大局。共组织税费收入925495万元，同比减收21705万元，下降2.3%。其中：税收收入720422万元，同比增收23792万元，增长3.42%；非税收入205073万元，同比减收45497万元，下降18.16%(社保费收入177116万元，同比减收44884万元，下降20.22%)。

【减税降费】2020年，疫情发生后，为保护和激发市场主体活力，区税务局始终站在经济社会发展大局的政治高度，精锐出发，全力以赴，自觉服务"六稳""六保"大局。建立疫情防控药用品发票绿色通道，主动对接52家医药用品制造业，全年共为34户受疫情影响较严重的企业办理延期申报，批量调低受疫情影响双定户定额6972户。优化出口退税服务，2020年通过快审快批共为所辖24户出口企业办理210批次出口退(免)税39952万元，其中：出口退税金额7105万元，免抵税额32847万元，平均办理时间为4.5天。落实阶段性减免社会保险费政策，组建共24人的减免退费临时党员先锋队，利用周末加班，仅用一天时间完成2710户共1200万元已征费款退费工作，确保一户不少，完成数量、完成速度均位居全市首位。2—12月武江区阶段性减免企业社保费以及减征职工医疗保险费共36204万元，惠及5585家企业，有效减轻企业负担压力。

【党建引领】2020年，区税务局切实加强党对税收工作的全面领导，立足创新，强化责任，始终把党建工作摆在头等重要位置，营造良好政治生态环境。认真执行党委议事规则，全年共召开党委会议21次，中心组学习6次，专题研究全面从严治党工作2次，部署意识形态工作2次，首创分享式微党课，梳理制定党支部工作指引，建立党员党建应知应会知识测试、党务检查机制，深化"微聚力"党建品牌，推进"一支部一品牌"建设，全方位筑牢党建根基。《关于武江区税务局政治生态现状分析的报告》成为示范模板，在全市税务系统推广。设立"不动产登记网上办"党委书记项目，通过党建共建打通业务"痛点""堵点"，2020年，武江区成功办理7688单不动产登记网上申报，网上办证率高达90%，纸质资料缩减4/5。该项目分别获省、市创新大赛转变作风类优秀作品奖和二等奖，在全市税务系统"书记项目"评审中获"党委书记项目"第一名。深化"全国三八红旗集体""全国青年文明号"创建，顺利完成"全国文明单位""广东省青年文明号"复评，"微聚力"党建品牌荣获全省、全市税务系统优秀党建工作创新案例，2个支部分别获评全省、全市税务系统先进基层党组织，"点亮微心愿"被评为武江区精神文明创建活动创新项目，全年共获地方党政领导肯定性批示12次，个人获区级以上荣誉38项次。

【税费征管】2020年，区税务局强化税种管理，高质量做好企业所得税年度汇算清缴工作和后续管理工作；顺利完成首次个税年度汇算工作，共实现3.4万人进行汇算申报；做好土地增值税清算管理，2020年共计6个项目进入土地增值税清算程序，其中4个项目已完成清算，2个项目进入与纳税人交换意见阶段；多措并举做好"房土两税"困难核准工作；推进新资源税法实施，统筹抓好车辆购置税、环境保护税、契税、耕地占用税等税种管理；服务民生保障，2020年城乡居民基本医疗缴费人数任务完成率达100.69%，企业职工基本养老保险参保人数任务完成率达到114.86%。着力优化税收执法方式，统筹推进“三化”建设，构建统一的税收执法清单体系，确保武江区税务局税收征管同握“一把尺”；规范征管档案，提高征管档案管理水平；初步形成对建筑业、制造业（卷烟制造）的规范性管理流程，有效促进行业健康有序发展。利用大数据应用平台获取疫情防控期间捐款捐物第三方数据，通过分析比对，生成企业及个体工商户50条捐赠数据，实现优惠政策“点对点”定向推送和精准辅导。

【法治税务】 2020年，区税务局坚持崇法善治，全面推进依法治税各项工作，通过健全税收法治组织保障、强化行政权力制约和监督、优化税收营商环境、增强税收法治观念，不断优化税收服务执法方式，倾力打造法治税务“新名片”。成立全面依法行政领导小组，新机构成立以来，制定依法行政工作制度21个，工作方案56个，建立各税费管理台账20个。健全日常学法用法机制，开展法治税务合议讨论，落实税收执法“三项制度”，推进“说理式”执法，建设税务约谈室，让执法行为从受理、日常管理到调查、决议等每个环节均有章可循。优化流程防线，简化征管流程，强化内部交流，形成既相互协调又相互制约的工作机制；推进信息防线，利用征管数据和信息化手段及时发现涉税风险点，不断提高风险识别命中率；强化监督防线，通过特邀监察员、税收法制员等外部形式，以及巡察、督察、审计等内部形式充分发挥执法监督制约作用。2020年，区税务局顺利入围“广东法治税务示范单位”候选项目。

【纳税服务】 2020年，区税务局深化“六微”纳税服务品牌，采取预约办税模式，优化办税缴费服务，实现244项涉税事项全程网上办，大厅平均等待时间由年初的6分钟降至2.5分钟。深化银税互动，2020年共为791户次纳税人提供优惠贷款76887万元。制定纳税人满意度调查整改方案，通过“粤税有为 非常满意”问需问计问策座谈会，邀请纳税人进行办税服务体验，通过实地、电话、视频走访等渠道，切实解决纳税人的“关心事”“操心事”。同时，作为韶关市样本县区参与全国纳税人满意度调查，助力广东省在全国纳税人满意度调查县一级纳税人满意度中排名全国第一。将互联网的创新成果与纳税服务工作深度融合，创新打造智慧办税模式，打造“税银互融”5G办税微厅。利用5G Wifi信号全覆盖的“V-Tax”远程可视化自助办税系统，让纳税人突破距离与时空的限制，实现与税务人员远程“面对面”交流，智能办理申报征收、发票管理等八大类106项税费业务以及17项银行业务，业务办理速度可提升80%以上，业务对接效率比4G网络提高20倍。

【创新“云”矩阵】 2020年，区税务局建立疫情防控药用品

2020年11月24日，粤北地区首个“税银互融”5G办税微厅在韶关市武江区正式揭牌亮相 （陈建 摄）

发票绿色通道，设置“零接触 网上办”服务专区，推出“发票包邮”新举措，建立17个税企微信辅导群。完善涉税信息共享机制，实现不动产申报缴税业务的全流程线上办理，在全市率先实现“非接触式”不动产权登记。2020年，共为9822户次纳税人免费寄出发票680769份，电子税务局后台审批事项57977条，让纳税人缴费人足不出户办成税、办好税。举办税企线上座谈会，与辖区7家防疫物资生产企业在线互动交流，倾听企业心声与意见建议，并通过实地走访以及视频、电话“云走访”的形式，走访辖区省、市、区人大代表及政协委员83户，帮助企业解决涉税（费）难题上百余条，收集有效意见建议20余条，有力架起税企沟通桥梁。在2020年民营企业招聘月暨夏季高校毕业生网络招聘会上，开设税费政策“云直播”课程，助力“稳就业”；拍摄“税月繁花 美好同行”扶贫政策宣传视频，被学习强国等多个平台采用，点击率3天内高达上万余人次；制作“非接触式”办税、阶段性减免社保费政策Vlog系列微视频，点击率合计高达10万余人次。制作《广东省阶段性减免企业社会保险费政策及申报缴费业务办理指引》等3本电子书，被广东税务微信采用，在全省进行推广。2020年，在人民日报客户端、中国税务报、南方+等媒体刊登新闻及素材114条，在国税总局、省局、市局等微信公众号刊登推文及素材68篇。

【队伍建设】2020年，区税务局开展违规征税收费、收送礼品礼金、私车公养问题等三项专项整治工作，抓好减税降费专项监督与“一案双查”工作，全年回收“一书一卡”104份，受理容错纠错申请1宗。征集家庭廉政寄语，发送廉政短信1219人次，开展警示教育9场次，谈话提醒28人次，廉政谈话75人次，发布工作提醒5次，营造风清气正工作氛围。创新制定《“全员联学、岗位互学、骨干领学”工作方案》，组建多样学习小组，打通部门、业务的学习壁垒，通过思想的交流碰撞、业务的深入探讨、问题的发现反馈，提升跨部门学习效率。同时，加强青年干部培育力度，通过召开座谈会、青年干部交流会等，通过促进业务和思想“双提升”。发挥绩效管理与数字人事“指挥棒”作用，做好职务与职级并行工作，加大轮岗力度，不断挖掘干部队伍潜力。加强人文关怀，组建兴趣小组，开展“我们的节日”“写意生活 细品茶香”茶艺活动、“健康运动 享受自然”秋游等系列活动，不断提升队伍凝聚力。

【疫情防控】2020年，新冠肺炎疫情发生以来，区税务局党委果断决策，吹响疫情防控阻击战的“集结号”，第一时间成立由党委书记、局长任组长的应对新冠肺炎疫情工作领导小组，强化责任追究，切实将疫情防控抓紧盯牢。在全国疫情防控工作启动一周内召开3次疫情防控工作会议，以最快速度制定防疫手册、防控工作方案以及饭堂用餐、卫生保洁等工作流程。发布“发挥党员先锋模范作用”“发挥志愿服务力量”等倡议，主要负责人坐镇一线，全年共召开10次疫情防控领导小组工作会议。后勤管理部门每日对干部职工开展排查，多方筹集口罩、酒精、护目镜等医疗防护用品，配备防疫凉茶。成立送餐志愿服务小分队，将聚集式用餐模式改为“点对点”送餐模式，有效防范感染风险。在疫情防控最严峻的时刻，全体干部坚守岗位，并抽派30名党员深入四个社区网格助力政府疫情防控，入户宣传1315户，提醒劝导3285人次，为居家医学观察等群众提供代买服务21次，帮助市残疾人康复中心筹措防疫物资，为企业协调复工复产物资需求，在战“疫”中奉献温暖税务力量。党员下沉社区网格战“疫”的做法获得市委组织部肯定，并在韶关电视台专题报道，一人荣获韶关市最美抗“疫”志愿者称号。

（陈敏琳）

金　融

【概况】金融股为区政府办内设股室，负责研究拟订武江区有关金融工作措施并组织实施，监督管理辖内类金融机构规范化发展，配合有关部门查处，打击非法集资机构和非法金融业务活动，做好地方金融服务。

【金融服务实体经济】2020年，区金融办认真贯彻落实《武江区普惠金融“村村通”助农取款服务点奖补方案（试行）》的文件精神，走访了解助农取款点商户的工作需求及意见建议等，并为商户更新宣传展架、补充宣传资料，同时根据各点运作的实际情况，放宽奖补标准，将助农取款奖补资金纳入本级财政预算，直接支付至商户，极大提高商户积极性，助推武江区普惠金融“村村通”项目良性发展。

【制造业小微企业财政贴息申请工作】2020年，区金融办为缓解当前制造业小微企业融资难融资贵等问题，促进制造业小微企业转型升级，规范制造业小微企业财政贴息资金管理，提高资金的使用效率，依据《韶关市制造业小微企业财政贴息管理办法》对武江区符合条件的企业申请财政贴息。

【推广金融服务平台】2020年，广东省政府大力推进“广东省中小企业融资服务平台”（简称“中小融平台”）建设，武江区充分发挥属地政府及全区各部门推广作用，积极引导辖内企业注册使用“中小融平台”，以充分发挥平台功能。截至2020年12月，全区共有426家企业注册使用“中小融平台”。

【金融扶贫】2020年，区金融办每季度召开行业部门脱贫攻坚工作分析会，认真分析研判新冠肺炎疫情对脱贫攻坚工作带来的影响，积极宣传扶贫小额信贷政策，鼓励更多的贫困户利用扶贫贷款发展生产。经过多方努力，助农扶贫工作成效显著。

【金融合作】2020年，区金融办牵头召开银企对接会，邀请区直有关单位、辖内相关企业负责人以及各大金融机构负责人参加会议，切实发挥地方政府在企业和金融机构之间“牵线搭桥”的作用，帮助企业精准对接金融机构，了解金融机构支持企业复工复产的一系列金融政策，解决企业现实困难。

【金融防范风险】2020年，根据国家和省、市关于金融工作的方针政策，区金融办坚持推进网贷机构良性退出工作不动摇，扎实有序开展互联网金融风险专项整治工作，持续压降机构数量，协助韶关市互金整治办定期约谈走访，落实“一周一见面”工作制度，武江区3家P2P网贷机构均在2020年12月前按要求平稳、有序地完成清退工作。协助市金融局会同第三方机构、区市场监管局等部门对小额贷款公司、典当行等定期开展现场检查工作，掌握其业务、资金、不良贷款等情况，规范化经营发展，全面排除风险隐患。

制订涉众金融风险领域涉稳问题专项治理工作方案，成立工作专班，及时跟进涉众金融领域各类案件进展情况，主动回应投资人关切，同时在各镇（街）建立覆盖全区的非法集资监测点，采取谈话、采访等方式收集社情民意，切实有效地掌握群众动态，强化涉稳风险研判，对可能出现的投资人聚集，提前采取措施稳妥处置，将风险化解在当地和萌芽状态。

【非法集资宣传工作】2020年，武江区在坚决打赢新冠肺炎疫情阻击战的同时，创新宣传方式，与辖内广东雪印集团有限公司建立合作关系，借助物流车辆张贴宣传海报物料，利用配送货物的契机大范围地进行防范非法集资宣传。区金融办积极参加2020年韶关市防范非法集资短视频大赛，制作《“非法”勿入》短视频并荣获优秀奖，同时借助LED显示屏及网络平台等在辖内进行循环播放，引导群众树立正确的消费意识，理性进行投资，为维护武江区经济金融秩序和社会稳定起到积极正面的引导作用。

（周敏仪）

城乡建设·生态环境·公路

住房和城乡建设

【概况】 韶关市武江区住房和城乡建设局（区住建局）为区政府工作部门，为正科级单位，加挂韶关市武江区人民防空办公室、韶关市武江区交通运输局、韶关市武江区水务局牌子。贯彻执行国家、省、市有关住房和城乡建设、人民防空、公路管理、水行政管理有关方针政策。

2020年，区住建局加强与市有关部门的联系，完善武江区房地产企业和建筑企业的资料。全区共有45家资质建筑企业和48家房地产企业。全区全年建筑企业完成产值总产值49.67亿元，同比2019年下降2.8%；全区完成商品房销售面积37.3万平方米，同比2019年下降20.7%；全区完成商品房销售金额27.5亿元，同比2019年下降18.7%。

【疫情防控】 2020年，疫情暴发以来，区住建局全面进入战时状态，严阵以待、严防死守、严格筛选、严密管控，切实做到“四个贯彻落实”，确保武江区城乡建设领域疫情防控全面落实。分别成立七个由班子领导带队的“武江区建筑工地疫情防控督导小组”和“武江区物业小区疫情防控督导小组”，分片对接、掌握督促疫情防控情况。建立每日会商机制，每天专题研究各专班小组在对物业小区及建筑工地的检查中存在的问题及整改情况。容缺办理建筑工地复工复产，有效提高各建筑工地复工复产效率。积极沟通解决企业物资及人员短缺问题，累计向物业小区、建筑工地、环卫工人发放口罩3000余个、消毒水1500余瓶、洗手液3000余瓶，并及时向各企业分享疫情物资采购信息、供货渠道，搭建企业与物资供应商的联系，有效解决各企业防疫物资短缺问题。

【安全生产】 2020年，辖区内建筑行业、燃气行业及渡口渡船的安全生产态势保持平稳。区住建局加强组织领导，强化对建筑工地、燃气企业及渡口渡船的安全生产督导检查，2020年共开展各类安全生产专项检查123次，检查建筑工地20个、燃气企业及其供应点14个，渡口渡船3个，打击和取缔非法燃气供应点12个，发现安全隐患问题91处，发出整改通知书91份。

【物业管理】 2020年，区住建局有效开展辖区内物业管理的指导和监督工作，全区物业服务企业82家，物业管理小区127个，成立业主委员会75个。共处理“12345”网络问政投诉685份，处理网络舆情24份，处理信访2份，处理扫黑除恶2份。办理业委会备案8份，前期物业服务合同备案22份，物业管理区域备案22份，物业服务合同备案6份。

【老旧小区改造】 2020年，武江区实施改造“老旧小区”项目22个，改造涉及450户，试点候选小区内楼数67栋，占地面积3.54万平方米，总投资8788.61万元。2020年，武江区突出坚持“共同缔造”

理念，按照“实施一批、谋划一批、储备一批”的原则，对问题比较突出、群众改造意愿强烈、建立后续长效管理机制的小区，优先列入改造计划。强化组织统筹，明确各职能部门的责任分工，本着“一区一策”的原则，征求居民意见，让改造效果更符合民意、更接地气。充分利用国家全面推进老旧小区的有利契机和扶持政策，多方筹集改造资金。22个老旧小区改造项目全部完成。根据2021年全市老旧小区改造示范工作计划，武江区将继续推进25个老旧小区改造工作。

【建档立卡贫困户无房户改造】 2020年，武江区建档立卡贫困户无房户改造任务数为41户，其中：龙归镇16户、重阳镇24户、江湾镇1户。5月已全部竣工验收并完成164万元补助资金的发放，顺利完成2020年建档立卡贫困户无房户改造任务。

【削坡建房风险排查】 2020年，武江区全面完成农村削坡建房存量29处隐患点进行风险排查，并对原20处存量的削坡建房点进行安全巡查，做好各项风险防范措施。

【农村生活垃圾处理】 2020年，武江区建立农村生活垃圾处理体系，按照城乡一体化、设施共享、经济适用的原则，通过政府购买服务，引入社会化、专业化机构负责农村生活垃圾收运处理工作，武江区5个镇的镇村生活垃圾通过压缩车收运至运往市级花拉寨填埋场进行填埋处理，镇村生活垃圾每日收运处理量达85吨左右，避免二次污染，确保常态化、专业化、精细化的作业和管理，共计5个镇273个自然村完成镇村生活垃圾收运处理，武江区农村生活垃圾收运体系实现100%全覆盖。健全农村卫生保洁长效运营机制，武江区制订农村保洁员管理实施方案，设立保洁员配备的专项资金，各镇按要求配备保洁人员，组建保洁队伍，建立镇村长效保洁员管理机制，共计273个自然村完成村庄保洁，武江区村庄保洁实现100%全覆盖。

【镇村污水处理】 2020年，武江区推进镇级污水处理基础设施建设，完成村镇生活垃圾和污水处理基础设施整区打包PPP项目建设，现重阳镇、江湾镇、龙归镇等3个镇级污水厂已投入试运行，镇级污水日处理能力达到4300吨，已铺设镇级污水配套管网17.5千米，武江区镇级污水处理设施覆盖率达到100%。推进农村生活污水处理设施建设，通过实施重阳镇、龙归镇、西河镇、江湾镇的农村生活污水处理设施建设，共计完成138座污水处理终端、295.608千米配套管网，农村生活污水日处理能力达到7560吨，武江区273个自然村中209个已完成农村生活污水治理，农村生活污水处理完成率为76.55%，完成农村生活污水收集244个，污水收集率为89.37%，其中60个纳入城镇污水处理厂，145个通过农村生活污水处理设施处理，4个采用污水资源化利用（或自然生态消纳）。

【乡镇（镇街）“139工程”提升】 2020年，武江区强力推进“139”乡镇整治提升行动，“1个规划”统筹谋划提升建设，江湾镇获得韶关市乡镇整治提升规划设计大赛第二名、龙归镇获韶关市乡镇整治提升规划设计大赛网络评比第四名，重阳镇编制完成乡镇整治提升规划。“3项整治”全面整治"脏、乱、差、臭"现象，各镇有序组织开展垃圾、污水、“六乱”专项整治，建立镇街管理维护长效机制，镇街整治取得成效，环境面貌得到较大改善。“9大基础工程”强化基础设施和公服配套，全面改善乡镇镇街面貌，龙归镇、江湾镇、重阳镇等3个镇完成9大基础设施建设，首批试点镇龙归镇、江湾镇完成验收，龙归镇获市级验收良好等次，江湾镇获市级验收优秀等次。

【普通公路路长制“136”行动】 2020年，武江区加强组织领导，落实督导制度。全面构建以党政领导负责制为核心的责任体系，明确各级路长责任。迅速建章立制，加强政策指导，结合区工作实际，迅速制定科学、可操作的《武江区普通公路路长制“136”行动工作方案》，随后完善路长制考核办法、工作指引、联动机制等配套政策，切实推进路长制工作落实。全面推行“路长制”，压实县、镇、村三级责任。切实做好路长公示牌竖立、示范样本和示范路段打造。选取重阳镇贯通五个村的省道S246段作为试点路段，全长共12.6千米。此外，不断更新路面数据且明确各镇路长制路线，2020年武江区各乡镇完成树立53块路长制公示牌。加强对基层干部路长制业务培训，整理并印发《武江区路长制工作手册》，每周每级路长办安排工作人员进行路长制工作内容学习及考核。加强督办激励，加强对试点乡镇“面对面”督查督办。武江区高度重视并在重阳镇不断进行路长制工作的铺开实验，跟踪落实重阳镇路长公示牌、路面养护、道路安全秩序管理等工作，每周下重阳镇现场调研，发现问题及时整改。同时每周每月对各镇路长制工作进行现场督查，月初通报进展。促进公路路域环境提升，积极联合开展公路沿线“六乱”整治查处行动，建立工作长效机制。共清理各类违法建筑物和其他设施973处；清理乱堆、乱停、乱摆放16390处；全面排整治查城区内的砂石场、堆场49个，停车场、学车场32个，修理铺（厂）134个；强化沿路周边户外广告招牌的巡查和整治力度，共拆除户外广告招牌187块。加强普通公路规划建设。决胜目标乡村道砂土路改造28.226千米，通200人以上自然村公路路面改造0.178千米，通100人至200人自然村公路路面改造工程0.637千米均已施工完毕。强化道路交通安全管理，全区开展打击非法改装机动车以及“飙车”违法行为百日专项整治行动，共查处酒驾、无牌无证、违法停车、非法载客等道路交通违法行为57733宗。提升公路养护水平，各镇根据各自实际情况成立乡村道养护管理机构，组建乡村道公路专管员队伍并进行管理，共修复硬化土路肩582平方米，绿化补种路树30（株），修复破损路面2740平方米。通过大力推进以上有效措施，武江区最终在年底考核中被评为优秀等级。

【交通运输管理】 2020年，区住建局积极推进路政业务审批事项交接及下放工作。积极对接市交通运输局，落实武江区广东省路政业务管理系统账户的申请工作，并在市交通运输局的业务指导下不断严格规范路政许可行为，2020年成功办结两宗路政许可。积极推进限高限宽设施和检查卡点整治工作，定时完成武江辖区内的限高限宽设施和检查卡点排查工作，共排查出4个限高架设施，现场做好数据采集和上报工作并已落实整改措施。

（黄　鑫）

生态环境

【概况】 2020年，韶关市生态环境局武江分局严格贯彻习近平新时代中国特色社会主义思想和中共十九大精神，积极开展武江区生态环境保护执法和行政处罚工作，协助武江区政府落实环境污染防治监督管理责任，持续改善区域环境质量。

【水环境质量】 2020年，武江十里亭市级集中式饮用水水源水质100%达标，稳定达到Ⅱ类水要求；地表水4个市控以上断面（孟洲坝电站、武江桥、十里亭、龙归）水质达标率100%，其中孟洲坝电站和武江桥断面水质达到Ⅱ类，全区断面无劣Ⅴ类水体；水环境质量全市排名第五；城市建成区无黑臭水体；实现化学需氧量减排量35.74吨、氨氮减排量8.28吨，完成年度减排任务。

【大气环境质量】 2020年，武江区空气质量指数（AQI）优良率为97%，达到市区AQI优良性93%以上要求；PM2.5为24微克/米^3，空气质量六项指标（SO_2、NO_2、CO、PM10、PM2.5、O_3—8h）均达到国家环境空气质量二级标准，空气综合指数为2.96，为市辖三区空气质量最好，无中度及以上污染天气。

【环境污染防治工作】 2020年，市生态环境局武江分局完成2家涉VOCs工业企业销号整治、9家含喷漆房汽修厂安装废气治理设施、17家加油站油气回收装置核查、在用41个锅炉信息核查。全区畜禽养殖粪污资源化利用率提高到82.26%，规模养殖场粪污设施配套率90%，其中大型规模养殖场粪污设施配套率100%；建成3个镇级污水处理厂、63个村级污水处理站，生活污水集中处理规模达到4300吨/日，处理率达到54%。全区受污染耕地安全利用率为97.71%、污染地块安全利用率保持100%。2020年，8家重点重金属行业企业重金属排放量为0吨，完成削减任务。

【农业面源污染】 2020年，武江区完成100个固废堆场点位的现场排查工作并对其中79个工业固废堆场的潜在危害性进行评分划定级别；区受污染耕地安全利用率为97.71%、污染地块安全利用率保持100%。

【生态环境执法工作】 2020年，市生态环境局武江分局共出动执法人员910人次，检查企业320家次，重点对辖区3家煤矸石砖厂、甘棠工业园涂料生产企业、旭日玩具厂等重点监管企业进行检查和督促整改工作；共立案查处7宗，其中大气超标排放1宗、建筑工地夜间超时施工5宗、危险废物管理1宗。环境信访处理方面，共收到《每日舆情》及《网络舆情日报》涉武江辖区环保舆情12宗，均按照规定时限到现场处理并答复市委、市政府，已全部办结，办结率100%；共受理武江区群众反映各类环保问题信访件2144宗，其中噪声污染1489件（工地噪声1222件），三产污染346件，大气污染176件，分别占比为69.45%、16.14%、8.21%，各信访件及时处理率100%，按期办结率100%。

【排污许可发证、登记工作】 2020年，市生态环境局武江分局通过现场核查、召开园区企业宣贯培训会、电话微信通知催办等方式，于2020年4月30日前完成辖区第一批清理整顿的8家企业发证和93家企业登记管理工作，9月15日前完成第二批71家企业发证和276家企业登记管理工作。

（成玉菲）

城市综合管理

【概况】 2020年，武江区城市管理和综合执法局（简称区城管局）坚决贯彻落实区委、区政府及上级部门对城市管理工作的决策部署，严密组织领导，以提升品质为核心，高标准建设，精细化管理，全面提升武江城市形象，各项工作取得新进展。

【党建工作】 2020年，按照上级指示及《武江区加强党的基层组织建设三年行动计划实施方案》要求，区城管局党组切实推进对习近平新时代中国特色社会主义思想的学习领悟，扎实提升组织能力、改进干部作风、增进业务水平，将党建工作作为提升全区城市精细化管理水平的抓手，争当韶关改革发展排头兵。围绕区委、区政府工作部署，紧紧围绕以党建揽全局、以党建促管理、以党建促发展、以党建提服务的工作思路。坚持党建工作与行政工作同研究、同部署、同推进、同落实、同检查。年初制定本年度党建工作要点，结合巡察整改反馈，分析研判党建重大问题，建立完善“三重一大”事项决策制度，强化民主集中制落实。全年召开党组议事会议37次，审议关于规章制度、党风廉政建设、选人用人、重大投资项目等方面的议题319个。全局把学习贯彻新时代中国特色社会主义思想作为一项长期政治任务，与学习《习近平谈治国理政》第三卷、习近平总书记考察广东及深圳经济特区建设40周年庆祝重要讲话、十九届五中全会指示精神建议结合，与推进“两学一做”学习教育常态化制度化相结合，扎实推动大学习大讨论工作。同时，结合“不忘初心、牢记使命”主题教育，通过党组、支部集中学习、党组（支部）书记讲党课、党组成员下一线调研到支部讲专题调研党课等方式，提高党员的政治思想素质和理论水平。全年组织党组中心组集体学习17次，开展党建知识问答1次。加强和规范“三会一课”、党员活动日等组织管理制度。引导广大党员自觉参加党内政治生活锻炼，使党支部建设进一步增强，各党支部相继召开民主生活会、组织生活会及民主评议党员，丰富主题党日活动。全年召开党员大会11次，组织支部学习会33次，召开党课36次，主题党日活动36次，发展重点培养对象2人，发展入党积极分子8人。并充分利用韶关发布、学习强国等网络平台，引导督促党员干部利用业余时间，积极学习习近平新时代中国特色社会主义思想、十九届五中全会指示精神，以及习近平总书记系列讲话，党中央、省委省政府、市委市政府的最新政策与指示精神等。

【城管执法工作】 2020年，区城管局加大对武江片区的市容市貌管理力度，教育和纠正占道经营、乱摆卖22990起；整治路边饲养、宰杀、摆卖家禽问题30宗；规范各类车辆停放3150辆；查处乱堆放420宗；清理乱拉挂、设置活动雨棚3390宗；清理乱张贴1900宗；拆除广告招牌270宗。通过大力开展市容整治，进一步规范城市市容秩序，为广大市民群众营造整洁、有序的生活环境。

【打违控违工作】 2020年，武江区拆除违建286宗，拆除面积148014.06平方米。根据市整治办印发《2020年韶关市区拆违控违工作考评办法》要求，武江区严格落实市控制新增违建考评设置零新增、零报告、“打早打小”等考核工作。逐步构建起群众举报、专业巡查、无人机巡查和卫星遥感监测等“四位一体”的监控网络，形成“天上看、空中巡、地下查”的多维防控手段。天上看，利用住建部及省住建厅卫星遥感监测城乡规划遥感监测下发数据，对武江区范围疑似图斑进行核查。空中巡，加快推进无人机项目，通过无人机“航拍”方式对新增违建进行监控。无人机初步试飞，配备控违日常巡查中，以提高查违的效率。地下查，组建专业巡查队伍，负责对武江区新增违建进行全面摸排。此外，还积极协调供水、电、气、电信、有线电视、混凝土等单位，重申不得向违法用地、违法建设的单位或个人提供部分公共服务，并要求各有关单位根据行业特点制定报装和处理的相关指引，从源头上抓好防控。强化落实零报告制度，督促各镇（街）、区城管局零控违建巡查落实到位，及时发现，每周上报新增违建巡查台账，严惩未及时报送或瞒报漏报等情况。2020年拆除“打早打小”14宗，面积3375平方米。

【户外广告招牌整治】 2020年，区城管局根据全市重点路段整治提升（武江大道）工作任务部署，全力以赴，组织人员对武江大道沿线门店广告招牌进行统一拆除整治，拆除武江大道广告招牌230余宗。按照《韶关市户外广告、招牌规划建设指引》要求，区城管局根据不同地段市容环境特点，紧密结合地域文化特色，精心谋划设计、统一安装新的广告招牌底板，统一规范门店招牌底板颜色和样式，形成特色景观，有效提升城区市容形象。2020年，拆除辖区老旧、破损、存在安全隐患的广告招牌275块，拆除面积2900余平方米。

【“门前三包”】 2020年，区城管局积极推进“门前三包”工作落实，印发《致广大市民群众的一封信》2000余份派发给城区主次干道、背街小巷沿街商户，积极向各商户宣传教育城市市容和环境卫生管理相关法律法规，教育引导广大商户落实“门前三包”责任。对辖区内沿街商铺占道经营或堆放在商铺两旁的物品及乱拉挂横幅等影响市容市貌的违法行为，坚持先告知、再教育、后处罚的原则，对违规经营户进行耐心的宣传教育和规范疏导，责令其限期整改。督促商铺门店认真履行遵守城市管理的有关规定，自觉纠正店外店、乱占道经营或堆放物品行为，督促商户按规定严格落实“门前三包”责任制，自觉做好日常秩序卫生管理工作。

【扬尘整治工作】 2020年，区城管局继续加强扬尘整治工作，按照市、区扬尘办交办的问题清单，逐一落实整治。强化沿途施工工地管理、督促施工现场按照扬尘整治标准规范围挡设置约3000平方米；排查武江区沿线废置电线杆34处，拆除电线杆17处；排查道路面源问题清单31处，完成整治31处，处理扬尘督导工单180宗，完成180宗，共发出责令通知书23份。区城管局完成裸露地绿化30处，面积40900平方米；完成市政道路、普通国省道公路周边连接线硬化38处，硬底化面积25000平方米；修复路段3300处，其中砼路面1000平方米，沥青路面2200平方米，人行道3200平方米。园林设施修复260多处，绿化补植170处；完成7处停车场建设亮点工程，其中武江大道中结核病防治院和照明中心地段，分别增设13和40个停车位。

2020年，区城管局严格按照市、区政府有关要求，组织人员和力量，加大全区建筑工地、砂石（堆）厂、停车场、教练场、物流货场、预拌商品混凝土搅拌站的整治力度，特别是加大龙归片区的整治力度，从严落实6个“100%”（施工现场围挡率达到100%、进出道路硬化率达到100%、工地物料篷盖率达到100%、场地洒水清扫保洁率达到100%、出入车辆清洗率达到100%、项目全工期做到喷雾除尘机除尘应用率达到100%）和“6不开工”（即审批手续不全不开工、围挡不符合要求不开工、硬化条件不达标不开工、冲洗设备不到位不开工、保洁人员不到位不开工、不签订责任书不开工）要求，对未落实管控要求的建筑工地等场所进行从严从重处罚。截至2020年年底，城区内的砂石场、堆场已全部关停、搬迁、整改完毕。在辖区设置电子监控设备，对各路段过往渣土运输车辆存在的污损、未覆盖以及撒漏等违法行为抓拍取证，并依法进行查处。强化道路车辆整治，与交警、交通、农机等部门开展联合执法，在国道G323线及甘棠村委设置固定联合执法点，采取定点执法、路面巡查执法等措施，严厉打击各类过境货车违法行为，坚决处罚超限超载车辆。针对加长、加高挡板、渣土运输撒漏的车辆，发现一起处理一起。同时设置相关车辆清洗点，对过往、经检查不合格车辆进行冲洗，避免车辆带泥进入城区范围。通过大力开展扬尘治理工作，全区扬尘污染问题得到有效控制，空气环境得到明显改善。市扬尘办暗访和督查发现武江区2020年问题数量为258宗，已全部完成整改，整改率为100%。同时，2020年《韶关市武江区周边道路面源扬尘问题清单（第三批，6类18项）》涉及武江区任务18项，全部完成整改，整改率为100%。

【数字城管建设情况】2020年，区城管局积极完善智慧城市指挥中心数字城管平台功能，对现有的数字城管系统、视频监控系统、城市管理执法平台、对讲机指挥调度系统等进行整合和优化，并在武江市场、坝厂市场等处建立智能云监控系统。指挥中心利用数字城管平台及时将上级下发、群众举报、区城管局各类工作人员巡查发现的市容秩序和环境卫生问题工单通过手机APP派发给相关人员进行处置。通过治安监控系统巡查发现各个路段乱摆卖、占道经营、乱堆放等市容“六乱”问题和环境卫生保洁问题，利用对讲机系统及时调度就近执法人员和工作人员前往处置。积极推进数字化、信息化城管建设，整合优化数字城管平台功能。大力推进新技术应用，在辖区建立智能云监控系统，

2020年，武江大道中结核病防治院停车场施工现场

（区城管局　供图）

实现城市管理工作违法行为智能监控、智能抓拍、自动形成工单。配备20台电动车作为执法车，建立城管执法快速反应机制，进一步提高城市管理执法工作智慧化、精细化水平和城市管理执法效能。

【城市管理综合考评】2020年，区城管局在做好日常维护、管理等各项工作的基础上，做好每月的明度明检工作。通过全局上下一致努力，武江区在市辖四区城市管理综合检查考评工作中，1—12月考评得分均在82分以上，其中11次排名第一，共获得奖补经费432万元；2020年四个季度考评得分均排名市辖四区第一名，且四个季度均在88分以上，获得奖补经费400万元；获得2020年韶关市区主要路段房屋外立面整治提升评比第一名，获奖补经费500万元；2020年度获年度城市管理综合考评“市容市貌专业年度单项表现奖”“市政设施专业年度单项突出表现奖”“园林绿化专业年度单项表现奖”，获奖励经费共计150万元；全年区城管局获得城市管理考评奖励经费共计1782万元。

【环卫保洁工作】2020年，区城管局对武江城区道路清扫保洁、垃圾收运、垃圾中转站运行、公厕保洁维护等工作进行不间断巡查督导，发现问题及时纠正，按“创文巩卫”标准进行精细化作业，健全各项工作制度，督促承包公司完善各项工作台账的建立。全年派出压缩收运一体车16080余车次，常态化保洁、机动保洁作业人员91250余人次；开展大清洗行动738次，冲洗主次干道人行道2470余处、垃圾桶38400个。对辖区内28间公厕和4间垃圾中转站进行常态化保洁，垃圾中转站日处理垃圾量平均380吨，2020年累计处理约148700吨。

【市政园林工作】2020年，区市政综合管理中心完成辖区内55条主次干道排水管道及方渠疏通工作58024米，清疏雨水格栅6424个，清理砂井3173个，清理淤泥约1420立方米，更换“四防”装置1006个，完成全年工作量的84%；处理辖区内各项投诉262宗。全年修剪主次干道行道树3500余株；危树抢险210株；对辖区公园、游园、街道绿地内缺株断带、枯死苗木等进行补植，补植面积约46700平方米；修剪公园植物面积约52700平方米。

2020年6月13日，武江区华园花园路段管道改造中

（区委宣传部　供图）

【疫情防控工作】2020年新冠肺炎疫情发生以来，区城管局全面落实城市网格化管理机制，实现小区域、模块化管理，形成资源共享、发现问题、指挥协调、监督评价和应急联动五位一体的管理格局。各网格认真贯彻落实上级部署要求，以最高站位、最严措施、最佳状态，充分发挥“全科大网格”实战作用，全力打好疫情防控阻击战，切实维护全区社会大局持续稳定。各网格工作人员在疫情防控期间，不仅仅承担原有的信息采集员、民生代理员、城市管理助理员等各职能，更是加入一线的防控工作中去，积极配合社区工作人员参与对居家隔离人员的随访、测量体温、解除隔离等工作，为疫情防控分析研判提供第一手资料。

【老旧小区提升改造】2020年，区城管局在老旧小区提升改造项目中，主要负责完成拖拉机厂宿舍小区和华园花园宿舍小区提升改造。其中，拖拉机厂宿舍雨污水管改造工程和拖拉机厂宿舍小区绿化建设工程完成雨污水管道改造455米，绿化提升改造290平方米，投资137万元；华园花园及华园新村小区道路及排水改造工程和新华南路华园花园小区绿化改造工程完成道路提升改造6000平方米，排水井改造154座，绿化提升改造210平方米，投资54万元。

【垃圾分类试点工作】 2020年，武江区逐步推进垃圾分类工作。积极推进垃圾分类处理，以新华街道为试点先行先试，逐步推广，新华街道46个小区、59个公共机构和机关单位安装113个宣传栏，1484个宣传指引牌，派发432个各类型分类垃圾桶。完成新华街道辖区的街道办事处、碧水花城、潮兴酒楼、益华百货、沙湖市场、韶关市第十四中学、新华街道沙洲尾社区卫生服务中心等7个示范点建设工作。

【文明创建工作】 2020年，区城管局认真按照2020年文明创建各项工作任务的部署和要求，深入推进创文工作，要求全局按照测评标准和评分细则强化、细化各项工作，打造武江区特色和亮点；通过全力推动创文工作和完成文明创建各项任务指标，使武江城区市容市貌全面提升。认真对照创文测评标准，在形式、内容、数量等方面严格做好创文测评上报资料，按时完成未成年人思想道德建设工作资料、“韶关好人”推荐材料、全国文明城市测评网上申报材料、文明单位创建工作等各类材料报送工作。组织有关单位在公共广场、公园景区等公共场所，利用宣传栏、广告牌、电子显示屏等媒介平台，围绕“文明健康　有你有我”主题，重点做好“绿色环保、健康生活、文明行为、良好心态、环境保洁、共筑新风”六个方面选题宣传。根据市、区创文办工作部署，区城管局全力以赴做好韶关市全国文明创建攻坚工作，积极组织在职党员到武江各社区报到开展服务，充分发挥在职党员作用，深入开展创文入户宣传活动和群众创文满意度提升行动，着力提高群众对创文工作的知晓率和满意度。对校园周边违章占道经营档主进行宣传教育并责令其停止违章行为，按照规定规范经营，不得影响市容市貌。组织执法人员每天巡查监控，不定时进行突击整治，做到从严、从重处罚，对屡教不改的商户依法进行暂扣物品的处理。在学校上学、放学高峰时段设置高峰护学岗，安排执法人员到辖区校园周边进行整治、守点，特别是在重点路段校园周边，实施定点加强值守，做到“定人、定岗、定标准”。重点对红星小学、金福园小学、镇泰小学、田家炳中学（高中部）、第九中学等学校周边占道经营等行为进行规范和清理，并对商贩加强宣传教育，要求其自觉遵守城市管理的有关规定，保持学校周边商店门前良好的卫生环境。抓好校园周边“牛皮癣”清理工作。对校园周边乱贴、乱画、乱刻、乱写的小广告和各类违法张贴行为加强监管，督促商铺门店按规定严格落实“门前三包”责任制，自觉做好日常秩序卫生管理工作。大力推进精神文明创建工作。通过开展“善美韶关”、“文明单位创建”、“韶关好人”评选、学雷锋“志愿服务”、宣传教育等主题鲜明、内容丰富、形式多样的创文活动，对干部职工、广大市民进行思想道德和素质培育，引导树立和践行社会主义核心价值观，积极投身文明城市创建工作。区城管局被市委、市政府评为2018—2020年度韶关市文明单位；区城管局推荐的2020年度第三季度“韶关好人”材料通过市文明办审核。

【城区提升项目】 2020年，区城管局大力推进武江城区基础设施改造提升。芙蓉山5号路全面建成；武江大道、中英街等3条路段、8个路口外立面完成改造；新建武江大道（金福园旁）口袋公园、武江大道武江桥康体公园、百旺桥西桥头桥底小公园等5个口袋公园；镇泰科创园旁停车场建设工程等10个停车场共849个停车位完成建设。

【重点项目建设】 2020年，区城管局根据区委、区政府工作任务分解责任清单的分工要求，较好地完成各项工作任务。完成韶月湾、北门游客服务中心、沙湖片区5米道路、老虎岩片区主体工程建设任务，并对市民开放使用。提升城市生态景观，新建5个口袋公园，完成武江大道中（西桥公园北广场段）楼立面改造工程、惠民北路（翰林世家对面）楼立面翻新工程、武江大道（二污泵房）楼立面翻新工程等8个外立面改造工程。规划新建800个停车位，完成光明巷红星综合厂停车场建设工程、武江大道中结核病防治院和照明中心门前停车场建设工程、武江区图书馆大院停车场改造工程、朝阳村内地块停车场建设工程、国道323线镇泰科创园旁停车场等10个停车场建设，合计849个停车位。裸露地整治，完成韶关市红色教育基地拾贝湖裸露地整治工程、韶关市红色教育基地后山裸露地整治工程、芙蓉山犁石湖旁裸露地整治工程、芙蓉山22号路旁裸露地整治工程、下坑村原春华工业园裸露地整治工程等5处整治，共计面积3万多平方米。新建8个大件垃圾收集点及1个大件杂物处理场所。共投入垃圾分类智能设备11套，采购分类果皮箱及各种类型分类垃圾桶2600个，在新华街道示范片区公共机构及物业小区共设置113个垃圾分类宣传栏及318个宣传指引牌。新建光明巷公厕、武江大道百旺桥底公厕、韶月湾1号公厕和韶月湾2号公厕4个公厕。

【行政审批许可工作】 2020年，区城管局强化城市市容秩序、环卫保洁、扬尘整治、市政园林设施建设、路域环境整治提升、老旧小区改造、公园广场停车场建设等工作，积极推动城市现代化建设，并加大武江科创园的建设力度，为招商引资和企业经营营造良好的城市环境。区城管局严格按照上级有关要求，严格落实审批服务“马上办、网上办、就近办、一次办”要求，在办理占用城市绿地审批、砍伐迁移城市树木审批、占用挖掘城市道路审批、广告招牌设置审批等11项审批（许可）工作上，坚持原则，依法依规进行行政审批或许可，并按照《优化营商环境条例》要求，尽全力简化审批（许可）程序，最大限度缩短民营企业、个体工商户的审批时间。区城管局将由本单位负责的11项涉企行政审批事项由法定件、承诺件改为即办件，承诺将原本法定办结时限为20个工作日的审批事项在1个工作日内办结。2020年，区城管局共受理各项申请2238件，出证1400件，不予许可838件，工作中实现零投诉。深化“放管服”改革和推进“数字政府”改革，区城管局对办理时限进行压缩，极大地提高行政审批效率，获得办事群众的高度认可，为优化营商环境起到一定的作用。

【依法行政】 2020年，区城管局高度重视依法行政工作，坚持领导干部学法制度，组织全局干部职工积极参加各种形式的学习活动。针对本单位职工多，整体素质需要提高等问题，加强执法人员对《中华人民共和国行政诉讼法》《中华人民共和国行政许可法》《中华人民共和国行政处罚法》《中华人民共和国行政强制法》《中华人民共和国城乡规划法》和《广东省城市市容和环境管理条例》等法律、法规知识的培训。区城管局在执法过程中严格遵守法律法规，做到依法行政、依法办事。在处理违法、违章案件时遵守以下五个原则：公开原则、程序合法原则；执法人员必须具备执法证，且每宗案件必须指派2名以上执法人员执行；注重证据的真实性及完备性原则；加强案件遵守时效性原则；合理适用法律。2020年，立案96宗，发出《处罚决定书》93份，罚款57.64万元，已全部缴入武江区财局账户。

【综治信访维稳】 2020年，区城管局受理信访件11宗，在处理群众投诉时本着认真负责的态度，不推诿、扯皮，对来访群众反映强烈的热点、难点问题竭尽全力多方协调处理，不属于职权范围及无法解决的说明原因，并及时上报相关部门，按时按质完成处理并回复。抓好对群体性和极端性上访事件的信息收集、研判和稳控工作，关注重点人员的信访动向，如有群体上访的苗头，及时向上级报告，以便掌握情况，采取相应措施，确保实现“四个不发生”的工作目标。

【投诉受理处理】 2020年，区城管局受理“12319”数字城管案件数共计37639宗，12345政府服务热线及网络问政1974宗。收到群众诉求后，区城管局高度重视，派执法人员或工作人员赴现场认真处理，深入解决问题，并及时反馈办理结果，切实解决群众反映强烈的热点、难点问题，积极为市民群众办实事、解难题。

【农村人居环境整治提升打擂比武工作】 2020年3月，区城管局紧紧围绕“产业兴旺、生态宜居、乡风文明、治理有效、生活富裕”的总要求，积极响应武江区农村人居环境整治“打擂比武”工作。经过镇村推选、区级初评、第三方实地评估、会议现场评选和综合评定等环节，区城管局挂点的江湾镇范角村在第三批“打擂比武”中获得“生态宜居美丽村庄”称号，为武江城乡融合高质量发展做出贡献。

【挂钩村（居）责任落实情况】 2020年，区城管局对新华街利民社区、新华南社区、工业西社区主要是开展“创文巩卫”、人口普查、党员进社区服务等工作；对龙归镇奇石村、方田村主要是开展扶贫帮困工作；对西联镇下胡村主要是开展“软弱涣散”村整治和党建共建工作；对西河镇马屋村、糖寮村指导和帮助开展“两委”换届工作。开展挂钩村（居）帮扶活动情况。了解挂钩村（居）状况和民情，落实帮扶责任。区城管局及时掌握了解挂钩村（居）工作动态，多次组织人员到挂钩村（居）新华街利民社区、新华南社区、工业西社区、西河镇马屋村、糖寮村、龙归镇奇石村、方田村、西联镇下胡村等开展扶贫帮困、党建、综治维稳、“创文巩卫”、乡村振兴、人口普查、“两委”换届等专题工作调研和帮扶指导工作，听取工作汇报，实地考察。根据挂钩村（居）的工作情况，提出针对性的意见和建议；及时掌握挂钩村（居）工作进展情况，帮助解决工作中遇到的困难和问题。对挂钩村（居）高起点谋划，高标准抓建，在人力、物力、财力上提供有效保障，落实挂钩村（居）各项帮扶项目，做好帮扶工作资料台账，帮扶任务基本落实。健全和完善挂钩村（居）帮扶工作制度，加强规范化建设，加强协调和联系，为挂钩村（居）提供有力的工作指导，并及时协调和帮助挂钩村（居）解决实际困难和问题，推动挂钩村（居）各项工作的有效落实。2020年，区城管局挂钩村（居）人居环境明显提升和改善。2020年，区城管局组织局机关和局属单位的党员干部和志愿者到挂点新华街利民社区、新华南社区、龙归镇奇石村，与村居干部一齐开展人居环境整治、卫生大扫除、垃圾分类宣传等志愿服务活动23次，参与志愿服务680人次。进一步强化生态环境保护观念，提高全民环境卫生意识，不断推动人居环境的全面改善，为挂钩村（居）打造一个干净整洁的宜居环境。

【脱贫攻坚工作】 2020年，区城管局做实做细脱贫攻坚工作目标措施，确保帮扶工作落到实处，确保所有贫困户全部脱贫。压实帮扶责任，优化帮扶结构，根据单位人员变动情况，及时调整帮扶干部落实工作责任。建立台账，将32户贫困户落实到每一位帮扶责任人，并深入开展摸底调查，详细了解贫困户家庭人口、主要收入来源、日常生活开支、贫困原因等情况，分户建立档案。定期到村走访帮扶，与村委联合开展党员活动，由党组书记牵头、分管领导组织，每季度走访1—2次入户落实帮扶措施，通过上党课、党员入村清扫保洁、给贫困户家里搞卫生等开展宣传脱贫政策宣传及户上引导工作；了解他们日常生活的所需所困，与镇、村及时联系沟通给予解决。2020年，共发放慰问金16000元、价值3400元慰问品；房屋修缮及家庭物资提升方面投入15300余元；帮扶干部个人开展每户不少于200元的“以购代捐”消费扶贫活动。

【武江大道整治提升】2020年，区城管局重点推进武江大道整治提升，注重沿街业态培育，增添沿线文化元素，努力打造成特色鲜明、市民满意的亮丽风景线。对武江大道沿线市容“六乱”问题进行大力整治，市容秩序有效提升。拆除武江大道破旧建筑、门店违法建筑物18宗，面积500余平方米。拆除武江大道户外广告及店招239块，合计2434.95平方米，并紧密结合区域特点和文化业态，对门店广告招牌进行统一规范设置，形成特色景观。完成武江大道中人行道绿化带改造工程、中医院旁小区整治提升、武江大道树池改造工程、韶关市红星综合厂旁新建小广场等。

【武江区城市盒子】2020年8月，由区政府投资建成的武江城市盒子位于武江大道韶乐广场对面，紧邻亲水平台，占地面积约170平方米，为钢结构建筑。武江区力求将城市盒子建设为政府的宣传阵地、企业的宣传平台、市民的休闲空间。城市盒子主要展现大爱武江、品质武江、武江印象、共建共享、城市透镜、城市魔方等六大板块，充分发挥融合武江文化、展现武江特色的城市展示窗口作用，达到武江文化展示、城市景观提升、公共空间赋能的成效。在城市盒子中，可以模拟武江大道监控实时画面，实时展现武江大道监控情况，并融入公园、停车场、绿化带、公厕、店招整治、外立面提升、背街小巷改造等7个展示点，使参观者通过触摸、滑动、点击等互动形式掌握城市设施信息。并通过展现芙蓉山（原水泥厂旧址）、仙桥古渡等标志性地点对比新旧照片，及北江中学、芙蓉古刹等建筑微缩模型，展现武江区兴盛的文旅文化产业资源。城市盒子同时兼具寄语留言、明信片打印及举办小型展览会等现代展厅功能。

（钟卫娜）

2020年7月30日，山蕉至农庄路段施工现场

（区公路站　供图）

公路交通管理

【概况】韶关市武江区地方公路管理站为武江区人民政府直属公益一类事业单位，正科级。内设办公室（计财股）、基建股、养护股、路政股。另设西河道班、西联道班、重阳道班、龙归道班、江湾道班5个农村养护道班。2020年，该站以全面建成小康社会为目标，贯彻落实区委、区政府的中心工作，以推进全区“四好农村路”建设为抓手，加大公路养护管理力度，更好满足农村群众基本公共出行需求。武江区境内的高速公路有京港澳高速公路、乐广高速公路、韶关北环高速公路；国道有G240线（原省道S253线升级）、G323线；省道有S246线（原县道X322线升级）、S520线（原县道X318线升级）；县道有X313线、X314线，形成较为完善的城乡交通骨干网络。全区公路总里程658千米，其中：高速公路34千米，国道28千米，省道49千米，农村公路升省道46千米，县道32千米，乡道210千米，村道124千米，乡村小道135.71千米。全区公路密度为80千米/百平方千米。农村公路桥梁共计50座1557.1延米。

【四好农村公路建设】2020年，武江区高质量按时完成“四好农村路”建设攻坚任务32.586千米，完成省、市下达攻坚任务100%，获得韶关市交通运输局的表扬和奖励；完成区“四好农村路”建设任务8.374千米，全年共完成“四好农村路”建设52条线路共40.96千米，完成区年度计划任务117%。

【公路提升改建】 2020年，武江区完成省道S520线粮仓至方田大人村段路面改造工程7.393千米，武江区乡道Y103线村头至大村（武江大道南）段公路改建工程0.995千米，武江区乡道Y103线白芒水库至武江大道南段路面改造工程1.05千米，共9.483千米。

【省道县道养护】 2020年，武江区省道养护、县道养护实行道班养护责任制，贯彻“预防为主、防治结合”的方针，加强预防性养护，提高公路的抗灾害能力，保持公路及其沿线设施良好的技术状况。各公路养护道班养护生产能够按照养护要求进行养护、巡查，及时疏通路基、管涵排水，做好路面清洁、维护附属设施和排查有关隐患。全年累计投入养护资金约45万元。

【乡道村道养护】 2020年，武江区管养乡道210千米、村道80千米分别由武江区聚泰园林装饰工程处、粤北工业开发区实达工程有限公司2个养护公司承包乡村公路的小修保养工作。各公路养护公司全年基本上能够按照养护要求做好乡道、村道养护巡查，发现问题及时汇报，遇到汛期发现公路路基塌方隐患路段，能够及时设置安全警示标志，做好安全保障措施，清除路障，做好全年乡道、村道养护管理工作。全年乡道、村道养护投资约60.9万元。

【蓝天保卫战】 2020年，区公路站为配合做好武江区打响蓝天保卫战，对省道S520线粮仓至方田大人村段、县道X313线下坑村、田心村、山蕉村路段公路沿线路域环境进行整治提升。

【应急抢修】 2020年，区公路站进一步完善公路站应急抢险预案，做好应急抢险的人员、物资、器材准备工作。适时组织道班人员、养护公司开展公路抢险应急演练，提高公路应急抢修能力。做好局部路基坍塌的修复工作。在重大节日、重点时段、重要路段期间，及时完成公路水毁、滑坡治理、灾害处治等应急任务，确保公路通行畅通。

【路政管理】 2020年，武江区以开展“136”路长制工作为契机，加大公路巡查力度，强化路产路权维护，加大路政日常巡查频率和覆盖面，深化整治公路沿线乱搭乱建、违章占道行为。全年共进行路政巡查1062人次，总巡查里程13464千米。通过巡查，路政违法违章行为得到有效遏制，确保路产路权完好。

【安全生产】 2020年，区公路站根据安全生产属地管理原则和安全生产“党政同责、一岗双责、齐抓共管”要求，层层签订安全生产责任书，落实安全生产责任制。做好公路水毁预防、防汛及抗台风各项准备工作、做好危险源排查工作，根据省、市、区三防指挥部有关文件要求，落实各道班、养护公司和在建项目参建单位的应急预案和24小时防汛轮值班制度，全年没有发生任何安全责任事故。

（陈　戈）

教　育

教育管理

【概况】 2020年，武江区教育局机关设局长1名，副局长4名。7个内设机构：办公室、教育股、德体卫艺股、基建财务股、教育督导室、人事监察股、工委办。实有16人。下设招生考试中心、区教师发展中心、财务结算中心等3个事业单位。

【基本情况】 2020年，武江区共有中小学31所，其中，完全小学23所（另有教学点10个），初级中学6所，九年一贯制学校2所。截至年底，全区学校有在职教职工1725人，义务教育阶段中小学生38639人。

【学校建设】 2020年，武江区教育系统共投入约1.39亿元，完成88个项目的建设。其中，民生实事工程5项，投入资金约1.3亿元；教育扩容提质三个运动场改造项目，投资约375万元；零星工程及维修项目71项，投入资金约557万元。

【队伍建设】 2020年，武江区开展"丹霞英才"（教育教学类）招聘，共招聘"丹霞英才"11名，其中小学语文6人，小学英语2人，小学美术1人，小学体育1人，特殊教育1人。为更好地管理交流教师的人事关系，做到"人岗合一"，编随人走，岗随人转，使教师由"学校人"向"系统人"转变，推进县管校聘工作的纵深发展，对41名累计交流年限满3年及以上的教师进行人事关系理顺。2020—2021学年交流轮岗89人，比例达5.36%。其中城镇学校、城区优质学校交流人数56人，占符合交流条件教师的15.6%，交流的骨干教师57人，占交流轮岗教师的64%。开展2020年教师专业技术等级岗位聘用工作，17位教师岗位等级晋升到九级岗位。通过高级教师专业技术职称评审委员会评审并取得高级教师专业技术职称资格57人，其中小学38人，初中17人，幼儿园1人，教师发展中心1人。评审通过取得中初级专业技术资格163人，认定取得初级专业技术资格95人。全面实施"国培计划""省培计划"，认真落实教师骨干培训、短期培训、全员培训、远程培训等，组织参加各级各类培训。2020年内共有3人次参加国家级培训，41人次参加省级培训，1810人次参加市级培训，1307人次参加区级培训。与韶关学院省级中小学教师发展中心合作举办"三名工程"培训项目，其中校长领导力培训99人次，分管教学副校长培训32人次，后备干部培养312人次；教师培训师（名师A班）培训255人次；新教师（2018年、2019年、2020年入职）培训349人次；思政工程培养120人次，名班主任培养对象培训142人次。开展武江区中小学教师资格定期注册工作，其中春季注册合格142人，秋季注册合格10人，合计注册合格152人。实施中小学教师资格定期注册工作，完善教师准入后管理制度。

【教学质量】 2020年，区教育局积极应对突如其来的新冠肺炎疫情，采取各种有效措施，为无网络的166户学生家庭安装电视或宽带网络，同时将平板电脑送到困难学生手中。教研员每天进入新的班级群进行线上教学视导，听课约900节。向学生每日推送直播课、录播课和相关学习内容，录制22节录播示范课。线上教育得到上级部门的高度肯定。开展丰富多彩的特色教研活动85次。开展联盟体活动，区七个“联盟体”，除在“联盟体”内进行教师支教、交流活动外，各牵头单位组织“联盟体”校际的教研活动20多次，促进教育均衡发展。教师参加市级教学比赛或评比获奖299人次（国家级2人次，省级80人次，市级217人次）；发表教育教学论文36篇（国家级13篇，省级19篇，市级4篇）。学生参加市级以上教学竞赛获奖538人次（省级82人次，市级456人次）。教育科研课题立项市级22项，区级40项；课题结题市级28项，区级14项。市十四中语文、市十五中语文和英语、红星小学英语、田家炳小学语文和体育、沙湖绿洲数学、至和小学语文组等8个教研组被评为市先进教研组。

【教育信息化建设】 2020年，武江区共投入454万元用于教育信息化建设项目，其中投入98万元在韶关市风烈中学、重阳学校、西河学校新建3间计算机室；投入125万元完成惠民幼儿园、工业中幼儿园教育信息化建设项目；投入138万元完成2020年秋季新增班级42套电教平台建设项目。上述项目新增170台计算机、87套电教平台，不仅完善信息化硬件基础环境，也促进师生信息技术应用能力的提升。认真组织师生参加各类信息化竞赛活动，2020年各学校团体及个人作品获奖数近700项。在2019年韶关市中小学电脑制作活动中，获市一等奖作品共28件、二等奖作品43件、三等奖作品69件，武江区教育局、韶关市第九中学、武江区红星小学、武江区华泰小学、武江区黄田坝小学获最佳组织奖。在2020年广东省学生信息素养提升实践活动中，学生作品获一等奖6件，获二等奖5件，获三等奖14件，韶关市第九中学获优秀组织单位称号。在2020年韶关市“小小科学家”中小学生科学实验活动中，获一等奖13人、二等奖27人、三等奖38人，武江区教育局、田家炳沙湖绿洲小学获优秀组织奖。在2020年韶关市教育教学信息化交流展示活动中，作品获一等奖31件，二等奖50件，三等奖71件，韶关市第九中学、韶关市第十四中学、韶关市武江区田家炳沙湖绿洲小学、韶关市武江区田家炳小学、韶关市武江区红星小学、韶关市武江区新华幼儿园获优秀组织奖的单位。在2020年广东省教育教学信息化交流展示活动中，作品获一等奖4件，二等奖13件，三等奖14件，获奖数量及等次在各县区中排名第一。在2020年韶关市中小学人工智能创意编程作品交流展示活动中，作品获一等奖44件、二等奖67件、三等奖121件，武江区教师发展中心、东岗小学、田家炳沙湖绿洲小学、红星小学、沐溪小学、黄田坝小学、金福园小学、田家炳小学、至和汤邓淑芳纪念学校获得“优秀组织奖”称号。在2020年韶关市中小学优秀微课征集活动中，作品获一等奖5件、二等奖16件、三等奖4件。第35届韶关市青少年科技创新大赛中，获特等奖4人、一等奖12人、二等奖8人、三等奖17人。第35届广东省青少年科技创新大赛中，获一等奖1人，三等奖2人。

【教育惠民】 2020年，武江区发放义务教育家庭经济困难学生补助资金994125元，受助学生2846人次；发放学前教育家庭经济困难学生补助资金916500元，受助学生1815人次；发放建档立卡学生（含2019秋季读本科和研究生的建档立卡贫困户学生）免学费和生活费补助资金1364500元，受助学生861人次；筹集社会资金192500元；成功申报国家开发银行生源地信用助学贷款1983350元，受助学生250人。教育惠民资金共计545.0975万元。

【学前教育】 2020年，全区共有幼儿园86所，在园幼儿14665人，全区学前三年幼儿毛入园率100%以上。全区幼儿园教职工 2078 人，其中园长、专任教师 1154 人。截至 2020 年 12 月，全区幼儿园有省一级 1 所，市一级 13 所，区一级 12 所，基本形成以民办教育办园为主体，公办、民办相结合的学前教育新格局。

【特殊教育】 2020 年，东岗小学设随班就读特教班 1 个，有学生 13 人。至和汤邓淑芳纪念学校设随班就读特教班 1 个，有学生 6 人。在韶关市福利院设朝阳特教班 3 个，有学生 37 人。至和汤邓淑芳纪念学校和重阳学校设随班就读资源教室，各相关学校依照方案开展“送教上门”工作，15 所学校为 61 名重度残疾儿童少年开展“送教上门”服务。

【义务教育】 2020 年，武江区有义务教育学校 31 所，均为广东省义务教育标准化学校。全区小学有 732 个班，初中有 153 个班；全区义务教育阶段学生共有 38639 人，其中，小学 31672 人，初中 6967 人。

【民办教育】 2020 年，武江区民办教育机构有 130 所，新增 5 所。2020 年，民办教育的审批事项均进驻区政务服务大厅，在区政务服务大厅进行全流程网办，开通在线申报办理，减少群众办事跑动的次数，方便群众办理审批登记，提高办事效率。

【德体卫艺工作】 2020 年，武江区教育局广泛开展校园体育艺术活动，举办武江区第六届青少年足球联赛和全区中小学生原创舞蹈、器乐比赛，积极开展“乒乓球、跳绳、创意绘画、竖笛”活动进校园活动。体育工作特色彰显，成绩优秀。韶关市风烈中学参加 2020 年广东省中学生武术套路锦标赛，获得初中组团体总分第四名。参加韶关市第二十五届中小学生“英东杯”体育竞赛，获得团体第一名 2 项、第二名 2 项、第三名 3 项、第四名至第八名 4 项。参加韶关市第四届中小学大课间评比获得一等奖 2 个、二等奖 1 个。田家炳小学和第九中学被评为全国青少年篮球特色学校，韶关市风烈中学、韶关市第十五中学、东岗小学被评为韶关市体育艺术基地学校。参加韶关市第二十五届中小学生“英东杯”文艺竞赛，至和小学获得原创舞蹈比赛一等奖，龙归中心幼儿园、东岗小学、风烈中学获得原创舞蹈比赛二等奖；风烈中学、红星小学获得器乐比赛二等奖；获得规范汉字软笔书法比赛一、二、三等奖共 9 人次；获得规范汉字硬笔书法比赛一、二、三等奖共 11 人次。东岗小学、田家炳沙湖绿洲小学、第九中学、韶关市第十五中学分别获韶关市中小学经典诵读视频比赛一等奖 1 个、二等奖 1 个和三等奖 2 个；红星小学、韶关市第九中学参加韶关市“我和我的祖国　科技托起强国梦”演讲比赛获得二等奖。在韶关市“我和我的祖国　生态文明建家园”书法比赛中，3 人获一等奖，2 人获二等奖，2 人获三等奖；在韶关市“我和我的祖国　生态文明建家园”绘画比赛中，1 人获一等奖，5 人获二等奖，4 人获三等奖；在韶关市“学习新思想　队旗迎风展”队日活动设计比赛中，7 人获一等奖，6 人获二等奖，3 人获三等奖；在韶关市“学习新思想　队旗迎风展”校刊队报设计比赛中，8 人获最佳版式创意奖，6 人获最佳美术设计奖，7 人获最佳方案编辑奖；在韶关市“学习新思想　做好接班人”读后感征文比赛中，4 人获一等奖，2 人获二等奖，9 人获三等奖；在韶关市“学习新思想　做好接班人”手抄报比赛中，5 人获得最佳版式创意奖，4 人获得最佳美术设计奖，2 人获得最佳方案编辑奖，1 人获得最佳文字书写奖。

【主要荣誉】 2020 年，武江区教育局被评为广东省禁毒工程最美团队、韶关市关心下一代先进单位、韶关市第二十五届英东杯文艺竞赛优秀组织奖、武江区禁毒工程先进单位，武江区芙蓉第一小学老师邝桂莲被评为广东省禁毒工程先进个人，黄田坝小学老师朱仁辉被评为广东省优秀辅导员，8 名中学生被评为韶关市三好学生，5 名学生被评为韶关市优秀学生干部，3 名学生被评为韶关市新时代好少年，4 名辅导员被评为韶关市优秀辅导员，40名学生分别被授予韶关市“南粤最美好少年”、韶关市优秀少先队员、韶关市优秀团员等。武江区红星小学被授予“广东省文明校园”荣誉称号，龙归镇中心小学、田家炳小学、芙蓉第一小学等3所学校被授予“韶关市文明校园”荣誉称号。金福园小学、田家炳沙湖绿洲小学被评为“广东省艺术教育特色学校”。田家炳沙湖绿洲小学被评为“广东省生活垃圾分类示范教育基地”。韶关市风烈中学、韶关市第十五中学、田家炳小学、东岗太阳城小学、武江区阳山小学、韶关市第九中学、东岗小学、田家炳沙湖绿洲小学、芙蓉第一小学被授予“广东省绿色学校”称号。东岗小学被评为“韶关市节水型学校”。武江区芙蓉第一小学、韶关市第十四中学、武江区重阳学校、武江区东岗太阳城小学、武江区镇泰小学被评为“韶关市百所中小学卫生工作示范学校”。

2020年9月10日，区委、区政府召开2020年庆祝第36个教师节暨教育工作会议，图为区领导为优秀校长颁奖　（谢悦彬　摄）

武江区学校分布简况一览表

表7

学校	地址	校长	办公室电话
韶关市第九中学	芙蓉北路60号	曾展华	6186393
韶关市风烈中学	西联镇	钟　洁	6919111
韶关市第十四中学	如意路11号	骆少毅	6919301
韶关市第十五中学	群立街后山119号	王金枝	8819326
龙归中学	龙归镇社主村	管宇权	6970468
江湾中学	江湾镇江湾街9号	胡香平	6446783
重阳学校	重阳镇政府南路3号	张运才	6546019
西河学校	西河镇下坑	张碧照	8833300
东岗小学	新建路1号	张万标	6919082
金福园小学	沙洲路3号	刘文燕	6184433
田家炳小学	幸福路8号	王　芳	6919088
黄田坝小学	武江北路147号	郭朝斌	6980456
华泰小学	新津路9号	邓海燕	8612521
镇泰小学	芙蓉北路91号	朱惠珍	8723488

续表 7

学校	地址	校长	办公室电话
田家炳沙湖绿洲小学	工业西路邹屋村9号	刘　艳	6916780
至和汤邓淑芳纪念学校	芙蓉北路34号	邱必昌	8720708
红星小学	五祖路50路	葛晓娟	8757665
向阳小学	惠民南路15号	何建文	6981572
朝阳小学	惠民北路413号	余德添	8618362
白芒小学	西河镇大村村	刘维海	8134376
风烈小学	西联镇	潘岐定	6915923
风度小学	西联镇车头村	林广强	8174486
阳山小学	西联镇阳山村	张寿南	8136562
沐溪小学	沐溪工业园七路	欧保华	8175145
甘棠小学	西联镇甘棠村	刘星明	8173384
龙归镇中心小学	龙归镇龙续路18号	冯炎成	6451382
凤田小学	龙归镇凤田村	刘丙国	—
江湾镇中心小学	江湾街1号	曾凡津	6446363
东岗太阳城小学	武江区丹霞大道中	吴　邓	6916568
芙蓉第一小学	西联镇韶关大道12号	冯焯光	6915661
御龙湾小学	武江区环山路	汪荣国	—
新华幼儿园	武江区惠民南路51号	黄建荣	8632464
龙归镇中心幼儿园	龙归镇龙归中学对面	王丽丹	6458226
重阳镇中心幼儿园	重阳镇黄岸村	张贵明	6546019
江湾镇中心幼儿园	江湾镇政府旁	廖忠红	6446363
惠民幼儿园	韶关市武江区瘦狗岭	陈　琨	—
工业中幼儿园	武江区工业中路61号	朱玲玲	—

2020 年武江区九年一贯制学校基本情况一览表

表 8

学校名称	地　址	开办时间	小学学生数（人）	中学学生数（人）	小学教学班数（个）	中学教学班数（个）	小学教职工数（人）	中学教职工数（人）
韶关市武江区西河学校	武江区西河镇下坑村	2012年9月	554	198	16	6	19	22
韶关市武江区重阳学校	武江区重阳镇镇政府南路3号	2011年2月	677	265	21	7	34	30

2020 年武江区幼儿园、学前班情况表

表 9

独立幼儿园（所）						小学附设混龄班（个）	在园在班幼儿（人）	教职工（人）			
合计	教育局办	单位办	镇办	村办	私立			合计	其中		
									园长	教师	保育员
86	6	0	0	0	80	0	14665	2078	119	1035	517

2020 年武江区幼儿园情况一览表

表 10

幼儿园名称	地址	开办时间	幼儿数（人）	教学班数（个）	教职工数（人）	占地面积（平方米）	建筑面积（平方米）	级别（区级、市级、省级）
韶关市武江区新华幼儿园	韶关市武江区惠民南路51号	1998年9月	416	15	33	1205	3550	市一级
江湾镇中心幼儿园	韶关市武江区江湾镇政府旁	1998年9月	76	3	2	822	738	市一级
韶关市武江区龙归中心幼儿园	韶关市武江区龙归镇社主村龙归中学对面	2018年9月	95	4	10	4890	3909.5	—
韶关市武江区重阳中心幼儿园	韶关市武江区重阳镇黄岸村（原黄土坛小学）	2018年9月	18	3	4	7906	1337	—
韶关市武江区惠民幼儿园	韶关市武江区瘦狗岭	2020年9月	75	3	5	3070	4527	—
韶关市武江区工业中幼儿园	韶关市武江区工业中路61号	2020年9月	122	5	5	1300	2300	—
武江区快乐中英文幼儿园	韶关市武江区新津路鸿旺大厦首层	1998年8月	180	6	32	1799	2605	市一级
韶关市武江区嘉和幼儿园	武江区工业西路嘉和楼	2006年7月	172	6	22	1305	1430	区一级
韶关市武江区花蕾才艺幼儿园	武江区五祖路41号	1989年	123	5	20	1150	2985	区一级
韶关市武江区中英文实验幼儿园	沙洲一路	2000年6月	435	12	50	2824.08	2606	市一级
武江区心心幼儿园	广东省韶关市武江区新华南路西岸新村12号	1999年12月	109	4	11	180	660	—
韶关市武江区坝厂幼儿园	武江区沙洲路28号	2000年9月	153	5	18	350	1050	
武江区明珠艺术幼儿园	韶关市武江区	2002年9月	103	5	15	795	630	区一级

续表 10

幼儿园名称	地址	开办时间	幼儿数（人）	教学班数（个）	教职工数（人）	占地面积（平方米）	建筑面积（平方米）	级别（区级、市级、省级）
韶关市武江区红太阳幼儿园	韶关市武江区光明一横巷16号	2003年2月	75	4	12	580	430	—
韶关市武江区安盛幼儿园	新津路2号	2005年7月	450	12	50	1800	3368	市一级
武江区童星幼儿园	韶关市武江区惠民南路光明巷2号	2015年12月	52	4	9	549	549	—
韶关市武江区新华南幼儿园	新华南路一横巷一栋2楼	2015年12月	80	4	10	650	670	—
韶关市武江区华泰幼儿园	华泰花园27栋1，2楼	2005年8月	96	5	22	3114	1090	市一级
韶关市中央艺术幼儿园	广东省韶关市武江区芙蓉东路164号	2009年9月	0	0	5	4550	4278	省一级
韶关市武江区博思特幼儿园	武江区体育东路御和苑C栋二层博思特幼儿园	2012年3月	167	6	25	2479	1712	区一级
韶关市武江区新世纪幼儿园	武江区芙蓉东路骏达楼128号	2011年11月	74	3	13	750	800	—
韶关市武江区富华中英文幼儿园	武江区西河工业西路63栋富华苑B座	2012年12月	178	5	19	850	1050	—
武江区鸿泰艺术幼儿园	韶关市武江区沿江路芙蓉新城鸿泰花园5号楼	2012年12月	191	6	23	1224	1520	市一级
韶关市武江区爱欣幼儿园	武江南路16号	2014年	165	5	18	335	1000	—
武江区金童中英文幼儿园	武江区工业西路芙蓉新苑B幢	2013年4月	271	9	36	1240	1540	
韶关市武江区吉祥幼儿园	武江区新华南路西岸村98号	2015年3月	245	8	30	1500	3000	区一级
韶关市武江区致涵山水华府幼儿园有限公司	芙蓉小区嘉荣苑	2015年8月	184	7	26	2602.78	1797	—
韶关市武江区御龙湾博雅实验幼儿园	新民路63号御龙湾D3D4一层	2015年8	200	8	43	3428	3705	—
韶关市武江区金泽园卓艺幼儿园	武江区沙洲尾金泽园小区金满楼首层	2016年12月	60	3	13	1530	1530	—
韶关市武江区碧水花城实验幼儿园	沿江路16号碧水花城H栋25号—31号一层、二层。	2016年9月	203	10	36	1547	1870	—
韶关市武江区创新实验幼儿园	韶关市武江区芙蓉东路6号万通国际花园A座—1层商铺2号	2018年1月	168	6	23	2200	1600	—

续表 10

幼儿园名称	地址	开办时间	幼儿数（人）	教学班数（个）	教职工数（人）	占地面积（平方米）	建筑面积（平方米）	级别（区级、市级、省级）
韶关市武江区澳德幼儿园有限公司	韶关市武江区新华南路26号广源大厦	2018年1月	296	10	36	915.37	3088	—
韶关市武江区博艺幼儿园	韶关市武江区芙蓉北路31号	2019年4月	97	5	18	1400	1400	—
韶关市武江区童话堡幼儿园有限公司	韶关市武江区芙蓉北三路9号	2020年9月	223	7	28	1812	1812	—
韶关市武江区桃李园超前教育幼儿园	韶关市武江区沙洲尾福彩路5号	2010年1月	246	9	33	446.47	1442	区一级
韶关市武江区鑫泰幼儿园	工业中路61号	1991年9月	122	5	19	1380	1865	市一级
韶关市武江区金太阳幼儿园	武江区东岗岭25座之二桂苑206号	2006年7月	65	4	10	1100	592	—
武江区西冲幼儿园	韶关市武江区工业中西冲路	2005年8月	78	4	13	230	630	—
武江区侨新幼儿园	韶关市武江区工业中路新城里一号	1999年7月	210	7	26	500	2200	区一级
韶关市武江区欢乐幼儿园	新华北路132号裕华楼2层	2005年7月	152	6	19	827.76	827.79	—
韶关市武江区群康幼儿园	武江区群康路21号	2000年3月	56	3	8	600	830	—
韶关市武江区明日之星幼儿园	韶关市武江区武江北路朝阳新村内	2001年8月	354	10	40	2250	1900	市一级
韶关市武江区惠民北幼儿园	惠民北路群乐楼201	1984年12月	77	3	9	500	500	—
韶关市武江区喜洋洋幼儿园	韶关市武江区工业中路侨新小区1，2号楼二楼北面	2016年9月	107	4	11	1000	1000	—
韶关市武江区山水华府幼儿园有限公司	工业西路26号山水华府旭日附楼	2009年9月	204	8	33	4280	3150	市一级
韶关市武江区贝尔长城世家幼儿园	工业西路88号长城世家小区内	2012年12月	252	11	46	2700	5400	—
韶关市武江区海景幼儿园	武江北路49号	2014年10月	74	3	12	460	1080	—
韶关市武江区康乐幼儿园	韶关市武江区教育西路侧14路公交车总站旁	2014年12月	203	7	25	1860	1439	—
韶关市武江区茗苑明日之星幼儿园有限公司	韶关市武江区群立街茗苑花园二层	2017年2月	259	10	36	3200	1281	—

续表 10

幼儿园名称	地址	开办时间	幼儿数（人）	教学班数（个）	教职工数（人）	占地面积（平方米）	建筑面积（平方米）	级别（区级、市级、省级）
韶关市武江区金色未来幼儿园	武江区工业西路利民制药厂宿舍	2005年7月	197	7	26	4650	1210	—
韶关市沙湖绿洲幼儿园有限公司	移山路1号	2019年9月	398	14	51	14435	4705	—
韶关市明珠幼儿园有限公司	韶关市武江区惠民北路493号奥园韶关印象17号楼	2019年9月	123	5	20	58908	3747	—
韶关市乔伊贝幼儿园有限公司	韶关市武江区工业西路26号富康山水华府旭川园1至3幢	2019年9月	281	11	43	3519	1425	—
韶关市武江区明星实验幼儿园	武江区群康路	2019年9月	120	6	24	4606	4606	—
韶关市菲尔汇艺实验幼儿园有限公司	武江区工业中路9号	2019年9月	80	3	13	1725	1725	—
韶关市武江区韶华幼儿园	武江区移山路3号	2020年9月	92	6	25	3900	3900	—
韶关市武江区新华北实验幼儿园	韶关市武江区新华北路21号	2020年9月	80	4	18	1519	1519	—
韶关市武江区西联智慧星幼儿园	武江区西联镇甘棠新村	2008年8月	66	3	12	500	1200	区一级
韶关市武江区西联幼儿园	韶关市武江区西联镇西联小学内西联幼儿园	2006年6月	226	7	27	1100	2148	市一级
韶关市武江区沐溪幼儿园	西联镇沐溪七路沐溪新村	2009年12月	230	7	23	2500	2690	—
武江区西联镇新阳山幼儿园	武江区西联镇新阳山村	2009年12月	90	4	15	800	1200	—
武江区西联镇美海艺术幼儿园	韶关市武江区西联镇车头小学内	2015年5月	103	4	19	2566	2200	区一级
韶关市武江区西联镇龙飞幼儿园	西联镇阳山综合市场前栋商铺二楼	2003年8月	232	7	25	1200	1500	—
韶关市武江区西联镇玫语幼儿园	韶关市武江区西联镇玫语幼儿园	2014年10月	407	12	46	2240	4284	区一级
韶关市武江区西联镇旭日中英文幼儿园	韶关市武江区西联镇新阳山村11号	2014年12月	121	4	15	1300	2300	—
韶关市中央艺术幼儿园一院	武江区西联镇碧桂园太阳城	2014年12月	335	12	48	6720	4278	—
韶关市武江区小阳山金童中英文幼儿园	韶关市武江区西联沐溪大道106号	2015年9月	426	12	45	3774	3774	—

续表 10

幼儿园名称	地址	开办时间	幼儿数（人）	教学班数（个）	教职工数（人）	占地面积（平方米）	建筑面积（平方米）	级别（区级、市级、省级）
韶关市武江区步步高幼儿园	武江区西联芙蓉大道18号碧桂园太阳城凤凰酒店旁	2017年3月	375	12	47	3420	4640	—
韶关市武江区西联花苗幼儿园	西联镇西联市场附近	2017年7月	0	0	0	1000	630	—
韶关市武江区金博士幼儿园	韶关市武江区沐阳东路12号卓越雅苑二层	2019年4月	356	10	34	1883	2033	—
韶关市自然树幼儿园有限公司	武江区西联镇星汇广场	2020年9月	70	4	22	4000	3277	—
韶关市武江区天麓山幼儿园	韶关市武江区天麓山小学旁	2020年9月	87	5	22	8000	6412	—
韶关市武江区恒大贝尔幼儿园	韶关市武江区恒大城二期	2020年9月	168	5	25	3000	2071	—
武江区西河镇黄塱蓓蕾幼儿园	韶关市武江区西河镇黄塱管理区茗苑小学内	2004年8月	145	4	16	2185	2090	区一级
韶关市武江区广思雅实验幼儿园	武江区建设路13号	2016年8月	326	12	48	5019	2019	区一级
韶关市武江区咏乐幼儿园	武江区建设路18号	2019年9月	41	3	13	2000	2000	—
韶关市武江区龙归镇南沙幼儿园	龙归镇社主村委大楼内	2002年9月	82	4	16	400	1120	—
韶关市武江区龙归镇社主幼儿园	武江区龙归镇社主村	1999年8月	212	6	26	6358	1960	市一级
武江区龙归镇园双幼儿园	龙归镇双头村园双幼儿园	2008年4月	345	10	42	3000	1650	—
韶关市武江区小龙人幼儿园	韶关市武江区龙归镇原凤田中学教学楼	2015年5月	110	4	12	2500	1565	—
韶关市武江区龙归镇留村幼儿园	韶关市武江区龙归镇原留村小学教学楼	2016年1月	89	3	10	3500	1396	—
韶关市武江区龙归镇山前奇石幼儿园	龙归镇奇石小学旁	2017年3月	48	3	11	2000	1030	—
韶关市武江区凤田糖果幼儿园	韶关市武江区龙归镇凤田南岸	2017年3月	82	3	13	400	800	—
韶关市武江区龙归镇智美艺术幼儿园	韶关市武江区龙归镇河滨新街	2018年10月	201	7	29	2800	1200	—
韶关市武江区龙归镇童乐幼儿园	韶关市武江区龙归镇益龙路	2018年9月	156	5	19	700	1600	—

续表 10

幼儿园名称	地址	开办时间	幼儿数（人）	教学班数（个）	教职工数（人）	占地面积（平方米）	建筑面积（平方米）	级别（区级、市级、省级）
韶关市武江区重阳幼儿园	重阳学校对面	2011年3月	181	5	20	2500	1124	市一级

2020 年武江区九年义务教育情况统计简表

表 11

小学						初中				
完全小学、一贯制（所）	分教点（个）	特教学校（所）	班（个）	学生（人）	入学率（%）	完全中学（所）	普通中学（所）	班（个）	学生（人）	入学率（%）
25	10	0	732	31672	100	0	6	153	6967	100

2020 年武江区小学基本情况一览表

表 12

学校名称	地　址	开办时间	学生数（人）	教学班数（个）	教职工数（人）	占地面积（平方米）	建筑面积（平方米）	体制（公办或民办）
韶关市武江区东岗小学	新建路1号	1965年	2869	63	112	14234	19417	公办
韶关市武江区金福园小学	沙洲路3号	1987年	3539	80	137	21494	17745	公办
韶关市武江区红星小学	五祖路50号	1953年	1223	27	53	6740	7521	公办
韶关市武江区田家炳小学	幸福路8号	1994年8月	2143	49	98	11765	8766	公办
韶关市武江区华泰小学	新津路9号	1998年	2145	46	66	12807	9488	公办
韶关市武江区至和汤邓淑芳纪念学校	芙蓉北路34号	2002年	2059	44	79	22000	11000	公办
韶关市武江区黄田坝小学	武江北路147号	1986年	940	21	41	5500	3030	公办
韶关市武江区东岗太阳城小学	武江区丹霞大道中	2015年9月	2618	60	59	66450	34409	公办
韶关市武江区镇泰小学	芙蓉北路91号	1971年	1378	31	47	16050	6886.36	公办
韶关市武江区田家炳沙湖绿洲小学	工业西路邹屋村9号	1970年	1720	36	58	20000	11313	公办

续表 12

学校名称	地 址	开办时间	学生数（人）	教学班数（个）	教职工数（人）	占地面积（平方米）	建筑面积（平方米）	体制（公办或民办）
韶关市武江区向阳小学	惠民南路15号	1958年	877	19	34	2736	3500	公办
韶关市武江区龙归镇中心小学	龙归镇龙续路18号	1926年	2484	53	94	25972	11118	公办
安村教学点	龙归镇安村	—	70	3	3	6600	880	公办
续源教学点	龙归镇续源村	—	55	3	3	6600	880	公办
奇石教学点	龙归镇奇石村	—	76	3	3	15000	480	公办
后坪教学点	龙归镇后坪村	—	13	3	2	6334	360	公办
马渡教学点	龙归镇马渡村		81	3	2	6000	477	公办
韶关市武江区凤田小学	龙归镇凤田村	1972年	331	11	15	6600	2507	公办
方田教学点	龙归镇方田村		71	3	4	7176	1030	公办
韶关市风度小学	西联镇车头村	1954年9月	252	6	10	11700	1506	公办
韶关市风烈小学	西联镇西联村	1954年	586	14	27	17000	4617	公办
韶关市武江区甘棠小学	西联镇甘棠村	1975年	238	6	12	12000	2020	公办
韶关市武江区阳山小学	西联镇阳山村	1958年1月	1389	30	35	14247	5431	公办
韶关市武江区沐溪小学	沐溪工业园沐溪七路	1970年9月	890	20	27	20428	3855	公办
韶关市武江区白芒小学	西河镇大村村	1951年	154	6	10	4962	2134	公办
韶关市武江区朝阳小学	惠民北路413号	1951年	736	16	27	12690	3474	公办
韶关市武江区西河学校	西河镇下坑	1958年8月	292	8	13	25000	12669.8	公办
田心教学点	西河镇田心村	1958年8月	41	3	1	16850	1654	公办
茗苑教学点	西河镇黄塱村	1958年8月	221	5	5	8090	1172	公办

续表 12

学校名称	地　址	开办时间	学生数（人）	教学班数（个）	教职工数（人）	占地面积（平方米）	建筑面积（平方米）	体制（公办或民办）
韶关市武江区重阳学校	武江区重阳镇镇政府南路3号	1921年	562	15	34	13000	6000	公办
九群教学点	武江区重阳镇九群村委会大沙洲村	1940年	53	3	6	3475	1170	公办
万侯教学点	武江区重阳镇万侯村委会侯屋村	1907年	62	3	6	3480	1180	公办
韶关市武江区江湾镇中心小学	江湾街1号	1967年	259	8	23	6678	2045	公办
韶关市武江区芙蓉第一小学	韶关市武江区韶关大道12号	2018年9月	811	18	16	9601.9	6688.19	公办
韶关市武江区御龙湾小学	武江区环山路西出口与芙蓉隧道北出口交汇处	2019年	378	9	12	12005	8646	公办

2020 年武江区中学基本情况一览表

表 13

学校名称	地址	开办时间	学生数（人）	教学班数（个）	教职工数（人）	占地面积（平方米）	建筑面积（平方米）	体制（公办或民办）
韶关市第九中学	芙蓉北路60号	1970年	1684	35	116	24485	9130.17	公办
韶关市风烈中学	西联镇	1972年	779	18	57	15645	4609	公办
韶关市第十四中学	如意路11号	1996年5月	1340	29	91	21293	7891.4	公办
韶关市第十五中学	群立街后山119号	2002年8月	1138	25	79	10847	10257.26	公办
韶关市武江区龙归中学	韶关市武江区龙归镇社主村	1943年	1454	30	80	39746	19132	公办
韶关市武江区江湾中学	韶关市武江区江湾镇江湾街9号	1968年	109	3	17	11865	5046	公办

区属学校简介

【新华幼儿园】 武江区新华幼儿园是一所市一级公立幼儿园，1998 年成立，园所占地面积 1205 平方米，建筑面积 3550 平方米，建有室内外运动场地，配有木工坊、纸工坊、陶泥坊、生活体验馆等 18 个集幼儿生活、学习一体化的功能场室，创设近 700 平方米室内外 STEM 学习中心。现有 15 个教学班，33 名教职工，其中本科学历教职工 17 人，占全体教师 52%；共 416 名幼儿，128 名幼儿毕业生。

幼儿园始终坚持“促进幼

儿身心健康和谐发展、为幼儿的终身发展奠定基础”的办园宗旨，明确“给孩子一个快乐童年”的办园理念，紧紧围绕“快乐孩子、幸福教师、卓越幼儿园”的办园目标，精心打造团队和谐、环境和美、教育和善、课程和润、家园和睦的校园“和”文化，形成良好的园风，凸显艺术、科学的教育特色。

幼儿园重视教师专业成长，不断加强教师队伍建设，大胆改革和创新，积极开展教科研工作。近年来先后开展26个省、市级的课题研究，2020年，园所两项省级课题《幼儿园共享主题区域游戏课程的实践研究》《STEM园本化课程开发的实践研究》相继成功立项；有156篇教师论文在省、市、区的论文比赛中获奖；多名教师在广东省青年教师说课比赛、广东省中小学（幼儿园）体育优秀课例展示、韶关市幼儿教师基本功大赛等比赛中成绩名列前茅；涌现一批优秀教师荣获特级教师、广东省三八红旗手、南粤优秀教师、韶关市优秀教师、韶关市十佳园长等称号；2020年10月，武江区黄建荣名园长工作室在新华幼儿园挂牌成立。近年来，幼儿园获得2020年全国足球特色幼儿园、全国巾帼文明示范岗、广东省安全文明校园、韶关市绿色校园等集体荣誉54项；幼儿舞蹈节目《妙趣小官》《智取威虎山》等29个节目在省、市的幼儿舞蹈大赛中获奖；共有2056幅幼儿绘画作品、9个陶艺作品荣获国、省、市级的奖项。

【龙归中心幼儿园】武江区龙归中心幼儿园是一所全日制公办幼儿园，成立于2016年3月，于2018年9月正式开园。现有4个教学班，在园幼儿95人，幼儿园教职工10人，其中本科5人，大专5人，每班按照两教一保的标准进行配备，全体教师和保育员均持证上岗。幼儿园建筑场地独立、布局合理，符合幼儿园建筑设计规范、日照充分。幼儿园占地面积4890平方米，园舍建筑面积3909.5平方米，设玩沙池、大型器械运动区、30米直跑道、运动场、种植园等。

自开园以来，幼儿园全体教职工努力为幼儿创造一个健康、快乐地成长乐园，秉承“以游戏彰显天性”的办园理念，开展游戏化教学活动，2020年开始探索立足乡土资源打造乡村特色幼儿园。严格保证幼儿1小时自主游戏时间，2小时户外活动时间，让孩子们“玩在其中、学在其中、乐在其中”。幼儿园在各班及公共区域创设符合幼儿年龄特点的区域，班级有语言区、科学区、益智区、建构区、娃娃家等五大领域基础区域；公共区域有茶餐厅、珠宝店、摄影馆、糖果屋等特色区域，教师们充分利用废旧的材料改造后投放到各游戏区域中，做到美观新颖，温馨舒适，突出主题，操作性强。现全园共创设20多个区域游戏空间。

幼儿园从2020年8月开始构思打造“美丽乡村、魅力龙幼”的特色乡村幼儿园，让孩子们从小感受家乡的美。创设一系列有龙归本土文化特色的综合游戏区，立足本土，从幼儿实际出发打造乡村特色文化。

【重阳中心幼儿园】武江区重阳中心幼儿园是一所公办幼儿园，由原来重阳镇黄土坛小学改建而来，于2018年9月开园。重阳中心幼儿园2020年幼儿总数18人，大班、中班、小班各一个班；全园教职工总人数4人，均具有大专以上学历。重阳中心幼儿园占地面积约7906平方米，绿化面积约1785平方米。现有教学楼一栋，主要用于幼儿的课室、午休室和相关的功能室，以及办公室；另有一栋家属楼，现作为教师宿舍和其他家属住宿。此外，园内场地还包括宽敞的户外活动场地、绿化用地、备用地和门卫室、保健室及厨房。

重阳中心幼儿园主要通过五大领域开展主题教学活动；设置约十个游戏区域提供给幼儿进行区域自主游戏，主打体育户外游戏特色。配有网络中心机房一间，每间课室配备教学平台和电钢琴，可以满足日常的教学和办公需要。重阳中心幼儿园，从筹建之初就高起点，高标准，按市一级幼儿园标准来配备教学设备和教师，可以满足重阳镇中心及附近农村的幼儿就近入园，基本解决农村幼儿入学难的问题。

【江湾中心幼儿园】 武江区江湾中心幼儿园位于江湾镇政府旁，创办于1998年，当时只有一个班级。现在的幼儿园，建于2009年11月，2011年6月被评为韶关市一级幼儿园；幼儿园总面积822平方米，建筑面积738平方米，在编教师2人，3个教学班，其中大班2个，中班1个，全园幼儿76人。幼儿园在课程设置上从健康、语言、拼音、社会、科学、艺术六大领域对幼儿进行全面发展的教育，合理安排幼儿一日活动，以游戏为基本活动，保教并重。尊重幼儿身心发展和学习特点，为幼儿提供健康、丰富的生活和活动环境，满足他们多方面发展的需要，培养幼儿良好的习惯和兴趣。

【惠民幼儿园】 武江区惠民幼儿园是一所全日制公办幼儿园，于2020年9月正式开园。幼儿园总占地面积3070平方米，园舍建筑面积4527平方米，现开办3个小班，在园幼儿75人，在编教职工5人。园内环境舒适优美，布局规范合理，设施设备及功能场室齐全，幼儿园食堂为"A级食堂"。

幼儿园秉承着"让每个孩子都充满活力与无限可能"的办园宗旨，紧紧围绕"用心发现每个孩子 用爱点亮成长之路"的育人理念，致力于培养富有活力和创造力的孩子。幼儿园以财经素养教育为品牌特色，创设丰富的财经素养混龄游戏区域，在混龄自主游戏中初步掌握基本的理财知识，树立正确的金钱观和价值观，了解劳动可以创造财富，在游戏中感受劳动的艰辛，从小养成勤俭节约的良好习惯。

幼儿园食堂经韶关市市场监督管理局食品安全监督量化等级评定，被评为"A级食堂"。

【工业中幼儿园】 武江区工业中幼儿园开办于2020年8月，由民办园转型为公办幼儿园。幼儿园占地面积1300平方米，园舍建筑面积2300平方米，共有在编教职工5人。2020年，共设有5个教学班，122名幼儿。

幼儿园重视幼儿的素质教育，积极组织开展各类节日教育及防性侵、防汛防旱、光盘行动、交通安全日、节约用水等特殊主题活动；加强幼儿的安全教育，提高幼儿的安全意识及安全防范能力，有效地防止安全事故的发生；积极参加各类比赛，提升教师和幼儿的综合素质。打造科学探索乐园、阳光书吧、美工室、木工坊等4个功能场室；将幼儿园操场的旧花基、旧墙体、平台和楼顶、厕所门进行改造，增设攀爬墙和具有的特色的花基、铺设仿真草皮，根据每个班级幼儿的年龄段特征设置五个班级主题区域，为孩子们提供更加舒适的环境。

【东岗小学】 武江区东岗小学创办于1965年，原名韶关市第十七小学，1984年韶关市分区后，更名为韶关市武江区东岗小学。2009年8月撤并新华小学，两校合并后分为高低部两个校区。2020年，全校共有教职工112人，63个教学班（含1个特殊教育班），在校学生数为2869人（其中9人为启智班学生），是韶关市的窗口学校。其中2020年毕业生人数为520人，基础扎实，全面发展。

多年来，学校以"传承文明追求卓越"为办学理念，以"明德博学进而不已"为校训，以"贵学明志修身重行"为校风，以"严谨拓展正己爱生"为教风，以"敏而好学不耻下问"为学风；坚持全面育人，特色办学，办人民满意的教育为目标宗旨；教育教学质量突显、特色鲜明。学校逐步形成以好习惯养成教育的育人特色；专题式培训的家长学校特色；研训一体的教研特色；"以生为本、生生互动、师生互动"的"活力课堂"教学特色；乒乓球传统项目特色；艺术教育社团化特色；传统文化美文诵读特色，深入实施素质教育，注重培养学生综合实践能力，全面提高学生整体素质。学校1995年被定为市、区创办家长学校的试点学校，2000年被定为市传统体育项目"乒乓球"训练学校，在区、市历次的各种比赛中，均创佳绩。

学校创办五十多年来，曾先后被评为全国助残先进集体，广东省普教系统先进单位，广东省先进集体，广东省普法先进单位，广东省推普先进单位，广东省优秀家长学校，广东省读书读报先进集体，广东省文明单位，多次获市、区教改先进单位、教学先进单位、文明单位、巾帼文明示范岗、青年文明号、普法先进单位、党风廉政建设先进单位、卫生先进单位、先进党支部等荣誉称号。

东岗小学在2020年获得2项市级荣誉以及1项区级荣誉；教师分别获得22项国家级荣誉、38项市级荣誉和14项区级荣誉；学生获得4项国家级荣誉、92项市级荣誉和40项区级荣誉。学校在课程改革浪潮中，始终以科研为先导，积极开展教育科研活动，是广东省“九五”规划实验课题《学科教学与思想品德教育》实验学校、全国教育科学“十五”规划教育部重点课题《体育与健康》实验学校和教育部人文社科“十一五”规划项目《教学临界国的理论与实验研究》总课题组实验基地。

【金福园小学】 武江区金福园小学创办于1987年，原名韶关市武江区新华南小学。为感谢韶关市金福园置业有限公司捐建综合楼的义举，2000年5月更名为韶关市武江区金福园小学。

学校现有金福园小学校本部和金福园小学电化分校区两个校区，实行“一校两区”“四统一”的一体化管理，即统一办学思想，统一领导班子，统一人事，统一管理机制。

金福园小学现有教学班80个，学生3539人，在职在编教师137人，教师学历100%达标。学校领导班子年富力强、务实创新，团结协作；以中青年为主体的教师队伍德才兼备、爱岗敬业，阵容整齐，为全面推进素质教育奠定坚实的基础。

学校校园占地面积约21494平方米，校园环境优美，布局合理，设有符合省标准的课室和开放式阅览区、班级图书角。良好的校园环境和教学、生活、体育设施为学校的可持续攀高及学生的可持续发展提供有力的设施设备保障。

学校课室均安装多媒体电教平台，校园网络覆盖学校，为教育技术现代化、数字化校园建设迈向新的台阶。

金福园小学全面贯彻党的教育方针，遵循教育规律和学生的成长规律，秉承“金色童年，幸福教育，成长乐园”的核心办学理念，坚持“为学生的幸福人生奠基”的办学宗旨，以“幸福文化”引领学校发展；重视教师专业成长与学生全面发展，积极开展教师教科研活动及学生各类社团、兴趣小组活动，健全学校的育人体系，积极构建“全员育人，全程育人，全方位育人”的育人格局，构建“金色、阳光、和谐、进取、幸福”的校园，努力办好人民满意的教育。

学校先后被评为“全国（基础教育）爱国示范学校”“全国教育网络系统示范单位”“全国校园足球示范校”“中国好老师公益行动基地校”“广东省绿色学校”“广东省安全文明校园”“广东省规范化学校”“广东省艺术特色学校”“韶关市绿色学校”“韶关市行为示范校”“韶关市教育科研先进单位”“韶关市书香校园”“韶关市卫生先进单位”“韶关市德育工作先讲单位”“韶关市义务教育阶段‘减负增效’典型学校”“韶关市未成年人思想道德建设先进活动基地”“武江区文明单位”“武江区固本强基示范单位”“武江区德育创新实验学校”“武江区教育教学先进单位”等。

【红星小学】 武江区红星小学办学历史悠久，60多年风雨兼程、蓬勃发展。1953年，在现武江区工农巷的位置开办韶关市西乡小学，是学校的前身。20世纪60年代，西乡小学整体搬迁到现址即武江区五祖路，该址原是一国民党伤兵医院。20世纪80年代，武江区建区，学校更名为“韶关市武江区红星小学”，是西河镇中心小学。基于这段历史，红星小学办学一直倡导弘扬革命传统，弘扬社会主义主旋律，红色教育、革命传统教育是学校师德教育、学生思想品德教育的重要组成部分。时至今日，又与社会主义核心价值观教育对接，其教育内涵既有历史沿袭，又彰显时代气息。

学校占地面积6740平方米，建筑面积7521平方米。

现有27个教学班，在校学生1223人，毕业生213人，教职员53人。2020年，顺利完成“厕所革命”工程并投入使用，为解决安全隐患对消防梯旁的教室宿舍外墙进行批荡、配合疫情防控增加洗手池等。

2020年，学校继续以“向往教育”为内核，秉承“红星照亮一生”办学思想，在校训“我是一颗星”的感召下，从“穿好衣、走好路、说好话、唱好歌、扫好地、做好操、写好字、读好书”入手，着力培养“习惯良好有品质，基础扎实有潜质，兴趣广泛有特质的文明、好学红星人”，达成“红星闪闪亮，颗颗放光彩”的办学追求。学校坚持“抓住每一门学科、滋养每一位学生，培育一校好老师、打造一校好课堂”，全体学生在老师的辛勤培育下，争做“习惯良好有品质、基础扎实有潜质、兴趣广泛有特质”的文明好学红星人。

学校党支部被评为先进基层党组织。学校被评为第二届广东省文明校园、韶关市三八红旗集体。在韶关市教育教学信息化交流展示活动中荣获优秀组织奖；参加市第二届法治文化节荣获优秀组织奖。少先队武江区红星小学大队被评为韶关市少先队“红旗大队”。1个市级课题顺利结题，2个课题获区级以上奖励。教师有199人次获得区级以上教育教学奖励，学生有252人次获得校级以上比赛奖励。

【田家炳小学】 武江区田家炳小学原名工业中路小学，创办于1994年（设置18个教学班的办学规模）。1998年由香港爱国实业家田家炳先生捐资扩建，并更名为“田家炳小学”（扩大为24个教学班的办学规模）。2007年宏顺实业有限公司捐建综合楼一座（扩建为36个教学班的办学规模）。2011年撤并一棉小学后，办学规模增加到51个教学班。2017年因一棉校区教学楼被评定为危房，现所有学生均在总校。2020年度，共有学生2143人，教职工98人。教师专业结构配置合理，专任教师学历达标率100%，具有本科学历的教师70人。

学校占地面积11765平方米，校舍建筑面积8766平方米，校园布局合理，功能区划分较清晰，现有教学楼2幢，六层综合楼一幢。体育活动场总面积8414平方米，共有3个篮球场，1个200米跑道，1个80米直跑道。学校配备专用多功能电教室、心理辅导室、乒乓球室、党务室、队部室、图书室，电脑室、录播室等场。

学校的办学理念是为学生的全面发展奠基，努力培养基础扎实，习惯良好，身心健康，全面发展的学生。在育人的过程中，把立德树人作为教育的根本任务，全面加强德育、智育、体育、美育等工作，使学生全面发展，拥有幸福美好的明天。

学校以体育大课间为抓手，结合自身优势，将篮球开发成校本课程，创体育艺术特色学校，结合朗诵语言艺术、超轻黏土创意绘画，全面推进素质教育，展现特色。2020年，学校被评为“全国青少年校园篮球特色学校”“广东省书香校园”“广东省绿色学校”“韶关市文明校园”“武江区中小学校党建工作示范校”“武江区2020年度优秀家长学校”，在团体艺体比赛中荣获多个省市级一等奖。教师有119人次获得区级以上教学奖励，学生有210人次获得区级以上比赛奖励，集体有15项荣获区级以上奖励。

【华泰小学】 武江区华泰小学地处武江区新津路九号，创办于1998年，开始名为新津小学，2006年改名为华泰小学。学校占地面积12807平方米，建筑面积9488平方米。校园布局合理，环境优美。学校教学设施设备齐全，设有现代教育实验室、仪器室、图书阅览室（含电子图书）、体育器材室、音乐室、舞蹈室、队部室、电脑室、心理咨询室、书法室、美术室等。

学校现有教学班46个，在校学生2145人，专任教师66人。其中省级骨干教师2人，区级骨干教师3人，区级学科带头人3人。师资力量雄厚，教学水平精湛。

学校本着“责任高于一切，实干成就未来”的校训，“愉悦学习，善思笃行”的学风，“愉悦教学，尽责求精”的教风，让校园形成“人际和谐，尽我职责”的校风，让孩子们唱着“快乐的成长”的校歌，健康快乐地成长。

经过多年的努力，学校曾先后获得“全国校园文化建设先进单位”“广东省优秀少先队红旗大队”“广东省安全文明校园”“广东省依法治校示范校”“广东省英特尔未来教育技术示范校”“市优秀少先队红旗大队”“市心理健康教育示范校”“市校务公开先进学校”“市科研工作先进单位”“市教育信息化建设与应用先进单位”“市义务教育阶段教学质量优秀单位”“市德育示范学校”“区文明单位”“区文明校园”“区平安校园”“区教学工作先进单位”“省禁毒示范校”“省足球推广校”等荣誉称号。

学校从课堂入手，坚持“先学后教，以学定教、教学合一”的现代教学理念，改革教学模式，提高教学质量。改革的是课堂，成长的是教师，受益的是学生。2020 年，学校教师 60 多人次在省、市、区三级教育教学科研成果、课堂教学、教学论文、优质课比赛中获奖；学生 87 人次在省、市、区三级书法、绘画、歌舞、朗诵、体育等比赛中获奖。

【至和汤邓淑芳纪念学校】 武江区至和汤邓淑芳纪念学校坐落于韶关市芙蓉北路，学校占地面积 22000 余平方米，建筑面积 11000 平方米。学校前身是韶关市电石厂联办职工子弟学校，教学环境极差。2002 年 11 月，为解决附近企业下岗职工、外来民工子弟入学难问题，在上级党政部门的关心下，由香港至和坛基金会主席汤伟奇等一批慈善人士慷慨解囊，政府部门也投入巨资，将学校异地重建，并改名为“武江区至和汤邓淑芳纪念学校”。学校现有 44 个教学班，1 个特教班，在校学生 2059 名，毕业生 338 名，教师 79 名。学校设备设施先进，高清录播室、多媒体阶梯电教室、图书阅览室、心理咨询室、舞蹈室、音乐室、电脑室、特教资源室、创客实验室等功能场室一应俱全，为孩子的快乐成长提供广阔的空间。

为传承社会各界人士对学校的善心善举，根据学校的校史和校情，学校以“善文化”为核心文化，遵循“向善　求真　健体”的办学理念，确立“以善育德，以善立教”的办学思想，营造“明德知善，求真善美”的校风，即引导师生求真、向善、爱美，以善为美，积善成德。培育孩子从小就做善良之人、有爱之人，让善的种子在孩子的心间生根发芽。学校还注重学生的艺体发展，组建击剑队、足球队、篮球队、田径队、合唱队、舞蹈队、鼓号队等；击剑运动普及到一至三年级的课堂，成为校园中的“格斗芭蕾”；校园足球在四、五年级普及，每班每周开展一节。如今，创客、击剑、校园足球成为学校的三大特色品牌。

如今，在“善文化”的浸润下，校园内文明有礼蔚然成风；教师循循善诱、乐教善研，学科教学质量有质的飞跃，得到社会各界人士的赞誉。学校先后被评为“武江区教学工作先进单位”“武江区教学工作进步单位”“武江区平安校园”“武江区体育特色教育学校”“韶关市德育示范学校”“韶关市绿色校园”“韶关市文明校园”“韶关市模范教工之家”“韶关市城市学校少年宫项目单位之一”“广东省少先队红旗大队”“广东省教育信息化中心校”“英特尔未来教育项目推广示范学校”“全国青少年校园足球特色学校”“全国‘百社千校书香童年’阅读活动基地学校”；语文学科组被评为“韶关市先进教研组”。

【黄田坝小学】 武江区黄田坝小学创建于 1986 年，办学至今 33 年。她坐落于美丽的武江河畔，是一所环境幽雅，绿树成荫的园林式学校。学校占地 5500 平方米，校舍建筑面积 3030 平方米，现有教学班 21 个，在校生 940 人。学校是广东省义务教育标准化学校，拥有宽敞明亮的教室、电脑室、心理咨询室、音乐室、体育室、图书室、红领巾广播站等各类功能场室；学校新建环形塑胶跑道、塑胶运动场；每间课室均配备多媒体教学平台。

学校拥有一支爱岗敬业、积极奉献、素质精良、争创一流的教师队伍。现有教师 41 人，1 名教师曾受国家级奖励，2 名教师曾受省级表彰，

32 名教师曾获得市级表彰；多年来学校培养出 2 名省级骨干教师，1 名市级学科带头人，3 名区级学科带头人；教师学历 100% 达标，其中本科以上学历教师占 83%。

近年来，学校高度重视文化建设，学校将“红棉树”定为学校的象征物，并着力挖掘红棉精神，确立“红棉树正气，尚美导人生”的办学理念。在这一理念的引领下，形成“正直向上　勇于担当”的校训，“和谐，勤奋，求实，进取”的校风，以及“身教善教，诲人不倦”的教风和“好学乐学，学而不厌”的学风。学校将“红棉花开朵朵红”文化理念渗透到管理文化、教师文化、学生文化、课程文化、环境文化五个方面，以期让师生们获得更好的、主动地、个性化的发展，使学校走上文化育人的高地。

“尚美教育”是黄田坝小学打造的办学特色，主要体现在四个方面：一是以品德高尚为美，实施尚美德育，打造德育特色；二是以满腹诗书为美，实施大阅读教育，打造书香校园；三是以体质健康为美，积极锻炼身体，形成篮球特色；四是以情趣高雅为美，培育艺术之花，彰显艺术特色。

近几年，学校先后获得“韶关市武江区艺术特色学校”“韶关市武江区体育特色学校”“武江区教学工作先进单位”“韶关市德育示范学校”“韶关市安全文明校园”“韶关市先进教育工会”等荣誉称号。

【东岗太阳城小学】 武江区东岗太阳城小学创办于 2015 年 9 月，坐落在韶关市芙蓉新城。学校现有在编教师 59 人，学生 2618 人。学校分为高年级部、低年级部两个校区，占地面积 66450 平方米，建筑面积 34409 平方米，教学设施齐全，师资精良。图书室、美术室、音乐室、计算机室、足球场、篮球场、排球场、羽毛球场、体育馆等各类功能场室一应俱全，初步形成“环境优美、设施先进、质量一流、初具特色”的办学格局。

东岗太阳城小学低年级部鸟瞰图　　（刘嘉健　摄）

东岗太阳城小学借助“名校 + 新办校”的共享发展模式，在短短的几年时间里已彰显优质发展的态势，实现高起点起步，高速度发展。学校以“育名生、出名师、创名校”为办学目标，坚持“博爱、博雅、博采”的办学理念，秉承“明明白白做人，踏踏实实做事”的校训，形成“崇孝尚德，博学创新”的校风，“精业善导，严谨育人”的教风，“不耻下问，厚积薄发”的学风。学校创设多种教研途径，不断促进教师专业成长：技能比赛，强化教师基本功；师徒结对，促进青蓝工程建设；同课异构，提高课堂教学能力；课题研究，向专家型教师转变。学校全面推行“养成教育”活动，按照“低起点、小坡度、分阶段、多层次”的原则，培养学生行为有姿势、语言讲文明、学习有方法、做事有思想的良好习惯。学校重视课程文化建设，开办美术绘画班、舞蹈班、书法班、合唱队等，丰富多彩的校园文化活动，调动学生积极参与，使学生个性及能力得到充分的张扬和锻炼，成效显著，学校已初步形成以“孝文化”为引领的校园文化特色。

依托新办校的后发优势，东岗太阳城小学开展“IT+ 教育”管理模式的有效探究，将信息技术与现代化学校管理进行整合。教师依托网络开展业务学习、研讨，指导学生根据课程特点选择信息化工具进行网络化学习，在线上线下共享发展方面走在武江的前列。

学校先后获“武江区教学工作进步单位”“武江区教学工作先进单位”“武江区中小学校园足球文化节团体一等奖”“韶关市文明校园”“韶关市卫生工作示范学校”“广东省绿色学校”等集体荣誉。

【镇泰小学】 武江区镇泰小学创建于1971年，前身是韶关市制药厂联办小学。1997年，由韶关市武江区政府接管，更名为韶关市武江区芙蓉北小学。2000年，由镇泰集团慈善基金会捐资扩建，更名为韶关市武江区镇泰小学。学校占地面积16050平方米，建筑面积6886.36平方米，有31个教学班，学生1378人，教职工47人。

镇泰小学是广东省绿色学校。学校秉持“环境育人，文化兴校”的办学理念，谨守“明志砺学、崇真尚美”的校训，营造“团结朴实、顽强攀高”的校风，打造“业精善教，求实创新”的教师队伍，日益形成“乐学善思，笃行致知”的良好学风。

近年来，学校结合实际，把足球和书法纳入品牌建设。

打造精彩纷呈的足球文化，全面提升校园足球水平，被评为全国青少年足球特色学校，有力地推动学校阳光体育活动开展，促进学生健康成长。学校全面开设书法课，组织开展小学书法教育教研，努力提高书法教育教学质量，是“广东省第三批中小学艺术（书法）教育特色学校”。

【田家炳沙湖绿洲小学】 武江区田家炳沙湖绿洲小学位于武江区工业西路。校园占地面积为2万平方米，建筑面积11313平方米，运动场面积5058平方米。校园布局合理，教学、艺术、体育、科技等学生活动场所一应俱全且整洁有序，学校自然景观、人文景观和谐统一。

学校有在编教师58人，高级教师4名，学科带头人4名。本科学历52人，大专学历2人，中师学历2人；一级教师20人，二级教师32人。36个教学班级共1720名学生，2020年7月毕业生人数达145人。学校以“小小绿芽，茁壮成长，让未来更精彩”为办学宗旨，把“尊重学生多元发展培养有素养时代人”作为学校的办学理念，形成“能说 能拼 能担当”的校训，以文明、自信、求实、创新作为校风，仁爱、智慧、责任、奉献为教风，乐学、善思、合作、进取作为学风。坚持与时俱进，落实立德树人的根本任务，着力提高学生核心素养。以健康向上、阳光智慧的“绿芽”文化作为校园文化建设努力发展的方向，实施“绿芽育人”“绿芽课堂”“绿芽课程”“绿芽管理”，让师生获得专业化、个性化发展。

学校坚持以活动促教，以活动促学，重视凝聚和发挥名师工作室的示范引领作用。依托智慧课堂网络平台，构建“互联网＋教研”模式，积极开展学科交流、教学素养大赛、专题讲座、课题研究等活动聚焦“学科核心素养”提升工程，教师在活动中均得到锻炼和发展。学校以社团建设为依托，将优秀传统文化知识融入学科教学中，以打造绿芽育人课程体系作为学校发展的突破口。将育人目标融入课堂教育教学、融入校园文化建设，最终实现用传统浸润学生心灵，以德育塑造人生的“一生一兴趣，一生好品质”育人特色。

多年来，学校先后获得“武江区教学先进单位”“武江区教学工作进步奖”“武江区未成年人思想道德建设实践基地”“武江区平安校园”“武江区文明校园”“韶关市文明校园”“韶关市绿色校园”“广东省绿色学校”“广东省艺术教育特色学校”“广东省生活垃圾分类教育示范基地”“全国柔道特色学校”“全国田家炳学校德育创新卓越奖”等荣誉称号。

【向阳小学】 武江区向阳小学地处韶关市惠民南路，创办于1958年，是广东省义务教育规范化学校。学校占地面积2736平方米，建筑面积3500平方米，拥有教学楼1栋，综合楼1栋。学校现有教师34人，在校学生876人，毕业生99人。学校功能室有计算机室、音乐室、体育活动室、舞蹈室、仪器室、心理咨询室、保健室、多媒体电教室等，所有班级严格按照标准化要求配备班班通设备。学校建有一条50米的塑胶跑道和一个符合新标准的塑胶篮球场。

向阳小学充分挖掘校名文化内涵，结合学校“葵花朵朵向阳开”办学理念，积极构建“向阳文化”特色品牌，打造“向阳教育”办学特色。向阳教育是一种光明的教育、温暖的教育、励志的教育，是一种用阳光之心育阳光之人的教育，是一种使每个孩子眼前始终有希望,行动始终在奋进的教育。

多年来，学校树立“阳光教育”的教育理念，以“感恩、崇善”为学校德育核心理念，学校焕发出生机和活力。在培育和践行社会主义核心价值观教育活动中，以弘扬中华传统美德为导向，以学雷锋为抓手，以韶关市红星综合厂为基地，广泛开展志愿献爱心主题实践活动，打造出学校德育教育的一大亮点。

学校致力于课堂教学改革，“阳光课堂”在新课程标准实施过程中，从解决教学中的实际问题入手，以行动研究为主要研究方法，大力开展校本教研活动，以“爱是教学成功的基础，创新是教育的希望”为学校教学理念，形成“实践反思，同伴互助、专业引领”的教学模式。

【龙归镇中心小学】 武江区龙归镇中心小学创办于1926年，是义务教育寄宿制学校。分高年级部、低年级部校区，高年级部校区位于龙归镇龙续路18号，低年级部校区位于龙归镇政府斜对面（原龙归二中）。学生辐射周围14个村委会1个居委会，覆盖人口38000余人。学校环境优美，布局合理，教学硬件设施完善，中心小学占地面积25972平方米，建筑面积11118平方米。截至2020年年底，校本部有教学班53个，学生2484人，下辖安村、奇石、续源、马渡、后坪等5个教学点15个教学班，共计68个教学班，学生2779人，内宿生220人，2020年六年级毕业学生463人。教职工107人，研究生学历1人，本科学历68人，大专学历39人；小学高级教师2人，小学一级教师63人。

学校秉承“正品雅行，笃学致远”的校训，坚持“尚品、尚善、尚学、尚礼”的校风，以“崇教厚德，业精善教”的教风依法治教，以“乐学善思，敦品正行”的学风去育人。2020年，参加韶关市第26届“中国体育彩票杯”三人篮球挑战赛荣获小学混合组第六名，参加韶关市第二十五届中小学生“英东杯”田径竞赛荣获小学组团体总分第六名；参加“共筑中国梦”武江区中小学（幼儿园）原创舞蹈、器乐合奏文艺比赛荣获二等奖。

【风度小学】 武江区风度小学位于武江区西联镇车头村委，北江河水从学校门前静静地流过。学校始建于1954年，由于孟洲坝水电站的建设，占用原校址，于1992年重建，1994年迁入现校址。2019年12月更名为韶关市风度小学，历经半个世纪多的风雨。学校现占地面积11700平方米，建筑面积1506平方米，学校招生范围覆盖周围5个自然村，服务半径1.5千米。现有学生252人，毕业生45人，6个教学班，专任教师10人，学历达标率100%。学校布局合理，教学区、活动区分明。教学设施齐全，有仪器室、科学实验室、图书室、多功能准备室、美术室、音乐舞蹈室、体育室，心理咨询室、多媒体室、队部室等10个功能室。学校以均衡发展和创先为契机，大力加大校园建设力度，教学楼重新装修，学校面貌日新月异，每间教室都配备多媒体电教平台，实现班班通。教学条件日趋完善，为教育教学水平的提高创造良好的条件，为培养学生全面发展奠定良好基础。多年来，学校紧紧围绕办“农村孩子的乐园，教师成长的沃土”这一理念，本着“办人民满意的学校，做人民满意的教师，教人民满意的学生”的教育宗旨，立足农村现实，科学施教，教研兴校，全面执行教育方针，积极推进素质教育。以“诚实、勇敢、文明、活泼”为校训，以“为学生一生负责”为目标，狠抓学生的养成教育，实行精细化的管理，亲情化的服务。学校强调学校发展、教师发展、学生发展，学校把工作定位在：为师生成长助力，为学校的持续发展奠基。学校在实践中探索，在探索中发展，取得一定的成绩，先后荣获“2008—2009学年度教学工作先进单位”“2009—2010学年度教学工作先进单位”“2010—2011学年度教学工作先进单位”“2012—2013学年度教学工作进步奖”“2013年武江区第一届校园文化体育节暨第三届中小学生篮球比赛第三名”“2014年韶关市第二届《弟子规》朗诵比赛系列活动优秀组织单位”“2016—2017学年度教学工作进步奖”“2017—2018学年度教学工作先进单位”“2019年武江区中小学舞蹈二等奖”“2019年武江区中小学校中华经典诗文诵读比赛二等奖”“武江区第二十四届中小学田径运动会小学B组第四名”等荣誉。

【韶关市风烈小学】 武江区韶关市风烈小学地处武江区西联镇，原名韶关市武江区西联小学，创办于1954年，2019年更名为韶关市风烈小学。学校现有14个教学班，教师27人，在校学生586人，毕业班学生83人。学校占地面积17000平方米，建筑面积4617平方米，绿化面积2550平方米，运动场面积5670平方米。学校布局合理，拥有宽阔的操场、醒目的文化长廊，校园处处充满生机，是师生工作学习的好地方。2006年6月，学校成功创建“韶关市绿色学校”。2011年1月，顺利通过“广东省义务教育阶段规范化学校”评估验收。

学校以“提高教育质量，发展学生个性特长，办人民满意的学校”为办学宗旨。近年来，在当地政府及村委会的大力支持下，进一步改善办学条件，优化育人环境。学校坚持以教学为中心、以课题研究为科研兴校主抓手，狠抓常规管理，创设“激励为主，公平竞争”的管理机制，引导教师争优创先，着力打造出一支高素质的教师队伍，促进教学质量的快速提升。学校在2008年、2009年、2010年、2012年的武江区教学评估中，获“教学工作先进单位”称号。2011年4月，在韶关市教学质量评估中，获“市教学质量优秀单位”称号。学校将继续发扬风烈小学良好的工作作风，与时俱进，脚踏实地，认真做好教育教学工作。

随着韶关新区的不断发展，为全面贯彻党的教育方针，学校逐步确立以“培养武术特长，增强学生体质，提高学生学习和思想品质”为特色的办学方向，以阳光武术为载体，坚持以武育德、以武益智、以武养性、以武强志、以武展美，深入实施素质教育，全面推进教育教学改革，不断提升办学品位，形成鲜明的办学特色，努力办人民满意的教育。

【甘棠小学】 武江区甘棠小学坐落于韶关市西郊13千米处，是闻名海内外的爱国将领欧震的家乡，新校址始建于1975年，位于甘棠工业园东面。甘棠小学三易其址，最终于20世纪90年代初，由香港余氏宗亲会捐资兴建风采教学楼，2011年新建一幢综合楼。2019年投入7万多元完成“厕所革命”。校园风景秀丽，环境优美，绿树成荫，学校占地面积12000平方米，建筑面积2020多平方米，拥有两个标准的篮球场和一个200米环形跑道的田径运动场。学校功能场室完善、制度健全，教育教学工作成果显著：武江区第23届中小学生运动会团体总分（小学B组）三等奖；2017年中小学（幼儿园）民族集体舞大赛铜奖；2017—2018学年度获得“教育教学进步奖”；2019年中小学、幼儿园舞蹈比赛三等奖；2019年、2020年韶关市武江区中小学中华经典诗文朗读比赛三等奖。充分体现学校“五育”并举、全面发展的教育智慧。一直以来，甘棠小学秉承“精心育人让校园成为学生成长的乐园”的教育教学理念，不断强化优势，全面提高学生文化素养。抓住“优先发展教育”这个良机，以“用心做好自己的事”为校训，培养学生“勤奋、守纪、拼搏、创新”的精神，提倡“好学、进取、尚品、雅行”的良好学风，逐步形成“严、实、活、新”的教风。学校现有专任教师12人，本科学历6人，大学专科5人，中师1人，学历达标率为100%。学校共有6个教学班，每班已开通班班通平台，全校现有学生238人，毕业生37人。学校构建以学生发展为本、自主探究的开放性教学模式，打破传统教学中束缚学生思维的限制，把自由还给学生，为学生思考、探索、发现、创新提供最大的空间，保证教育教学质量的全面提高，从而促进学生的文化素养和人文素养提升。

【阳山小学】 武江区阳山小学建于1958年，坐落在韶关市西郊，占地面积14247平方米，现有教学班30个，学生1389人，在编教师35人。学校功能场室配备齐全，现有标准200米环形跑道运动场1个、标准篮球场1个、小篮球场2个。现有学生电脑室、音乐室、舞蹈室、体育室、图书阅览室、科学实验室、科学准备室、心理咨询室、卫生保健室、多媒体电教室、少先队部室等各种功能场室。教室全部安装现代化教学平台，实现教学手段现代化。

阳山小学是韶关市乡村少年宫基地，大力开展各项活动，有跆拳道、舞蹈、信息技术、书画等各类型项目。学校坚持“有教无类，阳光成长”的办学理念，和“愉悦教学，成就成长”的教学理念，坚持“一切为了孩子，为了孩子的一切”的办学宗旨。坚持在内涵上下功夫在特色上做文章，严格学校管理，坚持依法治校。为确保教学质量稳步上升，学校重视并积极组织教师参加各类培训、外出学习，鼓励教师撰写教育教学论文，近几年来20多篇论文获区级以上奖项，多位教师的课题在区级以上立项。此外，学校还积极组织教师和学生参加区级比赛，并在比赛中获得不错的成绩。

学校重视学生素质，成立多种兴趣小组，培养学生的创新思维和实践能力。使每个孩子积极、主动、活泼、健康地成长。学生讲文明、懂礼貌、讲卫生、爱学习，形成“好学善思，文明守纪”的良好学风。

【沐溪小学】 武江区沐溪小学，创办于1970年9月，2008年，学校异地新建，现址位于韶关市武江区沐溪工业园七路。学校占地面积20428平方米，其中建筑面积3719平方米，运动场地7332平方米，绿化面积3376平方米。学校现有教学班20个，在校学生890人，教职工27人，大专以上学历26人，中级职称以上教师9人。

2012年学校通过教育强镇验收，设施设备齐全。2020年，学校共安装22个摄像头，校园监控系统实现全覆盖，进一步提高安全措施。2014年11月，完成课室网络“班班通”工程，全部课室安装教学平台，让农村的孩子享受到城区孩子同等的教育待遇，实现教育的均衡化。

多年来学校以“勤奋坚毅、拼搏向上”为校训，坚持“着眼未来，全面发展，整体优化，个性鲜明”的办学方向，狠抓师资队伍建设，坚持在内涵上下功夫，严格学校管理，坚持依法治校。注重文化育人，校园文化定位为小水滴文化。自行设计小水滴吉祥物，水滴精神在沐小师生心中生根发芽。学校课题《水滴文化育人功能的有效性研究》成功立项韶关市课题，自编校本课程《小水滴诗文诵读本》荣获广东省校本课程成果二等奖，小水滴文化系列论文五篇发表在《广东教学报》，三篇论文荣获省一等奖、两篇论文荣获省二等奖。小水滴“与黎明齐诵”活动深入人心，学校经典诵读连续两届荣获武江区中华经典诵读比赛一等奖、小水滴社社团精彩纷呈：美术社团的师生作品荣登《中国少年报》；信息社团师生获得多项信息技术奖项韶关市一等奖；足球社团女子组荣获区第二名、男子组乙组第二名，被评为广东省足球特色推广学校。学校教育教学质量稳定，素质教育取得较大成效，在武江区的农村小学中享有很高的声誉，是武江区农村小学中的一颗璀璨明珠。学校先后被评为“武江区文明单位”“武江区教学工作先进单位”“韶关市绿色学校”“广东省绿色学校”“武江区体育特色学校”“武江区先进基层党组织”“韶关市文明校园”“韶关市卫生学校”。

【白芒小学】 武江区白芒小学，位于韶关市西河镇大村村委，创办于1951年，学校占地面积4962平方米，建筑面积2134平方米。现有6个教学班，在校学生154人，其中毕业生17人，在编教职工10人，学历达标率100%。

学校布局合理，环境优美，教学设施齐全，有仪器室、电脑室、科学实验室、图书室、书法室、美术室、舞蹈室、体育器材室，心理咨询室、道德讲堂、队部室、保健室等12个功能室。学校以“严谨求实，创新向上”为校训，以“团结勤奋，求实创新”为校风，以“严谨争优，律己爱生”为教风，以“诚实守纪，好学进取”为学风，以“以学生发展为本，以创新为动力，以特色为保障”为办学理念，完善各项规章制度，加强教学常规管理，促进良好校风教风学风的形成，教育教学质量稳步提高。

结合德育工作特点，学校制定“日常工作精细化，常规德育特色化”的工作思路，从“改进德育方法，优化育人手段，开辟育人新路，强化德育效果”等方面有针对性地开展各项工作，构建符合新教育理念的特色德育目标。以弘扬和培育民族精神教育、文明礼仪行为习惯的养成教育、诚信教育为重点以德育常规活动为抓手，不断提高德育教育质量，使其更有针对性、实效性和主动性。师生积极参加各种比赛，参加武江区中华经典诗文诵读获小学组三等奖，参加武江区第二十四届中小学生田径运动会获体育道德风尚奖，在武江区中小学生足球个人技巧赛中获多个奖项。

【朝阳小学】 武江区朝阳小学位于武江河畔惠民北路413号。学校创办于1951年，占地面积12690平方米，建筑面积3474平方米。是一所环境优美、设施完善的公办小学，现有常规教学班16个，学生736人；福利院附属特教班4个，学生42人。专任教师27人，学历达标率为100%。

学校始终秉承“全面育人、德育为首”的办学思想，坚持“朝露润泽学子、阳光照亮人生”的办学理念，坚持精细化和创新管理，注重师生文明素养的提升，打造出以“崇武尚德”为核心的武术特色教育，学校被授予“韶关市文明校园”和“武江区武术特色学校”等称号。教学上构建“自主、合作、创造”的课堂教学模式，学校教育教学水平稳步提升，学生武术队在参加各级比赛中取得突出的成绩：参加韶关市第十四届中小学“英东杯”武术竞赛中荣获团体总分第三名；参加广东省第十二届武术精英大赛中荣获“武德风尚”奖；学校田径队在参加武江区第二十四届中小学生田径运动会中荣获小学B组第一名。

【江湾镇中心小学】 武江区江湾镇中心小学坐落在美丽的江湾河畔，学校创建于1967年，它的前身是江湾镇湖洋小学，2002年撤销镇教办更名为江湾镇中心小学，2004年由韶关市武江区接管。学校占地面积6678平方米，学校建筑面积已达2045平方米，现有教学班8个，学生259人，2020年毕业学生43人。专任教师23人，学历达标率100%。

学校三区（运动区、教学区和生活区）布局合理，有计算机室、科学实验室、仪器室、美术室、音乐舞蹈室、图书阅览室等专用功能室，8个教学班安装多媒体教学平台及无尘黑板，实现“班班通”和“人人通”，建立并开通校园网络。师生平安食堂宽敞、明亮、整洁、卫生，拥有一个多功能型的运动场和200米的环形塑胶跑道，整个校园紧凑有序，环境幽静清雅。近年来，学校强化内部管理，注重基础教学，狠抓教学质量，在教育教学方面取得较好的成绩，先后被评为“武江区教育教学工作先进单位”“武江区德育达标学校”，在武江区第四届中小学生乒乓球竞赛中荣获城郊组团体总分第二名，在武江区第二十四届中小学生田径运动会中荣获小学B组第三名，劳动成果《“石文化”和“竹篾手工”》入选广东省中小学劳动教育优秀实物作品成果。

学校全面贯彻党的教育方针，积极推进素质教育，秉承“人人充满希望，生生健康成长”的办学理念，坚持“立足于学生的整体发展，着眼于学生的个性成长，着力于学生的主题发挥”的办学宗旨，践行“明理、敏行、尚美”的德育理念，狠抓教育教学工作管理，积极实施课题研究，不断完善教育工作方法，增强德育工作的针对性，实效性，开展德育系列活动，促进学生全面发展。

【芙蓉第一小学】 武江区芙蓉第一小学位于韶关市武江区韶关大道12号，背靠芙蓉山脚，远眺可见郁郁葱葱的芙蓉山，空气清新，环境静谧，是学习的理想之地。学校于2018年9月1日正式开学，是一所新星学校。芙蓉第一小学占地面积9601.9平方米，建筑面积6688.19平方米。学校教学楼是由两栋四方形合围建筑构成，形成一个“回”字形，白墙红顶，与周围建筑风格相融合。学校现有专任教师23人。学校有18个班，学生811人。芙蓉第一小学按照规范化学校标准来建设，配备美术室、音乐室、舞蹈室、实验室、电脑室、图书室、心理咨询室、卫生室等多个功能场室。

学校把特色文化建设作为规范办学、提高教育质量的一个突破口，高标准、严要求、重实效，从细节抓起，构建和谐校园。建设班级文化，提高学生参与意识，增强班级活力，凝聚班级向心力；建设办公室文化，提高教师精神追求，明确努力方向，美化办公环境；建设学校制度文化，以规范制度促教学，提高管理上水平；建设学校礼仪文化，通过各种仪式帮助学生树立远大理想，强化责任意识，促进学生养成教育，培养学生文明习惯；建设学校文艺生活文化，丰富师生课外文化生活，培养学生兴趣爱好，发展学生特长。学校把规范学校管理、提高教育质量作为学校的核心工作来抓，规范教师行为，培养学生行为习惯，认真落实学校常规管理，使学校各项工作逐步实现规范化、制度化、科学化。

御龙湾小学　　（谢悦彬　摄）

【御龙湾小学】 武江区御龙湾小学位于韶关市武江区环山路芙蓉山脚下，芙蓉山矿山公园北侧，空气清新，环境静谧，是宜人的学习之地。

学校于2018年12月开工建设，于2019年12月全部完成建设。学校占地面积约12000平方米，建设五层教学楼，规划建筑面积约为6546平方米，由欧浦置业房地产投资有限公司进行建设并简装交付，武江区教育局进行局部微调和设施设备采购安装。学校建筑呈“士”字形综合设计布局，黄墙红瓦，端庄高雅，建筑风格与欧浦御龙湾小区欧式整体建筑风格极度融合。学校招生规模为24个标准班，约1200人。2020年9月，学校招收一、二年级9个班，学生共378人。现有专任教师12人。

御龙湾小学建设规范，户外配备标准200米环形塑胶跑道运动场，场内设置羽毛球场两个、篮球场两个。教学楼内建设有音乐室、舞蹈室、档案室、心理健康室、学生图书阅览室、教师书吧、美术室、科学实验室、书法室、计算机室、卫生室等功能场室。课室配备多媒体平台，已实现千兆光纤入校园、千兆交换到桌面的校园网络。

学校以立德树人为宗旨，规范学校管理，把社会主义核心价值观贯穿于教育教学之中，把提高教育质量作为学校的核心工作来抓，重视学生德、智、体、美、劳全方面的发展。教师关爱学生、爱岗敬业，学生勤勉认真、积极向上。学校教育、家庭教育、社会教育紧密结合，创造良好的育人环境。

【凤田小学】 武江区凤田小学创办于1972年，学校位于龙归镇凤田村牛牯墩，与江湾镇相邻，地处偏远山区，学生辐射周围3个村委会，覆盖人口1万余人。学校整体布局合理、校园环境优美，占地面积6600平方米，有教学楼2栋，校舍建筑面积2507平方米，有一个60米跑道运动场地，标准篮球场两个。学校现有11个教学班，331名学生，专任教师15名，方田教学点有一至三年级3个教学班，71名学生，有4名教师。

学校坚持“育人为本、敬业为乐”的办学理念，“求实、创新”的教学理念，坚持以“创办家长满意的学校”为办学宗旨。严格学校管理、坚持依法治校、依法治教。

【韶关市第九中学】 韶关市第九中学始建于1970年，坐落于风景秀丽、环境宜人的芙蓉山北麓。学校占地24485平方米，建有200米标准运动场、2个足球场、4个篮球场等运动场地；配有多间多媒体电脑室、实验室以及多媒体阶梯课室、智慧课室、创客工作室、录播室、舞蹈室、美术室、音乐室、书画室、心理咨询室、卫生保健室等功能场室；课室配备多媒体平台，已实现千兆光纤入校园、千兆交换到桌面的校园网络。

学校现有35个教学班，在校学生1684人，专任教师116人。其中中学高级教师43人，中级职称以上教师100人，省级骨干教师5人，市级学科带头人3人，市级名校长和名教师各1人，区级学科带头人17人。近三年，学校教师获区级以上荣誉和表彰290多人次。

学校坚持“有利于学生成才、有利于教师成长、有利于学校发展”的办学标准，坚持“崇德尚志、乐学乐教、立人成才”的办学理念，遵循“严、实、勤、创”四字校训，不断传承“严谨、求实”的校风，发扬“勤勉、创新”的教风，充实“乐学、善思”的学风，努力构建以“教师乐教、学生乐学、成长乐园的愉悦教育和智慧校园、活力校园、和谐校园的三园文化”为内蕴的“乐文化”品牌，追求师生共享“快乐”的教育教学和学习过程，全面培育“四有”新人。

历代“九中人”立足岗位讲奉献、团结拼搏创佳绩。学校被评为“全国青少年校园足球特色学校”“全国国防教育示范校”“广东省安全文明校园”“广东省依法治校示范校”“广东省书香校园”“广东省五四红旗团委”“广东省绿色校园”“韶关市义务教育阶段教学质量优质学校”“韶关市首批行为规范示范校”“韶关市教育教研示范校”“韶关市中小学中华优秀传统文化教育试点学校”“韶关市文明校园”“武江区德育创新与发展工作先进单位”“武江区基层党建示范校”等，被连续13年评为武江区教学先进单位，2020年被评为“韶关市中小学校党建工作示范校”和“广东省基础教育党建示范校”。

如今，在“乐文化”的引领下学校实现快乐课堂、快乐课程、快乐运动，学校到处洋溢着青春、活力、欢歌、笑语、团结、进取……今天的韶关市第九中学在教育创新改革中，承挑担子立潮头，正以“校风好、学风浓、质量优、美誉高”的窗口形象展示着新时代的韶城。

【韶关市风烈中学】 韶关市风烈中学前身为韶关市第十一中学，2019年5月6日，原任韶关市委书记李红军（现任广东省副省长）和市长殷焕明一行到学校，对学校的“做办负责任的学校、做负责任的老师、教负责任的学生”的办学理念和“以武健身、以武养德、以武育心、以武益智”的办学特色充分肯定。2019年11月6日正式更名为“韶关市风烈中学”。

学校现有教学班18个，在校学生779人，在编教师57人，其中高级教师13人，硕士研究生学历1人，本科学历56人，韶关市教育系统第四批百千万人才“教育专家”培养

2020年12月6日，韶关市风烈中学荣获韶关市第二十五届中小学生“英东杯”武术套路竞赛初中组团体第一名　（谢悦彬　摄）

对象1人、第五批百千万人才“名教师”培养对象1人。

学校师生自己创作的校徽《火焰》和校歌《和乐之家》，秉持“强健雅正”的校训校风，营造“精研、乐教”的教风，培育“善思、乐学”的学风，建设了丰富内涵的风烈校园文化。

5年来，学校践行“五育并举”“学科融合”。以武术和劳动教育为特色，建设梦想田园，武术队、芙蓉花开文学社团、创意机器人社团、美术社团、戏剧队、舞蹈队、竖笛队等10多个学生社团。全面提升师生的精气神，把武术和劳动生命教育融入大课间活动和社团活动，并迁移到语文、道法、历史、信息技术、生物、化学、数学、美术、音乐等学科教学中，打造“大德育”，全面提升学生的学科成绩、核心素养。学校被评为“广东省劳动特色学校”“广东省绿色学校”“广东省禁毒示范校”。学校武术队获得韶关市第二十四届、二十五届“英东杯”武术比赛连续两届冠军、获得广东省第十二届武术精英比赛18块金牌、获得2020年广东省中学生武术锦标赛集体项目第二名，团体总分第四名。

【韶关市第十四中学】 韶关市第十四中学创办于1996年5月，现为武江区公办初中学校，校园面积约2.13公顷，建有电脑、多媒体、音乐、舞蹈、美术、实验、录播等功能室和智慧课堂，每间教室配备先进的教学平台和丰富的软件资源校园网。现有教学班29个，学生1340人；在编教师91人，其中高级教师35人，中级教师45人，初级教师9人，“南粤优秀教师”2人，市级名班主任1人，区级名校长1人、名校长培养对象1人，区级名教师工作室主持人1人、名教师培养对象3人，区级名班主任工作室主持人1人、名班主任培养对象6人。

学校把学生培养成为具有科学文化知识，爱党爱国爱人民，知法守法，珍惜生命，懂得感恩，身心健康，熟悉锻炼方法，养成阅读和劳动习惯，不妨碍社会、不妨碍他人的人作为培养目标；确立“提供特长展示的舞台，搭建专业发展的平台”的办学理念，秉承“团结、务实、博学、创新”的校训，锤炼“和谐、文明、进取、创新”的校风，营造“崇德、敬业、严教、善教”的教风，培育“善学、明理、修身、安人”的学风，严格规范办学行为，切实推进教育公平，稳步提升办学水平。2020年，学校获评广东省禁毒教育示范校、韶关市中小学校党建工作示范校。

学校围绕学风教育和特色教育两个中心及社会主义核心价值观教育、行为规范养成教育、安全教育、法治教育、心理健康教育五个重点，以书法特色教育为抓手，开展书法大课间活动为载体，课堂常态巡查通报为手段，力促学生个性特长得到充分展示，综合素质得到较大提升。学校坚持推进教育信息化，利用“互联网+教育”开展业务培训，借助学乐云、粤教翔云、好分数、翼课网等平台为教师提供丰富的教学资源，促进信息技术与学科教学深度融合。在2020年升中考试中，36人上省市重点高中分数线；学校田径队参加2020年市英东杯获团体总分第三名；以学校学生为主的武江区中学生射击队获得韶关市首届中小学生射击锦标赛团体第一名；组织学生参加韶关市中小学生人工智能创意编程大赛获一等奖5人，二等奖9人，三等奖26人；参加中小学生人工智能创意编程作品交流展示活动，获市二等奖3人，市三等奖2人；教师2020年撰写的论文、录像课、教学案例获国家级一等奖2篇、省级二等奖1篇，三等奖2篇，市级奖项达36项。

【韶关市第十五中学】 韶关市第十五中学始建于2002年8月，是一所既有丰厚文化沉淀又充满青春活力的年轻学校，它的前身是具有五十多年办学历史的韶关市商业学校。学校励精图治，努力打造韶关市初级中学优质品牌学校。学校占地面积10847平方米。学校建有运动场1个，篮球场2个等运动场所，配有多媒体电脑室、实验室以及多媒体阶梯课室、智慧课室、创客工作室、录播室、舞蹈室、美术室、心理咨询室、卫生保健室等功能场室；已建成现代化信息教学系统和先进的校园网络，完善校园安全监控系统及校园广播系统。

学校现有教学班25个，学生1138人；现有专任教师79人，其中中学高级教师15人，中级职称以上教师61人，区级以上骨干教师9人，区名教师1人，区名班主任1人。学校坚持将“以德育德，以爱育爱”德育特色与教育教学改革相结合，取得可喜的成绩：2016年9月8日，学校与北江中学正式挂牌成为结对学校，2017年中考语文、化学、思品、历史平均分在武江区排名第一，2018年中考再创佳绩，共60人考上重点高中，2019年中考该校学生勇夺武江区总分第一名，学校各项指标均排在武江区中学第二名。2020年中考650分以上高分层达18人，在全区名列榜首，并以678分勇夺武江区总分第一名，省重点高中上线人数84人。

同时，学校还注重培养学生的个性，注重兴趣引导，学校先后成立田径队、篮球队、合唱队、舞蹈队、电脑制作兴趣小组、书法兴趣小组等。近年来，学校先后被评为广东省义务教育规范化学校、广东省绿色学校、韶关市文明校园、韶关市德育示范校、韶关市卫生标兵、武江区教学工作先进单位、武江区中小学德育特色创新与发展先进单位、武江区体育特色教育学校、武江区平安校园，其中，学校团委多次获得武江区“先进团委”“五四红旗团委”等荣誉称号。

【龙归中学】 韶关市武江区龙归中学创办于1943年，位于韶关市区西郊龙归镇，是一所历史悠久、人文底蕴深厚的寄宿制初级中学。学校占地39746平方米，建筑面积19132平方米。学校现有教学楼、综合楼、办公楼、宿舍楼各一栋，近700个住宿床位；建有1个标准的200米塑胶运动场、1个足球场、4个篮球场、5个羽毛球场、1个排球场等运动场地；配有多媒体电脑室、实验室以及多媒体阶梯课室、高清数字录播室、舞蹈室、美术室、音乐室、书画室、心理咨询室、卫生保健室等功能场室；全部课室配备多媒体教学平台，实现千兆网络全覆盖；学校图书室藏书43036册，各类报刊60多种。

学校是全区最大的乡镇初级中学，现有30个教学班，在校学生1454人，毕业生432人，专任教师80人，本科以上学历教师67人，高级职称教师11人，中级职称以上教师71人。

学校紧紧围绕素质教育这一主题，全面落实立德树人根本任务，坚持“刚柔相济、精细管理、和谐育人”的办学理念，遵循“厚德、尚礼、励志、笃学”的校训，传承“和而雅、知而远”的校风，发扬“精而细、实而活”的教风，充实“勤而毅、礼而悦”的学风。建校以来，先后有数万人从龙归中学走出，毕业生遍布各地，有的还成为工、商、军、农等行业的精英。近20年上省、市重点高中的人数在全市乡镇中学名列前茅。赢得社会的普遍赞誉和上级主管部门的肯定。学校先后获得“韶关市师德建设先进单位”“广东省义务教育标准化学校”“韶关市安全文明校园”“武江区教学工作先进单位”“武江区先进单位”“广东省毒品预防教育示范学校”“广东省校园足球推广学校”“武江区教育系统党建示范校”等荣誉称号。

【江湾中学】 韶关市武江区江湾中学创建于1968年，是一所乡镇寄宿制初级中学，位于武江区江湾镇。学校占地面积11865平方米，现有3个教学班，学生109人，教职工17人，学历达标率为100%。建有160米环形塑胶跑道和塑胶篮球场、羽毛球场，各种功能场室和教学设施齐全。

江湾中学以“和谐校园，自立人生”为办学理念，以“自己的事情自己做”为校训，注重培养学生的独立人格。学校坚持以学生发展为本，积极创设让学生乐学、会学的环境和条件，逐步形成“爱生、敬业、博学、奉献”的良好教风及“合学、互助、勤奋、好学”的良好学风，并形成“文明、守纪、勤学、进取”的良好校风。学校有一支敬业爱岗、无私奉献、德才兼备的教师队伍，教育教学质量不断提高。

【西河学校】 西河学校地处武江区西河镇下坑村，创办于1958年8月，前身是韶关市第七中学、韶州师范学校、韶关市第三中学的分校；1985年由武江区政府接管，并命名为武江中学；2012年8月，将原茗苑小学、田心小学、下坑小学和武江中学四所学校整合为一所九年一贯制学校，并更名为韶关市武江区西河学校，下有茗苑、田心两个教学点；现有22个教学班，在校学生752人，教职工41人，教师配备合理，学历达标率为100%；校园占地面积25000平方米，建筑面积12669.82平方米；“教育创强”期间，政府共投入1000多万元，新建一栋五层的学生宿舍楼、一栋五层的新教学楼和200米环形运动场等，功能室设施设备齐全，布局合理，是广东省义务教育标准化学校。

近年来，学校认真贯彻党的教育方针，全面推进素质教育，以“为学生成长奠基，为教师发展铺路”为办学理念，制定“诚信、卓越、合群、进取”校训，努力创建“文明、守纪、勤奋、创新”的校风。在推进素质教育的进程中，努力形成“勤奋、严谨、务实、慎思”的教风和“勤学、多思、创新、求活”的学风。学校以“红棉文化”为切入点，培养学生“正直乐观、自强自爱、无私奉献”的优良品行，借助乡村学校少年宫活动，以古筝教学为特色，促进学生个性和谐发展，不断提高教育教学质量。

【重阳学校】 重阳学校是一所九年一贯制农村学校。2011年2月由原重阳中学、重阳中心小学合并而成，位于重阳镇镇政府南路3号。现为武江区安全文明校园，武江区平安校园。学校占地面积40130平方米，学校现有28个教学班（含九群教学点3个、万侯教学点3个），在校学生942人，毕业生107人，教职工64人，教师学历达标率为100%。学校通过校际联盟体（韶关市第十四中学、武江区红星小学）和东莞市低涌中学、广州市98中学、广州市海珠区赤岗小学的大力帮扶，学校的教育教学质量逐步得到提高。学校有教师23人次获得省、市、区论文评比、学科竞赛、优课比赛等奖项；获得第四届武江区中小学乒乓球竞赛初中组团体总分第一名和城郊小学组团体总分第一名。

“对留守儿童的关怀与教育”是学校的办学特色，坚持“知感恩，求上进”的办学理念，以“勤奋守纪，励志自强”为校训，培育“文明和谐，务实进取”的校风，努力形成“有教无类，启智育才”的教风和“循序渐进，精思博学”的学风。学校现有多媒体电教室、计算机室、理化生实验室、图书室、阅览室、音乐室、美术室、舞蹈室、团（队）室、心理辅导室、卫生室等设施完善的功能室，建设校园网并接入韶关市教育专网，有200米跑道的运动场和篮球场、羽毛球场、乒乓球台等体育设施，学校生活区、教学区、运动区布局合理规范。

（谢悦彬）

文化·旅游·体育

文 化

【概况】 2020年，武江区文化旅游体育局（简称区文旅体局）坚持以中共十九大十九届二中、三中、四中、五中全会精神及习近平总书记关于文化旅游体育工作的重要指示批示精神为指导，坚持“党领导一切”的根本原则，围绕“一手抓发展、一手抓管理”的工作思路，不断推进文化旅游体育事业产业健康、优质、快速发展。

韶关市武江区文化旅游体育局内设办公室、公共服务股、市场与产业股三个股（室）。下设韶关市武江区文化馆（副科级）、韶关市武江区图书馆（正股级）、韶关市武江区博物馆（正股级）、韶关市武江区业余体育运动学校（正股级）四个公益一类事业单位。

【统筹疫情防控和复工复产工作】 2020年，区文旅体局积极应对新冠肺炎疫情，围绕“科学防控、精准施策”的防控理念，第一时间落实全面暂停举行群众性文化活动、公共文化场馆暂停开放、歌舞娱乐场所和互联网服务场所全面暂停营业等疫情防控措施，疫情期间有效化解娱乐场所信访苗头5批次，全区文化旅游体育系统场所、人员零感染。跟进指导疫情期间复工复产工作，推动文化企业安全有序恢复生产。

【公共文化服务提质升级工作】 2020年，武江区加快推进“三馆一站”达标建设，区文化馆自评达到县（区）二级馆标准，指导各镇（街）推进基层文化站达标建设，完成6处镇（街）文化站主体建设。新增风度书房2座，分别位于武江区龙归（原税务局大楼）、韶州公园游客中心。完成风度书吧试点工作，开设风度书吧4处。推动武江区市民文化广场项目进展，推进区图书馆二期和区博物馆改造提升等子项目前期工作，启动实施书香广场建设工程。大力推进城市“十分钟文化圈”、农村“十里文化圈”建设。鼓励社会力量参与公共文化服务和产品供给，扶持成立韶关市武江区文

2020年6月4日，韶关市武江区文化旅游体育局突击检查KTV疫情防控和安全生产措施落实情况　　（肖欣　摄）

2020年12月4日，位于武江区红玫路28号的武江区书香广场项目开工建设　　（蓝剑锋　摄）

化旅游协会，不断汇聚社会力量、建强文化队伍。

【文化阵地建设】2020年，武江区认真落实公共文化场馆免费开放制度，持续办好让市民群众满意的公共文化场馆。区文化馆对外开放功能室12个，开放时长2592小时，接待入馆游客11000人，设置主题布展9期，满意度测评优秀率达到98%。区图书馆对外开放功能室13个，开放时长2815小时，接待读者49284人，满意度测评优秀率达到98%。区博物馆以武江人文为主题，对人文历史展厅进行重新布展，设置六大板块，募集藏品131件，开放时长2184小时，接待入馆游客约2万人。通过公众号、融媒体等信息平台，同步加强社会宣传，不断提升区文化“三馆”社会知晓度、公众参与度、群众满意度和文化影响力。

【“放管服”改革工作】2020年，区文旅体局持续深化“放管服”改革，优化文化市场“即办件”审批流程，压缩审批时限为1个工作日以内，下放至镇（街）行政审批事项2项。不断加强政风行风建设，通过全国信用信息共享平台（广东武江）严格落实“双公示”制度，坚持把“权力放在阳光下运行”，营造“清亲”型政商关系。

【推进行业市场建设】2020年，区文旅体局在文化旅游体育领域深入开展疫情防控、安全生产、扫黑除恶、“扫黄打非”等专项重点工作，出动巡查人员约700人次，召开全区文化旅游体育市场安全生产（消防）暨综治创平动员培训会议4次，从严治理行业乱象问题3宗，积极响应民生诉求36件。推进文化市场诚信企业建设，制定长效机制3项，推广安全隐患报告奖励制度，着力推进平安市场、法治市场、诚信市场建设。2020年武江区“谁执法谁普法”履职评议中，区文旅体局取得好名次。

【开展群众文化活动】2020年，区文旅体局不断推动公共文化事业繁荣发展，发挥区文化馆文化窗口作用，着力打造“魅力武江·艺荟芙蓉”文化品牌，开办文化艺术公益培训10期、举办“芙蓉山下”芙蓉讲坛6课、“艺荟芙蓉”系列群众文化活动35场，举办文化体育系列活动周，探索“文化＋体育”融合发展新模式。持续办好文化惠民活动，举办“我们的节日”系列活动5场、传统戏曲进农村4场、传统戏曲进校园19场，不断丰富群众文化生活，大力弘扬中华优秀传统文化。

【推进实施文化精品创作工程】

2020年，区文旅体局组织创作文化艺术精品5件，推送《七夕之恋》《细妹的情结》等原创作品参加第六届韶关市戏剧曲艺花会，并分别取得小品类银奖、小品类铜奖以及最佳演员奖的优秀成绩。武江区文化馆选拔推荐的本土选手赖旭伟、朱竟，在“同饮一江水”2020广东劳动者歌唱大赛中分别荣获第三名和优秀歌手奖。本地文化作品原创、文艺人才培养屡出精品。

【开展阅读活动】2020年，区文旅体局探索搭建全民阅读体系，持续擦亮“书香韶关·悦读武江”阅读品牌，举办全民阅读系列活动6场，培育阅读推广人340名，阅读推广家庭170个。创新举办“悦读武江”

故事汇活动，以文化、历史、文学等题材，生动讲述武江故事。在御龙湾小学、皇海化工有限公司实施“阅读阅美”图书进校园、进企业试点活动。拓展特色阅读品牌，举办“芙蓉山下”自然博物馆系列活动3期，吸引150名少儿读者参加活动，受到少儿读者和家长的一致欢迎。“书香武江”渐成氛围。

【实施文物保护工程】2020年，区文旅体局完成芹村石拱桥、红星综合厂印刷分厂洋楼、陈荣机将军夫妇合葬墓、南岸地下交通站四处文物保护单位“四有”工作，并成功申报市级第七批文物保护单位。大力推进文博单位消防安全达标工程，完成区博物馆消防改造提升，深入开展文博单位“一线三排”专项行动，建立文物保护单位和博物馆安全检查常态化机制，认真做好“多规合一”项目合规性审核，严谨核实“文物保护范围”，常态化长效化抓好文物安全。

【非遗保护和传承】2020年，区文旅体局励非遗传承，成功申报涂式水车制作技艺传承人涂祖奕为韶关市第六批市级非遗项目传承人。深挖非物质文化资源，开展武江辖区113个自然村村史挖掘工作，进一步摸清资源底数和村居历史人文脉络。加大非遗保护及传播力度，包装重阳水口龙舟调、龙归客家山歌、向阳唱纸马等非遗精品项目，举办“自然和文化遗产日”“非遗过大年”“非遗进校园”等非遗保护传播活动12场。多措并举让武江区特色非物质文化遗产活起来、火起来。

（田　萌）

韶关市武江区省级文物保护单位情况表

表14

序号	县（市、区）	文物保护单位名称	年代	类别	详细地址	公布机关	公布时间及批次
1	武江区	张九龄家族墓地	唐代	古墓葬	韶关市武江区西河镇田心村委墩子头村罗源洞山麓翠珠岭	广东省人民政府	1978年7月18日第一批
2	武江区	余靖墓	宋代	古墓葬	韶关市武江区西联镇甘棠村委成家山	广东省人民政府	2002年7月17日第四批

韶关市武江区市级文物保护单位情况表

表15

序号	县（市、区）	文物保护单位名称	年代	类别	详细地址	公布机关	公布时间及批次
1	武江区	陈荣机将军夫妇合葬墓	中华民国	近现代重要史迹及代表性建筑	韶关市武江区龙归镇坳头村委坳头村莲塘尾山东侧	韶关市人民政府	2020年9月3日第七批
2	武江区	红星综合厂印刷分厂洋楼	中华民国	近现代重要史迹及代表性建筑	韶关市武江区新华街道办事处武江南社区居委会武江南路132号	韶关市人民政府	2020年9月3日第七批
3	武江区	基督教循道会西教士住所	1905年	近现代重要史迹及代表性建筑	韶关市武江区新华街道办事处武江南社区居委会（韶关市惠民南路韶关市粤北人民医院内）	韶关市人民政府	2007年5月29日第四批

续表 15

序号	县（市、区）	文物保护单位名称	年代	类别	详细地址	公布机关	公布时间及批次
4	武江区	李子园炮楼	中华民国	古建筑	韶关市武江区重阳镇重阳村委李子园村	韶关市人民政府	2006年6月28日第四批
5	武江区	青水塘炮楼	中华民国	古建筑	韶关市武江区重阳镇青水塘村西南角	韶关市人民政府	2006年6月28日第四批
6	武江区	南岸地下交通站	1940年	近现代重要史迹及代表性建筑	韶关市武江区重阳镇南岸村委下村	韶关市人民政府	2020年9月3日第七批
7	武江区	余子武墓	中华民国	近现代重要史迹及代表性建筑	韶关市武江区西河镇大村村委白芒山麓乳姑山	韶关市人民政府	2016年7月18日第六批
8	武江区	津头岭村古井	宋代	古建筑	韶关市武江区新华街道办津头岭村南69号旁	韶关市人民政府	2016年7月18日第六批
9	武江区	芹村石拱桥	清代	古建筑	韶关市武江区重阳镇万侯村委芹村公路旁	韶关市人民政府	2020年9月3日第七批
10	武江区	文武阁塔	清代	古建筑	韶关市武江区龙归镇方田村委大村	韶关市人民政府	2006年6月28日第四批

档案工作

【概况】 2020年，武江区档案馆（简称区档案馆）围绕区委、区政府中心工作，履行“为党管档、为国守史、为民服务”职责，推动各项工作有序开展。

区档案馆是区委直属正科级公益一类事业单位，核定事业编制6名，设馆长1名，副馆长2名。内设机构3个：办公室、接收保管股、技术声像股。截至2020年12月31日，区档案馆实有在编人员5人。

【党建工作】 2020年，区档案馆以成立中共韶关市武江区档案馆支部委员会为契机，全面加强党的建设。巩固“不忘初心、牢记使命”主题教育成果，组织党员干部学习贯彻中共十九大、十九届五中全会精神和习近平新时代中国特色社会主义思想，开展理想信念教育和党性党风党纪教育，落实“三会一课”制度。严格党内政治生活，完善党内民主监督，加强对党员干部的日常教育监督管理。坚持党建工作和档案业务工作同研究、同部署、同落实，促进党建工作和业务工作目标任务完成。加强党风廉政建设。召开党风廉政建设工作会议，研究部署党风廉政工作，制定《武江区档案馆纪律教育活动月实施方案》，开展纪律教育活动月活动，筑牢防腐拒变思想防线，改进机关工作作风，提升服务水平。

【档案接收与保管】 2020年，区档案馆共接收文书档案19卷3206件，农村土地确权档案6604件，婚姻档案13351卷，印章21枚，牌匾奖状10件。现馆藏档案共有84个全宗，馆藏档案总量为57608卷17272件，其中文书档案5824卷10668件，专门档案51784卷6604件。馆藏照片4480张、实物档案1142件、地图37张。

【档案业务指导】 2020年，区档案馆准确把握职能定位，明晰工作重点，积极配合区档案局认真开展档案业务指导工作。重点对机构改革涉改单位开展档案业务指导服务，加强机关档案管理。选派专业人员深入基层，围绕扶贫和土地确权、全国第二次地名普查等方面开展档案管理业务指导。

【档案数字化建设】2020年，区档案馆推进档案数字化建设，加强硬件、软件投入，建立婚姻档案管理平台，对已完成扫描的婚姻档案进行数字化管理。全年完成100016页档案数字化扫描。累计完成档案数字化扫描574245页，数据总容量600GB。

【档案服务与利用】2020年，区档案馆营造为民服务的优良环境，提升为民服务水平，加大对涉民生档案的管理，将民生档案数字化，提高查档准确率和查档速度，更好地服务群众。拓宽查阅方式，实行来馆接待查阅、预约查阅、函件查阅等多种档案查阅利用方式，为机关单位工作查考、群众核实工龄、婚姻状况、公证等方面提供便利条件。全年共接待查阅利用档案260人次，查阅档案281卷（件）次，免费复印（打印）提供证明800页。

【档案消毒与安全工作】2020年，区档案馆落实档案安全主体责任，召开档案安全工作会议，研究部署档案安全工作，完善《档案库房管理制度》，进行全馆干部职工安全培训。全面排查馆内风险隐患，重点到档案库房、档案数字化加工场所，排查防火、防盗、防水、防泄密风险隐患，定期投放防霉防虫药剂。全面构筑人防、物防、技防“三位一体”综合防范体系，确保档案实体和信息安全。

2020年10月，档案整理和数字化加工　（蔡利欢　摄）

【其他工作】2020年，区档案馆积极参与农村人居环境整治建设生态宜居美丽乡村“打擂比武”工作，工作成效明显，助力田心村委麦元头村获评生态宜居美丽村庄。落实精准扶贫帮扶责任，给予帮扶对象长期、持续的跟踪和帮助，为帮扶对象解决实际困难。

（蔡利欢）

党史·地方志

【概况】2020年，韶关市武江区史志办公室严格贯彻执行《地方志工作条例》《广东省地方志工作条例》，推动区地方志工作改革创新、开放发展，切实提升服务党委政府、服务经济社会发展、服务人民群众的能力和水平。坚持以习近平新时代中国特色社会主义思想为指导，推动全区史志工作创新发展，完成《中国共产党武江区历史》编写成稿、年鉴编纂、自然村落历史人文普查、地方志资料收集整理及数字化工作、革命遗址普查等工作。

【党史编写】区党史编辑部在2018年完成《中共武江区历史》1984—2006年的内容编写，按照中共武江区委批准的编写方案，2019年新增编写2007—2012年6年的内容。2019年10月，完成《中共武江区历史（1984—2012）》全书初稿编写工作，约40万字。2020年11月，中共韶关市武江区委办公室发文《关于征求〈中国共产党武江区历史〉（1984—2012）审稿意见的通知》，将初稿印发给有关单位，要求各单位加强组织领导，落实专门审稿人员，认真审读全书，特别是涉及本单位的有关历史事实，并提出修改意见。

【革命遗址普查】根据《关于开展广东省革命遗址大普查的通知》（粤党史〔2019〕26号）和《关于印发〈韶关市革命遗址普查工作实施方案〉》（韶史

2020年3月10日，党员参观武江区重阳镇侯屋村炮楼——万侯村抗日旧址（董素梅　摄）

志〔2019〕17号）的文件精神，2019年12月至2020年4月在武江区组织开展新一轮革命遗址大普查工作。2020年2月13日，中共韶关市武江区委办公室、韶关市武江区人民办公室印发《韶关市武江区革命遗址普查实施方案》，正式启动革命遗址普查。武江区对这次革命遗址普查工作高度重视，区委专门成立以区委常委、区委办主任欧伟强任组长的领导小组，并从区委宣传部、区史志办、区文旅体局、区退役军人事务局及各镇（街）抽调人员组成工作组，对全区各镇、街进行拉网式的普查。3月26日，区革命遗址普查工作会议在区政府610会议室召开。5月11日，韶关市武江区革命遗址普查终审会议在610会议室召开。5月13日，报送武江区革命遗址普查终审资料到市史志办。据统计，武江区普查登记遗址总数55个，革命遗址51个，其他遗址4个。革命遗址中，重要历史事件和重要机构旧址24个，重要历史事件及人物活动纪念地22个，纪念设施5个。市级保护单位3个，县级保护单位9个，尚未核定为文物保护单位的不可移动文物11个。全部未命名为爱国主义教育基地。最终由省委党史研究室确认的武江区重要红色革命遗址24处，纳入广东省革命遗址线索9处，纳入市级革命遗址线索18处。为革命遗址的保护、开发和利用加大宣传力度，区史志办将这次的普查成果整理编辑成《武江区革命遗址通览》一书。

【自然村落历史人文普查送审】　武江区自然村落历史人文普查文稿于2018年12月报送市地方志办复审，并由市地方志办报送华南理工大学出版社审核出版，现出版社反馈修改意见，主要问题是部分照片达不到印刷要求，为保证图书质量，需重拍图片。2020年3月31日，中共韶关市武江区委办公室发文《关于重拍自然村落有关图片的通知》，要求各镇根据区史志办梳理出来的每一张图片，针对本镇自然村落图片的核查情况，对达不到质量要求的照片重拍。在各镇的努力配合下，区史志办根据出版社要求，对全区266个自然村落文稿进行不断审核，返给镇、村确认，仔细修改，6月28日报送《全粤村情》（武江卷）修改文稿到华南理工大学出版社和市地方志办公室方志科。

【地方志资料收集】　2020年9月16日，中共韶关市武江区委办公室印发《关于报送2019年度地方志资料的通知》，要求各单位于2020年11月30日前报送2019年度地方志资料（含纸质版与电子文档）到区史志办，并要求各单位统筹安排2005—2018年度的年报资料。此项工作列入区委督办事项。截至2020年年底，还有23个单位未报送完整。

【年鉴编纂工作】　2020年3月17日，中共韶关市武江区委办公室、韶关市武江区人民办公室印发《武江年鉴（2020）》编纂方案。启动2020年武江区年鉴编纂工作。5月各单位基本报送完毕，7月完成组稿，编辑部人员进行初次审改，8月4日，完成《武江年鉴（2020）》总纂，交付印刷厂印初稿，8月上旬交付方志出版社审稿。8月20日，韶武委办发电〔2020〕55号《关于调整

〈武江年鉴〉审稿组及分工的通知》，年鉴交付区审稿组进一步审核。11月16日，中共韶关市武江区委办公室发文《关于开展〈武江年鉴（2020）〉核稿的通知》《武江年鉴（2020）》已完成初审、复审以及出版前的核校工作，将清样文稿发给各单位审核，于11月25日前报送至区史志办。年末公开出版。全书共27个类目134个分目1033个条目，分目与2019年持平，条目增加30个。《武江年鉴（2020）》在保持基本框架相对稳定的前提下，对部分内容进行调整、充实，突出武江特色，并增加少量条目，使篇目更加科学和完整。其中，“特载”类目内容全部更新。“军事”类目下新设“退役军人事务”分目。“经济”类目合并“工商行政管理”“食品药品监督管理”分目为“市场监督管理”分目；原“国土矿产资源管理”分目易名为“自然资源管理”；原“安全生产监督管理”分目易名为“应急管理”。原类目“城乡建设·公路”易名为“城乡建设·信息·公路”，新设“‘数字政府’建设”分目。原“文化”类目易名为“文化·旅游·体育”，新设“旅游”分目，调入原“卫生·体育”类目下的“体育”分目。原“卫生·体育”类目易名为“卫生健康”。“社会生活”类目下新增“医疗保障”“消防救援”分目。

【年鉴数字化工作】 根据《广东省地方志工作条例》《中共广东省委办公厅广东省人民政府办公厅关于进一步加强新时代地方志工作的通知》以及《关于加快推进全省地方志数字化工作的通知》（粤志办发〔2019〕7号）通知要求，2020年12月，区史志办与韶关市新华宏达印务有限公司签订合同，购买服务数字化《武江年鉴》（2005—2014年卷、2019年卷）。

【年鉴获奖情况】 2020年9月1日，省地方志办发文《关于对全省2019卷优秀年鉴表扬的通报》（粤志办发〔2020〕13号）公布全省获奖年鉴，《武江年鉴（2019）》在广东省年鉴质量评价中被评为三等奖。9月29日，区委书记颜亮批示：“武江区年鉴工作获得表扬，值得肯定，对标更好更优，争取迈向新台阶。”

【其他工作】 2020年9月9日，区史志办报送《韶关古桥》武江区11座古桥资料至市史志办方志科。11月6日，区史志办报送广东乡村美食“龙归冷水猪肚”到市史志办方志科。10月20日，区史志办报送《广东省革命遗址大博览》的武江区24个红色革命遗址部分内容至市党史科。

（董素梅　邱小庭）

旅　游

【概况】 2020年，区文化旅游体育局着眼于全域旅游建设，积极应对新冠肺炎疫情对旅游业态的影响，统筹推进基础设施建设、旅游经济回暖、文旅产业升级、旅游资源推广等各项工作。

2020年，韶关市武江区文化旅游体育局内设办公室、公共服务股、市场与产业股三个股（室）。下设韶关市武江区文化馆（副科级）、韶关市武江区图书馆（正股级）、韶关市武江区博物馆（正股级）、韶关市武江区业余体育运动学校（正股级）四个公益一类事业单位。

【旅游基础设施建设】 2020年，武江区推进完善旅游公共基础设施建设，新建旅游厕所1座，改建旅游厕所4座，提前完成省下达的“1新4改”硬性指标，被韶关市旅发委、韶关市文广旅体局通报表扬，推进旅游厕所就业脱贫与持续管理试点工作，为试点地区（江湾镇）建档立卡贫困户提供不少于6000元/年的就业岗位以及配套管养资金。大力提升旅游服务配套，新增龙归镇社组村至龙归粮仓沿线旅游标识9处。

【旅游资源】 武江区是粤北古邑，韶关博物馆珍藏有武江境内出土的汉代、三国、西晋、东晋文物。人文景观主要有唐朝宰相张九龄家族墓、宋朝尚书余靖墓和蓉山古刹。有南昌起义军朱德部队旧址、八路军驻韶关办事处旧址、抗战时期中共广东省委遗址、青水塘和李子园炮楼等24处革命遗址。自然景观有广东韶关芙蓉山

2020年6月1日，广东省文化和旅游厅领导一行到武江区文化馆、博物馆、图书馆调研 （戴柔 摄）

国家矿山公园、芙蓉山公园、芙蓉仙洞、沐溪水库、石背窝水库和江湾温泉等。辖区内有不可移动文物167处。有市属韶州宾馆和流花宾馆、湖心宾馆、倚山宾馆等一批民营涉外旅游宾馆。沐溪水库湖水碧绿，蔚为壮观，泛舟遨游，闲来垂钓，别有一番诗情画意，是市民郊游的好去处。此处集会所、饮食、住宿、观光、游乐于一体的多项旅游设施，成为郊游的新亮点。

（区年鉴编辑部）

【旅游宣传推广】 2020年，武江区着力推广“龙归至江湾”“西河至重阳”两条精品旅游线路，制订武江区旅游精品线路策划方案。策划参与“云游韶关”“广东人游广东”等旅游推广活动和组织文旅农旅企业开展“文化和自然遗产日”武江分会场活动等5场；组织文旅企业参加“2020广东国际旅游产业博览会”；制作武江区首个旅游形象宣传片和首张旅游地图；首次尝试参与“云旅游”新模式，开展“云直播”宣传推介1次，通过融媒体平台扩大旅游宣传效应。

【文化旅游产业发展】 2020年，武江区加大招商引资力度。对接粤港澳大湾区文旅企业5家，收到投资意向2项，签订合作意向书1项，吸引在珠三角地区具备一定实力的文旅企业郯才网络科技有限公司进驻武江。为主动融入、主动服务“双区”建设，奠定文旅基础。

【旅游经济】 2020年，武江区旅游收入9.5亿元。接待游客92.74万人次，住宿业营业额16827万元。新增限上企业3家，重点项目累计投资29912万元，超额完成年度投资计划484%。受到市文广旅体局通报表扬。

（田 萌）

2020年驻武江区旅行社一览表

表16

序号	驻武江区旅行社名称	详细地址
1	韶关市康辉旅行社有限公司	韶关市武江区新华北路40号电信房屋A2部位
2	韶关市骄阳假期旅行社	韶关市武江区工业路栋之一103室

体 育

【体育管理】 2020年，韶关市武江区文旅体局严抓体育管理，不断规范体育行业、协会运行。审批高危险性体育经营项目（游泳）2个。加大对《中华人民共和国体育法》《广东省全民健身条例》等体育领域法律法规宣传推广，积极应对新冠肺炎疫情，扎实推进安全生产“一线三排”和扫黑除恶专项斗争行动，并精心制作《武江区2020年体育年报》。

【群众体育】2020年，武江区深入贯彻全民健身战略。持续加大共体育基础服务设施投放力度和持续管理。投放体育健身设备设施26件（套），开展陈旧破损体育器材专项维修8批次。新建马屋体育公园，现有体育场地面积约81.15万平方米，全区人均体育场地面积约2.56平方米。广泛开展全民健身运动，积极组织“美丽乡村·龙归行”2020年武江区乡村振兴徒步行活动、武江区2020年“庆国庆·贺中秋”韶州公园徒步活动等群众体育活动15场。加强社会体育指导员队伍建设，年度培育社会指导员约200人，积极开展国民体质测定活动，年度测定1503人。大力推进全民健身活动，促进武江区体育锻炼和市民体质双项达标。

【竞技体育】2020年，武江区大力培育武江体育精神，推进体育强区建设。重点抓好青少年体育竞赛，加强竞技体育后备人才培养。2020年组织参加“韶关市青少年射击锦标赛”“韶关市青少年羽毛球锦标赛”“广东省‘中国体育彩票’青少年射击（步手枪）锦标赛”“广东省中学生武术套路锦标赛”等省、市大型体育赛事13项，累计获得金牌18块、银牌31块、铜牌22块。其中，武江区代表队首次在韶关市青少年射击锦标赛和羽毛球锦标赛两项赛事中斩获单项团体总分冠军。

【体育产业】2020年，武江区体彩年销量5712.33万元，地面销量全市第一。积极克服新冠肺炎疫情影响，年度新增销售点4家，总计64家在售网点，全市排名第一。

2020年武江区运动员参加国家级各类竞赛情况表

表17

序号	竞赛名称	备注
1	2020年全国U10—11、U12—14、U15—17“乔府大院五常大米杯”羽毛球比赛（广东站）	伍凯铭荣获“12岁组男子单打”第七名 伍凯铭、张成辉荣获“12岁组男子双打”第八名

2020年武江区新增体育场地情况表

表18

序号	场地名称	详细地址
1	马屋村体育公园	韶关市武江区西河镇马屋村

（田　萌）

卫生健康

综　述

武江区卫生健康局（简称区卫健局）内设办公室、医政与中医股、基层卫生与妇幼健康股、疾病预防控制与应急股人口监测与家庭发展股、规划改革与信息统计股、宣传股、人事与科技教育股、财务股、爱卫股。核定编制16人，现有在岗工作人员14人。

区属9间基层医疗卫生机构共核定编制339名，实有在编职工总数215人，其中卫生技术人员200人，占职工总人数的93%；按职称类型分，副高级职称12人，中级职称42人，初级职称151人，分别占卫生技术人员的6%，21%和75.5%。乡镇卫生院下辖50间村卫生站，共有50名乡村医生驻点执业。

区属基层医疗卫生机构现有编制床位225张，实际开放病床160张，其中新华、惠民两个街道社区卫生服务中心50张，龙归、重阳、江湾三镇卫生院110张，沙洲尾和芙蓉新区两个新建社区卫生服务中心因场地限制，暂未设置病床。西河卫生院编制病床30张。

2020年，全区总户籍人口约30.06万人，育龄妇女5.23万人，全区户籍人口出生3113人，人口出生率为9.61‰，人口自然增长率为4.01‰，其中政策内出生2727人，总和生育率为1.32%。符合政策生育率为87.6%。全区户籍出生人口中，男婴1708人、女婴1405人，出生人口性别比为120.77。

【行政管理】 2020年，武江区重点抓好社区卫生服务中心、卫生院及村卫生站的管理，做好基层医疗机构建设、卫生防疫及妇幼卫生保健等工作。2020年度武江区医师执业注册（首次注册）9人，医师执业注册（变更注册）39人；乡村医生执业注册（注销）7人；护士执业证书核发（首次注册）1人，护士执业证书核发（延续注册）13人，护士执业证书核发（变更注册）60人；医疗机构执业许可（变更登记）8份，医疗机构执业许可（校验）58份，医疗机构执业许可（注销）2份。

【疫情防控】 2020年，在武江区新冠肺炎疫情防控指挥部的统一领导下，区卫健局发挥卫生健康部门主力军作用，坚持联防联控、群防群控，在疫情防控方面切实落实“预防为主、外防输入、内防扩散”策略，依法科学精准有序有力做好疫情防控工作，为推动全区疫情防控形势向好，全面打赢疫情防控的人民战争、总体战、阻击战作出积极的贡献。全年发放宣传资料近10万份，排查重点地区到韶关人员1万余人，已全部完成居家监测和健康评估工作，发现异常0人。开展重点场所消杀800余次，采集重点人群鼻咽拭子近3000份。

【项目建设】 2020年，武江区启动区中医院、儿童医院和江湾卫生院改扩建项目。武江区中医院和儿童医院建设项目被区委纳入“三园两院”建设工作。区中医院建设地址在韶关市武江区龙归镇龙归人民法庭

2020年12月29日，韶关市武江区儿童医院建设项目奠基现场
（区卫健局　供图）

西侧，占地面积30148平方米，总建筑面积为31430平方米，规划床位200张，估算总投资约31359.73万元。2020年11月24日项目正式破土动工。武江区儿童医院建设项目选址在核工业四一九医院院内，采取与四一九医院合作共建的模式。项目估算总投资27643.07万元，项目总用地面积16889平方米，新建建筑面积26790平方米，规划床位200张，停车位110个。2020年12月29日进行项目奠基开工仪式。江湾卫生院改扩建项目在院内新建一栋面积为1200平方米的医用大楼，项目总投资约730.37万元。2020年启动疾控中心的谋划建设，初步选址在区计划生育服务站大楼，已完成疾控中心的选址、编制和队伍建设方案。

【计划生育服务】 2020年，区卫健局被国家卫生健康委评为2018—2020年度全国计划生育优质服务单位。2020年度广东全员人口数据质量评估工作在全省142个市县中排名第一。2020年出生人口信息录入覆盖率100%、准确率100%、完整率99.91%。2020年度省内业务通报反馈率和及时率达100%，跨省流动人口计划生育协查信息和通报信息的反馈率、及时率均达100%。

【计划生育奖励帮扶】 2020年，武江区共兑现各类奖励扶助金1629.95万元，其中省农村部分计划生育家庭扶助金502人，合计发放686880元，区农村部分计划生育家庭扶助金（节育奖）978人，合计发放594450元，计划生育特殊家庭特别扶助金（子女伤残159人，子女死亡239人），合计发放3085400元，计划生育手术并发症15人，合计发放54000元，城镇独生子女父母计划生育奖励金12754人，合计发放11878810元。为1334户计生家庭购买意外伤害保险，合计金额为40020元。

【医药卫生】 2020年，武江区属基层医疗卫生机构门急诊总计385163人次，其中新华街道社区卫生服务中心29259人次，惠民街道社区卫生服务中心103213人次，武江区芙蓉新区社区卫生服务中心10992人次，韶关市武江区沙洲尾社区卫生服务中心11922人次，龙归镇中心卫生院42950人次，重阳卫生院18972人次，江湾

2020年11月24日，韶关市开武江区中医院建设项目开仪式现场
（区卫健局　供图）

卫生院6355人次，村卫生站合计103306人次；出院人数总计2917人次，向上级医院转诊594人次，转诊率0.18%。2020年区属基层医疗卫生机构总收入8477.4万元，其中医疗收入3712.6万元；总支出8190.5万元，其中医疗业务成本5533.1万元。

【国家基本公共卫生服务】 2020年，武江区累计为11751名辖区内65岁及以上老年人建立健康档案、提供生活方式和健康状况评估、免费体检和健康指导等服务。高血压管理人数8969人，规范管理5503人，规范管理率61.35%；糖尿病管理人数3394人，规范管理2067人，规范管理率60.90%。全区在册严重精神障碍患者1095人。辖区内经上级定点医疗机构确认并转诊到基层管理的肺结核患者为186人，管理率为100%；2020年城乡妇女免费“两癌”筛查1971人，建档率98.55%，超过上级要求的80%的任务目标。

【中医药事业】 2020年，武江区8个基层医疗机构均设置中医馆，能为群众提供7种以上中医药技术方法。全区8个基层医疗机构和51个村卫生站均能提供国家基本公共卫生中医健康服务。全区配备中医执业（助理）医师19人，其中中医全科医生11人。大力推广国家基本公共卫生中医药服务，为11467名老年人提供中医体质辨识和健康管理服务；为6585名0—3岁儿童提供中医健康管理和健康指导服务。2020年，全区中医服务40780人次，全年中医诊疗业务收入416.09万元。

【爱国卫生】 2020年，武江区出动8.3万人次，开展环境综合整治95次，清除各类积水800多处，清理滋生地550处，卫生死角940处，清理垃圾杂物淤泥约6000吨。全年新装毒鼠屋755个，发放灭鼠药3000千克，灭蚊药170千克，对重点单位和场所消毒消杀共计808次，出动专业防治人员550人次、消杀器械410台次，使用药物916.9千克，消毒消杀面积162.3万平方米。2020年，全区已成功创建广东省卫生镇5个、广东省卫生村（行政村）35个、韶关市卫生镇5个，韶关市卫生村（行政村）15个。全区省卫生镇覆盖率达到100%，市卫生镇覆盖率100%，卫生村（行政村为单位）覆盖率达到98%。

【卫生科教】 2020年，武江区属8个医疗单位参加全科医师培训13人，区卫健局还采取邀请上级有关专家授课的方式开展专业技术培训14期，参加培训人员为乡镇社区卫生服务中心、乡镇卫生院、村卫生站医务人员共计586人次。

【妇幼保健】 2020年，武江区宫颈癌结案率100%，乳腺癌结案率100%。产前唐氏筛查干预5426人，产前诊断392人，重症患儿引产17人；产前机构畸形超声筛查干预5455人，产前诊断80人，重度畸形儿引产1人；新生儿代谢病筛查6179例；新生儿听力筛查6423例；地中海贫血筛查干预8692人，血红蛋白电泳790对；基因检测626对，产前诊断80例，

2020年8月19日，武江区举办医师节庆祝活动暨优秀医务工作者表彰大会 （区卫健局 供图）

重度地贫儿引产 18 例；住院分娩活产率 100%，农村高危孕产妇住院分娩率 100%；产妇产后访视 3026 人，产后访视率 91.75%。

【预防接种服务】2020 年，武江区积极做好儿童预防接种工作，开展基层医疗卫生机构预防接种规范管理专项检查，举办预防接种业务技能和管理规范培训班，严格落实疫苗的使用和储存安全。2020 年，武江区儿童计划免疫接种情况如下：卡介苗接种率 99.9%，乙肝疫苗接种率 99.66%，脊灰疫苗接种率 99.46%，百白破疫苗接种率 99.72%，乙脑疫苗（减毒）接种率 99.58%，乙脑疫苗（灭活）接种率 100%，流脑 A 群疫苗接种率 99.65%，甲肝疫苗接种率 99.65%。加强免疫接种情况如下：脊灰疫苗接种率 99.48%，百白破疫苗接种率 99.66%。

【提升基层医疗水平】2020 年，武江区以推行国家基本药物制度为抓手，优化乡村卫生资源配置，分步推进基本药物制度实施。全区已将 7 个空白村卫生站和 2019 年全年诊疗人次在 1000 人次以下以及年诊疗收入在 1 万元以下的村卫生站（合计 19 个村卫生站）纳入基药改革第一批试点范围，方便农村群众获得质优价廉有效的基本药物。2020 年，武江区转移支付到各基层医疗机构和村卫生站的国家、省、市三级基药资金为 128.43 万元，预算执行率达 100%。

【老龄健康工作】2020 年，武江区大力开展"敬老月"活动，区卫健局开展近 60 场义诊，覆盖 76 个村（居）委会，共为近 4000 名群众提供医疗服务、健康咨询服务和家庭医生签约服务，发放宣传资料合计 12500 张左右。为 46078 名 60 岁以上的老人购买保险，合计金额 460780 元，统保率达到 100%。

区属卫生院和社区卫生服务中心简介

【新华街道社区卫生服务中心】

新华街道社区卫生服务中心是一所非营利性基层医疗卫生机构，属于公益一类事业单位。该中心承担着辖区 6.6 万人的基本医疗、基本公共卫生服务、公共卫生突发事件的应急处理和健康教育、康复、计划生育技术服务等综合医疗卫生服务。中心占地面积约 3200 平方米，现有业务用房 4016.96 平方米，其中五层业务大楼 3896.96 平方米、辅助用房供应室 120 平方米。全中心现有职工 50 人。开设的科室有：全科门诊、中医馆、检验科、放射科、影像科、公共卫生科等，编制床位 50 张，暂未开设住院部。中心年门诊量 4 万多人次，业务总收入 560 多万元。卫生院严格按照规范认真做好 14 项基本公共卫生服务和家庭医生签约服务。

【惠民社区卫生服务中心】惠民街道社区卫生服务中心于 2011 年托管给市第二人民医院，中心承担辖区内 8 万多名居民的 14 项基本公共卫生服务和家庭医生签约服务工作。

【沙洲尾社区卫生服务中心】

沙洲尾社区卫生服务中心于 2019 年 9 月 28 日正式建成投入使用。是一所非营利性基层医疗卫生机构，属于公益一类事业单位。承担辖区花城、金洲、沙洲、新华南、芙蓉东、御龙湾 6 个居委会和西河镇红星、向阳、大村、村头 4 个村委会共约 5 万名村（居）民的基本医疗、基本公共卫生服务、公共卫生突发事件的应急处理和健康教育、康复、计划生育技术服务等综合医疗卫生服务。中心业务用房面积约 1700 平方米，开设的科室有全科门诊、中医馆、检验科、放射科、影像科、药剂科、公共卫生科等科室，暂未开设住院部。共有职工 45 人。年门诊量 11922 人次，业务总收入 445.8 万元。

【芙蓉社区卫生服务中心】芙蓉社区卫生服务中心于 2019 年 9 月 28 日正式建成投入使用。是一所非营利性基层医疗卫生机构，属于公益一类事业单位。承担碧桂园太阳城、恒大城、保利大都会、宝能公馆社区和西联镇8个村约8万人的基本医疗、基本公共卫生服务、公共卫生突发事件的应急处理和健康教育、康复、计划生育技术服务等综合医疗卫生服务。中心业务用房面积约1700平方米，开设的科室有全科门诊、公共卫生科、中医科（康复治疗室）、检验科、影像（B超、心电图、X线诊断）科、肺功能检测等，暂未开设住院部。中心现有工作人员55员。全年门诊量10992人次，业务总收入204.4万元。

【龙归镇中心卫生院】 龙归镇中心卫生院为非营利性基层医疗卫生机构，属于公益一类事业单位，是武江区唯一的一间中心卫生院。该院承担着全镇4万人、辐射周边各镇区域范围人民群众的基本医疗、基本公共卫生服务、公共卫生突发事件的应急处理和健康教育、康复、计划生育技术服务等综合医疗卫生服务，负责对村级卫生机构的技术指导和乡村医生的培训，并承担对区域范围内一般卫生院的业务技术指导、培训等工作。卫生院占地面积约3200平方米，现有业务用房4016.96平方米。全院现有职工112人。卫生院开设的科室有全科门诊、住院部、手术室、中医馆、检验科、放射科、影像科、药剂科、公共卫生科等，开放床位70张。卫生院年门诊量5万多人次、住院2000多人次、分娩200多人次，业务总收入800余万元。卫生院严格按照规范认真做好14项基本公共卫生服务和家庭医生签约服务。

【重阳卫生院】 重阳卫生院是一所非营利性基层医疗卫生机构，属于公益一类事业单位。该院承担着全镇2万人的基本医疗、基本公共卫生服务、公共卫生突发事件的应急处理和健康教育、康复、计划生育技术服务等综合医疗卫生服务，负责对村级卫生机构的技术指导和乡村医生的培训，并承担对区域范围内一般卫生院的业务技术指导、培训等工作。卫生院占地面积约8500平方米，现有业务用房1800平方米，辅助用房供应室120平方米。全院现有职工32人。卫生院开设的科室有全科门诊、住院部、中医馆、检验科、放射科、影像科、药剂科、公共卫生科等，开放床位22张。卫生院2020年门诊量18000多人次、住院225多人次、业务总收入150多万元。卫生院严格按照规范认真做好14项基本公共卫生服务和家庭医生签约服务。

【江湾卫生院】 江湾卫生院是一所非营利性基层医疗卫生机构，属于公益一类事业单位，该院承担着江湾全镇8000人的基本医疗、基本公共卫生服务、公共卫生突发事件的应急处理和健康教育、康复、计划生育技术服务等综合医疗卫生服务，负责对村级卫生机构的技术指导和乡村医生的培训，业务技术指导等工作。卫生院占地面积约3200平方米，业务用房面积1592.1平方米。全院现有职工21人。开设的科室有：全科门诊、住院、中医馆、检验科、放射科、影像科、药剂科、公共卫生科等。共开放床位18张。卫生院年诊疗人次7000多人次，住院267人次，业务总收入80.6万元。卫生院严格按照规范认真做好14项基本公共卫生服务和家庭医生签约服务。

【西河卫生院】 西河卫生院始建于2019年，于2020年9月28日正式建成投入使用。该院承担着全镇2万多人的基本医疗、基本公共卫生服务、公共卫生突发事件的应急处理和健康教育、康复、计划生育技术服务等综合医疗卫生服务，负责对辖区村级卫生机构的技术指导和乡村医生的培训。卫生院占地面积约3000平方米，现有业务用房约1400平方米，辅助用房约100平方米。全院现有职工26人。卫生院开设的科室有全科门诊、妇产科门诊、中医馆、康复理疗室、检验科、放射科、B超及心电图室、药剂科、预防接种科、儿童保健科、公共卫生科。卫生院严格按照规范认真做好14项基本公共卫生服务和家庭医生签约服务。

（李素芬）

民政·人力资源与社会保障

民政工作

【概况】 武江区民政局是区政府工作部门，为正科级单位。主要职责是研究制定全区民政事业的发展规划和年度计划，负责管理民生兜底保障、社会救助、基层政权建设、行政区划、殡葬改革、社会组织管理、社会事务、社会福利、慈善事业及婚姻登记等工作。区民政局内设办公室、社会事务股、基层政权股等3个职能股（室），机关行政编制7名（其中局长1名，副局长2名，正股级领导职数3名）；下设社会福利院、婚姻登记中心2个下属事业单位，事业编制8名。

2020年，区民政局围绕区委、区政府的中心工作，始终坚持“以民为本，为民解困，为民服务”的宗旨，积极开展社会救助、社会福利、基层政权、专项行政事务管理等工作，各项工作取得长足发展。

【社会组织管理】 截至2020年12月31日，武江区核准设立登记的社会组织142家，其中，社会团体27家，民办非企业单位115家；完成变更登记的社会组织13家，其中社会团体4家，民办非企业单位9家；完成注销登记的社会组织7家，其中民办非企业单位7家。行业协会商会脱钩改革全面完成，社会组织信息体系建设进一步加强，社会组织“活动异常名录”和“严重违法失信名单”逐步完善。社会组织党建工作不断加强，有13个社会组织设立党支部，共有党员69人。

【社会救助】 2020年，区民政局开展“夏日送清凉”“寒冬送温暖”行动共救助流浪乞讨人员共32人次，帮助寻亲返乡27人，协助市救助站为18名长期滞留人员办理落户安置和救助保障。全年实施临时救助204人次，共发放救助金30.87万元。完成全区最低生活保障、特困生活保障、孤儿生活保障、残疾人两项补贴等四项提标工作，城镇低保标准提高至772元/人·月，农村低保提高至532元/人·月；城镇特困供养标准提高至1236元/人·月，农村特困供养标准提高至852元/人·月；散居孤儿基本生活费提标至1110元/人·月；困难残疾人生活补贴标准提高到175元/人·月，重度残疾人护理补贴标准提高到235元/人·月。

截至2020年12月31日，武江区城乡低保户有1057户共1798人，其中全区建档立卡符合条件无劳动能力贫困户594人，兜底保障率100%，全年共发放989.67万元；特困供养人员182人，全年共发放特困供养金198.25万元；社会散居孤儿16人，全年发放社会散居孤儿基本生活费为22.82万元；领取残疾人两项补贴3765人，共发放976.2万元。

【社会福利和慈善事业】 2020年，武江区完成群立街城市社区居家养老服务中心建设；投入133.54万元对全区现有5个长者饭堂配餐点质量提升，惠及老人6428人次；完善社工机构购买服务工作体系。全面建立80岁以上高龄老人津贴制度，发放津贴 146.7 万元，惠及 6081 名高龄老人。

慈善公益活动内容不断丰富，积极开展“广东扶贫济困日”活动，2020 年度“广东扶贫济困日”活动共筹募集本级善款 416.12 万元，支付武江区贫困村基础设施建设、帮扶贫困村开展种植和养殖、扶贫济困等 18 个扶贫项目 171.267 万元。

【基层政权和社区建设】 2020 年，武江区聚焦社会治理改革，构建社会治理新格局。有序开展村（居）委会换届选举前期工作。大力推进村民议事厅的建设，完成 65 个村民议事厅（街坊议事堂）建设和使用。2020 年，全区 88 个村（居）村规民约修改工作全面完成，建立 20 户以上村小组村民理事会共 257 个。完成离任村干部人员 557 人信息采集以及年限认定工作。落实社区居委会人员待遇“两年一调”增长机制，社区居委会人员待遇调增 300 元。投入福彩公益金 80 万元，对 4 个村（居）办公场所基础设施建设，社区公共服务用房面积、社区公共服务基础设施都有大幅度提升和改善。

认真贯彻落实民政领域扫黑除恶专项斗争工作。开展低保、殡葬、养老院服务质量建设、困境儿童监护、基层组织建设等行业领域的专项整治以及建章立制等工作。

【区划地名】 2020 年，区民政局有序推进第二次全国地名普查成果转化工作，完成武乳线和武浈线行政区域界线检查，进一步完善行政区域界线基础数据信息，为行政区划界线的依法管理和纠纷调处工作奠定基础。

【社会事务】 2020 年，武江区婚姻登记服务工作不断规范。加强婚姻登记行业的行风建设，提高服务质量，积极开展“我们的节日·七夕”活动，倡导文明新婚俗。全年共办理结婚登记 1617 对，办理离婚登记 868 对，办理婚姻登记合格率为 100%（包含涉外、港澳台的婚姻共 6 宗）。

全面实施城乡居民殡葬基本服务免费政策，免费金额最高为 1500 元 / 具。全年共免除城乡居民殡葬基本服务 1366 宗，免除费用为 204.9 万元。

【社会工作与志愿服务】 2020 年，武江区大力推进社会工作行业发展，组织动员全区各机关事业单位积极参加 2020 年社会工作者资格考试，共 21 人通过社会工作资格考试。

积极发动公益组织参与志愿者服务活动，联合韶关蜗牛公益互助会巡查救助、寻亲送返流浪乞讨人员。

（罗　伟）

2020年8月25日，武江区民政局为前来登记的群众做好“七夕节”婚姻登记服务工作　　（区民政局　供图）

人力资源和社会保障

【概况】 韶关市武江区人力资源和社会保障局（简称区人社局）内设办公室、劳动就业和培训股、劳动关系股、劳动保障监察综合执法大队、社会保险股、专业技术人员管理股、人事管理股、工资福利股 8 个职能股（室）；下属单位 5 个，即武江区人才工作服务中心、武江区劳动人事争议仲裁院、武江区社会保险基金管理中心、武江区就业服务中心、武江区职业技能鉴定指导中心。2020年，在武江区委、区政府的正确领导下，区人社局以“落实政策、服务民生”为工作出发点和落脚点，狠抓各项工作落实，努力推进全区人力资源和社会保障事业健康发展。

【就业与培训】2020年，区人社局完善和落实各项就业扶持政策，扎实开展就业再就业工作。全年完成就业困难人员认定835人，办理就业创业证2089本，帮助就业困难人员政策咨询918次。全区城镇新增就业人数4590人，完成率102%；城镇失业人员再就业4050人，完成率101%；就业困难人员再就业364人，完成率104%；开展补贴性职业技能培训7846人次，其中适岗培训6530人次、企业新型学徒153人次、“农村电商”34人次，“粤菜师傅”176人次，“南粤家政”677人次、创业培训230人次，其他各类个人技能培训46人次。城镇登记失业率为2.76%，控制在年度目标3.5%以内。

大力开展再就业援助月、南粤春暖、民营企业招聘月、大中专院校毕业生服务周等线上线下公共就业服务专项活动，促进城乡劳动者就业。2020年，举办网络招聘会共6场次，实时浏览量达207880次，在线收到求职简历共5507份，累计264家企业近7000个岗位信息在招聘平台同步推送。同时在西河镇、西桥公园、龙归镇、广东松山职业技术学院和育威中等职业学校等地举办共计8场现场招聘会，226家企业共提供10302个岗位，吸引近4300人进场咨询，299人现场与企业达成就业意向。3—7月疫情期间，进镇入村举办小型精准对接会共12场，27家企业提供227个就业岗位，共吸引500余人进场咨询，153人现场与企业达成就业意向。其中，49名建档立卡贫困劳动力登记应聘，13人现场达成意向实现就业。

【工伤保险】2020年，区人社局通过调解劳动投诉，为务工人员办理工伤认定175宗，涉及人数175人。

【劳动保障监察】2020年，区人社局加强劳动保障监察执法工作，认真贯彻落实劳动保障法律、法规，维护劳动者的合法权益。2020年武江区劳动保障监察综合执法大队共受理劳动者投诉举报案件106宗，涉及劳动者1068人，涉案金额2495.6244万元，已结案106宗，结案人数1068人，结案金额2495.6244万元，结案率100%。

2020年开展专项执法检查，共检查各类中介机构和其他用人单位19家，其中人力资源服务机构5家，其他用人单位14家。开展农民工工资支付情况专项整治行动，区人社局共受理举报投诉案件37宗，涉及人数191人，涉及金额620.2426万元，化解37宗，涉及人数191人，涉及金额620.2426万元。2020年，共受理工资保证金54件，涉及金额共计9204.0250万元。

【人才管理与引进】2020年，武江区事业单位有在职工作人员2279人，严格按照事业单位招聘程序，2020年武江区事业

2020年11月21日，区人社局在广东松山职业技术学院举办2020年韶关市三区百企进校园专场招聘会　（张旭华　摄）

单位公开招聘和引进各类人才125人。

【人才服务工作】2020年，实行日常考核与年度考核相结合。参加考核的事业单位工作人员2302人，评出优秀321人，占总数的13.94%；合格1858人，占总数的80.41%；其他129人，占总数的5.6%。

【干部管理】2020年，区人社局经韶关市武江区人民政府党组会议研究，任免干部30人次。

【高校毕业生就业】2020年，接收应届毕业生报到登记636人，其中：单位就业496人，自主创业14人，升学、出国及其他53人。

【军转干部安置】2020年，武江区接收安置军转干部11人，随军家属1人。

【工资与福利】2020年，武江区正常工资晋升事业单位人员2219人，晋升后工资于2021年1月份执行；审核全区2019年度事业单位、机关工勤绩效考核奖励金和离退休人员慰问金；督促各单位落实和发放2019年应休未休年休假报酬；办理42名退休人员审核工作，20名病故人员一次性抚恤金和遗属生活补助审核工作；疫情期间卫生防疫津贴执行标准和发放办法，扩大到全体一线医务人员；保障事业单位工作人员每月工资按时发放。

【职称工作】2020年，根据省市的有关要求，区人社局组织做好职称评审与认定工作。审核通过认定初级职称人数102人；评审通过初级教师职称人数36人、中级教师职称人数127人；同意推荐69名专业技术人员参加高级评审，同意推荐4名专业技术人员参加中级评审。

【劳动人事争议仲裁】2020年，武江区劳动人事争议仲裁院共处理各类劳动人事争议案件391宗（含2019年期末结转10宗），较2019年增长74.6%，涉及劳动者551人，涉案金额821.69万元，结案384宗。其中：通过立案受理案件190宗，结案183宗，累计结案率96.3%，一裁终局率55.2%，调解成功率为76.8%，三项指标均高于考核任务指标。2020年3月区劳动人事争议调解仲裁委员会被韶关市劳动人事争议仲裁委员会确立为要素式办案改革唯一试点单位，试点工作成效明显，裁决结案的结案时间缩短20%以上，裁决书文字量整体减少30%以上，试点工作获得市人社局和区委主要领导的肯定。

【社会保险】2020年，武江区城乡居民基本养老保险参保人数为36557人，年度目标任务完成率104.2%（完成比例已剔除清理城乡居民基本养老保险死亡未注销人员因素影响）。城镇职工基本养老保险（不含离退休人数）参保人数为88571人，年度目标任务完成率112.24%。武江区城乡居民基本养老保险符合领取长期待遇人数17796人。机关事业单位养老保险全区共有219家单位进行参保登记，符合参保登记范围并正常在职缴费人数有3425人。

2020年，城乡居民基本养老保险收入累计1605.64万元，支出累计3731.56万元；机关事业单位养老保险基金收入累计11542.58万元，其中机关养老保险收入累计7693.08万元，职业年金收入累计3849.5万元，支出累计10823.37万元。

职工基本医疗保险返回结算217笔，城乡居民医保返回结算404笔。医院结算职工医保支付定点医疗机构14家，医院结算城乡居民医保支付定点医疗机构17家。现场检查的定点医药机构31家，下发整改通知书9份，暂停执行医保零售药店服务协议4家，违规定点医疗机构涉及违规处理的金额37.23万元，追回违规金额共37.23万元。

按月领取养老待遇核定994笔，死亡终止一次性待遇申报242笔，一次性养老待遇核定申报业务47笔，养老待遇资格认证登记业务15479笔。定期失业金待遇710笔，失业补助金申领769笔。

（许恩联）

医疗保障

【概况】武江区医疗保障局（简称区医保局）内设办公室、待遇保障和医药管理股、医药采购和价格管理股。

2020年，武江区医疗保障工作坚持以确保基金安全为前提，以保障参保人员切身利益为重点，以加强定点医疗机构监管为核心，积极履行服务、管理、监管、宣传职能，不断创新管理机制和提升服务能力，全力破解影响医保制度运行过程中存在的突出问题和困难，着力推动各项医保工作的全面、协调、快速发展，取得较好的成效。

【全面做好疫情防控医疗保障工作】2020年，区医保局全面落实国家和省的新冠肺炎特殊医疗保障政策，确保患者不因费用问题得不到救治。向全区定点医药机构发出倡议，要求各医药机构诚信守法提供医药服务，加强防疫知识宣传等，并要求各医药机构落实购买退烧药品实名制登记。全力支持企业复工复产，落实好国家和省的阶段性减征、缓征企业医保费用等特殊政策。据统计2020年受惠企业4433户，受惠金额4725万元。

【推进医保信息化建设】2020年，区医保局根据国家医保统一部署安排完成医保信息业务编码维护工作，推进医疗保障信息业务编码标准形成全国“通用语言”，实现全国医保系统和各业务环节的“一码通”。3月10日前，完成医疗机构赋码29家，药店赋码105家，药师赋码105人次，医师赋码1398人次，护士赋码2698人次。积极配合市医保局做好全国医疗保障信息平台第一批（试点）地市上线工作，截至2020年12月31日，已完成全区105家药店，29家医疗机构，14家村卫生站上线前的准备工作。

【基本医疗保险】2020年，基本医疗保险参保率稳步增长。区医保局通过与区税务局、区人社局、区社保中心工作协调，强化部门联动，同时加大政策宣传力度，采取农村“大喇叭”等形式定期宣传城乡居民基本医疗保险缴费，基本医疗保险征缴工作得到市医保局肯定和表扬。2020年，参加基本医疗保险人数305178人，其中职工医保参保人数159573人，城乡居民参保人数145605人，完成任务率101.11%，全市排名第二。

【医疗保障基金管理】2020年，自武江区医疗保障局成立以来，不断健全完善基金监管体制机制，加强综合检查，开展打击欺诈骗保宣传和专项治理，对辖区医药机构进行飞行检查，实施联合惩戒，形成基金监管高压态势，起到震慑作用，及时有效防控和化解基金运行风险，不让医保基金成为新的“唐僧肉”。对存在问题的医疗机构，开展“回头看”，追回超医保核定床位费26万元。

【医药机构监管】2020年，对全区28家定点医院，108家定点药店按照定点协议管理。通过信息系统数据对住院患者诊疗信息进行实时监控，发现问题及时电话或书面问询，对整改不力的进行约谈，限期整改。同时对患者进行电话回访，对医疗机构报销材料进行事后全面复核，并下达审核意见书。通过不定期检查和年终考核，将进一步强化“两定机构”的管理，进一步规范医疗服务行为、强化服务意识、提高服务质量，更好地为参保人员提供优质服务。

【药品和医疗服务价格管理】2020年，区医保局定期更新医疗保障目录和支付标准，把更多救命救急的好药纳入医保，减轻人民群众负担，提升医保资金的使用效率。

【医疗救助】2020年，武江区全面落实国家、省、市的医疗救助政策，实现贫困人员应保尽保、应救尽救。2020年，武江区建档立卡贫困人员等特殊群体6600余人，100%纳入基本医疗保险保障范围。武江区共救助困难群众约2450人次，发放医疗救助资金约267万元，经各项医保政策报销后个人负担的合规医疗费用救助比例达到85%以上。其中：该区有就医记录建档立卡贫困户2216人次，享受医疗救助2212人次，剩余4人次经第三方资助后合规医疗费用为0元，救助率达100%；合规医疗费用68.7万元，发放医疗救助金64.96万元，救助比例94.56%。

【医药采购管理】 2020年，区医保局按照“按月监测、年度考核”的方式，加强对12家医疗机构药品采购量完成情况进行跟踪，督促公立医疗机构落实货款结算第一责任人责任，按照合同约定与企业按时结算，武江区各医疗机构第二批药品集采2020年响应订单规格量（已配送）逐月增加。

（曾伟虾）

2020年8月29日，区医保局联合税务局、市妇幼保健院到西河镇前进村开展医保政策进社区爱心义诊暖民心活动

（区医保局 供图）

消防救援

【概况】 韶关市武江区消防救援大队的前身为原韶关市武江区公安消防大队，现下属2个消防救援站：韶关市武江区工业东路消防救援站、韶关市消防救援支队西联特勤站。

2020年，武江区消防救援大队狠抓防范和化解重大消防安全风险、队伍建设、执勤岗位练兵、后勤保障能力建设“四个重点”，严格按照《韶关市2020年度消防工作目标任务清单》和区委、区政府2020年工作要点及责任分工安排的具体内容，稳步推进各项重点工作，进一步优化消防安全环境。

2020年11月13日，武江区奥园门口一辆汽车着火，工业东路消防救援站出动3辆车21人成功疏散22名乘客 （区消防救援大队 供图）

【综合性消防救援】 2020年，武江区消防救援大队全年共接出警381起(其中火灾106起，抢险救援与社会救助275起)，出动消防车727辆次，消防人员3913次，抢救被困人员36人，疏散人员276人，抢救财产损失约1200万元，成功处置“7·11”武江区新华街道天容电脑电器经营部火灾扑救和“10·3”沙洲尾建筑物埋压人员抢险救援。

【火灾隐患整治】 2020年，武江区消防救援大队以消防安全专项整治三年行动为牵引，推进坝厂新村、侨新小区火灾高风险区域和韶关市仁济医院、武江区康乐幼儿园、武江区幸福广场重大火灾隐患单位整治，开展“打通生命通道”“电动车专项治理”“城中村综合治理”“三合一”场所消防安全治理四大专项行动和大型商业综合体、文博建筑等重点场所消防安全达标工程建设，重点解决消防规划编制、公共消防基础建设、多种形式消防队伍建设、农村消防安全工作等突出问题和薄弱环节，主动融入全市违章建设集中攻坚行动，实施“搭车”治理，全力防范化解消防安全风险。针对老旧小区、城中村、城乡接合部等突出风险，结合“十四五”规划编制实施、城镇老旧小区改造，制定《在开发与半开发居民区封闭式管理规范化建设工作中落实消防安全管理八条措施》，加大投入补齐设施短板，推进公共消防基础建设。区、镇两级政府累计投入300余万元经费用于火灾隐患整治，发放消防摩托车22辆，在小旅馆、出租屋、合用场所等安装独立报警装置580个，新建市政消火栓27个，有效提升镇村一级火灾防控水平。

2020年11月9日，武江区举办2020年“119”消防宣传月启动仪式，现场市民体验使用灭火器　（区委宣传部　供图）

【消防宣传教育】 2020年，武江区消防救援大队结合消防宣传教育“五进”工作，积极开展特色鲜明、影响面广、互动性强的消防宣传教育活动。充分利用119消防宣传月有利契机，在韶乐广场举办声势浩大的“119”宣传月活动启动仪式；组织消防志愿者宣传活动，结合人口普查，穿街走巷，进家入户宣传。同时充分利用电视台、楼宇视频、LED电子屏、大型户外广告牌、手机短信、微信公众号等媒体开展消防知识宣传。年内通过媒体曝光火灾隐患12次，组织各类消防知识培训90余场，培训人数累计达9000余人次，共派发各类宣传资料5万余份，发送提示短信或视频1300条，并与辖区电视台协作播报火灾类型案例5次，提高群众消防安全意识。

【队伍建设管理】 2020年，武江区消防救援大队自觉对标应急救援主力军和国家队定位，坚决执行“两严两准”管理标准，落实上级党委“全员普训，实战实训”的练兵模式，在实战实训中锤炼队伍。坚持推进落实“两个经常性工作”部署，补齐大队队伍建设存在短板，实现队伍管理执勤规范化、生活条令化、管理精细化。深化全员岗位练兵，常抓日常“六熟悉”、灭火救援演练和实战操法训练相结合，打造地震救援、水域救援、山岳（绳索）救援、高层建筑救援等专业队伍组建建设，提升队伍打赢制胜作战能力。

（丘燕霞）

社会生活

农村居民收入与消费水平

【概况】2020年，武江区委、区政府全面贯彻落实中央和省、市有关农业农村经济工作部署，落实各项强农富农惠农政策，加快农业科技创新，提高农民职业技能和创收能力，拓宽农民增收渠道，积极推进精准扶贫开发工作。从实际出发，转变农业发展方式，优化农业产业结构，农业农村的各项工作取得新成绩。实施乡村振兴，建设美丽乡村，居民收入平稳增长，生活质量明显提高。

【农业生产】2020年，武江区把农业主导产业放在突出的战略位置。通过发展高效优质、特色优势农业产业带动全区农业的发展，主要农作物（粮食、蔬菜）、家禽、水产品等产品产量明显增长。全年农林牧渔业总产值150481万元,同比增长3.2%。

【农民收入】2020年，武江区实施精准扶贫开发工作，农民的生产生活条件得到明显改善。加大农村劳动力的培训力度，农民外出务工收入成为收入增长的主要来源。各项社会保障标准调整，继续向低收入群体倾斜，特别是加大对农村地区重点贫困对象的帮扶力度，农村低收入户增收步伐明显加快。通过耕地、林地等资源的规范流转和有效经营，村集体股份分红水平、各种补贴不断逐年提高，农民股权收益增长较快。

根据全区70户农村住户抽样调查统计，2020年武江区农村居民人均可支配收入21849元，比2019年（下同）增加1429元，增长7%。农村居民家庭收入主要由工资性收入、家庭经营收入、转移性收入和财产性收入四部分组成。其中工资性收入和家庭经营收入占人均可支配收入的87.31%，为总收入的主要来源。其中人均工资性收入14738元，同比增加1815元，增长14.04%；人均家庭经营收入4339元，同比增加529元，增长13.88%。从家庭经营收入的组成来看，家庭经营现金收入还是以农业收入为主。人均财产性收入607元，同比减少372元，下降38%。人均转移性收入2165元，同比减少543元，下降20.05%。

【农民消费水平】据调查显示，受疫情影响，2020年全区农村居民人均家庭消费现金支出16973元，同比减少2098元，下降11%；其中人均食品支出5465元，农村居民食品支出占总消费支出的比重（恩格尔系数）为32.2%，同比减少211元，下降3.71%；人均衣着支出487元，占总支出的2.87%，同比减少194元，下降28.49；人均教育文化娱乐支出（公共文化服务水平）631元，占总支出的3.72%，同比减少477元，下降43.05%；人均居住支出4655元，占总支出的27.42%，同比减少991元，下降17.55%；人均生活用品及服务支出669元，占总支出的3.94%，同比减少199元，下降22.92%；人均交通通信支出3080元，占总支出的18.15%，同比减少410

元，下降 11.75%；人均医疗保健支出 1848 元，占总支出的 10.89%，同比增加 392 元，增长 26.92%；人均其他用品及服务支出 138 元，占总支出的 0.81%，同比减少 8 元，下降 5.48%。

城镇居民收入与消费水平

【概况】 随着经济社会的发展，武江区城镇居民收入水平不断提高。受新冠肺炎疫情影响，人们减少外出，武江区城镇居民消费性支出同比总体下降。

2020 年，武江区城镇居民人均可支配收入由 2019 年的 39391 元增加到 41306 元，比 2019 年（下同）增加 1915 元，增长 4.9%。消费结构正从小康向富裕阶段转变，这标志着武江区城镇居民的生活水平和经济社会发展进入一个重要、崭新的时期。从城镇居民人均可支配收入的四大构成看，工资性收入、财产性收入和转移性收入这三项均呈现稳步增长，呈现出三驾马车带动总收入增长的良好态势。

2020 年，武江区城镇居民人均消费性支出为 24136 元，同比减少 6254 元，下降 20.58%。从消费性支出的八大构成看，呈现“七降一升”态势。城镇居民人均食品和烟酒支出 8263 元，下降 11.56%；人均衣着支出 1309 元，下降 13.31%；人均居住支出 4032 元，下降 1.39%；人均生活用品及服务支出是 1287 元，下降 22.33%；人均交通通信支出 4222 元，下降 48.36%；人均教育文化娱乐支出 2268 元，下降 22.94%；人均医疗保健支出是 2068 元，增长 7.99%；人均其他用品和服务 687 元，下降 9.25%。

【工资性收入情况】 工资性收入作为居民收入最主要的拉动点，在 2020 年保持稳步增长，武江区城镇居民人均工资性收入 21222 元，占居民家庭总收入比重为 51.38%；同比 2019 年增加 1950 元，增长 10.12%。支撑工资性收入平稳增长的因素主要有两方面：一方面，随着机关事业单位增资政策的逐步到位，职工工资水平有轻微幅度提高；另一方面，随着经济效益的进一步好转，不少企业职工工资和各类奖金发放有所增加。

【财产性收入情况】 2020 年，武江区城镇居民人均财产性收入 5903 元，增长 14.58%。全年，国家不断加强房地产调控力度，在控制房地产交易热度的同时也产生出租房市场升温、房租价格上涨的副作用，提升财产性收入的增速。

【转移性收入情况】 2020 年，武江区委、区政府不断健全社会保障体系，继续加大社会保障力度，提高社会保障标准，建立稳步提高社会保障标准和离退休人员养老金或离退休金的长效增长机制，促使城镇居民人均转移性收入不断增加。2020 年，武江区城镇居民人均转移性净收入为 9625 元，同比增加 1259 元，增长 15.05%，其中人均养老金和退休金为 9896 元，同比增加 822 元，增长 9.06%。

（谢珍环）

新农村建设

【概况】 2020 年以来，武江区认真贯彻落实中央、省和市关于实施乡村振兴战略的决策部署，以构建城乡融合高质量发展格局为总目标，以深化镇村提振行动和城乡融合发展省级试点建设为重要抓手，创新开展农村人居环境整治“打擂比武”活动，全面实施乡村振兴战略。

【产业振兴】 2020 年，武江区农村特色产业发展初具规模，制定“五朵金花”特色农业产业规划，以“一区一园、一镇一业、一村一品”为抓手，全力打造现代农业产业园，积极发展特色农业和优势产业。果蔬、花卉等高效特色经济作物种植面积达 2000 公顷，已逐步建立一批包括江湾镇的红薯、石斛、花茶，龙归镇的淮山、食用桑、茶树菇，重阳镇的特色水果、丝茅姜、“黑美人”西瓜、花生，以及西河镇的无花果、沃柑、蔬菜等在内的地

广鸿食用桑菜　　（区农业农村局　供图）

方特色农业基地，龙归山前村红薯和江湾湖洋村番薯干成功申报2020年省级“一村一品、一镇一业”入库项目，武江区兴农畜牧有限公司1家企业被列入粤港澳大湾区“菜篮子”生产基地，龙安淮山生产专业合作社、武江区聚鑫生态农业有限公司、正邦畜牧发展有限公司、兴农畜牧有限公司入选2020年广东省“菜篮子”基地，逐步打造成为粤港澳大湾区的“菜篮子”“果盘子”“米袋子”。全区新型农业经营主体不断壮大，共培育农业产业化龙头企业13家（其中国家级龙头企业2家、省级1家、市级10家）；发展农民专业合作经济组织69个，其中市级以上农民专业合作社5家，入社成员达4594户；发展家庭农场80家，总家庭成员322人，其中市级示范家庭农场4家、省级示范家庭农场3家。农村土地承包经营权流转规范化加强，成立区级农村土地仲裁机构，家庭承包耕地流转总面积1400公顷，为武江农业产业可持续发展奠定基础。2020年，武江区“三品一标”农产品认证企业9家、产品认证6个。新增詹氏土蜂蜜、菊花蜜、龙归香蜜薯3个“粤字号”品牌，2019年妙联丝茅姜被认证为全国名特优新农产品，后坪茶树菇、龙安淮山、龙归香蜜薯、大夫前果丰贡柑、妙联丝茅姜被认证为无公害农产品；依托“乐村淘”网，打造武江区域公共品牌“优粤良品”的工作正有序推进；龙安淮山、大夫前果丰农场贡柑等规模化绿色生产基地已建成。全区作为农村集体产权制度改革国家级试点，从2019年7月正式实施到2020年10月顺利通过验收，区逐步构建集体资源资产归属清晰、权能完整、流转顺畅、保护严格的农村集体产权制度，农村集体经济组织成员身份得到科学合理确认。农民的土地承包权、宅基地使用权、集体权益分配权和对集体经济组织活动的民主管理权利得到落实，初步形成维护农村集体经济组织成员权利的治理体系，基本实现改革目标。已有430个行政村（小组）完成集体经济组织成员身份确认，完成率99.3%；8.6万名农民群众获得集体组织成员身份认定；累计登记集体资产24亿元，较改革试点前增加16.8亿元，增加幅度达231%，登记集体土地、山林等自然资源63100公顷。

龙归香蜜薯　　（区农业农村局　供图）

【生态振兴】2020年，武江区在贫困村新农村示范村建设和全域"三清三拆三整治"、村庄清洁战役、破旧泥砖房拆除、厕所革命、垃圾分类、"家家清洁、村村卫生"等系列整治的基础上，创新开展农村人居环境整治"打擂比武"活动，有效破解以往新农村建设"政府干、村民看"的问题，主要做法得到省、市领导的肯定，并在农民日报、新华网及省、市工作简报中刊登推广。共评选出"生态宜居美丽村庄"19个、"美丽庭院村庄"和"美丽农房风貌村庄"10个。通过示范带动，全区51个行政村中有48个达到干净整洁村标准以上，其中美丽宜居村21个，特色精品村2个，干净整洁村比例达到94.12%，美丽宜居村比例达到45.09%。建立健全农村卫生保洁长效运营机制，制订农村保洁员管理实施方案，全区51个行政村273个自然村实现保洁员配备和生活垃圾常态化处理全覆盖；梯次推进污水处理基础设施建设，实施武江区村镇生活垃圾和污水处理基础设施整区打包PPP项目，总投资为1.34亿元，包括3个镇的镇级污水厂、村级污水处理设施点及配套管网，已完成重阳镇、江湾镇、龙归镇等3个镇级污水厂的建设并投入试运行，污水日处理量达到4300吨，已铺设镇级污水管网17.5千米、村级污水管网105.98千米。全区192个自然村完成污水处理设施建设，农村生活污水处理率达到70.32%。通过深入开展农村人居环境整治、路域提升和镇域提升"139"行动，镇村面貌实现美丽蝶变，涌现出龙归粮仓、方田大人村、围坪涂屋村、山蕉果场村、欧屋红色基地等一大批网红打卡点。"龙归—江湾"乡村精品线路获评2020年"广东美丽乡村精品线路"，江湾镇湖洋村获得2020年"广东省乡村大擂台污水治理先进村"荣誉称号。

【组织振兴】2020年，武江区针对以往基层党建阵地"旧""陋""小"等问题，制定《村级党群服务中心改造提升三年行动计划》和《武江区党群服务中心建设参考指引》，对全区87个村级党群服务中心进行改造提升，建成建筑面积不低于300平方米，集公共服务平台、办公场所、活动场所、服务群众场所于一体的村级党群服务中心。全区51个行政村党群服务中心全部完成改造提升和标准化规范化建设。拓宽村级后备干部选拔渠道，鼓励在外务工的优秀青年和优秀毕业生回乡创业和任职，建立全区174名村委书记后备干部队伍。围绕"选、育、管、用"四方面制定西河镇"青苗"培养工程10条措施，将西河镇打造成为全区后备干部培育工程的示范点，通过科学"选苗"、精心"育苗"、精准"用苗"等措施，已有24名后备干部进入"两委"干部队伍。坚持问题导向，逐村分析研判，从区直单位抽调10余名干部组建基层党建、农村经济发展、群防群治三支特派员队伍，建立区委组织部部务会成员每人挂点联系1个软弱涣散村制度，加大区级整顿力量配备，切实推动软弱涣散基层党组织存在突出问题的

2020年，龙归—江湾乡村精品线路在第二届"广东十大美丽乡村"系列评选活动中获评"广东美丽乡村精品线路"

（区农业农村局　供图）

解决。全区7个软弱涣散村党组织已全部通过市委组织部验收整顿出列，其中6个被市确定为优秀等次，考核优秀比例位居全市各县（市、区）第一。

【人才振兴】 2020年，武江区以乡村振兴培训实践中心为重点，积极创建广东美丽乡村培训学院（武江校区），着力构建“1个基地”——城乡美好环境与幸福生活培训实践基地，拓展“3个平台”——现代农业创新创业平台、名特农产品展览展销平台、乡村特色资源与企业资本对接平台，逐步完善大师工作室、文创基地、餐饮、民宿、田园教育、乡村旅游等研学服务项目，积极培养一批种植养殖、民宿、旅游、餐饮服务等行业的接地气、本土化的专业人才。委托高等院校开设新型职业农民培训班2期，培训新型职业农民88人，有效提升培训农民的科技文化素质、专业生产技能水平和生产经营观念。加强培育科技示范户，建立技术人员与科技示范户联系责任制，安排农技人员入户指导农业生产；通过理论授课、田间地头现场指导等方式到各镇开展农业技术培训；建立4个农业试验示范基地，示范和推广“水肥一体化”等4项绿色高效技术，定期组织专家入户指导，有效地解决农户农业生产过程遇到的技术难题。持续开展“粤菜师傅”培育计划，2020年培养农村粤菜烹饪技能人才63名。全方面培养母婴、居家、养老、医护4大项目家政类人才，2020年，依托南粤家政就业培训基地培养农村南粤家政技能人才47名；开展农村电商免费远程培训，培养农村电商技能人才34名。2020年共有15名乡贤返乡积极投入武江乡村服务工作。其中武江户籍或生源共有5人考入武江区乡镇事业单位，有8名武江户籍或生源返乡投入武江区“三支一扶”工作，有2名乡贤返乡开办公司、农场。

【文化振兴】 2020年，武江区创新实行“城市+农村”双擎驱动机制，持续推进全区各村（居）文明实践站建设，已经完成全区7个文明实践所，81个文明实践站建设，实现“全覆盖”。创新建立武江区新时代文明实践活动“菜单”，通过群众“点单”的方式，将“菜品”送到群众身边，实现精准解决问题、满足需求。扎实推进核心价值观进农村活动，结合疫情防控工作，有序组织策划春节、元宵节、清明节、端午节系列群众文化会演及线上宣传活动80余场。同时，充分发挥区级实践中心志愿服务团队的作用，邀请武江民间民俗队伍加入文艺志愿者队伍参与文艺会演、建立“老兵”志愿服务队、“社工+志愿者”“巾帼”志愿服务队等新鲜队伍，有效丰富新时代文明实践内容形式。强化运用领导干部“1+1”宣讲、“家门口的党课”“榕树下的党课”、驻村第一书记领学等形式，组织农村基层学习宣传贯彻习近平新时代中国特色社会主义思想和中共十九大精神，积极开展形式多样的乡村宣讲宣传活动。广泛开展星级文明户、文明家庭、身边好人等推荐评选活动，吸引农民群众积极参与精神文明建设，有效传播正能量。强化培育特色乡村文化品牌，制定挖掘培育重阳水口赛龙舟、龙归后坪客家山歌、江湾瑶族习俗等传统文化项目目标。发展壮大民间文艺队伍，着力扶持引导龙归、重阳、西联等乡镇的一批文艺团队发展。结合新时代文明实践要求，着力打造“在希望的田野上”基层理论宣讲、“百花放映”送电影下乡、“讲好人故事 建善美之城”道德模范故事汇等一批品牌活动。着力打造“红色文化”村；西河镇山蕉村挖掘“韶关市山蕉知青农场”的历史文化，弘扬艰苦奋斗的精神，打造“知青”公园；江湾镇菜队村充分挖掘江湾革命老区历史，并提炼出“敢想敢创、敢闯敢干”的老街精神，打造江湾老街游客集散中心；龙归镇四点金村开发利用客家围屋文化，推出传统大盆菜和手磨豆腐、豆浆，吸引游客前来体验参观和就餐。

（赵奉君）

关心下一代工作

【概况】 2020年，武江区辖镇、街道办事处7个，其中街道办2个；村51个；社区36个；中心学校25所；全区建立文化活动阵地94个，其中镇（街）7个；村（居）87个。图书室12间；农家书屋93间（其中：农村51间，社区42间）；村、社区文化活动室（文化综合服务中心）109间，其中中小学校29间。

【关心下一代工作】2020年，全区各级关工组织主动向党委汇报工作，把党建带关建工作纳入党建范畴，融入党建目标责任制，纳入党建工作考核评价体系，制定一系列会议制度、学习制度、汇报制度、总结制度等，每季度召开一次关工委会议，保证关工委工作经常化、制度化、有序化，为搞好关心下一代工作扎实良好组织基础。确保坚持党的领导的政治方向，进一步完善党委统一领导，党政齐抓共管，关工委主动作为，有关部门积极支持，全社会广泛参与的领导体制和工作机制，进一步优化关工委内部机制和外部环境，不断夯实关心下一代工作的制度基础。11月26日区关工委全体驻会班子学习贯彻习近平总书记对关心下一代工作重要指示精神和副总理孙春兰、主任顾秀莲在中关工委成立30周年大会讲话。积极动员离退休老干部、老党员、老教师、老战士、老模范开展关心下一代工作。形成全社会广泛参与关心下一代工作的良好环境。有计划地对基层关工人员及志愿服务队伍开展培训，利用街道党校对社区关工工作人员进行业务指导，组织各社区关工志愿者队伍积极投入辖区创文巩卫、抗击新冠肺炎疫情当中。利用社区家长学校邀请专家、有特长的志愿者对辖区青少年开展教育活动。

【开展形式多样的活动】2020年，武江区司法局与关工委深入田家炳小学、新华街道、重阳村等开展法治讲座及培训6场、其他法制宣传活动10余场，对《中华人民共和国婚姻法》《中华人民共和国反家庭暴力法》《中华人民共和国社区矫正法》《中华人民共和国预防未成年人犯罪法》等法律知识主题进行讲解和宣传教育，发放各类宣传资料近5000份。通过此举，不断增强群众的法律意识，提高学法、守法的自觉性，受到广大青少年学生和学校的热烈欢迎。在全区开展“中华魂”（科技托起强国梦）系列主题教育活动，包括读书活动、宣讲活动、征文、演讲比赛等项目内容，并选送优秀作品送市参赛。持续开展“三工”（关工、社工、义工）促“三风”（家风、社风、学风）主题实践活动。持续开展“三工”促“三风”主题实践活动，进一步优化育人环境，形成学校、家庭、社会“三结合”的育人环境，以“优势互补、阵地共建、工作互促、资源共享”为基本原则，依托学校，发挥纽带作用将“关工、义工、社工”三股力量拧在一块，实现优势互补，相互协调，发动社会资源和力量，更好地为青少年健康成长服务，努力推动和促进学风、家风、社风“三风”根本好转，把社会主义核心价值观、中华民族优秀传统文化融入家教、家风、家训中去。7—9月，妇联关工组织在社区（村）完成50场家庭教育专题讲座，通过实施“父母成长计划”，从而间接地熏陶影响未成年人，达到多渠道、多途径培养合格家长、合格未成年人的目的。受教育人数近2000人。传承红色基因，持续推进爱国主义教育活动，利用重阳镇万侯村的市级红色村丰富的红色文化和爱国教育资源浸润心灵，引导青少年树立和践行社会主义核心价值观，团结教育广大青少年听党话、跟党走，搭建中华民族团结奋斗、自强不息的精神支柱，把孩子们培养成为堪当民族复兴大任的时代新人。广泛开展“最美南粤少年”“新时代好少年”评选活动，一个个“最美南粤少年”“新时代好少年”成为孩子们学习的榜样。

【“五老”队伍作用】2020年，自疫情发生以来，武江区“五老”成员以身作则，积极参与疫情防控工作，用实际行动践行初心担当使命。在加强自我防护基础上，带头遵守防控有关要求，积极教育引导子女和亲朋好友，带动居住村组的群众共同配合防控工作。“五老”

成员始终坚守在各自辖区，取消节假日休息，坚持每日上报，严格执行管理制度；结合在职党员到社区报到活动，近郊村3个关工小组发布疫情防控任务，其中：红星村党总支部发布疫情防控“吹哨”活动863次，在全市各村（社区）中排名第一；向阳村党总支部发布疫情防控“吹哨”活动783次，在全市各村（社区）中排名第二。各村关工组严格按照“不漏一网格、不漏一户、不漏一人”的要求，认真排查网格所有村民，发放《公告》《倡议书》1500余份。耐心细致做好群众工作，引导居民在家不外出、不聚会，同时加强返乡车辆的检查和消毒，千方百计切断疫情传播途径，为抗击新型冠状病毒做贡献。7月24日，韶关市武江区关工委执行主任杨应光和副主任张文清一行前往龙归镇创业青年示范基地进行调研，深入武江区乡村家庭农场、武江区兴农畜牧有限公司了解生产经营情况和规模大小。肯定他们的经验和做法，提出要把项目做好、做强、要推出去，把亮点毫不保留地展示出来，积极带动周边农户参与其中，为打赢脱贫攻坚战出一份力。

【学习交流】 2020年，武江区关工工作，在区委的领导下，在镇、街和区直机关的大力支持下，通过近几年来的发展，关工组织建设越来越完善；创新创业基地建设越来越专业；爱心助学活动越来越活跃；青少年活动阵地越来越巩固；“儿童之家”建设越来越规范；“五老”队伍建设越来越壮大；“家风、社风、学风”越来越协调。区关工委在不断发展的同时，市关工委根据武江区关心下一代工作的实际，给该区关工委赋予对外进行学习交流的机会。2020年11月3日，广州市番禺区关工委到武江区对关心下一代工作进行学习交流。区委副书记、区关工委主任陈刚在学习交流会上向番禺区关工委介绍武江区关工委党建带关键的创新经验，带领番禺区关工委班子成员观摩惠民街道关工委“五好”创建情况，番禺区关工委班子成员表示此次交流学习大开眼界，学到真经，也提出番禺区关工委的经验做法。2020年12月3日，增城区关工委赴武江区参观学习，先后参观重阳镇黄岸村百香果基地、省级留守儿童之家示范点（重阳镇万侯村）、西河镇下坑村“五好”关工委创建情况。

【武江区关工委成立20周年纪念大会】 2020年12月31日，韶关市武江区关工委召开韶关市武江区关心下一代工作委员会成立20周年纪念大会。区委副书记、区关工委主任陈刚出席并讲话。大会由沈中伟主持。大会上学习习近平总书记对关心下一代工作的批示精神，市委书记王瑞军对关工委工作的批示精神。区关工委执行主任杨应光以“20星火相承共育时代新人”为题，向大会作工作报告，对20年来区关工委的工作做总结，并对今后的工作做部署。大会上宣读武江区受到市关工委、市文明办表彰的名单，其中，该区共获得突出贡献奖1人、先进集体4个、先进工作者8人。并对该区3个镇（街道）关工委授予“五好”关心下一代工作委员会荣誉称号，8个村（社区）关工组织授予“五好”关心下一代工作小组荣誉称号，对西河镇关工委、西联镇关工委、惠民街道关工委3个单位授予“五好”关心下一代工作委员会荣誉称号，并进行授牌颁奖。

（黄嘉劲）

镇（街道）

西河镇

【概况】西河镇位于武江区城区西北部，面积63平方公里，全镇辖红星、向阳、前进、朝阳、塘湾、马屋、下坑、田心、黄塱、什石园、糖寮、山蕉、村头、大村14个村。

西河镇地理位置优越，水陆交通便利，乡村公路发达。市区主河道武江河流经西河镇，沿江有镇村码头4个。辖区内市区主要交通要道贯穿东西、南北，百旺大道、工业大道、国道323线、新华路、惠民路、重阳公路等主干道纵横分布；市区公共汽车直达各村，全镇14个村全部实现村村通水泥公路；武广客运快速专线、广乐高速越境而过；附近有京珠高速公路出口韶关、乐广高速公路乐村坪出口、糖寮互通出口。著名的唐朝丞相张九龄家族墓地位于西河镇内。

2020年，西河镇户籍人口19469人，常驻人口39515人，辖区常用耕地面积685.9公顷，林地面积2996.67公顷，森林覆盖率39.14%，活立木蓄积量205758立方米。

全镇财政一般公共预算收入1073.39万元，增长10.69%。全镇参加医疗保险人数12000人（不含低保、残疾等特殊人群参保），覆盖面98%。

西河镇文化底蕴浓厚，辖区有九年一贯制学校1所，为西河学校；完小4所、幼儿园37所，教学点2个，在校学生4129人；有1个文化站，14个文化服务中心，1个新时代文明实践所、14个新时代文明实践站，广播站14个，市成人文化技术学校1所。。

2020年，西河镇党委、政府设下列9个党政机构：党政综合办公室（应急管理办公室）、人大常委会办公室、党建工作办公室（组织人事办公室）、纪检监察办公室、公共服务办公室（党群服务中心）、综合治理办公室、综合行政执法办公室（综合行政执法队）、规划建设办公室（生态环境保护办公室）、农业农村办公室（经济发展办公室）。西河镇党委建立综合治理委员会、公共服务委员会、综合行政执法委员会等统一指挥协调的工作平台，统筹负责辖区综合治理、公共服务、综合行政执法重大事项。

【农业林业】2020年，西河镇常用耕地面积685.9公顷，林地面积2996.67公顷，森林覆盖率39.14%，活立木蓄积量205758万立方米。在远郊村，主要着力发展特色种植，有下坑枸杞、黄塱无花果、什石园良种蔬菜、山蕉超甜玉米等，通过新技术示范基地推广种植规模。粮食播种面积196.53公顷，粮食产量1160吨，蔬菜播种面积898.33公顷，蔬菜产量29398吨。

【基层党建】2020年，西河镇扎实推进基层党建工作重点任务，增强基层党组织政治功能和组织力。加强村级后备人才培养，选用村级后备干部人选44名，其中35岁以下21名，占47.7%；具备大专及以上学历的26名，占62%。2020年接收预备党员6名，预备党员转正13名；严把入口关，取消预备党员资格1名。大力推广“广东党建云”平台，激活率100%，并安排专人对“广东党建云”村一级平台管理人员进行培训。推进机关在职党员到社区报到活动，7个城中村和近郊村都发布疫情防控、创文巩卫和人口普查等任务，全镇共发布活动3499次，共组织6556人次到村开展服务，其中：红星村党总支部发布“吹哨”活动1144次，在全市各村（社区）中排名第一；向阳村党总支部发布“吹哨”活动1012次，在全市各村（社区）中排名第二，成效明显，有效发挥了党员先锋模范作用。推进“两新”党组织全覆盖工作，在2020年8月经考察后，批准成立韶关市炬荣中通快递有限公司党支部、韶关市粤北工业开发区建成混凝土有限公司党支部。扎实推进“民情夜访”工作。镇班子成员把群众是否满意、问题是否解决作为检验“民情夜访”活动是否取得成效的重要标准，积极为群众排忧解难，从开展工作以来，镇班子成员共开展夜访活动126次，收集群众意见建议81条，解决群众问题126个，其中经济发展类16个、基层社会治理类3个、群众关注的热点难点问题43个、人居环境整治问题9个、其他问题55个。

【脱贫攻坚】 2020年，西河镇67户123人贫困户，实行帮扶政策，实现稳定脱贫。2020年镇级书记累计遍访贫困户67户，解决问题24个；村级书记遍访贫困户67户，解决问题5个，相对贫困人口67户123人已全部有序稳妥退出。

【人居环境整治】 2020年，西河镇共有7个行政村（组团）19个自然村积极参与武江区农村人居环境打擂比武。加大宣传，营造全员参与的气氛，促进村民及企业积极参与，激发共建共治内生动力。“小而精”改造家庭精品别院。通过墙面修复，外墙统一装饰等“微改造”，提升房屋外立面整体风貌。采用插桩、石头等围圈绿地、花圃，建设家门口的“四小园”等特色景观。用“小细节”提升村民满意度。注重办实事暖民心，及时解决村民反映的倾倒垃圾不便等生活问题，让村民享受更多便利。注重历史记忆活化利用，发扬历史文化精神，为村庄营造浓郁的人文氛围。

在第一批“打擂比武”活动评比中，田心老村荣获前三名，获80万元奖补资金。在第二批“打擂比武”评选中田心麦元头村和山蕉果场村分别以第三和第四名的好成绩荣获“生态宜居美丽村庄”称号，并获得60万元的奖励资金。在第三批“打擂比武”评选活动中，西河镇下坑组团林屋村总分排名第五，获“生态宜居美丽村庄”称号并获得40万元的奖励资金。马屋组团丘屋村和下坑组团山架岭村获评“美丽庭院村庄”称号，获得10万元的奖励资金。

农村人居环境整治“打擂比武”巷进村主村道整体改造后新貌
（西河镇 供图）

【产业发展】 2020年，西河镇黄塱无花果项目2019年已列入省级“一村一品”入库项目，并成功申报第三批全国名特优新农产品名录，获得全国名特优新农产品称号；建设西河北郊133.3公顷的“蔬菜”特色农业示范基地。

【拆违控违】2020年，西河镇联合相关部门共组织22次大行动，小范围行动43次，总共发放57份停工通知书、344份限期拆除通知书，上报认定88宗违法建筑，共拆除26宗违建，合计拆除总面积约为56100平方米。拆除179线乡道、村头环村路、韶关大道南、张屋岭、前进村等违章建筑，已按时完成拆除违法建筑7万平方米的工作目标。

【河长制工作】2020年，西河镇滃洲电站一级水源保护区清理水域面积约12万平方米，清理运走垃圾约230吨。

【森林防火】2020年，西河镇安排护林防火员巡查1.3万次，入户宣传1.3万次、发放禁火令3.6万份、宣传资料3.6万份，确保全年重点地区防火安全。

【整顿软弱涣散】2020年9月，西河镇大村党总支部顺利通过市委组织部整顿转化验收，以“优秀”等次脱帽。

【民政优抚】2020年，西河镇及时落实民政惠民扶助政策，发放低保金、五保金、80岁老人津贴、临时救助金、残疾人护理补贴、现役军人优待金、60岁以上退役军人补助金等各类补贴共计2014652元。

【计划生育】2020年，西河镇出生284人，政策生育率86.62%，出生性别比为136.67。免费孕前优生检测17对，办理2020年新增奖励扶助50人，其中省奖20人，城镇独生子女父母30人。为182户计生家庭购买商业意外伤害保险。

【扫黑除恶】2020年，西河镇累计走访入户3815户，走访人数8470余人，提高广大村民群众对扫黑除恶的知晓率。

【信访工作】2020年，西河镇接待群众37批52人次，接收国转信访件1件、省转信访件1件、市转信访件4件、区转信访件2件，已办结8件。镇一级调委会共调解各类纠纷25宗，村一级调委会调解矛盾纠纷68宗纠纷，纠纷调解成功率达到99%以上。

【疫情防控】2020年，西河镇利用网格化管理，筑牢疫情防线。在防控过程中，注重发挥基层党组织的战斗堡垒作用和党员的先锋模范作用，以村党支部名义制定村级防疫工作预案，落实村级防控工作负责人为村党支部书记，成员由两委干部及部分党员代表组成。6个区直单位负责人下沉到防疫任务重的6个城中村和近郊村担任所在村的“第一书记”，381名镇、村人员参与防疫工作，其中村“两委”干部77人，村级党组织发动党员和村民志愿者203人。西河镇根据实际分别设防控资料组、发热应急处置组、防控物资管理组、重点人员关心组、大数据平台追踪组、三人专班防疫组等。实行网格化管理，全镇划分14个大网格，重点部位的城中4个村大网格又划分出17个小网格，小网格内就管理便利度又细分出若干个网片。采取“一筛二控三复查”，利用网格划分实现村民住户筛查全覆盖，在远郊村在各个交通要点设立服务岗或在入村公路设立控制检查点，为来往车辆人员提供体温检测、简易诊断咨询等服务。针对人员流动大的近郊村，每1—3天进行一轮拉网式复查，明确“镇抓村、村抓房东、房东对房客负责”的工作办法，主抓房东履责，房东向属地村委会签订《房东承诺书》，郑重承诺“配合防疫，做好房东”，积极参与到政府组织的防控工作中来。严格落实“三人小组”职责，明确分工、责任到人。重点做好农贸市场疫情防控常态化工作，对市场进行每日消毒，在市场出入口设置体温测量，并提醒人员佩戴口罩。组织城中村、城郊村共同研究减负促复商复市具体措施，为辖区7个城中村、城郊村部分企业租户延缴和减免租金，共计延缓缴纳和减免租金约420万元。

【民生工程】2020年，武江区投入3000万元推进西河镇北片7个村污水处理设备及其附属设施采购与安装项目，共建设27套生活污水处理设施及其配套污水收集管网；投入约2400

万元改善北片7个村的村民饮水条件；拓宽山蕉村和田心村路口道路，消除县道X313线途经山蕉村村委会路段和田心村十字路口的安全隐患。

【创新工作机制】 2020年，武江区创新试点推行“一毛钱工程”和开展“村庄美容日”活动。以村委会为主体，村民每户每天拿出一毛钱，聘请专业公司分类处理废弃家具电器和建筑物料，通过实行“自选、自建、自管、自用”，充分发挥村民“主人翁意识”，维护村庄的干净整洁，率先在下坑村试点，并在西河镇推广；创建“无物业管理小区”封闭式管理长效机制，率先在津头岭试点。

【项目建设】 2020年，西河镇全力保障市政项目教育西路、丹霞大道北、武江大道南、村头村环村公路及民生项目韶州公园、韶州体育公园、九龄公园、北江中学改扩建等重点项目用地建设。配合韶州公园办、区城管局完成韶月湾、沙湖片区道路和老虎岩片区主体工程建设任务，现已对外开放使用；村头村环村公路已按照项目用地需求全面完成交地任务，现已建成通车；全年共完成房屋拆迁39户14360平方米，完成储备用地征收以及清表交地86公顷，完成迁坟607座；全面完成教育西路、丹霞大道房屋拆迁任务，有力保障市政道路建设用地。

【村级“两委”换届】 2020年，西河镇以高标准、严要求，扎实推进村级“两委”换届工作。开展换届工作以来西河镇党委、政府高度重视，迅速成立领导小组，组建换届办，提前摸清情况，通过召开动员会、业务培训会等，制定“一村一策”。加强审核，把握人选标准，西河镇14个村支委、村委人选都由党委班子会专题研究，同时对各村职数、人员构成、村情村况的风险点都进行摸排。12月28日，全面完成14个村党（总）支部委员会换届工作，选举产生支委委员69名,实现组织意图。

【先进表彰】 2020年5月，共青团韶关市武江区西河镇委员会被评为“2019—2020年度韶关市五四红旗团委”。2020年11月，西河镇红星村通过中央精神建设指导委员会复查，继续保留“全国文明村镇”荣誉称号。2020年12月，西河镇被评定为广东乡镇（街道）社会体育指导员服务站“A级服务站（2021—2022年）”。2020年西河镇马屋村被评定为“广东省卫生村”。2020年西河镇下坑村被评定为“广东省卫生村”。2020年西河镇向阳村被评定为“2018—2020年度韶关市文明村镇”。2020年西河镇村头村被评定为“韶关市卫生村”。

【村情简介】

红星村 红星村位于韶关市武江河畔西侧，是现代城市化进程中形成的典型的“城中村”。总面积约5平方千米，下辖果园、西岸、坝厂3个自然村，现有村民764人。党总支部下设3个党支部，现有党员87人。2008年红星村被评为“全国民主法治示范村”、广东省巾帼示范村、广东省村务公开民主管理示范村、广东省农村集体资产和财务管理示范村；2009年被评为第二届“全国文明村镇”；2010年获“全国人口和计划生育基层群众自治示范村居”等荣誉称号。2018年红星村荣获韶关市“平安家庭”创建活动先进示范村（社区）称号、2018年韶关市优秀“妇女之家”、2019年荣获武江区“先进基层党组织”等荣誉称号，2020年通过中央精神文明委员会复查，红星村保留“全国文明村镇”称号。

村集体经济以物业经营和物业管理为主，村集体收入从2010年的1769万元增长到2020年的3022.5万元。自1994年实行股份制以来，村民个人年股份分红由250元/股上升至1500元/股，村民实行男55周岁、女50周岁退休制度，退休村民每月领取1200—1300元不等的退休金，全体18周岁以上村民还可领取每月350元的社保补贴（男性村民18周岁至55周岁，女性村民18周岁至50周岁）；住院综合报销率达100%以上；积极鼓励村内在册有福利的青少年勤学上进，凡考上重点高中的正式录取生及全日制大专以上者，村委均对其颁发500—5000元不等的奖学金。西河镇首家由政府出资48万元建成的居家养老社区服务中心坐落在红星西岸村，并有社工长期在此服务。村民生活安居乐业，享受着村集体经济腾飞带来的优质生活。

向阳村 向阳村地处武江河畔，是典型的“城中村”，下辖光明巷、工农巷、韭菜地、石狮头4个自然村，现有村民949人。村党总支部下设两个分支部，4个党小组，现有党员94人。该村以经济建设为中心，不断投资兴建物业，集体经济收入以物业经营和物业管理为主。2020年，集体总收入达2218万元。村集体每年将收入的70%用于村民各项福利。向阳村1994年开始实行股份制，村民每年享有福利股份分红；2020年，村民每股分红920元；退休村民人均每月可领取1500元的退休金；为适龄村民购买社保；村民在村卫生站治病免费；村民住院社保统筹后不足80%补足80%；传统节日给村民发放节日慰问金1000元；每隔一年组织全村男性和女性体检；村民去世发放丧葬费和慰问金2500元；村民小孩入托每年享受学费补贴500元；村民子弟考上大学的可获奖励金1000—2000元的奖励。2020年，西河镇向阳村被评定为“2018—2020年度韶关市文明村镇”，韶关市“平安家庭”创建活动先进示范村（社区），2020年韶关市最美抗“疫”志愿者服务组织。该村党总支书记、主任黄宗伟获韶关市“平安家庭”荣誉称号。

前进村 前进村位于西河镇的中部，东面与向阳、红星村接壤，南至芙蓉山顶为界，西与农业科学研究所相邻，北至市自来水厂，总面积约5平方千米，下辖津头岭、头茶亭、天鹅坪、黄屋、邹屋、蓝屋、杨屋等7个自然村，是典型的城中村。现有村民1903人，党员67名。该村主要经济收入来源是物业出租，有前进国际装饰城、武江蔬菜批发市场、加油站、门店等物业。2020年，前进村津头岭作为无物业管理小区的试点引进具有先进管理经验的社会化物业管理公司，通过盘活村集体空闲地获取管理费，同时优惠收取村民物业管理费，构建共建共治共享的智能化小区。

朝阳村 朝阳村位于西河镇中部，武江河流西岸，南面与市区相连，北面与塘湾村为邻，西面与前进村接壤，是典型的“城中村”。该村下辖黄田坝、上窑2个自然村，全村人口1576人，党员49名。该村以物业出租为主，主要物业有朝阳综合市场、朝阳综合大楼，近十年有碧桂园凯旋华府、翰林世家、奥园等大型房地产企业落户辖区。2020年，村集体经济经营性收入为600万元。

塘湾村 塘湾村位于西河镇北部，北邻武江河，南面与朝阳村相接，西面与十里亭上坝村接壤，下辖沙州村、塘湾村、塘湾新村3个自然村，现有村民640人，党员20名。2005年，市政府为塘湾村规划一个新农村，现村民居住地将全部征用为城市商住建设用地。2014年，“韶关印象岭南·奥园文化旅游城”大型房地产企业落户辖区。2020年，村集体经济经营性收入200万元。

马屋村 马屋村位于西河镇北部，南面与浈江区接壤，东面与下坑村相邻，由丘屋、马屋、杨屋3个自然村组成，现有村民229户，总人口1195人，党员36名。耕地面积11.6公顷，主要种植水稻、蔬菜，马屋香葱、香蒜是传统蔬菜名牌品种。2020年，村集体经济经营性收入36.5万元。2020年，马屋组团丘屋村在第三批“打擂比武”评选活动中，获“美丽庭院村庄”称号，获得10万元的奖励资金。

下坑村 下坑村位于西河镇北部，西面与马屋村交界，北面与田心村相邻，南面与浈江区靖村接壤。下辖林屋、沙架岭、上坝、下坝4个自然村，现有农业人口240户1152人，党员34名。该村交通便利，境内323线横穿而过，距广乐高速出口3千米路程。村经济发展以农业为主，主要种植水稻、蔬菜，韭菜、枸杞叶是传统的蔬菜名牌品种。2020年，村集体收36.22万元。该村2020年被评为武江区“平安家庭”创建活动示范村。该村在第三批“打擂比武”评选活动中，荣获“生态宜居美丽村庄”“美丽庭院村庄”等称号。

下坑村率先推出“一毛钱”

工程，收取的卫生费为村庄治理专项管理费用，主要用于村内增设垃圾桶、聘请保洁员、实行门前三包，同时将每周五下午定为“村庄美容日”，各家统一进行自家清洁和公共卫生，建立环境卫生整治的长效机制，维护了村庄的干净整洁，该做法受到新华社、学习强国、南方日报、韶关发布、韶关信息等各级平台的一致好评。

田心村 田心村位于西河镇北部，北面与山蕉村相连，南面与下坑村接壤，东面与什石园相邻，下辖盘龙村、田心村、麦元头、墩子头、大村、张屋坪、新张屋、坑尾等8个自然村，常住481户，常住户籍人口2148人，党员38名，耕地面积92.47公顷。该村主要种植水稻、蔬菜、花生等，每年都有大批蔬菜供应市区市场。田心墩子头村丞相山有省级文物保护单位唐朝名相张九龄家族墓地及祠堂，2013年，张九龄纪念公园竣工，为海内外张氏后裔到韶关寻根问祖增添一方热土。2020年，村集体经济收入14万元。2020年，在第一批“打擂比武”活动评比中，田心老村荣获前三名，获80万元奖补资金。在第二批“打擂比武”评选中田心麦元头村荣获“生态宜居美丽村庄”称号，并获得60万元的奖励资金。

黄塱村 黄塱村位于西河镇北部，地处武江河的西岸，北面与糖寮村相邻，南面与什石园村接壤，西面与浈江区沙园村交界，下辖上坝、中坝、广明龙3个自然村，总农业人口310户1307人，党员26名，耕地面66.67公顷。该村以发展农业为主，主要种植水稻、蔬菜、花生等，黄塱黄瓜、大葱是传统的蔬菜名牌品种。2020年，村集体经济经营收入18万元。2020年，该村种植无花果8.67公顷，被评为广东省“一村一品”“一镇一业”专业村。

什石园村 什石园村位于西河镇东北部，西面与田心村相连，北面与黄塱村相邻，东南面与浈江区十里亭镇接壤，由什石园、下坝、什石园新村3个自然村组成，总农业人口238户、1370人，党员26名。耕地面积62.8公顷，主要种植蔬菜、水稻、花生等，与黄塱村连片共133.33公顷菜地被省定为无公害蔬菜生产基地，是韶关市主要的“菜篮子”生产基地之一。2020年，村集体经济收入2.2万元。

该村有400多年历史，村内有一座清朝石拱桥，现存1棵400多年的大榕树、2棵200多年的大榕树、1棵200多年的大樟树。

糖寮村 糖寮村位于西河镇北部，武江河的东面，西南面与黄塱村相邻，北面与浈江区犁市镇接壤，由糖寮旧村、新村、麦屋村3个自然村组成，现有农业人口305户、1322人，党员37名，耕地面积74.67公顷。该村以发展农业为主，主要种植水稻、蔬菜、花生、甘蔗等，其中白萝卜是传统的蔬菜名牌产品。2020年，村集体经济经营性收入1.35万元。

山蕉村 山蕉村位于西河镇北部，南面与田心村接壤，东面与黄塱村、糖寮村相邻。该村农业人口723人，党员24名，发展党员1名，耕地面积134公顷，主要种植水稻、蔬菜、花生、甜玉米、红薯等，其中种植甜玉米、红薯是山蕉村的支柱产业，每年山蕉的甜玉米除供应本地市场外，还远销湖南、香港等市场。2020年，村集体经营性收入约2万元，通过土地流转的形式，组建一家16.67公顷的大川家庭农场和引进一家4余公顷的韶韵葡萄园项目。2020年，在第二批“打擂比武”评选中山蕉果场村荣获“生态宜居美丽村庄”称号，并获得60万元的奖励资金。该村在农村人居环境整治中打通西河镇至重阳镇的交通“中梗阻”道路，使X313县道扩宽道路约1900平方米；新建人行道约1000平方米，设立交通标志牌7块，路面标线约240平方米；道路两旁绿化种植木棉树25棵，铺设草皮约400平方米，沿线14户村民积极让出路面面积约600平方米，将该处路口打造成呈弧形的安全路口，消除安全隐患。投资约50万元，修建农村“四小园”，因地制宜建造具有山蕉特色的占地约1900平方米的“知青”公园。

村头村 村头村位于西河镇南部，武江河西岸，北面与城区相连，南面与大村相邻，西面与西联镇接壤，仅1个自然村，农业人口1648人，党员34名，耕地面积24公顷。村民以外出务工和种植蔬菜、养殖家禽为主，村集体收入主要来源为物业出租。2020年，村集体经济经营性收入160万元。2020年，该村全力配合完成乡村道路建设，武江大道南、环村公路已按照项目用地需求全面完成交地任务。积极开展农村人居环境整治“打擂比武”工作，通过前期宣传，发放倡议书，入户讲解政策，调动村民热情，营造全民参与家乡建设的良好氛围，筹集资金85.36万元以及200立方米混凝土，于2020年年底完成村头村祠堂广场以及祠堂公园的建设。

大村村 大村位于西河镇西南部，广韶公路西侧，东南面与浈江区乐园镇高头村、新村相邻，西与西联镇车头村、岭头村、芙蓉山为界，下辖上村、下村、张屋岭村3个自然村，户籍人口560户、2980人、党员73名。该村以物业出租、种植蔬菜、养殖家禽为主，2020年，村集体经济经营性收入97万元。2020年9月，大村党总支部软弱涣散整顿转化工作顺利通过市委组织部整顿转化验收，以“优秀”等次脱帽。

（林韶娟）

西联镇

【概况】 西联镇位于武江区的中部，东、北与西河镇交界，南邻曲江区的白土镇，西与龙归镇相连，总面积68.9平方千米。辖西联、芙蓉、车头、下胡、赤水、阳山、沐溪、甘棠共8个行政村和恒大社区、碧桂园太阳城社区、碧桂园太阳城第二社区共3个社区。2019年7月，西联镇由“韶关新区”代管，保持镇级建制，该镇是韶关新区核心区，有糖环、艾糍、油糍、叶子糍、灰水糍、米饼等土特产，镇内有莞韶产业园、武江区科技工业园和甘棠工业园3个大型工业园区，主要旅游景点有芙蓉山、犁石湖、拾贝湖、沐溪水库、莞韶园、黄沙坪创新园等，还有欧震纪念亭、宋代余靖墓等名胜古迹，镇内有京珠高速公路、高铁韶关站、国道G323线、韶关大道穿镇而过，镇临北江航道，地理位置优越，水路交通便利，是产业发展的热土。

2020年，全镇年末户籍人口31181人，常住人口71235人，林地面积3017.2公顷（包括商品林和生态林）。2020年全镇农村经济总收入1178万元。财政一般预算收入3100.09万元，同比增长93.42%。该镇主要经济来源有建材、运输、机械、制造、铸造等工业。全镇有中学2所，小学8所，幼儿园14所，在校学生19150人；芙蓉新区社区卫生服务中心1间，镇文化站1个，综合文化服务中心10个，广播站1个。全镇参加医疗保险人数15800人，覆盖面100%。2020年，该镇获“2018—2020年度韶关市文明镇”“2020年广东省卫生镇”“韶关市抗击新冠肺炎疫情先进集体”等荣誉称号。

2020年，武江区深化乡镇街道体制改革，完善基层治理体系，西联镇设置党政综合办公室（加挂应急管理办公室牌子）、人大办公室、党建工作办公室（组织人事办公室）、纪检监察办公室、公共服务办公室（党群服务中心）、综合治理办公室、综合行政执法办公室（综合行政执法队）、规划建设办公室（生态环境保护办公室）、农业农村办公室（经济发展办公室）。

【征拆交地工作】 2020年，西联镇结合征拆交地项目工作建设实际，进一步深化“党建+征拆”工作模式，开创“以党建促征拆，以征拆强党建”的新局面，全力做好征拆交地工作。至12月底，该镇签订房屋拆迁协议100户，拆除房屋约20070.95平方米，完成交地约169.25公顷。顺利完成20号路、22号路、23号路、芙蓉山公园、华韶数据谷变电站、莞韶城一期、南水水库工程、东片区医药产业园等重点项目的征拆交地任务。沐溪村委大细村整村拆迁已完成95%，车头村整村拆迁已完成85%，确保芙蓉新城开发建设的用地需求。

【项目建设】 2020年，西联镇大力推动辖区内的项目建设，其中，北江航道扩能升级孟州坝枢纽工程正式通航，广东南岭干部学院建成投入使用，芙蓉新城水系引水涵管工程、芙蓉山片区道路改造提升已完工，完成韶州大道（新区段）、九龄路、芙盛路等13条（段）总长14.4千米道路和7.2千米污水管网建设，芙蓉新城污水主干管网连通成网。韶州中学、风度小学、阳山小学、沐溪小学改扩建、新区公立幼儿园动工建设，韶州小学、新区人民医院、甘棠生物医药产业园（基础设施）、高创南路（南段）等项目正在按计划施工，韶关综合客运枢纽（二期）、市妇幼保健院新院、韶州大道（新区段）已建成即将投入使用，恒大商业综合体、前海人寿韶关医院、保利商业综合体已完成主体结构封顶，恒大酒店已开展主体工程施工，丽枫酒店已开业，辖区内的城市配套设施不断完善。

【招商引资】2020年，西联镇完成工业投资14.08亿元，同比增长114%，工业技改投资完成3.53亿元，同比增长39.2%。新签约项目21个，总投资32.64亿元，其中亿元以上项目11个。鹰硕数据中心等11个产业项目新开工建设，萱嘉医品、明德电器、新蓝天纺织等一批新兴产业项目加快建设，莞韶众创（装备）中心项目等7个产业项目计划2021年实现竣工。

【新冠疫情防控工作】2020年，面对新冠肺炎疫情，西联镇迅速成立疫情防控工作领导小组，不断建立健全疫情防控工作机制和网格化工作体系。自年初二起，镇村干部职工取消休假，自愿主动投入防控工作，并通过党建引领、党员社区报到等机制，发动镇村干部、党员志愿者等开展“地毯式”全面排查和宣传工作。同时，联合公安和医生组成社区“三人组”，落实重点地区来韶人员的隔离观察管控工作（全年累计追踪962户1592人，其中密切接触者16人，1人确诊，已治愈）。在全镇的努力下，共获得抗击疫情集体荣誉奖项2个、个人荣誉奖项3个，其中西联镇党委被评为韶关市抗击新冠肺炎疫情先进集体，碧桂园太阳城社区居委会志愿者服务队被评为2020年韶关市最美抗“疫”志愿服务（组织），碧桂园太阳城第二社区周伟、阳山村田心村民小组长欧可忠被评为韶关市抗击新冠肺炎疫情先进个人，恒大社区潘志辉被评为2020年韶关市最美抗“疫”志愿者。

2020年12月4日，西联镇召开村（社区）“两委”换届工作会议（西联镇 供图）

【村级党组织换届选举工作】西联镇换届选举工作始终坚持党的全面领导，牢牢把好换届选举工作总舵。2020年12月27日，西联镇11个村（社区）党组织完成换届选举，党员参选率高达95.87%；全面实现组织意图。通过本次换届选举，55名群众认可、组织满意、能力突出的村（社区）支委干部进入村级党组织领导班子。

【第七次全国人口普查工作】2020年，西联镇按照第七次全国人口普查方案及工作要求，经过普查区域划分及绘图、行政资料整理、业务培训、户口整顿、两员选聘、普查摸底、短表登记、长表登记、比对复查、行职业编码等环节，在

120名普查指导员、479名普查员共同努力下，顺利完成该镇10个普查区，458个普查小区，合计户籍人口10317户、32423人，常住人口30664户、79105人的信息普查工作。

【创文巩卫工作】2020年，西联镇强化网格化管理，确保辖区保洁时长，实行生活垃圾袋装化和桶装化，垃圾统一转运、处置和填埋；全面实行“门前三包”市容环境卫生管理制度，充分利用LED电子显示屏幕、健康教育宣传栏、微信等宣传方式，不断加大创文巩卫的宣传力度，开展“我们的节日”“爱国卫生月”“周五公共卫生日”等主题活动累计44次，在道路两旁悬挂宣传横幅150余条，印发各类宣传资料2500多份，增强群众文明卫生意识，营造创文巩卫的浓厚氛围。2020年，西联镇被评为广东省卫生镇、2018—2020年度韶关市文明镇；车头村、沐溪村、甘棠村被评为广东省卫生村；沐溪村、车头村被评为韶关市武江区文明村。

【扫黑除恶专项斗争】2020年，西联镇扎实开展扫黑除恶专项斗争工作，组织召开4次相关工作会议，开展两查三对比行动13次，并不断加强扫黑除恶专项斗争宣传工作，在西联农贸市场、阳山市场、旭日玩具厂等地开展扫黑除恶专项斗争宣传活动共12场，在校园周边、农贸市场、主要交通路口、公交车站等人员密集的场所张贴扫黑除恶宣传海报500余张，悬挂扫黑除恶宣传横幅20余条。动员广大群众共同参与扫黑除恶，进一步从涉及群众利益的重点、热点等问题，加强线索摸排，抓好扫黑除恶专项斗争工作。恒大社区被评为2019年广东省“民主法治村（社区）”，基层社会治理法治化水平得到进一步提升。

【创建“平安西联”】2020年，西联镇根据《韶关市平安村（居）提升行动计划》以及《武江区平安村（居）提升行动计划》要求，围绕建设平安西联的总体部署，积极打造共建共治共享社会治理工作格局，以“六有六无”为目标，动员辖区韶关宏大齿轮有限公司、韶关旭日玩具厂等企业参与到“平安西联”创建工作中来。在2020年社会治安综合治理宣传月活动中，参加人员达600余人次，悬挂张贴宣传标语、横幅20余条，发放宣传材料1100余份，接待群众咨询230余人次，着力打造宜居宜业的善美西联目标，切实提升人民群众的获得感、幸福感、安全感。

【党组织建设】2020年，西联镇聚焦标准化规范化建设，进一步提升基层党组织的创造力凝聚力战斗力。认真落实“三会一课”制度，组织开展“党课开讲啦”活动，西联镇党校已培训党员1326人次，实现党员培训全覆盖。全力推进党群服务中心建设进度，芙蓉村、阳山村党群服务中心已全面启用，西联村、赤水村、车头村党群服务中心完成主体建设。围绕“1+4+N”工作思路组织社区开展在职党员报到工作，两个社区报到党员共约1732人，开展活动约1300场。推动软弱涣散党组织下胡村党总支部由弱变强，以优秀等次出列。顺利完成该镇11个村（社区）党组织换届选举，选优配强55名支委干部。发挥党员先锋模范作用，筑牢疫情防控安全网，率先开展“敲门行动”，落实“亮灯行动”，在芙蓉村开展“一网一支部、一路一街长”的网格化管理模式，把疫情防控临时党支部建在网格上。认真做好党员发展和管理工作，2020年西联镇新发展党员8名，转正21名。

【党风廉政建设】2020年，西联镇不断推进作风建设，开展基层正风反腐行动，组织纪律教育月学习活动，坚持重大事项集体研究，落实“三重一大”事项审批，抓好应急、节假日等值班值守纪律监督，做好公务用车及村务公开监督管理。西联镇不断规范和完善信访工作程序，做好信访接待工作，提升线索排查和处置效率，加大违纪党员查处力度及加快案件查办效率，2020年共计立案9宗，结案9宗，案件办结率达100%，查处违纪党员9名。在西联镇党员干部中起到很好的警示教育作用。

【人民武装工作】 2020年，西联镇立足实际，深入贯彻新时代军事战略方针，奋力开创西联镇武装工作新局面。充分调动适龄青年参军热情和积极性。西联镇现有普通民兵553人，基干民兵111人，2020年，共召开议武会2次，武装工作会议14次，并召集民兵按时参加区人武部组织的集训8次、点验5次，有效提升民兵战斗力。西联镇的民兵队伍既是一支实战力量，也是一支维护力量，更是一支保障力量。2020年，西联镇民兵主动成立民兵防疫队，参与到村宣传和先锋岗值班工作中，为西联镇打赢疫情防控阻击战贡献坚实力量。此外，还积极参与森林防火、创文巩卫、治安巡逻等工作，充分发挥民兵在参与经济建设和执行急难险重任务中的作用。

【脱贫攻坚工作】 2020年，西联镇全面对标“两不愁三保障一相当”“八有”标准，通过采取各种帮扶措施及结合民政、扶贫退出机制，不断缩小贫困面，截至2020年年末，全镇相对贫困人口27户44人（其中：有劳动能力贫困户6户20人，无劳动能力贫困户21户24人；一般贫困户3户11人，低保贫困户24户33人）。在全力攻坚下，2020年西联镇省定相对贫困人口全部有序稳妥退出。全镇贫困人口年人均可支配收入从2016年的6141.1元提高到2020年的11642.36元，其中有劳动能力贫困人口达到11766.48元，无劳动能力贫困人口达到11538.92元。

【民生保障】 2020年，西联镇全面加大民生保障力度，发放城乡最低生活保障金20.3516万元，农村特困老人保障金9993元和供养护理费3.4152万元，重大医疗救助2人，10.0897万元，孤儿基本生活费6.66万元，80周岁以上高龄补贴8.494万元，惠及3891人次。实现芙蓉新城范围内5个村失地农民养老保险全覆盖，完成被纳入芙蓉新城失地农民养老保障范围的5285名16周岁以上村民的社保购买工作。

【卫健工作】 2020年，西联镇共举办43场卫健宣传活动，大力宣传计生卫健法律法规、政策措施、惠民服务、慰问关爱等知识。开展微信公众号“广东免费药具”发放平台宣传和推广活动，协助配合芙蓉新区卫生服务中心开展居民健康档案宣传建档、特殊人群体检工作，共建立居民健康档案28532份，为全镇271位特殊人群进行免费体检。抓好特殊人群关爱帮扶服务工作，已完成对辖区内计划生育特殊家庭、孤儿、残疾儿童、留守妇女儿童、高龄老人等特殊人群登记造册，并落实一对一结对帮扶，全年共慰问关怀特殊人群126人。在镇辖区内开展4场“关爱女童、护苗成长”专题宣教活动，提高儿童、青少年自我保护能力。截至2020年12月，已婚育龄妇女7267人，共出生572人，办理计划生育服务证145人，一孩生育登记145人，二孩生育登记165人，再生育审批26人，组织出生缺陷、地贫筛查、孕前优生健康检查、“两癌”筛查等工作。西联镇妇联获得武江区妇女联合会命名的2020年度武江区“三八红旗先进集体”荣誉称号。

【精神文明建设】 2020年，西联镇积极落实精神文明建设工作，经常举办各种特色活动。受新冠肺炎疫情的影响，上半年取消“我们的节日”系列主题活动，全力投入疫情防控当中，下半年西联镇共开展19场精神文明建设活动，其中包括关爱女童、护苗成长、地贫宣传、“义诊义剪　情暖长者心”等活动，受益群众多达3200人次，组织观看扶贫题材电影《迟来的告白》，弘扬敢于担当、勇于拼搏、无私奉献的精神。

【安全生产】 2020年，西联镇组织开展安全生产检查，排查各类安全隐患，全年安全生产形势平稳。结合“敲门行动”“生命窗”等消防安全综合治理，开展安全生产三年行动，对危险化学品、消防、非煤矿山、建筑施工等方面进行专项整治，督促隐患整改，促进安全生产形势稳定好转。全年西联镇各级累计组织对650家（次）企业（单位、场所）进行日常执法监管，检查（排查）危化品企业2家、加油站

5家、农贸综合市场4家、网吧4家、旅店公寓26家、小档口、小作坊、小娱乐（三合一）场所404家，发现问题隐患88处，下发限期整改通知书88份，现场查封单位1家。

【开展乡村振兴工作】2020年，西联镇加快推进乡村振兴战略，稳步推进人居环境整治工作。一是以“三清三拆三整治”为重点的村庄清洁战役，西联镇已清理村巷道及生产工具、建筑材料乱堆乱放214处；清理房前屋后和村巷道杂草、积存垃圾272处；清理沟渠池塘溪河淤泥、漂浮物和障碍物44处；拆除危房、弃房979间，合30774平方米；拆除非法违规商业广告、招牌17处，365平方米；整治生活垃圾、生活污水、水体63宗。二是做好破旧泥砖房拆除“后半篇文章”，科学规划拆后土地利用。已拆除2128间，78031平方米，占应拆尽拆泥砖房面积94.52%，其中一户多宅1390间，47608平方米。

【农村集体产权制度改革】2020年，西联镇围绕解决“明晰集体经济组织资产的所有权和收益权，促进城乡资源要素的平等、有序流动；建立集体经济组织现代企业管理制度，培养适应市场经济发展相适应的能力；健全农村集体经济组织资产监管体制机制，激发农村集体经济发展活力；推行村级管理组织融合，巩固基层党组织的执政基础”四方面问题，加快构建归属清晰、权能完整、流转顺畅、保护严格的中国特色社会主义农村集体产权制度。大力推动实施农村集体产权制度改革工作，截至2020年年底，全镇46个涉改村（组）中已有41个完成集体经济组织成员身份认定工作，累计认定集体经济组织成员11269人，完成率89.13%；全镇2个应开展集体经营性资产折股量化的村已100%完成，量化资产179.99万元；清产核资累计清查登记集体资产2.13亿元，登记集体资源面积3800公顷。

【应急工作】2020年，西联镇加强防疫、防汛、防火、防寒期间的值班巡查工作，组建应急队伍，镇实行24小时值班，落实突发情况信息及时上报，及时处置突发事件，做好应急物资储备，完善应急管理制度，开展应急演练工作，切实做好各类风险隐患排查，严控野外用火，加强应急工作管理。2020年西联镇共处置14宗野外火情，没有发生重大以上森林火灾，没有发生人员伤亡事故。

【村情简介】

西联村 西联村位于西联镇中心，东与芙蓉村相邻，西与赤水村、沐溪村交界，南与下胡村毗邻，北与阳山村接壤，总面积约6平方千米，该村下辖九个自然村，户籍人口2720人，户数746户，常住人口3150人。西联村地理位置环境优越，依伴奇峰异石犁头石群峰，形成美丽盘中之景。西联大道、韶关大道十字形贯穿该村，并与323线、京广线、京珠高速公路相连接，构成南来北往交通框架，交通十分方便，是发展最大交通、文化、工贸、服务业的区域。辖区内有1所中学，1所小学，2所幼儿园，1个中型农贸市场，1所卫生院。该村已纳入韶关市芙蓉新城的建设范围，重点项目建设有保利地产、宝能公馆、碧桂园太阳城、韶州中学、广东韶关实验中学、广东韶关实验小学、前海人寿医院、市妇幼保健院等。西联安置新村建在韶关大道西北侧，新村建设用地面积约22万平方米，于2013年8月正式动工建设，2016年11月已全面建成并交付使用，西联新村安置房已进行分配公开抽签共720套，新村入住率90%，入住人口2630人。

芙蓉村 芙蓉村位于西联镇东部，在风景秀丽的芙蓉山水环抱当中，东北与西河镇一山之隔，西与西联村交界，南与车头村毗邻，距离市区约6千米，交通便利，芙蓉路与西联大道相连接，总面积约6.7平方千米，该村下辖5个自然村，户籍人口1830人，户数497户，常住人口约1560人。该村辖区的芙蓉仙洞、拾贝湖、芙蓉山等景点，已成为韶关市民休闲度假胜地之一。辖区内有1间中医诊所、1间卫生站。该村已纳入韶关市芙蓉新城的建设范围，重点项目建设有芙蓉广场、碧桂园太阳城商业广场。芙蓉安置新村建在南华路北侧，新村建设用地面积约15.9万平方米，于2014年6月正式动工建设，2016年9月已全面建成并交付使用，芙蓉新村安置房已分配公开抽签共497套，新村入住率99.8%，入住人口约1560人。2020年，武江区委、区政府授予芙蓉村“武江区担当落实先进党支部”、芙蓉村党总支部“担当落实先进党（总）支部”等荣誉称号。

下胡村 下胡村位于孟洲坝电站下游，东与车头村相邻，南靠北江河，西与赤水村相邻，北与西联村相邻，下胡村周围东有32号路，南有滨江路，西有韶关大道，北有5号路相互贯穿，是西联镇水陆交通最便利的行政村。总占地面积约3.29平方千米，该村下辖1个自然村，户籍人口1510人，户数473户，常住人口1467人。辖区内有1所小学，1所幼儿园，1间卫生院。该村已纳入韶关市芙蓉新城的建设范围，重点建设项目有恒大地产、保利地产、滨江商务中心、韶洲文化广场等项目。下胡安置新村建在滨江路旁，新村总占地面积约15万平方米，于2018年1月正式动工建设，2021年3月已完成新村主体建设工作。

车头村 车头村位于北江河畔，在西联镇南部，东与西河镇村头、大村相连，南与浈江区六合村隔河相望，西与下胡村毗邻，北与西联村、芙蓉村相依。该村依山傍水，水陆交通十分方便，沿北江河、西联大道贯穿村内并与京珠高速公路连接，是青山绿水、美丽富饶的西联一角。总占地面积约3.6平方千米，该村下辖3个自然村。户籍人口1635人，总户数约390户，常住人口1567人。辖区内有1所小学、1所幼儿园、1间卫生院，1间医院（在建市一医院）。该村已纳入韶关市芙蓉新城的建设范围，重点建设项目北江航道扩能升级孟洲坝枢纽工程、城投大厦、广东南岭干部学院、犁石湖公园陆续建成并投入使用，市一人民医院迁建、风度小学、省档案备份中心、省消防指挥中心正在建设中，重点项目的逐步落地，为车头村今后的经济社会发展营造良好的环境。车头安置新村位于韶关市芙蓉新城32号路以东，韶关市公安局以南，下胡安置区以北的区域，新村建设用地面积约13.64万平方米。车头安置新村于2014年3月开工建设，2018年4月全面建成并交付使用，车头新村安置房已分配公开抽签529套，新村入住率96%，入住人口约1561人。2020年，车头村被广东省爱国卫生运动委员会授予“广东省卫生村”称号，被武江区精神文明建设委员会命名为“武江区文明村”。

赤水村 赤水村位于西联镇西南面、东与下胡村接壤，西与甘棠村、沐溪村交界，北与西联村毗邻、南与乐园镇坝厂村委会一河相隔，地处北江河畔，水运便利。总面积约3.2平方千米，该村下辖1个自然村，户籍人口约700人，总户数228户，常住人口约700人。赤水村地处北江河畔，原村域内有天然千姿百态的赤水河，紧依有“小桂林”之称的铜鼓洲。该村辖区内有1所卫生院。该村已纳入韶关市芙蓉新城的建设范围，重点建设项目有武广高铁站、长途汽车站、恒大城、京珠高速、星汇休闲商业街等。赤水安置新村建于韶关高铁站旁，建设用地面积约7.3万平方米。赤水安置新村于2012年7月开工建设，2014年4月全面建成并交付使用，赤水新村安置房已分配公开抽签211套，新村入住率100%，入住人口约700人。

阳山村 阳山村位于西联镇西北部，交通十分便利，国道323线穿村而过，东面与西联村接壤，南面与沐溪村相邻，西面与龙归镇后坪村接壤，北面与西河镇下坑村、前进村相邻，总面积约16.7平方千米，下辖八个自然村，户籍人口3456人，户数约690户，常住人口3950人，流动人口约1.9万人。该村辖区内景点有莞韶园（双塘印雪、寻梅路、两塘书院）。辖区内有1所小学，7所幼儿园，2所农贸市场，2间医院。该村是莞韶产业转移园建设的主战场之一，也是该镇成为“广东省技术创新专业镇”的重要依托，村民的年均收入也一直排在该镇前列。辖区内建有旭日玩具厂、五洲汽配城、韶瑞重工、铁友机械等30多家实力雄厚的企业，韶关市重点建设的莞韶城项目也初具规模，黄沙坪电子商务城已建成70多栋。

沐溪村 沐溪村位于西联镇西北部，东、南面与阳山村、赤水村相邻，西、北面与曲江区接壤，国道G323线穿村而过，交通十分便利。总面积约13.3平方千米，该村下辖五个自然村，现有户籍人口数1596人，常住人口约1351人，流动人口3900多人，总户数535户，1个农贸市场、1所小学、1所幼儿园、1间卫生站。下辖的沐溪水库是韶关市重要水源地之一，也是韶关市民休闲度假首选胜地之一。特色传统节庆食品有油糍、糖角、糖环、米饼、叶子糍、艾糍、灰水糍等。辖区内有科艺创意、丹霞制药、百事得茅、核力重工等实力企业20多家。2013年为响应韶关市委、市政府加快示范性园区——沐溪工业园的规划建设需要，整体搬迁至国道G323线沐溪大道附近规划安置，与大村、细村、九马坑村部分村民及一些散户组成沐溪新村。2020年沐溪村被广东省爱国卫生运动委员会授予“广东省卫生村”称号、被武江区精神文明建设委员会命名为“武江区文明村”。

甘棠村 甘棠村位于西联镇西面、国道G323线旁，东面与赤水村相邻，南面与曲江区白土镇河边村相邻，西面与龙归镇社主村相邻，北面与沐溪村相邻。总面积约12平方千米，下辖8个自然村，该村户籍人口2722人，户数770户，常住人口2938人。该村辖区内有1所小学，1所幼儿园，1所农贸市场，1所卫生院。甘棠村由刘氏在元朝末期从江西迁入而建村，南面有座三娘庙，建于宋朝末期，由甘棠村民刘少孟创建，是当地人宗教活动场所。还建有欧震纪念亭以及宋代余靖墓。此外，该村重视集体经济发展和精神文明建设，每年投入十多万元，用于村公共基础设施建设、甘棠小学教育经费以及村民各项福利事业。甘棠村是京珠高速、韶赣高速和广乐高速的交会区域，紧临国道G323线、北江航道、武广高铁，甘棠工业园建设有莱雅化工、都市丽人、东盈制衣厂等项目。2020年，甘棠村被广东省爱国卫生运动委员会授予“广东省卫生村”称号。

恒大社区 恒大社区位于韶关市西联芙蓉新城，近邻韶关武广高铁站，韶关大道东侧，南连京珠高速，东望芙蓉山公园，北接韶关大道，辖区总规划建设面积约1.39平方千米，辖区范围有恒大城一至五期等多个片区，户籍人数3066人，户数1250户，社区常住人口约8000人。辖区内芙蓉第一小学，恒大城国际全能运动中心、综合会所、商业街、居家养老服务中心等便民设施已经完善。恒大城幼儿园、恒大商业综合体、恒大酒店等大型配套也在陆续建设中。恒大社区居委会成立于2018年5月，位于恒大小区一期一栋一楼，建筑面积356.3平方米，设置有公共服务中心、两委办公室、两委会议室、综合活动中心、电子阅览室、党员活动中心、党群会议室、儿童之家、妇女之家、新时代文明实践站等。

碧桂园·太阳城社区 太阳城社区位于西联镇东南面，东与芙蓉村相邻，西与西联村交接，南与保利大都会毗邻，北至芙蓉隧道，位于丹霞大道中道路北侧，与太阳城第二社区紧紧相连，总规划建设面积约1.07平方千米，辖区范围有芙蓉湾、天玺湾、蓉城花园、天钻、新城之光等多个片区。现有户籍人口1300户5524人，常住人口约1.5万人，辖区内有1所中学、2所小学、1所幼儿园、1所农贸市场，1所医院和1所社区卫生院。（前海人寿医院在规划建设中）。碧桂园太阳城社区居委会于2016年1月4日正式办公，办公场所位于芙蓉湾1街1座架空层，总面积420平方米。设置有公共服务中心、两委办公室、两委会议室、综合活动中心、电子阅览室、党员活动中心、党群会议室等。

碧桂园·太阳城第二社区 碧桂园太阳城第二社区位于西联镇东南面，东与芙蓉村相邻，西与西联村交接，南与保利大都会、宝能公馆毗邻，北至芙蓉隧道，位于丹霞大道中道路南侧，与太阳城社区紧紧相连。总规划建设面积约 1.6 平方千米，辖区范围有花地、芷兰湾、泊林、天麓山、青云台、岭誉等片区。现有户籍人口 1186 户 4153 人，常住人口约 1 万人，周边有百旺路直通百旺大桥、韶关大道和丹霞大道等多条城市干道，相邻韶关芙蓉山公园。辖区内有多个小区露天游泳池及室内游泳池、小区儿童乐园等。辖区内有 1 所小学、2 所幼儿园。（碧城广场商业体、韶州中学也在规划建设中）。碧桂园太阳城第二社区居委会于 2020 年 11 月正式办公，办公场所位于芷兰湾 3 街商业街 1 座 1 楼 1 号，总面积 649 平方米，内设有公共服务中心、综合会议室、综合活动中心、街坊议事堂、电子阅览室、舞蹈室等。

（侯家良）

龙归镇

【概况】 龙归镇位于武江区的中西部，东邻西联镇和曲江区白土镇，南与曲江区樟市镇、罗坑镇相接，西与江湾镇和乳源瑶族自治县毗邻，北与重阳镇、一六镇相连，总面积 237 平方千米。辖续源、山前、奇石、龙归、坳头、冲下、龙安、留村、社主、马渡、寺前、后坪、盘村、凤田、方田共 15 个村委会和龙归镇社区居委会共 1 个社区居委会。

龙归镇土特产有淮山、香蜜薯、马蹄、果蔗、生姜、慈姑、粉葛、莲藕、杨梅、食用桑、桑葚。该镇主要旅游景点有韶关武江乡村振兴培训实践中心（龙归粮仓）、龙归禅寺、龙归公园、文武阁塔、南岸瀑布。自然资源有矿产、土地、山林、水力。有“九子石”、文武阁塔、董村寺、三皇石、四点金围屋建筑等名胜古迹。

2020 年，全镇年末户籍人口 42034 人，常住人口 28656 人。耕地面积 2792.68 公顷，粮食播种面积 2307.9 公顷，粮食产量 14602 吨。林地面积 18482 公顷，森林覆盖率 86.9%，活立木蓄积量 145.6936 万立方米。

2020 年，全镇农村经济总收入 16.74104 亿元，比 2019 年增长 7%。农村人均纯收入 18063 元，增长 7%。固定资产投资 1522.08 万元，增长 10.58%。全镇财政一般预算收入 6526 万元。

该镇主要经济来源有农业、小水电、建材、矿产开采与加工。

2020 年全镇有初中 1 所，小学 2 所，幼儿园 10 所，教学点 7 个，在校学生 4355 人；有文化站 1 个，广播站 1 个。全镇参加医疗保险人数 31296 人，覆盖面 70%。

2020 年，武江区深化乡镇街道体制改革，完善基层治理体系，龙归镇设置党政综合办公室、人大办公室、党建工作办公室（组织人事办公室）、纪检监察办公室、公共服务办公室（党群服务中心）、综合治理办公室、综合行政执法办公室（综合行政执法队）、规划建设办公室（生态环境保护办公室）、应急管理办公室、农业农村办公室（经济发展办公室）。

【基层党建】 2020 年，龙归镇以全面推进党支部规范化和提升组织力为重点，强化党建引领全镇工作开展。以学习贯彻习近平新时代中国特色社会主义思想等为主线，切实加强政治理论和业务培训。2020 年，镇委党校开展各类培训 12 次，分教点 64 次，累计培训 4052 人次，实现基层党员培训全覆盖。组织全体党员干部学习贯彻习近平总书记出席深圳经济特区建立 40 周年庆祝大会和视察广东重要讲话、重要指示精神、收听收看直播现场、学习颜亮书记十九届五中全会专题宣讲会；结合十九届五中全会精神，开展专题学习 2 次，召开座谈会 1 次。落实“社区吹哨、党员报到时”工作机制。推动在职党员结合疫情防控、创文巩卫等工作到社区开展服务，共 203 次 1353 人次。

2020 年，完成 11 个村党群服务中心规范化建设，为党员群众办事、活动打造良好的平台。严格落实《武江区村（社区）党组织书记备案管理制度》，按照 1 : 2 的比例，建立书记后备干部 32 人，落实“一人一档一策”培养制度。2020 年开展村级党组织书记培训 2 次，后备干部 1 次。坚持党管人才战略，本年度高质量发展党员 15 名。全面完成党组织换届工作，其中新调整党组织书记13人，平均年龄41岁，大专以上学历6人，新进支委20人，平均年龄35岁，大专以上学历7人。

【先进表彰】 2020年4月，龙归镇被韶关市武江区委、区政府评为“武江区2019年攻坚克难单位”。龙归镇坚持加油实干、奋勇争先，成功举办全国乡建年会、韶商大会武江分会（参观点），完成破旧泥砖房拆除、龙归产业园征地“硬任务”。通过攻坚克难，今日龙归已成为城郊休闲“首选地”，成为生态宜居产业兴旺的中心镇。

【疫情防控】 2020年，自新冠肺炎疫情发生以来，龙归镇高度重视、积极应对，从严从快从紧抓好各项防控工作。此次疫情龙归镇共排查登记重点人员59名，共设疫情防控检查点20个，每天出动工作人员约50人，每个小站点不少于2人，集中检查站点4—9人。为防止聚集和交叉感染风险，该镇在第一时间封闭广场等公共场所，并通过对居家观察的重点人员进行回访，测量体温，未发现有发热、咳嗽或与疫情相关的症状。不断抓好和加强重点场所、人群的防控，恢复市场体温检测，关闭部分进出通道，对敬老院、学校等进一步加强防控。各党支部建立网格化疫情防控管理，党员干部划片区严防死守，踊跃参与爱心捐款62144.5元，疫情防控严格有序。2020年，全镇情况平稳。

【乡村振兴】 2020年，武江区启动龙归至江湾精品线路村容村貌整治提升打擂比武活动，龙归镇沿线6个村委及4个面上村落实“双联双包双带”党建模式、“龙安模式”受到区委、区政府充分肯定。镇党委召开12次专题会议研究部署扶贫工作，建立党员挂钩帮扶制度，帮助167人复工复产，全镇294户，675名贫困人口全部实现脱贫退出。完成龙归城乡融合产业园征地382.14公顷，拆迁4810平方米；完成中医院征地2.24公顷，得到区委、区政府充分肯定。因地制宜制定《关于全域推进农村人居环境整治，建设生态宜居美丽乡村的工作方案》，完成全镇15个行政村中干净整洁村创建，占所有行政村比例达95%，完成13个美丽宜居村标准创建工作，占比86.6%，农村无害化厕所普及率达100%。

【综合治理】 2020年，龙归镇探索建立“韶关民声热线武江区龙归镇乡村工作站”试点。切实转变全镇工作作风，以抓党建、抓班子带队伍为切入点，进一步加大宣传发动、完善技术视频监控等方面的投入。按照相关的法律和规章制度，加强对矫正对象的管理，制定矫正方案，做到一人一档。2020年，龙归镇共有社区矫正人员8名，没有发生重新犯罪和脱离管辖的情况。2020年新增安置帮教人数为35人，其中重点帮教人员为8人，安置帮教率为100%，共有211名安置帮教人员。2020年共开展法律宣传活动5次，发放宣传资料2500余份，各村调解委员会共调解各种矛盾纠纷221件次，人民调解书面协议25宗，调解成功218件，调解成功率达98.6%，涉及金额580多万元。2020年，龙归镇开展地毯式排查，共计打击5宗非法采砂案件，全年全镇共批自用砂13宗，约850立方米。重点抓好奇石猪场工程款纠纷，凤翔砖厂与社主村委会合同纠纷等一批重点案件的协调、调处。深入开展扫黑除恶治乱专项斗争，坚决铲除黑恶势力滋生土壤，有效实现社会治理。进行日常化巡逻，及时发现龙归镇范围内的违法建筑，并及时做出处理，全年共计查处违法建筑212宗。

【征地拆迁】 2020年，龙归镇共排查应拆破旧泥砖房517间，12096.975平方米，2020年累计拆除破旧泥砖房517间，12096.975平方米，占比100%。推进龙归城乡融合产业园征拆工作，在区指挥部及征拆领导小组的具体领导下，积极开展征拆工作，共完成土地清点丈量382.14公顷的集体土地的协议签订，完成土地清点丈量330.16公顷，完成总征地面积的86.28%，拆迁4810平方米；清理地上附着物172.13公顷，实际围闭172.13公顷，根据新签订的征地协议，共拨付征地款5529万元。完成区中医院征地任务。成立镇征地工作领导小组，推动项目征收工作，5月12日组织召开冲下村民代表会议，并与村委会签订2.24公顷集体土地的《征地协议书》，共涉及冲下龚屋、高屋共28户。8月7日，龙归镇全面攻坚完成征地任务。龙归镇境内的奇石新希望猪场、坳头东埔优百特养殖场和龙安大洞猪场工程建设进展顺利。

【民生实事】 2020年，龙归镇“四好农村路”建设任务为18.375千米，其中省攻坚的“四好农村路”为14.008千米，占全区的51.85%，涉及11个村，23条路。7月31日全部完成硬底化。9月根据工作需要，在坳头、方田、留村、卫生院后又新修一批四好农村公路，约3千米。推进农村普通公路“136”路长制工作，在各村设置公示牌一批。2020年，全镇共建设“四好农村公路”31条，21.146千米，项目总投资1101.49万元，圆满完成上级下达的目标任务。2020年，龙归镇项目总投资1548.39万元，主要建设内容包括门前区域提升、道路排水、沿线植物提升、沿线建筑整治、大人村景观建设等项目。路灯安装工程项目估算总投资215.12万元，建设地点在龙归镇益龙路、兴龙路、老街、河滨路、横街及国道G240，建设规模长度约4800米，其中8米标准路灯154盏，6米标准路灯98盏，壁挂式路灯24盏，太阳能壁挂式路灯16盏，太阳能路灯35盏。卫生公厕建设已全部完工，共建设卫生公厕46个（其中：一类6个，二类11个，三类19个，简易10个）。

【农业生产】 2020年，龙归镇粮食播种面积2307.9公顷，粮食产量14602吨。抓好主导产业，大力推进该镇“一村一品”“一镇一业”工作，推动食用桑产业发展，共有7户种植食用桑7.69公顷。严格做好畜禽的防疫注射工作，全年共注射猪瘟疫苗3250头次，猪口蹄疫苗3392头次，羊口蹄疫苗以及小反刍兽疫苗1250头次，开具动物检疫票约1520张。2020年度，顺利完成15个行政村209个组的清产核资“回头看”清查验收，对部分农村集体土地确权工作进行勘误更改。龙归香蜜薯入选全国名特优新农产品名录，生产规模约60公顷，年产量约1740吨。

韶关市武江区龙归镇龙安金桑园　　（龙归镇　供图）

【民政工作】 2020年，龙归镇已纳入农村低保的低保户293户，共525人，城镇低保户11户，共14人，全年共为城乡低保对象发放低保生活保障金255.7万元。一年来，开展业务培训4次，对低保对象进行动态管理。在年度核查中，低保工作人员深入低保对象家中调查走访了解情况入户率100%。非一站式大病医疗救助29人次救助金额28.15万元。发放临时救助金28人共4.32万元，切实使广大困难群众得到国家和社会的帮助和实惠。截至12月，全镇已为53位60岁以上老人办理特困供养关系，其中集中供养特困老人11人，农村散居五保老人42人，全年为特困老人提供生活保障金41.69万元。2020年，敬老院新收入住老人3人。2020年在院人员13人，其中农村特困供养对象10人，城镇特困供养对象3人，完全自理11人，半自理1人，失能

1 人。2020 年提高院内供养老人的生活补贴，把原来每人 50 元 / 月提高到 80 元 / 月。全镇共有 752 名高龄老人，发放高龄津补贴 21.09 万元。全年为 524 名重度残疾人发放生活补助费共 172.3 万元；发放残疾人生活津贴 170 人共 95.5 万元。完成城市社区平均拥有不少于 10 个社区社会组织，农村社区平均拥有不少于 5 个社区社会组织的任务。各村建立村民理财小组、村务公开监督小组，有利工作的开展和经济的发展。

【安全生产】 2020 年，为抓好龙归镇安全生产工作，减少事故发生，整治重大事故隐患，保证该镇范围内各生产单位正常生产经营。龙归镇在元旦节、春节、“五一”节、中秋国庆等重大节假日开展安全生产大检查，切实加强安全生产管理，为龙归镇各生产单位的生产提供安全保障。多次开展专项整治活动，重点开展道路交通、烟花爆竹、建筑施工等安全生产专项整治行动，并对“三合一”场所消防设施、违规住人进行住户清理整治工作，全年检查“三合一”场所 39 家，出动 117 人次，发现问题隐患 39 处，下发整改通知书 39 份，整改完成率为 100%，有效消除安全隐患。

【爱卫及环境保护】 2020 年，龙归镇政府成立爱卫检查组，对辖区街道、各村委会卫生进行检查、评比；村委会负责城镇垃圾清运工作对镇村结合部环境卫生进行治理，共出动清运车辆 3 次，清理污染水沟 1800 米，卫生死角 5 处，清除乱贴乱画小广告 22 处，清除垃圾 25 吨；对全镇自来水蓄点每月进行 10 次投药消毒，保证饮用水的卫生安全。利用区农业局植保站和龙归镇农科站每年两次灭鼠机会，镇爱卫办共对 15 个村委会发放老鼠药十吨。发放宣传单 380 余份，宣教展板 16 块，黑板报 2 期，对不符合卫生条件的经营者进行警告停业整顿并发出健康体检通知 3 份。2020 年，共协助市、区环保部门处理环保投诉案件 15 宗，共调查处理“12345”政府服务热线环保投诉案件 18 宗，对 2 家不符合环保要求的企业进行关闭取缔。

【河长制工作】 2020 年，龙归镇建立完善龙归镇全面推行河长制工作领导小组。设立固定的河长公示牌共 28 块，其中市级 2 块，区级 11 块，镇级 15 块。镇村两级河长在企业微信“广东智慧河长”平台互联网上线率 100%，互联网上巡河 1226 人次，其中镇级河长 581 人次，村级河长 645 人次，超额完成区河长令要求的巡河次数。全年全镇巡河共发现问题 32 宗，均已结案。在河道较显眼位置设立固定的河长制宣传牌 34 块，制作宣传横幅、传单等 300 多份，全年开展培训 3 次，开展宣传活动 6 次，简报数量 4 篇。一年累计清理水上漂浮物 0.18 万吨，清理水域面积 2.5 万平方米。

【计划生育】 2020 年，龙归镇出生 482 人，政策生育率 74.07%，出生男女性别比 114.22。农村部分计生家庭奖励 13 人，城镇独生子女父母奖励 10 人。

【人民武装】 2020 年，龙归镇完成民兵整组工作，完善全镇基干民兵资料，参加市、区两级的点验及训练；组织民兵参加多次扑灭山火与防疫工作行动，并顺利完成任务；完成年度征兵工作，为部队输送新兵。

【森林防火】 2020 年，龙归镇全面贯彻执行“预防为主，积极消灭”的方针，狠抓各村防火责任的落实，转发《韶关市武江区人民政府森林防火禁火令》文件，在全年重点时段（元旦、春节、清明、“五一”、重阳、中秋、国庆等节假日）安排部署护林防火工作，与各村签订《龙归镇 2020—2021 年森林防火责任书》，制定野外用火责任包干表，《应急预案》《森林火灾报告制度》《扑火安全守则》《森林防火值班制度》《宣传工作实施方案》等。2020 年，龙归镇联合后坪村委武江光伏企业、社主村委南方电网企业开展森林防火安全演练，提升企业职工对火灾初期扑救的能力，了解森林火灾的严峻性，做到早发现、早报告、早处理。

【乡村振兴培训实践中心投入使用】 2020年，武江乡村振兴培训实践中心正式投入使用。武江乡村振兴培训实践中心的前身是龙归粮仓，为有效解决乡村建设与发展链条当中缺专业技术、缺优质人才、缺发展平台的问题，武江区邀请全国工程勘察设计大师倪阳和华工叶红教授对龙归粮仓开展“大师小筑”，对龙归粮仓进行活化利用，建成韶关市武江乡村振兴培训实践中心。中心投入使用以来，举办2019年中国城市规划学会乡村规划与建设学术委员会年会，及多类型主题的乡建培训和文旅活动。举办乡村振兴、农业技能、司法、党务等各类专项培训50余期，承接市直、区直开展的主题党日、学习交流活动30多场次，共1万余人次到培训实践中心参观学习。

【中国农民丰收节】 2020年9月22日，韶关市政府主办，各县（市、区）政府承办，以“庆丰收、迎小康”为主题的2020年中国农民丰收节韶关系列活动，在武江乡村振兴培训实践中心（龙归镇）启动。市委副书记、市长王瑞军，市政协主席王青西，市人大常委会党组副书记、副主任邓小杰出席启动仪式并参与节庆活动，共同礼赞丰收，致敬农民。系列活动以“谷满粮仓·幸福武江”金秋轻骑活动拉开序幕，王瑞军、王青西、邓小杰与各界来宾沿路骑行，在满目青翠、美丽富饶的田野乡间，见证乡村振兴的丰硕成果。随后举行的2020年中国农民丰收节韶关系列活动启动仪式暨“谷满粮仓·幸福武江”农旅展销推介会，设置农特产展区等十大展区，并为获得2019年广东省名牌产品（农业类）和武江区“十优农业先锋”的企业代表授牌。系列活动将从即日起持续至10月8日，在各县（市、区）十大会场举办，传播党的“三农”政策，展示丰收盛况。

【“打擂比武”工作】 2020年，龙归镇结合区委九届九次全会精神，高度重视打擂比武工作，以此为契机和抓手，迅速组织实施，推进环境整治提升，在龙安村先行试点，因地制宜，攻坚克难，成功探索出“多、快、好、省”的具有龙归特色的龙安模式，并在全镇范围内加以复制推广，快速打开打擂比武活动的局面，龙归镇沿线6个村委及4个面上村及时行动，农村人居环境整治建设生态宜居美丽乡村打擂比武工作已全面铺开，通过宣传发动，得到当地村民、企业的大力支持，共筹集资金约350万元，投工投劳200工时。龙归镇在8月第一次“打擂比武”工作中，方田村委车合村位居第二名，奖励80万元，龙安村进入前4名。第二次方田村委大人村、龙安村获奖。此外，盘村村委四点金村、凤田村委土楼村、北岸村委、社主村委砖厂新村、龙归镇双头村、山前村委何屋新村、后坪村等一批村庄通过“打擂比武”工作，环境面貌得到很大改善。

【村情简介】

续源村 续源村位于龙归镇的最南部，距镇区10千米，东邻曲江区白土镇大岭村，南接罗坑镇下坪村，西面与盘村村密落相连，北与山前村相连。该村为宋朝时建村，因当年年三十晚发洪水，故名续源村。由元石村、榕树下、冯屋村、欧山村、潘屋村和下社村等10个自然村组成。2020年，村总户数710户，人口2578人，耕地面积170.93公顷，山林面积3378.2公顷。该村经济以农业种植水稻、果树等作物为主，畜牧业以养殖猪、鸡、鸭、鱼等为主，山林资源丰富，村内建有10多个个人及集体电站，1个林场，1间村小学。完成续源河堤整治工程，建成通潘屋村桥梁。

山前村 山前村位于龙归镇南部，距离镇中心8千米，该村北与奇石村相邻，与奇石山岭交界，南与续源村接壤，西与方田村墩头村分水岭为界。续源河贯穿该村。该村人口分隔居住于东西岸。山前村建于南宋时期，原称“三千村”，后因迁居山岭脚下，故称“山前村”。2020年，该村户数452户，人口1659人。有耕地面积108.73公顷，其中水田62.67公顷，山林面积193.33公顷。

山前村经济以农业为主，种植作物有水稻、蔬菜、果树等，传统农业品牌有淮山、粉葛、韭菜。引进种猪场1个。

山前村与奇石村合办小学1间，接收一年级至三年级的小学生。2016年，被认定为省级贫困村，由东莞市高埗镇结对帮扶，建有山前文化广场、卫生站、党群服务中心等，山前村至续源村道路实现硬底化。2021年1月，山前村何屋新村被武江区委评为美丽农房风貌村庄。

奇石村 奇石村位于龙归镇南部，是革命老区村。村的西南面与方田、山前村相邻，东北面与龙归、龙安村接壤。奇石村建于明朝时期，因该村有一尖锥状的奇特小石山而得名。2020年，有10个自然村，村总户数538户，人口2309人，有耕地面积178.26公顷，山林面积344公顷。

位于谭屋自然村的革命烈士纪念碑于2020年进行维护修缮后，碑前广场可容纳约100人进行瞻仰革命先烈仪式。该村经济以农业为主，传统作物有优质水稻、花生、蔬菜等。特色作物有茶叶、八月瓜、香蜜薯、马蹄、莲藕、桑葚、杨梅、柑橘等品种。畜牧业有鸡、鸭、猪、牛。村辖区大型企业有新希望集团旗下的广东新好正和农牧有限公司，2020年正式投产，主要是繁殖猪仔，占地约65.33公顷，5个厂房共投产约4万头。

龙归村 龙归村位于龙归镇的中心区域、京珠高速公路及国道G323的南侧，距高速公路韶关北站出口及国道G323约2千米。村的东南与西联镇甘棠村为界，南面与曲江区白土镇苏拱村接壤，西北面与奇石村、龙安村、冲下村、社主村相邻。龙归村始建于宋朝，因当地有一山岭如五条龙形状，由南向北俯冲而来，气势宏伟如五龙归位，故名龙归村。2020年，该村辖25个村民小组，村总户数1110户，人口4871人，耕地面积218.6公顷，山林面积233.33公顷。

该村经济以农业为主，种植作物有水稻、蔬菜、果树苗等，农业传统品牌主要有淮山、慈姑、莲藕、果蔗。

坳头村 坳头村位于龙归镇南部，村的东南与曲江区白土镇苏拱村委相邻，西部与龙归村水流坪相邻。2020年，村总户数673户，人口2760人，有耕地面积149.4公顷，山林面积459.73公顷。该村经济以农业为主，种植作物有水稻、莲藕、慈姑、粉葛、马蹄、黑皮冬瓜等，部分村民以养鸡、鸭为主，有东埔水库［小（2）型］1个，养殖草鱼，有一个大型养殖场，占地面积6.67公顷。

2020年，公路建设完成东埔进村路，黄泥塘到丘屋，田心14队进村路，三条四好农村公路。水利建设完成城夹村部分水圳三面光建设，石下村陈屋到田心3队大圳的维修。

龙安村 龙安村位于龙归镇西南部，距镇区约5千米。东面隔河与龙归村相连，北与冲下村相邻，南与方田村相邻，西与留村水冲坪接壤。到2020年年底，共有20个村民小组，731户，3221人，分为安村和小村两大部分。山林面积522.93公顷，耕地面积209.8公顷，其中水田158公顷，旱地51.8公顷。境内有江湾公路横穿，江湾河流过。该村经济长期以来以农业为主，种植作物有水稻、蔬菜、果树等，淮山和马蹄是该村的传统作物。该村利用山地等优势，大力发展畜牧业和养殖业。村内有龙安村淮山生产专业合作社、金桑园、食用桑叶等，成立小龙虾养殖示范基地，龙安村生态农业有限公司种植茶花1公顷。龙安村淮山荣获广东省“一村一品、一镇一业”专业村。

龙安村姓氏有黄、叶、赖、唐、张、侯、潘、肖、黎、董、杨、刘、李、卢、游、梁等20多个姓。其中最大姓氏为黄姓，623人，分布在安村；第二为赖姓，436人，分布在小村；第三为叶姓，有342人，分布在安村。其余的为小姓，人数从几十至几百人不等。

现存在有2座清朝时期修建的古庙（安民祠），该村还存有3棵400百多年的大榕树。该村现有小学1间。

村集体有石灰山和大洞山，村内有高城、龙安两座私人老板投资建设的小水电站。2020年安村岭边、小村岭边村在武江区农村人居环境整治“打擂比武”活动中荣获“生态宜居美丽村庄”。

冲下村 冲下村位于龙

归镇中西面，北面与社主村相邻，西面与留村接壤，村委会所驻地离国道G323线和京珠高速公路仅1千米，境内有龙归河、南水河流经过，交通便利。

由郑、龚、高、管、涂、曾、邹屋7个自然村15个村小组组成，全村人口2583人，总户数604户，总面积2.6平方千米，其中山林面积333.33公顷，耕地面积111.6公顷，其中水田面积70.2公顷，旱地41.6公顷。

该村经济以农业为主，种植作物主要有水稻、黑皮蔗、蔬菜等。由于人均耕地面积较少，劳务收入是该村村民的重要经济来源之一。2020年推出“党建引领、组团作战、精心谋划、建章立制、引进激励、产业带动”六项举措，率先完成“三清三拆”任务，全村拆除泥砖房400多间；发动乡贤、企业捐款捐物，共收到现金捐款43.7万元，混凝土，苗木，钢筋，沙、砖等物资价值44.58万元，村民投工投劳共计31天；对公路沿线房屋进行立面改造，对邹屋，曾屋，涂屋，高屋村内巷道进行硬底化，建成新郑屋、老郑屋、涂屋、邹屋4个小公园，涂屋文体广场；完成5个公厕建设，完成邹屋到郑屋约1300米环线公路建设，以及U084线冲下村至高屋360米“四好公路”建设，使革命老区村面貌焕然一新。

留村村　留村村距离镇区3千米，位于龙归镇的西部，其东面与冲下村相连，南与龙安村、方田村相连，西与乳源县和寺前村接壤，北面隔河与马渡村相邻。分为留村和水冲坪（2004年4月并入）两大部分，共有15个村民小组，660户，2348人。

该村经济以农业为主，种植作物有水稻、蔬菜、玉米、花生、西瓜、莲藕等。龙归产业园（莞韶城三期）主要位于该村。

社主村　社主村位于韶关市区西部，距离市区15千米，距离武广高铁站11千米。距离龙归镇2千米，东与武江区西联镇甘棠村相邻，北面与后坪村、西面与马渡村、南面与冲下、龙归两村接壤。2020年，社主村由老人村、丁洞村、屋场坪、后坑村、砖厂新村、河头新村等6个自然村组成。常住共有278户，1140人，有山林面积263.87公顷，耕地面积58.87公顷，其中水田40.07公顷，旱地10.8公顷。该村交通便利，境内有京珠高速公路、国道G323线和国道G240线横穿而过，乐广高速公路和京珠高速公路韶关北站出入口坐落在本村。

社主村经济以商贸，土地出租以及市场商铺出租和农业为主，种植作物主要有水稻、花生、无公害蔬菜等。兼营畜牧业以养殖猪、鸡、鸭、鱼等为主。凭借地理和交通优势，在国道两侧建设许多饮食店、修理店、加油站和商店。很多村民耕作之余，也从事副业，经济收入相对全镇较好。村内有龙归中学和3间幼儿园。

社主村先后被评为2005年武江区先进基层党组织，2006年、2009年广东省卫生村，2008年广东省全省民主法治示范村，2003—2009年武江区文明小康村，2011—2013年韶关市委组织部先进党支部，2012—2015武江区文明村，2015年广东省创建无邪教示范村等，新建成的社主村党群服务中心已经投入使用。利用南水河畔新打造成龙归樟树林公园，占地2.67公顷的花海为韶关城区市民、附近村民提供游玩、摄影的好去处。也给附近餐饮业、旅游业、住宿、零售业以及村民带来更多商机。

马渡村　马渡村位于龙归镇的西北部，京珠高速、广乐高速公路互通位于该村，村的东面与社主相邻，南面与留村相邻，西面与寺前村委交界，北面山与带头接壤。该村始建于咸丰年间。2020年，该村总户数524户，人口2196人，有山林686.47公顷，2019年龙归工业园征地耕地72.2公顷，剩余耕地44.07公顷。该村经济长期以农业为主。

主要农作物有水稻、花生、黄豆、果树等，该村2011年成立马渡村鱼塘养殖专业合作社，鱼塘面积约5.33公顷，主要养殖草鱼、雄鱼、鲫鱼每年产量约40万公斤，有大型养鸡场2间，占地面积3.33公顷，2012年开始养殖走地鸡每年约2万只，有养鸭场1间，占地面积2公顷，2008年开始养殖蛋鸭每年约1万只。村内有中威有色再生公司，大宇管桩厂，龙韶石场等。开展扬尘整治，采取以奖代补方式，对马渡新村门坪等进行硬化改造。

寺前村 寺前村是在明朝末期建村，因村前有一寺庙，而得名“寺前”。位于龙归镇西部，国道G323线横穿该村，村东面与后坪、马渡村相邻，南面与留村、方田接壤，西北面与乳源县侯公渡交界。该村由寺前村、老柴桑村、新柴桑村、桥源村、矿塘村5个自然村组成，全村总户数485户，人口1624人，林地面积1081.47公顷，耕地面积140.07公顷。

该村经济以农业为主，种植作物主要有水稻、蔬菜、花生、生姜等。由于地理条件制约，村集体没有企业，集体收入靠电站管理费3.2万元（包括自然村部分）。引进韶关市水产养殖管理中心在老柴桑村，2014年引进武江区兴农畜牧奶牛养殖场。

后坪村 后坪村位于龙归镇北部，属石灰岩山区，海拔高度在600—800米之间。2020年，后坪村总户数473户，人口2056人，该村现辖后坪、带头2个自然村4个村民小组，后坪自然村始建于明朝弘治年间，祖籍来自江西、福建两地，村方言为虱麻话。带头自然村始建于清朝乾隆年间，村方言为客家话。耕地面积123.27公顷，山林面积3959公顷。

两村经济以农业为主，传统作物主要有水稻、生姜、毛竹、油茶等，引进食用菌企业1个—后坪百福食用菌种植专业社，种植茶树菇0.67公顷。生姜、毛竹是该村传统的品牌农业作物，也是该农民主要经济来源产品。现有后坪小学1间，建成环村路。兴建后坪光伏发电站1个。2020年，后坪自然村自筹资金建起后坪村公园。

盘村村 盘村村位于龙归镇西南部，北面与凤田村相接，东面与续源村相连，南面与江湾镇相连，西与乳源县接壤。面积约为24平方千米，全村分为盘村、多田、城村、密落四大部分共有15个村民小组。2020年，有738户，3135人。山林面积439.4公顷，耕地面积158.33公顷，其中水田146.87公顷，旱地76.47公顷。龙归最高的山峰黄茂堂位于该村密落，海拔为941米。境内森林、水力和矿产资源丰富，矿产主要有稀土矿和瓷土矿等。

该村经济以农业为主，种植作物主要有水稻、蔬菜、油菜、果树等。少数村民从事畜牧业、渔业和林业。由于村中人多田少，该村很多青壮年外出珠三角务工，成为家庭重要经济收入来源之一。该村委下辖四点金村，内设农家乐。

凤田村 凤田村是龙归镇辖行政村，位于该镇西部，距镇区12千米，省道S520线贯穿该村，村的东面与方田村相邻，北面与本村北岸山顶与乳源县侯公渡镇的卢师洞村滴水为界，西面与盘村村委相接壤，南面与续源的莲花山分水岭为界。该村始建于明朝时期，因当时已有龙归村的存在，按照中国的传统习俗，有龙必有凤，取龙凤呈祥之意，又因其地势所丘陵盆地，有大片肥沃良田可耕种，故名凤田。2020年，有4个自然村，460户2538人，其中男性1430人、女性1108人，人口较多的姓氏有：陈姓、胡姓、刘姓、曾姓、赖姓。常住人口1510人，其中60岁及以上356人，青壮年劳动力1100人，16岁及以下165人；外出流动人口1028人。2020年度农民人均可支配收入13250元，较2019年度增长10%；耕地面积150.13公顷，山林面积828公顷。

该村经济以农业为主，种植作物主要有优质水稻、蔬菜、果树等。兼营畜牧、水产业，经济作物主要有花生、黑皮冬瓜、淮山等。村内有私人小水电企业2宗。村内有小学1间，幼儿园2间，龙归社会福利院位于该村。

方田村 方田村位于龙归镇西南片，距镇区7千米，北与龙安村交界，南与凤田村交界，东与山前村、奇石村、续源村交界，西与乳源侯公渡交界。全村面积23平方千米，20个村小组，762户，3206人。全村山林面积1229.87公顷，耕地面积170.13公顷，以水稻、淮山、蔬菜等农作物为主。龙归至江湾省道S520公路横贯全村，江湾河流经全村。

村里有1所小学（小学1—3年级）、医疗卫生站1家，有重点文物保护单位—文武阁塔。九归禅寺位于该村墩头。新建党群服务中心，路灯安装、2020 年所有自然村村道全面硬底化，建成 3 所公厕。2016 年，被认定为省级贫困村，由东莞市高埗镇结对帮扶。2019 年完成新党群服务中心建设，建成 7 个文体广场，完成村内排污设施，村内巷道 95% 以上实现硬底化。2020 年，在村容村貌整治“打擂比武”工作中取得两次第二名的好成绩。

龙归社区 龙归居委会位于镇中心，是全镇的政治、经济、文化、交通中心。1951 年成立。2002 年 5 月，改称龙归社区居委会。辖区面积 1.21 平方千米，常住人口 1151 户、3280 人。辖区范围东至江源口水电站，南与益龙路屋边为界，西至龙归中心小学，北至龙归河与冲下村接壤。设水上运输社、益龙路、兴龙路、和平路、中心巷、建国路、河滨新街等。

龙归社区附近东邻西联镇和曲江区的白土镇，南与曲江区的樟市镇、罗坑镇相接，西与江湾镇和乳源瑶族自治县毗邻，北与重阳镇相连，距韶关市区 19 千米，距曲江区公路里程 18 千米，均有专线巴士对开直达。有国道 G323 线、京珠高速公路通过该镇，并在该镇社主地段设有高速公路进出口，交通便利。

2019 年 9 月 24 日，龙归社区上榜 2018 年广东省“民主法治示范村（社区）”创建单位名单。

（黎　颖）

江湾镇

【概况】 江湾镇位于韶关市武江区西部，东与龙归镇，南与曲江罗坑镇相邻，西邻乳源大布镇东坪镇，北与乳源乳城镇相连。总面积 213 平方千米。辖锅溪、围坪、梁屋、湖洋、胡屋、瑶族共 6 个村委会和江湾社区 1 个社区居委会。

江湾镇土特产有香菇、木耳、云雾茶、山蜜、灵芝。江湾镇主要旅游景点有十里江湾驿站、梦里荷乡、榕树广场、江湾老街等。自然资源方面，山高林密、水力资源充足、竹木资源丰富；矿产资源丰富，有钨矿、硫铁矿、铜矿、铅锌矿、稀土矿、萤石矿等多种矿藏，且有多个天然氡温泉，水质优良，温度在 60℃以上。有区级不可移动文物 11 处，有乳曲边人民联防办事处江湾老街旧址、围坪革命烈士纪念碑、胡屋革命烈士纪念碑等名胜古迹。

2020 年，全镇年末户籍人口 7379 人，常住人口 3636 人。耕地面积 858.34 公顷，粮食播种面积 434.9 公顷，粮食产量 2666 吨。林地面积 21740 公顷，森林覆盖率 94.7%，活立木蓄积量 150 万立方米。

2020 年，全镇农村经济总收入 33908 万元，比 2019 年增长 1.2%。农村人均纯收入 18131 元，增长 1.3%。全镇财政一般公共预算收入 4332 万元。

江湾镇主要经济来源有：农家乐、民宿、农业种植、畜牧养殖、小水电、林业。

2020 年，全镇有初中 1 所，小学 1 所，幼儿园 1 所，教学点 0 个，在校学生 444 人；有文化站 1 个，7 个文化服务中心。全镇参加医疗保险人数 5240 人，覆盖面 96.32%。

2020 年，武江区深化乡镇街道体制改革，完善基层治理体系，江湾镇设置党政综合办公室（加挂应急管理办公室牌子）、人大办公室、党建工作办公室（组织人事办公室）、纪检监察办公室、公共服务办公室（党群服务中心）、综合治理办公室、综合行政执法办公室（综合行政执法队）、规划建设办公室（生态环境保护办公室）、农业农村办公室（经济发展办公室）。

【农业生产】 2020 年，江湾镇扎实推进集体产权改革工作。全镇 48 个村组全部完成集体经济组织成员身份认定工作，累计认定集体经济组织成员 7961 人，完成 48 个村组登记赋码颁证工作。

2020 年，江湾镇种植花生 234.67 公顷，水稻播种 342.93 公顷，水果种植 33.47 公顷，草种种植 6.67 公顷；加快农村一、二、三产业融合发展，把龙归江湾精品旅游线路沿线打造成有影响力的乡村旅游和观光休闲农业品牌。

【三防工作】 2020 年，江湾镇立足于防大汛、抗大涝，早动员、早部署、早落实，扎实做好防汛防台各项工作，年初调整镇防汛工作领导小组及防汛抢险小分队，签订安全责任制，层层落实责任，修订完善预案，防汛物资储备充足。认真开展汛前检查，对全镇水库、水电站、水利工程等逐一排查，对隐患点进行汛前抢修。进入汛期后，督促水库巡查员加强日常巡逻，发现情况及时处理，落实防汛措施，努力把隐患苗头消灭于萌芽状态。防汛期间克服麻痹、侥幸心理，严格落实防汛工作纪律，实行镇、村两级干部值班期间不得离岗，保证24小时联系畅通，并做好值班记录。

【河长制工作】2020年，江湾镇按照市、区全面落实河长制工作的决策部署，扎实推进河长制工作，认真呵护一方碧水青山，为决战脱贫攻坚、决胜全面小康提供更加坚实的生态保障。江湾镇组织力量对河道两侧的陈年垃圾、水中漂浮物进行集中清理。采取悬挂宣传横幅、河长公示牌等宣传方式，使河流保护意识更加深入人心。联合安监、国土部门严厉整治非法采砂行为。

【林业工作】2020年，江湾镇高度重视森林防火。年初调整江湾镇森林防灭火工作领导小组，把森林防火工作列入重要工作日程，镇与村签订责任书，层层落实责任，修订完善森林火灾扑救预案，扑救设备齐全，充实半专业化扑火队伍，积极参加消防技能和灭火设备使用培训和集中演练，提高队员消防技能。森林防火期、戒严期，特别是春节、清明节等重要节日期间，利用宣传车、横幅标语、护林队巡查等多种形式开展森林防火知识宣传，提高群众的防火意识。并在各村入山路口和险要地段设置森林防火宣传牌，在主要地段树立大型防火警示宣传牌，各村护林员加强巡查并落实防火措施，并严格执行防火值班制度，由于高度重视，责任到位，宣传到位，措施到位。

绿水青山就是金山银山，江湾镇森林覆盖率高达94%，为充分发挥特色资源优势，带动地区发展，于2020年11月通过2020年广东省森林小镇认定工作。

【新冠肺炎疫情防控】2020年，江湾镇继续做好宣传防疫和卫生知识，指导村民做好公共卫生及个人防护；严防高风险地区人员输入，全面排查高风险、中风险地区和境外来韶人员，并建立"一人一册"镇村社区档案，盯紧看牢，严格做好排查登记和隔离观察工作，坚决防止疫情扩散蔓延。

【精准扶贫】2020年，江湾镇有相对贫困户90户246人，其中湖洋村有贫困户30户98人（一般贫困户21户87人，低保贫困户6户8人，五保贫困户3户3人，有劳动能力户22户89人），梁屋村26户71人（一般贫困户17户59人，低保贫困户9户12人，有劳动能力18户63人），面上村有34户77人（一般贫困户6户21人，低保户23户51人，五保户5户5人，有劳动能力9户29人）。在全力攻坚下，2019年该镇两个省定贫困村和相对贫困人口全部有序稳妥退出。全镇贫困人口年人均可支配收入从2016年的6007.59元提高到2020年的17906.97元，增长175.17%，其中有劳动能力贫困人口达到18958.64元，无劳动能力贫困人口达到14978.5元。贫困村集体经济收入大幅提高。全镇2个贫困村年集体经济收入从2015年的1.9万元提高到2020年的22万元，且均在21万元以上；村民年人均可支配收入从2015年的7250元提高到2019年的18405.92元，同比增长153.87%。

【人口普查工作】2020年，江湾镇严格按照"不漏一户、不落一人"原则，顺利完成第七次全国人口普查工作。通过镇村干部日夜兼程的努力和江湾镇全镇人民的积极配合，提前7天完成第七次全国人口普查工作，走在全区前列。

【农村基层组织建设】2020年，江湾镇牵头成立整改工作领导小组，制订整改方案，多次在班子会上专题研究部署，狠抓关键环节的整改推进。如在脱贫攻坚工作中，结合区

"解剖麻雀"逐村逐户"回头看"的措施发现40项问题，均已保质保量完成整改。江湾镇着力破解"灯下黑，两张皮"等突出问题，以监督检查促使各村（社区）党支部"三会一课"制度得到落实；镇党校有序开展培训，持续抓好基层党组织书记和党员的集中教育；根据各村小组实际情况，做好村小组党群服务室提升工作；充分发挥党员干部的"主心骨"作用，深入农户、田间地头，宣讲政策和制度；发挥支部引领作用，带动村民齐心营造人人参与乡村建设的良好氛围。不断强化基层党组织工作执行力，扩大基层党的组织覆盖和工作覆盖面。有序推进换届工作。在2021年村（社区）党组织"两委"换届工作中，江湾镇坚决贯彻区委选优配强村（社区）"两委"干部的精神，结合江湾各村（社区）党支部实际，严把村（社区）"两委"候选人关口，特别是在村支部书记人选中，坚决选优配强。2020年，江湾镇全部已完成所有村（社区）党支部换届，人员全部实现组织意图，党员参选率达96.8%，其中5个村支部结合实际推选学历较高、年富力强、有责任心的新支部书记，所有村（社区）党支部书记平均年龄44.1岁，实现学历、年龄一升一降的目标。

【"打擂比武"工作】 2020年，武江区以"三清三拆三整治"、村庄绿化、农房外立面改造提升及提升村民卫生保洁意识为主攻方向，"打擂比武"工作有实效、见成效、保长效。江湾镇在推进农村人居环境整治建设生态宜居美丽乡村打擂比武工作中走在全区前列，斩获评选表彰大会三连冠，湖洋村委倒流水村、围坪村委涂屋村、湖洋村委菜队村分别获得三批打擂比武评选表彰大会第一名，范角村获得第三批打擂比武第二名，周屋村获得第三批打擂比武第六名。"打擂比武"工作开展以来，随着"梦里荷乡"、江湾老街、和兴公园、吉祥公园、福源河畔公园等节点的建成，环境不断改善，游客量不断增长，村民收益不断提高。2019年国庆中秋双节期间到江湾的游客多达4000余人次，仅榕树广场两顶小小的帐篷便有3万余元的收入。通过打擂比武，江湾农村人居环境发生翻天覆地的变化，农旅产业发展势头良好，乡风文明水平和村民生活品质显著提升，"打"出江湾精神，"比"出江湾风采，充分展现江湾人民敢想敢创、敢闯敢干的精神面貌。

【综合治理】 2020年，江湾镇多措并举开展扫黑除恶宣传活动，每月召开扫黑除恶专题会议，确保扫黑除恶各项工作稳步有序推进。建立工作台账。开展行业治理行动，联合镇安监站、派出所对重点场所、重点领域进行巡察整治，特别是对与群众日常生活关联紧密的"菜篮子""米袋子""肉铺子"等民生领域涉黑涉恶情况进行摸排，确保扫黑除恶专项斗争收官战取得胜利。

采取多项措施，综合施策，逐步建立起"政府主导、部门协同、社会参与、家庭配合"的工作格局。严重精神障碍患者救治救助工作质量进一步提升，效率进一步提高，服务进一步规范，严重精神障碍患者肇事肇祸率明显降低，有效维护社会和谐稳定。2020年，江湾镇摸排出各类精神病患者39人，均由派出所、综治办将其送往韶关市仁济医院和粤北第三人民医院救助救治。

2020年江湾镇共接收到17宗信访案件，其中6宗暂未办结，属重复件5宗；列入区领导包案信访案件3宗，主要是江湾镇湾仔村汤下温泉纠纷，江湾镇锅溪村与龙归密落村的山林纠纷，江湾锅溪村委会与罗坑公社中心坝和2、3生产队争议瑶老坝山林权属及因瑶老坝生态公益林经济补偿金发放纠纷。江湾镇积极主动与包案领导对接，并对照所列案件，逐一排查梳理核实，分析研判，建立一案一策工作台账，按时向区信访局报送案件推进情况。

【安全生产】 2020年，江湾镇多次开展专项整治行动，重点开展道路交通、烟花爆竹、建筑施工等安全生产专项整治行动。对全镇道路、商店、学校等进行综合安全检查，针对检查出的安全隐患采取相应措施，制定责任清单，督促企业落实整改。并对“三合一”场所消防设施、违规住人进行逐户清理整治工作，下发整改通知书，整改完成率为100%，有效消除消防安全隐患。

2020年国庆节期间，江湾镇还联合镇派出所、安监站等对镇域人员密集场所和出租屋等进行隐患排查，尤其是对电动车充电的安全隐患进行检查，确保全镇在国庆期间消防事故零发生。

【卫生整治】2020年，在农村生活垃圾处理方面，江湾镇包括镇区范围，由惜福公司承接。进入江湾主干道沿线村庄和镇区范围所有村庄实行每天户收、村集、镇统、区管收。做到集中清运集中无害化处理，镇街范围实行每天24小时的专人保洁，长效的保洁机制。不定期联合惜福保洁公司对镇区、镇主干道进行无缝对接，扫除卫生工作无死角、无盲区，通过专项巡查、抽查、督查，做到及时发现、及时处置，全镇的环境卫生基本得到有效遏制和初步整治成效。

此外，江湾镇还积极创建广东省卫生镇，并通过广东省爱国卫生运动会的组织评审，于2020年2月13日被授予广东省卫生镇称号。

【民生实事】2020年，江湾镇积极努力对接区住建局及公路站，完成“四好农村路”建设目标共3.9千米。通过多方合力，江湾镇中心幼儿园已于2020年10月15日动工建设。新建后将建成规模为9个班，可容纳270名幼儿的公办幼儿园。幼儿园建成后将为江湾镇学前儿童提供一个环境幽雅、功能齐全、设施一流的学习生活环境，让农村孩子和城市孩子站在同一起跑线上，享受更加优越的教育资源，接受更加优质的学前教育，进一步提高群众的教育幸福感和获得感。历经45天前期协调和40天施工奋战，自来水厂主体基本完工、水源点至江湾镇区11千米的管道贯通，2月8日，江湾镇区实现通水。进一步保障村民饮用水安全，覆盖全镇6个村委会和江湾社区居委会2038户，受益人口7379人。

【村情简介】

锅溪村　锅溪村是江湾镇行政村，位于江湾东南部，东与龙归、凤田相邻，南与曲江樟市、罗坑镇相邻，西、北与围坪村相连。由上洞村、河背村和叶屋村等3个村小组组成，耕地面积32公顷，山林面积40平方千米，总人口152户611人。

该村以农业为主，主要种植水稻、花生、蔬菜、果树等作物。

改革开放后，该村累计引进外资2000万元，先后建成9宗小水电站，装机容量4420余千瓦，其中上洞村集体电站2宗总装机容量570千瓦。

该村在发展经济的同时注重村容、村貌建设。2004年，上洞村小组全村统一规划兴建新农村，均为复式住宅楼，新村“十个一”措施落实较好，成为市新农村建设示范点，并获市评比三等奖。该村于2017年建成锅溪村综合性文化中心，于2019年完成村党群服务中心建设。

截至2018年年底，该村村道已全面实现硬底化。

围坪村　围坪村是江湾镇的行政村，地处江湾镇北面，东与锅溪村委相邻，西南与梁屋村委相接，西与乳源县相邻，北与武江区龙归镇相交。由周屋村、罗屋村、涂屋村、坑背村、范角村、大塘村、寺前村和叶屋村等组成，有耕地面积86.2公顷、山林面积42余平方千米，总人口328户1282人。

该村以种植水稻、花生、蔬菜、水果为主，畜牧业、林业为辅。改革开放以来，该村累计引入外资1500万元，先后兴建小水电站6宗，装机容量1470千瓦，其中，属村及村小组的4宗，装机容量830千瓦。该村是全镇人均收入最高的村委之一，1998年建成全镇第一个楼房化的新农村—范角新村。该村于2017年建成围坪村综合性文化中心，于2018年完成村党群服务中心建设。

截至2019年年底，该村村道已全面实现硬底化。

梁屋村　梁屋村是江湾镇辖行政村，位于本镇西北部。东与湖洋村相邻，西与乳源县相邻，南与胡屋村相连。由武洞村、红山村、连麻山村（今无人居住）、下洞村、曾屋村、钟屋村、梁屋村、湾仔村和河背村等组成，有耕地面积76.67公顷，山林面积45平方千米，总人口326户1297人。

该村长期以种植水稻、花生、蔬菜和果树为主，畜牧业、林业为辅。是长短经济结合的农村经济。改革开放后，该村凭借丰富的水资源，积极引进外资3600多万元，开发水力资源，先后建成23宗小水电站，装机容量达8735千瓦，农村经济有较大发展。该村于2017年建成梁屋村综合性文化中心，于2018年完成村党群服务中心建设。

截至2017年年底，该村村道已全面实现硬底化。

湖洋村 湖洋村是江湾镇辖下的行政村，是江湾镇的中心地带。东与曲江罗坑相连，西与胡屋相邻，北与梁屋村相交，南与乳源相邻，由和山村、黄九村、高围村、江屋村、湖洋村、倒流水村、菜队村和黄陂坛村等组成，有耕地面积52公顷，山林面积40余平方千米，总人口295户1166人。

该村以传统农业为主，畜牧家禽为辅，以林业支撑经济，主要种植优质水稻、红薯、花生、蔬菜、桑蚕等。改革开放以来，该村累计引入外资2000万元，先后建成9宗小水电站，总装机容量7350余千瓦，有力地加强村集体经济。该村于2017年建成湖洋村综合性文化中心，于2019完成党群服务中心建设。

截至2017年年底，该村村道已全面实现硬底化。

胡屋村 胡屋村是江湾镇辖下行政村，地处江湾镇的西边，东南与湖洋村相邻，西与乳源县交界，北与梁屋村相邻。由胡一队村、胡二队村、胡三队村、胡四队村、田心村、王坝村、白石村、周塘村、墩头村、羊角寨村和佰公陂村等组成，耕地面积80余公顷，山林面积45余平方千米，总人口370户1499人。

胡屋村长期以来以农业为主，畜牧家禽为辅，主要种植优质水稻、花生、蔬菜、水果等。改革开放以来，该村充分利用丰富的水资源优势，先后引入外资4500多万元，修建18宗小水电站，总装机容量6165千瓦，有力地增强村集体经济收入。2013—2015年在区财政局的第二轮帮扶下，村集体收入达5万元以上，实现脱贫。该村于2017年建成胡屋村综合性文化中心，于2018年完成村党群服务中心建设。

截至2018年年底，该村村道已全面实现硬底化。

瑶族村 瑶族村是江湾镇下辖的行政村，位于梁屋、围坪、湖洋、胡屋的边界处，与乳源瑶族自治县相接。由练屋村、左坑村、华山村、长岭村、良坑村村和南坑村等组成，居住较偏僻、分散，耕地面积13.33余公顷，山林面积10余平方千米，总人口154户642人。

瑶族村是全镇最为贫困的村之一。村民靠山吃山、以山为本，种植少量的水稻、玉米和自供自给的蔬菜。中共十一届三中全会后，各级政府认真落实国家的民族政策，对民族村的经济发展，在政策上给予优惠，在经济上给予支持，全村经济有较快的发展。同时，该村还积极引进外资1000万元，先后兴建1宗小水电站，装机容量320余千瓦，大大改善村民生活水平。近年来，先后有60多户瑶民搬出大山，在江湾镇周边兴建楼房。2010—2012年，在市人大、市质监局的帮扶下，实现脱贫。该村于2017年建成瑶族村综合性文化中心，于2019年完成村党群服务中心建设。

截至2018年年底，该村村道已全面实现硬底化。

该村作为武江区唯一的瑶族村，在语言、服饰、歌舞等各方面都有自己的特色。瑶歌的格调与旋律都比较单一，节奏感不明显，却可以按各自的感情需要而任意延长或缩短，故唱时比较灵活自如、独具一格。瑶族的舞蹈具有古朴、简单、节奏感强等特点，动作变化少，随着音乐一蹲一起，每一个动作都有东南西北四个方向之分，如此反复多次。瑶族还有一个重要的节日—盘王节，也叫“跳盘王”。盘王节是瑶族祭祀祖先盘瓠的重大节日，瑶胞十分重视这一民族祀典。盘王节可以一家一户进行，也可以联户或者同宗同族人集聚进行。但不管以哪种形式举办，都要杀牲祭祀，设宴款待亲友。节日一般为三天两夜，也有的长达七天七夜。盘王节的主要内容是祭盘王、唱盘王和跳盘王。

江湾社区 江湾社区面积2平方千米，2020年户籍人口413户642人。江湾社区本着“以人为本，服务社群”的宗旨，以“创建环境优美、治安良好、生活便利、互帮互爱、关系和谐和全民参与的文明社区”为目标，通过社区服务中心，立足为居民服务，增强社区的凝聚力和归属感，共同营造和谐社区。

（黄文勇）

重阳镇

【概况】 重阳镇位于武江区西北部，镇政府驻地重阳居委，与西河镇、浈江区犁市镇、乳源瑶族自治县的一六镇、游溪镇、桂头镇相邻，辖黄岸村、重阳村、青暖村、万侯村、九联村、妙联村、大夫前村、水口村、重阳社区，共8个行政村和1个社区。重阳镇总面积82平方千米，耕地面积1823.35公顷，林地面积4600.28公顷，粮食播种面积958.47公顷，粮食产量6100吨。重阳镇的土特产有丝茅姜、百香果、皇帝柑、黄金柰李、黑美人西瓜、竹木，主要旅游景点有水口村油菜花基地、市级红色村万侯村、中共南方工作委员会韶关交通站南岸村遗址、欧日章故居，自然矿产资源有铅、锌、砒、钨、钼、铁、锰、铝等有色金属。全镇户籍人口18124人，农业人口14500人，外来人口490人，常住人口9534人。截至2020年年底，全镇社会生产总值38774.5万元，比2019年增长6.3%；农民人均年收入13743.7元，比2019年增长4%。武江河流经乡域，主要农作物有丝茅姜、西瓜、香芋、百香果、花生、竹木等。全镇有初中1所，小学1所，幼儿园2所，教学点2个；有文化站1个，9个文化服务中心。全镇参加医疗保险人数13378人，覆盖面99.2%。

2019年重阳镇设9个内设机构：党政综合办（加挂应急管理办）、党建工作办、人大办、纪检监察办、公共服务办、综合治理办、综合行政执法办、规划建设办（生态环境保护办公室）、农村农业办（经济发展办）。

【农业生产】 2020年，重阳镇大力发展现代农业产业，着力推进现代农业产业园、绿色食品加工园、青暖田园综合体项目，发展黄金百香果、香蕉李、蓝莓、阳光玫瑰葡萄等水果产业，发展兰花、沉香种植。扶持特色家庭农场，农场经营不断壮大，积极培育农业合作社，引导种养农户建成3个有效辐射带动农业生产农民致富的合作社。有效发挥正邦集团重阳养猪场、六记农业科技有限公司水口兰花基地、世外桃园农场等农业企业辐射带动作用，带领农民增收致富。积极开展培育新型农民工作，组织各类农业技术专题培训8轮，培训新型农民200多人次，有效提升各类农业技术人员水平。畜禽养殖规模化成效明显，粮食蔬菜生产效益凸显，粮食种植面积产量稳中求进。2020年年末，全镇家畜家禽存栏91248

武江区重阳镇六记农业科技有限公司水口兰花种植基地，图为工作人员将兰花装车发往粤港澳大湾区 （陈励 摄）

头（只）；粮食种植958.47公顷，实现粮食产量6150吨；蔬菜播种面积为392.87公顷，实现蔬菜产量13032吨；种植水果386.2公顷，实现水果产量4951吨。

【脱贫攻坚】 2020年，重阳镇实现预脱贫261户662人，脱贫率为100%，全镇贫困人口年人均可支配收入从2015年的3373.83元提高到2020年的15099.73元，增长337.55%。东莞到村引导资金投入区属国企3个贫困村可分别获得8万元集体收益。全镇3个贫困村平均年集体经济收入从2015年的1.18万元提高到2020年的19.67万元，且均在8万元以上；村民年人均可支配收入从2015年的7238.24元提高到2020年的19245.57元，增长165.89%。实现贫困户基本生活“三保障”。通过教育、医疗、住房以及低保等生活保障政策稳定贫困户的基本生活条件，符合低保、五保、孤儿救助条件的贫困户均纳入最低生活保障、特困供养和孤儿救助。产就业扶持助贫困户增收脱贫，补助生产物资、发展主导产业、投资收益性项目实现助力增收。同时，大力实施转移就业让脱贫有保障。

【民生工程和重点项目】 2020年，重阳镇镇级污水处理厂项目、镇区街巷整治和亮化、青暖美丽乡村建设、妙联新村整体搬迁项目后山边坡加固工程、乡道Y256线重阳至妙联未通客车行政村窄路基路面拓宽改造和公路安全生命防护工程等项目已建设完成。镇级综合文体广场、镇区主干路改造、镇区排水系统改造、村民饮用水到户网管铺设三期、观音山地质灾害点整村搬迁、村级党建服务中心和卫生站等项目已完成建设并投入使用。全力推动侯屋炮楼修缮工程、侯屋老村人居环境整治项目、沿河公路改造工程等项目启动实施。继续推动重阳镇外立面改造提升二期项目、一河两岸景观提升、省道S246线沿线农村人居环境提升工程等项目建设。做好重阳村杉木冲、重阳村黄色坪、妙联村妙梓阁、万侯村冲口坪等自然村开展新农村建设工作，完成新村房屋建设及基础设施建设，提升新农村建设水平。

【卫生工作】 2020年，重阳镇卫计工作在镇党委、政府的正确领导下，在区卫健局精心指导下，坚决贯彻执行现行生育政策，着力解决人口和计划生育工作面临的新情况和新问题，提高人口素质，全镇计划生育工作取得一定成绩。2020年，重阳镇辖区总人口数19238人。2020年，全镇共出生婴儿235人，（其中一孩69人，二孩87人，多孩79人），男孩121人，女孩114人。全镇共死亡1148人。在爱国卫生、公共卫生方面，积极开展第三十二个“爱国卫生月”等活动，积极申报卫生镇、卫生村，增强村民文明意识、卫生意识和环境意识，为广大群众营造良好的生活居住环境。2020年，大夫前村被评为广东省卫生村，妙联村被评为韶关市卫生村。

【农村人居环境整治】 2020年，重阳镇大力开展村庄清洁行动春季战役，清理积存垃圾约787吨、清理巷道柴草杂物458处、清理河岸垃圾235吨、清理沿村公路和村道沿线散垃圾约300吨、清理积存垃圾约500处，清理村内塘沟110条，清理淤泥、漂浮物和障碍物约450吨。整治生活污水规范排放约170处。借助提升农村人居环境整治建设生态宜居美丽乡村“美丽乡村建设打擂比武”工作平台，各村基本建立“小公园”。妙联村结合拆除破旧泥砖房实施拆旧复垦建设新农村，利用拆旧复垦资金撬动美丽乡村建设项目落地实施，统筹开展整村拆除建设新村，妙联村委观音山地质灾害整村搬迁项目已全面完成，村民已陆续入住。

【惠民工作】 2020年，重阳镇农村医疗保险、养老保险全覆盖，农村医疗保险参保人数12788人，参保率达99.2%；养老保险参保人数7050人，其中年满60周岁以上老人3303人，全部按时领到养老金。60岁以上退伍军人补助83人，80岁以上老年人高龄补助388人，重阳镇敬老院供养五保户20人，保障五保对象的基本生活；

全镇低保户 204 户共计 372 人，每月人均领取低保费 500 元。

【党建工作】2020 年，重阳镇严格落实“第一议题”制度，全年共安排 55 个学习专题，组织理论中心组学习 11 次，举办 2 次专题培训班，通过组织政治理论学习，带动广大党员干部做到学思用贯通、知信行统一，不断增强“四个意识”、坚定“四个自信”、做到“两个维护”，推动意识形态工作。

强化党员干部队伍建设，深入实施头雁工程，选优配强村（社区）“两委”干部，村党组织书记兼任村委会主任、村级集体经济组织主任“三个一肩挑”实现全覆盖。注重提高党员干部服务群众的战斗力，开展在职党员到社区报到活动 26 次，参与活动在职党员 252 人次，党政班子分头到各挂点联系村开展“民情夜访”活动。全面打造党建阵地，扎实推动基层党建三年行动计划落地，完成 9 个村（社区）党群服务中心改造提升，实现党建阵地改造提升全覆盖。

落实管党治党政治责任，认真履行党风廉政建设主体责任，严格执行民主集中制，完善“三重一大”议事决策制度，促进民主决策、科学决策。巩固、深化贯彻落实中央八项规定成果，建立健全《财务管理制度》《公务接待管理办法》等一系列内控制度，进一步提高内部管理水平。深入实施作风提改行动，建立重要工作督查督办制度和以“能者多得”为导向的绩效考评体系，激励全镇干部奋勇争先，积极作为。建立健全《重阳镇落实意识形态工作责任制实施意见》，全年召开两次专题会议研究部署意识形态工作，牢牢掌握意识形态工作领导权。

【综治创平维稳】2020 年，重阳镇综治创平工作在区委、区政府的正确领导下，认真贯彻落实习近平总书记重要指示精神，把维护国家政治安全特别是政权安全、制度安全放在第一位，紧紧围绕区委、区政府中心工作，结合该镇实际，每年召开 2 次维稳研判会议专题讨论辖区政治安全专项工作，并制定专项工作计划深入推进“平安重阳”建设，以扫黑除恶专项斗争、创平、综治、信访工作等为抓手，同时做好严重精神障碍患者救治救助、反邪教、铁路护路等工作，推进综治网格化管理，健全服务网络，强化服务功能。2020 年，重阳镇综治信访维稳中心组建涵盖各职能部门工作能手、村居治保主任在内的人民调解队伍共 48 人，接待来访群众 150 人，受理矛盾纠纷案件 85 宗，结案 36 宗，受理矛盾纠纷案件 85 宗，结案 83 宗，结案率为 97.64%；截至 2020 年年底，重阳镇系统接收信访案件 40 宗，共 59 人次。其中办理网信 19 宗，来信 4 宗，来访 17 宗。其中办理群众赴省案件 4 宗，市访案件 9 宗，区访案件 4 宗。

【安全生产】2020 年，重阳镇从实际出发，坚持“安全第一，预防为主，综合治理”的方针，以安全生产工作结合“三年行动”工作，狠抓安全生产责任制的落实，严格实行目标管理，大力开展“三小”“三合一”场所专项整治，全年未发生安全生产事故。对各类安全管理对象通过签订安全目标责任书进行安全管理，落实安全责任。分别与 8 个行政村、1 个社区签订消防、安全生产目标责任书，把安全责任层层落实到单位和个人，共排查出 13 处消防安全隐患，对不符合消防安全标准的场所，依法责令限期整改，对逾期不改的坚决予以停产停业。开展安全整治专项行动，道路交通专项整顿行动以打击非法营运、农用车、三轮车、摩托车等违章载人为重点，抓好道路交通监管工作。对辖区内非煤矿山、加油站、“三小”场所及镇街营业网点进行地毯式的安全隐患大排查。烟花爆竹及民爆物品管理，对镇街销售易燃易爆物品的多个营业网点检查，对不符合规范标准网点加以整改。统筹规划森林防火等有关部署。抓好汛期安全生产工作，定期排查山塘水库及低洼片区并登记造册。

【武装工作】2020 年，重阳镇一是抓征兵，强兵源。重阳镇落实领导干部包保责任制，摸清辖区役龄段青年的基本情况，建立台账，实行规范化管理；及时召开征兵工作会议，充分利用广播、张贴宣传纸、悬挂条幅等形式，调动适龄青年参军的热情和积极性，在全镇形成浓烈的征兵氛围。2020年重阳镇超额完成区委、区政府和区人武部下达的征兵任务目标。二是抓整组，促规范。以抓好潜力调查、优化结构布局、创新编组模式、夯实基层基础四项措施做好民兵整组工作。2020年，重阳镇积极参加区人武部组织的各种演练及军事训练活动，充分发挥民兵组织应急能力强、作用发挥好的优势，展示新时期基干民兵的精神风貌。

【社区康园中心开建】 2020年，重阳镇本着为人民服务的宗旨，响应国家好“阳光家园计划”，进一步完善重阳镇残疾人托养服务体系，为该镇智力、精神和重度肢体残疾人群体提供更好的日间托管照料服务，经武江区残联与重阳镇公共服务办联合牵头，重阳镇于2020年10月14日启动康园中心项目建设，建成后可以为符合条件的残疾人提供生活照料和护理、生活自理能力训练、社会适应能力辅导、职业康复与劳动技能训练、文体娱乐及运动功能训练等基本托养服务，积极开发辅助性就业。康园中心不仅增加残疾人的经济收入，也帮助残疾人获得并保持适当的劳动能力，为他们重新参与社会生活提供康复训练，同时有针对性地为残疾人提供系统化的康复服务。重阳镇致力于为民办好事、办实事、解难事，未来将继续推动康园中心共建共治共享，吸纳更多社会资源支持开展康园服务，切实保障广大群众的利益。

【重阳镇妙联村委观音山村整村搬迁建设项目完工】 2020年，重阳镇妙联村委观音山村四面环山，村南面及西南面山体多年来受雨水冲刷，多次发生危岩崩塌地质灾害，严重影响广大群众的生产发展及生活水平的提高，2014年被列为危岩崩塌地质灾害易发点。在立足于保民生的前提下，重阳镇启动观音山整村搬迁建设项目，项目规划总搬迁安置户数64户，并建设挡土墙、巷道硬化、路灯、污水、排供水、通信、公共绿化、公共停车场等市政公共基础设施。2020年11月17日顺利完成观音山村整村搬迁建设项目验收（含房建项目及市政基础设施工程）。在建设的过程中规划建设办和全镇干部真抓实干该项目建设，真心爱民解决群众的痛点难点，真情暖拆推动项目进程，赢得村民的理解一致好评与支持。新村建设工作不仅仅是改善居住环境，同时也是推动重阳镇经济社会发展、促进“三农”工作的举措，切实解决观音山村民住房安全问题。积极实施整村搬迁项目改造，极大提升新村外观和舒适度，成为宜居乡村中一道亮丽风景，政府承诺的惠民实事做到老百姓的心坎里，让村民实实在在的看得见、摸得着，从此过上安居乐业的幸福生活。

2020年，重阳镇妙联村观音山村整村搬迁建设项目顺利完成
（重阳镇　供图）

【村情简介】

重阳村　重阳村位于重阳镇域中心。东接黄岸村，南抵社区居委，西抵青暖村，北临社区居委。下辖9个自然村，总户数729户，户籍2680人，

常住人口1913人，劳动力人数1523人。现有村“两委”干部7人，党员70人。该村经济来源以农业为主，主要作物有水稻、蚕桑、花生，地处街镇中心的优势使该村的工商业较发达，有较多的农民从事加工、运输、饮食等服务行业，为村经济的发展起到推进作用。

青暖村 青暖村位于重阳镇西南方向，距重阳镇中心2千米。东接重阳村，南抵万侯村，西抵乳源游溪村，北临社区居委。下辖12个自然村，总户数416户，户籍2386人。现有村“两委”干部5人，党员70人。主要生产水稻、花生、西瓜、水果（以三华李为主）。矿产资源较丰富，主要有陶瓷矿、白钨矿等。

万侯村 万侯村位于重阳镇西南方向，距重阳镇中心6千米。东接妙联村，南抵乳源一六镇，西抵乳源游溪镇，北临青暖村。辖8个村民小组，总户数782户，户籍3267人。现有村“两委”干部7人，党员86人。万侯村自然资源丰富，主要矿产有陶瓷矿、白钨矿、铅锌矿等。村中有4棵300年以上的榕树和2座抗日战争前为躲避土匪而建的炮楼，颇有历史价值，万侯油菜花基地。该村经济以农业为主，种植作物主要有皇帝柑、杨梅、花生、水稻等。

九联村 九联村位于重阳镇西北方向，距重阳镇中心2.6千米，总面积5.42平方千米。东接重阳村，南抵青暖存，西抵乳源游溪镇，北临大夫前村。下辖4个村民小组，总户数648户，户籍2312人。现有村“两委”干部5人，党员49人。全村总面积5.42平方千米，种养场所15个，总耕地面积200公顷，鱼塘面积3.33公顷。该村经济来源主要以农业为主，已成立九联村经济联合社，九联村资源丰富，主要种植皇帝柑、西瓜、马铃薯、花生、水稻，芋头等农作物。

大夫前村 位于重阳镇西北方向，距重阳镇中心3千米。东接水口，南抵九联，西抵乳源游溪，北临乳源桂头。辖6个村民小组，总户数333户，户籍1299人。现有村“两委”干部6人，党员46人。该村经济来源主要以农业为主，长期以来主要种植水稻、花生、西瓜、香瓜、柑橘等。近年来，积极推广种植的“澳洲黑美人”西瓜在韶关小有名气，对该村经济的发展起到巨大的推动作用。

水口村 水口村位于重阳镇东北方向，距重阳镇中心6千米，东接武江河，南抵黄岸村，西抵黄土坛村，北临乳源桂头镇。下辖10个村民小组，总户数513户，户籍2283人，山岭面积533.33公顷，水田面积96公顷，旱地面积2.67公顷，鱼塘面积58.93公顷。现有村“两委”干部5人，党员60人。水口村主要生产水稻、花生、玉米、柑果、西瓜等农作物。森林资源颇为丰富，有多棵千年以上的樟树和榕树。充分挖掘水口村龙舟文化，打造渔舟湾项目。

黄岸村 位于重阳镇东部，东与水口村交界，南与妙联村相邻，西与重阳村交界，北与大夫前村接壤，相传建村500多年。下辖黄土坛村、南岸村2个自然村，黄岸村共430户，总人口2020人，现有村“两委”干部6人，党员64人，全村青壮年大多数在外务工，农业以种植水稻为主，经济作物以西瓜、花生为主。全村现有耕地面积130.33公顷，林地面积366.67公顷，村主要产业以种植水稻和发展养殖。

妙联村 妙联村位于重阳镇南面方向，距重阳镇中心10千米。东接西河坑尾村，南抵龙归后坪村，西抵万侯村，北临青暖村。下辖9个自然村，总户数390户，户籍1245人。现有村“两委”干部5人，党员33人。妙联林地资源较丰富，经济发展有靠山吃山的特色，现有生姜合作社，主要农作物有竹笋、丝茅姜、茶树、蘑菇、冬笋等，还有各类水果，鹰嘴桃、李子，柑橘等果树。2020年顺利完成观音山村整村搬迁建设项目验收（含房建项目及市政基础设施工程），项目规划总搬迁安置户数共64户，洞头源村至坑尾村2.6千米路段正加快推进道路硬底化。

重阳社区 重阳社区位于重阳镇中心，东接黄岸村，南抵重阳村，西抵青暖村，北临九联村。辖3个居民小组，总户数546户，户籍937人。现有社区“两委”干部3人，党员23人。重阳街道居委会于1951年设立，社区居民大多数从事小商业活动。

（肖　璐）

惠民街道

【概况】 惠民街道位于武江区的中北部，总面积6.2平方千米。辖沙湖、沐阳东、冷水坑、侨新、幸福、群康、群立、新华北、黄田坝、武江北、惠民北、新村、东岗岭、长城共14个社区居委会。2020年，年末户籍70150人，常住人口95563人。

主要旅游景点有韶州公园。

街道辖区有公办成人高校（韶关开放大学）1所，公办全日制综合普通本科大学分校区（韶关学院黄田坝校区）1处，初中1所，高中1所，综合性中学（含初中、高中）2所，小学6所，幼儿园23所。

2020年，惠民街道办事处设9个党政机构：党政综合办公室（人大常委会办公室）、党建工作办公室（组织人事办公室）、纪检监察办公室、公共服务办公室（党群服务中心）、综合治理办公室、综合行政执法办公室（综合行政执法队）、经济发展办公室、城市管理办公室（应急管理办公室）、社区建设办公室。

【党群阵地建设】 2020年惠民街着力推进“一中心多站点”立体化党群服务中心体系建设，对街道党群服务中心和街道党校进行整体提升，积极争取原市公安局宿舍、市饮食服务公司宿舍和市水务局办公楼等市属物业3处合计1100多平方米，用于解决社区党群服务中心办公场所问题，并主动破解拆除搬迁难题。完成武江北社区党群服务中心主体提升工作，将其打造成惠民街最高标准的服务阵地；新村社区党群服务中心正在加紧改造施工，启用后可解决新村社区长期借用东岗岭社区场所合署办公的问题。全年辖区共设置5个党群服务室，其中新华北社区党委在辖区家具厂、新华北村、科技局宿舍等布局3个党群服务室，惠民北社区党委在二棉宿舍设置党群服务室，新村社区党委在盈翠皇庭小区设置党群服务室，均已投入使用，将进一步推动党组织工作触角向党员群众延伸。

武江区惠民街道党群服务中心　　（惠民街　供图）

【党建工作规范化建设】 2020年，惠民街将“强党建”与“战疫情”相结合，成立疫情防控临时党支部66个，组织辖区1850名党员自愿捐款7万余元，将党员筑起的“红色堡垒”分布在工作最前沿。优化党组织设置，如期完成10个社区党（总）支部升格为党委的工作。提升“两新”党建工作质量，2020年共成立2个“两新”组织党支部，分别是韶关市红姐姐婚姻介绍所党支部、韶关市侨睿环保科技有限公司党支部。集中人力对近两年党费交纳情况进行清查和结转，设立党费专户，全年共收缴党费18万余元。直面历史遗留问题，妥善解决发展党员遗留问题5宗，梳理党员档案174份，通过党务整理工作，理清基层党组织发展党员的短板和风险环节，有针对性地加强管理。

【基层党组织队伍建设】 2020

年，惠民街14个社区党组织书记中，先后有2名退休、2名考录进机关事业单位，党工委及时从书记后备人选队伍中遴选4名综合素质高的担任书记，保障工作延续性。在筹备2021年社区“两委”换届工作中，组织社区干部开展一场向街道党工委自荐“承担重要工作、担任重要岗位”会议，综合自我介绍、党务知识提问、工作场景应对等环节，从报名的18名干部中提拔使用5名，增强基层党组织干部队伍的活力。11月，惠民街面向社会公开招聘10名党务工作者，专项整理历年发展党员档案的存在问题，并从中挑选工作能力强参与社区党务工作，加强社区“两委”干部队伍战斗力。

【党员教育和管理】 2020年，惠民街用好街道党校和14个社区党校分教点阵地，结合“学习强国”“广东党建云”、现代远程教育等线上学习平台，借助“百人讲师团”师资力量，组织党员进行专门学习和交流研讨。全年街道党校开展授课17场次，培训党员干部874人次；社区党校分教点开展授课105场次，累计培训党员3463人次。做好国有企业退休人员社会化管理工作，2020年共接收国企退休党员778人。按程序发展党员，吸收预备党员4名，转正12名。常态化制度化开展“不忘初心、牢记使命”学习教育。2020年9月，新组建一支由党校退休老教授、工矿企业退休老党员、社区老党员积极分子组成的“耆先锋”宣讲小组，紧扣习近平总书记的重要讲话精神，以“‘家门口的党课’进小区，‘耆先锋’与您话初心”的形式，以身边人讲身边事的角度进行讲党课，以老干部、老党员来教育、触动社区党员。“耆先锋”宣讲小组成立以来，已先后在新华北、群立、沭阳东、沙湖、新村等社区的居民小区内开讲，同场还安排“党建+便民服务”活动，受到党员、群众欢迎。此外，各社区党组织按照主题教育常态化的要求，每月均安排有不同形式的主题教育活动，有计划地安排社区党员参与学习，活动影响面较广。

【在职党员报到】 2020年5月，全市开展“社区吹哨、党员报到”工作以来，惠民街道机关党支部及社区党组织紧紧围绕加强和创新社区社会治理这一主题，按照“一社区一特色”工作要求，结合疫情防控、创文、人口普查、老旧小区改造、关心关爱困难群体等重点工作，利用周末和晚上，扎实推进活动的开展，并逐渐形成新华北社区党委关停并转企业老党员的服务管理、群立社区党委居家养老服务、新村社区党委情系困难群体等特色项目。据统计，2020年惠民街14个社区共吹哨3081次，在职党员累计到社区服务25130人次，其中惠民街机关在职党员共18人，累计参与社区服务199次，累计服务时长550小时，平均每名党员到社区报到11次，服务时长30小时，均完成年度任务。

【“两委”换届】 2020年，惠民街14个社区全部完成党组织、居委会和居务监督委员会换届，选出人员全部皆为组织意图人选，选举程序依法依规进行，其中选举产生社区党组织成员72名（包含14名书记，13名副书记，其中武江北社区党委委员7名），居委委员98名（其中主任14名，副主任14名），居务监督委员会委员42名，全部社区实现党组织书记和居委会主任“一肩挑”，“两委”干部交叉任职人数72人，交叉任职率100%。总体来说，新一届社区“两委”班子实现了的“年龄降、学历升、结构优”。

【人口普查】 2020年，惠民街道立足实际，精准推进，第一时间制定街道人口普查工作方案，上下各尽其责、通力协作、密切配合，共同做好普查工作，及时解决普查工作中遇到的困难和问题，多次组织普查员开展集中学习培训，邀请统计部门讲解普查工作业务知识，切实提高普查员的业务水平，研究探索高效的普查方法，运用小喇叭、横幅标语、电子屏滚动字幕、居民微信群等宣传载体进行广泛宣传，引导群众对人口普查的认识和了解，为普查顺利实施营造良好舆论环境。在做好疫情防控措施的基础上，在市、区直单位的支持下，克服时间紧、任务重、人手不足的困难，“5+2”“白+黑”加班加点，在300多名普查员的共同努力下，发放宣传资料5万多份，悬挂宣传标语30条，对辖区14个普查区的452个普查小区进行“地毯式”普查。经过两个多月的攻坚，惠民街全面完成第七次全国人口普查工作，并顺利通过省市摸底、登记阶段质量验收和国家事后质量抽查。

【巩卫创文】 2020年，惠民街严格落实新冠肺炎疫情防控和创建全国文明城市工作要求，以“爱国卫生活动月”和“周五公共卫生日”活动为重要抓手，利用“周二驻点日”和结合元旦、春节等节日，紧密联系挂点单位和驻点领导干部以及社区吹哨党员报到活动，在辖区内定期开展疫情防控宣传，清理牛皮癣、卫生死角和除“四害”等行动。营造出良好的疫情防控、创文工作氛围和卫生健康的生活环境。

2020年，惠民街组织下户开展各项疫情排查工作并派发防疫宣传资料6万份；对辖区20处重点公共场所和无物业小区进行环境消杀；清除滋生地586处，卫生死角612处，清理垃圾85吨，投放灭鼠药物1100千克，灭蚊药物120千克，加装更换老鼠屋合计200个，及时清理大街小巷乱拉乱挂的横幅37条；处理乱张贴，乱书写小广告2500多张；更换健康教育宣传栏4期。向辖区居民发放宣传健康科普知识、市民卫生公约以及《如何预放登革热》《新型冠状病毒肺炎预防控制指引》《生活垃圾分类》《病媒生物防制知识》等资料6000份；更换、修补宣传栏共47处。

全年组织社区共开展“五个一”创文入户宣传活动4次，走访居民6800户，群众对文明城市创建工作的知晓率和满意度达98.6%，征集相关意见、建议近105条。积极协助社区拓展未成年人校外活动空间，开办社区家长学校和居民学校，以讲课、座谈会等形式，全年开展未成年人相关活动28场。为丰富居民精神文化生活，提升生活的幸福感，街道及社区积极开展“我们的节日”活动30场。深入落实国家各项惠民政策，及时为困难群众提供帮助，组织街道和社区干部，党员志愿者在辖区入户走访居民850多户，为独居老人，低保户，残疾人等群体及时提供帮助。

【老旧小区改造】 2020年，惠民街对工业中路公租房A区、B区（含市一建宿舍1栋、交警宿舍3个小区）、市科技局宿舍（惠民北路）、新三联、新华印刷厂宿舍等7个小区进行老旧小区改造，共涉及居民1687户，投资总额共约3010.16万元。截至2020年年底，已完成小区部分楼梯间翻新改造、排水排污系统、路面平整等工程，正在进行三线改造工程，下一步将完成全部小区的全面改造。

【综治维稳工作】 2020年，惠民街开展书记大接访活动12次，各类专项整治行动10次，接待群众来访129批164人次，组织矛盾纠纷排查24次，调处各类矛盾纠纷155宗，其中各社区工作站调处各类矛盾纠纷146件，在矛盾纠纷调解中，引入律师参与其中，提高化解率，从而使该街全年的矛盾纠纷调处率达到100%，成功调处率达到98.1%。在全国“两会”防护期间，惠民街全力加强矛盾纠纷排查，制定专项工作方案和值班制度，建立涉军涉煤两个工作专班，每天安排街班子成员开展大接访活动。

【扫黑除恶专项斗争工作】 2020年，惠民街共发放各类扫黑除恶宣传单5000多份，张贴宣传海报100多份，入户宣传达5000多户次，在住宅小区、道路的主要路口和重点位置悬挂横幅100多条，制作宣传抽纸2000盒、宣传环保袋1000个。2020年，该街每月向区扫黑除恶办报送扫黑除恶专项斗争工作简报和专报情况，全年向区扫黑办共报送简报24篇，专报12篇。2020年9月15日，惠民街安排工作人员参加由武江区扫黑除恶专项斗争领导小组举办的“开展扫黑除恶建设善美韶关”主题演讲比赛并取得优秀奖。

【最低生活保障工作】2020年，惠民街对申请最低生活保障的对象，逐一排查摸底，了解贫困群众的生活情况，对符合条件，确需救助的对象，给予最低生活保障。惠民街道享受最低生活保障的有147户，共计230人。特困人员供养42户，共计42人。其中分散供养人员15户15人，集中供养27户27人。

【残疾人救助】2020年，惠民街为辖区140名低保户中的残疾人申请广东省残疾人生活津贴，为724名重度残疾人申请广东省重度残疾人护理津贴。并积极为残疾人争取就业岗位，鼓励有条件的残疾人自主创业，并为他们提供必要支持；配合市残联组织残疾人参加就业培训，提高辖区内残疾人的职业技能水平。

【公租房、经济适用房工作】2020年，惠民街严格按照要求抓好公租房、经济适用房、公共租赁减免房租的审核工作，受理公租房申请46户，经审核，符合条件上报46户；经审核，符合条件已办理低收入证明家庭7户。

【爱心超市】2020年，惠民街爱心超市发放慰问品1382次，发放救灾物资近8.6万元。

【人口计生工作】2020年，惠民街召开12次专题计生工作会议；各类培训讲座7次，共334人次参加培训；开展健康义诊活动4次，参与群众200余人；开展宣传活动5场，参与群众1000余人次；慰问活动4次，服务群众600人次；发放宣传资料4万份；全年共计派发避孕套2000余盒。全年户籍人口出生共计553人，其中政策内出生498人，政策生育率为90.05%，孕前优生健康检查30人。

【劳动保障所工作】2020年，惠民街人力资源和社会保障所不断完善劳动再就业机制和服务体系，以发展促就业，以就业促稳定，拓展就业渠道，安置再就业。截至12月，城镇新增再就业683人；城镇失业再就业155人；城镇就业困难人员再就业119人；认定就业困难人员人数131人；企业申请社会保险补贴及岗位补贴人数31人，补贴金额约15万元；灵活就业申请补贴人数655人，金额约186万元；办理城乡居民养老保险合计办理1638人，全年累计参加医疗保险人数（此数据不包括职工医疗保险人数）25582人，基本实现养老、医疗保险覆盖全社区的目标，为社会的安定和谐作出一定的贡献。

【安全生产工作】2020年，惠民街深入贯彻“安全第一，预防为主”综合治理的工作方针，深入开展消防安全宣传、整治工作，提升居民安全意识。2020年，惠民街共开展检查行动132次，联合区应急局、区住建局、区消防大队、派出所等职能部门检查21次。

消防安全方面，全年开展53次关于安全生产及消防安全的演练和培训，培训人员约5000人次，共派发安全用火用电宣传单张3万余份。开展消防安全专项整治行动40余次，检查“三小”场所共计2029家，违规停放电动车共计698处。张贴电动车火灾警示宣传海报共580份、派发禁止电动车私拉电线告知书共3000余份。开展侨新小区高风险区域消防安全隐患整治专项行动20余次。

森林防火方面，根据城市户外用火管理，围绕清明野外用火、禁止燃放烟花爆竹等城市管理要求，开展2次专题宣传活动，共定制2500个环保宣传袋，开展60余次森林防火巡查，派发20000余份宣传单和《致辖区居民的一封信》。

安全生产其他各项检查，全年累计检查8家危险化学和燃气经营企业；检查辖区在建工地15家；打击煤气私罐充点6处，没收非法充装燃气瓶共325个。

【三防工作】2020年，惠民街严格执行汛期24小时值班制度；与各社区居委会签订三防责任书；全年召开三防专题会议5次；组织人员培训110人次；开展汛期隐患排查行动20余次；开展防灾减灾演练15次；开展汛期危房、危墙、削坡建房排查行动8次；派发三防宣传单张15000余份，通过多种举措和方式，确保各项汛期防灾减灾工作落到实处，保障辖区群众生命财产安全。

2020年，惠民街按照《广东省防汛防旱防风总指挥部关于印发市县镇三防办信息化建设标准的通知》（粤防〔2017〕4号）要求，建立三防专用值班会商区、休息间，配备办公家具和办公设备；更新升级三防物资仓库，完善仓库办公设施和增添货品储物架，购入一批新的三防救灾物资。惠民街道三防信息化建设，全年投入经费近3万元。

【河长制工作】2020年，惠民街严格按照区委、区政府河长制工作的通知要求，全面推行河长制工作。共召开专项工作部署会议2次；组织开展“清四乱”“五清”专项行动共6次；2020年，街、居级河长巡河252次，其中街级河长巡河108次，居级河长巡河144次，对巡查中发现的问题，及时限期整改；全年清捞23次，共花费10658元；加强对治水护河工作的宣传，提高群众的意识，通过组织“河小青”“护河志愿者”及党员志愿者开展清理河道垃圾等活动，联同韶关市青少年宫在西桥公园联合举办主题为“争当河小青，共护母亲河”宣传活动，取得良好宣传效果。

【武装工作】2020年，武江区狠抓征兵工作，适龄青年登记100%，向部队输送优秀青年，大学生率93.8%，圆满完成征兵任务；强化民兵建设，完成民兵整组，组织民兵集训，战斗力和保障力显著提升；按照基层武装部标准化建设要求，街道武装部配齐“三室一库一站”，软硬件设施显著提升。

【征拆工作】2020年，武江区全力攻坚教育西路、丹霞大道北建设项目征拆工作，完成征收80户，拆除面积13906.44平方米，均已全线贯通。其中教育西路按照市委要求在一个月时间内完成全线贯通任务，得到市委通报表扬。北中扩建项目签约10户，项目稳步推进。

【表彰情况】2020年惠民街道获得的荣誉称号有：惠民街道群立社区被广东省妇女联合会会、广东省精神文明建设委员会办公室评为“第六批广东省家庭文明建设示范点”；武江区惠民街道关工委被韶关市关心下一代工作委员会、韶关市精神文明建设委员会办公室评为韶关市关心下一代工作先进集体；惠民街道群立社区、惠民街道群康社区、惠民街道沙湖社区被武江区精神文明建设委员会办公室、武江区妇女联合会、武江区教育局评为武江区2020年优秀“家长学校”惠民街道关工委被中共韶关市武江区委办公室、韶关市武江区关心下一代工作委员会评为“五好”关心下一代工作委员会荣誉称号；惠民街道群立社区关工小组、惠民街道沙湖社区关工小组被中共韶关市武江区委办公室、韶关市武江区关心下一代工作委员会评为“五好”关心下一代工作小组荣誉称号；惠民街道武江北社区被韶关市武江区妇女联合会评为武江区“妇女之家”示范点；惠民街道群立社区被韶关市武江区妇女联合会评为武江区“儿童之家”示范点；惠民街道新华北社区被韶关市武江区妇女联合会评为武江区“平安家庭”创建活动示范村。

【社区简介】

沙湖社区 沙湖社区东起工业西路20号，西至移山路，南起工业西路、北至韶州公园，主要道路有工业西路、沙湖路，管辖面积近0.4平方千米，一共划分3个网格进行管理。常住人口2039户，常住人口6117人，户籍人口5091人。辖区内有中国电信股份有限公司韶关分公司、广东电网有限责任公司韶关供电局等单位，有山水华府、芙蓉花园、电力新村、沙湖天上虹等小区。办公室位于工业西路26号山水华府旭川园8栋负二层，办公场所352平方米。现有居委干部7人，网格员2人。

沐阳东社区 沐阳东社区东至韶关市博物馆，西至沐阳东路16号，南至工业西路，北至武江区科创园，主要道路有工业西路、沐阳东路、建设路，管辖面积近0.6平方千米，一共划分5个网格进行管理。常住人口1856户，常住人口4657人，户籍人口3187人。辖区内有四一九医院、韶关市中级人民法院、韶关市博物馆、武江区工信局等单位，有卓越雅苑、丰华公司福源小区宿舍、东南明珠花园、天子岭廉租房小区、天子岭新村、利民药厂后山宿舍、华馨花园、四一九宿舍等小区。办公室位于卓越雅苑6栋商铺二楼沐阳东党群服务中心，办公场所280平方米。现有居委干部7人，网格员2人。

冷水坑社区 冷水坑社区东起同心酒店（工业中路39号），西至惠民街道办公楼，南起工业西路，北至黄屋村，主要道路有工业大道路、西冲路、冷水坑路，管辖面积近0.4平方千米，一共划分6个网格进行管理。常住人口2152户，常住人口6547人，户籍人口5286人。辖区内有武江区工业中幼儿园、武江区田家炳小学、惠民社区卫生服务中心、西冲幼儿园等单位及王屋安置小区、西冲安置小区、七〇六宿舍、教师新村等小区。办公室位于武江区西冲安置小区4栋103房，办公场所392平方米，现有居委干部7人，网格员2人。

侨新社区 侨新社区东起立交桥北侧，西至工业中35号，南起工业中路，北至群康路口，主要道路有工业中路、景秀路、上饶路、黄槐路、新华北路，管辖面积近0.5平方千米，一共划分5个网格进行管理。常住人口4670户，常住人口10741人，户籍人口7265人。辖区内有交通银行韶关分行营业部、韶关农商银行西河支行等单位，有锦鹏花园、景秀花园、侨新小区、新三联、汇展华城等小区。办公室位于工业中路侨新小区鸿福大厦C座二楼，办公场所330平方米。现有居委干部7人，网格员2人。

幸福社区 幸福社区东至幸福路，西至同心酒店，南至工业中39栋，北至幸福家园二期，主要道路有幸福路，管辖面积近0.5平方千米，一共划分3个网格进行管理。常住人口1470户，常住人口3736人，户籍人口2252人。辖区内有丽景教师新村、幸福家园等物业小区。办公地址：幸福路汇展华城翠竹轩南区29栋至31栋之间4号铺，办公场所260平方米。现有居委干部7人、网格员2人。

群康社区 群康社区东至新华北路，西至幸福家园，南至侨新小区，北至姐妹岭，主要道路有新华北路，新兴路、群康路，松山路。管辖面积近0.7平方千米，一共划分3个网格进行管理。常住人口2276户，常住人口6828人，户籍人口4319人。辖区内有韶关市妇女联合会、韶关市第三人民医院、韶关市第五中学、韶关市开放大学等单位，有星河华庭、明居园、供电局宿舍、景泰花园、顺和公寓等小区。办公室位于群康路2号明居园首层，办公场所118平方米。现有居委干部7人，网格员2人。

东岗岭社区 东岗岭社区东至新建路，西至新华北路立交桥侧，南至工业东，北至新华北路，主要道路有工业东路、新华北路、新建路，管辖面积近0.3平方千米，一共划分6个网格进行管理。常住人口4163户，常住人口10351人，户籍人口8512人。辖区内有武江区东岗小学（高年部）、韶关市文化馆、中国农业发展银行韶关分行、韶关市工业科学研究所等单位，有志兴金碧园、东岗岭安置小区等小区。办公室位于东岗岭安置小区物业管理处对面二楼，办公面积160平方米，现有居委干部7人，网格员2人。

新村社区 新村社区东至惠民北路29号，西至新建路4号，南至工业东路16号，北至新华北路13号，主要道路有惠民北路、新华北路、工业东路，管辖面积近0.4平方千米，一共划分5个网格进行管理。常住人口2193户，常住人口6126人，户籍人口6268人。辖区内有韶关市水务局、武江区市场监督管理局等单位，有东枫花园、阳光康地、盈翠皇庭、内燃机厂宿舍、水务局宿舍、茶叶公司土产公司宿舍等小区。办公室位于东岗岭安置小区物业部对面，办公面积160平方米，与东岗岭社区居委会合用会议室。现有居委干部7人，网格员2人。

新华北社区 新华北社区东起新兴路，西至百货大厦，南起新华北路，北至公安街，主要道路有新华北路、惠民北路、新兴路、新群路，管辖面积近0.5平方千米，一共划分5个网格进行管理。常住人口

4874户，常住人口10526人，户籍人口9536人。辖区内有韶关市科学技术局，韶关市生态环境局、惠民路军分区干休所、韶关市口腔医院、广东省有色金属地质局九三二队等单位，有茗苑花园、嘉晖商厦、香槟小城、椿松花园、志兴丽景园、铭轩豪庭、百货大厦等小区。办公室位于新兴路城市花园B座201，办公场所320平方米。现有居委干部7人，网格员2人。

群立社区 群立社区东至惠民北路，西至新兴路和虾公山，南至公安街，北至广东北江中学，主要道路有惠民北路、教育路，管辖面积近0.8平方千米，一共划分3个网格进行管理。常住总人口2152户，常住人口6435人，户籍人口5875人。辖区内有广东北江中学、韶关市广播电视台、国家税务总局韶关市税务局、韶关市军队离休退休干部惠民路休养所、韶关市第一建筑工程有限公司等单位，有优山美地、教师新村、翰林世家、松苑小区等小区。办公室位于康乐村279号优山美地A1栋1楼，办公面积320平方米。现有居委干部7人，网格员2人。

武江北社区 武江北社区东至武江大道北，西至惠民北路（韶关市财政局），南至武江桥，北至韶关市工贸资产有限公司，主要道路有武江大道北、惠民北路，管辖面积近0.6平方千米，一共划分4个网格进行管理。常住人口2600户，常住人口7815人，户籍人口6217人。辖区内有韶关市财政局、韶关市妇幼保健院、韶关市建筑设计院、韶关市住房公积金、中国建设银行股份有限公司韶关分行、中国农业银行股份有限公司韶关分行、韶关市青少年宫，韶关市工贸资产有限公司等单位，有滨江汇景、江景苑、桂苑小区、新世纪大厦等小区。办公室位于武江北路19号，办公场所716平方米。现有居委干部7人，网格员2人。

黄田坝社区 黄田坝社区东至武江北路电化厂宿舍，西至惠民北路252号，南至黄田坝小学，北至武江北路朝阳新村，主要道路有武江北路、惠民北路，管辖面积近0.8平方千米，一共划分6个网格进行管理。常住人口3044户，常住人口8219人，户籍人口5327人。辖区内单位有武江区黄田坝小学、韶关市韶关学院黄田坝校区、韶关市金财资产、韶关市城市照明和信息中心、韶关市城镇污水处理管理中心、韶关市政府物业管理中心和韶关市武江区新华派出所等，小区有朝阳新村、南枫雅居、金旭大厦、海景花园、丽江苑、江滨华庭、城市花园（惠民北路68号）、原韶关市教育局宿舍（拆迁范围）、韶关市韶关学院黄田坝校区职工宿舍等。办公室位于惠民北路68号A1座2楼，办公场所350平方米，与惠民北社区居委会合用办公场所。现有居委干部7人，网格员2人。

惠民北社区 惠民北社区东起朝阳楼，西至大塘边，南至江湾名庭，北至塘湾村南，主要道路有武江大道北、惠民北路、朝阳路，管辖面积近1.2平方千米，一共划分5个网格进行管理。常住人口4688户，常住人口13747人，户籍人口7452人。辖区内有广东北江实验学校、武江区朝阳小学、广东省韶关市社会福利院、韶关市供销合作联社等单位；有江湾名庭、碧桂园凯旋华府、城市花园金城小区、奥园（韶关印象、江山壹品）、二棉宿舍区、钱隆华府、外滩华府、金科集美等小区。办公室位于惠民北路68号城市花园惠民北小区A1栋2楼，办公场所350平方米，与黄田坝社区居委会合用办公场所。现有居委干部7人，网格员2人。

长城社区 长城社区东至工业西移山路西侧，西至工业西长城世家，南至工业西路，北至韶华幼儿园，主要道路有工业路。管辖面积近0.4平方千米，一共划分2个网格进行管理。常住人口2010户，常住人口6258人，户籍人口2475人。辖区内有武江区田家炳沙湖绿洲小学等单位，有沙湖绿洲、长城世家等小区。办公室位于武江区工业西路88号长城世家58栋1楼，办公场所420平方米。现有居委干部7人，网格员2人。

（黄韶辉）

新华街道

【概况】 韶关市武江区新华街道办事处位于武江区东部，办公地点位于武江区新民路21号。辖区东起武江桥，西至西郊6千米，南至百旺大桥，北至工业路，以及曹陂村、曲仁红尾坑矿宿舍区，管辖面积为13.84平方千米，辖区有乳韶、工业西、工业中、芙蓉北、沙洲、金洲、芙蓉东、惠民东、惠民西、五祖路、工业东、武江南、新华南、红尾坑、花城、利民、御龙湾等17个社区。2020年，全街道年末户籍人口101394人，常住人口约125547人。2020年，全街道有初中4所，小学7所，幼儿园27所。主要旅游景点有芙蓉山国家矿山公园。

2020年，新华街道办事处设党政综合办公室（人大常委会办公室）、党建工作办公室（组织人事办公室）、纪检监察办公室、公共服务办公室（党群服务中心）、综合治理办公室、综合行政执法办公室（综合行政执法队）、经济发展办公室、城市管理办公室（应急管理办公室）、社区建设办公室、司法所（区司法局派出机构），下设公共服务中心、退役军人服务站2个事业单位。

【城市基层党建工作】 2020年，面对常态化疫情防控工作新形势，新华街道党工委始终坚持以党建为引领，在城市基层党建工作中不断探索和创新。全面完成党组织优化设置工作，率先在全区启动社区党组织升格工作，16个党员数超过100名的社区全部升格为党委；深入走访“两新”企业，新批准设立3个“两新”组织党支部。不断健全在职党员社区报到服务机制，深入贯彻落实市委组织部“社区吹哨、党员报到”机制，按照区委“1+4+N”三年行动安排，积极开展“真情五百”入户大走访活动。2020年，党员累计开展报到服务活动3905次，累计参与活动4352人次，服务84331.2小时。积极探索市域治理现代化新模式，以花城、五祖路、新华南社区为试点，充分发挥“区委、街道党工委、社区党委、社区网格党支部和红色楼宇党小组”五级联创优势，选取党组织基础较好的小区，建立“党建+小区”机制。

【街道机构改革工作】 2020年8月，新华街道举行机构改革后新部门机构设立的揭牌仪式，顺利完成街道机构改革工作。在机构改革工作中，新华街道按照“先易后难、分步实施，统筹兼顾、重点突破”的原则，逐步推进机构的撤并和设立，为机构改革的顺利实施奠定坚实的基础。新华街道认真贯彻积极稳妥的工作方针，既坚持大刀阔斧地进行机构整合，又注重操作程序上的规范；既坚持严控机构和人员编制，又坚持反复沟通、化解矛盾。在区委、区政府的集中统一领导下，新华街道最大限度地争取各单位和部门之间的支持和联动，保证整个机构改革工作的顺利进行。

【老旧小区改造工作】 2020年，新华街道纳入老旧小区改造的有15个，3个已完成改造并交付物业管理，11个正在改造中，1个已完成预算审核。2020年，新华街道和社区居委会工作人员多次到老旧小区开展入户宣传工作，拖拉机厂宿舍、华园花园、华园新村等3个老旧小区改造项目已于年底全面完工；金友大厦、工艺品公司宿舍、粤运公司宿舍、食品公司宿舍等4个小区已基本完工，进入收尾阶段；有7个小区已动工建设。

【巩卫创文工作】 2020年，新华街道开展“我们的节日”活动约30场，开展志愿服务活动130余次，开展各类文明实践主题活动约40场。周密组织“防疫有我、爱卫同行”为主题的爱卫月活动，以“周五公共卫生日”活动为载体，广泛动员干部职工、在职党员、小区居民群众积极参与环境卫生整治，共组织发动6000余人，清除卫生死角18处，清理蚊虫滋生地8处，清理杂物3车，投放鼠药600千克，统一消杀5次。各社区不断深入推进“五级联创”网格化工作，2020年共为民解决问题60个。

【民心工程和惠民政策】2020年，新华街道城镇新增就业人数1100人，城镇失业人员再就业788人，就业困难人员再就业158人，城镇登记失业率2.3%，就业困难人员灵活就业备案登记3339人，各项工作完成数均达到任务目标100%以上；为辖区769个城镇独生子女父母、42个特别扶助对象办理奖扶资料的审核、汇总、报送及奖励金的发放工作。完成城乡居民社会养老保险参保1962人，完成目标率101.23%，缴费703人，完成目标率110.36%，到龄发放待遇1280人，办理城乡居民社会养老生存认定1762人，死亡待遇核定73人，电话通知跟踪服务1627人次，生物特征采集1777人。城乡居民医保查询、政策咨询约4万多人次，办理新生儿医保653人，城乡居民医保减员停保2156人，办理2021年度居民医保参保缴费35097人，完成目标率102.02%，短信和电话通知参保人续费13700多人次。

【综治维稳和安全生产工作】2020年，新华街道扎实推进“三防”标准化建设，进一步完善值班应急制度。落实落细安全生产责任，排查辖区内企业17家、“在建工程”34处、加油站6家、地质灾害隐患点17处、“燃气点”2家、人员密集场所92家、“三小场所”3086家，发现基础管理类隐患12处，已整改12处。认真贯彻上级的有关工作要求，扎实开展扫黑除恶专项斗争，共收集摸排线索5条，创新开展“真情五百”入户大走访活动，较好地完成各项平安建设、综合治理工作任务。2020年，新华街共派发宣传资料16988份，入户宣传13910户，走访群众31595人。

【人口普查工作】2020年5月至12月，新华街道在省、市人普办的工作部署和区委、区政府的统一领导下，认真组织，周密部署，按时保质完成第七次全国人口普查的行政资料整理、“两员”选聘、业务培训、物资准备、宣传、摸底登记、正式登记、比对复查等工作。第七次全国人口普查工作启动以来，新华街道培养一批业务熟练、能打善战、主动作为的业务骨干，组成一支455人的人口普查队伍。新华街道坚持全方位、多角度做好宣传引导，充分运用LED户外显示屏、横幅、辖区网格群等宣传载体为人口普查造势。新华街道人普办定期对普查工作进行督促推进，及时掌握工作进展情况，加强对各社区人普工作的指导，及时发现和解决问题，及时通报工作进度，千方百计确保调查数据真实可信。其中，惠民西社区在12月14日至20日圆满完成第七次全国人口普查事后质量抽查。

【表彰情况】2020年，新华街道及各社区获得市级以上荣誉奖项8个，其中花城社区被评为广东省抗击新冠肺炎疫情先进集体、广东省三八红旗集体、广东省文明单位，工业东社区被评为2019—2020年度“广东省五四红旗团支部”，工业西社区被评为韶关市五四红旗团委，武江南社区被评为2020年老旧小区改造工作先进社区，五祖路社区被评为2020年市级“妇女之家”示范点，花城社区肖碧琴被评为广东省三八红旗手。

【社区简介】

芙蓉北社区 芙蓉北社区东起林桥坑至寓山路，西至芙蓉北三路，南至芙蓉山脚，北至芙蓉新城吉祥路口，管辖面积约1.6平方千米，常住人口约4897人，户数2739户。主要道路有芙蓉北路、怡华路、吉祥路、津头岭一至五横巷；驻辖区单位：韶关市看守所、韶关市救助站、韶关市交通拯救队、韶关市红十字会、至和汤邓淑芳纪念学校。办公地点位于芙蓉北路16号，现有社区“两委”干部7人，党支部5个，共198名党员。

乳韶社区 乳韶社区东起劳教所门前移山路，西至西郊六千米粤北二医院，南至芙蓉山脚北侧，北至芙蓉北路，面积为1.2平方千米，常住人口6508人，户数2588户。主要道路有芙蓉北路、韶关大道路、沐溪大道3条；驻辖区单位有广东省核工业地质调查院、韶关市第九中学、韶关粤北第二人民医院、韶关市食品药品检验所。办公地点位于芙蓉北路68号芙蓉丽景三栋首层，与利民居委会联合办公。现有社区

“两委”干部7人，党支部5个，共115名党员。

利民社区 利民社区辖区东起移山路，西至沐溪大道市林科所，南至芙蓉北路，北至工业西路南面，辖区面积约1.1平方千米，常住人口8550人，户数3340户。主要道路有工业西路、建设路、沐溪大道、芙蓉北路4条；驻辖区单位有韶关市气象局、韶关市人力资源和社会保障局、韶关市人民检察院、韶关市疾病预防控制中心、韶关市中心血站、韶关市水文分局、武江区镇泰小学、丽珠集团利民制药厂、韶关市民政局、韶关市职业病防治院、武江区税务局、武江区卫生和健康局、武江区食品药品监督管理局。办公地点位于芙蓉北路68号芙蓉丽景三栋首层，与乳韶居委会联合办公，现有社区“两委”干部6人，党支部4个（其中“两新”组织1个），共123名党员。

工业中社区 工业中社区东起新华南路至新民路，南至怡华路，西至芙蓉一路，北至工业中路，面积约0.7平方千米，总人口14809人，户数4270户。主要道路有工业中路、乳韶路、新津路、新民路、怡华路、芙蓉一路6条；驻辖区单位有武江区华泰小学。办公地点位于工业中路22号繁荣锦苑2栋，现有社区“两委”干部4人，党支部5个（其中“两新”组织1个），共254名党员。

工业西社区 工业西社区东起芙蓉北一路西侧，西至芙蓉北三路东侧，南至吉祥路北侧，北至工业西路南侧，面积约0.7平方千米，常住人口10048人，户数3516户。主要道路有芙蓉北一路、二路、三路，吉祥路（双号）、工业西路、如意路共6条；驻辖区单位有韶关市第十四中学、芙蓉山派出所。办公地点位于吉祥路2号，现有社区“两委”干部5人，党支部3个，共130名党员。

五祖路社区 五祖路社区东起体育东路，西至新华南路，南至亨泰路，北至体育中心路，面积约0.7平方千米，常住人口9059人，户数3969户。主要道路有体育东路、五祖路、新华南路、亨泰路4条；驻辖区单位有韶关军分区新华南路离职干部休养所、韶关市军队离退休干部五祖路休养所、韶关市环境监测中心站。办公地点位于体育东路18号，现有社区“两委”干部7人，党支部5个（其中“两新”组织1个），共214名党员。

工业东社区 工业东社区东起五祖路，西至新华南路路，南至体育东路，北至工业东路。面积约0.3平方千米，常住人口5526人，户数1579户。主要道路有工业东路、五祖路、新华南路、体育东路、文艺路5条。驻辖区单位有广东省第五建筑工程公司、广东省核工业地质局、韶关市公安局消防支队、韶关市卫生监督所、韶关市应急救护指挥中心、韶关市军队离休、退休工业东路军休所、武江区红星小学。办公地点位于体育东路18号，现有社区“两委”干部6人，党支部8个（其中“两新”组织3个），共237名党员。

惠民西社区 惠民西社区东起惠民南路，西至新华南路，南至邮政储蓄银行、南枫花园，北至五祖路、亨泰路，面积约1.2平方千米，常住人口5893人，户数2211户。主要道路有韶关市卫生健康局门前路、亨泰路、惠民南路、新华南路；驻辖区单位有韶关市武江区人民政府、中国人民银行韶关市中心支行、韶关市市场监督管理局、韶关市城建档案馆、韶关市老干部大学、韶关市卫生健康局、韶关市妇幼保健院计划中心、韶关市建筑工程质量安全监督站、韶关市农商银行、韶关市汽车客运西站、武江新华街道社区卫生服务中心。办公地点位于惠民南路136号，现有社区“两委”干部7人，党支部5个（其中“两新”组织2个），共167名党员。

惠民东社区 惠民东社区东起武江南路，西至惠民南路，南起北江桥头，北至田家炳中学西边围墙，面积约0.7平方千米，常住人口8632人，户数2240户。主要道路有惠民南路、武江南路、光明巷3条；驻辖区单位有粤北人民医院、韶关学院医学院。办公地点位于武江大道北81号（原武江南路5号），现有社区“两委”干部6人，党支部3个，共143名党员。

武江南社区 武江南社区东起武江大道83号（金银辉宿

舍），西至惠民南路55号（田家炳中学高中部），南至武江大道北182号（食品厂宿舍），北至武江桥头。面积为0.7平方千米，有常住人口5211人，常住户数2371户。主要道路有工农巷、武江南路、惠民南路、光明巷；驻辖区单位有韶关市中医院、韶关市田家炳中学、广发银行股份有限公司韶关分行、韶关市慢性病防治院、韶关市武江区新华幼儿园。办公地点位于武江大道北81–1号，现有社区"两委"干部6人，党支部6个（其中"两新"组织1个），共162名党员。

金洲社区　金洲社区东起武江大道中（鸿洲花园至沙洲六路）；西至芙蓉东路（沙洲六路至金泽园南侧）；南至沙洲六路；北至桥西六巷、金福园横路。辖区面积0.82平方千米，常住人口14400人，户数5687户。主要道路：福彩路1路、福彩路2路，沙洲四路、沙洲五路、沙洲六路、芙蓉东路、沿江路、沙洲路。办公地点位于武江区沙洲四路1栋6号铺，社区"两委"干部7人，党支部6个（其中"两新"组织2个），共267名党员。

沙洲社区　沙洲社区东起沿江路，西至芙蓉东路，南至金福园南边，北至新华南路，面积为0.78平方千米，常住人口10163人，户数3276户。主要道路有：沿江路、芙蓉东路、新华南路、沙洲一路、沙洲二路，沙洲三路、沙洲路；驻辖区单位有韶关市住房和城乡建设管理局、韶关市人才服务局、武江区人民法院、韶关市公安局武江分局交通警察大队、国家税务总局韶关市税务局沙洲办公区、武江区金福园小学、韶关市田家炳中学初中部。办公地点位于武江区福彩路5号，现有社区"两委"干部5人，党支部7个（其中"两新"组织2个），共240名党员。

新华南社区　新华南社区东起新华南路，西至芙蓉山脚，南起红玫路，北至新民路，面积约1.2平方千米，常住人口4669人，户数2129户。主要道路有新华南路、怡华路、新民路、红玫路；驻辖区单位有韶关市卷烟厂、武江区文体旅局、韶关市武江区人民政府新华街道办事处等单位。办公地点位于武江区红玫路2号，现有社区"两委"干部6名，党支部4个，现有党员196人。

芙蓉东社区　芙蓉东社区起新华南路，西至芙蓉山脚，南至芙蓉东路，北至新华南路一横巷，面积为1.21平方千米，常住人口5149人，总户数2468户。主要道路有新华南路、福林路、上连冲路、下连冲路、芙蓉东路、红玫路；驻辖区单位有韶关市烟草机械配件厂有限公司、韶关市特殊教育学校。办公地点位于武江区红玫路2号，现有社区"两委"干部5人，党支部6个（其中"两新"组织1个），共260名党员。

红尾坑社区　红尾坑社区辖区范围为红尾坑本部、红尾坑东边区和红尾坑曲仁园社主轩安置小区，面积0.74平方千米。有常住人口2305人，总户数789户，驻辖区单位有韶关市红光水泥实业有限公司、韶关市世邦新型建材实业有限公司、红尾坑留守站。办公地点位于社韶大道3号曲仁园·社主轩综合楼四楼，另一处办公地点为曲仁园·六福居旁，现有社区"两委"干部5人，党支部3个，共143名党员。

花城社区　花城社区东起沿江路，西至芙蓉山，南至百旺大桥底，北至沙洲六路，辖区面积1.8平方千米，常住人口10727人，户数3565户。主要道路为沿江路、芙蓉东路一带。驻辖区单位有武江区人民武装部、核工业华南技工学校、广东韶能集团股份有限公司。办公地点位于武江区芙蓉东路178号碧水花城8栋负一层二楼，现有社区"两委"干部6人，党支部5个（其中"两新"组织1个），"两新"党总支1个，共171名党员。

御龙湾社区　御龙湾社区于2018年经政府批准设立，东起芙蓉东路，西至芙蓉山脚，南起怡华路，北至芙蓉北市水泥厂后门路，辖区面积约19.36平方千米，辖区常住人口5640人，户数3375户，辖区单位有武江区御龙湾小学。办公地点位于韶关市武江区新民路63号B3栋负一层。社区现有"两委"干部7人，党支部1个，共75名党员。

（邓新佳）

先进表彰

2020 年度获国家级表彰先进单位一览表

表 19

单位名称	荣誉称号	表彰单位
韶关市第九中学	全国青少年校园篮球特色学校	教育部
田家炳小学	全国青少年校园篮球特色学校	教育部
武江区	2018—2020年度全国计划生育优质服务先进单位	国家卫生健康委
西河镇红星村	继续保留“全国文明村（红星）”荣誉称号	中央精神文明建设指导委员会

2020 年度获省级表彰先进单位一览表

表 20

单位名称	荣誉称号	表彰单位
红星小学	2018—2020年度“广东省文明校园”	中共广东省委、广东省人民政府
武江区司法局	动漫作品《小悟空矫正日记》评为优秀社区矫正微视频	广东省司法厅社区矫正管理局
武江区税务局税源管理股	广东省税务系统省级青年文明号	国家税务总局广东省税务局、共青团广东省委员会
武江区税务局	第八届广东省市直机关“先锋杯”工作创新大赛“优秀作品奖”	中共广东省直属机关工作委员会、中共广东省委全面深化改革委员会办公室、广东省总工会、共青团广东省委员会、广东省妇女联合会
武江区税务局	广东省税务系统优秀党建工作创新案例	国家税务总局广东省税务局党建工作领导小组
武江区税务局机关第一党支部	广东省税务系统先进基层党组织	中共国家税务总局广东省税务局委员会
惠民街道群立社区	第六批广东省家庭文明建设示范点	广东省妇女联合会会、广东省精神文明建设委员会办公室
西河镇人民政府	2021年—2022年广东乡镇（街道）社会体育指导员服务站A级服务站	广东省体育局
武江区教育局	最美禁毒团队	广东省禁毒委员会

续表 20

单位名称	荣誉称号	表彰单位
武江区	2020年度广东全员人口数据质量评估全省排名第一	广东省卫生健康委
新华街道办事处（工业东社区）	2019—2020年度“广东省五四红旗团支部”	共青团广东省委员会
新华街工业东社区团支部	2019—2020年度广东省五四红旗团支部	共青团广东省委员会
新华街道办事处（花城社区）	广东省抗击新冠肺炎疫情先进集体	中共广东省委、广东省人民政府
新华街道办事处（花城社区）	广东省文明单位	中共广东省委、广东省政府
田家炳小学	广东省书香校园	广东省教育厅
田家炳小学	广东省绿色学校	广东省教育厅
韶关市风烈中学	广东省绿色学校	广东省教育厅
韶关市第十五中学	广东省绿色学校	广东省教育厅
东岗太阳城小学	广东省绿色学校	广东省教育厅
阳山小学	广东省绿色学校	广东省教育厅
韶关市第九中学	广东省绿色学校	广东省教育厅
东岗小学	广东省绿色学校	广东省教育厅
芙蓉一小	广东省绿色学校	广东省教育厅
田家炳沙湖绿洲小学	广东省绿色学校	广东省教育厅
田家炳沙湖绿洲小学	广东省第三批生活垃圾分类示范教育基地	广东省教育厅
金福园小学	广东省艺术教育特色学校	广东省教育厅
田家炳沙湖绿洲小学	广东省艺术教育特色学校	广东省教育厅
惠民街群立社区	广东省家庭文明建设示范点	广东省妇女联合会
新华街道办事处（花城社区）	广东省三八红旗集体	广东省妇女联合会
新华街花城社区	广东省三八红旗集体	广东省妇女联合会
武江区行政服务中心	广东省“巾帼文明岗”	广东省妇女联合会
武江区西河镇马屋村	广东省卫生村	广东省爱国卫生运动委员会
武江区西河镇下坑村	广东省卫生村	广东省爱国卫生运动委员会
西联镇	广东省卫生镇	广东省爱国卫生运动委员会
西联镇甘棠村、西联镇车头村、西联镇沐溪村	广东省卫生村	广东省爱国卫生运动委员会

2020年度获市级以上表彰先进单位一览表

表21

单位名称	荣誉称号	表彰单位
西河镇村头村	韶关市卫生村	韶关市爱国卫生运动委员会
西联镇委员会	韶关市抗击新冠肺炎疫情先进集体	中共韶关市委员会
碧桂园太阳城社区居委会志愿者服务队	2020年韶关市最美抗“疫”志愿服务组织（队伍）	韶关市宣传部、韶关政法委、韶关市共青团、韶关市精神文明建设委员会
新华街道办事处（武江南社区）	2020年老旧小区改造工作先进社区	韶关市区老旧小区改造试点工作领导小组办公室
武江区司法局新华司法所	集体三等功	韶关市司法局
武江区检察院第二检察部	集体嘉奖	韶关市人民检察院
武江区自然资源局	山水林田湖草试点项目完成市级验收和县级初验	韶关市山水林田湖草生态修复工程领导小组办公室
西河镇向阳村	韶关市“平安家庭”创建活动先进示范村（社区）	中共韶关市政法委员会、韶关市妇女联合会
武江区委组织部	2020年“双争双促”主题实践活动机关效能工作典型案例	市委组织部
武江区税务局	韶关市第四届机关工作创新创优竞赛（转变作风类）二等奖	中共韶关市直属机关工作委员会
武江区直机关工委	韶关市第四届机关工作创新创优竞赛“优秀组织奖”	市直属机关工委
组织系统党支部	韶关市第四届机关工作创新创优竞赛三等奖	市直工委
武江区司法局	韶关市第四届机关工作创新创优（岗位创新类）现场竞赛，获岗位创新类一等奖	韶关市直机关工委
武江区	韶关市“七五”普法终期检查考评获优秀等次	韶关市普法办
武江区委教育工委	韶关市中小学校党建工作示范区	中共韶关市委教育工作委员会
韶关市第九中学	韶关市中小学党建工作示范校	中共韶关市委教育工作委员会
田家炳小学	韶关市文明校园	韶关市教育局、韶关市精神文明建设委员会办公室
龙归镇中心小学	韶关市文明校园	韶关市教育局、韶关市精神文明建设委员会办公室
芙蓉第一小学	韶关市文明校园	韶关市教育局、韶关市精神文明建设委员会办公室
田家炳小学	韶关市中小学卫生工作示范学校	韶关市人民政府办公室
芙蓉第一小学	韶关市中小学卫生工作示范学校	韶关市人民政府办公室
韶关市第十四中学	韶关市中小学卫生工作示范学校	韶关市人民政府办公室
重阳学校	韶关市中小学卫生工作示范学校	韶关市人民政府办公室

续表 21

单位名称	荣誉称号	表彰单位
东岗太阳城小学	韶关市中小学卫生工作示范学校	韶关市人民政府办公室
武江区镇泰小学	韶关市中小学卫生工作示范学校	韶关市人民政府办公室
武江区消防救援大队西联特勤消防救援站	党支部荣获2019—2020年度先进基层党组织	韶关市消防救援支队
新华街道工业西社区	韶关市“平安家庭”创建活动先进示范村（社区）	韶关市妇女联合会
龙归镇社主村	韶关市“平安家庭”创建活动先进示范村（社区）	韶关市妇女联合会
江湾镇江湾社区	韶关市“平安家庭”创建活动先进示范村（社区）	韶关市妇女联合会
新华街道五祖路社区	韶关市市级“妇女之家”示范点	韶关市妇女联合会
江湾镇瑶族村	韶关市市级“妇女之家”示范点	韶关市妇女联合会
武江区审计局	2020年度全市审计统计工作先进单位	韶关市审计局
武江区市场监督管理局	2020年度产品质量监管工作先进单位	韶关市市场监督管理局
武江区市场监督管理局	2020年度全市知识产权工作先进单位	韶关市市场监督管理局
武江区城市管理和综合执法局	韶关市文明单位	中共韶关市委、韶关市人民政府
武江区应急管理局	韶关市抗击新冠肺炎疫情先进集体	中共韶关市委、韶关市人民政府
西河镇向阳村	2018—2020年度韶关市文明村镇	中共韶关市委、韶关市人民政府
龙归中心卫生院	2020年韶关市先进集体	中共韶关市委、韶关市人民政府
广东爱心大药房连锁有限公司	2020年韶关市先进集体	中共韶关市委、韶关市人民政府
韶关市欧浦物业服务有限公司	2020年韶关市先进集体	中共韶关市委、韶关市人民政府
武江区卫生健康局	韶关市抗击新冠肺炎疫情先进集体	中共韶关市委、韶关市人民政府
武江区卫生健康局党支部	先进基层党组织	中共韶关市委
武江区税务局西河税务分局党支部	韶关市税务系统2019年度先进基层党组织	中共国家税务总局韶关市税务局委员会
武江区税务局	韶关市税务系统优秀党建工作创新案例	中共国家税务总局韶关市税务局委员会
武江区税务局	韶关市首届法治文化节“优秀法治文化作品”	韶关市普法办公室、韶关市司法局
武江区税务局	韶关市第二届法治文化节“优秀法治文化作品”动漫、微视频、微电影类作品三等奖	韶关市普法办公室、韶关市司法局
武江区自然资源局	拆旧复垦工作推进较快，拆旧复垦任务完成数远超目标数	韶关市人民政府
武江区自然资源局	2020年度不动产登记数据整合工作先进单位	韶关市人民政府

2020 年度获市级以上表彰先进个人一览表

表 22

姓　名	工作单位	荣誉称号	表彰单位
肖碧琴	武江区新华街花城社区	全国三八红旗手	中华全国妇女联合会
陈　怡	武江区税务局	第十二届全国五好家庭	全国妇联
韦辛横	韶关市消防救援支队西联特勤站	训练标兵	应急管理部消防救援局
邝桂莲	芙蓉第一小学	广东省禁毒工程先进个人	广东省禁毒委员会
朱仕辉	黄田坝小学	广东省优秀少先队辅导员	广东省教育厅
王业辉	武江区消防救援大队	优秀党务工作者	广东省消防救援总队
赵黄波	工业东路消防救援站	训练标兵	广东省消防救援总队
许　斌	消防救援支队西联特勤站	优秀消防救援站指挥员	广东省消防救援总队
肖碧琴	新华街道办事处（花城社区）	广东省三八红旗手	广东省妇女联合会
邱洲才	武江区委统一战线工作部	广东省民族团结进步创建模范个人	广东省人民政府
肖叶楠	武江区税务局科员	2019—2020年度广东省优秀共青团员	共青团广东省委员会
黄辉南	武江区人民法院	二等功	广东省高级人民法院
康　炜	武江区人民法院	司法警察警衔荣誉章	广东省高级人民法院
谢祥军	武江区人民法院	“基本解决执行难”工作个人三等功	广东省高级人民法院
肖叶楠	武江区税务局	2019—2020年度广东省优秀共青团员	共青团广东省委员会
肖　凯	武江区税务局	减税降费专项工作个人嘉奖	国家税务总局广东省税务局
胡香平	江湾中学	市优秀乡村校长	韶关市教育局
黄　霞	西河学校	市优秀乡村教师	韶关市教育局
郑　波	龙归镇中心小学	市优秀乡村教师	韶关市教育局
王长林	龙归中学	市优秀乡村教师	韶关市教育局
梁　勇	重阳学校	市优秀乡村教师	韶关市教育局
李永意	风烈中学	市优秀乡村教师	韶关市教育局
林永前	西河镇下坑村党支部书记、村委会主任	第一届“韶关最美退役军人”	韶关军分区政治工作处、韶关市退役军人事务局
郭光玉	韶关市针织一厂退休工人	第一届“韶关最美退役军人”	韶关军分区政治工作处、韶关市退役军人事务局
潘晓军	韶关市铁路医院体检科护师	2020年度韶关十大好军嫂	韶关市妇女联合会、韶关军分区政治工作处、韶关市退役军人事务局
郑碧芸	韶关市关山工程建设集团有限公司企业管理主管	2020年度韶关十大好军嫂	韶关市妇女联合会、韶关军分区政治工作处、韶关市退役军人事务局

续表 22

姓　名	工作单位	荣誉称号	表彰单位
吴　鹏	工业东路消防救援站	优秀基层党支部书记	韶关市消防救援支队
韦辛横	韶关市消防救援支队西联特勤站	个人三等功	韶关市消防救援支队
林毅华	武江区市政综合管理中心	韶关市劳动模范	中共韶关市委、韶关市人民政府
刘　媛	武江区应急管理局	韶关市抗击新冠肺炎疫情先进个人	中共韶关市委、韶关市人民政府
葛晓娟	红星小学校长	2020年韶关市劳动模范先进工作者	中共韶关市委、韶关市人民政府
新　林	广东莱雅新化工科技有限公司副总经理	2020年韶关市劳动模范先进工作者	中共韶关市委、韶关市人民政府
孙小光	韶关市合众化工有限公司技术总工程师	2020年韶关市劳动模范先进工作者	中共韶关市委、韶关市人民政府
廖荣光	广东雪印集团有限公司董事	2020年韶关市劳动模范先进工作者	中共韶关市委、韶关市人民政府
林毅华	武江区市政综合管理中心副主任	2020年韶关市劳动模范先进工作者	中共韶关市委、韶关市人民政府
林毅华	武江区市政综合管理中心	韶关市2020年第三季度“韶关好人”（见义勇为）	韶关市精神文明建设委员会办公室
袁　海	惠民街道关工委主任	韶关市关心下一代工作先进工作者	韶关市关心下一代工作委员会、韶关市精神文明建设委员会办公室
黄宗伟	西河镇向阳村	韶关市“平安家庭”	中共韶关市委政法委员会、韶关市妇女联合会
吴　斌	武江区财政局	2020年韶关最美抗“疫”志愿者	共青团韶关市委员会
郑　斌	武江区卫生健康局	抗疫先进个人	中共韶关市委、韶关市人民政府
陈　艳	武江区人力资源和社会保障局	韶关市抗击新冠肺炎疫情先进个人名单	中共韶关市委、韶关市人民政府
陈伟锋	新华街道社区卫生服务中心	抗疫先进个人	中共韶关市委、韶关市人民政府
何集茂	惠民街道社区卫生服务中心	抗疫先进个人	中共韶关市委、韶关市人民政府
黄森明	芙蓉社区卫生服务中心	抗疫先进个人	中共韶关市委、韶关市人民政府
彭光如	重阳镇九联村卫生站	抗疫先进个人	中共韶关市委、韶关市人民政府
刘志刚	武江区税务局	2020年韶关市最美抗“疫”志愿者	共青团韶关市委员会、中共韶关市委宣传部、中共韶关市委政法委员会、韶关市精神文明建设委员会办公室
邹　璟	武江区税务局	韶关市税务系统优秀党支部书记	中共国家税务总局韶关市税务局委员会
邝　莹	武江区税务局	韶关市首届法治文化节“优秀法治文化作品”	韶关市普法办公室、韶关市司法局
曾　皓	武江区税务局	韶关市第四届机关工作创新创优竞赛（转变作风类）二等奖	中共韶关市直属机关工作委员会
肖　凯	武江区税务局	韶关市第四届机关工作创新创优竞赛（转变作风类）二等奖	中共韶关市直属机关工作委员会

续表 22

姓　名	工作单位	荣誉称号	表彰单位
陈　瑛	武江区税务局	韶关市第四届机关工作创新创优竞赛（转变作风类）二等奖	中共韶关市直属机关工作委员会
卢敏华	武江区税务局	韶关市第四届机关工作创新创优竞赛（转变作风类）二等奖	中共韶关市直属机关工作委员会
许高强	武江区税务局	韶关市第四届机关工作创新创优竞赛（转变作风类）二等奖	中共韶关市直属机关工作委员会
潘志辉	西联镇恒大社区居委会	2020年韶关市最美抗“疫”志愿者	韶关市宣传部、韶关政法委、韶关市共青团、韶关市精神文明建设委员会
梁　竣	武江区直机关工委	2020年韶关市最美抗“疫”志愿者	市委宣传部、市委政法委、共青团市委、市文明办
周　伟	西联镇碧桂园太阳城第二社区居委会	韶关市抗击新冠肺炎疫情先进个人	中共韶关市委、韶关市人民政府
欧克忠	西联镇阳山村委	韶关市抗击新冠肺炎疫情先进个人	中共韶关市委、韶关市人民政府
余　战	武江区农业农村局	广东省第二次全国污染源普查表现突出的个人	广东省第二次全国污染源普查工作领导小组办公室
余　战	武江区农业农村局	饲料工业监测统计工作先进个人	农业农村部畜牧兽医局
张　英	武江区农业农村局	2020年广东省消费扶贫突出贡献个人称号	广东省扶贫开发办公室

统计资料

武江区2020年国民经济和社会发展统计公报

武江区统计局

2021年3月31日

2020年，武江坚持以习近平新时代中国特色社会主义思想为指导，全面贯彻中央、省、市各项决策部署，坚定不移贯彻新发展理念，统筹抓好新冠肺炎疫情防控和经济社会发展，扎实做好“六稳”工作、全面落实“六保”任务，决胜全面建成小康社会取得决定性成就，为开启全面建设社会主义现代化国家新征程奠定了坚实基础。

一、综合

根据韶关市地区生产总值统一核算结果，武江实现地区生产总值（初步核算数）2694878万元，比上年增长1.3%。其中：第一产业增加值85817万元，增长2.0%；第二产业增加值1045804万元，下降3.3%（工业增加值795898万元，下降3.7%；建筑业增加值250264万元，下降2%）；第三产业增加值1563257万元，增长4.5%。三大产业结构为3.2：38.8：58.0。

二、农业

全区农林牧渔业总产值150481万元，增长3.2%。其中：农业产值66374万元，增长5.6%；林业产值11854万元，增长11.8%；畜牧业产值66470万元，下降3.9%；渔业产值4493万元，下降0.7%；农林牧渔服务业产值1291万元，增长144.7%。

全区粮食播种面积58525亩，增长6.1%；蔬

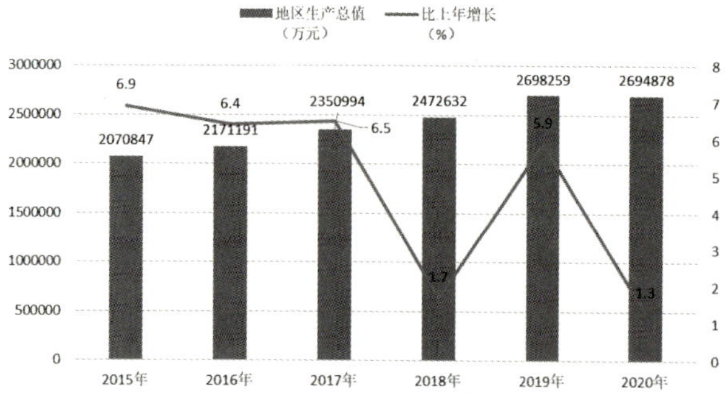

图1　2015—2020年地区生产总值及增长速度

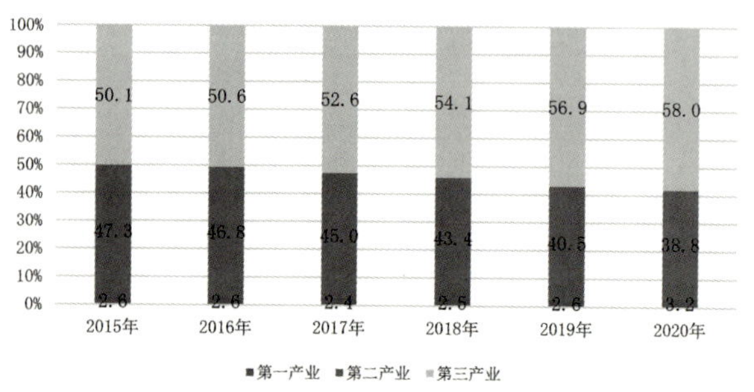

图2　2015—2020年三次产业增加值占地区生产总值比重

菜播种面积41279亩，增长4.3%。粮食总产量24541吨，增长6.2%；蔬菜总产量91241吨，增长4.4%；水果总产量11972吨，增长2.3%；生猪出栏量108094头，下降13.5%；家禽出栏量1390903只，增长6.9%；水产品起水量3301吨，增长0.5%。

三、工业和建筑业

全区规上工业总产值1595378万元，现价增长0.6%。全区工业增加值795898万元，下降3.7%，其中规模以上工业增加值下降4.4%。

全区资质建筑业总产值547532万元，现价下降0.5%。全区建筑业增加值250264万元，下降2.0%。

四、固定资产投资

全区固定资产投资增长4.0%。其中：房地产开发完成投资增长5.1%。房地产商品房销售面积120.43万平方米，增长9.4%；房地产商品房销售额857536万元，增长5.2%。

五、贸易和外经

全区批发业销售额619069万元，增长12.8%；零售业销售额402467万元，下降3.2%；住宿业营业额20777万元，下降21.0%；餐饮业营业额60230万元，下降14.9%。全区社会消费品零售总额696903万元，下降4.9%。从消费形态看，商品零售额647709万元，下降4.6%；餐饮收入49194万元，下降9%。

全区合同吸收外资金额167万美元。实际利用外资1976万美元，增长8491.3%。全区外贸进出口总额61353万元，增长95.9%，其中：进口总额48829万元，增长300.8%，出口总额12525万元，下降34.6%。

六、服务业

全区批发和零售业增加值127858万元，增长0.5%；交通运输、仓储和邮政业增加值47747万元，下降14.4%；住宿和餐饮业增加值45143万元，下降11.8%；金融业增加值164949万元，增长6.4%；房地产业增加值350479万元，增长4.0%;其他服务业增加值826176万元，增长8.0%。

全区规模以上服务业企业实现营业收入264330万元，增长5.6%。分行业看：交通运输、仓储和邮政业增长8.3%；信息传输、软件和信息技术服务业增长4.4%；房地产业（物业管理）下降44.1%；租赁和商务服务业增长0.6%；科学研究和技术服务业增长14.6%；水利、环境和公共设施管理业增长107.5%；居民服务、修理和其他服务业增长34.7%；卫生和社会工作增长8.7%；文化、体育和娱乐业下降69.0%。

七、科技、教育、卫生

全区专利申请量1315件（发明230件，实用新型1026件，外观设计59件），全区专利授权量1261件（发明专利34件，实用新型1149件，外观设计78件）。

全区中等职业教育学校2所，专任教师183人，其中：女教师104人。在校学生4597人，其中：女生1668人。招生数1827人，其中：女生1223人。毕业学生1532人，其中：女生1012人。

全区普通中学学校13所，其中：初级中学6所，九年一贯制2所，完全中学4所，高级中学1所。中学专任教师1919人（初中1121人，高中798人），其中：女教师1014人（初中667人，高中347人）。中学招生数8525人（初中5332人，高中3193人），其中：女生4140人（初中2517人，高中1623人）。中学在校学生24603人（初中15537人，高中9066人），其中：女生11735人（初中7114人，高中4621人）。中学毕业学生7555人（初中4727人，高中2828人），其中：女生3594人（初中1799人，高中1795人）。初中升学率96.1%，其中：女生升学率97.5%。

全区小学学校24所（城区16所，镇区3所，乡村5所），其中：教育部门办23所，民办1所。小学专任教师1751人，其中：女教师1370人。小学招生数5609人，其中：女生2621人。小学在校学生33884人，其中：女生15696人。小学毕业学生4721人，其中：女生2216人。小学升学率100%，其中：女生升学率100%。学龄儿童入学率100%。

全区幼儿园86所（城区66所，镇区7所，乡村13所），其中：教育部门办6所，民办80所。幼儿园专任教师1035人，其中：女教师1029人。幼儿园入园人数5226人，其中：女生

2520人。幼儿园在园人数14665人，其中：女生6724人。幼儿园离园人数4920人，其中：女生2272人。

全区医院、医疗卫生机构209个，床位5371床，医疗卫生机构技术人员6146人，其中：执业（助理）医师1833人，流调人员40人，采样人员155人，消杀人员40人。

八、人口、人民生活与社会保障

全区年末户籍总人口289731人，其中：城镇人口221301人，乡村人口68430人；男性144259人，女性145472人。全区常住出生人口2859人，人口出生率9.61‰；死亡人口1665人，人口死亡率5.60‰；自然增长人口1194人，人口自然增长率4.01‰。

全区地方一般公共预算收入59375万元，增长10.5%（不含韶关新区，可比口径）。据城乡一体化居民家庭抽样调查，全区居民人均可支配收入38547元，增长5.9%，其中：城镇居民人均可支配收入41306元，增长4.9%；农村居民人均可支配收入21849元，增长7.0%。城乡居民收入比1.891：1。

全区城镇职工基本养老保险参保人数88571人，城乡居民基本养老保险参保人数36557人，失业保险参保人数87670人，城镇登记失业人员2989人，城镇登记失业率2.76%。

全区基本医疗保险参保人数305178人，其中：城乡居民基本医疗保险参保人数145605人，城镇职工基本医疗保险参保人数159573人。

全区提供住宿的社会工作机构4个，提供住宿的社会机构床位140床。享受城镇居民最低生活保障有408户647人，享受农村居民最低生活保障有648户1149人，享受农村五保供养人数121人。

注：

1. 本公报数据为初步统计数；
2. 本公报数据除特别注明外均为地域统计数；
3. 生产总值、各产业增加值、总产值绝对数按当年价计算，增长速度除特别注明外按可比价计算。

本公报资料来源：

合同吸收外资、实际利用外资外贸进出口总额来自区工业和信息化局；

专利申请量、专利授权量来自区市场监督管理局；

教育数据来自区教育局；

卫生数据、常住出生人口、出生率、死亡人口、死亡率、自然增长人口、人口自然增长率来自区卫生健康局；

户籍总人口来自区公安局；

地方一般公共预算收入来自区财政局；

基本养老保险参保人数、失业保险参保人数、城镇登记失业人员、城镇登记失业率来自区人力资源和社会保障局；

基本医疗保险参保人数来自区医疗保障局；

社会工作机构个数（床位数）、居民最低生活保障户数（人数）、农村五保供养人数来自区民政局；

其他数据来自区统计局。

2020年武江区国民经济统计资料表

表23

指标名称	计量单位	2020年数值
年末户籍总人口	人	289731
其中：非农业人口	人	221301
年末户籍总户数	户	101181
年末常住人口	万人	暂未反馈
其中：非农业人口	万人	暂未反馈
常住出生人口	人	2859

续表 23

指标名称	计量单位	2020年数值
出生率	‰	9.61
死亡人口	人	1665
死亡率	‰	5.60
自然增长率	‰	4.01
国内生产总值（现价）	万元	2694878
其中：第一产业增加值	万元	85817
第二产业增加值	万元	1045804
第三产业增加值	万元	1563257
人均生产总值	元	暂未反馈
农林牧渔业总产值	万元	150481
规上工业总产值	万元	1595378
资质建筑业总产值	万元	547532
农林牧渔业增加值	万元	86365
工业增加值	万元	795898
建筑业增加值	万元	250264
社会消费品零售总额	万元	696903
固定资产投资	万元	1502496
其中：房地产开发投资	万元	782644
房地产商品房销售面积	万平方米	120.43
房地产商品房销售额	万元	857536
实际利用外资	万美元	1976
外贸进出口总额	万元	61353
其中：进口总额	万元	48829
出口总额	万元	12525
城镇单位在岗职工年末人数（不含私营）	人	暂未反馈
城镇单位在岗职工年人均工资（不含私营）	元	暂未反馈
城乡居民人均可支配收入	元	38547
其中：城镇居民人均可支配收入	元	41306
农村居民人均可支配收入	元	21849
地方一般公共预算收入（不含韶关新区）	万元	59375
地方一般公共预算支出（不含韶关新区）	万元	195980
国内税收收入	万元	720422

文件辑录

在区委九届十二次全会上的报告

（2020年12月27日）

颜　亮

同志们：

这次区委全会，主要任务是深入学习贯彻习近平总书记在党的十九届五中全会上的重要讲话和五中全会精神，认真贯彻落实习近平总书记出席深圳经济特区建立40周年庆祝大会和视察广东重要讲话、重要指示精神，省委十二届十一次、十二次全会精神以及市委十二届十三次全会精神，研究谋划“十四五”时期武江经济社会发展，审议《中共韶关市武江区委关于制定武江区国民经济和社会发展第十四个五年规划和二〇三五年远景目标的建议》，推动武江在城乡融合高质量发展上走在北部生态发展区前列，争当韶关改革发展排头兵。

开好这次全会，事关武江今后5年乃至更长时期的发展，意义非同寻常、责任非同寻常。这里我讲四点意见。

一、深入学习贯彻习近平总书记重要讲话、重要指示精神，从中汲取全面建设社会主义现代化国家新征程的真理力量、思想力量、实践力量

习近平总书记重要讲话、重要指示，是总书记思想的重要组成部分，是我们全面建设社会主义现代化新征程的行动指南和动力源泉。我们要在深入学思践悟中，进一步凝聚武江开启“二次创业”、奋进新征程的强大思想合力、精神动力、行动能力，沿着总书记指引的方向奋勇前行。

（一）深入体悟总书记寄予我们的深切厚望与殷殷重托，凝聚起“二次创业”和推进现代化建设新征程的强大力量。总书记出席深圳经济特区建立40周年庆祝大会和视察广东重要讲话、重要指示立意高远、思想深邃、博大精深，总书记的亲切关怀和战略意图体现在总书记重要讲话的字里行间，体现在总书记的每一项重要指示中。我们要用心用情体悟总书记对广东的关爱之深、看待之重、支持之大、期望之高，要倍加珍惜、起而行之，进一步激发增强“四个意识”、坚定“四个自信”、做到“两个维护”的无限忠诚，横下一条心，办好自己的事，进一步焕发向第二个百年奋斗目标进军的壮志豪情，凝聚起武江“二次创业”和推进现代化建设新征程中披荆斩棘、破浪前行最强大、最恒久、最坚实的精神力量。

（二）深入领会总书记关于中国式现代化的重要论述，牢牢把握“二次创业”和推进现代化建设新征程的正确方向。总书记作出“十四五”时期我国将进入新发展阶段的重大判断，并从人

口规模巨大、全体人民共同富裕、物质文明和精神文明相协调、人与自然和谐共生、走和平发展道路等5个方面深刻阐明了中国式现代化的重要特征。我们要以新发展阶段为时间坐标，以中国式现代化为目标指向，深入领会总书记关于“十四五”时期发展目标、重要原则和主要任务的重大部署，把握好武江新阶段的发展方向。要坚持以发展的眼光认清武江的优势和短板，以中国式现代化的标准审视我们的工作，与时俱进完善工作思路、工作方法、工作举措，着眼“十四五”锚定努力方向和目标，谋划好武江区“十四五”重点任务，以“二次创业”的勇气和激情确保在全面建设社会主义现代化新征程中开好局、起好步。

（三）深入领会总书记赋予广东的总定位总目标，进一步扛起“二次创业”和推进现代化建设新征程的使命担当。总书记要求广东“在全面建设社会主义现代化国家新征程中走在全国前列、创造新的辉煌”，进一步明确了全面建设社会主义现代化国家新征程中，广东在全国大局中的总定位、改革发展的总目标。这是总书记着眼实现中华民族伟大复兴中国梦赋予广东的新使命、新任务、新担当、新期待，是统筹新发展阶段广东各项工作的总要求。我们要自觉对标对表总定位总目标，把武江发展放在全国全省全市大局中通盘考虑，强化大局意识、系统思维、整体行动，坚持对标最高最好最优，学习借鉴先进地区的好经验好做法，在“二次创业”中塑造新的竞争优势，在现代化建设新征程中充分彰显中国特色社会主义的无比优越性和强大生命力。

（四）深入领会总书记对广东工作提出的新任务新要求，进一步找准“二次创业”和武江改革发展的着力点。总书记要求广东以更大魄力、在更高起点上推进改革开放，在推进粤港澳大湾区建设、推动更高水平对外开放、推动形成现代化经济体系、加强精神文明建设、抓好生态文明建设、保障和改善民生等方面展现新的更大作为，并总结了“十个必须”宝贵经验，提出“6+2”的重要要求，为我们实现总定位总目标指明了关键重点和方法路径。我们要深刻把握这些事关广东发展全局、与武江发展密切相关的重要要求、重大问题，紧扣高质量发展主题，坚持新发展理念，将改革发展“六大行动”深化为武江推进现代化建设的具体行动方案和施工图，逐步构建起“城乡融合高质量发展”“生态产业化、产业生态化”“服务均衡、治理有效”的新武江、新经济、新生活崭新局面，切实把总书记重要指示要求扎扎实实落到实处，把总书记擘画的宏伟蓝图在武江大地上变成美好现实。

二、在习近平新时代中国特色社会主义思想指引下，武江即将如期全面建成小康社会，为开启全面建设社会主义现代化新征程奠定坚实基础

过去5年，是以习近平同志为核心的党中央举旗定向、谋篇布局，团结带领全党全国各族人民，推进党和国家各项事业取得决定性成就、实现历史性跨越的5年，也是我们牢记嘱托、感恩奋进，奋力推动总书记思想在武江落地生根、结出丰硕成果的5年。我们坚持以习近平新时代中国特色社会主义思想为指导，深入学习贯彻总书记对广东重要讲话和重要指示批示精神，按照党中央决策部署和省委、市委工作要求，坚持新发展理念，推动高质量发展，各项事业取得新进步、实现新跨越。

一是经济发展综合竞争力保持前列。全面贯彻新发展理念，“绿水青山就是金山银山”成为全区上下的共识，实施产业提档三年行动，积极打造新发展平台、培育新发展动能，全区经济结构进一步优化，经济发展质量不断提升，城市建设主战场的经济活力进一步彰显。“十三五”期间，武江区地区生产总值、人均可支配收入、固定资产投资额、高技术企业增加数和专利授权量等稳居全市首位，其中2019年，武江区经济发展综合指数等11项关键经济指标排在全市第一，人均GDP高出全国平均水平将近20%，是全市首个人均GDP突破8万元的县（市、区），综合竞争力明显提升，韶关改革发展排头兵的成色更足。

二是城乡建设群众认同感显著提升。统筹推进城市提升和镇村提振行动，城乡面貌焕然一新，被省政府确定为城乡融合发展省级试点。中心城区生态品质明显提升，城市建设管理考评连

年稳居全市第一。完善芙蓉隧道、武江大道南、朝阳路等一批城市交通基础设施，五年里整治提升交通节点约50处，新增停车位约8000个，城市的便捷度和通达率显著提升。建成韶州公园、文化三馆、城市盒子等一批市民休闲文化场所，拖拉机厂宿舍、光明巷等老旧小区、背街小巷旧貌换新颜，城市家园的归属感、亲和力明显增强。实施镇域提升“139”行动，深入开展农村人居环境整治和路域提升，镇村面貌实现美丽蝶变，涌现出龙归粮仓等一大批网红打卡点，“龙归—江湾”乡村精品线路获评“广东美丽乡村精品线路”，重阳镇万侯村和江湾镇湖洋村分别获得“全国乡村治理示范村”和“广东省乡村大擂台污水治理先进村”荣誉称号。

*三是改革发展新活力明显增强。*在全区上下开展思想解放大讨论，推动干部实现思想观念的更新、思维方式的变革和精神状态的提振。抓住重点领域和关键环节，因地制宜推进党政机构、镇街体制改革任务，不断优化协同高效的机构职能体系；出台“担当落实、走在前列”十条意见，建立以实干实战实绩为核心的考评机制，实施“6+4”党员领导干部带头抓项目组团攻坚模式，创造了省、市重点项目攻坚中“武江速度”，得到市委、市政府多次通报表扬，在市辖三区发展各类现场会评比和全市县（市、区）绩效考评中位列前茅；大力推进营商环境改革，深化“数字政府”建设和政务服务改革，企业开办便利度居全市首位。大力推进农村综合改革，被列入全国农村集体产权制度改革试点单位，创新开展“打擂比武”活动，有关经验做法得到省领导的批示肯定。

*四是人民群众获得感幸福感安全感持续提升。*始终坚持以人民为中心，坚决打好精准脱贫攻坚战和污染防治攻坚战，如期完成新时代脱贫攻坚目标任务，扬尘整治成效明显，十里亭饮用水源保护区专项整治得到省市肯定。就业、教育、医疗、卫生、社会保障等民生事业迈上新台阶，在全市率先成功创建“广东省推进教育现代化先进区”，五年新增优质学位6500个。建成长者饭堂、社区居家养老服务中心、风度书屋等一批惠民工程，武江中医院、儿童医院开工建设，基层卫生医疗服务体系日渐完善，公共服务保障水平明显增强。深入开展“平安武江”建设，持续推进扫黑除恶专项斗争，社会治安综合治理和应急管理能力水平不断提升，社会大局保持和谐稳定。

*五是党的领导和党的建设全面加强。*旗帜鲜明讲政治抓政治，深入开展“两学一做”学习教育和“不忘初心、牢记使命”主题教育，广大党员干部“四个意识”明显增强、“四个自信”更加坚定、“两个维护”更加自觉。切实履行意识形态工作责任，有力维护意识形态安全。实施加强党的基层组织建设三年行动计划，常态长效推进“1+4+N”在职党员到社区报到服务工作，实现村级党建阵地提升全覆盖，基层基础更加巩固。以正确用人导向激励干部担当作为，扎实推进忠诚干净担当高素质干部队伍建设。持之以恒正风肃纪反腐，风清气正的政治生态不断巩固和发展。

同志们一起奋斗、一起见证、一起回首，都会明显感受到“十三五”时期武江的城乡巨变，都会深切体味到每一份来之不易的收获，归根结底靠的是习近平新时代中国特色社会主义思想的科学指引，靠的是党中央坚强领导，让我们在省委、市委强有力的带领和支持下，取得了污染防治攻坚战、扫黑除恶专项斗争等一个个重大胜利，打赢了疫情防控阻击战、脱贫攻坚战，实现了经济社会平稳健康发展。五年的奋斗历程，让我们对武江发展进步有了更深入更全面的共识与体会：一是始终做到“一张蓝图绘到底”，一心一意谋发展。五年的发展巨变、走在前列，得益于我们紧紧把住城乡发展不平衡不充分这一最大问题，及时理清完善发展思路，一项一项抓落实、一年一年接着干。二是始终做到激发进位争先的斗志，坚持攻坚克难不服输。我们之所以能够夺取多项考评优秀、第一，啃下污染防治攻坚战、征拆交地大会战等一个一个“硬骨头”，源于我们不断超越自我，拼搏奋进，凝聚了“要干就要干最好”的武江气魄和“团结奋斗、担当实干”的武江精神。三是始终做到把解放思想作为工作利器，坚持改革创新不停步。一批国家、省荣誉和创新融合省级试点的取得，来自我们敢闯敢试敢拼、善思善行善为；新区改革后，我们能迅速调整思路，推动科创园等三大发展新平台开工建设，来自我们主动求变、积极作为。四是始终做到加强党的领导，坚持团结干事不折腾。区委始终加强领导，坚持“一切从推动发展出发，一切立足于干实事干成事”的导向，每一项突破发展目标的实现，离不开四套班子的团结协作，离不开各级领导干部的担当有为，离不开广大群众的积极拥护。所有这些都是武江高质量发展的宝贵财富，更是我们昂首阔步、奋力前行的不竭动力，我们一定要倍加珍惜，传承好、巩固好。

进入新发展阶段，我们面临的环境、条件都发生了深刻变化，我们在收获经验的同时，也要看到自己的短板和不足，主要突出表现在：一是发展新动能新平台培育不足、经济增长乏力。2019 年，全区生产总值为 268.07 亿元，虽然位列全市第一，但仅为红三角兄弟市赣州、郴州中心城区的 60% 左右，且差距逐年拉大。过度依赖传统产业，韶烟、供电两家中省企业占规上工业增加值的比重就高达 92.8%，经济结构调整被动乏力。二是城乡发展不平衡不充分的问题仍然突出。城区面子不靓里子不强的根本性问题没有很好解决，农村基础设施和公共服务短板依然明显。基础教育学校布局不够合理，公办学校特别是学前、中小学的优质学位紧张。城乡医疗发展水平不平衡，农村卫生服务能力相对落后。三是生态环境基础还不牢固。环保基础设施建设仍然存在短板，北江流域涉及城中村河段污水集中处理管网覆盖不全，仍有 25 个直排口未接入污水处理管网，污水直排导致沐溪河、东冲河水质呈恶化趋势，生态环境监测网络建设未能做到全覆盖，垃圾分类收集、运输、处理等仍停留在试点阶段。四是营商环境缺乏竞争力。法治政府建设水平有待提高，政务服务与人民群众期待仍有差距，企业投资项目从筹建、落地到投产的平均时间较长，涉税服务专业水平低于珠三角地区，且企业在韶关不享受粤港澳大湾区的优惠政策。中小企业融资环境亟待改善，部分惠企政策未能真正落地。这些新的阶段性特征，表明武江经济社会正处于爬坡越坎的关键时期，急需奋力开启“二次创业”新征程去破困局、强弱项。我们要站在当下、着眼未来，把武江放在全国全省全市的大局中去思考，在大视野、大格局中找到解决问题的“金钥匙”，在新征程、新格局中激活高质量发展新动能。

当前和今后更长一段时间，武江经济社会发展的总体要求是：高举中国特色社会主义伟大旗帜，深入贯彻中共十九大和十九届二中、三中、四中、五中全会精神，坚持以马克思列宁主义、毛泽东思想、邓小平理论、“三个代表”重要思想、科学发展观、习近平新时代中国特色社会主义思想为指导，深入学习贯彻习近平总书记对广东重要讲话和重要指示批示精神，全面贯彻党的基本理论、基本路线、基本方略，统筹推进经济、政治、文化、社会、生态文明建设，贯彻创新、协调、绿色、开放、共享的新发展理念，坚持发展是第一要务，坚持稳中求进工作总基调，以推动高质量发展为主题，以深化供给侧结构性改革为主线，以改革开放创新为根本动力，以满足人民日益增长的美好生活需要为根本目的，统筹发展和安全，融入以国内大循环为主体、国内国际双循环相互促进的新发展格局，按照全省“1+1+9”工作部署和“一核一带一区”区域协调发展战略，及韶关市筑牢粤北生态屏障、打造绿色发展韶关样板、争当北部生态发展区高质量发展排头兵的目标定位，坚持以生态为特色优势融入粤港澳大湾区、深圳先行示范区“双区”建设，深入实施新一轮改革发展“六大行动”，全面提升武江区作为北部生态发展区核心城市的中心城区承载力和宜居宜业品质，建设具有生态品质和发展活力的中心城区，奋力推动武江在城乡融合高质量发展上走在北部生态发展区前列，争当韶关改革发展排头兵，为韶关争当北部生态发展区高质量发展排头兵作出武江贡献。

综合考虑武江发展基础、条件变化和未来发展趋势，锚定“十四五”和 2035 年远景目标：

到 2025 年，创新发展、绿色发展格局全面构建，经济总量、人均 GDP 继续保持全市首位，城乡融合高质量发展走在北部生态发展区前列，城市创新创业承载力显著增强，争当韶关改革发展排头兵的综合实力全面展现，人民生活水平显著提高，建成北部生态发展区具有生态魅力和时代活力的城市核心区，成为红三角地区具有影响力和竞争力的绿色发展特色城区。

展望2035年，武江经济实力、综合竞争力大幅增强，地区生产总值和城乡居民人均收入迈上新的大台阶，形成现代化经济体系，基本实现新型工业化、信息化、城镇化、农业现代化，基本公共服务实现均等化，基本实现治理体系和治理能力现代化，社会文明程度达到新高度，全体人民共同富裕取得实质性进展，与全国全省全市基本同步实现社会主义现代化。

同志们，武江的美好明天要靠我们的双手去创造。我们要紧紧围绕“十四五”目标和2035年远景目标，乘势而上、起而行之，以百倍的信心、百倍的努力、百倍的干劲，推动武江新一轮大发展大跨越。

三、坚持以习近平总书记重要讲话、重要指示精神为统领，认真贯彻落实省委、市委部署要求，奋力开创“新武江新经济新生活”崭新局面

“十四五”时期是武江谱写高质量发展新篇章、开启全面建设社会主义现代化新征程的关键时期。我们必须坚持把发展作为解决一切问题的基础和关键，把发展质量摆在突出位置，找准定位，明确任务，努力实现更高质量、更有效率、更加公平、更可持续、更为安全的发展。

（一）坚持创新引领，更加主动在对接服务“双区”建设中提升绿色发展竞争力

创新是引领发展的第一动力。武江要在新发展格局加速构建中抢抓先机、赢得主动，就必须深入实施创新驱动发展战略，以武江发展“小格局”精准嵌入省、市建设发展“大格局”。主动对接“双区”建设，融入“双区”产业分工体系，积极支持服务韶关新区发展，充分依托新区产业基础和创新要素优势，推动武江产业平台与“双区”、新区实现互补协同发展，不断提升创新产业承载能力，加快构建现代产业发展新动能。

一是加强武江科创园支撑力建设，打造“双区”创新资源外溢的首选地。依托中心城区环境、设施配套、公共资源等优势，不断增强和发挥武江科创园科技引领支撑作用，主动对接广深港、广珠澳科技创新走廊，加大创新资源引进力度，争取创新资源在武江布局。重点围绕医药健康、智能装备、新材料等领域靶向引进一批高新技术企业和高成长性企业，打造集科技研发、产业转化、生产制造于一体的创新产业链条。构建全链条孵化育成体系，推动引导和支持创新要素向企业集聚，培育发展一批“小巨人”和“专精特新”中小企业，努力创建成为省级、国家级科技孵化器。以“园中园”的模式为初创企业提供服务，吸引韶关及周边青年人才聚集创新创业，全力打造在北部生态发展区具有影响力的众创空间。探索在科创园推动5G、云计算、大数据、人工智能、区块链等新技术的运用，推进产业数字化数字产业化，推动数字经济和实体经济的深度融合，建设创新智慧园区。加快推动重点领域项目、基地、人才、资金一体化配置，培养引进急需紧缺高层次人才和创新创业团队，推动广东股权交易中心韶关运营中心、广东林产品交易中心、各大金融机构办事点入驻科创园，支持其建设成为全市领先的产业、科技与金融资本融合发展平台，拓展中小企业融资渠道，增强金融服务实体经济能力。

二是加快发展新平台建设，打造“双区”制造业创新发展的承载地。高质量、加速度推进城乡融合产业园建设，加快“一桥一路”“七通一平”、园区标准化厂房等基础设施建设，完善周边教育、医疗、商业等生活配套，把产业研发、生活休闲、智慧服务融合一体，提升园区服务能力、承载能力和产业招商竞争力。要坚持生态产业化和产业生态化，发展需要山水而不污染山水的产业，注重创新成果的转化利用，把武江科创园孵化出的智慧装备、医疗健康等创新成果转化为生产动能。依托韶关装备制造基础，利用好园区山水田园优势，加大园区首期智慧农林装备、医疗健康器械等相关“链主”企业的引入力度，推动产业链、创新链关联性企业向园区集聚集约发展，切实提高产业规模优势和配套能力，建设服务华南地区农林业、大健康等领域发展需求的

智慧制造、智能装备基地。

三是强化智慧科技引领，打造“双区”优质特色农产品的供给地。围绕北部生态发展区要成为“双区”的“米袋子”“菜篮子”“果盘子”“茶罐子”“花瓶子”的发展要求，大力发展设施农业、数字农业、休闲农业、农产品精深加工等新业态，推动农业与二、三产业融合发展。积极培育壮大新型农业经营主体，充分发挥农业龙头企业的示范带动作用，鼓励和引导诺普信、雪印等企业通过科技创新模式，围绕若干个优势主打产品，创建“精、优、特、绿”岭南农业基地和特色农产品优势区，打造在“双区”具有影响力、忠爱度的特色农产品。全力加快重阳现代农业产业园建设，把西河北片和重阳建设为武江农业高质量发展新高地，构建政府、龙头企业、科研院所有效联动的科技创新引领农业发展模式，政府加快推进土地流转，企业全面铺开基础设施建设，科研院所提供创新种植技术支持，推动技术、品系、人才等各类创新要素在园区汇聚，集成科研、示范、基地等各项产业资源，吸引武江周边的农业企业落户园区、集聚发展，培育出更多具备高附加值的特优农产品和知名品牌。

（二）坚持品质先行，更加用力在提升中心城区首位度中增强城市发展活力

抢抓韶关城市“东进、南拓、西融、北优”发展战略机遇，充分发挥武江在城区几何中心区位优势，依托与“双区”互联互通的地缘条件，加快提升生态品质中心城区首位度，不断增强对外辐射功能，提升城市承载力，做大做强城市经济。

一是努力建设成为韶关全域旅游的集散中心。依托韶关市创建国家全域旅游示范区，打造“双区”的“后花园”“康养地”“体验场”，充分发挥武江交通枢纽区位优势，加强中心城区服务配套建设，为游客提供菜单式和一站式的旅游服务。要高水平规划建设一批星级酒店，积极推动本地酒店升级改造，提升优质服务水平，让旅韶游客住得舒心。要主动引导餐饮企业有序集聚，打造一批特色鲜明的美食城、小吃街，形成地标效应，让旅韶游客吃得放心。要推动各类休闲、娱乐、购物等消费服务企业向商业综合体、风情商业街集聚，举办一系列文旅节庆和体育赛事活动，提供多元需求，让旅韶游客玩得开心。要进一步加快市内交通路网改造，推动完善公共交通，提升与各大旅游景点的通达性，积极开展城景通、景景通旅游客运服务、旅游汽车租赁服务，线上线下同步发展，让旅韶游客游得顺心。

二是努力建设成为城乡人口集聚的宜居中心。依托中心城区优质教育、医疗、文化等公共服务优势，持续提升宜居环境和发展活力，在城镇化进程中提高人口和资源的虹吸效应。要着力抓好城市提升重大项目和微改造项目建设，加快推进丹霞大道北、教育西路等主次干道建设和改造，提升片区路网畅通能力。要以老旧小区改造、城中村和背街小巷整治为抓手，通过城市“微改造”腾出更多绿地空间、休憩场所与停车场地，进一步完善便民生活、社区服务、公共文化设施，提升城市承载力。要加强韶州公园等城央公园精品化打造，充分利用城市空间因地制宜建设一批花园绿地、景观小品，彰显山水城市特色。要精细化抓好城市管理，借助“大数据”平台和信息化手段，实现城市管理问题的高效率、高标准处置。鼓励和引导农转非、村改居，为农村人口、外来务工人口进城入户扫除一切障碍，让更多青年才俊汇聚城镇安家落户、就业创业。要充分发挥社工组织在社会治理中的作用，积极探索居民管理自治化，营造共建共治共享社会治理格局，让武江成为韶关市民美好生活向往的首选地。

三是努力建设成为青年创业和时尚生活的理想高地。要充分发挥对接“双区”桥头堡优势，以武江科创园为龙头，积极实施青年创业计划，通过良好的创业平台和创业服务，吸引青年到武江创业。要加快完善青年创业成长的公共配套，搭建优质平台提供一条龙项目咨询、政务服务及各类资源对接，建设精品青年公寓提供创业优质居所，推进信息基础设施建设提供良好的信息网络支撑。要做优做精楼宇经济，有效整合各类空置场所，有序引导各类型企业集聚发展，力促楼宇经济向特色化、高端化转型发展，为青年创业者提供更优质的初创起步生态。要加快时尚生活

服务业培育，打造一批现代商圈和特色街区，引导大型零售、文化演艺、时尚展示、科技体验、自助消费等生活性服务业集群快速发展，打造青年群体时尚生活新名片。

（三）坚持协调发展，更加强化在抓好城乡融合发展省级试点建设中提升区域高质量发展水平

充分发挥中心城区辐射带动作用，举全区之力推动城乡融合发展省级试点建设，围绕美丽小城镇发展机制建立、城乡产业协同发展平台搭建、村改社区管理机制健全、农村集体经济运行机制完善等4项试点任务，加大改革创新和要素保障力度，推动形成工农互促、城乡互补、协调发展、共同繁荣的新型工农城乡关系，创建全省具有典型示范的城乡融合发展“武江模式”。

一是着力优化城乡融合发展区域布局。当前武江破解城乡二元结构难题任重道远，必须以城乡融合发展省级试点建设为突破口，全面构建“一核一中心两区两廊道”城乡融合发展新格局，推动实现城乡融合高质量发展。要着力提升中心城区功能品质，充分发挥城区的人口、产业、消费、公共服务等资源优势，带动条件成熟的村探索村改社区管理，以城为“核”辐射带动乡村加快发展。要以武江乡村振兴培训实践中心为支撑，持续开展职业技能培训，全面加强校地交流合作，强化政银企协调联动，推动乡村人才交流集聚、乡村资源和社会资本深度对接，引导更多人才、资金、技术等要素资源“上山下乡”，促进城乡产业协同发展平台建设。要以龙归片区和“河阳片区”（西河北片与重阳南片连接片）为区先行试点，不断提升城镇综合承载力和乡村内生发展动力，建设具有较强城乡联结功能的美丽小城镇。要以龙归—江湾和西河—重阳两条美丽乡村精品线打造为重点，充分挖掘乡村资源禀赋，不断丰富两条乡村美丽廊道的生态魅力和品质内涵，健全完善农村集体经济运行机制，让乡村经济发展活力在“两廊道”上竞相迸发。

二是深入实施乡村建设行动。要做好生态文章，全力建设富有岭南风韵的精美农村，推动美丽乡村向美丽经济蝶变。进一步拓展“打擂比武”行动的广度和深度，推动美丽农居、美丽廊道、美丽田园、美丽经济“四个美丽”建设向纵深拓展，由“外在美”向“内在美”拓展。要加大力度推进农房管控和风貌提升，对农村乱占耕地建房增量问题“零容忍”，规范宅基地建房审批，做好对传统村落、九龄园、欧日章故居等人文古迹的保护利用工作，推动全区村庄创建“干净整洁村”“美丽宜居村”“特色精品村”。要加快乡村特色产业发展，大力发展“一镇一业、一村一品”，力促“五朵金花”特色农业产业“开花结果”，推动林下经济发展，在精品线沿线建设以家庭农场等为载体的集农产品种植、采摘、加工和生态观光、休闲、体验为一体的田园综合体。要认真做好生态旅游文章，加大对龙归粮仓、重阳水口龙舟基地、江湾温泉等优质资源的宣传推介和合作开发力度，优化配套建设、活动组织、服务水平，引进建设一批餐厅、酒店和民宿，依托网红打卡点和自然景观，植入客家文化、九龄文化等元素，推动旅游与现代农业、文化体育等融合发展，大力发展研学旅游、康养旅游、智慧旅游等文旅融合新业态，让特色生态旅游成为武江乡村产业发展的响亮名片。

三是统筹推进城乡基础设施一体化。要以开展建立美丽小城镇发展机制试点任务为重点，推进城乡基础设施规划、建设、管护“三个一体化”。要坚持规划引领、规划先行，把城乡规划一体化作为建设的先导性工程抓紧抓实抓好，加快推动美丽小城镇发展规划、城乡规划、用地规划等有效衔接。要聚焦短板弱项推动农村基础设施提档升级，推进全域“四好农村路”“建、管、护、运”协调发展，完善升级城乡路网，不断畅通城乡道路微循环。加快推动供排水、供气、通信、环保公厕、污水处理等市政设施建设向乡镇覆盖，完善集镇服务功能，把乡镇建成服务农民的区域中心。要进一步完善城乡基础设施管护运行机制，清单化明确基础设施的权属及管护责任，加强基层队伍、经费等保障，推动城管、市场监管等职权、力量下沉乡镇，以政府购买服务等方式引入专业化企业，探索政府和社会共同参与的基础设施管护运营模式，通过城乡基础设施的标准统一和制度并轨，推动城乡居民生活环境

有更大提升。

四是大力推动农村综合改革向纵深发展。农村发展的薄弱根基和村民的“等、靠、要”思想，一直阻碍着武江城乡融合高质量发展进程，必须以健全完善农村集体经济运行机制试点任务为重点，进一步深化农村综合改革，从而激活乡村振兴的强大内生动力。要建立和完善集体资产资源管理运营机制，依法依规对辖区各村集体资源、资产进行全面清查核实和股权量化登记，在强化村级党组织领导核心作用的基础上进行市场化经营，并引导村民股东建立股东代表大会、董事会、监事会等法人治理机构，规范资产的运行管理，进一步赋予农村集体经济组织市场主体地位。要扎实做好农村宅基地制度改革工作，加快推动农村土地承包经营权有序流转，积极探索实施农村集体经营性建设用地入市制度。要建立农村资源资产活化利用机制，通过土地预流转等形式加快农村土地流转，对接城市资源推进集体土地多元化利用，撬动更多社会工商资本向乡村倾斜。

（四）坚持解放思想，更加积极在深化改革扩大开放中构建高质量发展新优势

改革开放是事关武江“二次创业”成功与否的关键，必须做到改革不停顿、开放不止步，主动对标“双区”标准，推动更深层次改革，实行更大范围、更宽领域的对外交流合作，促进各类生产要素自由便利流动，不断激发高质量发展新动能。

一是探索推进资源资产价值化。资源资产是经济发展的重要基础，资源资产价值化是推动经济发展的重要手段。要探索推进自然资源资产有偿使用制度改革，加强对全区各类自然资源分布、土地利用现状及权属情况调查摸底，通过将集体土地、林地等资源折算转变为企业、合作社股权，让资源变资产、资金变股金、农民变股东。要努力推动资源资产多元化增值，加快山林、河流、空气、温泉等资源开发利用，探索碳汇、水权、排污权等各类生态环境有偿使用模式，让保护修复生态环境获得合理回报。要积极盘活产业园区及中省属驻区单位闲置土地资源，加强土地规范管理使用，提升土地产出效益。要继续深化国资国企改革，建立现代企业制度，盘活国有资产资源，促进国有资产保值增值。

二是大力推进营商环境综合改革。营商环境是市场经济的培育之土，是市场主体的生命之氧。要加快推进“数字政府”建设，深化商事制度改革，统筹推进“政策兑现”“跨城通办”“全市通办”“四免优化”“工改”及“一件事”主题式服务等专项工作，争取实现政务服务事项“进门上网”“秒报秒批”，针对中小微企业推出更便捷、更高效的服务。认真落实各项惠企政策，降低市场主体创设的制度性成本，不断激发民间资本在新型城镇化中的投资活力。提升“店小二”服务意识，提高“助商”“暖商”水平，用“速度+温度”赢得更多优质企业落户武江，将武江打造成为企业向往的投资洼地、发展高地。更大力度推进区级政务服务事项向镇村延伸，让数据多跑路、群众少跑腿。

三是深化招商引资体制机制改革。要把招商引资工作作为经济发展首要任务和“一把手”工程，建立完善领导干部抓招商项目落地工作责任制，从全区范围抽调精干力量建优配强区招商发展工作办公室，打造务实高效的招商引资活动平台，提升专业化、精准化、综合性、全面性招商能力水平。探索高质量招商引资工作机制、路径，调动全区各界参与招商引资工作的主动性和积极性。要积极开展与粤港澳大湾区、京津冀、红三角、长三角等地产业对接，引导更多成长型和带动强、能级高的创新企业进驻武江；加强与驻韶中大型企业的合作，鼓励其将产业链的上下游项目布局武江，提升产业链上下游、产供销配套能力。推行一个企业一个三人组（一名区领导、一名科局长、一名勤务员）优质服务模式，强化对签约项目的跟进落实，让企业最大限度减少项目落地手续办理时间；实行一企一策，加大对企业和项目的扶持培育力度，为企业提供便利的融资服务，让有投资合作意向的企业留得住、快落地、发展好。

四是加强跨区域合作交流。武江地处韶关区域发展的中心，也是“双区”辐射湘赣地区和

内陆省市的“桥头堡”。我们要发挥好先天区位优势，着眼畅通产业循环、市场循环、经济社会循环，加强与“双区”核心城市的交流合作，加快融入广州都市圈，深化与深圳的产业、科技等方面对接合作，深度参与北江经济带建设，更高水平推进东莞对武江区的对口帮扶，推动形成与“双区”优势互补、错位发展、互促共进的发展格局。要积极参与谋划建设粤赣湘南岭生态经济圈，主动投身到联合湖南郴州、江西赣州等“红三角”城市发展区域贸易、物流和专业市场中，共同推进旅游、教育、文化等领域交流合作，探索跨省资源共享、经济协作的区域合作新路径。要加强与周边兄弟县区的合作发展，推动武江区龙归—江湾、西河—重阳两条旅游精品线路与乳源大峡谷、云门山旅游度假区贯通开发，增强集群效应，推动与翁源县实现兰花产业共建，着力把武江科创园展览馆、韶州公园游客接待中心等平台建设成为华南兰花文创展示销售集聚中心。

（五）坚持生态优先，更加坚决在筑牢粤北生态屏障中守护好绿水青山

保护好生态环境、筑牢粤北生态屏障是实现高质量发展的重要基础。要深入践行习近平生态文明思想，牢固树立绿水青山就是金山银山理念，坚持生态优先，突出生态保护主旋律，建设天蓝、水清、土净、地绿的美丽武江。

一要全域加强生态环境保护与修复。筑牢粤北生态屏障的首要任务是保护。要调整优化生态保护红线，推动自然保护地整合优化，构筑武江特色自然保护地体系。全力配合开展国家森林城市创建工作，不断优化林业产业结构，推进国家储备林项目建设，抓好森林碳汇、生态景观林带、森林公园、乡村绿化美化等林业重点工程建设。编制出台武江区森林防灭火中长期发展规划，谋划建设一批森林防灭火基础设施，认真落实“森林防灭火工作23条”。以推进山水林田湖草综合治理为契机，统筹推进各类生态环境的修复。

二要全域加强生态环境治理。筑牢粤北生态屏障的重点任务是治理。要坚持防治结合、标本兼治、综合施策，巩固提升蓝天、碧水、净土保卫战成果，持续开展污染防治攻坚。着重做好工业污染防治、移动源污染控制、扬尘污染防治、挥发性有机物污染控制、餐饮业油烟整治等工作，让武江的天更蓝。完善河长制湖长制与网格化治水机制，推动碧道建设，实施“五水共治”，强化“水上岸上”系统治理；继续加强水源地环境保护和水质监测，持续改善域内水体水质，让武江的水更绿。建立土壤环境监管机制，做好土壤污染重点监管点污染防治，推动绿色矿山建设，让武江的土更净。要严守生态三条红线，严格实施“三线一单”生态环境管控体系，严格落实生态环境保护“党政同责、一岗双责”和属地管理责任，严格压实企业生态修复治理主体责任，用最严格制度最严密法治保护生态环境。

三要全域推广绿色低碳文明新生活。筑牢粤北生态屏障的重要举措之一是推广绿色低碳生产及生活方式。要全域推进节能降耗，落实能源消费强度与消费总量“双控”目标。加强资源节约集约利用，推动能源结构优化调整，培育壮大节能环保产业、清洁生产产业、清洁能源产业，加快推广天然气应用，统筹推进汽车充电桩等新能源基础设施建设。大力发展循环经济，完善再生回收体系，实行垃圾回收分类，推动资源利用最大化。要以“绿色家庭”创建为抓手，推动城乡家庭践行绿色低碳生活理念，形成适度消费、光盘行动、低碳出行的绿色生活方式，大力宣传“生态兴则文明兴，生态衰则文明衰”的绿色文明思想，让尊重自然、顺应自然、保护自然的理念在全社会蔚然成风。

（六）坚持发展惠民，更加用情在办好一件件民生实事中让武江百姓有更加美好的新生活

坚持以人民为中心的发展思想，注重把提高发展平衡性放在重要位置，大力补齐教育、医疗、卫生等公共服务短板，促进武江人民全面发展和社会全面进步，扎实推动共同富裕的现代化。

一要推动教育优质均衡发展和文化普及普惠。持续深化教育领域改革，深入推进教育“四大工程”，全面建设现代化教育强区。深入谋划实施“3+3+1”（建设3所公办幼儿园、3所公办小学、1所中学）项目工程，扩大优质教育资源供给，推动学前教育普及普惠安全优质发展，推

动义务教育优质均衡发展和城乡一体化。健全学校家庭社会协同育人机制，提升教师教书育人能力素质，重视青少年身体素质和心理健康教育。加强现代学校管理制度及信息化水平建设，提升教育现代化水平。深化特殊教育公平融合发展，加强专门教育保障，谋划建设区特殊教育学校。完善民办教育管理机制，支持民办教育事业发展，规范校外培训机构，普及推广在线教育，缩小城乡、校际教育水平差距。要创新实施文化惠民工程，加大文化普惠力度，推动文化供给与群众需要精准对接，加快形成城乡一体、全民共享的优质公共文化服务体系。结合城镇化发展统筹规划一批公共体育设施建设，实现镇（街）、村（社区）公共体育设施全覆盖。

二要提供全方位全周期健康保障。把保障人民群众健康放在优先发展的战略位置，不断优化区、镇、村三级医疗卫生服务体系，补齐医疗卫生服务短板。加强与粤北人民医院、核工业四一九医院等的对接合作，推进优质医疗资源扩容和区域均衡布局。加快区中医院、区儿童医院、江湾卫生院扩建等项目建设，推动优质资源下沉到基层、服务在基层。健全突发、重大疫情防控救治体系和应急响应机制，常态化抓好疫情防控，织牢公共卫生防护网。大力引进医疗领域管理人才和细分领域专家，鼓励引导社会资本提供优质医疗服务，满足群众多层次多样化的医疗健康服务需求。坚持中西医并重，完善中医药服务体系。提升健康教育、慢病管理和残疾康复服务质量，加强精神卫生和心理健康服务。

三要提高就业质量和社会保障水平。把就业作为经济社会发展优先目标，实施更加积极的就业创业政策，通过“粤菜师傅”“广东技工”“南粤家政”和“企业新型学徒制”等提高劳动者技能和素质。健全终身学习制度和职业技能培训制度，以就业竞争力的提升带动收入增长，保持居民收入增长与经济增长基本同步。健全就业困难人员托底帮扶机制，大力开发公益性岗位，积极解决贫困劳动力和就业困难群体就业问题。健全政府、工会、企业共同参与的新型劳动关系协调机制，全面治理拖欠农民工工资问题，构建和谐劳动关系。加快推进城乡居民基本养老保险、基本医疗保险全覆盖，推进医疗保险城乡一体化。健全退役军人工作体系和保障制度，加强特殊困难群体的兜底保障工作，做实孤寡老人、困难儿童、残疾人等的关爱帮扶。

四要完善和创新社会治理。深入推进文明城市创建，广泛开展各类群众性文明新风主题活动，提高社会文明程度。加强意识形态阵地建设和管理，牢牢掌握意识形态工作的领导权、管理权、话语权。加快法治社会建设，深入推进依法行政，建设更高水平的法治武江。健全社会治安防控体系，高压态势打击突出违法犯罪，扎实开展反恐怖工作和禁毒专项斗争，建设平安武江。着眼推进社会治理现代化，发挥社会组织作用，加强和创新市域社会治理，加快推动实现政府治理同社会调节、居民自治良性互动。深入推进社区治理创新，完善“综治中心＋网格化＋信息化”治理模式，全面落实“红袖章”平安志愿者工作机制，完善“一村（居）一警”机制。健全矛盾多元化解机制，依靠群众把矛盾纠纷化解在基层。

四、加强党的全面领导和党的建设，为武江在高质量发展新征程上走在全市前列提供坚强政治保证和组织保证

实现“十四五”时期发展目标和2035年远景目标，关键在党、根本在党。要充分发挥党的政治优势和组织优势，深入推进全面从严治党，不断提高党的建设质量，把各级党组织锻造得更加坚强有力，凝聚起推动“二次创业”和建设“新武江新经济新生活”的强大合力。

（一）坚持把学习贯彻总书记思想作为头等大事和首要政治任务抓紧抓实抓好。要学懂弄通做实习近平新时代中国特色社会主义思想，深化“不忘初心、牢记使命”主题教育成果，推动学习贯彻不断往深里走、往心里走、往实里走。落实好“第一议题”制度，区委常委会带头示范，真正做到学深悟透、融会贯通、真信笃行。与时俱进开展“大学习、深调研、真落实”工作，找准抓工作的着力点、突破口，切实把总书记重要指示要求转化为武江改革发展的具体行动和扎实成效。要严格落实政治要件闭环落实机制，把总

书记重要批示作为政治要件，专题研究部署，加强督查督办，确保事事有着落、件件有回音。

（二）加强党对经济社会发展的领导。要严格执行关于坚决落实“两个维护”十项制度机制，严格落实管党治党主体责任，严明政治纪律和政治规矩，严守“五个必须”，杜绝“七个有之”，落实“三个决不允许”，引导全区上下不断增强“四个意识”、坚定“四个自信”、做到“两个维护”。要完善党委研究经济社会发展战略、分析经济形势、研究重大政策的工作机制，充分发挥区委全面深化改革委、财经委、实施乡村振兴战略领导小组、审计委等议事协调机构职能作用，切实提高区委领导经济社会发展的能力和水平。加强和改进党对人大、政协工作的领导，支持人大、政协依法依章程履职，加强党管武装工作，充分发挥统战部门、群团组织等桥梁纽带作用，把人民群众紧紧团结在党的周围，为武江高质量发展凝聚最广泛的共识和力量。要织牢织密上下贯通、执行有力的组织体系，着力实现党的组织和党的工作全覆盖，以村（社区）“两委”换届为契机强化基层党组织的政治功能。要切实担负起防范化解重大风险的政治责任，坚持统筹发展和安全两件大事，不断强化意识形态、经济发展、社会治理、疫情防控、自然灾害、安全生产等领域风险防范能力。

（三）锻造忠诚干净担当的高素质干部队伍。要坚持党管干部原则，坚持新时期好干部标准，坚持政治标准第一，把干部队伍建设好、建设强。要加强干部教育培养，按照总书记关于增强“八项本领”、提高“七种能力”的重要要求，有针对性地选拔干部到基层一线、招商一线、项目一线、业务一线经风雨、见世面，推动全区广大党员干部敢于斗争、善于斗争。要健全容错免责机制，宽容干部在改革创新中的失误错误，旗帜鲜明为敢于担当、敢于负责、敢于作为的干部撑腰鼓劲，让他们在新征程中放下包袱、轻装上阵、大展拳脚。要树立正确选人用人导向，综合运用好“攻坚克难、创新创优”奖项、“担当落实、走在前列”十条意见等激励机制，让优秀者优先、有为者有位、吃苦者吃香，充分激发干部干事创业的热情和劲头。

（四）坚定不移正风肃纪反腐。把严的主基调长期坚持下去，压紧压实党风廉政建设主体责任和监督责任，保持惩治腐败高压态势，实现正气充盈、政治清明。要坚持纠“四风”与树新风并举，力戒形式主义、官僚主义，让领导干部带头深入基层、深入实际，把工作抓到群众心坎上，大力弘扬实事求是的作风，推动形成求真务实、真抓实干的浓厚氛围。要紧盯重点领域、重大工程、关键岗位，强化监督执纪问责，全面加强对经济社会发展领域公权力运行的制约和监督。要坚持反腐败无禁区、全覆盖、零容忍，严肃查处环境保护、工程建设、土地征收、国资国企等重点领域腐败问题，一体推进不敢腐、不能腐、不想腐，深入整治群众身边的不正之风和腐败问题，涵养廉洁文化，以崇廉尚廉、廉洁廉政助推经济社会高质量发展。

同志们，开启“二次创业”需要新担当，推进现代化建设新征程呼唤新作为。让我们更加紧密地团结在以习近平同志为核心的党中央周围，高举习近平新时代中国特色社会主义思想伟大旗帜，不忘初心、牢记使命，坚定信心、勇立潮头，以一往无前的奋斗姿态、风雨无阻的精神状态，奋力开创“新武江新经济新生活”崭新局面，为武江在城乡融合高质量发展上走在北部生态发展区前列，争当韶关改革发展排头兵，作出新的更大贡献！

政府工作报告

——2021年2月5日在武江区第九届人民代表大会第六次会议上

区长　郑伟平

各位代表：

现在，我代表区人民政府向大会作工作报告，请予审议，并请各位政协委员和其他列席人员提出意见。

“十三五”发展成就和2020年工作回顾

“十三五”时期，全区政府系统坚持以习近平新时代中国特色社会主义思想为指导，认真贯彻落实中央和省、市决策部署，在区委的正确领导下，在区人大及其常委会和区政协的监督支持下，坚持新发展理念和稳中求进工作总基调，较好地完成“十三五”规划各项目标任务。

过去五年，是综合实力跨越的五年。“十三五”期间，全区地区生产总值、人均可支配收入、固定资产投资额等稳居全市首位。地区生产总值从207.08亿元增至269.49亿元，年均增长4.3%。地方一般公共预算收入从4.22亿元增至5.94亿元，年均增长8.35%（可比口径）。累计完成固定资产投资643.52亿元，年均增长8.1%。先后获“全国义务教育发展基本均衡区”“2018—2020年全国计划生育优质服务先进单位”等殊荣，获批为“国家和省级农村集体产权制度改革试点县”“广东省城乡融合发展省级试点”等，综合实力迈上新台阶。

过去五年，是产业发展奋进的五年。三次产业结构由“十二五”期末的2.6 ：47.3 ：50.1调整为3.2 ：38.8 ：58.0，比重更趋合理。现代农业加速发展。武江区现代农业产业园启动建设，“五朵金花”特色农业产业基地初具规模，龙安淮山等4个特色农产品纳入全国名特优新农产品名录。全区专业合作社83家，净增22家；家庭农场80家，净增65家。农林牧渔业增加值从5.34亿元增至8.64亿元，年均增长4%。新型工业产业稳步前行。完成工业投资90.63亿元，其中工业技改投资41.82亿元。甘棠工业园、武江科技园等工业产业园规模持续壮大。全区规上工业企业达64家，其中亿元以上企业20家。商贸服务业稳中向好。前进建材城、五洲汽配城等专业市场稳步发展。威尼广场、世邦广场等商业综合体建成运营。摩尔城、曼哈顿等高端酒店品牌效应凸显。枫合汇、湘商大厦等专业商务楼宇健康发展。房地产保持良好发展势头，累计销售面积600.93万平方米。全区第三产业增加值从103.86亿元增至156.33亿元，年均增长6.8%。招商引资成效显著，累计引进优质项目59个，投资总额311.19亿元。

过去五年，是城乡面貌蝶变的五年。芙蓉新城路网已基本形成；老城区教育路、丹霞大道北等主干道开工建设。武江大道、韶关大道、工业路、惠民路、芙蓉北路等主次干道完成改造提升。完成光明巷等57条小街小巷提升改造及北江桥西桥头等50处交通节点整治。新建韶州公园、林桥公园等城市公园成为市民休闲首选地。建成“五小”项目40个。完成嘉晖市场等15个农贸市场改造升级。新建停车场28个，增设停车位3438个。新建、改造城区公厕31个。完成津头岭等14个城中村基础设施建设。实施39个老旧小区改造项目。数字城管等系统不断整合优化，智慧城市建设加快推进。龙归镇、重阳镇、江湾镇镇（街）整治提升“139”行动全面完成，农村人居环境整治“打擂比武”取得重大成效。完成通 20 户以上自然村路面硬化改造 80 公里；公路安全隐患治理 290.47 公里。全区行政村实现 100% 通客运班车。全面实施村村通自来水工程并基本完工。完成农村危房改造 301 户。

过去五年，是生态环境提质的五年。深入开展扬尘专项整治，完成裸露土地整治 131 处约 15 万平方米；道路硬化 98 处约 5 万平方米。空气综合指数保持市辖三区最优。深入推进河长制，完成中小河流治理项目 8 宗，治理河道 81.26 公里，碧道建设 20.5 公里。完成河湖清四乱 27 宗；水土流失治理 6 平方公里。考核断面水质全面达标优良比例保持 100%。有序完成畜禽养殖“三区”划定、禁养区清理关闭工作。完成高标准基本农田建设 1.6 万亩；垦造水田 521 亩；拆旧复垦 915 亩。完成矿山治理复绿 34.9 公顷；碳汇造林约 0.62 万亩；森林抚育约 9.24 万亩，森林火灾受害率控制在 0.5‰以下，森林覆盖率保持在 70% 以上。完成 3 个重大地质灾害隐患点治理工程，被评为全国地质灾害防治高标准“十有县”。

过去五年，是改革创新突破的五年。坚持创新驱动发展，认定高新技术企业 70 家，净增 60 家。累计新增专利申请量 5791 件，授权量 3380 件，增长量稳居全市首位。持续深化“放管服”、政务服务改革，企业“一窗通办”绿色通道率先在全市实现开办企业半日内办结，区级“一门式一网式”政务服务大厅建成并投入使用，营商环境便利度位居全市前列。建成全市首个县区级应急指挥综合平台，服务功能日益完善。乡村振兴培训实践中心成为现代农业创新创业等乡村振兴发展的原动力。全面完成农村土地确权登记颁证工作。农村集体产权制度改革成效显著，累计登记集体资产 24 亿元、自然资源 94.68 万亩。全面完成政府机构改革，加快开展农村综合改革、财政体制改革、行政审批制度改革、区属国有企业改革等，牵引带动全区经济社会发展不断实现新突破。

过去五年，是民生福祉飞跃的五年。如期完成新时代脱贫攻坚目标任务，7 个省定贫困村和 755 户 1788 名相对贫困人口全部有序退出，贫困人口年人均可支配收入提高至约 1.55 万元。新建、改（扩）建 8 所小学，4 所幼儿园，共新增学位 7600 余个。深入推进教育“四大工程”，在全市率先创建为“广东省推进教育现代化先进区”，国家义务教育质量监测成绩稳居全市前列并超全省全国平均水平。深入实施医疗卫生人才引进工程，先后引进 81 人。完成西河镇卫生院、3 个社区卫生服务中心、7 间社区康园中心建设。完成 46 间村卫生站规范化建设，实现行政村规范化卫生站全覆盖。建成区博物馆、区文化馆、区图书馆并免费对外开放；完成 86 个基层文化服务中心、14 家风度书房建设。新建、改建村（社区）党群服务中心 74 个。新增城镇就业约 1.37 万人，农村劳动力转移就业 2.2 万人次，城镇登记失业率控制在 2.78% 以内。实现城乡居民医疗保险全覆盖。严厉打击各类违法犯罪行为，扫黑除恶专项斗争深入开展。平安武江建设稳步推进，未发生重大安全事故，社会大局保持和谐稳定。

过去的 2020 年，是极不平凡的一年，突如其来的新冠肺炎疫情，严重威胁人民群众生命安全和身体健康，给全区经济社会发展带来前所未有的冲击。面对严峻复杂形势，我们认真贯彻落实习近平总书记关于统筹推进疫情防控和经济社会发展的重要讲话和指示批示精神，以超常之举、集全区之力，坚决打赢疫情防控阻击战，扎实做好“六稳”工作，全力落实“六保”任务，保持了经济持续健康发展和社会大局和谐稳定。

这一年，我们全力阻击疫情，防控和发展取得双胜利。坚持人民至上、生命至上，及时启动应急响应，1100 余名在职党员下沉基层一线，融入 86 个社区（村）群防群治、联防联控，560 余名社区（村）干部及网格员、600 余名公安干警、300 余名医务人员闻令而动、挺身而出，全区人民同舟共济、团结一心，构筑起疫情防控坚固防线。创新“六个一”防控机制，全面开展地毯式全员健康排查，累计排查 90 万余人次、12 万余车次。慎终如始抓好秋冬季疫情防控，加强重点人员、重点场所、重点物品管控，组织开展居民小区、农贸市场等场所疫情防控应急演练，储备一批防疫物资。经过全区上下艰苦卓绝的努力，疫情防控取得重大成果。同时，面对极其困难的经济形势，我们成立工作专班、制定经济稳增长措施，全面落实惠企纾困政策，大规模减税降费6.4亿元，下达惠企利民资金1.09亿元，有效推动复工复产。全年实现地区生产总值269.49亿元。其中，武江（不含新区）204.05亿元，同比增长1.5%；地方一般公共预算收入5.94亿元，同比增长10.54%（可比口径）；实现规上工业增加值61.53亿元；社会消费品零售总额56.77亿元。第三产业增加值完成113.9亿元，增长4.3%。全年增加"四上"企业39家，净增数位列全市第一；新登记市场主体5277户、同比增长2.25%。

这一年，我们聚力打造新平台，产业新动能逐步显现。以"二次创业"的勇气，加快推进经济发展新平台建设，武江科创园一期改造完成并投入使用，成功引进40家企业；武江区城乡融合产业园扩园修编及主要路桥建设加速推进；武江现代农业产业园一期基础设施工程基本完成。新增培育农业龙头企业1家，家庭农场14家。龙归香蜜薯、妙联丝茅姜纳入全国名特优新农产品名录。培育新增规上工业企业2家，全区完成工业投资7.85亿元，其中工业技改投资4.48亿元。正邦食品、拓海贸易、爱心大药房等龙头批零企业实现大幅增长，限上批发销售额增长35.9%，增速全市第一。招商引资成效显著，成功引进优质项目14个，投资金额73.32亿元。

这一年，我们创新项目攻坚机制，项目建设加速推进。建立完善重点项目组团工作机制，实现从项目指挥部集中推动到各项目组团共同发力的大抓项目格局。7个专责组团聚焦投资和项目建设面临的突出问题，"清单化"方式推进各环节工作，有力推动医疗卫生、应急智慧城市管理、老旧小区改造、农村集中供水等项目建设。充分抓住国家、省加大投资力度的有利契机，积极谋划项目并申请到位债券资金5.87亿元。有力抓好项目用地保障，拆除房屋4.22万平方米，完成净地交付593亩。全年实施52个重点项目，开工49个，9个项目纳入省重点项目管理，完成投资54.76亿元。全年固定资产投资增长4.8%。

这一年，我们大力推进城乡建设，人居环境实现再提升。完成韶州公园及芙蓉山公园路网建设。完成朝阳路等9条主次干道及背街小巷改造提升。完成17个老旧小区改造。建成10个停车场共增设849个停车位。建成5G基站299个。年度城市管理综合检查考评成绩位列全市第一，被评为全市巩卫先进集体。完成S520线龙归段、S246线重阳镇区段提升工程。完成四好农村路建设约32.5公里。创新以"打擂比武"方式开展农村人居环境整治提升，撬动社会资金超2000万元，江湾镇倒流水村等29个自然村在"打擂比武"中胜出获奖。"龙归—江湾"乡村精品线路获评"广东美丽乡村精品线路"，江湾镇湖洋村获评广东省乡村振兴大擂台污水治理优秀村，重阳"生态体验+特色产业休闲线"入选韶关首批十大乡村旅游线路。

这一年，我们坚决打好污染防治攻坚战，生态环境持续改善。辖区空气质量优良率达97%，同比提升5.3个百分点。饮用水水源和地表水断面水质达标率均为100%。完成龙归水江湾镇段、方田段碧道项目建设约10.1公里。完成3个镇级污水处理厂及19公里配套管网建设，农村生活污水治理率达到70%。关停涉重金属企业8家，高效完成重金属排放削减任务。完成农用地安全利用3.7万亩，受污染耕地安全利用率达97.7%。完成造林面积超700亩。武江区国家储备林项目完成总体规划编制。绿美古树乡村、景色景观带等一批绿化美化项目建设顺利完成。第一批山水林田湖草修复工程在全市绩效考核中排名第一。

这一年，我们着力保障和改善民生，社会事业取得新成效。全年民生投入14.7亿元，增长6.73%，占一般公共预算支出比重达75.04%。提高困难重点人群补助标准并发放2520万元补助金。大力实施总投资近1.4亿元的88个教育工程，重点推进新区、江湾镇幼儿园和风度、阳山、沐溪小学加快建设。启动区中医院、区儿童医院建设，区级医疗服务体系加快构建；完成5家疫苗接种门诊标准化建设；建成6所中小学卫生工作示范学校。成功举办广东省粤北地区第七届体育舞蹈展演和“艺荟芙蓉”“悦读武江”等系列文体活动。率先在全市完成国有企业退休人员社会化管理移交工作。新增城镇就业4590人、城镇失业再就业4050人，城镇登记失业率为2.76%。完成第七次全国人口普查。高质量完成区10件民生实事。进一步加强食品、药品、生产、消防等安全工作，全年未发生较大及以上安全事故。此外，民族宗教、国防教育、双拥优抚、征兵、职工帮扶、志愿服务、妇女儿童、残疾人、红十字会等事业均取得新发展。

这一年，我们深化民主法治建设，政府效能不断提高。修订完善武江区重大行政决策程序，推动政府决策制度化、科学化。强化法治政府建设，扎实开展民法典学习宣传，区政府班子成员出庭应诉22件，出庭率达100%。自觉接受人大、政协监督，办理区人大代表议案9件、政协提案103件，满意率达100%。扎实推进政务服务改革，98%以上的事项实现“最多跑一次”，行政许可事项时限压减率达95.07%；完成四批全市镇村事项标准化工作，委托下放镇（街）事项400项、村（居）事项90项。全区行政许可事项“两减一即”在全省实现最优。严格落实党风廉政建设责任制，深入推进政府系统党风廉政建设和反腐败工作。

各位代表！回顾“十三五”及过去一年的工作，这样的成绩来之不易，是党中央国务院和省委省政府、市委市政府及区委坚强领导的结果，是全区上下共同努力的结果。在此，我代表区人民政府，向全区干部群众，向各位人大代表、政协委员，向所有关心、支持武江发展的各界人士及驻区部队官兵，表示衷心的感谢和崇高的敬意！

在总结成绩的同时，我们也清醒认识到，我们的工作与群众的期待还有不小差距，还面临不少困难和问题。主要有：一是经济结构还不够科学、合理，发展新动能培育不足、内生动力不足、经济增长缓慢。二是招商引资对接和服务力度不够，重大项目引进和落地不够。三是城乡发展不平衡不充分的问题仍然突出，农村基础设施建设滞后，公共服务供给与城区还存在较大差距，等等。对此，我们一定高度重视，并切实加以解决。

“十四五”奋斗目标和主要任务

“十四五”时期是开启全面建设社会主义现代化国家新征程、向第二个百年奋斗目标进军的第一个五年。“十四五”时期武江区经济社会发展的指导思想是：坚持以习近平新时代中国特色社会主义思想为指导，深入贯彻中共十九大和十九届二中、三中、四中、五中全会精神，坚持贯彻新发展理念，坚持稳中求进工作总基调，以推动高质量发展为主题，以深化供给侧结构性改革为主线，以改革创新为根本动力，以满足人民日益增长的美好生活需要为根本目的，按照省委省政府“1+1+9”工作部署和“一核一带一区”区域发展格局要求，市委市政府“筑牢粤北生态屏障，打造绿色发展韶关样板，争当北部生态发展区高质量发展排头兵”的目标定位，以及区委的部署，深入实施新一轮改革发展“六大行动”，全面提升中心城区承载力和宜居宜业品质，建设具有生态品质和发展活力的中心城区，奋力推动武江在城乡融合高质量发展上走在北部生态发展区前列，争当韶关改革发展排头兵。

——我们要全力加快三大产业平台建设，打造武江高质量发展新动能。坚持产业生态化、生态产业化，大力发展绿色工业、生态农业、都市产业等，加快构建现代产业发展新动能。加强武江科创园支撑力建设，重点围绕医药健康、智能装备、新材料等领域靶向引进一批高新技术企业和高成长性企业，打造创新资源聚集地。加快武江区城乡融合产业园开发建设，引入智慧农林装备、医疗健康器械等“链主”企业，打造制造业创新发展承载地。在武江现代农业产业园加快发展农产品精深加工、仓储冷链物流等产业，打造“双区”优质特色农产品的供给地。“十四五”期间，全区地区生产总值年均增长6%左右；固定资产投资年均增长6%以上；地方一般公共预算收入与经济发展基本同步；居民人均可支配收入增长与经济发展基本同步。

——我们要全力打造生态品质中心城区，全面提升城市首位度。全面拓展城市发展空间，加快新型城镇化建设，实现城市建设精品化、城市管理网格化、城市文明创建常态化，做大做强城市经济，提升城市承载力、竞争力。引导各类优质资源集聚，打造高品质消费集聚区，培育2家以上专业楼宇，规划建设星级酒店3家以上。努力建设成为韶关市全域旅游集散中心、城乡人口集聚的宜居中心和青年创业时尚生活的理想高地。完成丹霞大道北、教育西路等一批主次干道建设，改造老旧小区130个以上。深化文明城市创建，运用5G等技术提升智慧城市管理水平，持续提升城市文明形象。

——我们要全力推动城乡融合发展省级试点建设，打造城乡融合发展“武江模式”。充分发挥中心城区辐射带动作用，举全区之力全域推动城乡融合发展省级试点建设，围绕美丽小城镇发展机制建立、城乡产业协同发展平台搭建、村改社区管理机制健全、农村集体经济运行机制完善等4项试点任务，以“一核一中心两区两廊道”为着力点，全面推进乡村振兴，推动城乡融合高质量发展。2022年初步建立城乡融合发展体制机制，2025年体制机制更加完善，形成在全省范围内可借鉴可推广的“武江经验”。“十四五”期间，成功创建1—2个省级现代农业产业园，培育新增农业龙头企业5家以上，80%以上村庄达到美丽宜居村标准。

——我们要全力保护生态环境，建设更高水平的美丽武江。坚持生态优先，全力配合南岭国家公园建设和国家森林城市等创建工作，扎实做好碳达峰、碳中和工作，全域加强生态保护。严格落实“三线一单”。全力推进林长制，加快国家储备林项目建设，抓好碳汇造林、乡村绿化美化等林业重点工程建设，统筹推进山水林田湖草修复工程。编制出台森林防灭火中长期发展规划。深入打好污染防治攻坚战，全域推进节能降耗，加快建设汽车充电桩、光伏发电等新能源基础设施。“十四五”期间，空气质量指数（AQI）优良率和PM2.5浓度达到省市下达目标，域内水体水质稳定达标并持续改善。

——我们要全面深化改革开放，构建武江高质量发展新格局。以“放管服”改革为牛鼻子，以“数字政府”改革建设为抓手，深入推进区级政务服务事项向镇村延伸。继续推动和深化自然资源资产有偿使用制度改革等一批引领性改革，探索推进资源资产价值化。深化招商引资体制改革，建立健全高质量招商引资机制和路径。加强与“双区”及郴州、赣州等周边城市的合作交流，畅通产业循环、市场循环、经济社会循环。服务韶关新区，实现武江、新区经济社会协同发展。

——我们要全力发展民生事业，让人民群众有更多的幸福感、获得感。坚持“以人民为中心”的发展理念，逐步补齐民生领域短板，让武江群众共享发展成果。加强特殊困难群体的兜底保障工作，实现脱贫攻坚与乡村振兴有效衔接。深入推进教育均衡化发展，谋划推动“3+3+1”项目建设。建成区中医院、区儿童医院等医疗卫生项目，补齐卫生短板，打造健康武江。进一步完善基层公共文化服务体系。强化就业优先政策，城镇登记失业率控制在3.5%以内。全面加强社会治理。完善“综治中心+网格化+信息化”治理模式，防范化解重大风险，提升应急能力水平，深入推进平安武江建设。

2021年工作安排

2021年是中国共产党成立100周年，也是“十四五”的开局之年，做好今年的工作至关重要。今年经济社会发展的主要预期目标是：地区生产总值增长5%左右，固定资产投资增长6%左右，地方一般公共预算收入增长4%左右，居民可支配收入增长7%左右。

为实现以上目标，我们将做好以下工作：

（一）全力打好产业平台建设大会战，推动绿色产业发展。坚持绿色发展理念，将打造绿色产业支撑平台放在经济发展首位，夯实经济高质量发展基础。

聚焦绿色产业平台建设。增强和发挥武江科创园科技引领支撑作用。加快园区基础设施建设，进一步完善园区管理和服务。落实园区企业进驻优惠政策，围绕医药健康、智能装备、新材料等领域靶向引进企业50家以上；实施科技企业“小巨人”培育工程，培育发展一批“小巨人”和“专精特新”中小企业。推动5G、人工智能、区块链等新技术基础配套设施建设，加快智慧园区建设，完成青创中心改造，推动创建省级孵化器和众创空间，将园区打造成创新产业承载地。全力加快武江区城乡融合产业园建设。完成园区控规修编；加快“一桥一路”等基础设施建设，确保年底顺利通行。力争年内推出首个具备项目承载条件的片区，力促项目落地，积极创建国家林草（韶关）智能装备示范园。同时，加快推进建材产业园规划建设。全力推动武江现代农业产业园建设。上半年完成园区基础设施一期工程，启动实施园区二期工程。加快推动园区招商工作，实现园区建设与招商同步推进，力争引进超5000万元农业龙头企业2家以上，并依托龙头企业、科研院所种植技术，吸引更多周边农业企业落户园区。

聚焦传统产业优化升级。实施新一轮工业企业技改行动。加快“个转企”“小升规”，新增规上企业2家以上。实施武江制造“提质工程”，优化提升机械制造、医药健康等传统优势产业，重点扶持利民制药厂高端液体制剂的开发上市，带动医药产业转型升级。推动能源产业绿色发展，推进光伏发电等项目建设。积极创建国家知识产权强区示范区。加快科技成果转化，力促每万人口高价值发明专利拥有量增长8.67%以上。实施高新技术企业培育行动，新增高新技术企业2家以上。大力发展都市产业。支持摩尔城、世邦等商业综合体开展现代营销。推动传统商贸企业实现线上线下零售有机融合。规划建设高星级标准酒店1家以上。培育壮大区域性总部经济、楼宇经济。加快把天子岭街区建设成为中青年创新创业和品质生活的城市发展高地，将奥园文旅城、韶州公园打造成为全域旅游集散地和餐饮休闲中心。推动区三馆、新天地商业综合体人气和产业集聚，激发文化、教育、培训等方面消费活力。持续推进沙洲尾路段、幸福路等高品质夜间经济示范区建设。支持本地建筑企业升级，增强竞争力，建筑业产值保持稳定增长。

聚焦美丽经济持续发展。用产业化思维发展现代农业，持续壮大无花果、香蜜薯等“五朵金花”特色农产品生产基地规模，力争实现千亩以上规模农业“零”的突破。加快推进食用菌加工研发基地、重阳镇水果种植基地建设，积极申报特色水果省级现代农业产业园。发挥农业奖补政策的激励作用，培育新增全国名特优新农产品1个、粤港澳菜篮子基地2个、家庭农场10家、农民合作社2家以上。围绕西河—重阳、龙归—江湾两条精品线路，加大乡村农家乐、温泉度假、特色民宿客栈、网红打卡点、红色文化地带等农旅、文旅资源推广力度，挖掘龙舟文化、九龄文化、知青文化丰富内涵，办好一批精品赛事活动，推动传统旅游模式向“旅游+”新型模式转变。同时，依托两条精品线路，发挥区位交通、生态资源、医疗服务、公共配套等优势，大力发展康养旅游产业。

（二）大力开展招商引资，狠抓项目建设。全力开展招商引资工作，激发社会投资活力，强化重大项目建设管理，持续优化营商环境，力促项目早落地、早建设、早见效，持续推动全区经济社会高质量发展。

全面提升招商引资质量。强化招商引资“一把手”工程，深化招商项目“三人组”服务模式，建立健全招商引资项目代办服务机制，落实“三个一”“项目直通车”“三级调度”机制，提供“事前介入、事中帮办、事后跟踪”的全程保姆式服务。投入1000万元的产业引导基金，设立“小巨人”科技专项基金，引导中小企业“专精特新”发展。搭建行业协会、科研院所、专家学者、产业园区为一体的招商交流合作平台，精准推动委托招商，引导更多产业引领型、科技创新型、税收贡献型等企业落户武江。加强与东莞市凤岗镇在产业共建上的交流合作，加快推动凤岗武江产业共建项目建设。力争全年引进产业项目20个，完成年度投资35亿元。

全力攻坚重大项目建设。持续发挥重点项目建设组团作用，完善落实项目建设管理制度，协调解决项目推进过程中出现的问题，加快推动全区49个重点项目建设，完成固定资产投资66.2

亿元。建立健全督办和定期通报机制，确保每季度均有项目开工、竣工，力促绿色矿山综合开发利用产业园等一批重点项目顺利开工，确保自然村集中供水等一批重点项目顺利竣工。聚焦上级政策支持方向，围绕基础设施、城市建设、产业发展、社会民生等领域谋划包装一批项目，全年储备重点项目 90 个以上，力争更多项目纳入国家、省、市计划盘子。大力做好专项债券和中央预算内投资等上级资金的申报管理，推动债券项目有序有效开展。全力打好城市土地收储“攻坚战”，力争在第一季度完成 10130 亩土地收储，为项目建设提供土地要素保障。

持续提升政府服务效能。开展“政府效率年”活动，制定服务效能“流动红黄旗”制度，重点围绕提高政府部门政策学习研究水平及重点项目攻坚能力，推行部门服务承诺制和限时办结制，进一步提升政府部门服务企业及项目效率，打造务实、高效的政务服务环境。抓好“数字政府”一体化平台推广应用。持续推进“放管服”改革。推进“一网申办、一窗受理”和“一件事一次办”改革，确保一窗受理率 100%、马上办率 80% 以上，网上可办率 98% 以上，全流程网办率 80% 以上，“好差评”综合评分达 9 分以上。推广“一业一证”“一企一证”“证照联办”等创新举措，推行涉企经营许可事项告知承诺制。

（三）全面推进乡村振兴，推动城乡融合发展。以城乡融合发展省级试点建设为引领，打好城市品质提升攻坚战和美丽乡村擂台战，推动城乡融合高质量发展。

致力生态宜居精品城区建设。推动丹霞大道北、教育西路等主干道路加快建设；启动五祖路、沙洲路、如意路等路段提升改造，进一步提升城区道路通达水平。完成金友大厦等 18 个老旧小区及启动实施水务局宿舍等 25 个老旧小区改造，推动城中村、背街小巷整治提升。推动张九龄纪念公园、韶州体育公园加快建设，建成科创园、韶州公园兰花基地。推进智慧城市建设，优化“数字城管”平台，进一步提高城管执法、市政管护、交通疏导等方面工作实效，并向乡镇延伸。基本实现 5G 基站城区全覆盖。推动全域智慧停车项目建成运营。常态开展市容“六乱”“三线”等问题整治，压实“门前三包”责任制。深入推进创文工作，加强文明镇村创建力度，广泛开展文明建设活动，进一步提升市民文明素养。

推动美丽小城镇建设。依托两条精品线路虹吸效应，促进人口、资金等向龙归镇、江湾镇、重阳镇镇域集中，促进镇域经济发展。以龙归片区、“河阳片区”为试点，加强试点片区基础设施一体化规划建设，深化推动镇（街）整治提升“139”行动，提升城镇自我管理能力。重点抓好龙归镇镇区扩容提质，推动污水处理、集中供水工程、X313 线提升等基础设施项目，不断提升完善片区教育、医疗、文化等公共服务配套设施建设；承接好司法、城市管理、市场监管等下放职能，提升试点片区公共服务水平。强化武江区乡村振兴培训实践中心服务功能和范围，实施农村电商、乡村工匠、高素质农民等各类培育工程，推动城乡之间人才、技术、资金等要素自由流动，进一步强化要素保障，增强宜居美丽小城镇的吸引力和集聚度。

实施乡村建设行动。严格落实“四个不摘”要求，健全防止返贫监测帮扶机制，保持现有帮扶政策、资金支持、帮扶力量总体稳定，推动巩固拓展脱贫攻坚成果同乡村振兴有效衔接。拓展“打擂比武”广度和深度，在持续推进人居环境整治基础上，突出产业发展，提升村民自我管理能力。做好农房风貌管控和高铁沿线农房外立面改造，健全农村长效保洁机制，力争 30 个以上行政村达到美丽宜居村标准。加快农村基础设施建设补短板工作。完善农业灌溉设施，加快解决西河北片水利灌溉问题。全面推行“136”路长制，建设改造四好农村路 20 公里以上，逐步完善巷道硬底化，改善农村出行条件。因地制宜谋划建设高标准农田 4400 亩。建立健全农村公厕管护机制，农村无害化卫生户厕普及率达 100%。加强商贸设施和镇村物流站点建设，促进城乡优质产品双向流通更加顺畅。梯次推进村级污水处理终端和管网建设，确保农村生活污水治理率达到 80% 以上。深化农村集体产权制度改革，选取 2 个试点村加快推动村级经联社试点建设，盘活村集体资产资源。

（四）坚持生态优先，促进环境保护与社会发展协同共进。筑牢生态屏障，进一步拓宽绿水青山就是金山银山的转化通道，促进经济社会协调发展。

纵深推进污染防治。深入开展扬尘治理，加强城区裸露地硬化、绿化，确保空气质量指数优良率、空气质量“六项指标”双达标。进一步完善河长制、湖长制和网格化治水机制，推进东冲河、沐溪河纳污片区雨污分流；完成南水河及龙归水碧道项目共10公里建设，持续推进中小河流治理和防洪排涝建设，严厉打击非法采砂行为，多措并举实现“五水共治”，确保地表水市控以上断面水质达标率保持100%。建立完善土壤环境监管机制，全面推进完成农用地安全利用项目，污染地块安全利用率保持100%、农用地安全利用率保持90%以上；加快推进辖区工业固体废物堆存点风险管控与整治，巩固涉重金属重点行业企业减排成果，确保危险废物、医疗废物全流程规范管理。

强化资源保护利用。推进实施辖区内第三次全国土地调查。扎实开展农村乱占耕地建房排查整治，坚决防止耕地“非农化”“非粮化”，新增开垦补充耕地400亩以上。推进造林抚育，完成碳汇造林500亩以上，科学有序推进桉树林退出工作。加强森林防火装备建设，开展森林防控基础设施建设，扎实做好森林防火工作。探索推进资源资产价值化，推动山水林田湖草等自然资源和采砂权、采矿权、养殖权等权益性资产价值化。持续推进农用地分类管理，加快实施第二批山水林田湖草生态修复工程。加快推动国家储备林项目建设，做活林下经济产业。

倡导绿色低碳生活。完成新华街道、惠民街道生活垃圾分类示范片区建设，按照“以点带面、逐步铺开”原则，全域推进城乡垃圾分类处理工作。大力推进城区天然气普及利用，宣传推广新能源应用。全域推进节能降耗，把好高能耗项目审核关，严控重点用能企业能源消耗，完成年度能源消费强度与消费总量“双控”目标。开展节约型机关、城乡“绿色家庭”创建工作，大力倡导适度消费、光盘行动、低碳出行等绿色生活方式。

（五）优化公共服务供给，促进民生事业全面发展。全面落实惠民政策，大力实施一批重大民生实事与公共服务项目，用心解决群众“急难愁盼”问题，让民生幸福更有质感。

兜牢兜实基本民生底线。完善城乡最低生活保障标准自然增长机制，进一步加大对城乡低保、孤儿、重度残疾人等困难群体的帮扶救助力度。全面建成覆盖全民、依法参加的基本医疗保险体系，参保率稳定在98%以上。完善残疾人康园中心建设与管理。启动区社会福利院规划建设。完善养老服务体系，新建长者饭堂3个，推动群立街居家养老服务中心运营，扩大银龄安康投保覆盖面。深入实施“粤菜师傅”“广东技工”“南粤家政”三项工程，建立就业援助长效机制，实现城镇新增就业4500人以上，失业人员再就业4000人以上，城镇登记失业率控制在3.5%以内。开展劳动力调查，加强就业失业监测。进一步完善区、镇（街）、村（居）三级公共服务平台建设，强化公共服务供给能力。

抓紧抓实惠民利民工程。完成新区幼儿园、江湾镇中心幼儿园、风度小学建设和扩建阳山小学、沐溪小学，新增学位5000个以上。规划建设朝阳片区、沙洲尾片区小学，推动区教师发展中心、区特殊教育学校建设。推进农村义务教育寄宿制学校建设全面达标。完成区中医院主体工程和江湾卫生院改扩建项目建设，稳步推进区儿童医院建设，谋划推动区疾控中心、惠民街道社区卫生服务中心建设。完成区图书馆二期、书香广场、区文物保护一期及区博物馆提升改造等项目建设。继续谋划推动韶关新区民生事业发展，全力做好社会事务管理。

同时，进一步做好红十字会、人防、统计、物价、档案、外事、民族宗教、“双拥”等各项工作。大力支持工会、共青团、妇联、工商联、残联、侨联、港澳台、史志等工作有序推进，确保各项事业全面进步。办好今年区政府承诺10件民生实事。

（六）统筹安全与发展，强化社会治理与风

险防范能力建设。毫不放松落实疫情防控举措，持续加强和创新社会治理，大力防范和整治各类风险隐患，筑牢经济社会发展的安全环境，以发展促安全、以安全保发展。

持续抓好常态化疫情防控工作。坚持“外防输入、内防反弹、人物同防”，落实境外及国内中高风险地区来韶人员等重点人员闭环管理，加强农贸市场、集中隔离场所、基层医疗机构等重点场所管理。健全“六个一”网格化疫情防控机制，压实“三人小组”责任，强化疫情监测预警，严格落实疫情信息报告。健全防疫应急物资储备机制，继续抓好疫苗接种工作。加大疫情防控宣传和警示力度，引导群众加强个人防护，提高卫生健康意识。

不断提高社会治理现代化水平。加快智能安防社区建设，推进实施视频监控“雪亮工程”。进一步提高村（居）“两委”换届后的治理水平、治理能力。探索推动村改社区改革，逐步完善试点村社区功能。开展重点矛盾化解攻坚，解决一批社会矛盾和信访突出问题。推进公共法律服务体系建设，进一步打造“一站式”公共法律服务综合体，建成区、镇（街）、村（社区）三级联动法律服务网络。常态化推进扫黑除恶工作，实施整治突出毒品问题三年行动计划。全面推广社区“一区一警两辅”和农村“一村一辅警”模式。

进一步提升风险防范化解能力。深入开展安全生产三年行动综合整治，持续开展13类易造成群死群伤生产安全事故领域重点整治。推动实施区应急管理综合化信息平台第三期工程建设。完成武江中队消防站改建升级。扎实做好地质灾害隐患排查，加强地质灾害综合治理。严格落实食品药品安全“四个最严”要求，一以贯之抓好食品药品安全监管，完成食品抽检不少于550批次，农产品快筛快检不少于5万批次。不断完善防范和处置非法集资长效机制。严厉打击拖欠农民工工资行为。推动各项化债措施落实落地。

各位代表！面对各种全新的机遇和挑战，我们要把坚持和加强党的全面领导贯穿到政府工作的全过程、各领域，增强“四个意识”、坚定“四个自信”、做到“两个维护”，坚决落实中央、省、市和区委的重大决策部署。主动接受区人大、区政协和社会各界监督，认真办好人大代表建议和政协委员提案。启动实施“八五”普法，做好民法典宣传实施，提升运用法治思维和法治方式推动发展的能力。严格执行重大行政决策程序制度。树牢“过紧日子”思想，严控“三公经费”和一般性支出。充分运用好省委巡视和审计监督成果，全力抓好整改落实。推进廉洁政府建设，严肃整治侵害群众利益的不正之风和腐败问题。

各位代表！让我们更加紧密地团结在以习近平同志为核心的党中央周围，高举习近平新时代中国特色社会主义思想伟大旗帜，不忘初心、牢记使命，以一往无前的奋斗姿态、风雨无阻的精神状态，开启“二次创业”新征程，奋力开创“新武江新经济新生活”崭新局面，以优异的成绩迎接中国共产党成立100周年！

名词解释

1.“五小”项目：小公园、小绿地、小广场、小停车场、小农贸市场。

2.镇（街）整治提升“139”行动：“1”是镇街整治提升专项规划，“3”是垃圾、污水、“六乱”三项整治，“9”是九项基础工程。

3.“打擂比武”：围绕龙归—江湾和西河—重阳两条美丽乡村精品线路沿线的27个行政村（94个自然村），组成27个组团，采取“党政主要领导包片、处级领导抓村、科级干部驻组、百家企业扶点”的方式，构建起“区—镇—村—企”组团作战打造一批生态宜居美丽乡村的工作格局。

4.畜禽养殖“三区”划定：对行政辖区内畜禽养殖区域划分为禁养区、限养区、可养区三大类。

5.教育“四大工程”：教育资源均衡配置工程、名校长名教师名班主任培育工程、师德师风建设提升工程和思政课创新实践工程。

6.“六个一”防控机制：一个网格一个支部，强化队伍凝聚力“一个社区一张拼图，提升摸排精细度”“一个关卡一座堡垒，把控防疫关键点”“一名党员一面旗帜，发挥先锋模范性”“一个网格早晚一会商，增强信息及时性”“一个薄弱社区一个帮扶，加强整体严密度”。

7.“四上”企业：规模以上工业、有资质的建筑业和全部房地产开发经营业、限额以上批发零售业和住宿餐饮业、规模以上服务业法人单位。

8.贫困户“八有”、贫困村出列“十项”指标：“八有”即有安全住房，有稳定供应的安全饮用水，有电用，有电视信号覆盖，有网络信号覆盖，有教育保障，有医疗保障，有稳定收入来源或最低生活保障；“十项”是指贫困发生率，农民收入，集体收入，人居环境，村道建设，饮水安全，水利和电力设施，电视。

9.新一轮改革发展“六大行动”：改革发展产业创新、城市提质、乡村美丽、改革争先、民生幸福、作风提升“六大行动”三年行动计划。

10.“链主”企业：是指在产业发展过程中能够充分利用外部资源、发挥自身比较优势，逐渐具备某一产业上中下游核心凝聚力的企业。

11.“一核一中心两区两廊道”：“一核”是指中心城区；“一中心”是指武江乡村振兴培训实践中心；“两区”是指龙归片区和“河阳片区”；“两廊道”是指龙归—江湾和西河—重阳两条美丽乡村精品线。

12.“三线一单”：生态保护红线、环境质量底线、资源利用上线和生态环境准入清单。

13.“3+3+1”项目：按北片、中片、南片区各规划新建3所公办幼儿园、3所小学和1所初中。

14.“小巨人”和“专精特新”中小企业：“专精特新”中小企业是指主营业务和发展重点符合国家产业策及相关要求，技术创新和融资能力强，发展速度、效益和质量好，走专业化、精细化、特色化、新颖化发展道路的中小企业；“小巨人”是“专精特新”中小企业中的佼佼者，是专注于细分市场、创新能力强、市场占有率高、掌握关键核心技术、质量效益优的排头兵企业。

15.招商项目“三人组”：一名区领导、一名科（局）长，一名勤务员“企业服务三人组”。

16.“河阳片区”：西河镇北片与重阳镇南片连接片区。

17.“四个不摘”：摘帽不摘责任、摘帽不摘帮扶、摘帽不摘政策、摘帽不摘监管。

18.“136”路长制：“1”是制订一个方案，“3”是组建县、镇、村三支队伍，“6”是开展六项重点工作。

19.“五水共治”：按照“科学治水、依法治水、系统治水、综合治理”的原则，把治水工作与防洪排涝能力提升、水环境综合整治、水生态文明建设相结合，从水体、水岸、水面、水底、水源五个方向统筹推进治理行动。

20.“三人小组”：一名村（居）干部、一名公安民警、一名医务人员组成的疫情防控工作小组。

附 录

韶关市武江区“房地一体”农村不动产登记发证工作实施细则

第一章 总 则

第一条 为贯彻落实《中共中央、国务院关于坚持农业农村优先发展做好“三农”工作的若干意见》及广东省委、省政府《关于对标三年取得重大进展硬任务扎实推动乡村振兴的实施方案》和《广东省自然资源厅关于印发广东省加快推进“房地一体”农村不动产登记工作方案的通知》等文件精神，加快开展农村宅基地、集体建设用地使用权及房屋所有权确权登记工作，切实保障农民不动产权利，结合武江区实际，制定本实施细则。

第二条 以“总登记”方式对符合登记发证条件的宅基地、集体建设用地使用权及地上房屋所有权进行统一确权登记并颁发不动产权证书。

总登记是指区级以上人民政府根据需要，在一定期限内对本行政区域内的房屋进行统一的权属登记。

第三条 宅基地、集体建设用地使用权及地上房屋所有权确权登记坚持“依法依规、尊重历史、切合实际、为民利民”原则。

第二章 登记范围

第四条 按“总登记”方式确权登记的对象范围为符合登记发证条件的“一户一宅”农村宅基地及地上房屋所有权和集体建设用地使用权及地上房屋等建（构）筑物所有权。集体建设用地是指依法使用从事非农业建设的乡镇企业用地和公共公益设施用地及其他建设使用的集体土地。

宅基地上的房屋是指依法使用集体土地建设的具有永久存续性、结构完整的用于居住的主要房屋，不包括简易房、棚房、农具房、圈舍、厕所等临时性、生产生活辅助性建（构）筑物。

独立成宗的厨房原则上认定为生活辅助性建筑物。使用集体所有土地开发建设的商品房，一律不得确权登记。

重点建设项目征拆范围、“三清三拆”村庄整治范围、三旧改造范围等暂不纳入本次确权登记范围。因继承、遗赠和转让房屋或家庭内部分家析产等符合登记发证条件的非“一户一宅”农村宅基地及地上房屋所有权，城镇居民经批准使用农村宅基地及地上建设的房屋建筑，不纳入此次“总登记”发证范围，各地不动产登记机构可依申请办理。办理过程中，可引用的调查成果直接引用，不得收取相关费用。

第五条 使用集体所有土地开发的商品住房、城市居民非法购买农村宅基地、已整村搬迁或已列入拆除范围的原旧村庄房屋，均不纳入本轮总登记范围。

空闲超过两年未建或者房屋已倒塌的农村宅基地，由集体经济组织收回宅基地使用权，不予确权发证。符合“一户一宅”规定的，需按照要求重新申请审批后才能予以登记。

第三章　登记原则

第六条　本轮按“总登记”模式开展的宅基地、集体建设用地使用权及地上房屋所有权确权登记颁证工作，原则上按现状登记，不考虑房屋占用土地的实际地类。

第七条　宅基地、集体建设用地使用权及地上房屋所有权确权登记必须符合“一户只能拥有一处宅基地”和“不占用永久基本农田”的规定。

“一户多宅”可通过“分户”申请确权登记，即本细则实施时家庭子女已满 18 周岁，无论是否结婚，由户主或家庭代表申请，经该农民集体经济组织确认的，每名成年（满 18 周岁）子女均可单独认定为一户，并按规定申请确权登记一处宅基地。夫妻与未成年子女只认定为一户。

宅基地、集体建设用地及地上房屋占用永久基本农田的，此次“总登记”不予确权登记。

第八条　宅基地、集体建设用地使用权及地上房屋所有权确权登记遵循“以房屋建成正在使用的现状为基础，以村小组、村委会、镇政府三级认定为依据”原则。

第九条　已分别颁发宅基地、集体建设用地使用权证书和房屋所有权证书或者已按“房地一体”登记颁发不动产权证书的房屋，遵循“不变不换”的原则，原证书依然合法有效。“总登记”换发不动产权证书的，原证书应收回注销。

第四章　申请登记主体

第十条　宅基地使用权及地上房屋所有权申请确权登记发证的主体原则上为本农民集体成员，可以是户主或经户主（家庭代表）同意的家庭成员。

下列人员可认定为农村集体经济组织成员：

（一）由集体经济组织成员繁衍，并在该集体经济组织共有的土地上生产生活的后代；

（二）与集体经济组织成员形成法定婚姻关系的配偶；

（三）父母或一方具有集体经济成员资格的子女，符合承包经营条件，但未承包到集体土地的；

（四）家庭成员经过合法程序收养的子女；

（五）因国家政策性迁入或经法定程序加入农村集体经济组织的；

（六）国家行政事业单位及国有企业录用的在编人员虽未迁出户口，但不得认定为农村集体经济组织成员。若其身份转变前已经取得宅基地并建成房屋，且成为国家行政事业单位及国有企业在编人员后未再进行拆建、改建的，可依申请登记。

有下列情形之一且经该农村集体经济组织认定的，可按规定申请登记发证：

（一）原农村集体经济组织成员合法取得宅基地使用权或房屋所有权，因婚姻、就业、投靠等原因将户口迁出的；

（二）非本农村集体经济组织成员因扶贫搬迁、地质灾害防治、新农村建设、移民安置等按照政府统一规划和批准使用宅基地建房的；

（三）非本农村集体经济组织成员，属同一村委辖区内，在城镇规划范围外占用宅基地建房，用于自建自用且符合“一户一宅”，经户籍地村委会、土地权属村委会、镇政府认定的；

（四）非本农村集体经济组织成员，因国家征地而异地重建，经户口所在地与宅基地所在地镇政府共同认定的；

（五）已拥有一处宅基地的本农村集体经济组织成员、非本农村集体经济组织成员的农村或城镇居民，因继承房屋使用农村宅基地的。但房屋主体发生改建、拆建的，除经依法批准外不得确权发证；

（六）非农业户口居民（含华侨）在 1999 年 1 月 1 日前合法取得宅基地使用权及房屋所有权且其权属未发生变化的。但房屋主体发生改建、拆建的，除经依法批准外不得确权发证；

（七）离休、退休、退职的职工，复员军人和华侨、侨眷、港澳台同胞，持合法证明回原籍定居的；

（八）国家行政事业单位及国有企业录用的在编人员，在录用前已经取得宅基地并建成房屋，且未再进行拆建、改建的，可依申请登记。

第十一条　集体建设用地使用权及地上房屋所有权申请确权登记发证的主体应符合下列情形之一：

（一）使用集体土地兴办乡（镇）村公益事业和公共设施的乡（镇）村办企业事业单位、农村集体经济组织、村民委员会；

（二）经该农村集体经济组织认定的，经批准依法使用集体土地兴办企业或用于非住宅经营性建设的乡（镇）村办企业事业单位和个人、联营或入股企业；

（三）相关国家试点改革政策批准的集体建设用地使用权及建筑物、构筑物所有权主体。

第五章　登记程序

第十二条　以区人民政府名义在全区范围内发布宅基地、集体建设用地使用权及地上房屋所有权总登记公告，明确总登记范围、时限、条件等要求，并通过区人民政府门户网站、媒体、镇村张贴等方式向社会公告。

第十三条　在农村地籍调查成果的基础上，按照《不动产登记暂行条例实施细则》《不动产权籍调查技术方案（试行）》的要求和技术标准，分区域采用不同精度测量方法，补充开展权籍调查，形成满足“房地一体”登记要求的权籍调查成果。宅基地及地上房屋采用 1∶500 比例尺绘制宗地图、界址点坐标及房产分户图，编制不动产单元号。集体建设用地和多宗宅基地合建房屋必须满足不动产权籍调查成果要求。

权属调查采用单边指界的方式进行，由镇政府统一组织村委、村集体召集权利人对本宗地进行现场指界，签字确认权属界线（权利人因特殊原因确实无法到现场指界确认的，权利人可通过电话、微信等方式委托村委会、村集体或村集体理事会及其指定人员代为指界确认），集体建设用地权属界线由村集体经济组织或村集体理事会统一确认，指界完成后进行并宗审查。

第十四条　区自然资源局统一组织制定相关表格，权属调查指界时，由镇政府同步组织辖区村小组、村委会分批集中签署确认相关资料，并收集确权登记所需资料。

（一）申请人为本集体经济组织成员的，收集以下资料：

1. 组织填写宅基地及房屋确权登记申请审批表；

2. 以拍照方式收集个人身份证明、户籍证明材料，委托代理的还需提交委托书和代理人身份证明；

3. 不动产权属来源证明；

4. 不动产权籍调查初始资料。

（二）申请人为非本农村集体经济组织成员的，收集以下资料：

1. 组织填写宅基地及房屋确权登记申请审批表；

2. 以拍照方式收集个人身份证明，户籍证明材料，委托代理的还需提交委托书和代理人身份证明；

3. 不动产权属来源证明，并经村小组（村民事务理事会）、村委会确认；

4. 不动产权籍调查初始资料。

（三）申请人为本农村集体经济组织成员的，收集以下资料：

1. 填写集体建设用地及房屋确权登记申请审批表；

2. 以拍照方式收集法人代表（主要负责人）身份证明，委托代理的还需提交委托书和代理人身份证明；

3. 不动产权属来源证明；

4. 不动产权籍调查初始资料（两图一表）。

第十五条　作业单位收集整理相关农村不动产调查资料，建立权籍调查数据库，开展自检并提交作业监理单位检查符合登记条件的，协助区自然资源局将不动产权利人信息、权籍调查成果、登记事项等内容，以村（居）委会或村小组

（村集体经济组织）为单位分批在区人民政府门户网站、村（居）委会、村小组（村集体经济组织）进行公示，公示期不少于 15 个工作日。公示无异议或异议不成立，且相关申请材料经监理单位预审通过的，由作业单位通过"互联网＋不动产登记"系统网上代理申请，并将有关申请材料批量导入市不动产登记系统。申请材料经市不动产登记中心审核同意的，予以登记发证。异议有正当理由的，不得登记发证，待处理明确权属并公示后，才能登记发证。

制证完成后，由镇政府统一向权利人（委托代理人）颁发不动产权证书。

第十六条　权籍调查经费、证书工本费等统一由政府承担，不得向农民群众收取任何费用，不得额外增加农民群众负担。

第六章　相关规定

第十七条　已竣工的房屋在城区规划范围外且不占用永久基本农田的，视同符合土地利用总体规划和村镇规划。

第十八条　有合法的宅基地和集体建设用地使用权来源材料，地上房屋已办理规划审批手续且已经竣工的，依法予以确权登记。

第十九条　无合法的宅基地使用权来源材料，地上房屋已经竣工的，查明土地历史使用情况和现状后，经集体经济组织、村委会、镇政府审核确认宅基地合法使用权的，按下列规定办理：

（一）1982 年 2 月 13 日《村镇建房用地管理条例》实施前建成，至今未扩建或拆（翻）建的，按实际使用面积确定宅基地使用权。

（二）1982 年 2 月 13 日起至 1987 年 1 月 1 日《中华人民共和国土地管理法》修订实施前建成，若镇人民政府、土地管理等职能部门已经处理的，可按实际使用面积确定宅基地使用权；至今未处理的，由其所在村委核定其建房时间，报经镇人民政府补办批准手续。

（三）1987 年 1 月 1 日起至 1999 年 1 月 1 日《中华人民共和国土地管理法》修订实施前建成，若镇人民政府、土地管理等职能部门已经处理的，可按实际使用面积确定宅基地使用权；至今未处理的，由其所在村委核定其建房时间，并出具符合"一户一宅"规定同意其使用宅基地意见，报经镇人民政府补办批准手续。批准面积不得超过 120 平方米 / 宗，超出部分在不动产登记时予以标注，但不确认宅基地使用权。

（四）1999 年 1 月 1 日《中华人民共和国土地管理法》修订实施至今建成的，若镇人民政府、土地管理等职能部门已经处理的，可按不超过 120 平方米 / 宗面积标准确定宅基地使用权，超出部分在不动产登记时予以标注，但不确认宅基地使用权；至今未处理的，由其所在村委核定其建房时间，并出具符合"一户一宅"规定同意其使用宅基地意见，报经镇人民政府处理后补办批准手续。批准面积不得超过 120 平方米 / 宗，超出部分在不动产登记时予以标注，但不确认宅基地使用权。

（五）1999 年 1 月 1 日起，农民未经批准或超过批准面积建房，若镇人民政府、土地管理等职能部门已经处理，尚未申请人民法院执行的，不再申请人民法院执行；已经申请人民法院执行，但农房仍存在的，不再继续执行。

上述宅基地若需要补办农转用报批手续的，由区人民政府在登记发证后一年内向韶关市人民政府申报审批。占用耕地的，应通过补缴耕地开垦费等方式履行"耕地占补"法律义务，具体补缴标准按照建房时相关法律法规规定执行。

第二十条　有合法的宅基地使用权来源材料，已经竣工的房屋建筑物，按下列规定办理：

（一）1993 年 11 月 1 日《村庄和集镇规划建设管理条例》实施前建成的农房，至今未扩建或拆（翻）建的，按实际建筑面积确认房屋所有权。

（二）1993 年 11 月 1 日起至 2008 年 1 月 1 日《中华人民共和国城乡规划法》建成的农房，属已实施农村建设村庄规划的，应按照规划要求执行；未制定实施农村建设村庄规划的，视同符合规划。

（三）2008 年 1 月 1 日起至今建成的农房，属已实施农村建设村庄规划的，应按照规划要求执行；未制定实施农村建设村庄规划的，视同符合规划。按照新的村庄建设规划要求，需要拆除的，原则上不予登记。属 2015 年 1 月 3 日实施《韶关市区私房建设规划管理办法（试行）》后建设的市区农房，应按照其“关于规划区内建筑层数不超过 4 层、规划区外建筑层数不超过 3 层，建筑总面积不超过 300 平方米”等规定执行。其超建建筑面积在不动产登记时予以标注，但不确认房屋所有权。

（四）区人民政府及相关职能管理部门应公告辖区内村庄规划实施范围，未经规划许可的，依据建设时的政策，由镇人民政府（街道办事处）核定用地规模和规划建设指标。对符合规划的房屋，确认房屋所有权；对不符合规划的，按前项规定处理。

第二十一条　使用集体土地兴办乡（镇）村公益事业和公共设施且无合法的集体建设用地使用权来源材料，地上房屋已经竣工的，查明土地历史使用情况和现状后，经集体经济组织、村委会、镇政府审核确认集体建设用地合法使用权的，按下列规定办理：

（一）1987 年 1 月 1 日前，按实际面积予以确权登记。

（二）1987 年 1 月 1 日起至 1993 年 11 月 1 日前，经集体经济组织同意并公示无异议的，按实际面积予以确权登记。

（三）1993 年 11 月 1 日起至 2000 年 1 月 8 日前，经集体经济组织同意并公示无异议的，经镇政府认定符合村镇规划后，按实际建筑面积予以确权登记。

（四）2000 年 1 月 8 日起至今，经集体经济组织同意并公示无异议的，经镇政府认定符合村镇规划后，按实际建筑面积予以确权登记。属于城区规划范围内且未办理规划许可的，不纳入本轮总登记范围。

第二十二条　有合法的集体建设用地使用权来源材料，已经竣工的，按下列规定办理：

（一）1993 年 11 月 1 日前，经集体经济组织认定的，按实际面积予以确权登记。

（二）1993 年 11 月 1 日起至 2000 年 1 月 8 日前，经镇政府认定符合村镇规划后，按实际建筑面积予以确权登记。

（三）2000 年 1 月 8 日起至今，经镇政府认定符合村镇规划后，按实际建筑面积予以确权登记。属于城区规划范围内且未办理规划许可的，不纳入本轮总登记范围。

第二十三条　农民集体成员经依法批准建房的，按照批准面积予以确权登记，建房实际面积少于批准面积的，按实际面积确权登记。

因违法违规等按规定需拆除的农房，不得办理不动产登记。按规定已处理的超面积占地、超建建筑物的面积应在不动产登记簿、不动产权利证书记事栏内注明，但不确认宅基地使用权和房屋所有权，超占、超建部分待今后拆建、翻建时予以拆除。

第二十四条 西联镇各村委会政府统一安置点的村民住宅（含政府集中安置在国有土地的拆迁安置户）纳入本次调查范围，另行按有关规定统一登记。

第二十五条　多户使用宅基地合建房屋，以分套分层方式拥有的，经整栋合法权利人签名确认后，报农村集体经济组织同意的，可确定宅基地使用权为全体权利人共有，按房屋权属予以确权登记。以楼梯为界的，楼梯作为共有面积，不分摊登记。

第二十六条　因继承、交换、分家析产等造成宅基地使用权和地上房屋权利人不一致的，经农村集体经济组织、村委会认定或提供调解协商证明材料，明确宅基地使用权和房屋所有权确权登记的权利主体。

第二十七条　农村妇女作为家庭成员，其宅基地和房屋权益应记载到不动产登记簿及权属证书上。

第二十八条　农村妇女因婚嫁离开原农民集体，取得新家庭宅基地使用权和地上房屋所有权的，应予以确权登记，同时注销其原宅基地使用权和房屋所有权。

第二十九条　宅基地、集体建设用地使用权和地上房屋所有权存在争议的，由镇政府组织工作组，加大争议调处力度，待权属明晰后再予以确权登记。

第七章 附则

第三十条 本实施细则由武江区“房地一体”农村不动产登记发证工作领导小组办公室负责解释。

第三十一条 本实施细则自下发之日起施行，只适用于本轮以“总登记”方式进行的宅基地、集体建设用地使用权及地上房屋所有权确权登记颁证工作。此前与本实施细则相冲突的规范性文件，均以本实施细则为准。

文件目录一览表

2020 年中共韶关市武江区委文件目录一览表

表 24

序号	文件名称	文号	发文单位	发文时间
1	中共韶关市武江区委关于2019年脱贫攻坚工作情况的报告	韶武委〔2020〕1号	区委	2020年1月8日
2	中共韶关市武江区委关于2019年工作总结及2020年工作计划的报告	韶武委〔2020〕2号	区委	2020年1月22日
3	中共韶关市武江区委关于2019年度抓党建工作情况报告	韶武委〔2020〕3号	区委	2020年1月22日
4	中共韶关市武江区关于2019年度实施乡村振兴战略的报告	韶武委〔2020〕4号	区委	2020年1月22日
5	中共韶关市武江区委2019年度选人用人工作情况的报告	韶武委〔2020〕6号	区委	2020年1月22日
6	关于召开政协武江区第九届委员会第五次会议和武江区第九届人民代表大会第五次会议的请示	韶武委〔2020〕10号	区委	2020年5月11日
7	关于卢建成等职务补选结果的报告	韶武委〔2020〕12号	区委	2020年5月25日
8	关于设立中共韶关市武江区地方公路管理站党组的批复	韶武委〔2020〕13号	区委	2020年5月19日
9	中共韶关市武江区委关于同意区应急管理局党组改设党委的批复	韶武委〔2020〕15号	区委	2020年6月12日
10	中共韶关市武江区委关于开展打击“飙车”工作情况的报告	韶武委〔2020〕16号	区委	2020年6月18日
11	关于印发《韶关市武江区深化乡镇街道体制改革完善基层治理体系实施方案》的通知	韶武委〔2020〕17号	区委	2020年8月14日
12	武江区2020年脱贫攻坚工作情况报告	韶武委〔2020〕19号	区委	2020年12月8日
13	中共韶关市武江区委关于韶关市武江区2020年食品安全工作情况的报告	韶武委〔2020〕22号	区委	2020年12月28日

2020年中共韶关市武江区委办公室文件目录一览表

表25

序号	文件名称	文号	发文单位	发文时间
1	中共韶关市武江区委办公室关于成立区委平安武江建设领导小组的通知	韶武委办〔2020〕3号	区委办	2020年7月8日
2	中共韶关市武江区委办关于成立武江区市域社会治理现代化工作领导小组的通知	韶武委办〔2020〕4号	区委办	2020年7月8日
3	中共韶关市武江区委办公室关于印发《中共韶关市武江区委常委会"三重一大"事项清单（试行）》的通知	韶武委办〔2020〕7号	区委办	2020年10月27日
4	中共韶关市武江区委办公室关于印发《关于坚决落实"两个维护"事项制度机制的实施方案》的通知	韶武委办〔2020〕8号	区委办	2020年10月27日
5	中共韶关市武江区委办公室关于印发《中共韶关市武江区委理论学习中心组学习制度》的通知	韶武委办〔2020〕9号	区委办	2020年11月3日
6	中共韶关市武江区委办公室关于成立武江区生态环境保护委员会的通知	韶武委办〔2020〕11号	区委办	2020年12月16日
7	中共韶关市武江区委办公室关于印发《韶关市武江区乡镇街道"三个平台"工作机制方案》的通知	韶武委办〔2020〕12号	区委办	2020年12月22日
8	中共韶关市武江区委办公室关于印发《韶关市武江区区直部门派出机构下放乡镇街道统筹管理的实施方案（试行）》的通知	韶武委办〔2020〕13号	区委办	2020年12月22日

2020年中共韶关市武江区委办公室文件目录（明电）一览表

表26

序号	文件名称	文号	发文单位	发文时间
1	关于参加2019年韶关公安工作报告会的通知	韶武委办发电〔2020〕1号	区委办	2020年1月3日
2	关于印发《2020年春节前后有关工作安排》的通知	韶武委办发电〔2020〕2号	区委办	2020年1月6日
3	关于做好2019年度镇（街）和部门绩效自评工作的通知	韶武委办发电〔2020〕4号	区委办	2020年1月9日
4	关于召开2020年韶关市武江区迎春座谈会的通知	韶武委办发电〔2020〕5号	区委办	2020年1月10日
5	关于召开中国共产党韶关市武江区第九届委员会第九次全体会议的通知	韶武委办发电〔2020〕6号	区委办	2020年1月10日
6	关于2020年春节期间开展拥军优属活动的通知	韶武委办发电〔2020〕7号	区委办	2020年1月14日
7	关于成立武江区新型冠状病毒感染肺炎疫情防控指挥部的通知	韶武委办发电〔2020〕8号	区委办	2020年1月22日
8	关于印发《区委2020年工作要点分解责任清单》的通知	韶武委办发电〔2020〕9号	区委办	2020年1月22日

续表 26

序号	文件名称	文号	发文单位	发文时间
9	关于成立武江区新型冠状病毒感染肺炎疫情应对处置工作领导小组的通知	韶武委办发电〔2020〕10号	区委办	2020年1月22日
10	关于参加韶关市2020年新春植树活动的通知	韶武委办发电〔2020〕11号	区委办	2020年1月23日
11	关于组织全区党政机关在职党员干部到社区报到做好新型冠状病毒感染的肺炎疫情防控“两员”工作的通知	韶武委办发电〔2020〕13号	区委办	2020年1月29日
12	关于转发《中共韶关市委办公室、市政府办公室关于组织全市机关在职党员干部到社区报到做好新型冠状病毒感染的肺炎疫情防控工作的通知》的通知	韶武委办发电〔2020〕14号	区委办	2020年1月29日
13	关于做好工作人员春节返岗管理的通知	韶武委办发电〔2020〕15号	区委办	2020年1月30日
14	关于全力做好“三服务”工作为打赢疫情防控阻击战提供坚实服务保障的通知	韶武委办发电〔2020〕16号	区委办	2020年2月5日
15	关于印发《韶关市武江区革命遗址普查工作实施方案》的通知	韶武委办发电〔2020〕17号	区委办	2020年2月5日
16	关于成立创新无物业小区、城中村、城郊村社会治理工作领导小组的通知	韶武委办发电〔2020〕18号	区委办	2020年2月22日
17	关于成立武江大道南片区城乡融合发展改革试点工作领导小组的通知	韶武委办发电〔2020〕19号	区委办	2020年2月24日
18	关于开展武江区2020年义务植树活动的通知	韶武委办发电〔2020〕22号	区委办	2020年3月9日
19	关于召开2020年全区组织、宣传、统战工作会议的通知	韶武委办发电〔2020〕23号	区委办	2020年3月13日
20	关于印发《武江区关于泥砖房拆后整村新建的奖补实施方案》的通知	韶武委办发电〔2020〕24号	区委办	2020年3月26日
21	关于印发《武江区关于推进农村人居环境整治建设生态宜居美丽乡村打擂比武工作实施方案》的通知	韶武委办发电〔2020〕25号	区委办	2020年3月26日
22	关于召开中国共产党韶关市武江区第九届纪律检查委员会第五次全体会议的通知	韶武委办发电〔2020〕26号	区委办	2020年4月1日
23	关于参加全省实施乡村振兴战略工作推进会电视电话会议的通知	韶武委办发电〔2020〕27号	区委办	2020年4月7日
24	关于召开区委理论学习中心组集中学习研讨（扩大）会的通知	韶武委办发电〔2020〕28号	区委办	2020年4月8日
25	关于印发《武江区做好入汛防灾减灾工作的若干措施》的通知	韶武委办发电〔2020〕29号	区委办	2020年4月10日
26	关于参加全省打赢污染防治攻坚战工作推进会电视电话会议的通知	韶武委办发电〔2020〕30号	区委办	2020年4月10日
27	关于印发2020年武江区重点建设项目组团攻坚工作方案的通知	韶武委办发电〔2020〕31号	区委办	2020年4月14日
28	关于印发《2020年武江区征拆交地攻坚工作方案》的通知	韶武委办发电〔2020〕32号	区委办	2020年4月14日

续表 26

序号	文件名称	文号	发文单位	发文时间
29	关于召开全区项目建设大会战工作会议的通知	韶武委办发电〔2020〕33号	区委办	2020年4月15日
30	关于召开武江区国防动员委员会专题会议的通知	韶武委办发电〔2020〕34号	区委办	2020年4月15日
31	关于实施2020年项目建设大会战的通知	韶武委办发电〔2020〕35号	区委办	2020年4月15日
32	关于召开武江区2020年“担当落实、走在前列”干部大会的通知	韶武委办发电〔2020〕36号	区委办	2020年4月21日
33	关于武江区2020年推进“担当落实、走在前列”作风建设大会会务安排的通知	韶武委办发电〔2020〕37号	区委办	2020年4月24日
34	关于印发《韶关市武江区严重精神障碍患者救治救助资金使用管理意见》的通知	韶武委办发电〔2020〕38号	区委办	2020年4月27日
35	关于做好“五一”劳动节期间新冠肺炎疫情防控和安全稳定工作的通知	韶武委办发电〔2020〕39号	区委办	2020年4月30日
36	关于印发《韶关市武江区科学技术协会换届及建立镇（街）基层科协组织工作实施方案》的通知	韶武委办发电〔2020〕40号	区委办	2020年5月12日
37	关于做好2020年武江区“两会”参会人员及工作人员健康管理的通知	韶武委办发电〔2020〕41号	区委办	2020年5月13日
38	关于印发《武江区2020年重点建设项目计划》的通知	韶武委办发电〔2020〕42号	区委办	2020年5月13日
39	关于召开全区打赢污染防治攻坚战暨“四好农村路”建设工作推进会议的通知	韶武委办发电〔2020〕43号	区委办	2020年5月22日
40	关于印发武江区2020年打赢污染防治攻坚战工作方案的通知	韶武委办发电〔2020〕44号	区委办	2020年5月24日
41	中共韶关市武江区委办公室印发《关于在区直机关开展“学王烁、战疫情、强自信、建功业”活动的方案》的通知	韶武委办发电〔2020〕45号	区委办	2020年5月26日
42	关于参加全省传达贯彻习近平总书记重要讲话精神暨全国两会精神干部大会的通知	韶武委办发电〔2020〕46号	区委办	2020年5月28日
43	关于成立武江区乡村振兴培训实践中心工作领导小组的通知	韶武委办发电〔2020〕47号	区委办	2020年6月10日
44	关于成立武江区在职党员到社区报到开展服务领导小组的通知	韶武委办发电〔2020〕48号	区委办	2020年6月17日
45	关于印发《关于在辖区内开展农村留守儿童、困境儿童、特困供养老人和农村留守妇女联查联动专项工作的实施方案》等方案的通知	韶武委办发电〔2020〕50号	区委办	2020年6月25日
46	关于报送上半年工作总结和下半年工作计划的通知	韶武委办发电〔2020〕51号	区委办	2020年7月7日
47	关于开展庆祝建军93周年和拥军优属活动的通知	韶武委办发电〔2020〕52号	区委办	2020年7月16日

续表 26

序号	文件名称	文号	发文单位	发文时间
48	关于印发《2020年武江区镇（街）和部门绩效评价实施方案》的通知	韶武委办发电〔2020〕53号	区委办	2020年8月5日
49	关于印发《武江区关于设立攻坚克难奖和创新创优奖的实施方案》的通知	韶武委办发电〔2020〕54号	区委办	2020年8月5日
50	关于调整《武江年鉴》审稿组暨分工的通知	韶武委办发电〔2020〕55号	区委办	2020年8月25日
51	关于印发《2020年武江区对市对区绩效评价指标责任分解表》的通知	韶武委办发电〔2020〕56号	区委办	2020年8月25日
52	关于成立广东省林产品交易中心筹建工作领导小组的通知	韶武委办发电〔2020〕57号	区委办	2020年8月26日
53	关于召开2020年武江区庆祝第36个教师节暨教育工作会议的通知	韶武委办发电〔2020〕58号	区委办	2020年9月9日
54	关于印发《武江区关于围绕学习贯彻习近平总书记出席深圳经济特区建立40周年庆祝大会和视察广东重要讲话、重要指示精神开展“深调研”工作方案的通知》	韶武委办发电〔2020〕59号	区委办	2020年10月27日
55	关于印发《武江区关于开展学习贯彻习近平总书记出席深圳经济特区建立40周年庆祝大会和视察广东重要讲话、重要指示精神学习培训工作方案》的通知	韶武委办发电〔2020〕60号	区委办	2020年11月3日
56	关于成立武江区村（社区）“两委”换届工作领导小组的通知	韶武委办发电〔2020〕62号	区委办	2020年11月17日
57	关于贯彻落实中办、国办通知精神做好2021年元旦春节期间有关工作的通知	韶武委办发电〔2020〕64号	区委办	2020年12月30日

2020年韶关市武江区人民政府文件目录一览表

表 27

序号	文件名称	文号	发文单位	发文时间
1	关于韶关武江乡村振兴传习所建设扩征项目国有土地房屋征收决定书	韶武府〔2020〕1号	区政府	2020年3月27日
2	关于北江中学北侧地块建设项目国有土地上房屋征收决定书	韶武府〔2020〕2号	区政府	2020年6月15日
3	关于调整领导班子成员分工的通知	韶武府〔2020〕3号	区政府	2020年7月9日
4	关于韶关市武江区红星综合厂棚户区改造项目国有土地上房屋征收决定书	韶武府〔2020〕4号	区政府	2020年9月1日
5	关于印发《韶关市武江区加快推进农业机械化和农机装备产业转型升级实施方案》的通知	韶武府〔2020〕5号	区政府	2020年9月24日
6	山林权属纠纷处理决定书	韶武府〔2020〕6号	区政府	2020年10月19日
7	关于调整领导班子成员分工的通知	韶武府〔2020〕7号	区政府	2020年10月23日

续表 27

序号	文件名称	文号	发文单位	发文时间
8	关于印发韶关市武江区疫苗安全事件应急预案（试行）的通知	韶武府〔2020〕8号	区政府	2020年11月2日
9	关于废止《韶关市武江区关于重点楼宇和特色楼宇培养与扶持办法》（韶武府规〔2019〕3号）的通知	韶武府〔2020〕9号	区政府	2020年12月3日
10	关于2020年度计划生育考核结果的通知	韶武府〔2020〕10号	区政府	2020年12月10日
11	关于印发武江区重大行政决策程序规定（试行）的通知	韶武府〔2020〕11号	区政府	2020年12月28日

2020 年韶关市武江区人民政府办公室文件目录一览表

表 28

序号	文件名称	文号	发文单位	发文时间
12	关于印发《韶关市武江区设立森林防火临时检查站实施方案》的通知	韶武府办〔2020〕1号	区政府办	2020年2月9日
13	关于成立武江区科技产业园管理委员会的通知	韶武府办〔2020〕2号	区政府办	2020年2月24日
14	关于印发《韶关市武江区畜禽养殖禁养区、限养区和适养区划定方案》（2020年修订版）的通知	韶武府办〔2020〕3号	区政府办	2020年2月27日
15	关于印发《武江区老旧小区改造小区既有住宅加装电梯区级财政以奖代补实施方案》的通知	韶武府办〔2020〕4号	区政府办	2020年3月17日
16	关于印发《武江区2020年地质灾害防治方案》的通知	韶武府办〔2020〕5号	区政府办	2020年4月3日
17	关于印发《武江区征地项目土地专项清查工作方案》的通知	韶武府办〔2020〕6号	区政府办	2020年4月6日
18	关于印发《武江区“房地一体”农村宅基地和集体建设用地确权登记工作方案》的通知	韶武府办〔2020〕7号	区政府办	2020年4月10日
19	关于印发《武江区促销费行动实施方案》的通知	韶武府办〔2020〕8号	区政府办	2020年4月25日
20	关于印发《武江区普通公路路长制“136”行动工作方案》的通知	韶武府办〔2020〕9号	区政府办	2020年5月4日
21	关于印发武《韶关市武江区推进生猪家禽产业转型升级实施方案》的通知	韶武府办〔2020〕10号	区政府办	2020年5月22日
22	关于印发武江区2020年“四好农村路”建设攻坚实施方案的通知	韶武府办〔2020〕11号	区政府办	2020年5月24日
23	关于印发《武江区老旧小区改造提升工作实施方案》的通知	韶武府办〔2020〕12号	区政府办	2020年6月23日
24	关于印发《武江区以食用为目的的人工繁育陆生野生动物退出工作方案》的通知	韶武府办〔2020〕13号	区政府办	2020年6月24日

续表 28

序号	文件名称	文号	发文单位	发文时间
25	关于印发《2020年区政府工作报告重点任务责任分工》《2020年区十件民生实事责任分解表》《武江区2020年市民生实事责任分解表》《武江区2020年省民生实事责任分解表》的通知	韶武府办〔2020〕14号	区政府办	2020年7月6日
26	关于印发《韶关市武江区全面实施预算绩效管理工作方案（2020—2022年）》的通知	韶武府办〔2020〕16号	区政府办	2020年7月13日
27	关于印发《韶关市武江区改革完善医疗卫生行业综合监管制度实施方案》的通知	韶武府办〔2020〕17号	区政府办	2020年7月14日
28	关于印发《韶关市武江区促进夜间经济发展实施方案》的通知	韶武府办〔2020〕18号	区政府办	2020年7月15日
29	关于印发《武江区以食用为目的人工繁育陆生野生动物（动物实体）补偿方案》的通知	韶武府办〔2020〕19号	区政府办	2020年7月17日
30	关于印发《韶关市武江区中小学卫生工作示范学校建设工作方案》的通知	韶武府办〔2020〕20号	区政府办	2020年7月21日
31	关于印发《武江区2020年度垦造水田项目地力培肥计划实施方案》的通知	韶武府办〔2020〕21号	区政府办	2020年7月30日
32	关于印发《武江区消防车通道集中治理攻坚行动工作方案》的通知	韶武府办〔2020〕22号	区政府办	2020年8月14日
33	关于印发《武江区2020年下半年经济稳增长工作方案》的通知	韶武府办〔2020〕23号	区政府办	2020年8月14日
34	关于印发《武江区2020年度企业职工基本养老保险扩面征缴工作实施方案》的通知	韶武府办〔2020〕24号	区政府办	2020年8月19日
35	关于印发《韶关市武江区开展规范性文件梳理工作实施方案》的通知	韶武府办〔2020〕25号	区政府办	2020年8月27日
36	关于印发《韶关市武江区质量提升行动实施方案》的通知	韶武府办〔2020〕26号	区政府办	2020年9月17日
37	印发关于《常态化疫情防控下促进财政可持续发展实施方案》的通知	韶武府办〔2020〕27号	区政府办	2020年10月12日
38	关于印发《韶关市武江区村（居）民委员会工作职责事项目录》的通知	韶武府办〔2020〕28号	区政府办	2020年10月29日
39	关于印发武江区生活垃圾分类实施方案的通知	韶武府办〔2020〕29号	区政府办	2020年12月1日
40	关于印发《武江区推进“证照分离”改革全覆盖试点工作方案》的通知	韶武府办〔2020〕30号	区政府办	2020年12月18日
41	关于印发《韶关市武江区创建国家农产品质量安全县工作实施方案》的通知	韶武府办〔2020〕31号	区政府办	2020年12月31日

索 引

主 题 索 引

一、本索引按照主题词首字汉语拼音字母顺序排列。

二、本文中的类目题、分目题用黑体字标明，其余用书宋体字排印。

三、索引款目后的数字表示内容所在的页码，数字后的英文字母（a、b、c）表示栏别（即版面的1、2、3栏）。

四、本索引对《大事记》《先进表彰》《文件辑录》《附录》等类目不作内容主题分析。

A

B

C

D

E

F

G

H

J

K

L

M

N

T

W

X

Y

Z

彩版索引

表格索引